スラヴォイ・ジジェク
中山徹＋鈴木英明 訳

大義を忘れるな

——革命・テロ・反資本主義

SLAVOJ ŽIŽEK In Defense of Lost Causes

青土社

大義を忘れるな　革命・テロ・反資本主義　目次

大義を忘れるな

革命・テロ・反資本主義

アラン・バディウが、私が講演をしていた部屋で聴衆にまざって座っていたときのこと、彼の携帯電話が突然鳴り出した（とはいえ、彼にとっては迷惑千万、それは私が彼に貸してあった私の携帯電話であった）。が、彼はスイッチを切るどころか、私の講演をおだやかにさえぎり、電話の相手の声が聞き取りやすくなるようにもうすこし静かに話せないかと私に尋ねた。これが真の友情の行為でないとしたら、なにを友情というのか。というわけで、本書はアラン・バディウに捧げられる。

序

大義が語れば、ローマは終わる

ローマの一声、大義不問（*Roma locuta, causa finita*）——論争を終わらせる権威の一声。そうした声の例は、「教会会議は決断した」から「中央委員会は決議した」まで多岐にわたる。もちろん「国民は投票によってみずからの選択を示した」もここに含まれよう。しかし、精神分析に託されているのは、これとは逆のこと、〈大義〉に語らせれば（あるいはラカンがいったように「私すなわち真理が語る」ことになれば）（ローマ、つまり現代のグローバル資本主義の）〈帝国〉は終わる、ということではないのか。大義〔原因〕止めば効果富む（*Ablata causa tolluntur effectus*）（*Les effets ne se portent bien qu'en absence de la cause*）——この格言を裏返してみてはどうか。大義が介入すれば効果は消える、というふうに。[1]

しかし、どの〈大義〉が語るべきなのか。大きな〈大義〉にとって、今日の時代状況は喜ばしいものではない。「ポストモダン」の時代にあって、イデオロギー界は覇権争いをする様々な立場へと断片化されてはいるものの、その根底には次のようなコンセンサスがある。大仰な解釈の時代は終わった、われわれに必要なのは、原理主義に対立する「弱い思想」、リゾーム状に織り成された現実に注目する思想である、政治においても、われわれはもはやすべてを説明できるシステムやグローバルな解放政策をめざすべきではない、壮大な解決策を強要する際にも、それに対する具体的な抵抗や介入ができる余地を残しておくべきである……。こうした傾向にすこしでも共感をおぼえる読者は、おとなしく本書をわきに置き、読むのをやめたほうがよい。

「フランス流の」ポストモダン理論とその「ジャーゴン」を「屁理屈」の典型として片づける人たちでさえ、まさにその理論と同様、「強い思想」とそのスケールの大きい解釈を嫌う傾向がある。実際、今日では多くの屁理屈が横行している。当然とはいえ、「屁理屈」という概念を普及させたハリー・フランクファートのような人たちも、屁理屈から自由ではない。物事がそれとは反対の姿となって——不寛容が寛容となって、宗教が合理的な常識となって——現れる、複雑極まりない現代世界においては、「屁理屈無用！」という暴力的な身振り——無力なアクティング・アウト〔行為への移行 *passage à l'acte*〕に帰着するしかない身振り——によってこの複雑さにけりをつけたいという誘惑が高まっている。健全な真実の話と「屁理屈」とを明確に分けたいというこの欲望は、支配的イデオロギーそのものを真実の話として再生産せざるをえない。フランクファートが「屁理屈無用」を旨とする政治家の例としてハリー・トルーマン、ドワイト・アイゼンハワー、そして今日のジョン・マケインをあげているのは[2]——誠実さを率直に表に出せば、まるで真実が保証されるかのようだ——不思議ではない。

われわれの時代の常識は、われわれにこう命じる。臆見〔ドクサ〕（偶発的／経験的な意見、〈知恵〉）と〈真理〉とのあいだ、さらに根源的にいえば、経験的で実証的な知と絶対的な〈信仰〉とのあいだの旧来の区別にそくしていえば、今日では、思考可能なことと実行可能なこととを区別すべきである、と。常識のレベルでいえば、われわれが到達できるのは、せいぜい次のような啓蒙化された保守的リベラリズムである。すなわち、どうみても資本主義に代わる実現可能な選択肢はない、と同時に、資本主義の力学はそのままではそれ自身の基盤を掘り崩すおそれがある、と。このことは、経済的力学（強力な国家装置によって市場競争自体を維持する必要性、等々）だけでなく、イデオロギー的-政治的力学にもからんでいる。ダニエル・ベルやフランシス・フクヤマといった聡明な保守的民主主義者は、今日のグローバル資本主義が自らのイデオロギー的条件を掘り崩す傾向があるということ（むかしベルがいった「資本主義の文化的矛盾」）を分かっている。つまり、資本主義は、基本的な社会的安定、象徴的なものに対する完全な信用、自分の運命に対する責任を引き受けるだけでなくシステムの基本的「公平性」に依存する個人といった条件があってはじめて成長できる。そう、こうしたイデオロギー的背景は、強力な教育的、文化的装置によって維持されねばならないのだ。したがって、この地平の内部では、ハイエク流の過激なリベラリズムも、生硬な保守主義も解決策にはならない。ましてや古い福祉国家の理想にしがみつくのは論外である。解決策とされるのは、経済的リベラリズムと、システムの過剰を和らげる最低限「権威主義的な」共同体精神（社会的安定、「価値観」等々の強調）とを混ぜ合わせること――いいかえれば、ブレアのような〈第三の道〉を説く社会民主主義者が開発してきたもの――である。

これが常識の限界である。常識を超えるには、〈信仰の飛躍〉、失われた〈大義〉に対する信仰が必要である。ここでいう〈大義〉は、懐疑的な知恵からみれば、異常としかみえないものだ。本書はこの〈信仰の飛躍〉の内側から語る。なぜか。問題はもちろん、危機と断絶の時代において、懐疑的で経験的な知恵は、支配的常識の地平に縛り付けられており、解決策を提示できない、ということである。だから〈信仰の飛躍〉という危険を冒さねばならないのだ。

この移行は、「私は真理を語る」から（能動者が真理の立場から語るという分析家の言説を表すラカンの「数式素《マテーム》」のように）「真理自体が（私のなかで／私を通して）語る」への移行である。それはつまり、マイスター・エックハルトのように「その通り、真理自体がそう語っている」といえる立場への移行である。[3] もちろん、実証的な知のレベルにおいて、真理を獲得する（獲得したと確信する）ことは不可能である。われわれにできることは、ただひたすら真理に接近することだけである。なぜなら、結局のところ、言語はつねに自己言及的であるから、詭弁術、詭弁の行使、〈真理〉そのものを明確に分ける方法はないからである（これがプラトンの問題であった）。ここでのラカンの賭けは、パスカル的なもの、すなわち〈真理〉をめぐる賭けである。だが、どうすればそうなるのか。「客観的」真理を追究することによってではない。ひとが語る際にとる立場に関する真理を手放さないことによってである。[4]

そうした語るひとの関与をともなう真理の概念を含意し実践する理論が二つだけある。マルクス主義と精神分析である。両者は闘争する理論である。すなわち、闘争についての理論であるだけでなく、それ自体闘争に関与する理論でもある。両者の歴史は中立的な知の集積からなるのではない。というのも、その歴史は分離、異説、追放の歴史だからである。両者において理論と実践の関係が厳密な意味で弁証法的なもの、いいかえれば、解消不可能な緊張関係であるのは、そのためである。つまり、理論は単に実践を支える概念的基盤ではない。それは同時に、なぜ実践が最終的に失敗する運命にあるかを説明するものでもあるのだ。あるいはフロイトが的確に述べたように、精神分析は、精神分析を必要としない社会においてはじめて完全に可能となるのである。理論とは、もっとも根源的な場合、失敗した実践に関する理論である――「うまくいかなかったのは、このためである……」というふうに。忘れられがちなのだが、フロイトの五つの偉大な症例報告は、基本的に、部分的な成功と最終的な失敗に関する報告である。これと同様に、革命的出来事に関するマルクス主義による偉大な歴史的説明は、偉大な失敗（ドイツ農民戦争、フランス革命におけるジャコバン派、パリ・コミューン、十月革命、中国の文化革命……）に関する説明である。そうした失敗に関する吟味を通じてわれわれが直面するのは、誠実さの問題である。すなわち、過去に対する郷愁的な愛着と「新しい状況」へのあまりにも巧みな順応という二重の罠を避けつつ、こうした失敗が潜在的にもつ解放の力をどのように救い出すか、ということである。

この二つの理論の時代は終わったようにみえる。トッド・デュフレーヌが近年述べたように、思想の歴史において、フロイトほど理論の根本部分においてことごとく間違いを犯した人物は存在しない[5]——むろんここに、マルクスを除いて、と付け足すひとはいるだろうが。実際、リベラルな意識のなかでは、両者はいまや二〇世紀最大の「犯罪コンビ」として姿を現している。予想通り、二〇〇五年には、共産主義者のあらゆる犯罪を列挙した悪名高い『共産主義ブラックリスト』[6]に続いて、精神分析のあらゆる理論的誤りと臨床的詐術を列挙した『精神分析ブラックリスト』[7]が出た。このように否定的な形ではあるが、マルクス主義と精神分析の深遠な連帯はいまや白日の下にさらされている。

とはいえ、このポストモダン的な自己満足をかき乱す徴候は存在する。つい最近、アラン・フィンケルクロートは、自分の思想との共鳴関係を増していくアラン・バディウの思想についてコメントするなかで、後者の特徴を「根源的変革性の回帰と反全体主義の崩壊を症候的に示す、きわめて暴力的な哲学」[8]と表現した——つまりそれは、フランスのヌーヴォー・フィロゾーフから「第二の近代」の唱導者にいたる、あらゆる類の「反全体主義者」、人権の擁護者、「古い左翼パラダイム」に対する反抗者の長く困難な仕事が失敗したことを、驚きと実直さをもって認めるのだ、と。死んだはずであったもの、始末され完全に信用を失うはずであったものが、復讐するかのように回帰している。いま例に挙げた者たちがみせる次のような落胆は理解できる。数十年にわたり学術論文だけでなくマスメディアにおいて、聞く耳をもった人たちに（そして聞く耳をもたなかった多くの人たちに）全体主義的「主人‐思想家」の危険性について説明してきたのに、この種の哲学がきわめて暴力的な形で回帰しているのは、どういうわけなのだ。そうした危険なユートピアの時代は終わったと人々は納得していたのではなかったか。それとも、われわれがここで扱っているのは、容易に根絶できない奇妙な盲目的態度、もしくは人類に先天的に備わる不変的要素、全体主義への誘惑に屈する傾向なのか。この落胆に対してわれわれが提案したいのは、視点を転換することである。それは、バディウ独特のプラトン主義的な流儀でいえば、こうなるだろう。真の理念は永遠である、それは破壊できないものであり、死んだと宣言されるたびにつねに回帰する、と。バディウにとっては、こうした理念を再度明確に述べるだけで十分である。そうすれば反全体主義的な思想は、悲惨きわまりない、ありのままの姿をさらすことになる。すなわち、意味のない詭弁の実践、日和見主義的で生存第一主義的な低級な恐れと本能をお粗末に理論化したもの、復古的（reactionary）であるだけでなくニーチェ的な意味できわめて反動的（*reactive*）な思考法としての姿を。

　これと関連するのは、フランス（だけでなくその他）のラカン派（だけでなくその他の人々）のなかで近年進行している興味深い闘争である。この闘争は、政治的主体性の名、多くの（たとえばバディウとジャン=クロード・ミルネールとのあいだの）個人的友情の破綻をもたらした闘争の名としての「〈一〉」の地位にかかわっている。皮肉なことに、この闘争は、かつての毛沢東主義者（バディウ、ミルネール、レヴィ、ミレール、レグノー、フィンケルクロート）のあいだ、そして「ユダヤ人」知識人と「非ユダヤ人」知識人とのあいだで起こっている。ここでは以下のことが問題となる。〈一〉という名は、偶発的な政治闘争の結果なのか、それとも、特定の実質的なアイデンティティに根付いたものなのか。「ユダヤ人毛沢東主義者」の立場はこうである。「ユダヤ人」は、そのような名として、資本主義による根源的な「脱領域化」と「流動化」のなかで人間的条件の有限性そのものを含むあらゆる限界を克服する今日の汎地球的傾向（人間を一つのハードウェアから別のハードウェアへリロード可能な仮想的ソフトウェアに変えるという知識的-デジタル的な夢においてその極致に達する傾向）に抵抗するものを表す、と。このように「ユダヤ人」という名は、一なるものに対するもっとも基本的な忠誠を表している。この考え方にそって、フランソワ・レグノーはこう主張する。現代の左翼は（他の民族集団以上に）ユダヤ人に向かって「彼らの名に関しては譲歩する」[9]ように要求する、と。もちろんここで意識されているのは「欲望に関しては譲歩するな」というラカンの倫理原則である……。ここで忘れてはならないのは、根源的な解放をめざす政治からユダヤ人という名に対する忠誠へのこの移行は、フランクフルト学派の運命、とくにホルクハイマーの後期のテクストのなかにすでに見て取れる、ということである。ここではユダヤ人は例外である。リベラルで多文化主義的な視点からいえば、あらゆる集団は自らのアイデンティティを肯定できるが、ユダヤ人は例外である。その自己肯定はシオニズム的人種主義に等しいからだ……。このアプローチとは対照的に、バディウたちは、名づけという／を求める政治闘争を通じて現れ且つ構成される、そしてそのようなものとして（民族的ないしは宗教的ルーツのような）いかなる特定の規定的内容にも基礎づけられない〈一〉に対する忠誠を主張する。この視点からみれば、「ユダヤ人」という名への忠誠は、真正の解放闘争が敗北したことの裏返し（その敗北の黙認）である。「ユダヤ人」という名への忠誠を要求する者が、同時に、根源的な解放運動にはなべて「全体主義」の危険があると警戒する者であるのは、不思議ではない。彼らの政治学は、われわれの状況の根本的な有限性と限界を受け入れることから成り立っており、ユダヤの律法はこの有限性の最終的なしるしなのである。彼らにとって、律法を克服し、包括的な〈愛〉へと向かうあらゆる試み（キリスト教からフランスのジャコバン派、そしてスターリン主義にいたるまで）が全体主義的恐怖政治に帰着せざるをえないのは、そのためである。簡潔にいえば、「ユダヤ人問題」の真の解決となるのは、「最終的解決」（彼らの絶滅）だけである。なぜなら、対象 a としてのユダヤ人は、〈歴史〉自体の「最終的解決」にとって、すべてを包み込む統一性と柔軟性のなかで分裂・不和を克服することにとって、究極の障害だからである。

しかし、近代ヨーロッパの歴史において普遍性を求める努力を代表する人物は、スピノザからマルクス、フロイトにいたる無神論的ユダヤ人であった、というのが真相ではないのか。皮肉なのは、反ユダヤ主義の歴史においてユダヤ人はこの両極を表していた、ということである。つまり、ユダヤ人は、彼ら特有の生活形式に頑固に執着しており、そのため自分の所属する国家の市民になりきれないとみられることもあれば、逆に、あらゆる特定の民族的形式に対して無関心な、「故郷のない」根なし草的なコスモポリタンとみられることもあるのだ。したがって、まず銘記すべきは、この闘争がユダヤ的アイデンティティに固有のもので（も）ある、ということである。そしておそらく、このユダヤ的闘争は今日、われわれにとって中心的な闘争である。つまり、メシア的衝動に対する忠誠と、特定のアイデンティティの保持にこだわる（厳密にニーチェ的な意味で）反動的な「恐れの政治学」とのあいだの闘争である。

「理性の公的使用」の場の創設においてユダヤ人が果たす特権的役割は、彼らがあらゆる国家権力から差し引かれていることによって決まる。ユダヤ人は、あらゆる有機体的な国民国家共同体の「全体の一部ではない部分」として存在することによって——彼らの一神教がもつ抽象的‐普遍的性格によって、ではない——普遍性を直接具現することになるのである。だとすれば、ユダヤ人国民国家の創設にともなって、次のような新しい形のユダヤ人が出現したことは、不思議ではない。それは、イスラエル国家との同一化に抵抗する、イスラエル国家を真の祖国として受け入れることを拒絶するユダヤ人、この国家から自分自身を「差し引く」ユダヤ人である。このユダヤ人は、様々な国家から距離をとることに固執し、国家と国家のあいだで生きるわけだが、彼らにとってはイスラエル国家もそうした国家の一つにすぎない。そしてこの不気味なユダヤ人こそ、「シオニズム的反ユダヤ主義」と名指すしかないものの対象、国民国家共同体を壊乱する外的な過剰である。このユダヤ人、「ユダヤ人のなかのユダヤ人」、スピノザの後継者と呼ぶにふさわしい者は、今日、自らの理性を国民国家の「私的」領域に服従させることを拒否しつつ、「理性の公的使用」に固執し続ける唯一のユダヤ人である。

本書はあつかましくも、普遍的解放を求める闘争という「メシア的」立場に与するものである。そうであれば、「ポストモダン的」臆見を狂信的に支持する者たちにとって、ここで擁護される一連の失われた大義が、最悪の悪夢を具体化したホラーショウのように、彼らが全力で追い払った過去の亡霊の保管庫のようにみえたとしても不思議ではない。全体主義的政治学の誘惑に屈した哲学者の究極の例であるハイデガーの政治学、ロベスピエールから毛沢東にいたる革命的恐怖政治、プロレタリアート独裁……。どの例においても、今日支配的なイデオロギーは、大義を捨て去るだけでなく、それに代わるもの、それを「よりやわらかく」変えたものを提示する。例えば、知識人の全体主義的な政治参加に対しては、グローバル化の問題を探求し公共圏において人権と寛容のために人種差別と性差別に逆らって戦う知識人、革命的な国家的恐怖政治に対しては、自己組織的で脱中心化されたマルティチュード、プロレタリアート独裁に対しては、多様な行為者のあいだの協調関係（市民社会主導、私的貨幣、国家統制……）といった具合に。「失われた大義の擁護」の真のねらいは、スターリン主義、等々をそれ自体として擁護することではなく、あまりにも安易なリベラル民主主義的な代替案を問題化することである。フーコーの、そしてとくにハイデガーの政治的関与は、その基本的動機においては許容できるものの、明らかに「誤った方向に向かう正しい一歩」であった。また、革命的恐怖政治の不幸な運命は、われわれに――恐怖政治を全体として拒絶するのではなく――それを徹底的に作りなおす必要性を突き付ける。そして、目前にせまる生態系の危機は、新型のプロレタリアート独裁を受け入れる特異な機会を提供する。したがって本書の主張は、これらの現象は個別的にみれば歴史的失敗であり歴史の生み出した怪物であるが（スターリン主義はおそらくファシズム以上に人間に苦痛をもたらした悪夢であったし、「プロレタリアート独裁」を推し進める試みは、プロレタリアートが逆に沈黙を強いられるような、馬鹿げた、まがいものの体制を生み出した、云々）、これが真実のすべてではない、ということである。それぞれの現象のなかには、リベラル民主主義的な拒絶の身振りにおいて失われてしまう救済の契機が存在したのだ。そして、この契機を抜き出すことが決定的に重要なのである。われわれは、汚い産湯といっしょに赤子を流してしまわぬように注意しなければならない。ただしここでは、この喩えを裏返して、こう主張してみたい気もする。この注意を守りたいのはリベラル民主主義的な批判のほうであり（例えばそれは、恐怖政治という汚水を捨てつつ、真正の社会主義的民主主義という汚れない赤子を保持する）、そのためこの批判は、水がもともとはきれいであったこと、水の汚れはすべて赤子から出ることを忘れているのだ、と。必要なのはむしろ、赤子が透明な水を排せつ物で汚してしまう前に赤子を捨てることである。そうすれば、マラルメ流にこういえる。歴史という浴槽においては、ただ水だけが生起してしまっているだろう、と。

したがって、われわれのいう、失われた〈大義〉の擁護は、「あらゆる〈大義〉は、〈大義〉として有効性を発揮するためにまず失われなければならない」という脱構築的なゲームに与するものではない。それとは逆に、目標は、ラカンがからかい半分に「失われた〈大義〉のナルシシズム」と呼んだものを、必要とあらば暴力を使ってでも見捨てること、そして、〈大義〉の完全な実現を、それに不可避的にともなう大惨事の危険ともども勇敢に受け入れることである。共産主義体制の崩壊に関して、次のような格言を提示したバディウは正しかった。〈出来事〉に無関心な非-存在であるよりは、〈出来事〉に忠実な大失敗のほうがましである、と。このあと何度もふれることになるベケットの記憶すべき言葉にそくしていえば、ひとは失敗しても、そこであきらめず、さらにうまく失敗することができる。それに対し、無関心は、低級な〈存在〉という沼の奥深くへとわれわれを引きずり込んでいく。

数年前、雑誌『プレミア』は、ハリウッド映画のきわめて有名なエンディングが英語以外の主だった言語においてどのように翻訳されているかというおもしろいレポートを発表した。日本では、『風と共に去りぬ』でクラーク・ゲーブルがヴィヴィアン・リーにいう「正直、おれの知ったこっちゃない」という台詞が、「ぼくたちのあいだにはすこし誤解があるようだ」というふうに翻訳されている。つまり、日本的な上品さとエチケットが守られているわけだ。対照的に、（中華人民共和国にいる）中国人は、『カサブランカ』の台詞「美しい友情のはじまりだ！」を「われわれ二人はこれから反ファシズム闘争の新しい支部をつくるんだ！」と訳した。つまり、人間関係などよりも、敵に対する闘争が優先されるのである。

本書はいたずらに、過剰に対決的で「挑発的な」言辞を呈しているようにみえるかもしれないが（今日、革命的恐怖政治に対してわずかであれ共感と理解を示すことほど「挑発的な」ことがあるだろうか）、本書はむしろ、『プレミア』で引用された台詞の例にみられる置き換えを実践するものである。実際には敵のことなど知ったこっちゃない場合でも、私は、すこし誤解がある、という言い方をする。また、人々の共有する、新しい理論的‐政治的闘争の場が問題になっている場合でも、私は、学問的な友情と連帯について語っているようにみえるかもしれない……。このような場合に目の前の言葉をどう読み解くかは、読者次第である。

第1部　現状

1

無調の世界における幸福と拷問

人間的な、あまりに人間的な

芸術性をてらったスパイ・スリラーは、善玉と悪玉という単純な対立とは逆に、「われわれ」側の登場人物が抱える「現実の錯綜した心理」を提示する。しかし、われわれの「暗い面」を「正直に」認めるこの身振りは、バランスのとれた視点を表しているのでない。ここに隠されているのは、それとは正反対のもの、すなわち、われわれは「心理的に複雑」で、疑惑で胸がつまりそうなのに、敵は単細胞の狂信的な殺人マシーンであるというわれわれの優越感の表明である。ここにこそ、スピルバーグの『ミュンヘン』の嘘がある。この映画は、「客観的」であることを望み、道徳感というものの複雑さと曖昧さ、心理的疑念、復讐というイスラエル側の視点の疑わしさを提示する。しかし、その「リアリズム」が実際にしているのは、モサドの隊員をこれまで以上に救済することである。「彼らは冷酷な殺人者じゃない、疑念を抱えた人間だ――彼らは懐疑している、それにひきかえパレスチナのテロリストは……」。われわれは、生き残ったモサドの隊員がこの映画に向けた敵意（「疑いなんて抱かなかった、俺たちはやらねばならないことをやっただけだ」）に共感せざるを得ない。彼らの姿勢のほうが、映画よりもはるかに正直であるからだ。[1]

したがって、ここではさしあたり次のような教訓が出てくるようにみえる。〈他者〉を悪魔扱いすることに抵抗する正しい方法は、〈他者〉を主体として扱うこと、〈他者〉の話を聞くこと、〈他者〉が状況をどうとらえているか理解することである、と。あるいは、中東のパルチザンの会話にあるように、「敵とは、いちども話を聞いたことのない人のことだ」[2]と。アイスランド当局は、最近、この多文化主義的寛容という高貴なモットーを実践すべく、ユニークな方法でこの〈他者〉の主体化を制度化した。セクシュアリティに関わる不寛容だけでなく、(移民労働者の増加がもたらした)発達する外国人嫌悪をも抑えるために、当局は「生きた図書館」なるものを組織した。要は、人種的、性的マイノリティ(ゲイ、東欧系移民、あるいは黒人)が金をもらってアイスランド人家庭を訪れ、自分たちの生活、日常の活動、夢などについて話すのである。こうすれば、われわれの生活にとって脅威と思われた異国のストレンジャーは、独自の複雑な世界を抱えた、感情移入できる人として現れる……。

しかし、このやり方には明らかに限界がある。ナチの悪党を招いて話をしてもらうなんてことが想像できるだろうか。ヒトラーが敵なのは彼の話が聞かれていないからだと断言する覚悟が、われわれにあるのだろうか。最近、あるセルビア人ジャーナリストが、ある政治家から聞いた奇妙な話を伝えている。その政治家は、自宅にいたスロボダン・ミロシェヴィッチに、長時間にわたるつらい話し合いのすえ、警察に自首するように説得した。ミロシェヴィッチは同意したが、そのとき、したいことがあるので家の二階に行くことを許してほしいと頼んできた。ミロシェヴィッチは自殺するつもりではないかと恐れた交渉人の彼は、不賛成の意を伝えたが、ミロシェヴィッチは、こういってその気持ちをなだめた。家を出る前に髪を洗うと妻のミラ・ミロシェヴィッチに約束してあったのだ、と。この個人生活の細部は、ミロシェヴィッチの統治がもたらした恐怖にとって「救いとなる」のだろうか。これによって彼は、「より人間的」になるのだろうか。エヴァ・ブラウンの髪を洗うヒトラーの姿は、十分想像がつく。いや、想像などいらない。

ホロコーストの考案者ハイドリッヒが、毎晩ベートーヴェンの後期弦楽四重奏曲を友人たちと好んで演奏していたことを、われわれはすでに知っているのだから。本の背表紙に書かれた作者紹介文の結びにありがちな「私的な」文を思い出そう。「○○は、ひまさえあれば猫と遊び、チューリップの世話をしている……」。作者を「人間的なものにする」こうした補足は、イデオロギーのもっとも純粋な形、彼「もわれわれと同じ人間」であるということの印である。（私は自著のカバーにこう記したい誘惑に駆られたことがある。「ジジェクは、ひまさえあればネットサーフィンをして児童ポルノをあさり、幼い息子に蜘蛛の足のむしり方を教えている……」）。

われわれが主体であることを実感するもっとも基本的な経験は、「内面生活の豊かさ」の経験である。すなわち、私が公的生活において引き受けている象徴的な規定や権限（父親、教授、哲学者）とは対照的な、これこそが「本当の」私だという経験である。ここでの精神分析の第一の教えは、この「内面生活の豊かさ」は根本的に偽物である、ということだ。それはスクリーン、まやかしの距離感であり、その機能は、いわば私の見かけを確保すること、私の真の社会的-象徴的アイデンティティを感知しやすいものに（私の想像的ナルシシズムにとって受け入れやすく）することである。したがって、イデオロギー批判を行う一つの方法は、この「内面生活」とその「誠実な」感情という偽善の化けの皮をはぐ戦略を生み出すことである。ちょうどラース・フォン・トリアーが、その映画のなかで規則的に実践したように。

> 私の処女作『ラン職人』のオープニングでは、白血病で亡くなったある少女への献辞と、彼女の誕生日と命日が提示されますが、これはまったくのでっちあげです。見る人の気持ちを操作し、冷笑していたのです。映画がそんなふうにはじまれば、観客は映画を真剣に見るということは分かっていましたから。[3]

これは単なる操作をはるかに超えている。女性三部作（『奇跡の海』『ダンサー・イン・ザ・ダーク』『ドッグヴィル』）において、フォン・トリアーは、純真な心をもった痛み苦しむ女性犠牲者という究極の原型的イメージに対する同情を反射的に掻き立て、われわれの心の奥深くにあるものを喚起する。彼は、持ち前の「操作」を通じてこの同情の嘘、苦しむ犠牲者の姿からわれわれが得る猥褻な快楽を暴露し、われわれが自己満足にふけるのを妨げる。しかし、これは、（シニフィアンの主体と想像的自我とを対立させる、単純化されたラカン解釈が示唆しているように）私の「真実」は単に私の想像的な「内面生活」によって見えにくくなってしまった象徴的アイデンティティのなかにある、ということを意味するのだろうか。

心の底でサディズム的空想を育んでいながら、公的生活においては礼儀正しく、規則も守るといった男を例にとろう。例えば、男がネット上のチャットルームでこの空想を表現するとき、男は、虚構のころもを借りて自分の真実をさらしている。しかし、実際はこれとは逆に、ここでは礼儀正しい人という仮面が真実で、サディズム的空想はある種の防御の役割を果たしているのではないか。例えば、古いユダヤ的ジョークの新しいヴァージョン、「君は礼儀正しい、それなのになぜ礼儀正しい人であるかのようにふるまうのか」の場合と同じように、である。そうだとすれば、われわれが自己の深遠な真実をスクリーン上に表現する場所と考えられているインターネットは、実際は、陳腐な正常さというわれわれの真実からわれわれを守ってくれる防御用の空想を演じるための場所なのではないか。[4]

ここでは二つの場合を区別しなければならない。私が冷酷な重役で、重役という顔は公的な仮面にすぎない、私の真の〈自己〉は霊的な瞑想のなかにこそ現れると、心の奥で感じている（そして、友人たちが「彼が冷酷に、効率的にビジネスをするからって騙されてはいけない――彼は、本当は上品で優しくて……」と語るのを想像している）場合、これは、私が現実の人間関係においては礼儀正しく、インターネット上では暴力的な空想に身をゆだねる場合と同じではない。両者のあいだでは、主体の同一化がなされる場が移動している。インターネットの場合における私は、自分は本当に礼儀正しい人間であり、暴力的空想と戯れているだけだと思っている。それに対し、ニューエイジ的ビジネスマンとしての私は、自分はビジネスにおいて公的な役割を演じているだけで、自分の真のアイデンティティは瞑想によって啓発された内的な〈自己〉であると考えている。いいかえれば、どちらの場合も真実は虚構であるが、両者ではこの虚構の位置づけが異なるのである。インターネットの例の場合、ある時点で私が「仮面をとって」、現実生活において暴力的空想を爆発させる、つまり、その空想を遂行すること――この爆発が「私の〈自己〉の真実」を効果的に実演すること――は想像できる。ニューエイジ的ビジネスマンの場合、私の真実は公的な場における人格である。そして、ここでは「仮面をとること」、ニューエイジ的自己を現実の場で実演すること、実際に私のビジネスマンとしての特性を捨てることは、私という主体の位置の現実的な転換をもたらすだろう。要するに、「仮面をとること」は、二つの場合において異なる働きをしている。インターネットの例の場合、この身振りは、ヒトラーが実際の反ユダヤ主義的政策によって行ったこと（反ユダヤ主義的空想の実現）、つまり、偽の行為であるが、それに対し、ニューエイジ的ビジネスマンの場合、それは真の行為となるだろう。

この一見矛盾にみえるものを解消するためには、この二つの場合を、想像界・象徴界・現実界というラカンの三幅対を使って整理しなおすのがよい。われわれが扱っているのは、二つの要素ではなく、三つの要素だからである。私がネット上でもてあそぶ汚い空想は、瞑想においてあらわになる私の「真の〈自己〉」と同じ地位にはない。前者は現実界に属し、後者は想像界に属するからだ。つまり、三つの要素とは、想像界、象徴界、現実界である。より正確にいえば、インターネットの例の場合、私の礼儀正しい公的な人格は、想像的-象徴的であり、私の空想という現実界と対立する。それに対し、ニューエイジ的重役の例の場合、私の公的人格は象徴的-現実的であり、私の想像的な「真の〈自己〉」と対立する。[5]（さらに理論的に踏み込んでいえば、この三幅対を機能させるためには、第四の用語、ほかならぬ、主体の核にある空虚を付け加えねばならない。ラカンのいう「棒線を引かれた主体」(S)は、私の象徴的なアイデンティティでも、私の想像的な「真の〈自己〉」でも、私の空想の見るに堪えない現実的な核でもない。それは空の容器であり、一つの結び目のように三つの次元を束ねるのである)。

自国における反共産主義的ヒステリーに誠心誠意立ち向かった西側の左翼という、冷戦期のおなじみの悲劇的人物像は、まさにこの複雑な「結び目」によって説明できる。彼らは、共産主義に対する信念とソビエト連邦の擁護のためなら投獄されてもよいと思っていた。彼らの主体的姿勢をかくも悲劇的に崇高なものにしているのは、まさに彼らの信念の幻想的性格ではないだろうか。スターリン体制下のソビエト連邦の悲惨な現実によって、彼らの内に秘めた信念は、よりいっそう荘厳さを増すのである。ここからは、過激な予期せぬ結論が出てくる。ここにあるのは、悲劇的なまでに見込み違いの倫理的信念、その倫理的判断の恐ろしく悲惨な現実と向き合うことを避ける盲目的な期待感である、といっただけでは十分ではない。それどころか、そうした無謀さ、現実から目をそらす暴力的な身振り、現実の否認、「ソ連の現状が悲惨なことはよく分かっているが、それでも私はソビエト社会主義を信じる」というフェティシズム的態度が、あらゆる倫理的姿勢の核となる構成要素だとしたら、どうだろうか。カントは、『学部の争い』(一七九五年)においてフランス革命を熱烈に支持する考えを展開したとき、すでにこのパラドクスに気づいていた。革命の真の意義は、パリで実際に起こっていたこと——その多くは恐ろしいことであり、残忍な激情の爆発であった——ではなく、革命を見守るヨーロッパ中の共感者たちがパリの出来事に触発されて示した熱狂的な反応のなかにあったのである。

最近起こった、この精神性に富む人民革命は、失敗してもおかしくないし、成功してもおかしくない。

精神的苦痛と残虐行為を積み上げる可能性も大いにあるだろう。にもかかわらず、それは（革命に巻き込まれていない）すべての傍観者を、ぜひ味方につきたいという気持ちにさせるのである。この気持ちは、熱狂といってもよいものである。それは、表現自体に危険をともなうため、人類に備わった道徳的性質からしか生まれない。[6]

真の〈出来事〉、現実界という次元は、パリの暴力的出来事という生の現実にあったのではない。それは、この現実が傍観者の目にどう映っていたかということのなかに、そして、そのとき呼び覚まされた傍観者の希望のなかに、あったのである。パリで現実に起こったことは、経験的歴史の時間に属し、熱狂を生み出した崇高なイメージは、〈永遠〉に属する……。言葉をかえれば、同じことは、ソ連を賞賛する西側の人々にも当てはまる。「一国社会主義の建設」というソ連の経験は、明らかに「精神的苦痛と残虐行為を積み上げた」が、それにもかかわらず、（それに巻き込まれていない）傍観者の心を熱狂させたのである。

ここでの問題は、あらゆる倫理は、そうしたフェティシズム的な否認に基づかねばならないのか、ということである。きわめて普遍的な倫理でさえ、境界線を設けてある種の苦しみを無視せざるをえないのではないか。食料用に屠殺される動物についてはどうか。養豚場を訪れ、なかば目をふさがれ普通に歩くことも許されないままただ太らされて殺されるだけの豚を見たあと、それでもなお豚肉を食べられるひとがいるだろうか。たとえば、拷問に苦しむ何百万という人々、その存在を知っていながらわれわれが知らんふりをしているそうした人々についてはどうか。世界で日に何千回と行われていること――（目を抉り取る、睾丸をつぶすといった）残忍な拷問――を映したスナッフ〔実際の殺人シーンのある〕映画を一作強制的に見せられたとき、われわれに何が起こるか想像しよう。われわれはこれまで通り普通に生活できるだろうか。できるとすれば、それは自分の見たものをどうにか忘れる（それが象徴界に与える効果を一時的に中断する）ことができた場合である。

　繰り返していえば、あらゆる倫理は、そうしたフェティシズム的否認に基づかざるをえないのではないか[7]。あらゆる倫理はそうである。ただし、ある種の反倫理として存在する、精神分析の倫理は例外である。精神分析の倫理は、まさに、標準的な倫理的情熱が排除するもの、ユダヤ-キリスト教の伝統が「隣人」という名で呼ぶトラウマ的な〈モノ〉に注目するのだ。フロイトには、「隣人を愛せ」という命令を支持できない正当な理由があった。フロイトが抵抗しているのは、〈隣人〉を倫理的に飼いならそうとする誘惑である。エマニュエル・レヴィナスが、〈隣人〉を、倫理的責任を要請する深淵としてとらえることによって行ったのは、この飼いならしである。これによってレヴィナスは、〈隣人〉の怪物性、ラカンが隣人に〈モノ〉（*das Ding*）という語——フロイトが、耐え難い強度と不可解さのなかにある、われわれの欲望の究極の対象を指し示すために用いた語——をあてたとき念頭に置いていた怪物性をうやむやにしてしまった。この〈モノ〉という語のなかには、ホラー小説が連想させるものすべてを聞き取らねばならない。〈隣人〉とは、あらゆる平凡な人間の顔の下に潜む〈（邪悪な）モノ〉のことだからである。これは、スティーヴン・キングの『シャイニング』の主人公、徐々に殺人鬼へと変貌し、邪悪な笑みを浮かべながら家族全員の殺戮に向かう、心優しい挫折した作家に似ている。

　フロイトとラカンは、「隣人を愛せ」というユダヤ-キリスト教的な基本命令が本質的に問題含みであることにこだわるわけだが、彼らはそのとき、単に、普遍性をめぐるあらゆる観念がいかに特殊な価値観の影響を受け、様々なものを暗黙に排除しているかという、イデオロギー批判では定番の主張をしているのではない。彼らは、〈隣人〉と普遍性という次元が両立不可能であるということに関して、それよりもはるかに強力な主張をしているのである。普遍性に抵抗するものは、〈隣人〉のもつ、まさに非人間的ともいうべき次元である。このことは、われわれをあの重要な問題に連れもどす。すなわち、あらゆる普遍主義的な倫理は、そうしたフェティシズム的否認に基づかざるをえないのか、という問いに。「ヒューマニズム」（ここでは人間存在の核にある非人間的なものを避けるという意味）にとどまる倫理、〈隣人〉のもつ深淵部を否認する倫理は、そうせざるをえない――それが答えである。「人類」、「人間」は、〈隣人〉の純粋な主体性を覆い隠すマスクなのだ。

　したがって、〈隣人〉とはどうやっても矯正できない、親しい仲間に変えることのできない不可解な〈モノ〉である、と主張するとき、われわれがいわんとしているのは、倫理を最終的に規定する地平は、いかなる包括的な普遍性をもくつがえす底知れぬ〈他者性〉に対する敬意である、ということではない。われわれは、アラン・バディウにならって、次のように主張すべきなのだ――それとは逆に、「非人間的な」倫理、仲間ではなく非人間的な主体を扱う倫理だけが、真の普遍性を支えることができる、と。通常の認識の仕方では、こうした〈隣人－モノ〉としての主体の単独性《シンギュラリティ》から普遍性への思弁的－弁証法的逆転をとらえることは、きわめてむずかしい。ここでいう普遍性とは、通常の「一般的」普遍性ではなく、普遍的単独性、特殊な性質をすべて抜き取られた主体の単独性に基づく普遍性であり、特殊を迂回した、単独性と普遍性とのあいだのある種の短絡である。

　われわれは、ヴァルター・ベンヤミンの初期の著作『言語一般と、特殊としての人間言語』〔「言語一般および人間の言語について」〕のタイトルそのものにはっきり現れた彼の非凡さを賞賛すべきである。ここでのポイントは、人間の言語が、それ以外の種（神と天使の言語？　動物の言語？　なんらかの地球外知的生命体の言語？　コンピュータ言語？　ＤＮＡ言語？）をも抱合するなんらかの普遍言語「そのもの」の一つの種である、ということではない。人間の言語以外に現実に存在する言語はないのだから。しかし、この「特殊な」言語を理解するためには、ある極小《ミニマル》の差異を導入し、「特殊な」言語と言語「そのもの」（人間的有限性というしるしを欠いた、性的情念や道徳を欠いた、支配権をめぐる闘争や権力の猥褻さを欠いた、言語の純粋な構造）とを分かつギャップという観点からこの「特殊な」言語をとらえる必要があるのだ。[8] 非人間的な言語と人間的な言語とのこの極小の差異は、明らかにプラトニックなものである。というわけで、われわれは〔非人間と人間との〕標準的な関係をひっくり返さねばならないとしたら、どうだろうか。キリストにおいて神は完全に人間であるということは、逆にいえば、われわれ人間は完全には人間ではないということだ、というように。G・K・チェスタトンは、『新ナポレオン奇譚』の冒頭に「人間、私の読者のうちきわめて多くの人はそれに属するわけだが……」と書いている。この意味は、もちろん、われわれのうち何人かは人間ではない、ということではない。われわれ全員のなかに非人間的な核がある、あるいは、われわれは「完全に人間であるわけではない not-all human」、ということである。

礼儀というスクリーン

たえず割り込んでくる「非人間的な」〈隣人〉との距離を保つために一般によく用いられる方法は、慇《いん》懃《ぎん》な態度（politeness）である。しかし、慇懃さとは何だろうか。間接的な口説き文句をネタにした軽い艶笑話がある。男の子と女の子が夜遅く彼女の家の前で、さよならをいって家路につこうとしている。男の子がためらいがちにいう。「コーヒーをごちそうになりたいんだけど、寄ってもいいかな」。女の子がこたえる。「ごめん、今夜はだめ、生理だから……」。この話を、慇懃さということを意識して作りかえるとこうなるだろう。女の子がいう。「ねえきいて、生理が終わったの、家にいらっしゃいよ」。男の子がこたえる。「ごめん、いまはコーヒーを飲みたい気分じゃないんだ……」。ただしこの例は、われわれに慇懃な態度のもつ曖昧さを思い知らせる。男の子の答えのなかには、女の子に屈辱を与える紛れもない残酷さがあるからだ。ちょうどジョン・レノンの「労働者階級の英雄」の歌詞、「おまえは、殺しながら微笑む練習をしなきゃならない」のような残虐さが。

ヘンリー・ジェイムズの代表作では、この慇懃な態度の曖昧さが非常にうまく表現されている。気配りが全体を支配するその作品世界、感情の吐露がこの上なく野蛮な行為とみなされるその作品世界では、すべてが口に出していわれ、きわめて痛ましい決断がなされ、慎重に扱うべきメッセージが無視される。しかし、そうしたことはすべて、折り目正しい会話の形をとってなされるのである。そこでは、私は会話の相手をゆするときでさえ、相手にお茶とケーキをすすめながら上品に微笑むのだ……。では、これは、野蛮で直接的な接し方では〈他者〉の核心に触れられないが、気の利いたダンスをしていればそこに到達できる、ということなのか。『ミニマ・モラリア』においてアドルノは、ヘンリー・ジェイムズにおいてすでに明らかとなっていた、気配りという身振りの曖昧さを指摘している。すなわち、他者の感じ方にうやうやしく配慮すること、他者との親密な関係を壊さないよう気遣うことは、容易に他者の痛みに対する野蛮な鈍感さに変わる、と。[9]この曖昧さは、ロシア戦線ドイツ軍中央部隊司令官、クラーゲ元帥において、不条理の域にまで達している。一九四三年一月、軍本部の設置地、スモレンスクにいたドイツ人将校たちが、そこを訪れるヒトラーの殺害を企てていた。計画はこうだ。会食中に二四名ほどの将校がいっせいにピストルを抜きヒトラーを撃つ。そうすれば事件は共同責任になるし、ヒトラーの護衛が銃弾をふせげないことも明らかであった。だが、残念ながらフォン・クラーゲは、反ナチスの考えをもちヒトラーの死を望んでいたにもかかわらず、この計画に反対した。ドイツ将校団の信条からみて「昼食中の男を撃つのは品位に欠ける」――それが彼の言い分であった。[10]

こういうものとしての慇懃さは、礼儀（civility）に近いものである。映画『破局』のあるシーンで、神経質なヴィンス・ヴォーンは、ジェニファー・アニストンを激しく叱責する。「おれに皿洗いをしてほしいなら、してやるよ、それで文句はないだろ」。彼女はこたえる。「皿洗いをしてほしいんじゃない。皿洗いをしたいと思ってほしいの」。ここにあるのは、もっとも単純化された欲望の反射作用、その「テロリスト的な」要求である。つまり、私は、あなたに私の望むことをしてほしいだけでなく、本当にそれをしたいかのようにそれをしてほしい――私は、あなたのすることだけでなく、あなたの欲望も管理したい――ということである。あなたのなしうる最悪のこと、私があなたにしてほしいことをしないことよりもさらに悪いことは、私があなたにしてほしいことを、あなたがしたくないのにすることである……。このことは、礼儀の問題とつながっている。礼儀正しくするとは、他者から頼まれたことを自分が望んでしているように装い、それによって、他者の望みに従う自分の行動が他者の精神的重荷にならないようにすることである。映画『ボラット』の破壊力がもっとも際立つのは、主人公が（少なくともわれわれ西洋人の感覚からみて）粗野で無礼であるときではなく、彼が必死に礼儀正しくしようとするときである。上流階級家庭でのディナー・パーティのとき、彼はトイレの場所をきき、そのあと自分の排泄物を大事にポリ袋に入れて戻り、押し殺したような声で、これをどこにおきましょうかと女主人にきく。権力者に排泄物の袋をもっていき、それをどう始末したらよいか礼儀正しく尋ねること――これは、真に転覆的な政治的身振りを示す模範的な隠喩表現である。

　礼儀とは、行為として現れた、他者をわれわれと同等の自由で自律した行為者として尊重する主体の基本的態度、すなわち、功利主義的あるいは「合理的な」損得勘定を越えて他者とつきあい、他者を信用し、他者に恥をかかせないようにするといった善意の態度を意味する概念だが、礼儀をめぐる短い明快な論文においてロバート・ピピンは、この概念のもつ謎めいた中間的なあり方について緻密に論じている。[11] 礼儀の義務としての性格は、親切や気前のよさとくらべれば強いが（ひとに気前よくなれとは強制できない）、道徳的あるいは法的義務とくらべれば著しく弱い。これこそが、礼儀にふかく関係する行動様式（下品で卑猥なことを話して他者を傷つけることなど）を道徳的に問題にしたり、じかに罰したりするPC的な試みが誤解していることである。つまり、そうした試みは、制御されない私的空想と厳密に統制された間主観的行動とを媒介する、礼儀のもつ貴重な「妥協点」を損ないかねないのだ。ヘーゲルの言葉にひきつけていえば、無-礼を罰することによって失われるのは、「倫理的実体」そのものである。法や明示的な規範的規則とはちがい、礼儀は、文字通り「実体的」であり、つねにすでに与えられているものとして経験される何か、けっしてそのものとして押しつけられたり制定されたりしない何かである。[12] 礼儀が、「本質的に副産物の状態にある」というパラドクスにかかわるのは、そのためである。つまり、礼儀を意図的になすことはできないのであって、もしそれが意図的になされたら、われわれはなにはばかりなく、それは偽の礼儀であって礼儀本来の形ではない、といえるのだ。近代社会において礼儀が担う決定的な役割を、自由な自律的個人の台頭に結びつけたピピンは正しい。それは、礼儀が、他者を自分と対等の自由で自律的な個人として扱う実践であるという意味だけでなく、それよりもさらに洗練された意味において正しいのである。すなわち、礼儀という脆弱な織物は、自由な独立した個人の「社会的実体」であり、そうした個人の（相互）依存の様式そのものである、という意味において。この実体が崩壊したら、個人の自由という社会空間そのものが閉鎖される。

正当なマルクス主義的概念である（「上部構造」と対照関係にある）「土台」は、われわれの自由の幅を規定し制限する基盤（「われわれは、自分が自由であると思っているが、本当は土台に規定されている」）として理解するべきではない。それはむしろ、われわれの自由の、そして、われわれの自由のための土台（枠組み、地勢、空間）としてとらえねばならない。「土台」は、われわれの自由を支える社会的実体なのである。この意味で、礼儀というルールは、われわれの自由を制限するのではなく、われわれの自由が栄えるための唯一の空間を提供する。同様に、国家装置によって強化された法的秩序は、われわれの自由市場取引の土台であり、文法規則は、われわれの自由な思考にとって必要不可欠な土台であり（「自由に思考する」ためには、われわれはただひたすらこの規則に従うしかない)、「第二の自然」としての習慣は、文化の土台であり、信者の集団は、キリスト教的主体の自由を可能にする土台であり唯一の環境である。ブルジョア的な「形だけの抽象的自由」の対立物としてマルクスが主張した悪名高い「具体的、現実的自由」についても、同じように理解すべきである。この「具体的自由」は、内容の可能性を制限するもの(「君たちが真の自由を手にするには、われわれ共産主義陣営を支持するしかない」)ではない。問題はむしろ、自由のためにはいかなる「土台」が確保されねばならないか、ということである。たとえば、資本主義下の労働者は、形式的には自由であるが、彼らがみずからの自由を生産者として実現するのを可能にするような「土台」は存在していない。あるいは、言論、組織などの「形式的」自由は存在するが、この自由の土台は制限されている。

したがって、礼儀の理論的要点は、自由な主体は、装うという行為に支えられねばならない、ということである。しかし、われわれの予想とは逆に、これは、強制されたことあるいは義務として課せられたことをするときに自由に行動しているかのように装う(そのもっとも基本的な形態は、もちろん、「原始」社会における「ポトラッチ」、贈り物の応酬である)ということではない。では、礼儀は、私の自由を表向きは支えながら実際は制限している一群の不文律と、どのような関係にあるのか。こんな場面を想像してみよう。他者を侮辱しないように丁寧な態度で接しようと、私は他者に対する命令(というのも、私は彼の上司なので、彼は私の命令に従わねばならない)を、「申し訳ないですが……していただけますか」というふうに丁寧な依頼の表現にかえる。(これと同様に、有力者や有名人が無名の人と接見するとき、彼らは慇懃さを出すために、一つの方法として無名の人のほうが依頼に応じて来てくれたかのようにふるまう。「わざわざお越しいただいてありがとうございます」と)。しかし、これは真の礼儀ではない。礼儀は、単に、自由な行為という装いをかぶせられた義務ではない。礼儀とは、むしろその正反対、義務という装いをかぶせられた自由な行為である。われわれの例に戻っていおう。権力の座にいる人が真の礼儀をつくすには、どうすればよいか。実際には自分の気前のよさに端を発する行為であっても、しなければならないことをしているかのように装うことである。したがって、自由は、心の中で作られた〔内的〕必然性としての自由というスピノザの定義をひっくり返すパラドクス、装われた必然性としての自由というパラドクスによって支えられる。

ヘーゲルの言葉でいえば、自由は、われわれという存在の倫理的実体によって支えられている。どの社会にも、イデオロギーに染まっているとはもはやみなされなくなった、ある特定の特徴、態度、生活規範がある。それらは「中立的な」もの、非イデオロギー的で常識的な生活形式という外観を呈している。そのときイデオロギーは、この背景から突出／出現した明示的な（記号論的な意味で「有標の」）立場（たとえば、極端な宗教的熱情や、かたくなに一定の政治的態度をとり続けることなど）となる。ここでヘーゲル的な論点をいえば、こうなるだろう。このようにある特徴を中立化して自然に受け入れられる背景にかえることこそが、まさにイデオロギーの最たるもの（そして、そのもっとも効果的な形）である、と。これは弁証法的な「対立物の一致」である。つまり、ある観念の現実化（イデオロギー）がその対立物（非イデオロギー）と一致する（より厳密にいえば、として現れる）のである。そして、適切に言葉をかえれば、同じことは暴力にもいえる。純粋な社会的‐象徴的暴力は、その対立物、すなわち、われわれが住まう環境のような、われわれが呼吸する空気のような自然発生的なものとして現れるのである。

多文化主義の行き詰まりの核にあるのは、以上のような意味での礼儀である。数年前、ドイツで支配的文化 *Leitkultur* をめぐる論争があった。抽象的な多文化主義に反対する保守派は、こう主張した。どの国家もある支配的な文化空間によって基礎づけられており、そこに住む他文化出身の国民はその文化空間を尊重すべきである、と。リベラル左派は、この考え方には人種差別が潜んでいると反撃したが、ここで認めなければならないのは、ともあれ、その保守派の考えが事実の正確な説明になっていることである。集団の権利、女性の完全な解放、信仰（と無信仰）および性的志向の自由、公の場でひとを非難する権利、等々を犠牲にしたとしても個人の自由と権利を尊重すること、それが西洋のリベラルな支配的文化を構成する中心的要素である。これを利用すれば、サウジアラビアなどでイスラム教以外の宗教が公的に禁じられていることを正常なこととして受け入れながら、その一方で自分たちの待遇をめぐって抗議を行う西洋諸国在住のイスラム神学者に対して、応答することが可能になる。そうした神学者たちは、西洋における彼らの信仰の自由を保障する支配的文化が同時に彼らに他のあらゆる自由の尊重を要求することを、受け入れねばならないのだ。簡潔にいえば、イスラム教徒の自由は、サルマン・ラシュディが自分の書きたいことを書く自由そのもののなかに組み込まれているのである。西洋的自由を、自分に都合のよいところだけつまみ食いすることはできないのだ。西洋の多文化主義は、本当の意味で中立的ではない、それは特定の価値観を特権化している、という常套的な批判があるが、それに対する答えは、以下のようになる。ひとは、すべてに開かれた普遍性それ自体が西洋近代に根ざしたものであるという逆説を、なに恥じることなく受け入れるべきである、と。

　そして、誤解を避けるためにいえば、同じことはキリスト教にも当てはまる。ヴァチカンの公式新聞『オッセルヴァトーレ・ロマーノ』は、二〇〇七年五月二日、イタリアのコメディアン、アントニオ・リヴェラを、法王に対する「テロリズム」のかどで告発した。テレビ放映された労働祭《メーデー》ロックコンサートの司会であったリヴェラは、進化に関する法王の立場をこきおろした（「法王は進化を信じないといっている。同感だ。確かに教会は進化してこなかった」）。また、彼は、ピエルジョルジョ・ウェルビー——安楽死賛成をうったえ、二〇〇六年一二月、医師の同意のもと人工呼吸器の電源を切り死亡した筋ジストロフィー患者——のカトリック葬を拒絶した教会を批判した（「ヴァチカンは、ウェルビーの葬儀を拒否したのに、ピノシェとフランコの葬儀は受け入れた。この事実はがまんならない」)。これに対するヴァチカンの反応は、こうである。「これもまたテロリズムである。教会を攻撃するのはテロリズムである。つねに愛の名の下で語る者、つねに生命への愛と人間への愛の名の下で語る者に対して、理性を欠いた不合理な怒りを掻き立てるのは、テロリズムである」。西欧の支配的文化 *Leitkultur* を踏みにじるのは、こうした言葉の根底にある、知的批判と物理的テロ攻撃との同一視である。西欧の支配的文化は、「理性の公的使用」という普遍的領域を主張するのであり、その領域においては、すべてを批判し、すべてを問題化することが可能である。われわれの共有する支配的文化からみれば、リヴェラの意見は完全に許容できる。

ここで決定的に重要なのが、礼儀である。つまり、多文化主義的自由もまた、礼儀の規則――これはけっして抽象的なものではなく、つねに支配的文化の内部に埋め込まれている――に支えられてはじめて機能できるのである。われわれの支配的文化の内部では、「テロ的」であるのはリヴェラではなく、リヴェラの簡潔で筋の通った異議を「理性を欠いた不合理な怒り」として退ける『オッセルヴァトーレ・ロマーノ』のほうである。言論の自由が機能するのは、どのような非難が無作法かをわれわれに教えてくれる、礼儀という一つの不文律に全員が従ったときである。礼儀は、ある特定の民族的あるいは宗教的「生活様式」の、どの特徴が許容され、どの特徴が許容されないかを教えてくれるのである。すべての陣営が同一の礼儀を共有しない、あるいは尊重しない場合、多文化主義は、法的に統制された無知ないしは嫌悪の相互関係となる。

この礼儀にラカンが与えた名前の一つが「主人のシニフィアン」」、すなわち、自分以外に根拠をもたない規則の集合（「そうだからそうなのだ、それがわれわれの慣習なのだ」）である。そして、この〈主人のシニフィアン〉という次元こそ、われわれの社会においてますます脅かされてきているものなのだ。

では、〈主人のシニフィアン〉とは何か。学校の試験に関して、ラカンは奇妙な事実を指摘している。それは、採点・評価と試験結果（成績）の発表とのあいだには、極小《ミニマル》のギャップ、時間のずれがなければならない、ということである。いいかえれば、完璧な答案を書いたと分かっていたとしても、結果が発表されるまでは、ごく小さな不安定要素、運に左右される要素が残る、ということである。このギャップは、事実認識的なものと行為遂行的なものとのあいだ、得点を計算することと、象徴的行為としての意味を最大限含んだ、得点を書き込む（登録する）こととのあいだのギャップである。官僚組織の神秘がもっとも崇高な形で現れる際にも、このギャップがからんでいる。つまり、事実は分かっていたとしても、その事実が官僚組織によってどのように登録されるかは、つねに不明なのである。同じことは選挙にもいえる。選挙においては、偶発性、偶然性、「運」といった契機がきわめて重要である。完全に「合理的な」選挙が仮にあったとしたら、それはもはや選挙ではなく、透明で客観的な手続きとなるだろう。

伝統的（前近代的）社会は、結果を「真実として認める」超越的な根拠を喚起することによって、つまり、それ（神、王……）に権威を授けることによってこの問題を解決した。近代の問題は、ここにある。近代社会は、みずからを自律的、自己統制的なものとみなすからである。つまり、近代社会は、もはや権威の外的（超越的）根拠に依存できない。しかし、それにもかかわらず、偶然性という契機は、選挙の過程において作用し続けねばならない。評論家が投票の「不合理性」（投票がどの方向に流れるかは、投票前日になってもまったく分からない……）を好んで取り上げるのは、そのためである。いいかえれば、仮に民主主義が、完全に機械化され、数値だけが意味をもつ、「行為遂行的」性格を欠いた恒常的な世論調査に変わったら、民主主義はもはや機能しないだろう。クロード・ルフォールが指摘したように、投票は

（生贄の）儀式、社会の儀式的な自己破壊と再生でありつづけなければならない。[13] 理由は、この偶然性自体は透明であってはならないから、それは必要最小限、外面化／物象化されるべきだからである。つまり、われわれのいう「人民の意志」は、〈古代人〉が計り知れない神の意志として、あるいは〈運命〉の手としてとらえたものに相当するのである。自分自身の恣意的な選択、純粋な偶発性の結果といった容認不可能なものを人々が受け入れられるのは、この偶然性が必要最小限の「現実的《リアル》な」ものに差し向けられている場合である。ヘーゲルは、すでにこのことを知っていた。これこそは、彼の君主擁護論の要点なのである。そして、最後にこれらと同様に重要な例をいえば、同じことは愛にもいえる。愛のなかには、「現実界の答え」という要素（「わたしたちはずっと赤い糸で結ばれていた」）がなければならない。私には、自分の恋が完全な偶然の産物であると認めることはできないからである。[14]

〈主人〉の機能は、こうしたことをふまえてはじめて正しく位置づけられる。〈主人〉とは、贈与者が贈与物の〈主人〉による受け取りを贈与者自身の報酬として理解しているような状態のなかで、贈与物を受け取る人のことである。したがって、〈主人〉は、フロイトが *Versagung*（断念）と呼んだものの二重の動きに捕らえられた主体と相関関係にある。つまり、自分にとってもっとも貴重なものを贈与した当人がその代償として交換の対象へ変わるという主体の身振りは、〔〈主人〉の〕受け取るという行為そのものにおける贈与の身振りと相関関係にあるのだ。〈主人〉の側の交換の拒絶は、交換する（自分にとってもっとも貴重なものを贈与する）者であり且つ交換される者でもある主体の側の、二重化された自己再帰的な交換と相関関係にある。

資本主義のからくりは、もちろん、この非対称性が等価交換というイデオロギー的見かけによって覆い隠されていること、二重の非-交換が自由な交換であるかのように偽られていることである。ラカンには分かっていたように、精神分析――理論としてではなく、とくに主体間の特殊な実践、社会的きずなの特異な形としての精神分析――の出現が、主体間の関係が貨幣によって媒介される資本主義社会の内部でのみ可能であったのは、そのためである。貨幣――分析家にお金を払うこと――が必要なのは、分析家が距離を保つため、患者の病状を生み出した情念のもつれに巻き込まれるのを避けるためである。それゆえに、分析家は〈主人〉的人物ではなく、むしろ、ある種の「心の売春婦」なのである。売春婦は、客と一定の距離を保って個人的関わりなしにセックスできるように、望んで金をもらうが、それと同じように分析家も金に頼るのである。われわれがここで出会うのは、貨幣の働きのもっとも純粋な形である。

精神分析治療とポトラッチとのあいだには、類似点がある。「贈与論」[15]においてマルセル・モースは、はじめにポトラッチの逆説的な論理、贈与物の相互交換という逆説的な論理を記述している。贈与と交換は、もちろん、それぞれに内在する論理からみれば対立している。贈与は本来、気前のよさを示す行為、返礼を期待せずに与えられるものである。それに対し、交換は、必然的に相互的である――私が何かを与えるのは、別の物と交換しようと思うからである。ポトラッチとは、この二つの傾向の短絡（交差）、すなわち、交換がそれとは正反対の、二つの自発的な贈与行為という形をとったものである（そして、もちろんここでの要点は、そうした贈与行為が交換に対して二次的なものではなく、交換に先立ち、その基礎となっているということだ）。同じことは、精神分析治療にもいえる。分析家は、一連の等価交換（夢解釈はいくら、症候の解消はいくら、さらに皮肉をこめていえば「夢解釈を三回受けると一回無料」という割引も考えられる）のなかで自分のした仕事の対価としてお金をもらうのではない。分析家と患者の関係がそのように動きはじめたときには、われわれはすでに分析家の言説（社会的きずな）のなかにはいない。分析家のだからといって、分析家は、善意によって無料で患者の心の健康を回復させているのではない。分析家の行為は、善意、つまり隣人を助けることとはいっさい関係がない。繰り返していえば、患者が分析家の行為を善意としてとらえた瞬間、それは精神病という危機につながり、偏執症を一気に発症させる可能性がある。そのようなわけで、ポトラッチの場合と同様に、分析家と非分析者とのあいだの交換は、尺度を異にする二つの過剰のあいだの交換である。分析家は何もしないのに贈与として金をもらい、彼の料金はつねに法外である（よくあることだが、患者は料金が高すぎるという不満と、過剰な感謝の念――「先生にどう恩返しをしてよいやら……」――とのあいだで揺れ動く）。そして、患者は、予期せぬ副産物として、なんらかの援助、つまり病状の改善を得るのだ。ラカンが明らかにしているように、ここでの根底的な問題は、値段のないものの値段をどう決めるか、ということである。

では、われわれは、どうすればポトラッチの謎を解くことができるのか。交換においては神秘的なXが循環する、それがモースの答えである。クロード・レヴィ＝ストロースは、ポトラッチの神秘を「合理的な核」、すなわち、相互関係、交換そのものに還元した。贈与物を相互交換することの意味は、社会的きずなの実演としての交換それ自体である、と。[16] しかし、このレヴィ＝ストロース的な答えには、何かが欠けている。[17] ここで、きわめて重要な「マルクス主義的な」問いを発したのは、ピエール・ブルデュー[18]であった。その問いとは、（マルクスの言葉でいえば）「経済学は、たしかに、たとえ不完全ではあれ、価値とその量の分析を行い、そうした形式の下にひそむものを発見してきたが、しかし、一度たりとも、労働が労働生産物の価値によって表象され、労働時間がその価値の量によって表象される理由を問うたことはなかった」[19]のはなぜか、という問いである。ポトラッチの核心が相互的な交換であるなら、なぜこの相互性は直接現れ出ないのか。なぜそれは、二者が自分の気前よさを自由に自発的に交替で示しあうという「神秘的な」形態をとるのか。われわれがここで出会うのは、強いられた選択のパラドクス、必然的なことを行う自由というパラドクスのもっとも基本的な形である。要するに、私は、私に期待されていることを自分の自由意志でしなければならないのである。（もし私が贈り物をもらったとき、それをすぐに送り手に返せば、この贈り物の循環は、きわめて攻撃的な侮辱の行為となり、私が他者の贈り物を拒んだことを示すことになるだろう。高齢者がうっかりして、去年あげた贈り物をわれわれに返してくる、あの困った瞬間を思い出してもよい）。しかし、ブルデューの答えは、あまりにも俗流マルクス主義的なものにとどまっている。彼は、隠された経済的「利益・関心」を持ち出すのだ。これよりも妥当な別の答えを提示したのは、マーシャル・サーリンズである。すなわち、交換における相互関係は、それ自体きわめて曖昧なものである、それは、根本的に社会的きずなを破壊するものであり、やられたらやり返すという報復の論理である、と。[20] 交換のもつこの側面を覆い隠すために、交換を慈悲に満ちた平和的なものにするために、ひとは、各人の贈与がそれだけで成立する自由意志によるものであるかのように装う必要があるのだ。ここから導かれるのは、「経済のなかの前-経済」、経済の零度、すなわち、二者による非生産的消費からなる相互関係としてのポトラッチである。贈与が〈主人〉に属し、交換が〈従者〉に属するとすれば、ポトラッチは、〈主人〉と〈主人〉のあいだのパラドキシカルな交換である。したがって、それと同時にポトラッチは、礼儀の零度、抑制された礼儀と猥褻な消費行動が重なり合うパラドキシカルな点、無礼にふるまうことが礼儀正しいことになる点である。

ユリシーズの現実政策

〈主人のシニフィアン〉の威厳に最初からとり憑いている不快な裏面、すなわち、〈法〉の威厳と〈法〉に対する不快な侵犯行為とのあいだの秘密の協調関係を最初に明確に描き出したのは、シェイクスピアのもっとも不気味な芝居、ポストモダンという名が生まれる以前のポストモダン作品、『トロイラスとクレシダ』である。英国の偉大なヘーゲル主義者、A・C・ブラッドリーが、強い影響力をもつ著書『シェイクスピアの悲劇』——これはアカデミズムにおける伝統的なシェイクスピア読解の機軸となった——に

おいて語っているのは、

シェイクスピアの精神のなかにあって、彼を神秘主義の詩人や偉大な音楽家、哲学者と結びつけているあの要素が、一定の制限を受け、部分的に抑圧されていることである。彼の劇のうち一作か二作、とりわけ『トロイラスとクレシダ』において、われわれはこの抑圧をほとんど苦痛とともに意識する。われわれは、強固な知性の働きを感じると同時に、このうえなく高貴で、このうえなく優しい彼の魂の力が一時停止してしまったかのような、ある冷たさと硬さを感じる。ほかの劇、とりわけ『テンペスト』においてわれわれがつねに実感するのは、この力の存在である。[21]

この洞察は真理をついている。『トロイラス』では、劇中で起こる恐ろしい馬鹿げた出来事を無効にする、救いとなるような形而上学的ペーソスや至福感が欠けているかのようなのだ。まず難しいのは、『トロイラス』の分類の仕方である。シェイクスピア劇のなかでおそらくもっとも暗い作品であるにもかかわらず、それはしばしば喜劇に分類される。これは正しい。なぜなら、それは高貴な悲劇的ペーソスを欠いているからである。[22]いいかえれば、『トロイラス』が喜劇であるなら、同じ理由から、質のよいすべてのホロコースト映画も喜劇ということになる。強制収容所の囚人の苦境は悲劇的であったと主張するのは、ひとつの冒瀆行為である。彼らの苦境は、悲劇的な威厳を示す可能性そのものを奪われてしまうほど恐ろしいものなのだから。シェイクスピア劇における『トロイラス』の役割は、モーツァルトのオペラにおける『コシ・ファン・トゥッテ』の役割と構造的に同じである。両作品における絶望はあまりにも深いため、それを克服するには、おとぎ話のような魔法(『テンペスト』をはじめとするシェイクスピアの晩年の作品、モーツァルトの『魔笛』)に逃げ込むしかないのである。

シェイクスピアの作品の多くは、よく知られた（ジュリアス・シーザーや英国王をめぐる）偉大な物語の語り直しである。『トロイラス』が例外的なのは、それが有名な物語を語り直すなかで、元来はマイナーで周縁的であった人物に力点を移すからである。『トロイラス』が主として扱っているのは、アキリーズでもヘクターでもないし、プライアムでもアガメムノンでもない。男女のカップルは、ヘレンとプライアム〔パリス〕ではなく、クレシダとトロイラスである。この意味で『トロイラス』は、ポストモダンの規範的方法のひとつ、すなわち、有名な古典作品を周縁的な登場人物の立場から語り直すという方法の先行例といえる。トム・ストッパードの『ローゼンクランツとギルデンスターンは死んだ』は、『ハムレット』に対してそれをやったが、ここではシェイクスピア自身がそれをやっているのである。このずらしの技法はまた、喜劇的な常識的視点を導入する普通の人々の場面を、厳かに演出された国王用の「大」場面の補足としてもってくるという、王室ものにおけるシェイクスピアの常套手段を無効にする。王室ものにおいて挿入されるこの喜劇的な場面は、高貴な場面との対照を通じて後者を強化する。だが、『トロイラス』においては、すべての人物、最高に高潔な戦士たちも彼らを嘲笑する視点に「汚染され」ており、その結果われわれは彼らを、理解力を欠いた愚かしいまでに哀れな者、もしくは無情な陰謀に巻き込まれた者としてみることになる。この悲劇的次元の無効化を「操作する者」、悲劇的ペーソスを計画的に破壊する一人の介入者、それがユリシーズである。ギリシアの《グリーク》（あるいは、現代でいうところの「ブッシュ・モード」、シェイクスピア自身の言葉でいえば「ギリシアの《グリーシャン》」）仕官たちが八年戦ってもトロイを攻め落とせない理由を説明しようとする第一幕のギリシア軍の会議でユリシーズが最初にみせた主張からすると、これは意外にきこえるかもしれない。伝統的な「古い価値観」の立場から発言するユリシーズは、ギリシア軍の失敗の原因を、適材適所を旨とする中央集権的な階層秩序が無視されていることに求める。

すなわち、統率権が無視されていることであります。
ごらんなさい、この平原にむなしく立つわが陣容は、
むなしい党派そのまま、ばらばらではありませんか。
［…］このように
序列が、つまり高いもくろみへの梯子が
ぐらつくとき、大事業は成りがたいのです。
社会生活も、学校編成も、同業組合も、
海を越えて交わされる平和な通商も、
長子の相続権も、年長者の特権も、
王冠、王笏、月桂冠の大権も、すべては
序列によらざればあるべき位置を保てません。
序列を排してその弦の調子を狂わせれば、
耳ざわりな不協和音を生じます。あらゆるものが
対立抗争しはじめます。おだやかなるべき海は
増長してその岸辺より高くふくれあがり、
この堅い地球をいたるところで水びたしにします。
強いものが弱いものを徹底的に支配し、
乱暴ものの息子が父親をなぐり殺します。
力が正義となるのです。いや、むしろ正不正は
その区別を失い、両者のはてしない葛藤を

裁くべき正義の女神もその名を失うのです。
かくしてあらゆるものは力のものとなり〔…〕

（一幕三場）〔小田島雄志訳『トロイラスとクレシダ』、白水社〕

では、万人の権力参加という恐るべき民主主義的状況に帰着するこの崩壊は、何によって引き起こされるのか。ユリシーズがアキリーズに戦闘に参加するように説得する場面で、前者は、自然の階層秩序を徐々に崩壊させる破壊的な力としての時間という隠喩を導入する。時間の経つうちに、あなたの武勲は忘れられ、あなたの栄光も新たな英雄の出現で霞んでしまうだろう。だから己の武功の輝きを失いたくないなら戦いに参加しなさい、と。

「時」は大きな頭陀袋を背にしていて
忘却に食わせる施しものを入れていくのだ、
つまり忘却の大化け物としか形容のしようがない。
その残飯の施しものというのは過去の功績だ、
たてたとたんに片っ端からむさぼり食われ、
あっという間に忘れ去られる。たえず磨きつづければ
名誉は輝きを保つが、一度手を休めれば
骨董屋にぶらさがる錆びた鎧同様、だれからも
見すてられてしまう。〔…〕
過去の美徳にたいする報酬を求めてはなるまい、

なぜならば、
美貌も、知恵も、家柄も、体力も、功績も、
恋愛も、友情も、慈悲心も、すべてはあの
意地の悪い中傷好きな「時」の臣下なのだから。

〔三幕三場〕〔同〕

ここでのユリシーズの戦略は、きわめて曖昧である。一読したかぎり、彼は「序列」（社会的な階層秩序）の必要性についての持論を単に繰り返し、時間を旧来の正しい価値観をむしばむ力として描いている。しかし、さらに仔細に読んでみると、ユリシーズが冷ややかにみずからの議論に特異なひねりを加えていることが明らかになる。つまり、われわれはどうすれば時間にあらがうこと、古い価値観を生かすことができるのか、と。答えは、古い価値観にしがみつくことではなく、冷酷な操作、欺き、英雄同士を争わせることといった不愉快な現実政策によって古い価値観を補うことである。この汚い裏面、この隠された不調和だけが、調和を維持することができるのだ。（ユリシーズは、アキリーズの嫉妬心をもてあそび、ライヴァル間の争いに言及するが、これはまさに階層秩序を不安定にするように作用する。なぜなら、そうした態度をとることは、ひとが社会体制における自分の置かれた従属的な位置に満足していない、ということを示すからである）。時間の効果に対抗し、「序列」の階層秩序を維持するためには、密かに嫉妬心を操ること——すなわち、ユリシーズが最初の演説で賞賛したルールと価値観を踏みにじること——が必要なのである。これは、ハムレットの有名な台詞「世の中の関節ははずれている。何たる因縁だ、それを正すために俺は生まれてきたとは」をユリシーズ流に述べたものであろう。つまり、「それを正す」唯一の方法は、〈旧秩序〉からの逸脱に対して、〈旧秩序〉自体に内在する逸脱によって、〈秩序〉に奉仕するために密か

になされる違反行為によって対抗することなのである。この方法の代償は、そのようにして生きのびる〈秩序〉が、〈秩序〉のまがいもの、〈秩序〉の冒瀆的な模造品であるということだ。

イデオロギーが、単に閉鎖性を生み出すこと、すなわち、包摂されるものと除外／禁止されるものとをきれいに分けることではなく、たえず非-閉鎖性を統制することであるのは、以上のような理由による。結婚の場合、イデオロギーは、単に婚外交渉を禁ずるのではない。イデオロギーの決定的な役割は、そうした不可避的な逸脱行為を統制することにあるのだ（たとえば、カトリックの司祭は、ふしだらな夫にこう助言するのが通念である、「奥さんだけで満足できないのなら、離婚しないことを条件に、目立たないように売春婦のところに行き、姦淫をし、そして罪を悔い改めなさい」）。このようにイデオロギーは、閉鎖がうまくいかないことをつねに認め、そのうえで外部の侵入を統制するのである。

しかし、今日の、われわれの住まう「ポストモダンの」世界においては、〈法〉とそれに内在する逸脱とのあいだのこの弁証法に、さらなるひねりが加えられている。それは、〈法〉自体がますますあからさまに逸脱を喜んで受け入れるようになってきている、ということである。

無調の世界

なぜポトラッチは、われわれの目にかくも神秘的に、あるいは無意味にうつるのか。われわれの住まう「ポストモダンな」世界の基本的特徴は、世界の「複雑さ」は無条件に肯定されねばならない、そこに秩序をもたらさんとする〈主人のシニフィアン〉はすべて「脱構築」され一掃され「散種」されねばならない、といった具合に、〈主人のシニフィアン〉の働きを不要にしようとすることである。要するに、「現代は世界の「複雑さ」を擁護するが、これは〔…〕無調への欲望が一般化されたものにほかならない[23]」。そうした「無調の」世界の明確な例としてバディウがあげるのは、「二元論」を執拗に拒絶するジェンダー研究によって促進された、政治的公正を意識した形のセクシュアリティである。つまり、この世界は、いかなる決定も、〈二者〉からなるいかなる実例も、いかなる（ニーチェ的な意味での）評価も容認しない、多様な性的実践からなる微細な差異と分岐に満ちた世界である、というわけだ。このように〈主人のシニフィアン〉が無効化されるなかで、イデオロギー的呼びかけを行う唯一の媒体として温存されるのは、「名づけえぬ」深淵としての享楽である。つまり、「ポストモダニティ」におけるわれわれの生を統制する究極の命令は、「享楽せよ」――おのれの潜在能力を開花せよ、濃密な性的快楽、社会的成功、精神的自己充足感など、なんでもよい、とにかく享楽せよ――である。

しかし、そうした〈主人のシニフィアン〉の無用化は、われわれを罪悪感の重みから解放するどころか、相当の代償をともなう。その代償は、ラカンによって修正的に記述された超自我の命令によって示されている。「ひとに享楽せよと強いるものは、超自我以外にはない。超自我とは享楽の命令――享楽せよ！――である」[24]。要するに、〈主人のシニフィアン〉の没落によって、主体は、超自我の繰り出すあらゆる罠や曖昧な言葉にさらされるのだ。享楽せよという命令そのもの、いいかえれば、享楽してよいという許可から享楽せよという命令（義務の押し付け）への（普通は感知できない）移行は、享楽を妨げるのであり、その結果、逆説的に、超自我の命令に従えば従うほど、罪責感は募ってゆくのである。これと同じ曖昧さは、「自由放任」で「寛容」な社会の基盤そのものに影響している。「日ごとに明らかになるのは、この寛容がいかに狂信的態度にすぎないかということである。なぜなら、その寛容が許容するのは、寛容の中身が空虚であることだけだからだ」[25]。そして実際には、いかなる決断、いかなる決然たる関与も、潜在的には、他のすべての決断、関与に対して「不寛容」なものなのである。

『世界の論理』においてバディウは、「無調の」世界[26]（*monde atone*）、すなわち、ある「点」――ラカンの用語でいえば、「クッションの綴じ目」(*point de capiton*)、世界に「秩序化」の原理を押し付ける〈主人のシニフィアン〉の介入、支離滅裂な多様性が「最小の差異」へと暴力的に還元される、単純な決断（「イエスかノーか」）がなされるポイント――を欠いた世界について思考を展開している。このポイントについて簡潔な説明を提示したのは、ほかならぬジョン・F・ケネディである。「究極的決断の本質は、傍観者にとって――実際は往々にして決断した本人にとっても――不可解なままである」。けっして理屈だけに基づくものではないこの身振りは、〈主人〉の身振りである。あるいは、G・K・チェスタトンが独特の言い回しで述べたように、「心を開く目的は、口を開く場合と同様に、実のあるものが入ってきたら、ぱくっと閉じることである」。

　世界に対する戦いが、世界の「点」、すなわち、世界を一つの安定した全体へまとめ上げる特質を損なうことによって進行するとすれば、（今日のように）無調の世界、明確な調性を欠いた多様性の世界に住まうわれわれは、この先どうすればよいのか。ひとは、その世界がみずからを「調性化」せざるをえないように、みずからの無調性を支える秘密のトーンをはっきり認めざるをえないように、その世界に対抗しなければならない――それが答えである。例えば、寛容で多元主義的であり、散種され中心をもたないといった様相を呈する世界に直面したとき、必要なのは、この無調性を下支えする構造的原理――ある批判的問いを「不寛容」として排除するといった暗黙の限定つきの「寛容」、あるいは、既存の自由の限界に関する問いを「自由への脅威」として排除する暗黙の限定――を攻撃することである。

　ここでの逆説、すなわち、今日の宗教原理主義とそれが目の敵にする「ポストモダン」世界とのあいだの隠微な共犯関係の徴候は、原理主義もまた「無調の世界」に属している、ということである。原理主義者が信じるということをせず、直接認識するのはそのためである。いいかえれば、リベラルで懐疑的なシニシズムと原理主義とは、その基盤において基本的特徴を共有している。それは、語の本来的な意味における信じる能力の喪失である。両者が考慮できていないのは、あらゆる本来的な意味での信仰を生み出す決定、すなわち、一連の「理由」付け、実証的な知によっては基礎づけることのできない決定という「不条理な」行為である。つまり、ナチスの恐るべき悪行を前にして、それでもなお「不合理ゆえに我信ず」を実行し、全人類は根本的に善であるという信念を表明したアンネ・フランクのような人がもつ「正真正銘の偽善」である。そうであってみれば、熱烈なデジタル・ハッカーのなかに宗教原理主義者が存在し、後者がみずからの宗教と最新の科学的発見を結びつける傾向にあるのは不思議ではない。つまり、宗教原理主義者にとって、宗教的陳述と科学的陳述は、ともに実証的な知に属しているのである。(この意味で「普遍的人権」もまた、純粋な信仰と同じ地位にある。両者は、人間の性質に関する知に基礎づけられていないもの、つまり、われわれの決定によって仮定された原則である。)原理主義セクトの名前(キリスト教の科学、サイエントロジー)自体に「科学」という語が使われているのは、単なる悪趣味な冗談ではない。それは、信仰を実証的知へと還元することを示しているのだ。ここで徴候的なのは、トリノの聖骸布の件である。それが本物であるということになれば、真の信仰者にとって恐ろしいことだろうが(そのとき最初になされるのは血痕のDNA鑑定であり、イエスの父親が誰かという問題が実証的に解決されてしまう……)、真の原理主義者はこの機会を喜ぶだろう。

現代イスラム文化のなかにも、これと同様の現象がある。科学者によって書かれた何百冊もの本が「論証」しているのは、最先端の科学がいかにコーランに書かれた明察と禁止事項を確証するか、ということである。たとえば、神による近親相姦の禁止は、近親生殖で生まれた知能障害をもった子供に関する近年の遺伝学的な知によって正しいと証明された、といった具合に。(なかにはこう主張する者さえいる。神に由来するがゆえに受け入れねばならない信条としてコーランが提供するものは、最終的には科学的な知として論証されない。そうした論証は、コーラン自体を、現代科学において受け入れ可能なものという二流の神話的形態に還元してしまう、と)。[27] 同じことは仏教にもいえる。そこで多くの科学者が手を替え品を替え論じているのは、「近代物理学のタオ」というモチーフ、すなわち、現実とは振動する出来事からなる非物質的な流動体であるという現代科学のヴィジョンが、いかに仏教的存在論の正しさを確証するか……ということである。[28] したがって、ここでは以下のような逆説的な結論を下さざるをえない。伝統的な世俗的ヒューマニストと宗教的原理主義者との対立において、信仰を代表するのはヒューマニストのほうであり、原理主義者は知を代表している、と。要するに、原理主義の本当の危険性は、それが世俗的な科学的知にとって脅威となるという点にではなく、それが本来的な信仰にとって脅威となるという点にあるのだ。

ここで忘れてならないのは、知と信仰との対立が事実確認的なものと行為遂行的なものとの対立といかに呼応しているか、ということである。信仰(あるいは信頼というべきか)は、発話という社会的絆の媒体、すなわち、主体が社会的絆に積極的にかかわる際の媒体を構成する基本的要素であるが、一方、科学は——その形式化において典型的に——言語を無色透明な表示に変える。科学がラカンにとって「現実界における知」という地位をもつことを銘記しよう。つまり、科学の言語は、主体的関与の言語ではなく、行為遂行的次元を奪われた言語、非主体化された言語なのである。したがって、科学的言説が優勢になると、人間主体を構成する隠喩という象徴的機能そのものが衰え、停止される可能性が生じる。父性的権威の最終的な基盤は、信仰、すなわち、父のアイデンティティに関する信頼である。われわれが(象徴的機能としての、〈父の名〉としての、父性の隠喩としての)父を手にできるのは、われわれの父が誰であるか、われわれが直接知っているわけではないから、われわれが父の言葉を真に受け、父を信頼するからである。露骨にいえば、私の父親が誰であるか科学的に分かった瞬間、社会的‐象徴的〈信頼〉の土台としての父親の機能は停止するのである。科学の世界では、そうした信仰は必要ない、真理はＤＮＡ分析を通じて確立される……。したがって、科学的言説のヘゲモニーは、主体の同一化を支える象徴的伝統のネットワーク全体を停止に追い込みかねない。政治的にいえば、ここにあるのは、伝統的な象徴的権威に基づく〈権力〉から生政治学への移行である。

資本主義の「無世界的な」性格は、近代におけるこうした科学的言説の覇権者としての役割とつながっている。ヘーゲルは、すでにこの特徴を明確にとらえていた。彼は、われわれ近代人にとって芸術と宗教はもはや絶対的な尊敬に従って機能するのではない、と書いたのである。われわれは、芸術と宗教を賞賛することはある。しかし、われわれはもはやそれらの前にひざまずくことはないし、実のところ、われわれの心はそれらに同調していない。今日では、ただ科学（概念的な知）だけがこうした尊敬に値するものなのである。「大きな物語の終焉」としての「ポストモダニティ」とは、意味を欠いた残存する唯一の普遍性としての科学的言説を背景にして有象無象の局所的なフィクションが繁茂するこの苦境につけられた一つの名前である。今日の多くの左翼によって支持された政治学、すなわち、世界を溶解する資本主義的近代化の圧倒的な力に対して新しいフィクションを生み出すことによって、（「もう一つの世界」というポルトアレグレのスローガンのように）「新しい世界」を想像することによって対抗するという政治学が間違っているのは、あるいは、少なくともきわめて曖昧なのは、そのためである。この問題の根っこにあるのは、これらのフィクションがわれわれの足下に横たわる資本主義という〈現実界〉といかに関連しているか――ポストモダンの「ローカルな物語」がそうであるように、前者は後者に想像的な多様性を継ぎ足しているにすぎないのか、それとも前者は後者の機能を攪乱しているのか――ということである。いいかえれば、やるべきことは、現実界に介入する、現実界の内部に変化を起こす象徴的フィクション（真理）を生み出すことである。[29]

象徴的同一化によって行為遂行的に基礎づけられるわれわれのアイデンティティ、あらゆる経験を意味ある全体性のなかに位置づけることを可能にする地平の源である象徴界――これらに破壊的に作用する（科学的言説のヘゲモニーと資本主義という二つの面における）近代の衝撃を余すところなく明るみに出せるのは、精神分析だけである。近代のあるところには、必然的に「意味の危機」、〈真理〉と〈意味〉とのつながり――同一性といってもよい――の崩壊がある。ヨーロッパでは近代化は数世紀をかけて広がったので、われわれには、文化事業 *Kulturarbeit* を通じて、新たな社会的物語と神話の編成を通じて近代化という切断に順応する、その破壊力を和らげる時間があった。それに対し――イスラム社会のように――防護壁あるいは時間的猶予もないまま、近代の衝撃にじかにさらされる社会もあった。それゆえ、彼らの象徴的世界は、ヨーロッパのそれにくらべて、はるかに激しく攪乱された。つまり、彼らは、新たな（象徴的）均衡を作り出す時間的余裕もないまま、みずからの（象徴的）基盤を失った。したがって、こうした社会にとって崩壊を防ぐ唯一の方法が、あわてて「原理主義」という盾を構えること、宗教を聖なる〈現実界〉に直結する洞察として精神病的、譫妄的、近親相姦的に再肯定することであったのは、そして、そうした肯定が、犠牲を要求する超自我的神の荒々しい回帰といった恐ろしい結果を招いたことは、不思議ではない。超自我の出現は、ポストモダン的自由放任と新原理主義とに共通するもう一つの特徴である。両者を分けるのは、そこで要求される享楽の所在地である。自由放任のなかにあるのは、われわれの享楽、原理主義のなかにあるのは、神の享楽である。

快楽主義的な独我論者からなるわれわれのポストモダン社会において社会的紐帯がいかに崩壊に向かっているか、ということをめぐって、今日では、右翼左翼を問わず、あらゆる方面から盛んに不満の声が上がっている。われわれは、ますます社会的な原子《アトム》になっている、典型的なのはコンピュータ画面につなぎとめられた孤独な個人で、彼らは生きた人間との接触より仮想現実的なつきあいを好み、身体的接触よりサイバーセックスを好む……というふうに。しかし、社会的紐帯の機能停止に関する分析が間違いであることは、この例自体から明らかである。つまり、個人が仮想現実の空間に沈潜するためには、サイバースペースの仮面をかぶった、これまで以上に強力な大きな〈他者〉の存在、すなわち、われわれが孤独にコンピュータ画面の前に座りながら尚且つ全世界とつながることを可能にする、このあからさまに普遍化された社会性が必要なのである。

「大きな＝大文字の〈他者〉は存在しない」というラカンの教義は、今日、その転覆力を失い、世界的に認められた常識になったようにみえるかもしれない。実質的な共有物としての習慣や価値観という意味での「大きな〈他者〉」は存在しないということ、ヘーゲルのいう「客観的精神」（社会的習律）は個々別々の（ライフスタイルの）「世界」へ分解され、世界間の協調は純粋に形式的なルールによって規定されているということは、誰もが知っているようにみえる。共同体主義者だけでなく、リベラルな左翼までが新たな結束と別種の価値観の共有を主張するのは、そのためである。しかし、サイバースペースの例が明確に証明しているのは、大きな〈他者〉がいかにこれまで以上に存在感を強めているか、ということである。社会的な原子化《アトミズム》は、なんらかの（見た目は）中立的なメカニズムに統制されることによって、はじめて可能なのである。デジタル世界の独我論者がその華麗な孤独生活をまっとうするには、非常に複雑なグローバルな装置が必要なのだ。

リチャード・ローティは、〔小さな＝小文字の〕他者との特権的なつながりを欠いたそうした〈他者〉を論じた典型的な哲学者ではなかったか。彼における大きな〈他者〉は、各個人が夢や苦痛をめぐって「自分自身の物語を語る」ことを可能にする中立的な公的ルールの集合である。このルールは、個人の性癖、短所、暴力的空想といった「私的な」空間が他者の直接的な支配へ広がらないことを保障する。性の解放の結末ともいうべき最新の事例、「マスターベータソン」を思い出そう。これは、数百人の男女がチャリティのためにマスターベーションをする集団イベントで、彼らは、性と生殖に関する保健機関のために募金をし――計画者がいうように――世間の認識を高めて、このもっとも平凡で自然で安全な形の性的活動にまとわりついた羞恥心とタブーを一掃しようとした。マスターベータソンという考え方の基礎にあるイデオロギー的立場は、そこにおける形式と内容の不調和によって示されている。つまり、そのイベントが集団化するのは、独我論的で自己中心的な、おのれの愚かな快楽をよろこんで他者と共有しようとする個人なのである。しかし、この矛盾は、現実の矛盾というより、一見そうみえるだけである。「経験の共有」というカリフォルニア的フレーズによってうまく表現された、ナルシシズムと集団への没入とのあいだの結びつきは、フロイトにとって周知の事実であった。そして、ここで決定的に重要なのは、集まった自慰行為者たちが他人の空間を侵害せずに「空間を共有する」ことを可能にする潜在的な象徴的協定である。ひとが原子化を是としたいと思えば思うほど、自分と他者との距離を統制する、なんらかの大きな〈他者〉の形象が必要になるのだ。本物の快楽主義的な独我論者に出会ったときに感じる、奇妙ではあるが頷ける、あの避けがたい印象は、おそらくここから説明できるだろう。個人特有の性癖に思う存分身を任せているにもかかわらず、そうしたひとは、われわれに気味悪いほど非個性的な印象を与える。そのひとに欠けているのは、まさに一個人がかもしだす「深み」の感覚である。

　では、今日の社会的紐帯に欠けているのは、大きな〈他者〉ではないとすると、なんであるのか。[30] 答えは明らかである。それは、大きな〈他者〉を具現する、その代役となる、小さな他者――「他の人たちと同じような」人であるだけでなく、権威を直接具現する人――である。われわれの住まうポストモダン的世界において、小さな他者は、みな「有限化」され（過ちを犯す者、不完全、「単なる人間」、滑稽とみなされ）、大きな〈他者〉を具現するにたる適性を失っている。また、それによって、大きな〈他者〉の純粋さは保たれ、過失によって汚されることはない。十年かそこらたって、貨幣がついに純粋に仮想的な価値基準となり、特定の対象によって物質化されなくなったとき、貨幣の物神的な力は、この非物質化によって絶対的なものになるだろう。つまり、貨幣は、その不可視性そのものによって全能で遍在的なものになるだろう。したがって、根本的変革を旨とする政治がなすべきことは、どの小さな他者も大きな〈他者〉の代わりとしては不適格であると非難することではなく（そうした「批判」は、われわれに対する大きな〈他者〉の支配を強化するだけである）、大きな〈他者〉の土台そのものを掘り崩すことであり、それによって、大きな〈他者〉によって維持された社会的絆を解除することである。誰もが社会的紐帯の崩壊についで不満をもらす（そして、それによって、今まで以上に強力になったその支配力を見えにくくしている）今日、この紐帯を解除するという本来的な仕事は、これまで以上に急を要するものとして、依然われわれの前にひかえている。

不安についてラカンは、基本的にこう考えていた。嘘をつかない唯一の情動として不安は、現実界に接近したことの、大きな〈他者〉が存在しないことの証である。そうした不安には勇気を出して向かい合うべきであり、不安は、ある状況における現実的なものへと切り込んでいく、本当の意味での行為につながるはずである、と。しかし、今日支配的なのは、それとは別の様態の不安である。それは、構造化のもとになるいかなる「ポイント」も欠いた無調の世界の閉所恐怖症によって引き起こされた不安である。いいかえれば、自分の同類たちが争いながら形成する無限の鏡像関係（a-a'-a''-a'''…）、誰一人として「大きな〈他者〉」の代役として機能しない一連の「小さな他者たち」が争いながら形成する無限の鏡像関係に、自分は捕らえられているという事実に失望した「病的なナルキッソス」の不安である。[31] この閉所恐怖症の根っこにあるのは、大きな〈他者〉を具現する代役の欠如によって、社会的空間が開かれるのではなく、つまり、そこから〈主人〉的形象が抜き取られるのではなく、逆に、不可視の「大きな〈他者〉」、「小さな他者たち」の相互交流を統制するメカニズムが、なおいっそう全面的に広がっていくという事態である。

マリブのセルブスキー研究所

こうした「無調の世界」への移行にともなって、〈法〉とその裏面にあたる超自我との不快な結束は、自由放任的寛容と宗教的原理主義との密かな結束に取って代わられる。マリブで最近起きたあるスキャンダルによって明らかになったのは、生政治学の「治療的」方法と、それに対する原理主義者の反応とのあいだの不愉快な協働関係だけでなく、われわれがこの関係のために払わねばならない破滅的な倫理的代償である。

古きよきソ連時代、モスクワのセルブスキー研究所は、懲罰的な政治的取締りを行うもっとも重要な精神医学機関であった。その精神科医たちは、独自に開発した痛みをともなう薬品を使って、抑留者から国家安全保障上有益な証言を引き出していた。人々を投獄できる精神科医の力を裏で支えていたのは、「ものぐさ分裂病」として知られる、政治的にでっち上げられた精神障害である。精神科医は、その症候をこう記述していた。普段はいたって正常にみえるかもしれないが、「信念をまげない頑固さ」「正義の追求によって起こる神経衰弱」「訴訟を好む傾向」「改革論者の妄想」といった重い病状を発症する、と。治療としては向精神薬の点滴が行われたが、激痛をともなうため患者は意識を失った。ここでは、精神障害でもなければ共産主義には反対できないという考え方が、支配的だったのである。政治的に問題ありとされた立場に対するこうした精神医学的対処は、過去の遺物だろうか。残念ながらそうではない。セルブスキー研究所は、今日、プーチンのロシアでめでたく発展をとげているだけではない。それは、最近のメル・ギブソン事件が示すように、まもなくマリブに出張所を出すだろう。メル・ギブソンは、二〇〇六年七月二八日に起きたことをこう説明している。

酩酊状態で車を運転していたら、ロサンジェルスの郡保安官に停車を命じられた。私を逮捕した警官は、坦々と任務をこなしていた。人を傷つける前に逮捕されて、運がよかったと思う。逮捕されたときの私は、完全に正気を失った人のようで、自分でも嘘としか思えないような、卑しむべき言葉を吐いた。

ギブソンは「この＊＊＊＊ユダヤ野郎……世界で起きた戦争は全部ユダヤ人のせいだ」といい、「お前もユダヤ人か」と保安官代理にきいたと報告されている。ギブソンは謝罪したが、名誉毀損反対連盟は、彼の謝罪を受け入れなかった。連盟の理事、エイブラハム・フォックスマンは、こう書いている。

メル・ギブソンの謝罪は、悔恨の念に乏しく不十分である。それは、彼の偏見に根ざした憎悪と反ユダヤ主義の核心にとどくものではなく、その意味で本当の謝罪とはいえない。彼の長広舌は、結局、彼の本性を明るみに出し、彼が自分の映画『キリストの受難』をめぐる論争のなかで行った抗議、自分は寛大な愛すべき人間であるという抗議が、ペテンであったことを示している。

その後、ギブソンは、さらに誠意を込めて謝罪をし、スポークスマンを通じて、アルコール中毒のリハビリを受けると発表した。そのとき、彼はこう付け加えている。「いかなる憎悪も私の信仰に反します。私はただ許しを請うているのでありません。そこからさらに一歩踏み込んで、ユダヤ人社会の指導者とお会いし、適切な治療法を見つけるために一対一で話し合えるようにしたいのです」。ギブソンがいうには、彼はいま「酩酊状態のとき、あのような悪意ある言葉がどこから出てきたのか理解している途中である」。フォックスマンは、今回のギブソンの謝罪を真摯なものとして受け入れた。

二年前、彼の広報担当から、彼が私に会って話をしたがっていると知らされました。私は今も待っています。講習やカリキュラムはありません。われわれに必要なのは、腹を割った会話です。それこそが治療なのです。いかなる治療であれ、もっとも重要なのは、自分は問題を抱えていると認めることです。彼はすでにその方向に歩みだしています。

なぜこうした卑俗な事件にわざわざこだわるのか。合衆国のイデオロギー的風潮を観察している者にとって、こうした出来事は、悪夢の様相を呈している。二つの陣営、すなわち、反ユダヤ主義的なキリスト教原理主義者とシオニストとの相互協力的な偽善には、驚きを禁じえないのだ。政治的にいえば、ギブソンとフォックスマンの和解は、反ユダヤ主義的キリスト教原理主義者と攻撃的シオニストとのあいだの、見るに堪えない協定を示しており、原理主義者によるイスラエル支持の高まりは、その表れである（シャロンの心臓発作はガザから撤退したことの天罰であったという、パット・ロバートソンの主張を思い出そう）。ユダヤの民は、そうした悪魔との協定によって高い代償を払うことになるだろう。フォックスマンの申し出が、反ユダヤ主義者にとってどれだけ励ましになるか、想像できるだろうか。「いまここでユダヤ人について批判的なことをいったら、どうやら俺は、精神科の治療を受けられるらしい……」。

この最終的な和解の根底には、明らかに、〔ギブソンの謝罪に対してなされた〕不快な見返りがある。ギブソンの暴言に対するフォックスマンの反応は、極端なほど厳格できついものではなかった。それどころか、それはあまりにも簡単にギブソンを楽にさせた。ギブソンは、自分の言葉（反ユダヤ主義的な悪態）の責任を自分だけで負うことを拒絶したが、フォックスマンは、このギブソンの姿勢を受け入れたのだ。悪態は実際には彼自身のものではなかった、それは病状であって、なんらかの未知の力がアルコールの影響下で彼を支配したのだ、と。しかし、「あのような悪意ある言葉がどこから出てきたのか」というギブソンの問いの答えは、滑稽なほど単純である。そうした言葉は、彼のイデオロギー的アイデンティティに組み込まれたものであり、（分かっている範囲では）大方、彼の父親によって形成されたものである。ギブソンの悪態を支えていたのは、狂気ではなく、誰もが知るイデオロギー（反ユダヤ主義）であったのだ。

　われわれの日常における人種差別は、自然発生的な性質として、普段は表面下に潜みつつも、「時代の残滓」に固着し、時代特有の色調を帯びて現れ出る機会を待っている。最近、私は、スターリン体制下の最悪の収容所コルイマで、とくに状況がひどかった（第二次大戦中の）最悪の時代に奇跡的に生き残った男（ポーランド系ユダヤ人）、ヤーヌス・バルダッハの『人は人にとって狼である』という回想録を読んだ[32]。一九四五年、対独戦勝利を祝う大赦の結果、彼は解放されるが、その地区から離れることは許されなかった。そのため彼は、暇つぶしと金もうけのために病院の職につく。病院での彼は、同僚の医師の助言をもとに、飢えた病気の囚人たちにビタミンと栄養を供給するために一か八かの方法を考え出す。収容所の病院では輸血用の血液がひどく余っており、病院はそれを捨てようとしていた。バルダッハは、血液を再処理し、それにハーブからとったビタミンを混ぜ、病院に売り戻した。当局がこれを知ったとき、彼は逮捕されてもおかしくなかった。当局は、彼のしたことを「仕組まれた共食い」と呼び、それを禁じた。しかし、彼は逃げ道を見つける。人間の血を、近所のイヌイットが殺した鹿の血に変えたのである。そして、やがて彼は、この商売で大成功をおさめることになる……。私の頭に即座に浮かんだ人種差別的な連想は、もちろんこうである。「ユダヤ人の典型だ！　彼らは、最悪の強制収容所にいても、策略を練られるだけの自由と場所があれば商売をはじめる。しかも人間の血を使って！」。

　このいかがわしい裏の面が制度に組み込まれると、それがあらわになったときの衝撃もきわめて大きくなる。カトリック司祭の小児性愛という、社会的‐象徴的制度としての教会の機能そのものに刻印された現象は、その例である。したがって、それは、個人の「私的な」無意識の問題ではなく、制度自体の「無意識」の問題である。つまり、それは、教会が自己の存続のためにリビドー生活の病理的な現実に順応しなければならないがゆえに起こるものではなく、制度の自己再生過程そのものに備わったものなのである。[33]この制度的無意識は、ユングのいう「集合無意識」、諸々の個人を包む精神的実体とは何の関係もない。それは、「大きな〈他者〉」という、象徴世界の座標軸を規定する「物象化された」システムの、少しも心理的ではない厳密に言説的な相関物として存在する。それは、公的な言説によって暗黙に前提されたものと暗黙に排除されたものとからなる集合なのだ。したがって、その罪をなかなか認めたがらない教会に対しては、こういうべきであろう。これは明らかに犯罪である、教会が捜査に全面的に協力しないなら、教会も共犯である、さらに、教会がこうした犯罪の発生する条件を作り出していることを、一つの制度としての教会そのものに認めさせなければならない、と。現代のアイルランドで、幼い子供が一人で外出するとき、母親が「知らない人と話しちゃだめよ」という代わりに、より具体的に「……司祭と話しちゃだめよ」というのが一般的になってきているのは、もっともなことなのだ。

　したがって、ギブソンに必要なのは、治療ではない。彼が自分の言葉に責任をとらず、自分の暴言がいかにカトリックとつながり、その猥褻な裏面として機能しているか問えずにいる以上、彼が「私は問題をかかえている」と認めただけでは不十分である。フォックスマンがみずからすすんでギブソンの暴言を治療の必要な個人的病理として扱ったとき、彼は単に、小児性愛の事件を個人の病理に押し込めようとした人たちと同じ過ちを犯したのではない。彼の過ちは、それよりもはるかに悪質である。彼は、厄介な政治的、イデオロギー的態度を、精神医学の助けが必要な現象として扱うというセルブスキー研究所の方法を復活させたのだ。精神異常でもなければ共産主義には反対できないというセルブスキー研究所の強固な信念と同様に、フォックスマンの申し出は、精神異常でもなければ反ユダヤ主義者にはなれないということを暗にいっている。この安易な逃げ道は、重要な問題を回避することを可能にする。すなわち、西洋社会における反ユダヤ主義は、今も昔も狂人によって誇示されるイデオロギーではなく、完全に正常な人々がみせる自発的なイデオロギー的態度、つまり、イデオロギー的な正気そのものの主成分であるという問題を。今日のわれわれが立っている場所は、ここである。すなわち、ギブソンかフォアマンかという惨めな選択、原理主義的信念に根ざした不愉快な憎悪か、それとも厄介な信念を治療の必要な精神病に曲解する同じく不愉快な判断か、という惨めな選択である。

症候としてのポーランド

ポストモダン的な「無調の世界」とそれに対する原理主義的反応とのこの密かな共犯関係が異常に高まるとき、社会の象徴的アイデンティティは、危機を迎える。二〇〇七年三月、ある私的な会話のテープが公表されたとき、ポーランドは、一つのスキャンダル、いわゆる「オレクスィ・ゲイト」事件によって引き裂かれた。民主左翼連合（SLD、つまり、かつての共産主義者）の指導者であり前首相のヨゼフ・オレクスィは、SLDの政治家を軽蔑するような言葉を使ったことを暴露された。オレクスィは、彼らを「負け犬と詐欺師の一味」と呼び、SLDは実際はポーランドに資本主義を導入したのだと皮肉交じりに豪語し、SLDの指導者たちの関心は保身と私腹にあり、ポーランドにはない、と主張していたのである。このテープの真の衝撃は、ある一致にある。つまり、オレクスィは、SLDに反対する反共産主義右翼陣営とまったく同じ言葉を使っていたのである。後者は、SLDの正当性を認めず、SLDは真っ当な政策のない政党であり、自分の利益だけを追求する元ノーメンクラトゥーラの詐欺師組織であると主張していた。この外側からの手厳しい評価は、いまや、SLD自体の内部にあるシニカルな自己評価として——すなわち、ポスト共産主義国家における新左翼の仕事は、大資本家の政党である元共産主義「左翼《レ》＝遺物《フト》」政党とのあらゆるつながりを拒絶することからはじまる、ということを示す確かな証拠として――確証されたのである。

ポーランドは、反近代主義的反発が優位を占め、その力が実際にヘゲモニーを握った、ヨーロッパ最初の国という栄誉を担っているが、この事実こそ、先のスキャンダルと対をなすものである。妊娠中絶禁止、反共産主義的「悪魔祓い」、初等・中等教育からのダーウィニズムの排除、等々を求める声や、共和国大統領のポストを廃止してイエス・キリストをポートランドの永遠の王として宣言するといった突飛な考えが一つになって、歴史の流れを断ち切り、反近代的なキリスト教的価値観に基づく新しいポーランド共和国を建設しよう、という提案となり、国全体を覆っている。しかし、この反発は、本当に「いまこそ力を結集してこの反発の脅威をはね返し、リベラルで世俗的な近代化を肯定するときだ」というリベラル派の恐喝を、左翼が受け入れねばならないほど危険なものなのか。(ちなみに、この恐喝は、昔懐かしい社会民主主義進化論者を思い起こさせる。彼らは、左翼は成長の不十分な社会においてまず近代民主主義国家のブルジョア的プロジェクトを支えるべきであり、「第二段階」になってはじめて根本的変革を旨とする政治、すなわち、資本主義とブルジョア民主主義の克服に乗り出すべきである……と主張した。この「段階論的」方法は、共産主義の「低次」段階と「高次」段階を衒学的に分けた後期スターリン主義において再び制度化されたが、レーニンがこの方法に真っ向から反対したことは、覚えておいて損はない)。

左翼がなすべきことは、それとは逆に、リベラルな近代化と反近代主義的な反発とが対立しあう場から、これまで以上に「身を引く」ことである。[34] 反近代主義的原理主義者は、安定したキリスト教的価値観を社会生活に根付かせようと積極的に、熱心に試みてはいるが、彼らの反発が(ニーチェ的な意味で)きわめて反動的であることを忘れてはならない。その核にあるのは、新たな社会的プロジェクトをすすんで追求する積極的な政治学ではなく、脅威の感覚に対する防御を原動力とする、恐怖に基づく政治学である。次にあげるのは、もっとも単純な輪郭にまで切り詰められた、われわれの苦境に関する保守主義の見解である。それが主として打ち出すのは、「世俗化の進行する文化は、伝統的信念を追い払ってきた」ということである。

この精神の喪失の埋め合わせとして、何百万人ものヨーロッパ人が「相対主義」という世俗的概念を喜んで受け入れてきた。この考え方によれば、絶対的な真理は存在しないし、善悪も存在しない。すべては「相対的」である。私が悪とみなすものは、あなたにとっては悪でないかもしれないのだ。この論理を使えば、極悪非道な行為であっても釈明可能となり、その結果、そうした行為はとがめられないのが当然――実際は不可能――ということになる。いいかえれば、つねに酌量すべき事情が存在し、それが一定の立場をとらないことを正当化するので、行為に対して明確な判断をしないことが当然になるのである。

相対主義が広く受け入れられた結果、ヨーロッパは弱体化し、混乱し、無秩序の状態に陥った。社会主義あるいは擬似社会主義政府は、現在、生活必需品を市民に供給し、これによって多くのヨーロッパ人は自己充足的に生活している。こうした事情のなかで、個人を大義へ向かわせることは難しい。つまり、勝ち取るに値するものは、個人の当面の幸福以外ないのである。唯一信仰といえるのは、個人的満足への信仰だけである。[35]

われわれは、どうすればこの（伝統主義と世俗的相対主義との）対立を、それとは別の、西洋とその「テロとの戦い」の正当性を支える大規模なイデオロギー的対立――すなわち、リベラル民主主義的な個人の権利と、「イスラム・ファシズム」において具体化された宗教的原理主義との対立――に接続できるだろうか。ここにからんでくるのは、アメリカの新保守主義者がみせる症候的な矛盾である。内政において彼らが特権化するのは、リベラルな世俗主義（妊娠中絶、ゲイカップルの結婚、等々）に対する戦いである。つまり、彼らの闘争は、いわゆる「生の文化」による「死の文化」への抵抗である。一方、外交問題において彼らが特権化するのは、そとは正反対のリベラルな「死の文化」の価値観である。このジレンマを解消する一つの方法は、ティム・ラヘイとその仲間たちの作品において表現された、キリスト教原理主義の強硬な解決策、すなわち、第二の対立〔リベラル民主主義対宗教的原理主義〕を第一の対立〔伝統主義対世俗的相対主義〕にきっちり従属させることである。ラヘイが最近出した小説のタイトル、『ヨーロッパの陰謀』は、そのことをよく伝えている。その小説はこう説く。アメリカの真の敵は、イスラムのテロリズムではない。後者は、単なる操り人形にすぎない。それを裏で操っているのは、ヨーロッパの世俗主義者であり、彼らこそ、アメリカの弱体化と国連支配の下での新世界秩序の樹立をもくろむ反キリスト教勢力の正体である、と。この少数意見と対立関係にあるのが、現在支配的なリベラル民主主義的視点である。それは、あらゆる類の原理主義のなかに敵を見出し、アメリカのキリスト教原理主義をアメリカ自家製の「イスラム・ファシズム」とみなしている。

宗教的原理主義の反動的な性格は、他者の目を通じて自己反省する、その秘められた姿勢のなかに見て取ることができる。この反省的姿勢のもっとも（芸術的に）高級な形を、アンドレイ・タルコフスキーの作品を通してみてみよう。タルコフスキー自身は――彼の（後期）作品の主人公はもちろん――本来的な、留保なき信仰の回復を表しており、これは、西洋知識人のもつ、懐疑的態度と対象を突き放してみる自己破壊的な姿勢に対立する。しかし、状況はこれよりも複雑であるとしたら、どうだろうか。この率直な信仰を表す究極の作中人物は、ストーカーである。タルコフスキー本人の言葉を引用しよう。

この「ゾーン」は何を表しているのかと、よくきかれます。私にいえるのは、「ゾーン」は存在しないということだけです。「ゾーン」は、ストーカー自身がでっちあげたものです。彼は、それを生み出すことによって、不幸な人々をそこに連れて行き、希望という妄想を彼らに植えつけることができた。欲望の部屋もストーカーによる作り物、物質世界に直面した人の気を引くための挑発行為です。ストーカーの心のなかで形成されたこの挑発行為は、信仰の行為に対応します。[36]

しかし、ストーカーが「ゾーン」をでっちあげたという主張を文字通り受け取ったら、どうだろうか。ストーカーが素直に信じるどころか、「ゾーン」に連れてきた知識人を魅惑するために信じているふりをし、彼らのなかに信仰への期待を喚起しているのだとしたら、どうだろうか。彼が率直に信じてなどおらず、むしろ、退廃した知識人の目を意識して、信じていると想定される主体の役割を演じているのだとしたら？本当にナイーヴなのは、ストーカーのナイーヴな信仰に魅惑されている、彼を見つめる知識人のほうだとしたら？　そして、同じことが、西洋の一般的知識人を魅惑するためにこの役割を演じる――まちがっても、西洋の懐疑主義とは対照的な、本物の正統的信仰者などではない――タルコフスキー自身にもいえるとしたら？[37]　したがって、次のようにいうジョン・グレイは正しい。「宗教的原理主義者は、自分たちは現代世界の病弊を矯正できる、と考えている。だが、実際のところ彼らは、この病気を癒すふりをしているだけで、当の彼らがこの病気の症候なのである[38]」。

ニーチェの用語でいえば、彼らは究極のニヒリストである。なぜなら、彼らのメッセージは、彼らの活動の形式そのもの（たとえば、他者に見せるという目的を介在させた行動形態）によって崩れるからである。文学上の初期モダニズムの代表者のひとり、ロートレアモン（イジドール・デュカス）は、挑発的な『マルドロールの歌』のあと、伝統的道徳を異様なまでに再肯定した『ポエジー』を書いた。それによって彼は、芸術的モダニティの最初期において、その最終段階となるパラドキシカルな逆転をやってみせたのである。つまり、侵犯すべき対象をすべて使い切ってしまったとき、〈最後の人間〉の重苦しい倦怠を打ち破る唯一の方法は、伝統的な姿勢そのものを究極の侵犯行為として提示することである、というふうに。そして、同じことは、現代の大衆文化にもいえる。

> 新しい悪徳が思いつかなくなったとき、何が起こるだろうか。最新のセックス、最新のドラッグ、最新の暴力が売れなくなったとき、どうすれば飽満と倦怠を避けることができるだろうか。その時点になって、あらためて道徳が流行ることは確かだろう。「道徳」が最新の侵犯行為として売り物になる時代は、もうそこまで来ているのかもしれない。[39]

ここでは厳密に考える必要がある。ここで描かれた逆転は、チェスタトンによって描かれたそれと同じではない。後者においては、道徳自体が最大の侵犯行為として現れる。あるいは、法秩序が最大の（普遍的地位に置かれた）犯罪として現れる。だが、ここでは、チェスタトンのモデルとは対照的に、全体を統一するのは、犯罪ではなく、法である。つまり、最大の侵犯行為として存在する道徳ではなく、現代社会の根本的な「道徳的」命令として存在する侵犯行為である。したがって、真の逆転は、当然、この対立物、道徳と侵犯行為の思弁的な同一性の内部で起こることになる。要するに、ここでなすべきことは、この二項を統一し全体化するものを、道徳から侵犯行為に移すことである。そして、この全体化＝統一化は、それ自身の対立物の形で現れねばならないのだから、われわれの使命は、必然的に、〈法〉が――永遠の侵犯行為という仮面をかぶって――支配する社会から、侵犯行為が――新たな〈法〉という仮面をかぶって――支配する社会への移行ということになる。[40]

拷問できて幸せ？

このように侵犯行為そのものが道徳的命令へと高尚化されることは、正確な名前で呼ぶことができる。その名前とは、至高の義務としての幸福である。ここ十年のあいだに幸福研究が一つの科学的な学問分野として出現したことは、不思議ではない。現在、大学には「幸福学教授」と「生活の質」研究所が存在し、おびただしい数の研究論文が書かれている。『幸福研究』という研究誌さえあるほどだ。この雑誌の編集長、ルート・ヴェーンホーヴェンは、こう書いている。

> われわれは、いまや、何が幸福にとって危険であるか示すことができる。それは、医学が健康にとって悪いものを教えてくれるのと同じである。われわれは、いずれ、どういったライフスタイルがどういった人に適しているか提示できるはずである。[41]

この新しい学問には、二つの流派がある。一方には、社会学的な方法がある。これは、様々な文化、職業、宗教、社会的・経済的グループを対象に何百件という幸福度調査を行い、そこで得られたデータを研究の基盤にしている。こうした研究には文化的バイアスがかかっていると非難することはできない。研究者たちは、幸福という概念の中身がいかに文化的文脈によって決まるか重々承知しているからである（幸福感を個人的な達成感の反映とみなすのは、個人主義的な西洋社会だけである）。また、集められたデータがおもしろいことも否定できない。例えば、幸福は生活に対する満足感と同じではないし（生活の満足度が平均あるいは平均以下の国で、非常に幸福であると答える人の割合が高い例が、いくつかある）、幸福度のもっとも高い国――そのほとんどは西洋の個人主義的な国である――が、自殺率のもっとも高い国になる傾向がある。そしてもちろん、鍵となるのは羨望である。つまり、重要なのは、自分が何を持っているかではなく、他者が何をもっているかである（中流階級は、貧困層よりも満足感がかなり低い。というのも、前者が念頭に置いているのは富裕層、どうあがいても手に入らない収入と地位だからである。それに対し、貧困層は、手が届かないわけではない中流所得者を念頭に置いている）。

　他方には、心理学的（あるいは脳科学的）方法がある。これは、ニューエイジ的な瞑想知にときおり足を踏み入れながら認知科学的な研究を行うもので、要するに、幸福感や満足感にともなう脳内プロセスを正確に測定する。認知科学と仏教との結合（これ自体は新しいものではない――これを提案した最近の大物は、フランシスコ・ヴァレラである）は、ここで倫理的なひねりを加えられている。科学的研究の装いのもとで提示されているのは、生道徳（*biomorality*）とでも呼んでみたくなる新しい道徳――今日の生政治学（biopolitics）に本当の意味で対応するもの――である。実際、「生の目的は、幸福になることである[42]」といったのは、ダライ・ラマ本人ではなかったか。しかし、これは精神分析にとっては真理ではない、と付け加えるべきである。カントの説明によれば、倫理的義務は、外部からやってきて、主体のホメオスタシス的な安定状態を壊乱する、異質でトラウマ的な侵入者として機能する。その耐え難い圧力によって、主体は、「快楽原則を超えて」、快楽の追求を無視して行動せざるをえなくなる。ラカンにとっては、これとまったく同じ説明が欲望にも当てはまる。享楽が、主体の潜在能力の実現として主体に自然にもたらされるものではなく、超自我によるトラウマ的命令の内容であるのは、そのためなのだ[43]。

　したがって、「快楽原則」に最後までしがみついた場合、ある過激な結論が避けがたくなる。人工知能を論ずる哲学者、トマス・メッツィンガーは、とくに混成型ロボット工学の方面において、ということはすなわち「哲学的ではなく経験的な」課題において、人工主体は可能であると考える[44]。彼は、それがはらむ倫理的な問題をこう強調する。「これまで進化によって地球上にもたらされた、意識の生物学的な形態が、経験の望ましい形態であるか、実際にそれ自体で善きものであるかは、まったく明らかではない」[45]。この厄介な問題は、意識された痛みと苦しみにかかわっている。進化は、

以前には存在しなかった、拡大してゆく、苦しみと混乱の海を生み出した。意識をもった個々の主体の数だけでなく、それが現象として占める空間の規模も増大するにしたがって、この海も深くなってゆく[46]。

そして、新たに人工的に生み出された意識の形が、新たな「より深い」苦痛の形を生み出すことは、合理的に考えて十分予測できる……。ここで注意すべきは、この倫理的テーゼが、メッツィンガー個人の風変わりな言行ではなく、彼の理論的枠組みに一貫して備わったものである、ということである。要するに、人間主体を完全に自然の理によって説明することを認めた瞬間、苦痛や苦難を避けることが、倫理的評価の究極の基準とならざるをえないのだ。これには、一つだけ付け加えるべきことがある。この推論の方向を最後までたどり、進化は「以前には存在しなかった、拡大してゆく、苦しみと混乱の海を生み出した」という事実から帰結することをすべて考えれば、当然、人間主体そのものを放棄せざるをえなくなる、ということだ。もしわれわれが動物のままであったなら、さらにいえば、動物が植物のままであったなら、植物が単細胞のままであったなら、細胞が鉱物のままであったなら……われわれは、これほど苦しまずにすんだであろう、というふうに。

われわれの苦境がはらむ大いなるアイロニーの一つは、苦難の防止および幸福を旨とする、これと同様の生道徳が、今日、拷問を正当化する基本原理として使われていることである。すなわち、われわれは、大きな苦難を避けるために拷問する——苦痛や苦難を課す——べきである、というふうに。ここでは、あ

らためてド・クインシーの言葉をこう言い換えてみたくなる。「いったい、どれだけの人がささいな拷問からはじめて、最後には苦痛と苦難に対する戦いを大義として掲げるに至ったことか！」。これがサム・ハリスに当てはまることは、明確である。『信仰の終わり』における彼の拷問擁護論は、直接的な印象としての他者の苦しみと抽象的観念としての他者の苦しみとの区別に基づいている。つまり、遠く離れた所に爆弾を落として数千人を殺傷することよりも、目の前の一人の人間を拷問にかけるほうが、われわれにとってはずっと困難なのである。このように、われわれは、知覚上の錯覚と類似したある種の倫理的錯覚に捕らえられている。こうした錯覚を生む究極の原因は、抽象的なことを推論するわれわれの力はとてつもなく発達したにもかかわらず、われわれの感情-倫理的な反応は、直接目にした苦難や苦痛に対する同情という数千年来の本能に規定されている、ということである。われわれのほとんどが、ボタンを押して目に見えない千人の人間を殺すことよりも、誰かを直接銃で撃つことのほうに嫌悪を感じるのは、そのためである。

対テロ戦争が急務であると思っている人が意外なほど多いことを考えれば、拷問は、ある状況において許されるだけでなく、必要であると思われる。とはいえ、拷問は、以前と比べて少しも倫理的に受け入れやすくはなっていないようだ。その理由は、月の見え方における錯覚の場合と同様にあくまで神経学的なものであると、私は確信している。……いまは、定規を出して、それを空にあててみるときなのかもしれない。[47]

ハリスがアラン・ダーショウィッツの拷問正当化論にふれているのは、不思議ではない。[48] 他者の肉体的な苦痛を直視できないという進化論的に規定されたこの弱点を無効にするために、ハリスは、想像上の「自

白剤」、すなわち、カフェイン抜きコーヒーやダイエットコークと同じ価値をもつ効果的な拷問を思いつく。それは、

拷問の道具であると同時に、その事実を隠すような薬である。それは、人間であれば二度と味わいたくないと思うようなある種の一時的な麻痺と一時的な精神的苦痛を生み出す。捕虜になったテロリストが、この薬を飲まされたあと、昼寝をするように横たわり、一時間後に起き上がって自分の組織の活動について知っていることを洗いざらい白状しはじめたら、われわれ拷問する側の人間はどう思うか、想像してみよう。われわれが最終的にこれを「自白剤」と呼びたいと思ったとしても、おかしくないのではないか。[49]

一行目――「拷問の道具であると同時に、その事実を隠すような薬」――が導入するのは、ポストモダンに典型的な、下剤チョコレートの論理である。ここで想像されているのは、カフェイン抜きコーヒーのようなものなのだ。つまり、われわれは、不快な副作用なしに、望んだ結果だけを得られるのである。すでに述べたKGBの精神科機関、モスクワのセルブスキー研究所では、反体制的人物の拷問に使われるそうした薬が発明されていた。この薬を心臓に注射された囚人は、心拍数が下がり、恐ろしい不安におそわれた。傍目には囚人は単に居眠りしているようにみえるのだが、実際には囚人は悪夢の只中にいるのである。

しかし、ここではさらに不穏なことが起こっている。同情を生み、拷問を受け入れがたくする（拷問される主体の）身近さは、単なる物理的な身近さではなく、もっとも根本的なレベルでは、ユダヤ教的-キリスト教的-フロイト的意味合いをすべて含んだ〈隣人〉の身近さである。すなわち、物理的にどんなに

離れていようとも、つねに「近すぎる」定めにある〈モノ〉のもつ身近さである。ハリスがこの想像の「自白剤」によって目論んでいるのは、〈隣人〉という次元の廃棄にほかならない。拷問を受ける主体は、もはや〈隣人〉ではなく物体であり、その痛みは中和化され、合理的で功利主義的な計算（かなり大きな痛みも、それより大きな痛みを避けるためなら許容できる）によって扱わねばならない要素に変形されている。ここで消滅するのは、主体に付随する無限の深淵である。したがって、拷問を擁護する本のタイトルが『信仰の終わり』であることは、非常に示唆的である。ただし、それは、「われわれが拷問に踏み出せないのは、神を信じているから、隣人を愛せという神の命令を信じているからにすぎない」という分かりやすい意味ではなく、さらに過激な意味で示唆的なのだ。自分とは別の主体（究極的には主体そのもの）は、ラカンにとって直接与えられるものではなく、「前提」、すなわち、想定されたもの、信仰の対象である。そもそも、私の目の前にいるものが深みのない生物機械ではなく、もう一人の主体であると、どうすれば確信できるというのか。

　しかし、テロリストの疑いがある囚人を拷問する最近のアメリカを懸念する人々に対しては、よく知られた一見説得力のある返答がある。「騒ぐことはない。アメリカは、自分たちが過去にやっていたことだけでなく、他の国が今も昔もやっていることを（なかば）公然と認めているだけだ。どちらかといえば、今のほうが偽善は少ない……」。これに対しては、逆に単純な質問を返すべきである。「それだけのことであるなら、なぜアメリカの議員は、われわれにそれを語るのか。なぜ彼らは、これまでのように、だまってそれをやり続けないのか」と。要するに、人間の発話の本性は、発話された内容と発話行為とのあいだの還元不可能なギャップ――「それはそうと、なぜきみは今それを面と向かってぼくにいうのか」――である、ということだ。分別ある浮気ならしてもかまわないという暗黙の了解のもとで生活している夫婦を想像してみよう。夫が突然、進行中の情事について妻にあからさまに語ったら、妻は当然パニックに陥るだろう。「単なる浮気なら、どうして私にそれを話すわけ？　きっと単なる浮気じゃないんだわ！」[50]。あることについて公然と報告する行為は、あってもなくても同じというものではない。それは、報告された内容そのものに影響するのである。

同じことは、公の場で最近なされた拷問の承認にもいえる。二〇〇五年一一月、ディック・チェイニー副大統領は、テロに勝利するということの意味をこう説明した。「われわれは……影の部分の仕事をしなければならない。……ここでなすべきことは多いが、それはすみやかに、有無を言わせずなされねばならない」。このとき彼は、まるで〔コンラッドの『闇の奥』に出てくる〕カーツの生まれ変わりのように語っていたのではないか。だからディック・チェイニーのような人々が拷問の必要性をめぐって不快な声明を発表したときには、彼らにこう尋ねるべきなのだ。「あなたは、テロの容疑者を密かに拷問にかけたいと思っているのに、なぜそれについて公然と語るのか」。要するに、ここで提起すべきは、次の問いである。演説者がこの声明を発話してしまった背景には、いかなる力が働いているのか。

われわれがこの問いのヒント（以上のもの）を手にしたのは、二〇〇七年三月中旬、ハリド・シェイク・モハメドの自白が新聞の見出しを飾っていたころである。そこでは、彼の犯した罪の大きさに対する道徳的な怒りと、彼の自白に対する疑いとが混在していた。彼の自白は信用できるのか。大物テロ首謀者として記憶されたいという虚栄心のために、あるいは、水責めやその他の「強化された尋問方法」から解放されるなら何でも自白するつもりであったために、彼が自分でしなかったことまで自白していたとしたら？　このときそれほど注目されなかったのは、拷問がはじめて正常なものとみなされた、すなわち、容認可能なものとして提示された、という単純な事実である。考えるべきことは、ここからいかなることが倫理的、法的に帰結されるか、ということである。

人々に恐怖を与えたモハメドの犯罪に対しては怒りの声があがったが、われわれの社会において冷酷きわまる犯罪者たちが一般的にたどる運命——法廷で裁かれ、厳罰に処せられる——については、ほとんど話題にならなかった。モハメドには、その行為の性格ゆえに（さらにアメリカ当局から受けた扱いの性格ゆえに）、子供を殺害した極悪人と同様の扱いを受ける資格、判決にしたがって処罰される資格さえ与えられていないかのようだ。そして、テロリスト本人だけでなく、テロと戦う側も、非合法の手段を使いながら、違法とも合法ともつかないグレーゾーンで活動しなければならないかのようだ。したがって、現実には、「法的な」犯罪者と「非法的な」犯罪者、（弁護士をつけるといった）法的手続きにしたがって扱われる者と法的領域の外部にいる者が存在することになる。法に基づいてモハメドを裁き処罰することは、今のところ無意味である。法体系の枠内で機能する法廷では、違法拘留、拷問によって得られた自白などは取り扱えないからである。

このことは、単なる事実以上の意味をもっている。こうした扱いによってモハメドは、文字通り生ける屍として位置づけられ、イタリアの政治哲学者、ジョルジョ・アガンベンのいうホモ・サケルの場所を占めることになる。つまり、彼は、生物学的には生きていながら法的には死んでいる（確固たる法的身分を奪われている）のである。そして、このように人間を扱うアメリカ当局もまた、ホモ・サケルと対をなす中間的な身分に置かれている。法権力として動いてはいるものの、彼らの行為は、もはや法の領域内にはないし、法によって拘束されてもいない。彼らの活動する場所は、法そのものによって支えられてはいるが、法の規則によっては統制されていない空虚な空間なのである。

「現実主義的な」反論——「テロとの戦い」は破廉恥である、ここにあるのは囚人から聞き出した情報に数千人の命を預けるような状況である——に話をもどそう。（ちなみに、モハメドの拷問は、拷問賛成派がその論拠として持ち出す「一秒を争う」状況に当てはまるケースではなかった。モハメドの自白で命を救われた人はいない）。ここで必要なのは、この種の「誠実さ」に逆らって、明白な偽善を手放さないことである。これは容易に想像できることなのだが、きわめて特殊な状況において私が拷問という手段に訴えることはありうることである。しかし、そうした場合には、この破れかぶれの選択を普遍的原則にまで高めないということが決定的に重要である。私は単に、その場の避けようのない切迫した過酷な状況に応じて、それをするだけなのだ。このようにしてはじめて、つまり、自分のすべきことを普遍的原則にまで高めることが不可能であるという状況においてはじめて、私は自分のしたことの恐ろしさを本当の意味で認識するのである。

ある意味では、拷問を率直に支持する人よりも、拷問を公然と擁護しないままそれを論争の正当なテーマとして受け入れる人のほうが危険である。道徳は、単なる個人の良心の問題ではない。道徳は、ヘーゲルのいう「客観的精神」、個々人の活動の背景にあってわれわれに何が容認可能で何が容認不可能かを教えてくれる不文律に支えられて、はじめて発達するのだ。例えば、あえてレイプに反対する議論をしなくてすむということは、われわれの社会の進歩を示している。レイプは悪いということは、誰にとっても「教条的に」明らかであり、ほとんどの人はレイプに反対する議論にさえ辟易してしまう。もし誰かがレイプを擁護して、みなが彼に反論しなければならなくなったら——彼は単におろか者にみえるはずだ——それは悲しむべき徴候だろう。そして、同じことは、当然、拷問にもいえるはずなのである。

公然と承認された拷問の最大の犠牲者が、われわれ、つまり、それについて報告を受けた公衆であるのは、以上の理由による。われわれは、われわれの集団的アイデンティティの貴重な部分が回復不可能なほど失われてしまったことを自覚するべきである。われわれは、道徳崩壊のまっただ中にいる。権力をにぎる者たちは、まさに、われわれの倫理的支柱の一部を壊そうとしている。つまり、おそらくは文明最大の偉業である、われわれの自然派生的な道徳意識の成長をくじき、それを台無しにしようとしているのだ。

このことをなによりも明白に示すのは、モハメドの自白における意義深い細部である。報告によれば、拷問の実行者自身が試しに水責めを受けてみたところ、彼らはたったの五秒か一〇秒でなんでも話そうという気になった。それに対し、モハメドは二分三〇秒も耐えたために――これほど長い時間耐えた者は誰の記憶にもなかった――、実行者たちはしぶしぶ彼を賞賛したという。こうした内容の話が公的言説を構成していた最後の時代が、拷問がまだ公的な見世物、捕らえた敵の大物を試す――落ち着いて痛みに耐えた者は観衆の賞賛に浴した――高貴な方法であった時代、すなわち中世の後期であったことをわれわれは自覚しているだろうか。われわれには本当に、この種の原始的な武人的倫理が必要なのか。

では、これが最終的にどこに行き着くか、われわれは分かっているだろうか。『トゥエンティフォー』の第五シーズンで、テロ計画の黒幕が合衆国大統領本人であることが明らかになったとき、多くの視聴者は、ジャック・バウアーが、数千人の命を救う秘密を知っていながらなかなか口を割らないテロリストに対してよく使う手を、大統領――「地球一の権力者」「自由世界の指導者」（など、彼に付けられた金正日《キム・ジョンイル》的な称号はいろいろある）――にも使うのではないかと期待していた。つまり、彼は大統領を拷問するだろうか、と。

残念ながら、作者はこの救いをもたらす展開を選ばなかった。しかし、われわれの想像力はそのはるか先、ジョナサン・スウィフト流の、あるささやかな提案へと進んでいく。すなわち、アメリカ大統領の候補者を審査する過程で、候補者の公開拷問をしてみたらどうか、と。例えば、ホワイト・ハウスの芝の上で候補者を水責めにし、それを数百万人に向けて生放送してみてはどうか。その場合、自由世界の指導者の地位にふさわしい人は、モハメドの記録、二分三〇秒を破る人ということになるだろう。

2

イデオロギーの家族神話

歴史的〈現実〉を家族物語の枠組みを使ってとらえる——つまり、家族のレベルを越えた社会的な力（たとえば階級）の軋轢の物語が、家庭劇の枠組みに押し込められる——という根源的なイデオロギー的操作については、すでにおびただしい数の論文が書かれている。このイデオロギーをもっとも明確に表現しているのは、もちろん、究極のイデオロギー装置としてのハリウッドである。というのも、典型的なハリウッド作品においては、円卓の騎士の運命から十月革命、はては地球と小惑星の衝突にいたるまで、すべてがエディプス的物語に置き換えられているからである。（ドゥルーズ主義者は、精神分析がいかにこうした家族化の理論的支柱として機能し、それによって重要なイデオロギー装置になるか指摘したくてたまらないだろう）。

「資本主義リアリズム」

まずしなければならないのは、この家族物語を、その基本的な、キッチュなレベルにおいて分析することである。例として最適なのは、マイクル・クライトンである。彼は、「資本主義リアリズム」の最初の偉大な作家、アーサー・ヘイリーの後継者といってよい。（一九六〇年代のヘイリーのベストセラー――『ホテル』『大空港』『自動車』等々――は、つねに特定の生産操業地や複雑な組織に焦点をあて、メロドラマ的プロットとそうした場所の長たらしい描写とをあわせ持っていた。その意味で、それはグラドコフの『セメント』のような、一九二〇年代、三〇年代のスターリン主義的古典作品との予期せぬ類似性をみせている。）[1] クライトンは、現在支配的な、恐怖をあおる政治学にしたがって、このジャンルにポストモダン・テクノスリラー的なひねりを加えた。彼は、恐怖――すなわち、過去の恐怖（『ジュラシック・パーク』『北人伝説』）、ナノテクノロジーの未来の恐怖（『プレイ―獲物』）、日本の経済力の恐怖（『ライジング・サン』）、セクシャル・ハラスメントの恐怖（『ディスクロージャー』）、ロボット・テクノロジーの恐怖（『ウエスト・ワールド』）、医療産業の恐怖（『コーマ（昏睡）』）、宇宙人の侵略の恐怖（『アンドロメダ菌株』）、生態系の壊滅の恐怖（『恐怖の存在』）――を描く究極の小説家である。そして、彼の最新作『恐怖の存在』は、われわれの世界に潜む、破滅をもたらすこの陰の力のリストに予期せぬ一例を付け加えた。アメリカにとってもっとも恐ろしい敵は、環境保護論者自身にほかならない、と。[2]

多くの批評家が指摘しているように、クライトンの本は、厳密には小説とはいえない。それはむしろ、映画の脚本になることを見込んだ未完成の草稿である。しかし、彼の作品が現代イデオロギーの分析にとって興味深いのは、まさにこの特徴による。それは文体的特性を欠き、きわめて「平明に」書かれているため、そこでは基本的なイデオロギー的空想を、当惑させるほど高純度の昇華以前の状態で、いわば剝き出しのまま提示できるのだ。典型的なのは、『プレイ―獲物』である。[3] この作品では、ネヴァダ砂漠にある研究所でのナノテクノロジーの実験が失敗し、雲状のナノ粒子――数百万のミクロロボット――が脱走する。この雲――人の目には黒い蜂の群れのようにみえる――は自立的で、自己増殖する。それは知能をもち、経験を活かして刻一刻進化していく。それを破壊する企ては、ことごとく失敗する。[4] それは捕食者になるようにあらかじめプログラムされており、獲物となるのは人間である。この機械のような疫病が無力な世界に放たれるのを防ぐことができるのは、研究所に閉じ込められた一握りの科学者だけである……。こうした物語のお決まりのパターン通り、この「大きなプロット」(人類の滅亡を招く大惨事)は、「二次的プロット」、すなわち、科学者たちのあいだの人間関係および軋轢——その中心には通常の男女の役割が逆転した、問題を抱えた夫婦がいる——と組み合わされている。小説の語り手ジャックは、メディア・テクノロジー関係の会社で、最先端をいくコンピュータ・プログラム部門の部長をしていたが、他人の犯した失敗の責任を押し付けられ、そこをクビになっていた。現在、彼は専業主夫をしているが、妻のジュリアのほうは、大惨事の起きたネヴァダ砂漠研究所を所有するナノテクノロジー関連の会社、ザイモスの副社長として仕事中毒の生活を送っている。色っぽくて狡猾で冷酷な彼女は、『ディスクロージャー』に出てきた会社勤めの意地悪女の新しいヴァージョンである。小説の冒頭でジャックは、三人の子供の面倒に追われ、スーパーマーケットで別の父親と、おむつはパンパースがいいかハギーズがいいか言い争い、妻が浮気しているという疑念をおさえようとする。

この家庭をめぐるプロットは、単なる人間的な関心をめぐるサブプロットではなく、小説の中心的主題である。つまり、雲状のナノ粒子は、家族内の軋轢を物質化したものとしてとらえるべきなのだ。ラカンを知っている人にとって何よりも印象的なことは、この粒子の群れが、いかにラカンの『セミネールⅨ』に出てくる「ラメラ(薄膜)」と似ているか、ということである。それは無限の柔軟性をもち、絶対に壊れないようにみえる。そして、つねに群れを成し、無限に姿を変えることができる。そこでは邪悪な獣のような性質が、何も考えず、ただひたすら動き続ける機械のような性質と重なり合うのである。ラメラは、物質的な密度を欠いた純粋に表面的な実体、すなわち、たえず形を変えるだけでなく一つの媒体から別の媒体へと移行できる力を備えた、無限の柔軟性をもつ物体である。たとえば、最初はキーンという音として知覚され、そのあと歪んだ怪物のような形をして現れる「何らかのもの」を想像すればよいだろう。ラメラは、分割不可能であり、破壊不可能であり、不死である。より正確にいえば、それはホラー小説的な意味で、死にきれない《アンデッド》ものである。それは崇高な精神の不死ではなく、倒されるとすぐに復活し、ぶざまに活動しつづけるあの「生ける屍」の不快な不死である。ラカンのいうように、ラメラは、存在するのではなく固執する。それは非現実的であり、純粋な仮象としての実体、空虚な中心を包み込むように層をなす多様な見せかけである。そのあり方は、純粋に空想的なのだ。けっして潰えることのない、リビドーのこの盲目的な持続を、フロイトは「死の欲動」と呼んだ。ここで銘記すべきは、「死の欲動」が、逆説的にも、その名とは正反対のものにフロイトが付けた名前である、ということだ。それは、精神分析において不死というものがどのように現れるかを指している。つまり、生の不気味な過剰性、いいかえれば、生と死、生成と腐敗という（生物学的）サイクルの彼岸で持続する「死にきれない」衝動を指しているのだ。フロイトは、死の欲動はいわゆる「反復強迫」と同じである、と考えた。それは、痛ましい過去の経験を反復しようとする衝動であり、この衝動に影響される有機体に本来備わった限界を超えているようにみえるもの、有機体の死を超えてなお持続するようにみえるものである。このようにラメラは、「生殖のサイクルに従属しているという事実によって、生きた存在から差し引かれているもの」[5]である。それは、性的差異に先行するものであり、非性的な自己分割によって自己増殖し自己複製する。[6]小説のクライマックスで、ジャックはジュリアを抱きしめるが、このときジュリアはすでに——ジャックは知らないのだが——ナノ粒子の群れに冒され、それによって超人的な力を授かりながら、ナノ粒子との共生状態のなかにいる。

> 私はジュリアを強く抱きしめた。彼女の顔の皮膚が急速に振動し、ぶるぶる震え始めた。すると彼女は悲鳴をあげ、その顔は大きく膨れ上がっていくようにみえた。彼女の目はひどく脅えているようであっ

た。膨張は続き、やがて細い、流れるような線に分裂しはじめた。

突然、ジュリアは私の目の前で文字通りばらばらに崩れてしまった。彼女の膨れ上がった顔とからだの皮膚は、粒子の流れとなって彼女から流れ出した。それはまるで砂丘から吹き出る砂のようであった。粒子は、磁界に沿って弧を描くように部屋の四方八方に伸びていた。

腕に抱いた彼女のからだがだんだん軽くなっていくのを感じた。だが粒子は依然として部屋の四方八方に、シューという音をたてながら流れ続けている。その流れがやんだとき、あとに残ったのは、つまり私が腕に抱いていたのは、青ざめ、やせこけた死体のようなものだった。ジュリアの眼は頬の奥深く落ち窪んでいた。彼女の口はやせこけ、ひび割れており、肌は透き通っていた。髪は色を失い、簡単にくだけた。やせこけた首からは鎖骨が突き出ていた。まるで癌で死んだようであった。口は動いていた。わずかに言葉が聞こえたが、それは息と区別のつかない程度のものであった。私は前かがみになり、耳を彼女の口に近づけた。

「ジャック」と彼女はささやいた。「私は食べられているのよ」。(468–9)

だが、ジュリアと粒子の分離は、ここで終わりとなる。粒子は彼女のところに戻り、彼女を生き返らせるのだ。

壁についた粒子は再び自由に流れていた。粒子は元の場所にはまり込むように、彼女の顔とからだに戻っていった。……すると突然シューという音とともにすべての粒子が戻り、ジュリアは以前のような完全な姿と美しさと強さを取り戻した。彼女は私を押しのけ、軽蔑の眼差しで私をみた……。(471)

そして、最後の対決の場面でわれわれが目にするのは、二人の並んだジュリア、すなわち、粒子の群れから成るきらめくジュリアと、疲れ果てた現実のジュリアである。

ジュリアは、らせん状に渦を巻きながら私のほうに向かってきた。そして私の傍らにあるはしごをつかんだ。彼女はジュリアではなかった。あくまで粒子の群れであった。ちょっとのあいだ群れの統制がゆるんだので、私は所々開いた隙間からその中を見通すことができた。そこには彼女を構成している渦巻く粒子が見えた。下を見ると、現実のジュリアがいた。彼女は死人のように青白く、立ったまま私を見上げていた。顔は頭蓋骨であった。このときまでに、私の傍らにいた群れは、以前見たときのように固形体の様相を呈していた。それはジュリアのようにみえた。(476)

ここでわれわれが論じているのは、科学ではないし、あやしい疑似科学でもない。根本的な空想的シナリオの一例である。より正確にいえば、空想と現実との結びつきが崩壊するというシナリオである。その結果として、われわれは両者を、すなわち、空想と現実、粒子群＝ジュリアと「現実の」ジュリアをいっしょに手にすることになるのだ。これは、テリー・ギリアムの『ブラジル』の冒頭にある、あのすばらしいシーンに似ている。そこで描かれた高級レストランでは、見た目が(おそらくは味も)排泄物にそっくりな小型パイのようなケーキを皿にのせて客に出しているのだが、皿の上にはカラー写真が吊り下げられていて、われわれが「実際に食べている」ものが何であるか——たとえば血の滴るようなステーキ——を教えているのである。

以上が『プレイ』のしかるべき読み方である。つまり、ナノテクノロジーをめぐる(擬似)科学的な思弁はすべて、主婦の役割を押し付けられた夫、野心的で口喧しい会社勤めの妻に対する不満を募らせた夫の物語を語るための口実なのである。小説の終わりで「普通の」カップルが誕生するのは、つまり、ジャックの傍らに、我の強くない、ものわかりのよい同僚の中国人科学者メイ、ジュリアの攻撃性や野心とは無縁の物静かで誠実なメイがいるのは、不思議ではないのだ。

カップルの生産――ハリウッドの内と……

父親の権威の行き詰まりとその回復というこのモチーフは、スティーヴン・スピルバーグの主要作品――『E.T.』『太陽の帝国』『ジュラシック・パーク』『シンドラーのリスト』等々――の底にも流れている。ETと出会う少年が（映画の冒頭で明かされるように）父親に捨てられていたこと、それゆえにETが、最終的には新しい父親（最終ショットで母親を抱きしめているところが映し出されるよき科学者）を授ける、ある種の「消滅する媒介者」であることを思い出すべきだろう。新しい父親が現れたとき、ETは地球を離れ「家に帰る」ことができるのである。『太陽の帝国』が焦点を当てるのは、戦争で荒廃した中国で両親に見捨てられ、（ジョン・マルコヴィッチ演じる）父親代わりの男に助けられて生きのびた少年である。『ジュラシック・パーク』の冒頭でわれわれが目にするのは、恐竜の骨で二人の子供を面白半分に威嚇する（サム・ニール演じる）父親的人物である。この骨は、明らかに、のちに巨大な恐竜へと急激に変貌するあの小さな対象=染みである。そうであるなら、恐竜の凶暴性は、映画の空想的世界において父性的な超自我の怒りを物質化したものにすぎないという仮説を、思い切って立てることもできるだろう。この読みの根拠は、映画の中盤に出てくる、ある気づきにくい細部に示されている。巨獣たちに追われるニールと二人の子供は、それら凶暴な肉食恐竜から逃れるために巨木に身を隠すが、疲労困憊したためそこで眠ってしまう。木の上でニールは、ベルトに差していた骨をなくすわけだが、この出来事は魔法の力を発揮するようにみえる。三人が眠りに落ちる前に、ニールは子供たちと仲直りし、二人に愛情とやさしさを示すのだ。意義深いことに、翌朝、木に近づき眠る三人を起こす恐竜は、やさしい草食動物なのである……。『シンドラーのリスト』は、そのもっとも基本的なレベルにおいて『ジュラシック・パーク』をリメイクしている（出来はオリジナルより悪いが）。ナチスは恐竜、（映画のはじめのほうの）シンドラーは暴利をむさぼる冷笑的で楽観的な父親的人物、ゲットーのユダヤ人はおびえた子供たちに相当する（映画においてユダヤ人は際立って幼児化されている）。シンドラーがユダヤ人に対する父親的な責任を自覚し、責任感の強いやさしい父親へと変貌すること。それがこの映画の語る物語である。そして『宇宙戦争』は、このサーガを構成する最新の作品ではないだろうか。トム・クルーズが演じるのは、二人の子供を顧みない離婚した労働者階級の父親である。彼は、宇宙人の来襲によって父親本来の本能に目覚め、やさしい父親としての自己を再発見する。最後のシーンで彼が、彼を一貫して軽蔑していた息子から父親として認められることは驚くまでもない。したがって、この映画には、一八世紀小説風に「労働者階級の父親が息子と和解するまでの物語」と副題を付けることもできただろう。血に飢えた宇宙人が出てこないヴァージョンも容易に想像がつく。その場合、あとに残るのは、映画が「実際に語っていること」、二人の子供の尊敬を得ようと奮闘する労働者階級の父親の物語である。この映画のイデオロギーは、ここに潜んでいる。物語の二つのレベル（父親の権威の喪失と回復というエディプス的レベル、押し寄せる宇宙人との戦いというスペクタクルのレベル）は、明らかに非対称である。というのも、エディプス的レベルは「実際に語られる」物語であるのに対し、人の目を引く外面的な部分は、単にその物語の隠喩的な拡張にすぎないからだ。映画のサウンドトラックには、このエディプス的次元の優位を明示する格好の細部がある。宇宙人の来襲には、単音からなる恐ろしげなトロンボーンの低音が付けられているのだが、これが奇妙にも、チベット仏教徒が詠唱するときの低音のらっぱのような音、（スピルバーグの『未知との遭遇』において、「善き」宇宙人であることを示す五音からなる「美しい」メロディーの断片とは対照的な）苦しみあえぐ瀕死の邪悪な父親の声に似ているのだ。

そうであるなら、古今を通じて最大のヒットとなった映画、ジェイムズ・キャメロンの『タイタニック』の根底にあるモチーフが、同じように解読できたとしても不思議ではない。『タイタニック』は、本当に、氷山に激突した船の大惨劇を描いた映画なのか。注目すべきは、惨事がいつ起こったかということである。それは、愛し合う二人の若者（レオナルド・デ・カプリオとケイト・ウィンスレット）がセックスをして蕩けるような出会いをはたし、船のデッキに戻ったときに起こる。しかし、問題はそれだけではない。仮にそれだけであるなら、大惨事は単に、〈運命〉が二重の違反行為（不倫による性行為、階級の壁を破る行為）に与える罰にすぎなくなる。ここでより重要なのは、デッキの上でケイトが恋人に情熱的にこう語っていることである。翌朝、船がニューヨークに着いたら、私はあなたともに行く、金持ちと暮らして偽りの堕落した生活をするより、貧しくとも真の愛に生きるほうがよい、と。船はこの瞬間に氷山に激突するのであり、それによって、この激突がなければ実際に起こっていたにちがいない大惨事、つまり、ニューヨークにおける彼らの生活は、避けられたのである。ニューヨークに行って惨めな日常生活を送っていたら、早晩、二人の愛が壊れていたことは容易に推測できる。したがって、事故が起こったのは、彼らの愛を救うため、事故が起きなかったら「いつまでも幸せに」暮らせたのにという幻想を維持するため……なのである。

しかし、話はこれで終わりではない。さらなる謎解きの鍵がデ・カプリオの死の場面で与えられているのだ。彼は冷たい海のなかで凍死していく。一方のウィンスレットは、大きな木片に乗って漂い、身の安全を確保している。彼を失うことを自覚した彼女は、「あなたを行かせはしない！」と叫ぶが、その間ずっと手で彼を押し退けている。なぜだろうか。彼が自分の目的を果たしたからである。要するに『タイタニック』は、ラブ・ストーリーの陰で別の物語、アイデンティティの危機に陥った上流階級の我がままなお嬢さんの物語を語っている。混乱状態にある彼女は、どう生きたらよいかわからない。そのときデ・カプリオは、彼女の恋人というより、ある種の「消滅する媒介者」として存在する。彼の役割は、アイデンティティの感覚、人生の目的、自己像を彼女に取り戻させることなのだ（実際、彼は彼女をスケッチする）。この仕事が終われば、彼は消えてよいのである。酷寒の北極海に沈む彼が残す最後の言葉が、恋人の別れの言葉ではなく、説教師が最後にいうようなメッセージであるのは――彼は彼女に今後の生き方を教え、自分に正直に生きるようにいう――そのためである。これが意味するのは、キャメロンの浅はかなハリウッド・マルクス主義（下層階級をあからさまに特権化すること、富裕層の残酷な利己主義と日和見主義を戯画化すること）にだまされてはいけない、ということである。貧者に対するこの同情の裏には、別の物語が潜んでいる。それは、危機に陥った若い富者が貧者の強い生命力にしばし触れることで活力を回復するという、キプリングの『海の子ハービ』によってはじめて本格的に展開された、きわめて反動的な神話である。貧者に対する同情の裏には、吸血鬼的な搾取が潜んでいるのだ。

カップルを創造するために歴史的大事件を背景に使うというこのハリウッドの方法は、ウォーレン・ビーティの『レッズ』において途方もない域に達している。ここでハリウッドは、二〇世紀におけるもっともトラウマ的な歴史的出来事といってよい十月革命を再利用する方法を見つけた。では、十月革命は、この映画でどのように描かれているのか。ジョン・リードとルイーズ・ブライアントは、愛情の冷え切ったカップルである。だが、ルイーズがプラットフォームで情熱的に革命を説くジョンをみたとき、二人の愛はふたたび燃え上がる。このあとには、二人の性交の場面と典型的な革命の場面が、交差しあいながら続く。革命の場面のなかには、あからさまに性交と共鳴しあうものがある。例えば、ジョンが陰茎を挿入するときには、突っ込んでくる「男根的な」列車を通りでデモをする黒い群集がとり囲み、それを止める場面に切り替わる、といったように……。しかもこのときバックには、つねに「インターナショナル」の歌が流れている。二人がオーガズムを迎える場面では、レーニン自身が現れて、ホールいっぱいの代議員に演説するわけだが、このときのレーニンは、冷酷な革命指導者というより、二人の愛の儀式を司る賢明な師といったほうがよい。カップルの仲をもとに戻すなら、十月革命であっても受け入れられるのだ……。

歴史的大事件を背景にカップルの創造を描くというこのハリウッドの図式は、どの程度他の文化にも認められるのか――そう問う人がいるかもしれない。十月革命を引き継いだ人たちに目を転じてみよう。そこでは驚くべきことが起きている。[7]

チャウレリの悪名高い『ベルリン陥落』(一九四八年)をとりあげよう。これは、ヒトラーのドイツに勝利したソヴィエトの物語であり、スターリン主義的な戦争叙事詩の最たる例である。物語はドイツによるソ連攻撃の直前、一九四一年からはじまる。スタハーノフ主義的鉄鋼労働者である主人公は、地元の教師に恋をしているが、内気なため彼女に思いを伝えられずにいる。そんな彼がスターリン賞を授与され、スターリン本人に別荘でもてなしをうける。一九五三年に削除され、その後失われてしまったシーンでは、公的な授与式のあとスターリンが、緊張して落ち着かない様子の主人公に目をとめ、何か心配事があるのかときく。主人公が恋の悩みを打ち明けると、スターリンは助言をする。彼女の前で詩を読んでごらん、娘の心をつかむにはそれが一番だ、云々と。帰宅した彼は、みごと彼女を口説き落とす。しかし、彼が彼女を(おそらくセックスするために)草むらまで抱いていったとき、ドイツ軍の空爆がはじまる。これが一九四一年六月二二日のことである。混乱のなか、彼女はドイツ軍に捕まり、ベルリン近郊の労働者収容所に連行される。一方、主人公は赤軍に入り、恋人を奪還するために前線で戦う。映画の終わりで、赤軍によって解放された歓喜に沸く囚人たちがロシア軍の兵隊と入り乱れるとき、その近くに一機の飛行機が着陸する。するとスターリンが降り立ち、群集は近づいてくる彼を大喜びで迎える。まさにこの瞬間、まるでスターリンの手助けに再び媒介されたかのように、恋人たちは再会する。娘は、群衆のなかに主人公を見つけるのである。彼女は、彼を抱きしめる前にスターリンのほうに近づき、キスをしてもよいか尋ねる……。いやはや、こんな映画は二度とつくられないだろう！『ベルリン陥落』は、再会するカップルの物語である。第二次世界大戦は、主人公が恋人に到達するために克服しなければならない障害なのである。それは、騎士が城に幽閉された王女を手に入れるために殺さなければならない竜のようなものだ。そして、スターリンは、カップルを首尾よく再会へと導く魔術師、仲人の役割を果たすのである。

これと同じ解釈法は、大惨事を描いたSF映画にも有効である。宇宙規模の惨事を描く映画の最近の例であるミミ・レダーの『ディープ・インパクト』（一九九八年）では、巨大彗星が地球にぶつかり、むこう千年間、全生物を死滅させそうになる。映画の終わりで、地球は、原子力兵器を携えた宇宙飛行士たちの英雄的な自殺的行為によって救われる。粉々になった彗星の一部がニューヨークの東の海に落ち、何百ヤードという高さの波を生み出す。波は、ニューヨークやワシントンなど、アメリカ合衆国の北東海岸全域に襲いかかる。この彗星-〈モノ〉は、一組のカップル、ただし予期せぬカップルを生み出す。すなわち、明らかに神経症で性的に魅力のない若いテレビレポーター（ティア・レオーニ）と、彼女のふしだらな父親（マクシミリアン・シェル）――彼は娘の母親と離婚し、娘と同い年の若い女と再婚したばかりである――という近親相姦的なカップルを。この映画が、この父親と娘とのあいだの未解決の原始的な近親相姦的関係を描いたドラマであることは明らかである。つまり、地球に襲いかかる彗星は、明らかに、父親への明白なトラウマ的固着をかかえた独身ヒロインの自己破壊的な激怒を具現しているのだ。父親の再婚にとまどう彼女は、父親が自分を捨て同い年の女を選んだという事実を受け入れられないのである。迫り来る大惨事をテレビ放送で国民に知らせる（政治的公正にそってモーガン・フリーマンが演じる）大統領は、不快な実の父親と対になる理想の父親、すなわち、記者会見で大統領に最初の質問をするという特権的な役割を彼女に与える優しい父親的人物としてふるまう。彗星と、父親的権威の暗く不快な裏面との結びつきは、大統領に対するヒロインの接触の仕方を通じて明らかになる。彼女は調査をすすめるなかで、「エル Elle」という名と結びついた発覚間近の財政スキャンダル(政府による巨額の違法支出)を知る。彼女は、最初、当然のことながら、大統領がセックス・スキャンダルに巻き込まれており、「エル」は愛人を指していると考える。だが、そのあと彼女は真実を知る。「エル E.L.E.」とは、地球の全生命を絶滅させかねない事故が起こったときに講じられる緊急対策のコードネームなのである。政府は、大災害時に百万人のアメリカ人が生き延びられるように、秘密の基金を使って巨大な地下シェルターを建設していたのである。

したがって、地球に接近する彗星は、明らかに父親の不義の隠喩、ふしだらな父親が自分以外の若い女を選んだという事実に直面した娘の破滅したリビドーの隠喩である。こうして地球規模の災害という仕掛けは、父親が若い妻に捨てられ、娘(前妻、つまりヒロインの母親ではない)のもとに戻るようにするために作動する。映画のクライマックス場面では、ヒロインが、海岸の豪奢な家で迫り来る波をひとりで待つ父親と再会するのである。娘は海岸を歩く父親を見つける。二人は仲直りし、静かに波を待ちながら抱き合う。波がとうとう大きな影を彼らに落とすぐらいまで迫ったとき、娘は「パパ」と穏やかに声をあげて泣き、父親に身を寄せる——父親の愛情あふれる抱擁に守られた女の子という子供時代の場面を再現し、彼の庇護を求めるかのように。そして、その直後、二人は巨大な波に押し流される。われわれは、この場面におけるヒロインの無力さと脆さにだまされてはならない。彼女は、この物語の根底にあるリビドー構造において黒幕として働く悪霊であり、父親の抱擁に守られて死ぬことは、彼女にとって究極の望みの実現なのだから……。このとき、われわれは『禁断の惑星』とは対極の位置にいる。両作品とも娘と父親の関係を扱ってはいる。しかし、破壊力をもつ怪物が具体化するものが、『禁断の惑星』では父親の近親相姦的な死への願望であるのに対し、『ディープ・インパクト』では娘の近親相姦的な死への願望なのである。巨大な波が、抱き合う娘と父親を押し流す海岸のシーンは、（フレッド・ジンネマンの『地上より永遠に』によって有名になった）波にやさしくうたれながら砂浜でセックスするカップル（バート・ランカスターとデボラ・カー）という典型的なハリウッド的モチーフをふまえて解読すべきである。ここでのカップルは、だれがみても近親相姦的なカップルである。だからこそ、波は巨大で破壊的であって、心安まる引き潮やさざ波ではないのだ。

おもしろいことに、地球を襲う巨大彗星というテーマを扱った一九九八年の超大作『アルマゲドン』もまた、近親相姦的な父と娘の関係に焦点をあてている。ただし、ここでは父親（ブルース・ウィリス）が娘に過剰に執着する。つまり、彗星の破壊力は、同世代の若者を相手にした娘の恋愛に対する父親の怒りを具現するのである。重要なのは、結末が自己破壊的ではなく、「積極的＝肯定的」であることだ。父親は地球を救うためにみずからを犠牲にする。つまり、彼は――映画の底に横たわるリビドー構造のレベルにおいて――娘と若者の結婚を祝福するために首尾よく自己消滅するのである。

……外

驚くべきことに、ハリウッドから離れた芸術映画のなかにも、これと同様の家族神話を基盤にするものは多い。フロリアン・ヘンケル・フォン・ドナースマルクの『善き人のためのソナタ』〔原題『他者の人生』〕（二〇〇六年）からはじめよう。この作品は、よくヴォルフガング・ベッカーの『グッバイ、レーニン！』との比較を通じて好意的に評価される。前者は、シュタージ（旧東独の国家保安警察）の恐怖が私的生活の細部にまで浸透していた様子を明晰に描くことによって、後者の感傷的なオスタルギー（旧東独へのノスタルジー）に対する必要不可欠な修正となる——それがこの比較論の骨子である。しかし、本当にそうなのだろうか。

仔細にみてみれば、それとは逆のイメージが浮かび上がる。共産主義体制の過酷な現実の描写すべてにいえることなのだが、『善き人のためのソナタ』は、恐るべき状況を描こうとする試みそのものにおいて、実は、その真の恐ろしさを取り逃がしている。どのようにしてか。第一に、この映画の物語を牽引するのは、堕落した文化省大臣〔原文のママ〕である。彼は、東ドイツ屈指の劇作家、ゲオルク・ドライマンを追放したいと思っている。そうすれば、ドライマンの恋人、女優のクリスタ＝マリアとの情事を思うように続けられるからである。このようにして、組織の形式的構造そのものに刻印された恐怖は、一個人の気まぐれの産物へと矮小化される。ここでは、大臣という一個人の堕落がなくとも、つまり勤勉な官僚だけであっても、体制の恐ろしさに変わりはない、ということが忘れられている。

大臣が奪いたいと思っている女の同棲相手である作家は、前者とは逆に理想化されている。では、彼がそれほどよい作家であるなら、つまり、共産主義組織に誠実に献身し、組織の上層部の人間と親密であるなら（共産党指導者の妻、マーゴット・ホネッカーは、一般人には禁じられたソルジェニーツィンの本を彼に与える）、どうして彼はもっとはやく体制と対立しなかったのか。国際的名声ゆえに、ベルトルト・ブレヒト、ハイナー・ミュラー、クリスタ・ヴォルフといった東独の有名作家と同様に大目に見られたとはいえ、どうみても過剰な彼が、体制から少々問題ありとさえみなされなかったのは、どういうわけなのか。ここで思い浮かぶのは、共産主義体制下の過酷な生活を表現した機知に富む公式である。それは、三つの特徴——私的な誠実さ、体制に対する真摯な支持、知性——のうち組み合わせられるのは二つだけで、三つは不可能である、というものだ。もし誠実かつ共産党支持であるなら、そのひとは利口ではない。もし利口かつ共産党支持なら、そのひとは誠実ではない。もし誠実かつ利口であるなら、そのひとは共産党を支持できない。ドライマンの問題点は、それにもかかわらず、彼がこの三つの特徴をすべてあわせ持っていることにある。

第二に、冒頭のレセプションの場面では、ある反体制者が面と向かって大臣に食って掛かる。しかもなんのお咎めもなしに。こうしたことを許す体制が、本当に恐ろしいといえるだろうか。最後に、クリスタ＝マリアのほうが精神的に行き詰まり、夫を裏切ること。これによって彼女はアパートから身を投げ、トラックの下敷きになる。それに対し、現実の夫婦関係において配偶者が相手を裏切る場合をみると、男のほうが「ＩＭ」[8]、つまりシュタージの「非公式の協力者 *informelle Mitarbeiter*」になるケースが圧倒的に多いのである。

冷戦時代のラブ・ストーリーでひときわ異彩を放っているのは、ヴェラ・レングスフェルトとクヌト・ヴォレンベルガーの物語である。二人は、現在は存在しないＧＤＲ（ドイツ民主共和国）で結婚し、二人の子をもうけた。ベルリンの壁が崩壊したあと、ＧＤＲの反体制派であったヴェラは、自分に関するシュタージの資料を目にする。そして、ドナルドというコードネームをもつシュタージの諜報員であったクヌトが、彼女の活動を報告するために、上司の命令で彼女と結婚し生活していたことを知る。すぐに彼と離婚した彼女は、以後、彼と言葉を交わすことはなかった。しばらくして、クヌトは彼女に手紙を書き、正体を隠していたのは彼女を守るためであり、それは間違いなく愛の行為であったのだと説明する。そして、急速に進むパーキンソン病によって彼の死が近づいたとき、ヴェラは彼のことはもう許しましたと談話を発表する……。ハリウッドがヴェラ役にメリル・ストリープを使ってこの話の映画化を考えていることは、なんら不思議ではない[9]。愛の行為としての裏切り——この物語の枠組みは、ジョン・ル・カレの傑作『パーフェクト・スパイ』によってすでに提示されている。

『善き人のためのソナタ』におけるこのずれを説明するには、物語の底にひそむ奇妙な暗部を思い起こすしかない。周知の事実と露骨に矛盾する形で現実がかくも奇妙に歪曲されるのは、この映画の底流に潜む同性愛のせいではないだろうか。ゲルト・ヴィースラーは、明らかに、カップルを見張っているうちにドライマンの性的魅力の虜となり、彼のことしか考えられなくなっている。ヴィースラーは、まさにこの愛情に促されて、徐々にドライマンを助けるようになるのである。統一ドイツへの転換（*die Wende*）後、今はドライマンは自分に関する資料を手に入れ、裏で何が起こっていたかを知る。そのあと、今度は彼が、今は郵便集配人として働いているヴィースラーを尾行するなどして、恋する男として返礼をする。こうして立場は逆転する。観察される側であった犠牲者は、今や観察する側なのである。映画の最後のシーンでヴィースラーは、本屋（スターリン通り〔ママ、正しくはカール・マルクス通り〕にある伝説の「カール・マルクス書店」）に行き、そこでドライマンの新作小説『善き人へのソナタ』を買い、（シュタージのコードネームで示された）自分に対する献辞を目にする。したがって、残酷なアイロニーであることを承知でいえば、『善き人へのソナタ』は『カサブランカ』の有名なエンディングを想起させる。つまり、ここにあるのは、厄介な女性の障害物をうまく取り除くことによって――これは真にキリスト的な犠牲的行為といえる（なにしろ彼女の名前はクリスタ＝マリアなのだ！）――ドライマンとヴィースラーのあいだに芽生えた、おなじみの「美しき友情のはじまり」である。

見た目は愉快な、郷愁に満ちたコメディである『グッバイ、レーニン！』は、この『善き人のためのソナタ』ののどかさとは対照的に、その裏にさらに過酷な現実（夫が西側に逃げた後、野蛮なシュタージがその家に押し入る冒頭の場面によって示される）を隠している。したがって、そこで得られる教訓――GDR体制に対する英雄的な抵抗は維持できない、生き残るには狂気に逃げ込むしか、現実との縁を切るしかない――は、『善き人のためのソナタ』の教訓よりもずっと絶望的である。

もちろん、だからといって『グッバイ、レーニン！』に欠点がないわけではない。ここで有効なのは、最近つくられた別の政治ものスリラー、ジョン・マルコヴィッチの『ダンス・オブ・テロリスト』〔原題『上階のダンサー』〕との比較である。両作品とも愛――母に対する息子の愛（『グッバイ、レーニン！』）、女に対する男の愛（『ダンス』）――の枠のなかで暴力を描いている。両作品における愛の役割は、厳密な意味でイデオロギー的である。要するに、それは、残忍でトラウマ的な暴力――『グッバイ、レーニン！』でいえばGDR体制の暴力と、GDR崩壊に乗じた西側の乗っ取りの暴力、『ダンス』でいえばセンデロ・ルミノソによる容赦のない革命的テロルの暴力――という〈現実〉と向き合うことを神秘化し、それによってその向き合いを制御する、つまり受け入れやすくするのである。『レーニン』も『ダンス』も、最近存在した「急進的な」政治に向き合っているが、意義深いことに、一方は大ヒットし、もう一方は興行成績が芳しくなかった。

『グッバイ、レーニン！』は、GDRを心から信奉する母親をもった息子の物語である。母親は、一九九一年〔ママ、正しくは一九八九年〕のGDR創立四〇年祭の夜に起きたデモの混乱をみて心臓発作を起こす。母親は命を取り留めたが、医師は、今度精神的なショックを受ければ彼女は死ぬと息子に警告する。そこで息子は、友人の助けを借りて、部屋から出られない母親のために、GDRが問題なく存続しているようにみせる演出をする。例えば、彼らは毎晩、ビデオに録音した偽のGDR関連のニュースをテレビで見せるのである。映画の最後に主人公はいう。ゲームはすでに度を越していた――末期の母親にみせた虚構は、「こうなるはずだったのに」という思いを込めてつくられた第二のGDRであった……と。ここに潜んでいるのは、オスタルギーにおける退屈な話題（GDRに対する真の憧憬ではなく、そこから本気で離れ距離をとること、そのトラウマから離脱すること）には収まらない重要な政治的問題、すなわち、この「第二のGDR」という夢はGDR自体に本来備わっていたものなのか、という問題である。最後の偽のテレビ報道において、GDRの新しいリーダー（GDR初の宇宙飛行士）は、西ドイツ市民が消費者テロ、人種差別、絶望的な生存競争から逃避できるように国境の通行を自由にすると決断するわけだが、そういうしたユートピア的な逃避への欲求が現実のものであることは明らかである。野蛮な言い方をしよう。オスタルギーは、今日のドイツにおいて、何の倫理的問題も引き起こすことなく広く浸透している。それに対して、ナチスに対するノスタルジーを公の場で表明すること――「グッバイ、レーニン」ではなく「グッバイ、ヒトラー」――は（一時たりとも）想像できない。こうなるのは、共産主義には、歪められ阻まれた形とはいえ解放を生み出す力が潜んでいるが、ファシズムにはその力がまったくないということを、われわれが自覚しているからではないのか。したがって、映画の最後で起こる擬似形而上学的なエピファニー（母親が心臓発作後はじめてアパートの外へ出ると、ヘリコプターで運ばれるレーニン像が彼女の目の前に現れ、すっと伸びた像の手が彼女に直接語りかけている、あるいは呼びかけているようにみえる場面）は、見た目以上に真剣に受けとめるべきものである。

この映画の弱点は（ロベルト・ベニーニの『ライフ・イズ・ビューティフル』のように）幻想の保護という倫理を維持していることである。つまり、この映画は、心臓発作の再発という脅威をうまく使って、空想の保護は究極の倫理的義務として必要であると、われわれに認めさせるのだ。映画はここで図らずも、「高貴な嘘」は必要であるというレオ・シュトラウスの主張を支持しているのではないか。しかし、共産主義が胚胎する解放の力は、素朴な信奉者のために実演され維持されるべき「高貴な嘘」、すなわち、実際は共産主義支配の冷酷な暴力を隠すためだけの嘘にすぎないのだろうか。この映画の母親は、「信じていると想定された主体」である。つまり、彼女以外の人たちは、彼女を通じてみずからの信念を維持するのである。（通常は母親が守り手として想定され、子供を残酷な現実から守るわけだから、ここにはアイロニーがある）。『グッバイ、レーニン！』の母親は、（不在の）父親に代わって法をつくる存在ではないのか。したがって――ラカンにとって、男性同性愛の起源はここに存するのであってみれば――真の問題はこうなる。なぜ主人公は、そうであってしかるべきなのにゲイではないのか。

『グッバイ、レーニン！』とは対照的に、『ダンス・オブ・テロリスト』は、奇妙な魅惑の対象である〈悪〉の形象に救済の可能性を見出してはいない。これはむしろ、コンラッド流の「闇の奥」への旅に連なる作品として読まれるべきである。この映画において「闇の奥」を代表するのは、イデオロギー的綱領によって世論を支配することに関心を示さず、ただ凶悪なキャンペーンを実行するセンデロ・ルミノソ運動の途方もない非情さと残忍さである。「誠実でリベラルな」警察捜査官である主人公のレハスは、権力者たちの腐敗と絶対的な〈悪〉である〈革命〉とのあいだで引き裂かれている。この裂け目は、形式と内容とのあいだの裂け目である。というのも、レハスは、既存の民主主義体制の形式を支持しているからだ。彼は、現体制の内容（例えば、レイプ犯の悪徳大統領）に批判的ではあるものの、革命的な「違反行為」という形式、非人間的な次元への「信仰の飛躍」を拒絶するのである。

しかしながら、この映画の提示する謎は二重になっている。そのうち主となるのは、センデロ・ルミノソのテロという「根源的〈悪〉」をめぐる謎ではなく、以下のようなレハスの愛の対象をめぐる謎である。いったいどういうわけで、中産階級の教養ある美しいバレエダンサーは、センデロ・ルミノソの「狂信的な」メンバーになったのだろうか。なぜヨランダは、最後にレハスを完全に拒絶するのだろうか。この繊細で美しい女性と、最後に暴力的行為に出る狂信的で残忍な革命家とを隔てるギャップは、どうすれば説明できるのか。この映画の（そして、その原作である小説の）構成的愚かさとでも呼んでみたいものが、ここにはある。つまり、この映画は、センデロ・ルミノソ現象を「理解する」試みと銘打たれてはいたが、実際はそうした理解に対する自己防衛、みずからの直面する「謎」を永続させる試みなのである。反ハリウッドを自負する『ダンス・オブ・テロリスト』が、最終的に「カップルの生産」というハリウッドの基本公式に寄りかかるのは、驚くまでもない。

真のハリウッド左翼

ハリウッド以外の周縁的な作品でさえ家族のモチーフに規定されているとすると、われわれはいったいどこに、その例外を求めればよいのだろうか。

二〇〇五年三月、ヴァチカンは、ダン・ブラウンの『ダ・ヴィンチ・コード』を強い口調で非難する声明を大々的に発表した。これは虚偽に基づく本であり、誤った教え（例えば、イエスはマグダラのマリアと結婚しており、二人の子孫が存在する——聖杯の正体はマグダラのマリアのヴァギナだ！——ということ）を広めている、特に嘆かわしいのは、この本が精神の導きを求める若い世代に人気があることだ、と。このヴァチカンの介入には、悪名高い禁書目録が有効であった古きよき時代への渇望が透けてみえるのだが、これがいかにばかげているからといって次の事実を見失ってはならない。すなわち、この介入の形式は間違っているが（ヴァチカンと出版社がグルになって本の売り上げを伸ばしているのではないかという疑いも成り立つ）、その内容は基本的に正しいのである。どういうことかというと、『ダ・ヴィンチ・コード』は、男性原理と女性原理の均衡という視点からキリスト教をニューエイジ風に解釈し直している。つまり、性差をめぐる異教的な存在論のなかにキリスト教を組み込むことが、この小説の基本構想なのである。例えば、女性原理は神聖であり、男性原理と女性原理が調和的に結合するとき世界は完全となる……というふうに。ここで認めざるをえない逆説は、この場合、フェミニストはみな教会のほうを支持すべきである、ということだ。女性を表すシニフィアンを、男性／女性という二極化を「一神教的」に無効にすること。それによってはじめて、われわれが大雑把に「フェミニズム」と呼んでいるものの空間、女性的主体が生起するための空間が現れるのである。一方、それとは逆に、宇宙論的「女性原理」に基づいて提示される女性性は、つねに、能動的「男性原理」の対極にある従属的（受動的、受容的）位置に置かれている。
『ダ・ヴィンチ・コード』のようなスリラーが、現代のイデオロギー転換を示す重要な事例の一つであるのは、こうした理由による。主人公は（制度化された）キリスト教の土台そのものを掘り崩すおそれのある、何らかの秘密の書かれた古い文書を探している。そして、この文書を何が何でも隠そうとする教会（あるいはその内部の強硬派）の試みは、この「犯罪的」熱意を駆り立てるのである。この秘密はおもに、神の「抑圧された」女性的特性にかかわっている。例えば、キリストはマグダラのマリアと結婚した、聖杯は実は女性の身体である……というふうに。この秘密の暴露は、本当に驚くべきことだろうか。イエスがマグダラのマリアとセックスをしたという考えは、むしろ、キリスト教におけるある種の淫靡な公然の秘密、ポリシネルの秘密ではないのか。本当の驚きがあるとすれば、それは、もう一歩踏み込んでこう主張することだろう。マリアは実は服装倒錯者であり、ゆえにイエスの恋人は美しい青年であったのだ！　と。

この小説のおもしろさは（映画版をなぜか性急に切り捨てる人たちに対しては、これは映画版のほうによく当てはまるというべきなのだが）、意外にも『エックス・ファイル』と共通する特徴にある。『エックス・ファイル』では、真実のありかと想定される「あちらの世界で」多くのこと（宇宙人による地球侵略など）が起こるという事実が、空白の埋め合わせ、すなわち、マルダーとスカリーという二人の諜報員のあいだに何も（いかなる性的関係も）起こっていないという身近な事実の埋め合わせになっている。『ダ・ヴィンチ・コード』では、キリストとマグダラのマリアの性生活という過剰が、キリスト最後の子孫であるソフィというヒロインにおける性生活の不在という事実を逆転（隠蔽）している。彼女は、現代のマリアのように処女で純潔で非性的であり、彼女とロバート・ラングドンとのあいだの性関係は、まったく暗示されていないのだ。

彼女は、両親の性交という原初的な空想的場面を目撃したことがあり、それが彼女のトラウマとなっている。この過剰な享楽 *jouissance* は、彼女のセクシュアリティを完全に「中性化」してしまう。彼女は、まるで時間のループにのって自らの受胎行為に立ち会ったかのようであり、その結果、彼女にとってあらゆるセックスは、近親相姦的なもの、それゆえに禁じられたものとなる。ここでロバートの出番となる。彼は、彼女の恋人ではなく「野生の分析家」として、ある物語の枠組み、神話を創造する。これによって彼女は、「正常な」異性愛を取り戻すのではなく、己の非性的な性質を受け入れ、それを新たな神話的物語の一部として「正常化」することを通じて、この空想の束縛から逃れられるようになる。この意味で『ダ・ヴィンチ・コード』は、これまで分析してきた作品群と同類である。これは、宗教についての、キリスト教の「抑圧された」秘密についての映画ではない。非性的な自己を完全に受け入れるための神話的枠組みを与えられた、トラウマを抱えた不感症の女性が、トラウマから解放され救済される話を描いた映画である。

この解決の神話的性格が明らかになるのは、その提案者であるロバートとサー・リー——映画（および小説）においてオプス・デイ会と対照をなす人物——とを対比したときである。というのも、サー・リーは、マリアの秘密を暴き、それによって公式キリスト教の圧力から人類を救いたいと考えているからである。映画はこの過激な展開を捨て、虚構的な妥協策を選択する。重要なのは、事実（ソフィとマリアおよびキリストとの血のつながりを証明するＤＮＡ）ではなく、ソフィが何を信じるかである、というふうに。つまり、映画は血統に関する事実ではなく、象徴的な虚構を選択するのだ。キリストの子孫であるという神話は、ソフィに新しい象徴的アイデンティティを与える。彼女は最後に、あるコミュニティのリーダーになるからである。『ダ・ヴィンチ・コード』がキリスト教の枠内に留まるのは、この現世の出来事のレベルにおいてである。つまり、それはソフィという人物を通じて、性愛から脱性的なアガペーという政治的愛、集団の絆としての愛への移行を描いているのだ。この解決に「フロイト以前的な」ところは、まったくない。フロイト以前のようにみえるとしても、それは、女性にとって「正常な」異性愛以外の欲望はみな病的であるという、異性愛主義の幼稚な精神分析を受け入れた場合のことにすぎない。逆に、真のフロイト主義者にとって「性関係は存在しない」。つまり、正常の規範は存在しない。あるのは、逃れられない袋小路だけである。そして、二つの性の交通から身を引く非性的な立場は、他の立場がそうであるように、この袋小路を処理するためのサントーム *sinthome*（主体にまとまりをつける、症候の「結び目」）なのである。[10]

ハリウッドの常套的手段からのこうしたずれがおもしろいからといって、『ダ・ヴィンチ・コード』はハリウッド左翼に属していると主張するのは、むろん馬鹿げている。真のハリウッド左翼は、別の場所に求めるべきなのだ。では、どこに？　クセルクセスのペルシア軍の侵攻を食い止めるためにテルモピュライで戦死した三百人のスパルタ兵士の物語、ザック・スナイダーの『300〈スリー・ハンドレッド〉』は、近年のイランとの軋轢およびイラクでの出来事をあからさまにほのめかした、最悪の愛国主義的軍国主義であると酷評された。しかし、話は本当にそんなに分かりやすいのか。われわれはむしろ、この映画をそうした非難から徹底的に守るべきである。

ポイントは二つある。一つ目は、物語そのものにかかわっている。これは、貧しい小国（ギリシア）が、それよりもはるかに発展し、高度な軍事技術を誇っていた大国（ペルシア）の軍隊に侵略される話である。ペルシア軍の象、大男、火のついた大きな矢は、古代におけるハイテク兵器ではないだろうか。スパルタの最後の生き残りと、その王であるレオニダスが何千という矢に倒れるとき、彼らを殺したのは、ある意味で、ペルシア湾沖の何マイルも離れた軍艦からボタン一つでロケットを発射する今日のアメリカ兵のような、安全な場所から精巧な兵器を操作して爆撃するテクノ兵士ではないのか。さらに、ペルシアの支配下に入るようレオニダスを説得する際のクセルクセスの言葉は、狂信的なイスラム原理主義者の言葉とは完全に異質である。というのも、クセルクセスは、グローバルなペルシア帝国に入れば平和も快楽も保障してやるといって、レオニダスをたらし込もうとするからだ。クセルクセスがレオニダスに求めるのは、ペルシアの優位を認めて彼の前に形式的にひざまずくことなのである。もしスパルタ人がこれに応じれば、彼らはギリシア全土を支配する権利を与えられるだろう。これは、レーガン大統領がニカラグアのサンディスタ政府に要求したことと似ていないだろうか。後者は、ただ合衆国に「参りました」といえばよかったのである……。また、クセルクセスの宮殿は、様々な生活様式の混交する、ある種の多文化主義的なパラダイスとして描写されていないだろうか。そこでは様々な人種、レズビアンにゲイ、障害者、等々、誰であれ酒宴に参加するのだ。そうであるなら、規律と自己犠牲の精神をもつスパルタ人は、合衆国の占領からアフガニスタン人を守るタリバン（あるいは、アメリカ侵入の際には命を捨てる覚悟でいるイラン革命守備軍の精鋭部隊）のような存在にずっと近いのではないか。明敏な歴史家たちは、すでにこの類似性に気づいている。トム・ホランドの『ペルシアの火』のカバーには、次のような宣伝文が書かれている。

紀元前五世紀、ある世界的超大国が、二つの国をテロリスト国家とみなし、それらに真理と秩序を植えつけようとしていた。超大国の名はペルシア。野望の大きさ、金の保有量、人口において比類のない大国であった。テロリスト国家の名はアテネとスパルタ。発展の遅れた貧しい山岳地帯、ギリシアにある風変わりな都市であった。[11]

テルモピュライの戦いに対する、西洋の人種差別主義者の思い入れが強いことは、明らかである。それは、自由な西洋が専制的な東洋に対して最初の決定的な勝利を収めた戦いとみなされているのだ。その意味でヒトラーとゲーリングが、スターリングラードにおける一九四三年のドイツの敗退をテルモピュライにおけるレオニダスの勇敢な死になぞらえたことは不思議ではない。しかし、だからこそわれわれは、この視点を逆転しなければならない。西洋の文化的人種差別主義者は、もしペルシアがギリシアの制圧に成功していたら、ヨーロッパ中に今もイスラム寺院の光塔《ミナレット》が存在していただろうと主張したがる。このおろかな主張は、二重にまちがっている。ギリシアが負けていたら、そもそもイスラムが存在しないだろう（なぜならその場合、イスラムの二つの歴史的前提条件、古代ギリシア思想とキリスト教が存在しないのだから）。それだけではない。さらに重要なのは、今日、ヨーロッパの多くの都市には光塔が実際に存在しているということである。そして、こうした状況を可能にした多文化主義的寛容は、まさにギリシアがペルシアに勝利した結果なのだ。

　クセルクセスの圧倒的な軍事力に対抗するためにギリシアが用いた主な武器は、規律と自己犠牲の精神であった。そして、アラン・バディウがいうには、

> われわれに必要なのは、一般民衆レベルの規律である。こういってもよい……「持たざる者はただ規律だけを持つ」と。貧しき者、財力も軍事力もない者、力を持たない者――彼らが持っているのは、規律、すなわち団結して行動する能力だけである。この規律は、それだけで組織形成の型となる。[12]

快楽主義的な自由放任が支配的イデオロギーとなっている今日、いまこそは、左翼が規律と自己犠牲の精神を（再度）手にするときなのだ。こうした価値観自体に「ファシズム的な」ところはないのだから。

　しかし、このようにスパルタ＝原理主義的といえるかどうかも、実は思いのほかはっきりしない。映画の最後に出てくる綱領的な声明において、ギリシアの義務は「神秘主義と暴君の支配に抵抗し、輝かしき未来をもたらすこと」と定義され、これはさらに自由と理性による支配というふうに明確化される。これ

はまるで啓蒙のプログラムのようであり、共産主義的なひねりさえ効いている！　また、映画のはじめでレオニダスが、堕落した「託宣者」の告げる神託を、公然と拒絶することを思いだそう。神託によれば、神は、ペルシア迎撃のために軍が遠征するのを禁じているというのだが、あとで分かるように、トランス状態で神託を受けたとされる「託宣者」は、実はペルシアに買収されていたのである。これは、一九五九年にダライ・ラマにチベットを離れよという神託を届けたチベットの「託宣者」に似ている。この託宣者も――いまや周知のことだが――ＣＩＡに雇われていたのである！

　しかし、弱い子供を見捨てるといった極端な軍事的規律に支えられた場合に明白となる、尊厳、自由、理性という理念の不条理についてはどうか。この「不条理」は、自由の代償にすぎない。映画のなかでいわれるように、自由《フリーダム》はただ《フリー》ではないのだ。自由は与えられるものではない。それは、すべてを捨てる覚悟のできたひとが困難な闘争を通して取り返すものである。スパルタの冷酷な軍事的規律は、単に、アテネの「リベラル民主主義」の外側にあってそれに対立するものではない。前者は後者の固有の条件であり、その土台となるものである。つまり、自由な〈理性〉主体の出現は、毅然たる自己規律を通じてはじめて可能なのである。真の自由とは、ストロベリーケーキとチョコレートケーキのどちらかを選ぶときのような、身の安全を保障された選択の自由ではない。真の自由は、必然性と重なり合う。本当の意味で自由な選択がなされるとき、ひとは、おのが存在そのものを賭けて選択する。ひとがそうするのは、単に「それよりほかに手がない」からである。自分の国が外国の占領下にあり、レジスタンスの指導者から占領軍との戦いに参加するよう求められたとする。このとき参加の理由として言われるのは、「きみには選択の自由がある」ではない。そうではなく、「おのれの尊厳を守るには、こうするよりほかに手がないことは、きみにも分かるだろう」である。ルソーからジャコバン派にいたる一八世紀の急進的な平等主義者が、みなこぞって共和制国家フランスを新たなスパルタとして思い描いたことは、不思議ではない。軍事的規律を旨とするスパルタ精神は、その核心に解放を導く力を備えているからである。この精神は、そこからスパルタ的階級支配や、奴隷に対する非情な搾取と恐怖政治といったあらゆる歴史的事実を差し引いたとしても生き残る。トロツキー自身が、困難な「闘争的共産主義」時代のソ連を「プロレタリアートのスパルタ」と呼んだことも、うべなるかなである。

これよりもさらに重要なのは、映画の形式的特徴かもしれない。映画は、全編、モントリオールの倉庫で撮影された。すべての背景および人物と物の多くはデジタル製である。背景のもつ人工的な感じは、「実在の」俳優にも感染しているようにみえる。彼らは、しばしば漫画から飛び出してきた人物のようにみえるのだ（映画の原作はフランク・ミラーのグラフィック・ノベル『３００』である）。さらに背景の人工感（デジタル感）は、狭苦しい雰囲気を生み出している。物語はあたかも、無限に開かれた「リアルな」現実世界ではなく、「閉じられた世界」、ある種の閉鎖された浮彫細工的世界において進行するかのようなのだ。美学的には、われわれはここで『スター・ウォーズ』シリーズや『ロード・オブ・ザ・リング』シリーズの先を行っている。こうしたシリーズでも背景の人物と事物の多くはデジタル製であるが、それにもかかわらず、印象としては、（実在および）デジタル製の役者と事物（象、ヨーダ、ウルク＝ハイ、宮殿など）が広々としたリアルな世界のなかに置かれているような感じがする。それとは逆に『３００』では、主要登場人物はみな人工的な背景の前に置かれた「リアルな」役者である。この組み合わせは、人工の世界とそこに組み入れられた現実の人々との「サイボーグ的」混合という、前者よりはるかに不気味な「閉じた」世界を生み出している。「リアルな」役者および事物とデジタルの背景との結合は、『３００』においてはじめて、真に新しい自律的な美的空間を生み出すに至ったのである。

種類の異なる芸術を混ぜ合わせること、つまり、ある芸術形式を用いながらそれとは別の芸術形式を参照すること。とくに映画に関していえば、この実践には長い伝統がある。開いた窓から外を眺める女性を描いたホッパーの肖像画の多くには、明らかに映画の経験が介在している（そこに提示されているのは、切り返しショットなしのショットである）。『300』が注目に値するのは、そこでは（史上はじめてということではなく、あくまで、たとえばウォーレン・ビーティの『ディック・トレイシー』よりも芸術的にずっとおもしろい形で）技術的に高度な芸術形式（デジタル映画）が、それほど高度ではない形式（コミック）を引き入れているからである。それによって生み出されるのは、「本物の現実」が素朴さを失い、閉じた人工的世界の一部として現れるという効果である。これは、われわれの社会的-イデオロギー的苦境の完璧な映像表現である。

したがって、『300』における二つの芸術形式の「総合」は失敗であると主張する批評家は、正しいがゆえに間違っている。なるほど、この「総合」は失敗しているし、スクリーン上に映し出される世界には、二つの形式の対立や不一致が深く刻まれている。しかし、この対立こそは、まさに真実を指し示しているのである。

『フランケンシュタイン』における歴史と家族

しかし、解釈の道具としての家族神話に関しては、さらに根本的な問いを提示しなければならない。家族物語を、夢の顕在的テクストのように読まれるべき、すなわち、家族物語の影に隠れた真の闘争状態をふまえて解読されるべきイデオロギー的神話として扱うこと――これがイデオロギー批判の最初の仕事であることは、明らかであると思われる。しかし、夢の真の焦点、夢の「無意識の欲望」は夢思考ではなく、夢思考を夢テクストに移し変えるメカニズムそのものを通じて逆説的に夢テクストに刻印される何かである、ということを銘記しつつ、ここでフロイトの夢理論との対応関係を最後まで突き詰めたら、どうなるだろうか。要するに、夢における無意識の欲望は、顕在的な夢テクストに翻訳される過程で歪められてしまった、生のまま現れることは絶対にない夢の核ではなく、この歪曲の原理そのものなのである。フロイトはこの逆説を、次のような卓越した公式にまとめている。

潜在的な夢思考は、夢工作によって顕在的な夢に変形される原料です。［…］夢の本質は唯一つ、思考原料に作用した夢工作だけです。われわれはそれを実践の場において無視することがあるかもしれない、だが、たとえそうであっても、それを理論において無視する権利はわれわれにはありません。さらに、分析的な観察から分かるのは、夢工作は、この思考を、馴染みのある、太古的もしくは退行的な形の表現に翻訳することだけに関わるのではない、ということです。それに加えて、夢工作は、きまって何か別のものを抱え込んでいる。それは、夢の前日に芽生えた潜在的な思考の一部ではなく、夢を構築する真の動因です。この必要不可欠な付加物は、欲望充足への無意識の願望であり、夢の内容にはこの充足の新たな形が付与されています。したがって、夢が表象する様々な思考――警告、意図、覚悟、等々――だけを考慮するかぎりでは、夢はあらゆる類のものになるかもしれない、しかし、夢はそれと同時に、つねに無意識の願望の充足です。夢を夢工作の生産物と考えるなら、夢とはそれでしかない。したがって、夢は、単なる意図や警告ではなく、むしろ、つねに、無意識の願望の助けを借りて太古的な思考へと翻訳され、無意識の願望を充足するために変形された意図、等々なのです。一方の特徴、願望充足は、不変の特徴ですが、もう一方の特徴〔潜在的な夢思考〕は、事例ごとに変わる可能性があります。とはいえ、後者もそれ自体として一つの願望である場合もあり、その場合、夢は無意識の願望の力を借りて、夢の前日に芽生えた潜在的願望を充足された形で表象することになります。[13]

この瞠目すべき一節においては、「実践に役立つこと――つまり夢の意味を探ること――は理論には役立たない」という冒頭の暗黙のモットーから、最後の願望の二重化まで、すべての細部が分析に値する。鍵となる洞察は、もちろん、潜在的夢思考、顕在的夢内容、無意識の願望からなる「三角測量」である。これは、夢解釈における解釈学的モデル（顕在的夢内容からその隠された意味、潜在的夢思考へという流れ）の適用範囲を制限し――あるいはむしろ、そのモデルをじかに掘り崩し――、夢の形成過程（潜在的夢思考を夢工作によって顕在的夢内容に移し変える過程）を逆にたどる。ここでの逆説は、この夢工作が単に夢の「真のメッセージ」を偽装する過程ではない、ということである。夢の真の核、その無意識の願望は、この偽装の過程そのものを通じてはじめて、またその過程そのものの内部にだけ、刻印されるのである。そのためわれわれは、夢内容をそこで表現された夢思考に再変換した瞬間、夢の「真の動因」を失うことになる。要するに、夢の真の秘密を夢のなかに刻印するのは、この偽装の過程そのものなのである。したがって、夢の核に向かってより深く進むという考え方は、ひっくり返さねばならない。つまり、われわれは顕在的夢内容からはじめて第一レベルの秘密、潜在的夢思想へ向かい、そしてさらに奥深く、夢の無意識の核、無意識の願望に進むわけではない。「より深い」願望は、潜在的夢思考と顕在的夢内容とのあいだのギャップそのものに位置づけられるのである。[14]

文学においてこの論理の完璧な例となるのは、メアリー・シェリーの『フランケンシュタイン』である。この小説に対する標準的なマルクス主義的批判はこうだ。この小説は、それが本来もつ歴史との関連を忘却（あるいはむしろ抑圧）するために、家族とセクシュアリティの濃密な絡み合いに焦点を当てている。つまり、歴史は家族ドラマとして永遠性を与えられ、家族を超えた（革命的恐怖政治という「怪物」から科学技術革命の衝撃にいたる）社会的‐歴史的動向は、歪められた形で、ヴィクター・フランケンシュタインと彼の父、婚約者、怪物＝子供とのあいだのいざこざとして映し出される／実演される……と。これは正しいが、その一方で、簡単な思考実験をしてみれば、このアプローチの限界は明らかである。(フランケンシュタイン博士と彼のつくった怪物をめぐる)同じ物語が、付属的な家族メロドラマ(「初夜に来るぞ」といった具合に、床入りをあいまいに妨害する怪物)なしに、科学者とその実験の物語として語られた場合を想像しよう。そのとき残るのは、あの尋常でない性的な衝撃力を生み出す特質を欠いた貧相な物語である。したがって、フロイト流にいえばこうなる。なるほど、表向き、物語は、夢のテクストのように暗号化された形でそれ本来の指示対象、「夢思考」(みずからを超えた社会的‐歴史的次元)に言及し、それを歪曲した形で反映している。しかし、テクストの「無意識の願望」(性愛に関する空想)が刻印されるのは、まさにこの歪曲と置換を通してなのである、と。

怪物性というロマン主義的概念は、サミュエル・テイラー・コールリッジによって詳述された〈想像力Imagination〉と〈空想Fancy〉との区別をふまえて理解しなければならない。〈想像力〉は、有機的で調和のとれた身体を生み出す創造的な力である。それに対し、〈空想〉は、互いにかみ合わない部分を機械的に寄せ集めることを意味し、その結果生み出されるのは、調和的統一を欠いた怪物的な組み合わせである。怪物の物語である『フランケンシュタイン』において、この怪物性という主題は、物語内容だけに限られたものではない。それはその他のレベルにも広く浸透している。この作品には、三つのレベルの怪物性/空想があるのだ。

(一)まず、きわめて明白なことだが、ヴィクターが蘇生させた怪物は、身体部位を機械的に組み合わせたものであって、調和のとれた有機体ではない。

(二)次に、小説の社会的背景にある、社会の怪物的な分解過程としての社会的不安と革命。近代の到来とともに、調和のとれた伝統的社会は産業化社会に取って代わられる。後者においては、個人同士が利己的な関心に従って機械的に交流しあう。人々はもはや自分を超えた〈全体〉に属しているという感覚をもたず、時には突発的に暴力的な反抗に走る。近代社会は圧制と無政府状態とのあいだで揺れ動く。そこで唯一可能な統一性は、粗暴な権力によって押し付けられた人工的な統一性である。

(三) 最後に、小説それ自体。この小説は、いろいろなパート、説話様式、ジャンルが怪物的に、不器用に、首尾一貫性なく組み合わされたものである。

さらにここには第四のレベルの怪物性、すなわち、小説が誘発する解釈の怪物性を加えるべきである。この小説に出てくる怪物は何を意味し、何を表しているのか。それは、社会的革命の怪物性、父に反抗する息子の怪物性、近代の産業生産物の怪物性、非性的な生殖の怪物性、科学的知の怪物性のうち、どれをも意味しうる。つまり、われわれが手にするのは、調和的な全体を形成しない、ただ横並びに共存するだけの雑多な意味なのである。こうして怪物をめぐる解釈は、解釈の怪物性(空想性)に帰着することになる。

われわれはこの怪物性を前にして、どのように進んでいけばよいのか。メアリー・シェリーの『フランケンシュタイン』の真の関心が、フランス革命の「怪物性」、すなわち、その恐怖政治と独裁への退化にあることは、簡単に証明できる。メアリー・シェリーとパーシー・シェリーは、フランス革命に関する文献と論争を熱心に読んでいた。ヴィクターが怪物をつくった都市、インゴルシュタットは、革命を専門とする保守主義の歴史家、バリュエル——メアリーは彼の本を繰り返し読んでいた——がフランス革命の起点として指摘した都市であった(インゴルシュタットは、光明派という秘密結社が革命を企図した場所である)。エドマンド・バークは、フランス革命の怪物性を、まさに一国家が殺され怪物として蘇るという視点から記述している。

フランスの殺害された君主制の墓から、身震いさせるような、不定形の巨大な亡霊が現れた。その容貌は、これまで想像力を凌駕し人の忍耐を圧倒してきたいかなるものよりも、はるかに恐ろしい。目的にまっしぐらに進み、危険を恐れず、自責の念に駆られることもない、あらゆる常識的行動原理と常識的手段を無視する、この忌まわしい幽霊は、そうしたものが存在しうる可能性を信じられなかった人々を圧倒した。[15]

さらに『フランケンシュタイン』は、人類再生に関するユートピア的理念で知られるメアリーの父、ウィリアム・ゴドウィンに捧げられている。『政治的正義の原理に関する研究』(一七九三年)のゴドウィンは、千年至福的な期待を抱いていた。彼は、そこでまさしく、新しき人類の到来に歓喜していたのである。過剰な人口が科学的に管理された暁に登場するこの人類は、生殖ではなく社会工学によって生産されることになっていた。小説のなかでヴィクターはいう。

新人類は、私をその創造主・創始者としてあがめ、多くの卓越した喜ばしき性質をもった存在が私の手によって生まれるだろう。私は当然、彼らから相応の感謝をうけるだろうが、これほど完璧に子供からの感謝を要求できる父親は存在しないだろう。

ゴドウィンと怪物を象徴的に結びつける回路は、彼に対する保守派の反発が頂点に達した一七九六年から一八〇二年のあいだに形成された。この時期には、ゴドウィンのユートピア的な人種再生理論の気勢をそぐために、悪霊やグロテスクなものがよく引き合いにだされた。保守派はゴドウィンとその著作を、生まれたばかりの怪物にたとえた——これは今のうち踏み潰しておかねばならない、さもないと英国は、革命を経たフランスと同じ道をたどることになる、と。ホレス・ウォルポールは、ゴドウィンを「歴史という博物館に展示された巨大な怪物のひとつ」と呼んだ。一八〇〇年には、ウィリアム・ゴドウィンとメアリー・ウォルストンクラフトに対する批判を支持した『反ジャコバン派評論』が、この夫妻の弟子たちを「怪物の子孫」と呼んで非難した。

『フランケンシュタイン』は、それ本来の関心の対象にじかにアプローチしていない。その代わりにそれが語るのは、非政治化された家族ドラマあるいは家族神話としての物語である。小説の登場人物は、初期の政治的論争を個人的心理のレベルで実演している。一七九〇年代、エドマンド・バークをはじめとする作家たちは、親殺しを行う集団的怪物——フランスの革命政権——に対する警戒を呼びかけていた。革命の余波のなか、メアリー・シェリーは、この革命＝怪物という象徴表現を家庭の枠に収まるよう矮小化した。彼女の小説は怪物の比喩をあらためて提示しているが、その際の視点は、あくまで、自分自身の親殺し的闘争に閉じ込められた、孤立した主観的語り手のものである。こうしてこの小説は、それ本来の主題を遠ざけ、不可視のものにする。すでにふれたように、これは『フランケンシュタイン』に関する標準的なマルクス主義的批判の要点でもある。つまり、この小説は、それが本来もつ歴史との関連を忘却（あるいはむしろ抑圧）するために、家族とセクシュアリティの濃密な絡み合いに焦点を当てているのだ、と。

しかし、なぜ『フランケンシュタイン』は、それ本来の歴史的指示対象をうやむやにするのか。それは、作品とこの真の関心の対象／主題（フランス革命）との関係がきわめて曖昧で矛盾しているからであり、また、家族神話の形式によって、この矛盾を無効にすること、つまり、互いに相容れないあらゆる態度を一つの物語の構成部分として提起することが可能になるからである。『フランケンシュタイン』は、レヴィ＝ストロースのいう意味での神話、現実的な矛盾の想像的な解決であるだけではない。ここでは、フロイトによるエディプス神話の分析はエディプス神話の別ヴァージョンであり、オリジナルの神話と同様に扱うべきである、というレヴィ=ストロースの主張にも従うべきである。つまり、ある神話のあとに続くそのヴァリエーションは、オリジナルの神話が解決しようとした矛盾を別の方法によって放逐し解決しようとするのである。『フランケンシュタイン』の場合でいえば、(五〇作をこえる)映画版とそれによる元の物語の改変を、一つの神話の部分として、そのヴァリエーションとして扱わねばならないのである。主な映画版をあげてみよう。

(一)『フランケンシュタイン』(もっとも有名な映画化である、ボリス・カーロフが怪物を演じた一九三一年のジェイムズ・ホエールの古典)。その主たる特徴は、怪物の主体化を無視していることである(怪物は一人称で物語を語ることを許されず、終始、怪物的な〈他者〉のままである)。

(二)『フランケンシュタイン、その真実の物語』(一九七三年)。フランケンシュタインは、ハンサムな若者をつくり社交界に通用するよう教育する。しかし、この人造人間の身体は退化しはじめ、彼はその創造主にはむかうようになる。

(三)『花嫁』(一九八五年)。フランケンシュタインは、最初の人造人間を失敗作として捨てたあと、美しい女性を創造し、完璧な妻となるよう教育する。しかし、彼女もまた彼の支配から逃れていく。

(四)ケネス・ブラナーの『メアリー・シェリーのフランケンシュタイン』。怪物がヴィクターの花嫁を殺したあと、ヴィクターは、一か八か彼女を組み立てなおし、蘇生させる(このシーンは、ヴィクターが蘇った妻とダンスをするときクライマックスを迎える)。

(五)最後に、『フランケンシュタイン』と直接的な関連があるわけではないが、リドリー・スコットの『ブレード・ランナー』。警部補デカードは、「レプリカント」と呼ばれる一味を追い詰め、抹殺する任務を与えられる。レプリカントは、もともと、奴隷としてこき使われるために遺伝子工学によって開発された超人的な人造人間であったが、今はその創造者に反抗し、ロサンジェルスに潜伏している。デカードとレプリカントのリーダー「バティ」との対決は、明らかにフランケンシュタインと怪物との戦いをほのめかしている。ここでバティは、最後の和解の行為において、デカードを絶体絶命の窮地から救う。

これらの映画すべてに共通しているのは、原作で禁じられたことが、再度、禁じられていることである。つまり、あの政治的主題（社会的反抗の「怪物性」）に直接アプローチしている作品は一つもないし、どの作品も家族／恋愛関係の枠組みを通して物語を語っているのだ。では、みずからの中心的主題に対するこの小説の矛盾した態度の本質は、何であるのか。

革命の怪物性というモチーフは保守主義的な要素であり、小説の形式(死を迎えた主人公の告白)は、シェリーの時代に人気のあった保守的なジャンル――そこでは、かつての急進主義者が、普遍的な自由と友愛に関する夢がもたらした破滅的な結果に向き合うことを強いられたあと、後悔の念とともにみずからの改革路線を断念する――と密接に結びついている。しかし、シェリーはここで、保守主義者であれば絶対にしないことをやっている。本の中心となる部分で、彼女は大胆にも、怪物が自分自身の視点から物語を語れるように怪物そのものに声を与えるのである。この大胆な実践は、リベラリズムの旨とする言論の自由をもっとも過激な形で表現している――すべてのひとの意見に耳を傾けるべきである、というふうに。『フランケンシュタイン』において怪物は〈モノ〉ではない、つまり、誰もが避けようとする恐ろしい対象ではない。彼は完全に主体化されているからだ。メアリー・シェリーは怪物の内面に分け入っていく。そして、社会によってレッテルを貼られ、身分を規定され、抑圧され、除け者にされ、ひいては身体的に歪められるとは、いったいどういうことなのかと問うのである。かくして究極の罪人は、究極の犠牲者として自己表現することを許される。残忍な殺人者は、仲間と愛を求める、絶望し深く傷ついた個人としての自己を明かすのである。

したがって、重要なのは、怪物自身の物語の本質が何であるか知ることである。怪物が語るところによれば、反逆者および殺人者としての彼の個性は、後天的なものであって、生得のものではない。怪物を悪の化身ととらえるバーク的伝統に真っ向から反駁するように、この人造人間はフランケンシュタインにこう語る。「俺は優しい善良な人間だった。俺が悪魔になったのは惨めな思いをしたせいだ」。驚くべきことに、怪物は非常に哲学的な反逆者であることが判明する。彼は、共和主義者が伝統的に用いてきた語彙で自分の行為を説明するのだ。彼は、反逆へ駆り立てられたのは支配体制の欠陥のせいであると主張する。彼の上に立つ者そして彼を保護する者は、彼に対する責任を放棄し、彼を反逆の道に追い込んだ。怪物たちが反抗するのは、神を認めない過激な哲学という悪に染まったからではなく、統治権力によって抑圧され虐待されたからなのである。ここでメアリー・シェリーの種本となっていたのは、母親の書いた研究書『フランス革命の起源と経過に関する歴史的、道徳的考察』(一七九四年)である。そこでメアリー・ウォルストンクラフトは、反逆者は怪物であるというバーク的保守主義者の意見に同意したうえで、そうした怪物は社会的に生み出されたものである、と断固主張する。怪物は生ける屍ではないし、殺された君主制の墓から現れた幽霊でもない。彼らはむしろ、旧体制《アンシャン・レジーム》における抑圧、悪政、専制政治の産物である。下層階級は反抗へと駆り立てられ、子が親を殺すように圧制者にはむかうのだ。この小説が政治に近づくのは、まさにこのときである。つまり、怪物は、圧制と不平等に対する根源的な批判を展開するのである。「私は財産の分割のこと、巨万の富とひどい貧困のことを聞いた。それから上流階級や血統や貴族のことも」。彼は、革命期の急進主義者のような態度でこう語る。

私は、きみたち人間にとって一番尊い財産が、富と結びついた高貴で穢れのない血統であったということを知った。そうした利点を一つでも身に着けた人間は尊敬されたのかもしれないが、それが一つもない人間は、きわめて希な場合を除いて、選ばれた少数の人間のために無駄働きさせられる運命にあり、浮浪者や奴隷とみなされたのだ。

ここでメアリー・シェリーは、アドルノとホルクハイマーに一五〇年先立って「〈啓蒙〉の弁証法」を展開している。通常、保守主義者は、科学と政治の発展がいかに悪夢、混沌、暴力に帰着するか肝に銘じよと、すなわち、人間は創造の神秘の前では謙虚になるべきであり、神の特権的役割であるべき生命の主になろうとすべきではないと警告するが、彼女はそうした警告のはるか先を行くのである。

怪物は生粋の〈啓蒙〉の主体である。つまり、蘇生後の彼は「自然人」であり、その精神は無垢の白紙状態なのだ。創造主に捨てられ、ひとりぼっちになった彼は、成長に関する〈啓蒙〉理論を実演しなければならない。つまり、彼は、読書と経験を通じてすべてをゼロから学ばねばならないのである。彼の過ごす最初の数ヵ月は、実際に、ある種の哲学的実験を現実化したものである。彼が道徳的に堕落した、すなわち彼が復讐に燃える凶悪な怪物になったからといって、彼が悪いわけではない。悪いのはむしろ、善意と愛し愛されたいという欲求を抱いて接近してくる彼に応えられない社会である。彼の悲しい運命は、人間は生まれながらに善良であり、社会こそが人間を堕落させるというルソーのテーゼを完璧に表現している。

進歩に対する恐怖自体は、必ずしも保守派の専売特許ではない。メアリー・シェリーの時代のイングランドでは、自暴自棄になった労働者の一団、「ラッダイト」が、失業と機械による多大な搾取への抗議として工業機械を破壊していたことを思い出そう。さらに、フェミニストにとって『フランケンシュタイン』

は、進歩の危険性に対する保守派的な警告ではなかった。それは、世界の支配と人間の生命そのものの管理を目論む男性的な知と技術の危険性を批判する、フェミニズムの元祖だったのである。この恐怖は、学者の作り出す新生命体あるいは人工知能はいずれ制御不能になってわれわれに反抗するだろうという形で、今も存続している。

　最後に指摘したいのは、怪物的なものとしての息子の反抗というモチーフに付随する根本的な曖昧さである。この小説の場合、息子の反抗とは誰の反抗のことなのか。反抗は二重化されている。つまり、まず父権体制に反抗するのはヴィクター自身であり、ついで怪物がこの反抗的息子に反抗するのである。ここでのヴィクターは、厳密な意味での父権体制に反抗している。というのも、彼による怪物の創造は、非性的な生殖であって、家族における通常の家系形成ではないからである。

　このことで思いだすのは、不気味なもの *Unheimliche* というフロイトの概念である。われわれにとってきわめて親密な、それでいて同時に恐怖と嫌悪の対象でもある、もっとも不気味なものとは何だろうか。それは近親相姦である。近親相姦の主体は、まさしく家のなかにいる。彼は性的パートナーを家の外に求める必要はない。そして彼は、誰もが恐怖と羞恥を感じる秘密の行為にいそしむのだ。だとすれば、『フランケンシュタイン』において近親相姦が二度ほのめかされるとしても不思議ではない。すなわち、ウォルトンの手紙の宛先は（そして小説の最後で彼が戻ろうとする場所は）妻ではなく姉であり、また、小説の初版では、ヴィクターの花嫁は腹〔もしくは種〕違いの妹なのである。（したがって、実際に「初夜の場に」いてヴィクターの花嫁を殺す怪物は、ぎりぎりのところで近親相姦を阻止していることになる）。

　したがって、家を飛び出し、常軌を逸脱した危険な行為に身を投じたいというウォルトンとヴィクターの衝動は、見た目以上に曖昧である。つまり、彼らがそうした行為に走るのは、神を冒瀆するような何らかの病的な野心からではなく、家庭《ホーム》という息の詰まるような近親相姦的な空間から逃れるためなのである。

家庭には〔＝本国には at home〕何かおかしいところがあるにちがいない。メアリーの夫、パーシーは、有名なソネット「一八一九年のイングランド」において、何がおかしいのかを説明している。

年老い　狂い　盲目の　唾棄すべき　死にかけている国王――
民衆の嘲弄のなかを――どろの泉からふき出たへどろのように
流れていく　このいまいましい一族のかす　王子ども
見ること　感じること　理解することさえできぬ支配者たちは
ただ蛭のように　疲れたこの国に吸いつき
果ては　血に目はくらみ　一撃もなく倒れる――
未墾の畑に飢えて　突き刺された民衆――
使うものすべてにとっては両刃の剣
自由の殺戮者にして強奪者となる軍隊――
挑発し虐殺する　黄金と血にまみれた法律――
キリストも　神も存在しない宗教――封印された聖書
「時」の最悪の制度にして　未だ力をもつ議会――
すべてこれらは墓穴へ――そこから　輝く「幻影」がとび出し
激動のこの時代を照らすであろう

〔上田和夫訳『シェリー詩集』、新潮社〕

保守主義者であれば、もちろんこう反応するだろう。「われわれの動乱の時代に光明を投じるために」墓から躍り出るかもしれないこの幻影は、それほど輝かしいものではなく、むしろフランケンシュタインの怪物のような、残虐な復讐に燃える幻影であることが判明するかもしれない、と。ここで思い出されるのは、メアリー・シェリーの抱えていた矛盾である。それはすなわち、「圧制と無政府状態」とのあいだの矛盾、息苦しく抑圧的な家庭と、そこから脱しようとするわれわれの試みがもたらす耐え難い結果とのあいだの矛盾である。この矛盾を解決する力もない、そしてこの矛盾にまっすぐ向き合う意志もない彼女は、それを家族神話として語ることしかできなかったのである。

こうした袋小路すべてから得られる教訓は、ひとは家族神話を回避して社会的現実にじかに向き合わねばならない、ということではない。なすべきことは、それよりもさらに困難なこと、家族神話を内側から掘り崩すことである。これを成し遂げようとした苦闘の記録として重要なのが、カフカの書いた父親への手紙である。

宛先に届いた手紙

きわめつけの愚行に送られるダーウィン賞の二〇〇一年度受賞者は、自分の葬儀の最中に目を覚ました、ルーマニアの農村部の不運な女性であった。棺から這い出した彼女は、周囲の状況をみて恐ろしくなり、その場から逃げ出したが、結局、交通量の多い道路でトラックにはねられ即死した。そのため彼女は棺に戻され、葬儀は続行となった……。これは、われわれが運命と呼ぶもの――つまり、宛先に届いた手紙――の究極の例ではないだろうか。

手紙はまた、名宛人が受け取りを拒否するかぎりにおいて宛先に届くこともある。その例となるのは、先に言及したシェイクスピアの忘れられた傑作、『トロイラスとクレシダ』の結末である。恋人に欺かれたトロイラスは、クレシダがダイオミーディズといちゃついた理由を説明するため書き送った手紙を破り捨てる。われわれには手紙の中身は分からない。ただしこの場面は、われわれのメロドラマ的な期待をいやがうえにもかき立てる。クレシダは、名誉を挽回する、「すべてを説明する」つもりなのだろうか、と。この期待がいかに強いかは、一八世紀を通してこの芝居の上演にはドライデンによる一六七九年の改作版が使われたことからも分かる。この版では、クレシダは完全に名誉を挽回する。われわれは、彼女はトロイアおよびトロイラスのもとに逃げ帰るための策略を父親とともに練っていた、彼女が一見ダイオミーディズに身を任せたのはこの策略のためであった、ということを知るのである。では、シェイクスピアが手紙の内容を明かすのをやめたとき、そこに——単に好奇心を持続させる以上の——意図があったとしたら、どうだろうか。手紙が最初から拒絶されるためのものであったとしたら、どうだろうか。この手紙が言及する場面は、劇のはじめのほうに起きている。トロイラスとクレシダが最初（で最後）の夜を過ごしたあと、彼女は実の父親によってギリシア軍に引き渡され、無情な取引の一環として、ギリシア軍の捕虜となっていたトロイアの戦士と交換される。ギリシア軍の野営地では、彼女は戦利品としてダイオミーディズに与えられる。彼のテントでクレシダは、ユリシーズによってこの場に案内されたトロイラスが凝視するなか、恥ずることもなくダイオミーディズといちゃつく。ダイオミーディズがテントを離れたあと、彼女は自分の考えを声に出していう。

トロイラス、さようなら。片方の目はあなたを見ている、
でももう片方の目は心といっしょに別のほうを見ている。
ああ、女って情けないものね、私にもわかったわ、
女の欠点は目の間違いが心を導くってことだわ。

間違いが導けば道をあやまるほかない。
心が目に従えば悪にあやかるほかない。

（五幕二場）〔小田島雄志訳『トロイラスとクレシダ』白水社〕

ここでは重要な問いを提起しなければならない。もしクレシダがトロイラスに見られていることを終始意識しており、ひとりきりで思いを声に出しているふりをしているにすぎないとしたら、どうだろうか。誘惑の場面全体、ダイオミーディズの欲情を駆り立てようとするクレシダの破廉恥な行為が、トロイラスの眼差しに対して演じられたものであるとしたら、どうだろうか。二人が最初に出会う不安の漂う場面において、クレシダがすでにみずからの抱える分裂について語っていることを思い出そう。そこでクレシダは、トロイラスに不吉な警告をする。

でも〔わたしは〕別の自分をあなたのそばに残します、
自分から離れて他人の慰みものになろうという
不実な自分を。

（三幕二場）〔同〕

これは、ダイオミーディズといちゃつく彼女をみたトロイラスが発する痛烈な指摘、彼女のなかには「統一性の規則そのもの」が存在しないという指摘の予兆となっている。彼女が抱えるこの奇妙な心の断層は、見た目以上に複雑である。彼女の一部は彼を愛している、だがこの一部は「不実」である、そして彼女とトロイラスを必然的に結びつけるこの一部は、同じ必然性によってやがて彼女を別の男のもとへ走らせることになるのだ。ここから引き出せる一般的な教訓は、ある場面あるいはある発話を解釈するためには、ときに、その場面や発話が向けられた相手を特定することが重要である、ということだ。ペリー・メイソンのよくできた小説の一つに、こんな場面がある。弁護士の前で、ある夫婦が警察の尋問を受けている。尋問のあいだ夫は、起こったこと、目撃したこと、自分の推理について驚くほど詳細に警官に話す。では、なぜこれほど過剰に情報を与えるのか。答えはこうだ。この夫婦は殺人を犯した、そして夫は自分たちが容疑者として間もなく逮捕され、引き離されるのを察しており、この機会を使って二人が共有すべき（偽りの）物語を妻に語っていたのである。つまり、夫のとめどないおしゃべりは、警官ではなく妻に向けられていたのである。[16]

　このようにして、われわれの関心は、フランツ・カフカが父親に書いた手紙のほうへ移っていく。そこでカフカは、父親の権威の危機を、曖昧さの限りをつくして描いている。カフカの手紙を読んだ第一印象が、ここには何かが欠けているということ、〈掟の門〉の寓話における最後のひねり――〈父親が露わにする恐ろしさと激怒は、おまえだけに向けられている、おまえはそれを大きくした、おまえはそれを支えている……――であるのは、不思議ではないのだ。実際のヘルマン・カフカが、優しく思いやりのある紳士であることは十分想像がつく。彼は、息子の空想世界において自分が演じた役割を知ったら心底驚くにちがいない。[17]

　カリフォルニア流にいえば、カフカは、父親に対する深刻な態度障害を抱えていた。カフカが母親の名前をとって「レーヴィ」と名乗ったとき、彼は、（シッケルグルーバーという父方の名字から母方の名字に移行した）ヒトラーはもちろん（ヴィーゼングルントという父方の名字から母方の名字に移行した）アドルノをも含むある系譜に加わることになった。彼らはみな、父の名を継ぐ役割を負うことに不安を感じていたのである。カフカは、もし父が父ではなく、友人、兄弟、上司、義理の父……であったなら、父（という人間〉を受け入れること、彼とのあいだにトラウマ的でない関係を築くことは可能であっただろうと主張したわけだが、この主張が彼の手紙の一つのポイントであるのは、そのためである。

カフカを悩ませたのは、父親の過剰な存在感であった。しかし、父親は手に負えないほど生き生きしており、その押しつけがましさはあまりにも不愉快であった。しかし、この父親の過剰な存在感は、それだけで成り立つ現実ではない。それは、父親の象徴的役割が一時的に停止するという背景があってはじめて出てくるのだ。この父親の「手に負えなさ too-muchness」(エリック・サントナーであればそういうだろう)は、結局のところ、生そのものの手に負えなさ、すなわち、ひとに屈辱を与える性格をもった、みずからの権威を掘り崩す父親の過剰な活力である。思い出そう、カフカの気のついた父親の好みは、

> 下品な言葉をできるだけ大きな声で言い出すことでした。そして、なにか特別にうまいことでも言ってのけたみたいに笑うのですが、その実それはまことにくだらない、ちっぽけな無作法でしかなかったのです。(同時にそれはもちろん、ぼくを消え入らせるような生活力の表明でもありました。)
> 〔江野専次郎・近藤圭一訳『カフカ全集Ⅳ』、新潮社〕

繰り返していえば、ここでは因果関係を正しくとらえねばならない。父親の過剰な生命力が、みずからの象徴的権威を掘り崩すのではない。実際はその逆である。つまり、カフカが父親の過剰な生命力に悩まされているという事実は、すでにそれだけで、象徴的権威の失墜を前提にしているのである。〈父の名〉の本来の機能とは何だろうか。それはまさに、主体が父を「象徴的に殺せる」ようにすること、主体が父(および家族という閉域)を捨て、我が道を行くことができるようにすることである。そうであるなら、〈父の名〉を引き受けたがらないカフカの態度が、父親からの離脱の失敗を示していることは不

思議ではない。カフカの父親への手紙が物語っているのは、リビドーの膠着状態のなかで永遠に父親の影から逃れられない運命にある主体である。カフカが父の名前を拒絶したからといって、父親の支配から逃れられるわけではない。この拒絶はむしろ、この拘束状態を明確に示す証拠である。

カフカは、いかなる意味であれ、恐ろしい父親の犠牲者ではなかった。彼は、むしろゲームの演出者であった（カフカの『審判』における〈掟の門〉の寓話のあとでなされる、田舎者と〈司祭〉とのあいだの長いやりとり、田舎者は優位な立場にいた、門番は実際には田舎者に従属していたという〈司祭〉の主張を思い出そう）。では、その証拠は？　カフカにおいて遮蔽幕《スクリーン》として機能するような記憶があったとすれば、それは、彼が子供時代の唯一の「まともな記憶」であるとした（そして父親に向かって、あなたも記憶しているはずだと言い放った）生後二ヵ月のときの出来事である。それは、おそらく両親がフランツに語ったことをもとにして、事後的に（再）構成されたものである。だが、われわれは問うかもしれない、これは何を遮蔽しているのか、と。その記憶は、〈ねずみ男〉の原光景のような、遡及的に構成された空想である。

幼いころの思い出で、まともにおぼえているのは、次のような事件だけです。あなたもおぼえていられるかもしれません。ある晩のこと、ぼくは水がほしいといって泣きつづけていました。別にのどがかわいていたというのではなく、誰かを怒らせたいような、また自分の気持をなだめたいようなことだったようです。何遍かきつく叱りつけてもだめだとわかると、あなたはぼくを寝室からひきずり出して、長廊下へ抱いて行き、扉をしめて、ぼくをひとりでシャツ一枚でしばらく立たせておきました。ぼくはそれがまちがっていたと言うのではありません。そのときほかの方法では夜の静けさを取りもどすことはできなかったのかもしれません。しかし、あなたのしつけ方と、それがぼくに及ぼした作用とは、このようなものだと言いたいのです。ぼくはその後すっかりおとなしくなったようですが、そのために心の傷を受けたのです。わけもなく水をほしがるのはぼくには当り前のことだったのですが、それを廊下へ連れ出されるなんともいいようのない恐ろしさと正しく結びつけることは、ぼくの性質としてできることではありませんでした。それから何年もたったあとでも、巨人のような男が、ぼくのお父さんが、最後の裁きが、ろくに理由もなしにあらわれて、夜中にぼくをベッドから長廊下へかつぎ出すかもしれないという、おそろしい思いにさいなまれていたのでした。その思いはつまり、ぼくがお父さんにとってはそのようにくだらぬ存在だということでもあるのです。〔同〕

子供が父親の気を引こうと喉を鳴らす音は、〈城〉からの電話で聞こえる不愉快なやわらかい音、あるいはアメリカ海兵隊の行軍歌に似ている……。象徴界以前の段階にある「転覆的な」子供の不明瞭な言葉と、カフカ作品の主人公を恐れさせる近づきがたい〈権力〉は、つまり、超自我とイドは、このように密かにつながっているのである。

父親に対する非難の真の要因は、父親の権力や、権威を見せつける彼の傲慢な態度ではなく、むしろ、彼の無能さ、彼が象徴的権威を欠いていることである。彼が幾度となく恐ろしいまでに怒り（*Wuten*）を爆発させたのは、彼が基本的に無能であることの証拠、効率を旨とする彼の冷酷な権威が機能不全になっている徴ではないのか。父親自身は、自分が「尊大な気性」なのは「心臓神経症のせい」だと説明していた。これは必ずしも権力を示すものではなく、カフカにとっては明白なことだが、弱者にふさわしい安っぽい方便である。「心臓神経症というようなことを持ち出すのは、それを考えただけで相手は抗弁の息の根をとめられてしまうのですから、例の支配力をいよいよきびしく振うための手段です」〔同〕。父親による儀式めいた権威の誇示の例としては、こんなものもある。「あなたが誰かをつかまえようとして、大きな声をあげながらテーブルの周りを走りまわるのも、おそろしかったものです。ほんとにつかまえるつもりはなかったらしいのですが、いかにもそんな様子をなさって……」(同)。これは自分で自分の首を絞めるような、ばかげた権力の誇示の仕方である。さらにいえば、生後二ヵ月の息子に恐れをなして彼をアパートの外に出してしまうという愚かな暴挙にでてしまう父親とは、いったいいかなる父親なのか。本当に権威ある父親であったなら、冷静に見守ったまま事に対処しただろう……。(ちなみに、カフカの家庭も明らかにその一例であった標準的な家父長的家庭にあっては、子供の面倒を見たのが母親ではなく父親であったという事実だけで、権威の欠如を表す最初の徴候になるのではないか)。父親の「知的な支配」に関する記述の根底に、この欺瞞、この見掛け倒しの権威は風船のように破裂し、父親の愚かさを明るみに出すのではないか……という抑えようのない恐れがあることは、明らかである。

あなたは肱掛椅子に坐ったまま世界を支配していたのです。あなたの意見だけが正しく、ほかの意見はみなまちがって、大げさで、でたらめで、常軌を逸している、というわけでした。この点にかけてのあなたの自信はたいへんなもので、あなたの言うことが辻褄が合わなくても、やはり正しいということには変りがありませんでした。またあなたがある事柄についてなんの意見も持ち合わせていないために、その事柄に関して抱きうる一切の意見を、見さかいなしにまちがいだときめつけてしまうようなこともありました。たとえば、あなたはチェッコ人をやっつけたかと思うと、今度はドイツ人をやっつけ、次にはユダヤ人をやっつけるという芸当ができたのです。それもある点だけをつかまえて言うのならまだしも、なにもかもだめだと言うのです。こうして最後には、あなたのほかは誰ひとり残らなくなってしまうのです。あなたはぼくにとっては、あらゆる暴君のもつ謎めいたものを帯びて来られたのです。暴君の暴君たる根拠はその人柄にもとづき、思想とは無関係なのです。すくなくと

も、ぼくにはそんな風に思われたのです。〔同〕

カフカの「自分だけの罪悪感」が「ぼくたちは二人とも救われないという認識」に取って代わられたのは当然である。

このように、父の権威という問題を扱うときには厳密さが必要となる。つまり、権威とでしゃばった高圧的な存在感とを混同してはならないのである。要するに、父親に関するカフカの困惑は、一つの読み方として、愚かで自惚れた無能な人物、すなわち彼の父親の現実と、その父親がそれにもかかわらず発揮する巨大な権力とのあいだのギャップの経験――「そうした哀れな人物は、なにゆえにそこまで権力を行使できるのか」――として解読できるのだ。そうすれば、この問いの答えは、経験的人物に権力を賦与する社会的-象徴的ネットワークゆえに、となるだろうし、このギャップの正体は象徴的去勢ということになるだろう。周知のように、戴冠式のような伝統的儀式では、単に権力を「象徴化する」だけではない物、それを得た主体が権力を効果的に行使する立場につくことを可能にする物が存在する。王が笏をもち王冠をつける、そうすれば彼の言葉は王の言葉として受け取られるのである。そうした記章は外的なもので、私の本質とは関係がない。私はそれを装着する、私は権力を行使するためにそれを身に着けるのである。そのようにして、この記章、物は、私を「去勢」する。それは、この私と私の遂行する職務とのあいだのギャップを導入するのである（つまり、私が自分の職務に完全にふさわしいとは、けっしていえない）。しかし、カフカはこのように父親を経験するのではない。むしろ、カフカにとっての問題は、父親の身体的な存在感が父のもつ象徴的機能の有効性を阻害することにあるのだ。いいかえよう。現実の人間としての枠を超えた影響力をもつ、過剰で幽霊的ともいえる圧倒的な父親の存在感は、目の前の現実を凌駕する象徴的権威の過剰性ではない。それは、幻影的で胸の悪くなるような〈現実界〉の過剰性である。フロイト流にいえば、カフカの父親をめぐる問題は、フランツの目からみて、父親は象徴界の〈法〉の担い手から「原初的な父 *Ur-Vater*」に「退行」していた、ということである。

〈主人〉には二つのモードがある。すなわち、象徴的〈主人〉という表の顔と、黒幕として糸を引き夜な夜な仕事をする〈悪の魔術師〉という裏の顔である。主体は、象徴的権威を賦与されると、象徴的称号の付属物として働く。つまり、大きな〈他者〉、象徴的制度が彼を通して働くのである。例としては、裁判官を思い出せば十分だろう。彼は惨めで堕落した人間であるかもしれない。しかし、法衣やその他の裁判官のしるしとなるものを彼が身に着けた瞬間、彼の言葉は〈法〉の言葉となる。一方、「不可視の」〈主人〉（その典型例は、一般人の目のとどかないところで社会生活を操っている「ユダヤ人」という反ユダヤ主義に固有の人物像である）は、公的な権威の不気味な分身のようなものである。こちらの〈主人〉は、この世のものではない亡霊的な全能性を発揮しながら影の世界で働かねばならない。家父長的な象徴的権威の、つまり〈父の名〉の崩壊は、〈主人〉の新しい姿を生み出すわけだが、後者は、われわれの普通の仲間、われわれの「隣人」、われわれの想像的な分身であると同時に、まさにそれゆえに幻影に取り憑かれたように〈悪霊〉という別の側面を備えている。ラカン流にいえば、自我理想の、象徴的同一化という特性の機能停止、すなわち、〈主人〉を想像的理想に還元することは、それとは反対の怪物的な面、われわれの生を支配する全能の〈悪霊〉という超自我的な形象を生み出すのである。この形象においては、象徴界がしかるべく有効に機能していないために、〈想像界〉（仮象）と（パラノイアの）〈現実界〉とが重なり合っている。

カフカ的〈法〉は、禁止を旨とするものではない。それは介入的あるいは威圧的でさえない。それが主体に繰り返し与えるメッセージは、「なんでも好きなようにしてよい！　私に指図を求めるな」である。これはもちろん超自我の原則そのものである。カフカの父親が息子に与えたメッセージが、「なんでも好きなことをしろ。私にいわせれば、おまえには自由に行動する権利がある。おまえはもう成人だ、おまえに教えることはない……」であったのは、もっともなことである。カフカが数え上げた、父親が使う一連の「修辞学的方法」──「悪態、脅し、皮肉、意地悪い笑い方、そしてきわめて奇妙ではあるが、自己憐憫」──は、超自我の曖昧さをきわめて正確に描写している。カフカの父は、まちがいなく擦れ枯らし*luder*、「悪意と意地悪い喜悦」をにじませた人物であった。（ここで見えてくるカフカとデイヴィッド・リンチをつなぐもの、それは『ブルー・ベルベット』『ワイルド・アット・ハート』『デューン』『ロスト・ハイウェイ』……における尋常でない道化じみたテロリストの親玉である）。

超自我の基本的なやり口は、主体が超自我の大いなる期待に応えていないと叱責しながら、同時に主体の努力を妨害すること（あるいは、主体の能力に対する不信感をあざけるように表明し、そのうえで失敗した主体を笑いものにすること）である。カフカは、おまえは自分ひとりの力で成功する自律した人間になるべきだ、という父親の要求に関連して、この矛盾を明確に指摘していた。

> ところがあなたはそうしたことは全然望まれませんでした。ぼくたち〔子供たち〕の境遇は、それこそあなたのご苦労の結果、別のものになってしまったのですが、それだけに、あなたがなさった様な遣り方でそこからのし上がるためのチャンスは、ぼくたちにはありませんでした。こういうチャンスは先ず暴力や破壊によって自分でつくり出さねばならなかったでしょう。つまりは家を飛び出す他はなかったでしょう。（仮にぼくたちにそうする決心と力があり、お母さん御自身としては、これに対して別の対策を立てられないものとしての話です。）しかしそんなことは一切あなたは全然お望みになりませんでした。却ってそれをあなたは恩知らずだの、飛んでもない事だの、怪しからん事だの、裏切だの、狂気の沙汰だのとおっしゃってました。だからあなたは一方では、何か御自分の例を挙げた

り、御自分の話をなさったり、ぼくに不面目な思いをさせたりして、そうさせようとなさるかと思うと、他方では、それを断乎として禁ぜられました。〔同〕

これこそは、〈父の名〉と著しい対照をなす、忌まわしい超自我である。つまり、「自律せよ」という命令そのものは、その働きにおいてその目標達成を妨害するのであり、「自由にやれ」という命令そのものは、主体を依存状態に置き、永遠の悪循環に縛り付けるのである。

ブレヒトが一九三〇年代のモスクワの世論操作裁判に関して述べたとされる「彼らが無実であるなら、彼らはなおのこと銃殺に値する」という言葉も、超自我の観点から語り直すことができる。この発言はきわめて曖昧である。これは急進的スターリン主義に対する標準的な肯定論として読めるし（個人の無実に固執すること、〈大義〉に身を投じるのを拒否することは、個人を超えた党の利益よりも個人を優先するという罪のあかしである）、その反対に根源的な反スターリン主義としても読める。すなわち、彼らがスターリンとその仲間の処刑をたくらみ実行できる立場にあり、なお且つ彼らが「無実」であった（すなわちその好機を逃した）とすれば、彼らはスターリンを追い払うことに失敗したわけだから実質的に死罪になっても仕方ない、というふうに。彼らは、スターリン主義のイデオロギー的枠組みを拒否する代わりに、またスターリンに断固反抗する代わりに、自己愛的に犠牲者になる道を選んだ、そして、そのうえで無実を主張するか、もしくは、ありもしない犯罪を自白することによって、みずからが党に対してなしえた究極の犠牲行為に酔っていた――これが被告の真の罪だったのである。したがって、この二つの意味の鱗状の重なり合いを本当の意味で弁証法的に理解するには、第一の読みからはじめて、それに対して常識的で道徳的な反応をしてみればよいだろう。「しかし、どうしたらそんな残酷な主張ができるのだ。気まぐれに人を罪人扱いする〈指導者〉のために自分を犠牲にせよと要求するそうした論理は、恐ろしい犯罪的な全体主義的世界の内部でのみ機能できるのではないか。そうした支配を受け入れるのではなく、全体主義的指導部の物理的排除（殺害）を含む、考えうるあらゆる方法を使ってそうした世界と戦うことが、すべての倫理的主体の義務ではないか」。「ということはやはり、彼らが無罪であるなら、彼らはなおのこと銃殺に値することになる。彼らは実際にスターリンとその取り巻きを排除する計画を立てられる立場にいたのに、人類を恐ろしい犯罪から守るその貴重な機会を逃してしまったのだから！」。繰り返していえば、ここにあるのは、ひねくれた超自我的論理の純粋形態である。そこでは、無実のひとはその分だけ有罪となる。なぜなら、無実そのもの（誰の目からみて無罪なのか、何に関して無罪なのかといえば、不快極まる犯罪的権力に関して、である）は、（この権力との共犯という）罪の証拠であるからだ……。

フロイトは、主体を倫理的行為へと駆り立てる心的審級を三つの異なる用語を使って表現しているが——彼は理想自我（*Idealich*）、自我理想（*Ich-Ideal*）、超自我（*Überich*）について語る——通例、その三者を混同して使っていた（彼は「自我理想あるいは理想自我 *Ichideal oder Idealich*」という表現をよく用いるし、『自我とエス』の第三章のタイトルは「自我と超自我（自我理想）」である）。しかし、ラカンはこの三つの用語を厳密に区別している。「理想自我」は、主体の理想化された自己イメージ（私はこうなりたい、他者からこう見られたい）を表している。自我理想は、私に眼差しを向ける心的審級であり、私は自分の自我イメージを使ってその眼差しに応えようとする。つまり、それは、私を見守り、私がベストをつくすよう強いる大きな〈他者〉、私が従い実現しようとする理想である。そして、超自我は、これと同じ心的審級がもつ、サディスティックな報復者、処罰者としての側面である。この三つの用語の根底にある構造原理は、明らかに、ラカンのいう想像界-象徴界-現実界の三幅対である。理想自我は、想像的なもの、ラカンのいう「小さな他者」、私の自我の理想化された分身イメージである。自我理想は、象徴的なもの、私の象徴的同一化がなされる点、私が自分自身を観察（および判断）する際によって立つ、大きな〈他者〉における点である。超自我は、現実的なもの、私に不可能な要求を浴びせかけ、それに応えられない私をあざ笑う、残忍で欲深い心的審級である。私は自分の「罪深い」欲を押さえつけ、超自我からの急務に応えようとするが、この審級から見れば、私はそうすればそうするほどかえって罪深くなるのである。

この厳密な区別の結果出てくるのは、ラカンにとって「超自我」は「そのもっとも強制的な要求に関するかぎり、道徳的良心とはなんの関係もない」[18]ということである。超自我とは、むしろそれとは逆に、反倫理的な心的審級、われわれが倫理にそむいたことを示す傷痕である。では、他の二つの心的審級のうち、どちらが厳密な意味での倫理的審級であるのか。われわれは——一部のアメリカの精神分析家が提案するように——「悪い」(非合理的-過剰で残忍な、不安感をあおる)超自我に対して「善い」(合理的-穏健で、思いやりのある)自我理想を提示し、患者が「悪い」超自我を捨て、「善い」自我理想に従うように導いてやるべきなのか。ラカンはこの安易な解決法に反対した。というのも、彼にとって唯一の〔倫理的な〕心的審級は、フロイトの三部構造には欠けていた第四の心的審級、ラカンが「欲望の法」と呼ぶこともあった心的審級、汝の欲望に従って行為せよと命じる心的審級だからである。ここで決定的に重要なのは、「欲望の法」と自我理想(主体が教育の過程で内面化する社会的-象徴的な規範および理想の体系)とのあいだのギャップである。ラカンにとって自我理想、すなわち、われわれを道徳的成長・成熟へと導く、一見善意の塊のようなこの心的審級は、われわれに、既存の社会的-象徴的秩序から来る「理にかなった」要求を受け入れることによって「欲望の法」を裏切るように強いる。過剰な罪責感をともなう超自我は、この自我理想に必然的に備わる裏面にすぎない。つまり、超自我がわれわれに圧力をかけるのは、われわれが「欲望の法」を裏切るからなのである。要するに、ラカンにとって、超自我の圧力の下でわれわれが経験する罪は、架空のものではなく、実際のものなのだ。「ひとにとって唯一罪といえることは、自分の欲望に関して譲歩してしまうことである」。そして、超自我の圧力が示しているのは、われわれが実際に自分の欲望を裏切るという罪を犯しているということである。

カフカに戻ろう。彼はこれと同じ見識を、彼の結婚計画に対する父親の反応との関連で明確に述べている。

> 二つの結婚計画の主旨は全く非の打ちどころはありませんでした。世帯を構えて一本立ちになるということがそれです。それは主旨としてはあなたもあの通り御同感なのですが、ただ実際は子供の遊びのような結果になるのです。一人が相手の手を摑んで、その上押しつけながら叫ぶあれです。「さあ行け。さあ行け。どうして行かないのだ。」〔同〕

このように、父親はカフカの結婚を邪魔していた。カフカの場合、父親の役割は結婚の保証人、象徴的権威の代理人ではなく(調和に満ちた関係は〈父の名〉の庇護の下ではじめて可能となるというラカンのテーゼを参照せよ)、超自我的な障害、フロイトがE・T・A・ホフマンの『砂男』に関する論文において「恋愛を邪魔する者 *Liebesstörer*」と呼んだもの、恋愛関係を壊乱/妨害する障害なのである。われわれがここで出会うのは、純然たる超自我のパラドクスである。つまり、恋愛関係を妨げる父親は、まさに、われわれに「それをせよ」、遠慮せず性的な乱交にいそしめと命じる猥褻な父親であり、逆にいえば、恋愛関係のための空間を開いてくれる父親は、禁止をかける審級、象徴的〈法〉の審級である。要するに、正当な父親を求めるカフカの欲望は、権威に隷属したいというマゾヒズム的な欲望ではなく、反対に、自由と自律性への欲望なのだ。したがって、ここでの逆説は、父からの自由は父の名を受け入れることを意味する、ということである。この受け入れによって、カフカと彼の父は同格になる。「結婚は確かに最も強烈な自己解放や独立を保証するものです。ぼくが家庭をもつとします。これはぼくの考えでは誰でも達成しうる限りでの最高のものであり、あなたが達成なさった限りの最高のものでもあるのです」〔同〕。カフカの前には選択肢として父親から逃れるための二つの方法、独立するための二つの様態があった。すなわち、結婚か執筆か、父かそれよりさらに悪いものか *le père ou pire*、彼の父親か「ほとんど無に等しい」執筆か、という選択肢が。

ぼくは物を書いたり、又それに関係のある事柄などで、小さな独立計画や逃亡計画を試み、漸く極く小さな効果をおさめたに過ぎません。それらはもうほとんどあとが続かないでしょう。その証拠はいろいろあります。それにも拘らず、それらの見張りをして、ぼくに妨げる限り危険を、危険どころか危険の可能性さえも、それらの方へ近付けないようにすることはぼくの義務なのです。というよりむしろそれこそ自分の生活なのです。ところが結婚はそのような危険の可能性なのです。〔同〕

そしてカフカはこう続ける。

とどのつまりは決まっています。諦める他ありません。手の中の雀と屋根の上の鳩との比較はここでは大分見当違いです。手の中には無一物で、屋根の上に全部いるのです。しかもぼくは、——葛藤関係や生活がそのような決断を下すのですが、——無一物の方を選ぶほかありません。[19]〔同〕

したがって、糞便的なものとの自己同一化(「ですからこの世がぼくとあなたとからだけ出来ているという、ぼくにはごくなじみ深いあの観念がもし本当だとすれば、その時は、あなたと一緒にこの世の純潔が終わり、ぼくと一緒に、あなたの御忠告の力によって不潔が始まったのです」〔同〕にもみられるカフカの自虐性は、根本的に信用できない。自分は「あなたの教育とぼくの従順の産物」であるというカフカの主張のなかには、おのれの悲運にリビドーごと関与していることを否認するための策略が、簡単に見て取れるからだ。ここでの策略は明白である。すなわち、父親が純潔であり続けられるために、私は喜んでみずからの不潔を引き受ける、という策略は。このことは、この「不潔」との自己同一化がいつ起こるかを銘記したとき、とくに明らかになる。それが起こるのは、カフカが、父親から性生活について「実際的な」／猥褻な忠告（羽目を外すな、とにかく楽しめ、真剣になりすぎるな、おまえに身を預けた最初の女の餌食になるな、女はみんな売女だってことを忘れるな、適当につきあって、また別の女に移ればいい……）をされた（まれな）瞬間について報告している、手紙の紛うかたなき（トラウマ的な）核心部においてである。例えば、カフカは、「結婚への最後の意向」を父親に知らせたあと、父親が「一寸口にした言葉」を思い出している。

ぼくにおっしゃったのはたとえばこんなことでした。「その女はきっと何か飛切り上等なブラウスを着込んでいたんだろう。プラーグのユダヤ女のやる手だよ、そこでお前は簡単に一緒になる気になったというわけさ。おまけに出来るだけ大急ぎにだ。一週間以内だ。明日だ。今日だ。お前の気が知れないよ。一人前の大人ではないか。都会にいるんだよ。それなのに、どんな女とでもすぐに一緒になる他、どうしてよいか分からないのだ。何とか他にならんもんかね。もしそれがこわいんならわしがお前と出かけていってやろう。」あなたの話し方はもっと細かく明瞭でした。しかしもう一々細かい点は思い出せません。多分少し眼の前が霞んでいたのでしょう。殆んどお母さんの方に余計関心を持っていた位です。〔お母さんは〕完全にあなたと同意見でありながら、それでも何かテーブルの上からお

取りになって室から出てゆかれたのでした。あれ以上ひどくぼくを言葉でお辱しめになったことはなかったようです。〔同〕

カフカにとって、この忠告の「本来の意味」は明らかだった。「あの時ぼくに忠告して下すったことは、あなたの御意見から云っても、あの当時のぼくの考えから云っても、およそありうる限りでの最も不潔なことだったのです」〔同〕。カフカにとって、「不潔」をこのように息子へと移し変えることは、自分の純潔さを維持しようとする父親の策略の一部であった。カフカが「不潔」と自己同一化するのは、ここにおいてである。

そのためあなたはますます純潔なものになり、一層高いところに祭り上げられる結果になったのです。そのあなたにしても結婚前の御自分に対してもまた、これに似たような忠告をお与えになることがお出来になったはずだというような考えは全然思い浮かばなかったのでした。こんなわけで、地上的な不潔は、ほとんどこればかりもあなたという方には残っていなかったのです。しかも正にそのあなたが、まるでぼくというものはそんな風にしか決められていないかのように、二言三言露骨なお言葉で、ぼくをこの不潔のなかに突き落とされたのです。ですからこの世がぼくとあなたとからだけ出来ているという、ぼくにはごくなじみ深いあの観念がもし本当だとすれば、その時は、あなたと一緒にこの世の純潔が終わり、ぼくと一緒に、あなたの御忠告の力によって不潔が始まったのです。〔同〕

繰り返していえば、ここにはカフカのごまかしがある。父親の純潔を必死に保とうとしているのは、父親本人ではなく、カフカ自身なのだ。父親が似たような忠告に従う（そしてその結果「不潔」のなかに存在する）というような考えが「全然思い浮かばない」のは、あくまでカフカ自身にとってなのである。つまり、この考えはきわめて壊滅的なものであり、彼の心的世界から排除されているのだ。

ここからは、異様な、しかしきわめて重大な結論がでてくる。父親の活喩法である。カフカは父親の返答を想像しているのだが、そのなかで父親は、自分が何をしようと（すなわち、カフカの結婚計画に手を貸そうと反対しようと）それは裏目に出て、カフカによって障害として曲解されていただろうと、カフカに責任を転嫁している。父親がここで喚起するのは、（父による）禁止とその侵犯という定番の論理である。

たとえあの結婚をわしが嫌ったところで邪魔になりはしなかったろう。それどころか却ってお前には、一層その娘と結婚する刺激になっただけのことだろう。お前の所謂「逃亡計画」がなるほどそのお陰で完成したかも知れない。〔同〕

ここでは厳密に考えなければならない。そして、こうした法と侵犯との絡み合い（侵犯への密かな要求によって支えられた法）を、その（ほぼ）裏返しである本来の超自我と混同しないようにしなければならない。一方〔前者〕においては、「楽しめ！　法を破れ！」という隠された（はっきり述べられていない）命令が、明示的な禁止のなかに反響しており、他方〔後者〕においては（それよりもさらに興味深い、不安定な形で）、失敗せよという隠された（はっきり述べられていない）命令が、「自由にせよ！　楽しめ！」という自由放任を旨とする明示的な呼びかけのなかに反響している。

手紙の最後の段落は、非難の応酬の悪循環を打ち破っている。そして、それによって、ためらいがちではあるが「楽観的」となり、休戦のための最小限の空間と象徴的な協定を導入している。

これに対してお答えしますと、まず第一にこの抗議全体〔カフカの想像する、手紙に対する父親の返答〕は幾分あなたへも向けられていますが、これはあなたの口から出たものではなく、無論ぼくからのものです。他人に対するあなたの御不信も、ぼくの自分に対する不信に比べれば、決してそれほど大きなものではありません。あなたがぼくをそんな風に教育されたのです。この抗議にしても、確かにそのものは、ぼくたちの関係の特徴を示すために役立つような新しい材料を提供していて、それにはそれとして或る根拠のあることをぼくは否定しません。勿論、物事は実際には、ぼくのこの手紙の中の発明のように、ぴったり辻褄の合うものではありません。人生は忍耐くらべ以上に辛抱を要するものなのです。しかしこの抗議によってそれを訂正するにしても、それを一々やり通すことは出来ないし、又そうする気もありません。しかしぼくの考えでは、訂正すればやはり、ずっと真実に近づくことが出来て、その結果、ぼくたち二人の気持を少し落着け、生と死をもっと気楽なものにすることは出来ると思うのです。〔同〕

ここでわれわれが手にしているのは、分析に終わりをもたらす父親（分析家）の想像上の介入によって中断された、ある種の（自己）分析であるといってよい。カフカの長く散漫な思考の流れは、ついに分析家の介入を誘発したかのようなのだ。この介入への反応として、カフカ（被分析者）は、最終的に自分の主体の位置を変えてみせる。このことは、「この抗議全体は幾分あなたへも向けられていますが、これはあなたの口から出たものではなく、無論ぼくからのものです」という明快な、とはいえやはり奇妙な主張によって示されている。これと〈掟の門〉をめぐる寓話の結末との類似性は、明らかである。後者において、田舎から来た男は「この門はおまえのためだけにここにあった」と教えられる。それと同様に、ここでもカフカは、父親による憤激などのスペクタクルは、「彼〔カフカ〕のためだけにここにあった」ということを知るのである。したがって、父親への手紙は、実際にその目的地に届いたことになる。なぜなら、この手紙の真のあて先は、書き手自身であるからだ……。

このようにして、カフカの主体的同一化は、（父親の）不潔＝汚物という「ほとんど無に等しいもの」から「まったくの無」へと――微細に、しかしすべてを変容させつつ――移行する。こうしたことすべてが「ぼくからのもの」であるなら、私という無は、もはや（他人の）不潔＝汚物ではありえないからだ。したがって、手紙の結末で起こる移動は、死から昇華への移動である。つまり、カフカが居場所としての無を選択すること、マラルメをもじっていえば、みずからの存在を「場所以外なにも生起しない」極小の場所へと還元することは、創造的昇華（文学）のための空間を生み出すのである。ふたたび『三文オペラ』におけるブレヒトのモットーをもじっていえば、執筆という不潔な純潔、すなわち、「litturaterre」（ラカンの地口）としての、地表を汚すごみ（litter）としての文学（literature）という不潔な純潔にくらべれば、ちっぽけな性的逸脱行為の不潔さなんて、屁みたいなものなのである。

3

ラディカルな知識人たち
あるいは、なぜハイデガーは一九三三年に
正しい一歩を（しかし間違った方向に）踏み出したのか

木を森に隠す

G・K・チェスタトンの「折れた剣」(『ブラウン神父の童心』に所収)で[1]、ブラウン神父は相方のフランボーに「誰もが知っていること」を語り始め、謎解きに入る。

アーサー・セント・クレアは英国の将軍として大きな成功を収めた。インドとアフリカでの数々のめざましい、だが慎重な戦闘ののち、ブラジルの大いなる愛国者オリヴィエが最後通牒を発したときに、将軍が対ブラジル戦の指揮官となっていたことは「誰もが」知っている。その際にセント・クレアは、大部隊を率いるオリヴィエに対してごく小人数の部隊で攻撃をしかけ、英雄的な抗戦の末に捕虜となったことも「誰もが」知っている。そして、捕虜となったセント・クレアが手近な木に吊るされて縊られたことを知り、文明社会は憎悪に震えることになったわけだ。「誰もが」知っている話だ。ブラジル軍が退却したのちに、折れた剣を首にかけて宙ぶらりんになっている将軍の死体が発見されたことは。

しかしながらブラウン神父は、誰もが知っているこの話に、どこか筋の通らないところがあると気づいている。セント・クレアは、つねに慎重な指揮官であり、猪突猛進よりも本分を重んじる人物であったのに、ばかげた作戦を企てて惨敗した。他方オリヴィエは、武者修行中の騎士を思わせるほどに寛大で、捕虜となった兵士は必ず解放するような人物であったのに、セント・クレアを酷いやり方で殺害した。この謎を説明するために、ブラウン神父は譬え話を持ち出す。

「賢い人は葉をどこに隠すだろう。森の中だ。だが森がないときにはどうする。自分で森を作るのさ。」神父は不明瞭な声でいった。「恐ろしい罪だ。［…］死体を隠さねばならんとしたら、死体の山を築くだろうな。」

事件の謎を解くには、この英国の英雄は腐敗した闇を心に隠し持っていたという仮説を立てざるを得ない。セント・クレア卿は、

自分の聖書を読む男だった。この男の問題はそこにあった。いくら自分の聖書を読んだところで、自分以外のすべての人々の聖書を読んでみないかぎりなんの役にも立たないということを、世間はいつになったら理解するのだろうか。印刷屋は誤植探しのために聖書を読む。モルモン教徒はモルモン教の聖書を読んで、そこに一夫多妻制を見出す。クリスチャン・サイエンスの信者も、やはり信者用の聖書を読んで、人間には手も脚もないと考える。セント・クレアはインド育ちのイギリス人で、プロテスタントの老兵だった。［…］もちろん彼は、自分が求めているもの——肉欲、専制、裏切り——そのすべてが旧約聖書に書いてあると思ったのだ。あの男がいわゆる正直者であったことは否定しな

いさ。だが、不正直を賛美することにおいて正直だった男のどこが素晴らしいのかね。あの悲惨な戦いの直前に、ブラジルの森の中で将軍は予期せぬ問題にぶつかった。同行していた若いマレー少佐が、将軍に関するおぞましい真実に気づいていたのだ。二人がジャングルをゆっくりと歩いていると き、将軍はサーベルでマレーを刺し殺した。しかし、この死体をどう説明したらいいのか。「将軍は、死体の存在を多少なりとも自然に見せかけることができた。この死体の上に、死体の山を築けばいいのだ。それから二十分後には、八百名のイギリス兵が死の行進を始めたというわけさ」。しかしながら、将軍の思い通りにはいかなかった。生き残ったイギリス兵たちが将軍のしたことに感づいたのだ。将軍を殺害したのは、オリヴィエではなく味方の兵士たちだった。(生き残った兵士たちが降伏した敵である)オリヴィエは、寛大にも彼らを解放し、部隊を引き上げた。すると、生き残った兵士たちはセント・クレアを裁き、縛り首にした。そして、英国陸軍の名誉を守るために、オリヴィエが将軍を殺害したという話をでっち上げたのだった。

この物語の終わり方は、真実よりも英雄的な伝説を好むジョン・フォードの西部劇を思わせる(『アパッチ砦』の、ヘンリー・フォンダ演じる無慈悲な将軍についてジャーナリストに語る、ジョン・ウェインの最後の台詞を思い出してほしい)。「奴のことを知らない何百万という連中が、この男を――奴のことを知る最後の数人が馬糞扱いしたこの男を――自分の父親のように慕うだろう。奴は聖人になる。奴の真実について話す者はいない。なぜなら俺が話さないと決めたからだ」。

さて、この物語から引き出せるヘーゲル的な教訓とは何だろうか。冷笑的な、非難を込めた単純な解釈は退けられるべきだという教えだろうか。将軍の腐敗ぶりはその人格の真の姿だと見なす眼差しそれ自体、卑しく下劣なのだという教えだろうか。すでにヘーゲルはこうした罠を説明していた。英雄的で偉大な行為すべての裏に、それを行う者の卑しい私的な動機を見出す〈美しい魂〉の眼差しという罠がそれだ。

英雄の下僕にとって英雄など存在しない。だがそれは、英雄が英雄でないからではなく、下僕が下僕であるからだ。英雄が下僕にかかわるのは、英雄としてではなく、食事をし着物を着る者として、要するに個人的な欲求や考えを持つ私人としてだからである。同様に、行為を価値判断する過程において、個人の私的な側面が行為の普遍的な側面に対立しないような行為、行為者に対して道徳的な「下僕」が何もいわないような行為は存在しない。[2]

すると、ブラウン神父は、将軍にとって道徳的な「下僕」というわけではないにしても、不愉快な真実は公共の利益のために覆い隠さねばならないということを知っている冷笑家なのだろうか。将軍がしだいに堕落していった責任の所在について述べるチェスタトンのやり方には、神学的な精妙さが見て取れる。将軍は、卑しい物質的な動機が強すぎたために道徳的に腐敗して、キリスト者としての信仰に背いたというのではない。チェスタトンは賢明にも、将軍の道徳的堕落の原因をキリスト教に根ざすものとして説明する。将軍は「自分の聖書を読む男だった。この男の問題はそこにあった」。責任があるのは、個別的な――この場合はプロテスタントの――解釈である。これと同じことが、ハイデガーの企図に（そしてまた、アドルノとホルクハイマーの、さらにはアガンベンの企図にさえ）言えるのではないか。そうした企図とは、道具的〈理性〉等々を生み出した「西洋形而上学」、「プラトンから北大西洋条約機構《ナトー》まで」（あるいは強制労働収容所《グーラーグ》まで）一直線に続く「西洋形而上学」の伝統全体に、二〇世紀の倫理的・政治的破局の原因を帰するという企てである。スローターダイクは、「西洋文明」を地球規模で問題視する左翼について次のようにいっている。

文化批評の数限りない形式――たとえば、アウシュヴィッツの責任をルターやプラトンに帰したり、西洋文明全体を犯罪と見なすことなど――を通じて、階級を殲滅する体制がわれわれの目前に迫っていたことを示す痕跡がかき消されようとしている。[3]

ここに一つだけ付け加えるべきは、ハイデガーや彼に先立つファシストたちにも同じことが当てはまるということだ。ハイデガーたちもまた、ナチスという死体を西洋形而上学と呼ばれる死体の山の中に隠したのだ……。同じやり方であまりに性急に一般化して、哲学者が政治に手を出すと必ずろくでもないことになるというリベラル派の民衆の知恵を持ち出すのは、やめるべきではないだろうか。この知恵によれば、プラトン以来、〔政治に手を出す〕哲学者は惨めに失敗するか、うまく成功する場合でも専制的支配者を支持してのことである。そうなってしまう理由は、哲学者は自分の〈概念〉を現実に押しつけ、現実を無視しようとするから、ということらしい。プラトンからハイデガーまで、哲学者は（何人かの経験論者とプラグマティストを例外として）筋金入りの反民主主義者であり、そうした哲学者が、「民衆」はソフィストの犠牲者でその時々の多数派のいいなりになっている、そう考えて「民衆」を軽んじるのも驚くにはあたらない。こうした常識的な知恵を信じる人々は、マルクス主義者が、マルクスのさまざまな理念はスターリンによって忠実に実現されはしなかったといってマルクスを擁護するのを耳にすれば、こう応答する。「やれやれ。そんな理念が完全に実現されていたら、もっと悲惨なことになっていただろう！」。少なくともハイデガーは、自分の破局的な経験から帰結を引き出そうとして、存在論《オントロジカル》の水準で思考する者は存在《オンティック》の水準では誤りを犯さざるを得ないということ、この二つの水準のギャップは解消不可能であること、正しい「哲学的政治」などないこと、こうしたことを進んで認めた。すると、哲学者を兼ねた警官から成る特別班を設置すべきだと皮肉まじりに提案したチェスタトンは完全に正しかったのかもしれない。

この特別班の任務は、陰謀を、それが犯罪になる前に謀議されている段階から監視することです。哲人警官の仕事は、普通の刑事の仕事よりも大胆で精妙なものなのです。普通の刑事は泥棒を捕まえに酒場に行きますが、わたしたちは厭世主義者を見つけに芸術家のお茶会に行きます。普通の刑事は元帳や日記を調べて犯罪が行われたことを知ります。わたしたちは一冊のソネット集から、犯罪が行われることを予見するのです。わたしたちは、ついには知的な狂信主義や知的犯罪に人間を追いやる根本原因、つまりそうした恐ろしい思想にまで遡って捜査しなければならないのです。[4]

以上のような考え方に多少の修正を加えて、政治犯罪を「全体主義」と呼び、哲学上の犯罪を「全体性」という単一の概念で表すならば、ポパー、アドルノ、レヴィナスといったそれぞれ性質の異なる思想家もこれに同意するのではないだろうか。全体性という哲学上の概念からまっすぐに伸びている道は、政治上の全体主義に通じているのだから、「哲人警官」の務めは、プラトンの対話篇やルソーの社会契約論を調べ、そこに政治犯罪の芽がないかどうか探り当てることである。政治犯罪を取り締まる普通の警官は革命家を逮捕するために秘密結社に向かうが、哲人警官は哲学のシンポジウムに行って全体性を擁護する者を見つけ出す。普通のテロ対策班の警官は建物や橋の爆破をたくらむ者を見つけ出そうとするが、哲人警官は社会の宗教的・道徳的基盤を脱構築しようとする者を逮捕する……。[5]

こうした見解は、「民衆の知恵」と立場を同じくしている。賢い人は、現実を「無理に正す」べきではないこと、ちょっとした不正が行われているからこそ大きな不正を防止できることをわかっている、というわけだ。この意味で、キリスト教は知恵に対立する典型的な形式である。最終的には知恵に依存する異教（「万物は塵芥に帰する、〈輪廻転生〉は永久に続く……。」）とは対照的に、キリスト教は異常なまでに〈真理〉を重んじ、それに賭けるのだから。こうした知恵の基本姿勢が抱える致命的な限界は、バランスという概念や極端を避ける考え方にふさわしい形式主義にある。「国家の完全な統制もいらないし、まったく規制のないリベラリズム／個人主義もいらない。必要なのは、この両極端のあいだにほどよい地点を見つけることだ」。こうした常套句から直ちに飛び出てくるのは、ほどよい地点のほどよさを測定する基準をめぐる問題である——ほどよくバランスのとれた地点がどこなのかは、つねに暗黙のうちに前提とされてしまっている。誰かがこういったとしよう。「ユダヤ人に配慮しすぎる必要もないが、ナチのホロコーストもいらない。この両極端のあいだにほどよい地点を見つけ、ユダヤ人の影響力が強くなり過ぎないように、ユダヤ人の大学入学者数を一定数に制限し、ユダヤ人が公職に就くことを禁止する必要がある」。これに対して、純粋に形式的な水準で〔両極端のあいだにほどよい地点を探すという水準で〕答えることはできない。これがまさしく知恵の形式主義である。真の課題は、両極端のあいだで揺れているだけではなく、ほどよい地点がそのどこかに位置づけられる尺度そのものを変えてしまうことなのだ。

この点以外では申し分のない『聖なる恐怖』において、テリー・イーグルトンは同じような罠に陥っているようだ。イーグルトンは、ファルマコス、つまり〈神聖なもの〉、〈聖なる恐怖〉という過剰をめぐる弁証法を、〈現実的《リアル》なもの〉という過剰をめぐる弁証法として展開している。われわれが尊重しその要求に応じながらも一定の距離を保っておかねばならない〈現実的なもの〉という過剰、これをめぐる弁証法である。〈現実的なもの〉は創造的であると同時に破壊的でもある。それは、自由を与えられれば破壊的となるが、自由を奪われた場合でも、自由を与えられたときと同様の破壊的な怒りを爆発させる——またしても対立物の一致である。イーグルトンはここで、自由それ自体を、解き放たれれば破壊的となるファルマコスと見なしている。しかしながら、こうした見方は知恵の保守的な形式とほとんど変わらないのではないか。ポストモダニズムを最も鋭く明晰に批判する論者であるといって差し支えないイーグルトンその人が、適切な距離を保たねばならない〈現実的なモノ Real Thing〉という、すぐれてポストモダンな主題を受け入れ、彼の中に潜むポストモダン的傾向を露にしているというのは、最高度のアイロニーではないだろうか。〔エドマンド・〕バークのような保守派やフランス革命をめぐるバークの批評に対してイーグルトンが共感を隠さないのも不思議ではない。その共感の理由は、フランス革命が不当であったとかそういうことにではなく、その革命が、法秩序を創設する過剰な暴力をさらけ出し、なんとしても隠しておくべきもの――この「隠す」ということが伝統的神話の機能である――を明るみに出し再び舞台に上げたということにある。こうした神話を退け、伝統を批判する純粋〈理性〉に従うならば、すべてを破壊する大混乱に、狂気や〈非理性〉に落ち込むしかない、というわけだ。[6]

　以上のような複雑な問題は、「社会における知識人の役割」などという退屈至極な紋切型で示されることもあるが、こうした問題に対するラカンの立ち位置はどこにあるのだろうか。もちろんラカンの理論は、おびただしい政治的・イデオロギー的現象に新たな光を当て、そうした現象に背後から影響を与えるリビドーの流れを露にするのに役立つ。しかし、ここで問うているのは、もっと基本的で素朴なことだ。つまり、ラカンの理論に政治姿勢といえるものが見出せるのか、ということである。ラカン派の中には（ラカン派だけではないが）、ヤニス・スタヴラカキスのように、ラカン理論は民主主義の政治を直接基礎づけるものだということを示そうとする人々もいる。そういう人々の言い回しはよく知られている。「大文字の〈他者〉は存在しない」というテーゼは、次のようなことを意味しているという。社会的象徴秩序は矛盾をはらんでいて、それを究極的に保証するものはなく、民主主義は、こうした究極的な基盤の欠如を体制に組み込む方法である、と。調和のとれた〈全体〉としての社会という有機的な理想像はすべて幻想に基づいているのだから、民主主義は、「幻想を突き抜ける」政治姿勢、つまり、敵対性のない社会という不可能な理想を断念する政治姿勢を提示しているように思えるというのだ。

　ここで重要な参照項として役立つ政治理論家が、クロード・ルフォールである。というのも、ルフォール自身ラカンの影響を受け、民主主義を定義する際にラカンの用語を使っているからだ。ルフォールによれば、民主主義は、象徴的なもの《シンボリック》（権力の空虚な場所）と現実的なもの《リアル》（権力の場所を占める行為主体《エージェント》＝代理人）とのギャップを受け入れ、どんな経験的行為主体＝代理人であろうと権力の空虚な場所に「本来的に」適合するものではないことを自明の前提としている。民主主義以外の政治制度は不完全で、それらが機能するには妥協と大改革を繰り返さねばならない。これに対して、民主主義は不完全性を一つの原理にまで高め、規則的に行われる大改革を選挙という形で制度化する。ようするに、S（$\not{A}$）は民主主義のシニフィアンなのだ。このように規定される民主主義は、「現実主義的な」まやかしの策などよりもうまく機能する。この策によれば、ある政治ヴィジョンを実現するためには、予期せぬ具体的状況に備え、妥協も辞さず、人間の悪徳や不完全性を受け入れる余地を作っておかねばならない。他方、民主主義は不完全性それ自体を〔民主主義を構成する〕概念にする。しかしながら、留意しておくべきことがある。すなわち、民主主義の主体は、各主体の個別的な帰属意識《ルーツ》や規定的特徴のすべてから暴力的に切り離されることによって立ち現れるのであり、こうした主体はラカンのいう斜線を引かれた主体$\not{S}$であり、したがって享楽とは無関係の、享楽とは両立しえないものであるということだ。

空虚な場所としての民主主義が意味するのは次のようなことだ。すなわち、民主主義の主体は斜線を引かれた主体だということである。われわれのささやかな論理式を用いれば、こうした主体は小文字の a を排除するものであることが直ちにわかる。小文字の a は、享楽の個別的内容を離れては存在しえないものすべてを表すのだから。われわれが a という小文字を使って気楽に指し示すもの、a として形成され、存続し、震えているさまざまなものに、民主主義の斜線を引かれた空虚な主体が結びつくことは難しい。空虚な場所がある以上、法を尊重するなら誰もが自分の伝統や価値でその場所を埋

> めることができるといわれている。［…］だが事実上は、民主主義は、空虚になればなるほど享楽のない不毛な砂漠と化す。これと相関して、享楽がいくつかの要素に凝縮されればされるほど、［…］よくいわれるようにシニフィアンはますます「不満を抱く」ようになる。シニフィアンは、純粋になればなるほど、法、平等を掲げる民主主義、市場のグローバル化といった純粋な形式を身にまとって迫ってくる。［…］情熱が高まれば高まるほど、憎しみはいっそう強くなり、原理主義が繁茂し、破壊が拡大し、未曾有の大虐殺が行われ、前代未聞の破局がやってくるのだ。[7]

この引用が意味しているのは、全体主義的充溢を語る言説と民主主義の空虚な場所とは、厳密に相関関係にあり、コインの裏と表の関係にあるということだ。両者を敵対させ、全体主義という不快な代補を回避する「ラディカルな」民主主義を唱えるのは無意味なのだ。情熱を持ち、人々を結集させる新たなイメージを提示することができるのは今日では右翼だけで、自分たちは行政管理に参加しているだけだと嘆く左翼は、左翼の戦術上の弱点としか見られていないものにじつは構造的な必然性があるのだということを理解していない。現在広く議論されているヨーロッパ統合計画が人々の情熱をかき立てることがないのも当然だ。それは、究極的には行政管理に関するものであって、イデオロギーに関わるプロジェクトではないからである。情熱を発しているのは、ヨーロッパに対する右翼の反発だけだ――ヨーロッパ統合という観念に政治的な情熱を吹き込もうとする左翼の試み（二〇〇三年の夏にハーバーマスとデリダが先導したような）はどれも、勢いに乗れずにいる。その理由は、享楽への「原理主義者的」愛着が、民主主義それ自体を補足するものであり、民主主義の空想的な代補である、ということなのだ。

民主主義にはこうした不快なもの *Unbehagen* が内在しているという帰結を引き出した後で、次に何をすべきか。ラカン派の中には（ラカン派に限らないが）、民主主義を内側から批判する者、現実的な政治プロジェクトを自ら示すことなく嫌味な疑問を提起する挑発者としてラカンを考えようとする向きもある。この場合、政治そのものは想像的・象徴的同一化が行われる領域として軽視される。というのも、そうした同一化によって生じる自己は、その定義からして誤認、すなわち自己に対する盲目という形式をともなっているからだ。ラカンはこうして、ソクラテスからキルケゴールまで続く伝統を受け継ぐ挑発者として、民主主義という幻想とそこに潜む形而上学的前提を見抜くのである。こうした立場に立つ者の中では、ウェンディ・ブラウンが傑出している。ブラウンは、ラカン派ではないが、犠牲者化という政治、つまりアイデンティティの基盤は傷にあると考える政治的に正しい《ポリティカリー・コレクト》政治を、ニーチェを思わせるやり方で明快に批判している。そしてこの批判は極めて重要である。

ニーチェの牙を抜く

ブラウンは、特定の集団（性《セックス》―ジェンダー―人種という三位一体）に対してなされた悪行に基づいてアイデンティティを考えるポストモダンな政治を、人権というリベラル民主主義的で平等主義的な枠組みとの曖昧な関係を表すものと解釈する。人は人権によって裏切られたと感じる（女、黒人、ゲイ等々の立場が、普遍主義者のリベラルな美辞麗句では語られないまま、排除されながらも利用され続けてきたことを、人権は覆い隠してしまう）のだが、にもかかわらず、人権という理想に強い魅力を感じ続ける。ブラウンは、（サディズムとマゾヒズム、愛着と拒絶、他人への非難と罪責感といった）互いに矛盾し対立するさまざまな姿勢の両極のあいだにぎりぎりの妥協点を見出そうとして道徳上の怒りが爆発する様を、みごとな分析によって示している。ブラウンは、道徳主義という政治を、「真実と無力さとを等号で結ぶことに固執する立場を表す印、傷つけられた意志によるアクティング・アウトとして解釈するだけでなく、破壊された歴史的物語、まだその代替物が作られていない歴史的物語を示す徴候として解釈してもいる」[8]。「道徳心が政治上の道徳主義に姿を変えるのは、善の目的《テロス》は消滅したが善を切望する気持ちはまだ残っているというときである」[9]。左翼が語る進歩という物語、すべてを包み込むこの大きな物語が崩壊し、政治活動がアイデンティティをめぐる多数多様な問題にばらけてしまったとき、こうした諸問題が回収しきれない過剰なエネルギーは、無力な道徳主義に捌け口を見出して噴出せざるをえなくなるのだ。

しかし、ブラウンはここで決定的な一歩を踏み出し、民主主義のパラドクスすべてをその極限まで押し進めているが、これはシャンタル・ムフが「民主主義のパラドクス」と呼ぶものに関して行ったことよりもラディカルである。すでにスピノザとトクヴィルが論じているように、民主主義は、本質的に未完成の――空虚で、確固たる原理を欠いている――ものであり、その空虚な形式を満たす反民主主義的な中身を必要としているのだから、事実としても「形式的に」構成されているものなのだ。その反民主主義的な中身を提供するのは、哲学、イデオロギー、理論である――プラトンからハイデガーにいたる大哲学者のほとんどが、反民主主義者であるとは断言できないまでも、民主主義に疑問を抱いていたのは不思議ではない。

> あらゆる政治形式の中で最も理論的ではない民主主義の政治が、逆説的にも理論を必要としているとしたら、形式と実質の両方において民主主義に対立する理論を必要としているとしたら、もしも民主主義の政治が、自由で平等な秩序を築くという野望を満たそうとしているとしたらどうだろう。[10]

ブラウンは、「民主主義は健全に機能するために非民主主義的な要素を必要としている」という右記の事実を、あらゆるパラドクスの根本に置く。つまり、民主主義は、生きた民主主義であり続けるために、絶えず自らを疑問視しつつ民主主義に反するものを受け入れなければならないということだ。民主主義の病の治療法は、形式における同毒療法《ホメオパシー》なのである。

スピノザとトクヴィルが考え抜いたうえで示唆しているように、もしも民主主義が、民主主義に対立するさまざまな原理に備給する傾向性を持つとしたら、これらの原理によって生命を与えられる政治体制やそうした原理そのものを批判的に精査することは、民主主義を回復させ立て直そうとするプロジェクトにとって決定的に重要である。[11]

形式の中身である原理のみが、われわれがとるべき行動を示すことができるのだから、こうした原理の意味を固定し、テクスト上で漂流する意味を「縫合する」ことが政治的には必要となる。これに対して理論は、いつまでも「脱構築」され続けるので、明確な内容を持つ新たなプログラムにまとまることがありえない。ブラウンはこうした緊張関係を、政治と理論の緊張関係を説明するものと考えている。

人間のさまざまな実践の中でも、政治は特異なまでに反理論的である。なぜならば、権力を手にしようとする企てが政治を構成するわけだが、まさにこの企ては、意味を固定しないでおくという理論的プロジェクト、スチュワート・ホールの用語でいえば「意味を横滑りさせておく」という理論的プロジェクトに、必然的に対立するからだ。言説としての権力は、それ自身が構築されたものであり、したがって変形可能で偶発的なものだという事実を隠すことによって機能する。言説は、意味を自然化することによって固定する。そうしなければ言説自体が力を失ってしまう。こうした意味の固定化あるいは自然化は、政治が生起するのに必要な方式なのだ。この規範的方式は、暫定的だとしても、置換＝ずらしを行う脱構築の政治にすら含まれている。[12]

規範的構築物と政治プロジェクトはすべて、偶発的で矛盾した性質を持っており、究極的な土台を欠いているということを、理論的な分析は暴き出す。こうした分析は、「代案として別の規準や制度を提示することなく意味を流動化させるかぎりにおいて、反政治的な試みである。しかし、既存の民主主義体制を若返らせることによって維持するためには必要不可欠なものでもあるだろう[13]」。ブラウンはまるで、カントよろしく「脱構築的（反民主主義的）理性批判」を行い、そうした理性の正当な使用と不当な使用とを区別しているかのようだ。すなわち、脱構築的（反民主主義的）理性を、矯正用具あるいは刺激剤等々として、消極的《ネガティヴィリー》かつ統制的に使用するのは正当だが、それを構成的原理として使用し、政治綱領や政治プロジェクトとしてそのまま現実に適用するのは不当であるということだ。ブラウンは、これと同じ両義的な関係を、国家と人民とのあいだに見出している。民主主義が、自らを若返らせるために反民主主義を必要とするのと同様に、国家も、自らを若返らせるために人民の抵抗を必要としているというのである。

国家を通してでなければ、人民は人民として構成されない。国家に対して抵抗しなければ、人民は人民であり続けることはない。したがって、民主主義が民主主義的であり続けるために反民主主義による批判を必要としているのと同じく、民主国家も、民主主義の死を招きたくなければ、人民の忠誠ではなく民主的な抵抗を必要としているのかもしれない。同様に、民主主義は、理論によって耐えがたいほど厳しく批判され、到達不可能な理想を与えられることを必要としているのかもしれない。[14]

しかしながら、民主主義／反民主主義と国家／人民という二つの対の類似性を指摘するブラウンの議論は、反転という奇妙な徴候的力学に巻き込まれている。民主主義は、偽の安定性をぐらつかせ活力を保つために、反民主主義による批判を必要としているのに対して、民主国家は、民主主義に反対する人民の抵抗ではなく、民主主義を求める人民の抵抗を必要としているというのである。ブラウンはここで、民主国家に対する二つの（というよりも、あらゆる種類の）抵抗を一緒くたにしているのではないか。「エリート主義の」理論家による、民主主義に反対する抵抗（プラトン―ニーチェ―ハイデガー）と、まだ十分に民主的でない国家に対して民主主義を求める人民の抵抗とを混同しているのではないだろうか。さらにいえば、これら二つの抵抗は、それぞれ暗い影のような分身につきまとわれているのではないか。それぞれの分身とは、権力の座についている者を正当化する、野蛮でシニカルなエリート主義と、烏合の衆による激しい暴動である。そして、もしもこの二つの分身が手を結ぶとしたら、民主主義に反対する人民自身の抵抗（「独裁主義的ポピュリズム」）が始まるとしたらどうなるだろう。

さらにつけ加えていうと、ブラウンは、ニーチェのような反民主主義的思想家を、民主主義に対して「耐えがたいほど厳しい」批判を行う者として、あまりにも軽く片付けていはしないだろうか。そうした思想家を「生かそう」とするナチズムのような体制の台頭に対して、われわれはいかに応じればよいのか。ナチスはニーチェの思想を曲解したのだと言い張って、ニーチェに責任なしとするのは単純すぎるのではないだろうか。ナチスがニーチェを曲解したのはいうまでもないが、それならスターリニズムもマルクスを曲解したわけで、というのも理論というものはすべて、政治的実践に適用されると変質して（「裏切られて」）しまうからなのだが、ここでヘーゲルに倣って指摘しておくべきは、こうした理論と政治的実践をめぐる問題において、「真実」はたんに理論の側にあるわけではないということである。ある理論を現実化しようとする試みが、その理論の客観的な内容、理論家自身の眼差しからも隠されている内容を露にするとしたらどうだろう。

ブラウンの論述における弱点はおそらく、民主主義の活力を保つのに必要な反民主主義的な要素を、「耐えがたいほど厳しい」前提に立って民主主義の土台を疑問に付す「狂気の」思想家だけに帰している点である。だが、民主主義を支える、まさしくリアルな反民主主義的要素についてはどうなのか。こうした要素こそ、現代の権力を分析するフーコー（ブラウンの主たる参照項）の大前提なのではないか。民主主義的権力は、管理と統制のメカニズムによる複雑なネットワークによって支えられなければならないのだから。「高貴なる保守派」の原型的人物であるT・S・エリオットは、『文化の定義に向けての覚書』において、揺るぎない貴族階級は実現可能な民主主義にとって不可欠な構成要素であることを説得的に論じた。高度な文化的価値は、複雑で永続的な血筋や伝統的集団によって継承されなければ廃れてしまうというのだ。だからブラウンが「民主主義は民主主義的であり続けるために、反民主主義による批判を必要としている」というのを聞けば、リベラルな保守派は、民主主義（democracy）に対する警告を「もっと貴族階級を（deMOREcracy）」という標語に読み替え、ブラウンに心から同意するだろう。国家と民主主義とは緊張関係にあるべきで、国家は民主主義の中にただ解消されてしまってはいけないのだ。国家は、民主主義の中に解消されないように、人民に対する無条件の権力という過剰を保持し、法による厳しい支配を続けねばならない。もしも国家が、それが民主国家であっても、無条件の権力というこの過剰、この亡霊に支えられていないならば、国家は権威を失い機能しなくなってしまう。権力は、その定義からして過剰な存在なのだ。そうでなければ権力とはいえない。

ここで疑問が生じる。誰が誰を代補するのか。民主主義が原理的に非民主的な国家権力を代補するのか、それとも反民主主義的な理論が民主主義を代補するのか。どこで主語と述語がひっくり返るのだろうか。さらに、「意味の横滑りを止めること」に関していえば、非民主主義的な理論は概して、民主主義に対する憎悪を表してはいないだろうか。その憎悪の理由はまさしく、非民主主義的理論が民主主義をあまりにも「詭弁的《ソフィスト》」（プラトンたちにとって）で、意味の横滑りの元凶であると考えているからであり、その結果理論は、意味を固定しているといって民主主義を非難するどころか、社会生活に安定した秩序をもたらしたいとやっきになっているからである。さらにつけ加えていうと、この「絶え間ない意味の横滑り」は、資本主義経済の特徴そのものではないだろうか。マルクスはかつて、資本主義は固定したアイデンティティすべてを解体してしまう力を持つと述べたが、今日ますます活発化している資本主義は、その解体力を比類ない程度にまで高めているのだから。

したがって、ブラウンが喚起する「同毒療法的《ホメオパセティック》」論理は両義的である。一方では、硬化した民主主義に対する治療薬は、その自明性を打ち砕くことによって民主主義に生気を与えるような、民主主義を批判する理論である。しかし他方では、これとは正反対の同毒療法がある。ことわざにあるとおり、誰の目にも明らかな民主主義の病に対する唯一の正しい治療薬は、さらなる民主主義なのだ。この民主主義の擁護は、チャーチルの有名な警句、民主主義はあらゆる政治形態の中で最悪のものだが、唯一認められるのは、これよりましな政治形態はないということだ、という警句の一ヴァリエーションである。民主主義のプロジェクトは矛盾しており、まさしくその概念からして「未完のプロジェクト」なのだが、その「パラドクス」こそが民主主義の力であり、全体主義への誘惑を拒む保証なのである。民主主義は、その概念そのもののなかに欠点を含んでおり、そういうわけで、民主主義の欠陥に対する唯一の治療薬はさらなる民主主義であるということになるのだ。

それゆえ、民主主義に潜む危険のすべては、民主主義というプロジェクトに含まれるこうした構成的矛盾〔構成的非一貫性〕、こうした矛盾を解消する方法に根ざしていると考えられる。だが、民主主義の欠陥、その非民主的な成分を取り除こうとすると、図らずも民主主義そのものを失うという代償を払うことになる。個別的な利害や些細な対立を無視して、直接示された人民の〈一般意志〉に訴えようとするポピュリストは、結局は民主主義そのものの息の根を止めてしまうのだということを思い起こしてほしい。こうしてわれわれはヘーゲルに倣って、ブラウン版の「同毒療法」を、「民主主義のパラドクス」をそのまま自己矛盾にまで徹底的に追い込むものとして分類してみたくなる。では、「命題《テーゼ》」（民主主義の理論家としてのラカン）と「反命題《アンチテーゼ》」（民主主義をその内部から批判する者としてのラカン）との対立は、どのように（改めて）解決されるのだろうか。この対立を解決するのは、「民主主義」という概念そのものを問題視し、どこか別の場所へ向かうという――「民主主義を超えた」ポジティヴで生きがいのあるプロジェクトを練り上げる勇気を持つという――危険な、だが必要な身振りではないだろうか。

ニーチェの誇張された物言いによって、民主主義というプロジェクトの矛盾や弱点が明らかにされるわけだが、民主主義をこうして挑発的に正す者としてニーチェを捉えるブラウンは、あまりにもニーチェに反しているのではないだろうか。ブラウンは、ニーチェの暗黙の（あからさまでもある）反民主主義的プロジェクトを「耐えがたいほど厳しい」と明言するとき、そう言うことによって、ニーチェの名前と直接結びついた政治プロジェクト、ナチズムにいたるような現実の政治プロジェクトが存在したという事実、ニーチェ自ら同時代の現実の政治的事件――たとえば、ニーチェが衝撃を受けたパリ・コミューンという「奴隷の反乱」――についてよく発言していたという事実を、あっさりと素通りしているのではないだろうか。[15] こうしてブラウンは、ニーチェの「牙を抜く」、つまりニーチェの理論を「内在的侵犯」の実践例へと首尾よく変質させる。すなわち、ニーチェの挑発は、実際は「本気」ではないが、「物議を醸すような」言い方によって、民主主義という独断論のまどろみに落ち込んでいるわれわれを覚醒させることを狙ったものであり、したがってそれは民主主義自体の再活性化につながるものである……。そういうわけで、支配層は体制にとって「転覆的な」理論家を好むのだ。そうした理論家は、われわれを針でちくりと刺して、民主主義というわれらがプロジェクトの矛盾や欠陥に気づかせてくれる無害なアブのようなものなのだから――神は、理論家がそのプロジェクトを真面目に受け取り、それを生きることを禁じているのである……。

ミシェル・フーコーとイランの出来事

全体主義に反対する常套句でよく見かけるもののなかに、(悪名高いポール・ジョンソンが言う意味での)「知識人」を批判するものがある。暴力がほとばしる光景が生み出す「本物の」感触に魅了され、女々しい存在である自分たちを代補する力を無慈悲に行使したいと渇望する「知識人」――それは遙かプラトンからルソーを経てハイデガーにいたる系列の知識人であり、スターリニズムを支持する一連のお人好し(ブレヒト、サルトル……)も同類であることはいうまでもない。こうした「知識人」批判に対してラカンが抗弁するとしたら、一言こう指摘するだろう。ラカン派精神分析について最低限言えることは、それが「全体主義の誘惑」に対する免疫であるということだ、と。全体主義的革命の迷妄に魅了されるという政治上の過ちを犯したラカン派はこれまで一人もいないのだから……。

しかしながら、そうした安易な解決策をとるのではなく、この「白人知識人の重荷」を英雄的に背負うべきなのだ。最も問題含みのところから考えてみよう。ハイデガーのナチへの関与をめぐる議論の輪郭(ナチへの関与は、理論的な意味のない偶然の過ちにすぎなかったのか、それともハイデガーの思想そのものに根ざしており、後のハイデガー思想の転回に関わっていたのか、という議論)は、不思議なことに、イラン革命に少しだけ関わりこれを支持したミシェル・フーコーを想起させる。[16] 以下の引用文は、ハイデガーの場合と驚くほど似ていないだろうか。

多くのフーコー研究者は、これらの［イランに関する］著述を、常軌を逸したものか、さもなくば政治上の過ちの産物であると見ている。だが、イランをめぐるフーコーの著述は、権力や近代《モダニティ》の危険についての言説をめぐる、より一般的な理論的著述と密接な関係にあるのではないか。また次のようにも主張したい。イランでのフーコーの経験は、彼の著作に後々まで強い影響を与え続けていたのであり、このイランでの出来事と、東洋《オリエント》に対するフーコーのより広い関心の意味を捉えることなしには、一九八〇年代におけるフーコーの著作に見られる突然の転回を理解することもできない、と。[17]

ハイデガーとフーコーのどちらの場合も、通常の解釈は逆転されるべきだ。通常の解釈によれば、政治に対する間違った関与によって、思想家はそれまでの理論的構えの限界に気づき、自らの思想をラディカルなものにし、政治上の過ちを再び犯さないように「転回」せざるをえなくなった、ということになる（ハイデガーによる放下 *Gelassenheit* への移行、フーコーによる自己の美学への移行）。イランに対するフーコーの関与は、ナチに対するハイデガーの関与と同様、それ自体は（その形式においては）適切な身振りであり、それまでフーコーがしたことで最もよい行いであったが、唯一の問題は、そうした関与が（内容に関しては）間違った方向への政治参加だったということである。

フーコーの「過ち」を非難するよりも、フーコーが、失敗に終わった政治参加への応答としてその数年後にカントへ向かったことを考えるべきだろう。フーコーは、フランス革命に関してカントが（第1章で引用した『諸学部の争い』において）取り上げた熱狂という概念に興味を示している。すでに見たように、カントにとってフランス革命の本当の意義は、パリで実際に起きたこと――その多くは殺人を犯すほどの恐ろしい熱情の爆発だった――にあるのではなく、パリでの出来事を共感を込めて見つめるヨーロッパ中の人々が示した熱狂的な反応にある。フーコーは、カントを論じることによって、一九七八年から七九年にかけてのイラン革命をめぐる自分の熱狂に関する一種のメタ理論を提示したのではないだろうか。問題なのは、大変動に続く悲惨な現実、血生臭い対立、新たな抑圧的措置といったことではなく、イランの出来事を外部から見つめる（西洋人である）フーコーの心に生じた熱狂であり、そうした熱狂によってフーコーは、精神的な価値を与えられた政治集団が新たな形式で存在しうるという希望を新たにしたのである。

では、フーコーにとってイランは、「間受動的本来性」の対象、本来的な事柄が生起する神話上の〈他なる場所〉――現代のキューバ、ニカラグア、ボリビア……のような――、西洋の知識人が飽くことなく求めている対象だったのだろうか。ついでに言えば、同様のやり方で、一九三〇年代から一九四〇年代におけるる西洋の知識人や芸術家の大多数の心にスターリン主義下のロシアが生み出した熱狂だけでなく、スターリン主義を厳しく批判した人々の心に毛沢東主義の文化大革命が掻き立てた熱狂をも思い起こすことができるだろう。問題だったのは、中国における野蛮な暴力や恐怖ではなく、そうした悲惨な光景が西洋の知識人たちの心に掻き立てた熱狂だったのだ。（これはそのまま――あえて言うならば――ナチス・ドイツについても当てはまるだろう。ヒトラー政権の最初の四年間に失業率が急速に下がるなどしたわけだが、その時期にはナチス・ドイツに魅了されていた西洋の知識人もいたのである！）

しかし、このような見解には問題がある。フーコーはイランの出来事を解釈するに際して、以上の見方を逆転させ、イランの出来事に参加した人々の熱狂と、出来事を外部から眺める態度、つまりより広い文脈における因果関係や、複数の階級とその利害の絡み合い等々を見抜く傍観者の冷ややかな態度とを対立させている。出来事を外から眺める者の心に掻き立てられた熱狂から、出来事に囚われた者の熱狂へのこうした移行は、決定的に重要である。立場の異なるこれら二つの熱狂の結びつき、出来事に直接参加している人々の熱狂と、出来事に関与していない（公平かつ無関心な）外部の観察者の熱狂との結びつきをいかに思考すべきか。唯一の解決策は、じかに参加している人々の生の経験の直接性そのものを「脱構築する」ことである。この直接性がじつは、外部の観察者、想像上の〈他者〉の眼差しに対して呈示されたものだとしたらどうだろう。出来事への参加者たちが、内面の奥底で経験を生きているさなかに、自分たちが見られていると想像しているとしたらどうだろう。フーコーはこうした見方に沿って、イランに関する最後のテクスト（一九七九年五月の「蜂起は無駄なのか？」）において、社会、文化、経済、政治……と言ったさまざまな領域における変質の複雑な過程そのものである歴史的現実を、歴史的因果関係というネットワークに還元されず、かえってそうしたネットワークを宙吊りにしてしまう蜂起という魅惑的な出来事に対立させている。

> 蜂起する人間はつまるところ、わけもなしに立ち上がる。一人の人間が「現実に」、服従していなければならないという確実性よりも死の危険のほうがいいと思うには、歴史の展開を停止させ、歴史の長い因果の連鎖を停止させる切断が必要なのだ。[18]

これらの言葉は暗にカントを意味していることに注意すべきだ。蜂起とは、歴史的因果関係という連鎖をしばし宙吊りにする、自由を実現する行為なのである。つまり、蜂起においては、叡智的なもの《ヌーメナル》の〔物自体の〕次元が切り開かれ拡がるのだ。この叡智的なもの《ヌーメナル》の次元が、その対立物、つまり現象というまったき表層に一致するという逆説はもちろんある。叡智界〔物自体〕は、その姿を現すだけではなく、或る現象において、その現象を生み出した現実《リアリティ》という因果関係のネットワークに還元しきれないものでもある。ようするに、叡智的なものは現象としての現象なのである。現象のこうした還元不可能な性質と、生成変化という流れとしての出来事、「身体的」因果律には還元できない或る表層における創発としての出来事というドゥルーズの概念とは、明らかにつながっている。革命的な大変動が実際にもたらす、悲惨で恐怖すら引き起こす帰結、これを告発する保守派の批評家に対して、ドゥルーズは、彼らには生成変化という次元が相変わらず見えていないのだと応答している。

最近、革命の惨禍を告発するのが流行っています。べつに新しいことではありません。イギリスのロマン派もクロムウェルをめぐる反省で頭がいっぱいだったわけですし、そのことと、最近よく耳にするスターリン時代の反省とはまるで相似形です。要するに革命はかならず悪しき未来を用意すると言いたいのです。しかし、そんな意見が出てくるのは、ふたつのこと、つまり歴史のなかにある革命の未来と、生身の人間がおこす革命の生成変化とを、いまだに混同しているからにすぎないのです。それに、歴史のなかの革命と、革命の生成変化では、同じ人間でもそのあり方が違います。人間の唯一の希望は革命の生成変化にある。恥辱を払いのけ、許しがたい所業に報いることができるのは、革命の生成変化だけなのです。[19]

ドゥルーズはここで、以下のフーコーと厳密に一致するやり方で革命的爆発について述べている。

革命にはすでに暴政が秘密裏に取り憑いており、それが民衆の盲目的な熱狂のもとで姿を現す、というのが革命の「法則」のようだが、イランでの運動はこの法則に従いはしなかった。あの蜂起の最も内的な、最も強く経験された部分をなしていたものは、すでに手詰まり状態だった政治というチェス盤に直接触れていた。しかし、触れていたということは、政治というチェス盤と蜂起とが同一のものだということではない。死を覚悟していた人々の精神性は、統合主義者である一聖職者による血塗れの統治とは何の関係もない。イランの宗教人たちは、蜂起の持っていたあらゆる意味を利用して自分たちの体制に正統性を与えようとしている。現在統治しているのはモッラーたちであることを理由に、蜂起という事実を軽く見るとすれば、していることはモッラーたちと変わらない。どちらの場合にも、あるのは「恐怖」だ。それは、イランで去年の秋に起きたばかりのことに対する恐怖であり、世界があのような例を提示したことは長らくなかった。[20]

この引用でのフーコーは事実上ドゥルーズ主義者である。フーコーの関心を引いたのは、実際の社会的現実とその因果的相互作用という水準でのイランの出来事ではなく、〈出来事〉の唯一性を説明するだけの、出来事という表層、「生が放つ閃光」である純粋な潜勢性《ヴァーチュアリティ》なのである。イラン社会の現実における二つの時代のはざまで起きたことは、ひとまとまりの特性を備えた実質的存在としての〈人民〉の爆発ではなく、人民への生成変化という出来事だった。したがって要点は、現実の社会で政治を行う者たちの権力関係や支配関係における変化や、社会統治の再配分等々ではなく、まさにそうした領域を超越する――あるいはそうした領域をしばらく機能停止させる――という事実であり、あらゆる差異が抹消され無効となる純粋な意味-出来事としての、「集団的意志」というまったく新しい領域を創出すること、これが要点なのだ。こうした出来事は、それ以前に起きたことに比べて新しいというだけではなく、「それ自体で」新しく、それゆえいつまでも新しいままなのである。[21]

しかしながら事態は、崇高な様相を呈するこの瞬間に複雑化し始める。フーコーは、次のような分裂が蜂起に参加する個人にとって内的なものであると認めねばならないのだ。

ある政治集団の活動家を例にとってみましょう。あれらのデモで行進していたとき、彼は二重体でした。彼には、あれやこれやの政治的計算があったけれども、同時に彼は、あの革命運動に巻き込まれていた一個人でもあった、というか、王に反対して蜂起した一人のイラン人だったわけです。この二つのことは分離したままでした。彼が王に反対して蜂起したのは、自分の党があれやこれやと計算をした結果ではなかったのです。[22]

これと同じ分裂が社会体全体に起こる。すなわち、現実の水準では、多種多様な行為主体《エージェント》、階級間の複雑な相互作用、互いに相容れない闘争による重層決定がもちろん見られた。しかし他方、革命的な出来事固有の水準では、こうしたことすべては、シャーとその一派に反対する社会体全体を統一する「絶対的な集団的意志」へと「揚棄」されていた。社会体内部に分裂はなく、「階級闘争」もなく、あらゆる人々が――貧しい農民から学生まで、聖職者から失意の資本家まで――同じものを求めたのである。

集団的意志というのは、法学者や哲学者が制度などを分析したり正当化しようとしたりするときに用いる政治的な神話であって、つまりは理論的な道具です。「集団的意志」にお目にかかったことのある人などいませんし、私個人としては、集団意志というのは神や魂と同じで、出会ったりするものではないと考えていました。しかし、同意してくださるかどうかわかりませんが、私たちはテヘランで、イラン全土で、一つの人民の集団的意志に出会ったのです。[23]

フーコーはここで、蜂起と革命とを対立させている。「革命」は（近代ヨーロッパでは）、戦略的‐政治的計算のプロセスに蜂起を記入し直すことを意味する。つまり革命とは、蜂起を「現実政策《リアルポリティーク》によって植民地化する」プロセスなのだ。

「革命」は、蜂起に正統性を付与し、良い形式の蜂起と悪い形式のそれとを選び分け、蜂起が展開する際に従う諸法則を規定した［…］。革命家という職業が規定されさえした。こうして蜂起を革命の言説へと送り返すことによって、蜂起はその真理のうちに現れ、真の帰結にいたるまで続くだろうと言われていた。[24]

フーコーが集合的意志の現れを、カントの言う二つの叡智的《ヌーメナル》なもの（神と魂）に譬えているのも不思議ではない。叡智的なものは——フーコーが気づいているように——究極の恐怖という姿で現れるのだから。

この段階で、最も重要なものと最も非道なものとが混じりあう。すなわち、もう一度イスラームを生きた文明にしようという桁外れの希望と、さまざまな形をとる悪辣な外国人嫌悪とが混じりあう。世界規模の問題と地域的な敵対関係がぶつかりあう。帝国主義の問題もある。女性の隷従という問題もある、といった具合だ。[25]

イランの運動に強度を与えたものは二重の特徴でした。その一方は、政治的に非常にはっきりと表明された集団的意志であり、他方は、日常生活におけるラディカルな変化を求める欲望です。しかし、こうした二重性を肯定するには、排外主義やナショナリズムや独占だと非難されるような、さまざまの伝統や制度に基づくしかありません。そうした伝統や制度は、個人個人に対して強い魅力を放っているのです。あれほど恐ろしい武装権力に立ち向かうには、自分一人だと感じてはならないし、ゼロから始めてもいけないのです。[26]

こうして見解がブレてくる。フーコーはまず、（ヨーロッパの近代《モダニティ》とその袋小路から脱した、まったく新しい社会が出現するだろうという希望に支えられた）イランの蜂起を全面的に支持することをやめ、蜂起それ自体の熱狂的瞬間を評価することへと向かう。イランの出来事を、抑圧的な神権政治に帰着してしまったと言って評価したがらないヨーロッパのリベラル派は、自らの支配を正当化するために蜂起を利用している聖職者たちと同じ水準で動いている――両者とも、〈出来事〉を、戦略的な利害をめぐる政治闘争における一要素に還元しようとしているのだ。次にフーコーは、驚くべき精妙なやり方で、純粋な蜂起の水準と、多種多様な社会政治的相互作用の水準との差異に還元されえない別の両義性を見出す。〔つまり〕「排外主義」、「悪辣な外国人嫌悪」、「女性の隷属」等々は、社会政治的な現実によって〈出来事〉が堕落させられたことを示す徴ではなく、〈出来事〉それ自体に内在する力なのである。「排外主義」等々が結集することによって、〈出来事〉は、抑圧的な政治体制に反対する力、政治的計算というゲームに囚われないようにする力を与えられる。人種差別、反フェミニズムといった「極めて下劣な」動機に基づいていたからこそ、イラン革命は、たんなる実利的《プラグマティック》な権力闘争を超える力を与えられたのである。バディウの用語で言えば、〈本来的な出来事〉はこうして〈疑似‐出来事〉と区別がつかなくなってしまうのだ。

　われわれはここで、外的な対立がしだいに内面化されそれ自身へと反照〔再帰〕するという、ヘーゲル的な三幅対を目にしているのではないだろうか。まず始めに、イラン革命それ自体（無比の出来事）という外的な対立〔異議申し立て〕がある。次に、イラン革命がヨーロッパの人々の目に映ることによって内面化され、出来事のもつ二つの側面、実利的な権力闘争という側面と、無比の政治的‐精神的〈出来事〉という側面とが対立するようになる。最後に、これら二つの側面が、一つの〈出来事〉の形式と内容として同一化される。つまり、女性嫌悪という抑圧的なイデオロギーや反ユダヤ主義といったものは、イラン人が自由に使える、限られたイデオロギー的素材であり、これらの素材が、〈出来事〉が帯びる形而上学特有の気高さを支えているのである――〈出来事〉は純粋に形式的なものとなり、それ固有の歴史的内容についてはどうでもよくなってしまう。言い換えると、フーコーは、バディウに対してよく発せられる問いを提起すべきところで歩みを止めてしまっているのだ。それは、ヒトラーのナチによる「革命」もまた一つの〈出来事〉ではないのか、という問いである。ナチの「革命」には、フーコーがイラン革命に帰したのと同じ特徴が備わっているのではないか。その「革命」にもまた、人民の精神的統合、利害によって分断された個々の下位集団にばらけることのない統一、個人が犠牲を払う覚悟でめざす統一があったのではないか。そして、イランの場合のように、この統一された精神は、伝統の「極めて下劣な」部分（人種差別など）によって支えられていたのではないだろうか。

　われわれに残された唯一の手は、こうした形式そのものを捨て去ることである。フーコーが、イランをめぐる経験の後、自己への配慮、生存の美学といった問題へと撤退した（そして政治の領域では、人権イニシアティヴの支持へと撤退し、そのためにフーコーは、フランスで、ネオリベ人権派である「新哲学者たち」《ヌーヴォー・フィロゾフ》のお気に入りとなった）ことは、不思議ではない。ここでわれわれにできるのは、フーコーを行き詰まりに追い込んだ概念上の根本原因は、装置という彼の鍵概念にあるのではないか、という仮説をあえて立ててみることだけである。一見したところ、ラカンの大文字の〈他者〉は、フーコーの装置という概念の出来の悪い兄弟のように見える。装置の方が社会分析により多くの実りをもたらすからだ。しかし、主体の地位《ステイタス》に関する行き詰まりが装置にはある。まず（狂気の歴史において）、フーコーは主体性という抵抗の核を装置から排除する傾向にあった。次にフーコーは、立場をすっかり逆転させ、抵抗する主体性を装置の中にラディカルに取り込んだ（権力それ自体が抵抗を生み出す、等々。これは『監獄の誕生』のテーマである）。最後に彼は、「自己への配慮」がなされる空間を素描しようとした。そうした空間において主体は、装置の内側で、自己への関係を通じて自分固有の「生の様式」を分節化でき、こうして装置から最小《ミニマル》の距離を再びとることができるようになる。ここにおいて主体はつねに、装置の褶曲、障害であり、ことわざ風に言えば、装置のスムーズな作動を乱す砂粒なのである。ラカンの大文字の〈他者〉は、これとは考え方が正反対である。大文字の〈他者〉を「措定すること」は主体的な身振りであり、つまり「大文字の〈他者〉」は、主体の想定〔前措定〕によってのみ実在する潜勢的《ヴァーチュアル》な存在なのである（こうした契機《モーメント》は、「国家のイデオロギー装置」というアルチュセールの概念には欠けている。というのも、この概念は、大文字の〈他者〉の物質性、つまりイデオロギーとしてのさまざまな制度や儀式化された多様な実践における大文字の〈他者〉の物質的存在を強調しているからだ。これとは反対に、ラカンの大文字の〈他者〉は、詰まるところ潜勢的《ヴァーチュアル》であり、潜勢的なものとして、その根本的な次元において「非物質的」なのである）。

　イランに関する議論にもどろう。フーコーの犯した過ちは、イラン革命はナチの「革命」にも比すべき（バディウの言う意味での）〈疑似-出来事〉であったと暗示しているわけではまったくない。イラン革命は、〈本来的な出来事〉であり、社会を変える未曾有の諸力を解き放った、つかの間の開かれ《オープニング》＝始まり、「すべてが可能だと思えた」瞬間だったのである。こうした次元を感知するには、イランの出来事が変化、反転していくさまを注意深く追っていくだけで十分だ。抗議する群衆が自己組織化していく際の多種多様な様式が、イスラーム教の新たな聖職者が政治権力を奪取することによってしだいに閉ざされていくさまを。シャーが失墜した後の、沸き立つような最初の数ヵ月――議論が交わされ、ユートピア的な計画が立案されるなど、狂乱的な活動がいたるところで行われた――に見られたような光景は、ナチによる政権奪取の後のドイツにはまったくなかった（十月革命の後の数年間には、これと似たようなことが確かに起きていたけれども）。〔イラン革命とナチの「革命」との〕こうした質的な差異を、出来事の形式的な水準のみに関わるものだと考えるべきではない（より悪いのは、集団心理学の水準に立ち、あたかもイランでの蜂起がナチのそれよりも「誠実」だったとする見方である)。イラン革命において決定的に重要だったのは、社会-政治的内容の次元である。すなわち、イランでの爆発的蜂起が一つの〈出来事〉へと変化したのは、西洋型のリベラル民主主義か、それとも前近代の伝統への回帰か、といった既存の選択肢を超えるオルタナティヴを作り出す闘いに固有の、新たな何かを瞬間的に創発したからなのだ。ナチの「革命」は、このような本来的な意味での「開かれ《オープニング》=始まり」では決してなかった。

イスラーム教シーア派の潜在力《ポテンシャル》は民主的-平等主義的運動を広めるイデオロギー的媒質として役立つ、ということを強調した点においても、フーコーは完全に正しかった。スンニ派とシーア派との対立は、政治的に見れば、位階序列的な国家機関と出来事の平等主義的開かれ《オープニング》=始まりとの対立なのだから。一冊の聖書に基づく二つの宗教であるユダヤ教とキリスト教とは対照的に、イスラーム教は父権的論理の領域から神を排除している。アッラーは父ではなく、象徴的な父ですらない——〈一者〉としての神は、生み出されたわけでもなく、被造物を生み出したわけでもない。イスラーム教には聖家族の居場所は存在しない。こういうわけで、イスラーム教においては、ムハンマドその人が孤児であったことがあれほど強調され、また、父の機能が宙吊りにされ、停止し、失敗し、「中断される《ブラックアウト》」まさにその瞬間に(生物学的な父によって、母と子が捨てられるか無視される瞬間に)、神が介入してくるのである。これが意味しているのは、神は徹底して〈不可能-リアルなもの〉の領域にとどまり続けるということだ。神は父を超えた〈不可能-リアルなもの〉であり、したがって、「人間と神とのあいだには系譜学上の砂漠があるのだ[27]」。これは、イスラーム教がフロイトに提示した問題だった。というのも、宗教に関するフロイトの理論すべては、神と父との相似性に基づいているのだから。よりいっそう重要なのは、神が〈不可能-リアルなもの〉であることによって、イスラーム教の核心部に政治が刻み込まれるということだ。「系譜学上の砂漠」のせいで、共同体の土台を、親子関係や他の血縁関係から成る構造であると考えることができなくなるのだから。「神と父とのあいだにある砂漠は、政治を学ぶ学校なのである」[28]。イスラーム教の場合、〔兄弟全員で〕父を殺し、その後生じる罪の意識が兄弟たちを結束させるといった、〔フロイトの〕『トーテムとタブー』でなされた説明では共同体を基礎づけることはもはやできない。それゆえ、イスラーム教には思いがけないアクチュアリティがあるのだ。この問題はまさに、あの（悪）名高いウンマ、イスラーム教の「信者の共同体」の核心にあるものだ。こうした点から、宗教的なものと政治的なものとの重なり合いが説明される（共同体は直接神の言葉に基づくべきである）わけだが、それは、次のような事実が説明されるのと同じ論理による。すなわち、イスラーム教は、共同体を形成するに際して、その基礎を「どこにも置かない」、あるいは系譜学上の砂漠に、平等主義的で革命的な友愛《フラタニティ》にその基礎を置くときに最も優れている、という事実である。〔イスラーム教徒の〕若者たちが伝統的家族というセイフティ・ネットワークを失ってしまったときにイスラーム教はうまく機能するわけだが、以上見てきたことからすればそれも当然だろう。

ここからまた、フーコーのイランへの関与とハイデガーのナチへの参加との相同性を修正し限定する必要も出てくる。フーコーは、イランの出来事に関与した点において正しく、解放をもたらす潜勢力がその出来事にあることを正確に見抜いていた。他方、リベラル派の批評家たちは次のようにささやいていた。イランの出来事は、西洋のラディカルな知識人の陰鬱な物語に新たな一章を書き加えるものにすぎず、そうした物語において知識人は、自分の空想を遠い異国の動乱地域に投影し、そうすることによって、解放を求める欲望だけでなく、苛酷な懲罰と抑圧を求める、秘められた「マゾヒスティックな」願望をも同時に満たすことができるのだ、と。しかし、こうしたリベラル派の仄めかしは完全に的を外している。では、フーコーはどこで間違ったのか。フーコーは間違った理由から正しいことをしたと言える。フーコーがイランへの関与を理論化し正当化するやり方は誤解を招きやすい。フーコーがイランの状況を分析する際に用いる枠組みは、革命的〈出来事〉、つまりあらゆる内的差異がしばらくのあいだ消えてしまう、統合された人民の崇高な熱狂と、利害に基づく政治、権力をめぐる戦略的計算等々といったものとの対立――すでに見たように、叡智的なもの《ヌーメナル》（より正確には、叡智的なものの次元を喚起する崇高）と現象という、カントの区分をただちに想起させる対立――これがフーコーの枠組みである。ここでわれわれが示すテーゼは非常に正確なものだ。すなわち、そうした一般的枠組みはあまりに「抽象的」であるため、集団的熱狂のさまざまな様相《モダリティ》の差異を説明できない――たとえば、ナチによるユダヤ人排斥（ナチの影響力は確かにリアルだった）によって統合された人民の熱狂、停滞する共産主義体制への反発によって統合された人民の熱狂、そして本当に革命的な熱狂、これら三者を区別できない――と言うテーゼである。三者の差異を端的に示せば、最初の二つは、真にユートピア的な開かれ＝始《オープニング》まりという契機を欠いているのだから、〈出来事〉ではなく〈疑似‐出来事〉にすぎない。この違いは、熱狂する統一体にとって厳密に内在的な差異である。最後の〔本当に革命的な熱狂の〕場合にだけ、統一体を構成する共通要素〔分母〕は、「全体の一部ではない部分」、「虐げられた人々」であり、社会の中にありながらもそこに適切な居場所を持たない、それゆえ「普遍的特異性《シンギュラリティ》」として機能し、普遍的な次元をじかに体現している者たちなのである。

　今述べたことは、叡智的な熱狂と個々の戦略的利害との対立が全領域を覆っているわけではないことを説明してもいる――もしもそれが全領域を覆っているとするならば、われわれは、解放をめざす蜂起と、生活がいつも通りの実利的な営みにもどっていく、白けた「蜂起の翌日」との対立に永久にとらわれたままになってしまうだろう。このように制約された視点に立つと、蜂起の後に白けた通常の生活にもどってしまうことを避けようとする、かつ／または、そうしたことを延期しようとする試みすべては、結局はテロにいたり、蜂起の熱狂を逆転させて怪物にしてしまうことになるのだ。しかしながら、まさしくこれが、真の解放にいたるプロセスにおいて本当に問題となっていることだとしたらどうだろう。ジャック・ランシエールの用語で言えば、政治とポリス〔政治制度〕とを統合すること、政治的な解放をめざす爆発を、具体的な規制を行う制度に移行させること、こうしたことが問題となっているとしたらどうだろう。新たな「解放区」を創ること、既存の秩序の手を逃れる存在の秩序を現実に創ることほど崇高な試みがあるだろうか。

以上のようなことから、バディウが、共産主義体制の崩壊によって沸き起こった熱狂に〈出来事〉の地位《ステイタス》を与えないのは正しいといえる。二〇〇一年の最後の数ヵ月、セルビアのミロシェヴィッチ体制がついに倒れたとき、西洋のマルクス主義者たちは次のような疑問の声を上げた。「炭鉱労働者はどうしたのだ。彼らがストライキを打てば、電力供給が途絶し、ミロシェヴィッチを倒せたはずだが。あれは純粋な労働者の運動ではなく、ナショナリストの政治家かCIAに取り込まれた政治家によって操られた運動だったのではないか」。これと同じ徴候的態度が、新たな社会的大変動が起こるたびに必ず見られる。いずれの場合にも、労働者階級の運動への同一化が行われる。真の革命的な、あるいは少なくとも社会主義的な潜勢力を示しているといわれていたが、資本主義に賛同する勢力によって、かつ／またはナショナリストの勢力によって利用されたあと裏切られた労働者階級の運動への同一化である。こうした同一化によって、〈革命〉はすぐそこまできているという夢を見続けることができる。あと必要なのは、労働者の革命的潜勢力を組織できる本来的な指導部だけだ、というわけである。もしもこれを信じるならば、ポーランドの連帯は、元来労働者の民主的‐社会主義的運動であったが、後に教会やCIAに取り込まれた指導部によって「裏切られた」ということになる……。もちろん、いくぶんかの真実がこうした見方にもある。たとえば、共産主義の崩壊が示した究極のアイロニーは、一連の大蜂起（一九五三年の旧東ドイツ、一九五六年のハンガリー、ポーランドの連帯）は、元来労働者の反乱だったのであり、それが標準的「反共産主義」運動への道を準備したというのは後になってのことだった、という事実である——体制側は、「外部の」敵に屈する前に、「労働者と農民の国家」によって社会の基盤であると見なされていた人々から、

（冒頭の続き）間違っているというメッセージを受け取っていたのだ。しかしながら、まさにこの事実は、〔旧共産圏での〕労働者の蜂起は実質的には社会主義に関与するものではなかったということを物語ってもいる。いずれの場合でも、ひとたび運動が爆発すると、その運動のヘゲモニーは、標準的「ブルジョワ」イデオロギー（政治的自由、私有財産、国家主権、等々）にすんなりと奪われてしまったのだから。

ハイデガーの問題点

それでは、ハイデガーの〔ナチへの〕関与についてはどうなのだろう。それは、フーコーの場合とは対照的に、たんなる間違いではなくハイデガー哲学に根ざした間違いだったのだろうか。ハイデガーを批判するリベラル民主主義派の多くは、ハイデガーのナチへの入党はたんなる一時的な誤りではなく、まさにハイデガー思想の根本原理に一致する行為だった、そう証明したいと強く望んでいるが、こうした衝動には深く徴候的な何かがある。あたかも、ハイデガーの入党がその思想に直接関わっているとすれば、理論的にどうでもよい思想家としてハイデガーを葬り去ることができ、ハイデガーとともに、ハイデガーを通じて思考しようとする努力は必要なくなり、「ヒューマニズム」、「民主主義」、「進歩」といった近代《モダニティ》の基本的教義に反対するハイデガーの不吉な問いに直面しなくてすむかのようなのだ。ハイデガーが視界から消えてくれれば、遺伝子工学によって提起された倫理上の問題について、共同体での生きがいのある生活に資本主義によるグローバル化をどう調和させるのかという問題について、従来のやり方で考えていればすむ――ようするに、ハイデガーを批判するリベラル派は、グローバル化や遺伝子工学の発見における本当に新しいものに直面せずに、これらの新しい現象を相変わらず旧来の尺度で計り、新旧両世界を統合してせいぜいうまくやっていきたいという馬鹿げた望みを抱いているのだ。

もちろん、だからといって、ハイデガーのナチ関与を擁護するお決まりの説をまたぞろ持ち出そうというわけではまったくない。そうした擁護説は当然のごとく、またしても「借りた薬缶の公式」に従っている。（一）ハイデガーはナチであったわけでは決してなく、大学の自治を守るために、できることは何でもする覚悟で表面的な妥協をしたにすぎない。そうした戦術がうまくいかないと気づいたとき、ハイデガーは公的生活から身を引いた。（二）ハイデガーは一定期間、全面的にナチに加担した。しかし、自分の過ちに気づくとすぐに身を引いただけでなく、まさしくナチの権力に近づいたことによって、無制限の権力への意志を利用する現代のテクノロジーに潜むニヒリズムを看破することができた。（三）ハイデガーは確かにナチだったが、それは非難すべきことではない。一九三〇年代初頭、ナチへの入党は完全に道理にかなった、もっともな選択だったのである。この三番目の立場に立つエルンスト・ノルテのハイデガーに関する著作をここで思い起こそう。この著作は、「ハイデガーと政治」をめぐる問題に新風を吹き込み、果てしなく続く議論に新たな展開をもたらした。ノルテは、ハイデガーの一九三三年の悪名高い政治上の選択を弁解するのではなく、その選択を、実行可能で意味のあるものだったと捉え、正当化する、もしくは脱-悪魔化するのである。標準的なタイプのハイデガーの擁護者は、ハイデガーのナチ関与は個人的な過ちで、その思想に対して深甚な影響を及ぼすものではまったくないというお題目を唱えるが、ノルテはこれに反して、ハイデガーがナチを選択したことはその思想に刻印されているという、ハイデガーを批判する人々の基本的主張を認める。だがノルテはそこに捻りを加える。ノルテは、ハイデガーの思想を問題とするのではなく、ハイデガーの政治上の選択を、一九二〇年代から一九三〇年代初頭にかけての経済的な混乱や共産主義の脅威を考えれば理にかなった選択であるとして正当化しているのだ。

ハイデガーは、［共産主義によって］解決しようという動きに抵抗していたという点で、その他大勢と同様に、歴史的に正しかった……。［国家社会主義によって］解決しようという運動に参加したとき、ハイデガーはおそらく「ファシスト」になったのだろう。しかしだからといって、ハイデガーが最初から歴史的に間違っていたことにはならない。[29]

そして、先の二番目の立場を典型的に示しているのが、以下のマーク・ラソールである。

ハイデガーの戦後の著作は、国家社会主義に破滅的に関与することになった原因である政治上のナイーヴさをいくらかでも克服しようという方向に向かっていた。ハイデガーはまず、現代世界の危機――この危機のために、新たな世界の開示〔隠れなさ〕が必要であるとハイデガーは考えた――について、以前よりも明確に認識することから始めた。テクノロジーという点から現代《モダニティ》の危機を明確に示すことができるようになると、国家社会主義は（テクノロジーを用いる目的が反動的だとしても）、現代においてテクノロジーを推進しようとするもう一つの運動にすぎないことが明らかとなった。[30]

この一節は、見かけよりも多くのことを語っている。鍵語は、「もう一つの」という平凡な語句である。ここに隠れている前提は、「最良の政治プロジェクト、ニヒリズムに反対する最もラディカルな試みでさえ、結局はテクノロジーに囚われたもう一つのニヒリスティックな運動にすぎない」というものではないだろうか。ここにはナチズムの恐ろしさはない。ナチズムは、テクノロジーに囚われた数ある運動の中の「もう一つ」にすぎず、ナチズムと他の運動との違いは存在論的には取るに足らない（そういうわけで、第二次世界大戦における連合国側の勝利はハイデガーにとって実際には何の意味もなかった、ということになる）。ここで、ハイデガーが言及するヘルダーリンの名高い詩句が想起される。「危機が迫り来る時、そこには救う力―― *das Rettende* ――もまた生じるのだ……」――危機を克服するためには、危機のただ中へと進んでいかねばならない――ようするに、ハイデガーは、存在論のレベルで真理に到達するために、存在のレベルで誤りを犯さなければならなかったということだ。ラソールはハイデガーのナチ関与について次のように述べる。「世界史の展開について独自の明察を持っていると称するハイデガーが、目の前で起きている出来事の意味に対してどうしようもなく盲目であったということは、控え目に言っても、どう捉えたらよいのかわからない事態である」[31]。この主張を、ハイデガー支持者ならこうひっくり返すだろう。ナチ体制の真理に対する「存在のレベルでの」盲目は、「存在論のレベルでの」明察を得るために必要な条件だったのだ、と。しかしながら、ハイデガーはまさしくナチの権力中枢に近づいたことによって、無制限の権力への意志を利用する現代のテクノロジーに潜むニヒリズムを看破することができた、そうハイデガーの擁護者たちが主張するとき、こうした擁護の言葉は、元娼婦の説教師――売春がいかに有害であるか、娼婦だった自分の経験からわかっていると言って、肉欲の罪を激しく批判する説教師――の口から発せられているように聞こえないだろうか。スティーヴ・フラーはこう述べている。

> 敵から学ぶという昔からの慣習は、勝った側が戦いのあとに行うもので、皮肉なことに、ハイデガーの知性の評判は、この慣習のおかげで上がりさえしたようだ。この点で、政治におけるハイデガーの「天才」は、長いことナチを離れなかったことにあるのかもしれない。つまり、アメリカ側は脱ナチ化の最中にハイデガーを見出し、結局はハイデガーを、著作を発禁されるべき汚らわしい戦争犯罪人であるとは断定しなかったわけだが、そういう時までナチを離れなかったことに、ハイデガーの政治上の「天才」があるのかもしれない。実存主義におけるハイデガーのライバルたちは、連合国側に身を隠していた熱心な反ナチであったので、ハイデガーが体験したような厳しい精査を受けることはな

く、したがって、奥深く危険な神秘性を身にまとうこともなかったのである。[32]

こうした件に真実があるとはいえ、ナチ関与の深さにおいてハイデガーはたまたまうまくバランスがとれたにすぎない、という話では終わらない複雑さがある。認めるのが難しい真実とは、ハイデガーは、ナチに関与したにもかかわらず、ではなく、ナチに関与したからこそ「偉大」なのであり、ナチ関与がハイデガーの「偉大さ」を構成する鍵になっているということなのだ。ナチとのこうした関わりを経てこなかったハイデガーを想像してみてほしい。あるいは、第二次世界大戦後に多くの同業者が期待したこと——つまり、公的にナチ関与を認め謝罪すること——を行ったハイデガーを想像してみてほしい。もしもハイデガーがそういうことを行っていたとしたら、その明察の徹底性《ラディカリティ》＝過激さは、いくらかでも弱められていたのではないだろうか。そうした行為は、ハイデガーを、彼がひどく軽蔑していた人道主義的な政治にしか関心が持てないようにしてしまったのではないだろうか。ミゲル・ド・バイステーギーは、ナチに対するハイデガーの幻滅の根本的な両義性について明快な意見を述べている。それは、「ハイデガーが生涯の終わりにいたるまで「運動《ムーヴメント》」と呼んでいたものに対する諦念、幻滅であり、ハイデガーは「運動」の潜在性が実現されなかったことを残念に思っていたふしがある」[33]。後年のハイデガーが政治から身を引いたことを、現代政治のニヒリズムをハイデガーが見抜いていたという点だけから説明できないのは、まさにバイステーギーの述べていることが理由なのではないか。バイステーギーは次のように述べて、その著書を締め括っている。ハイデガーは、

「政治参加が持つ救済の力を信じて」再び躓くことはないだろう。政治に手を出して痛い目にあい、存在論的‐運命的な意義を持つプロジェクトを遂行しようとしたナチズムの失敗を見て幻滅したハイ

デガーは、方向を変えて、思考の隠された源泉である芸術と詩に、政治よりもはるかに強い歴史的・運命的な力を保持していると思われる芸術と詩に希望を抱くようになる。[34]

しかし、再び政治参加という行為に躓き痛い目にあうことを拒むというハイデガーの態度は、ハイデガーがナチという「運動」にメランコリックに固着し続けている、そういう否定的な様態を示しているのではないだろうか。（ということは、二度と政治に関与しなかったハイデガーは、失恋した結果愛情そのものを拒否するようになった男に似ていた、つまり、それ以後恋愛関係に入ることを一切避けることによって、うまくいかなかった恋愛に固着し続けていることを否定的なやり方で認めている男に似ていたのではないだろうか）。ハイデガーが政治参加を拒否する根拠は、次のようなことではないだろうか。ハイデガーにとってナチズムは、その生涯の終わりまでずっと、少なくとも正しい問題に取り組もうとした唯一の政治運動だったのであり、したがってナチズムの失敗は政治的なものそれ自体の失敗である、ということである。ナチの運動の失敗は、「存在論的‐運命的な意義を持つプロジェクト」の遂行を目指す政治への関与の仕方が悪かったからにすぎない、したがってそこから引き出すべき教訓とは、政治へのより穏当な関与の仕方を見出すことである、などと——たとえば、リベラルな流儀で——提言することを、ハイデガーが考えたことは決してなかった。言い換えれば、政治に失敗したハイデガーの経験から次のように結論づけるとしたらどうだろう。すなわち、捨て去るべきなのは、政治参加は運命的‐存在論的帰結をもたらすという思い込みである、と。捨て去るべきなのは、「存在的《オンティック》であるにすぎない」政治はより深い存在論的《オントロジカル》省察の必要性を曖昧にするどころか、まさにそうした省察への空間を切り開くのだから、「存在的であるにすぎない」政治への参加が重要なのだ、そういう思い込みである、と。民主主義が現代のテクノロジーの本質に最も合った政治体制なのかどうか疑問を表明したとき、ハイデガーはその最晩年にあったわけだが、そうした時期においてもなおハイデガーは、ナチへの関与がもたらした究極の教訓を学んでおらず、現代のテクノロジーに関する存在論的プロジェクトに合う——あるいはそれと同じ水準にある——（存在的）政治参加の方法を見つけ出すという希望を捨てていなかったとしたらどうだろう。（もちろんわれわれの前提は、リベラルなやり方での政治参加が唯一のオルタナティヴではないということである。つまり、ハイデガーはリベラル民主主義に疑問を呈した点において正しかったのだ。ハイデガーが考えようとしなかったのは、ラディカルな左翼による政治参加である）。

ここに、ハイデガーとハンナ・アレントとの結びつきの重要性がある。ハイデガーとアレントとの困難な関係において問題となっているのは、ずいぶんと非難されたことだが、ハイデガーがリベラリズムと（リベラル）民主主義を嫌悪しており、これらを「非本来的」であると言って死ぬまで拒否し続けたことであり、二人の私的な関係の特殊性が問題なのではない。アレントは、女対男、「世俗的」ユダヤ人対「田舎の」ドイツ人という二つの軸に沿ってハイデガーに対立していただけではない。（これよりはるかに重要なことだが）アレントは、最初のリベラルなハイデガー主義者だったのであり、ハイデガーの明察とリベラル民主主義の世界とを再結合させようとした最初の人物だったのである。もちろん、注意深くアレントを読めば、なぜ彼女が、ハイデガーの明察に基本的に忠実でありながらもリベラリズムを支持することができたのか、容易にわかる。アレントは反ブルジョワ的なスタンスを取っていた。つまりブルジョワの政治というものを、「利益集団」の政治、ブルジョワの貪欲な競争社会の現れであるとして批判し退けたのである。アレントは、ヒロイズムの欠如やブルジョワ社会のプラグマティックで功利主義的な傾向に対する大きな不満を、保守派と共有していたのである。

戦前の時代に対する不満、そして戦前の時代を復興しようとするその後の試みに対する激しい不満

（ニーチェやソレルからパレートにいたるまで、ランボーやT・E・ロレンスからユンガー、ブレヒト、マルローにいたるまで、バクーニンやネチャーエフからアレクサンドル・ブロークにいたるまでの人々が抱いていた不満）を、たんにニヒリズムの爆発として片付けてしまうと、こうした嫌悪が、ブルジョワ階級のイデオロギーや道徳規範がすみずみにまで浸透している社会においていかに正当化されうるものであるかということが見過ごされてしまう。[35]

アレントがここで動員しているのは、市民《シトワイヤン》とブルジョワという対立である。市民は、公共の利益のために政治参加する公共圏に生きているが、これに対してブルジョワは、生産過程に浸りきった利己的な功利主義者であり、生活のすべての次元を、生産過程を円滑に機能させる役割を果たすことに注ぐのである。アリストテレスの用語で言えば、これは行為《プラクシス》と制作《ポイエーシス》との対立、公的生活において美徳を行使することの「高さ」と、生きる手段である労働の「低さ」との対立であり、こうした対立の反響は、ハーバーマスにおけるコミュニケーション的行為と道具的行為との対立にだけでなく、〈出来事〉という概念（について述べると同時に、生産の領域で〈出来事〉が起きることを否定する）バディウにまで響いている。アレントが、バディウが使うような用語で、存在的な政治活動を規定する存在論的な特質として時間性の中断を説明していることを思い起こそう。アレントによれば、行為は、何か新しいことを始める人間の能力として、「無から」始まるのであり、ある一定の状況に対する計算された戦略的反応に縮減されることはなく、過去と未来とのあいだの非時間的ギャップにおいて、古い秩序の終わりと、歴史においてまさしく革命の瞬間と呼ばれる新たなものの始まりとの裂け目において生起するのだ。[36] もちろんこうした対立は、ロバート・ピピンが定式化しているような根本的な疑問を提起する。

アレントは、ブルジョワ文化において彼女が賞賛するもの——立憲政治、基本的人権の擁護、法の下における平等、人間の生活における私的領域の尊重、政治的なものからの自由、宗教に関する寛容さ——を選び出し、他方で、ブルジョワ文化において彼女が認めないもの——世俗主義、誰もが自分の利益を優先するというシニカルな思い込み、人間的価値に対して貨幣が与える悪影響、脱政治化への傾向、伝統と場所の感覚に対する脅威——を非難するのだが、アレントはどうしてこういう区別ができるのだろうか。[37]

言い換えれば、これらは一つの現象の表と裏ではないだろうか。とすると、アレントが、利益に関する功利主義的でプラグマティックな計算によって汚染されていない政治的行為として、本来的な「世界への配慮」の輪郭をあわてて示そうとするとき、過去の事例としてアレントが想起できるのは、初期アメリカの伝統である全市民によるタウン・ホール・ミーティングから、ドイツ革命における革命評議会にいたるまで、革命的状況における自己組織という形態だけなのだ。こうした事例を想起するアレントは政治的に正当ではない、そう言いたいのではなく——問題は、そうした事例が「ユートピア的」であり、アレントが支持し続けているリベラル民主主義という政治体制と両立しえないということなのだ。言い換えると、「現実に存在する社会主義」のなかで、真の民主主義を実現しようと闘っていた民主的な共産主義者は幻想を抱いていたわけだが、アレントはリベラル民主主義に関して、これと同じ幻想の犠牲となっているのではないだろうか。ファシズムは、ブルジョワの卑俗さに対する反発であったが、その内的否定にとどまっていた、つまり、ブルジョワ社会の地平を超えるものではなかった、そうアレントが（それとなくハイデガーに反対して）指摘するとき、アレントはやはり正しい。ナチズムの本当の問題とは、それが主観主義的で虚無主義的な傲慢さ《ヒューブリス》をもって全権力を行使する際に「徹底的にやり過ぎた」ことではなく、それが不徹底だったこと、つまり、ナチズムの暴力が無力《インポテント》なアクティング・アウトであり、究極的には、ナチズムが軽蔑する体制そのものに仕えるものでしかなかったということなのである。（しかしながら、ヨーロッパ近代の虚無主義的空間を突破できるほどラディカルではないとして、アレントのアリストテレス的政治をハイデガーが拒否するなら、彼もまた正しかったことになるだろう）。

　したがってアレントは、ピピンが安易に解説しているような現代の政治的ヘーゲル主義に反論する権利を持っていたと言えるだろう。今日の視点から見ればもちろん、理性国家というヘーゲルの概念はもはや機能せず、その限界は明らかなのだが、その限界自体はヘーゲルのやり方で示されなければならない。これがピピンの基本的な主張である。

> 或るかなり明白な意味において、また、ヘーゲルが自分の哲学に関連していると認めざるを得ない歴史的な視点から見て、ヘーゲルは間違っていた。こうして実現された制度のどれ一つとして、現時点では、合理的で安定しているとは見えず、ヘーゲルが求めた自由な主体の要求に応えているとさえ思えない。たとえそうした批判が、ヘーゲルの言う自由の名の下に行われることがよくあるとしても。しかし私が主張しているのは、そうした過ちの本性もまたヘーゲル的であること、つまり不完全であり、完全に間違っているわけではない、ということなのである。[38]

ようするにこれは、揚棄 *Aufhebung* の問題、内在的な自己批判、自己超克とこれらの解決をめぐる問題なのであって、対立物を完全に拒否しているわけではない……。しかしながら、どうしても気になるのは、ピピンが与える規定の「形式主義的な」性質である。ピピンは、自らの規定に効力を持たせるような具体例を示していないのだ。言うまでもなく、問題は、もしも自由な理性国家というヘーゲルのプロジェクトを今日の状況において実現しようとするならば、この揚棄をどこまで徹底して行わねばならないのか、ということである。非合理性は、それを批判することがいまだにブルジョワ社会を擁護する言葉として定式化されてしまうほど「深く」、今日のブルジョワ社会に刻み込まれているのだろうか。われわれは、資本主義の内側にとどまっているべきなのか、それとも危険を冒して資本主義の外に出ようとすべきなのか。こうしたことについて、ハイデガーは関心を示さなかった。現代の危機的・歴史的瞬間に対するハイデガーの基本的態度は、われわれが直面している（イデオロギー、政治、経済……等々に関する）すべての選択肢の根底にある同じものを強調することである。

> 存在論的-歴史的起源に関して言えば、キリスト教の教義とボルシェヴィズムとのあいだに、ナチズムの生物学主義・帝国主義と（いまや生活のあらゆる領域に浸透している）資本の力とのあいだに、生気論と心霊主義とのあいだに、リアルで根本的な差異はない。思うに、これはハイデガーの姿勢の強みであると同時に、途方もない弱みであり限界でもある。というのも、一方でそれは、両立不可能だと思えたもののあいだに連続性と共犯関係があるということを露にし、差異ということならば、別の領域（存在の「意味」もしくは存在の「真理」という領域）の差異のことを考えるように促すからである。他方では、そうした〔存在論にかかわらない〕差異は偽りの差異であると暴くことによって、ハイデガーは、そうした差異がしばしば要請する決断や選択を無効にし、政治と倫理という伝統的な空間を消去してしまいもするからである。[39]

こうした行き詰まりに対してド・バイステーギーが与える解決策は、残念ながら常識を超えるものではない――つまり、〔存在的と存在論的という〕どちらの水準からの要求も正当なものとして考慮し、バランスをとりながら取り組むべきだ、というのである。

> 形而上学の脱構築に対して、そして形而上学を超える、あるいはその限界における思考と行動の新たな可能性を求める闘いに対してどのようにかかわろうとも、われわれは、形而上学的・技術的枠組みのなかで生き続けるのだから、歴史、政治、宗教、芸術の水準で直面するさまざまな差異、選択、状況を真剣に受け取り弁別することを避けてはならない。［…］ハイデガーは、技術と自由な関係を持つべきだと唱えたわけだが、結局それは、形而上学内部のプロセスに積極的に関与することを意味してもいて、技術の本質を熟考するだけのことではないのかもしれない。というのは、技術の内部には、問題とすべき差異、無視できない——してはならない——差異があるからだ。一つの目で批判的に、もう一つの目で脱構築的に見るようにすれば、現代という危険な海を航海する準備ができたことになるのかもしれない。[40]

しかし、存在論《オントロジカル》の水準と存在《オンティック》の水準とのあいだに根本的なずれがあり、ハイデガーが言ったように、存在論の水準における真理に達した者は、存在の水準においては過ちを犯さざるを得ないとしたらどうだろう。存在論の水準にある目で見ると、存在の水準にある目は盲目にならざるを得ないとしたら。

存在論的差異

ハイデガーが、非真理–覆蔵性–退きを、真理–出来事それ自体に固有のものであると述べるとき、ハイデガーは二つの異なる水準を念頭に置いている。

（一）一方では、人は、世界内的な事柄にかかわっていると、自分の住まいである意味の地平を忘却してしまい、それを忘却していることすら忘れてしまうということ。（典型的なのは、ソフィストの登場によってギリシアの思想が「後退」したことである。つまり、〈存在〉の基底と対立していたものが、軽薄な戯れに、〈真理〉と固有の関係を持たないような議論に耽るという戯れに変わってしまったことである）。

（二）他方では、こうした意味の地平それ自体が、それが画期的な〈出来事〉であるかぎり、その地平の出現という捉えがたい〈神秘〉を背景にして——同時にこの〈神秘〉を隠しながら——せり上がってくること。ちょうど森のただなかに空け開かれた場所＝明るみが、木々の厚い闇に囲まれているようにして。

抵抗する大地、いつまでも不分明で計りがたいものである大地をめぐって、これと同じ両義性が繰り返される。「人間の行為に抵抗すると同時にこれを支えている何かがつねに存在しており、その何かはきわめてリアルである」[41]。したがって、一方で、大地は歴史的世界の有意味な全体性に抵抗する何かを指し示している。

世界は、大地のなかに引きこもろうとすると、抵抗に会う。このプロセスにおいて大地は、世界が出会う抵抗という点から見れば、はっきりと姿を現す。大聖堂を建てるに際して、われわれは人間の行為が特別な仕方で限定され制限されていることに気づく。［…］われわれの世界は、つまり人と物との有意味な関係は、人の知性で理解可能な、遍在する世界の構造という点からは説明できない何かにつねに基づいている。[42]

しかしながら他方では、最も不可解なものは世界それ自体の基本構造である。たとえば、日本の近代化は、国内総生産と一人当たりの国民所得を伸ばしたのだから望ましいことだったのだ、そう主張する場合、次のような、より根本的な問いを提起すべきなのだ。

〔日本人が〕所得の伸びを望むはずだとなぜ言えるのか、これがまさに問題なのだ。一人当たりの国民所得の伸びよりも、前近代の日本の生活様式や暮らしのリズムの方を望むとしたら、平均所得を増やすために日本は近代化すべきだという主張は説得力を失うだろう。〔…〕したがって、新たな世界を創造し古い世界を破壊したいという衝動の強さは、視界から退いていく何か――つまり、あまりにも自明なのでもはや問われてすらいない何か――に左右されるように思われる。その何かとは、ようするに、新たな世界それ自体の望ましさである。この望ましさは大地に属している。大地は、自分が支えている世界から退くと同時にその世界を保護する。〔…〕この世界は、われわれの最も基本的な望み――効率性と柔軟性を求める願望――によって支えられているのであり、こうした望みはほとんど視界から退いていたのだ。[43]

したがって大地は、存在論的《オントロジカル》開示から退く存在的《オンティック》なものの底知れない深淵であるか、もしくは、この開示そのものの地平、その過剰な自明性のために目には見えない地平――人間にそれが見えないのは、人間がその地平を媒介してあらゆるものを見ているからだ――であるかのどちらかだ。ここで、正しくヘーゲル的なやり方で、大地に関するこの二つの水準を次のようなものとして考えてみるべきだろう。つまり、〈彼岸〉と、〈彼岸〉への到達を妨げる障害‐スクリーンとして。これは、たんにハイデガーの誤りや混乱（さらなる概念的な区別を導入することによって、つまり、開示に抵抗する闇としての大地と開示の地平そのものの不可視性とを別々の用語で呼ぶことによって、解決され修正されるような誤りや混乱）ではない。二つの水準のあいだでの揺れそのものが、まさに大地なのである。

　これは次のことを意味してもいる。存在論的差異は、「最大の《マキシマル》」差異ではない、つまり存在者のすべて、最上位の類と、何か他の、それ以上の、それを超えるものとの差異ではなく、「最小の《ミニマル》」、ほんのわずかな差異であり、その最小の差異とは、それぞれの存在のあいだにある差異ではなく、存在物と空虚、無との差異である、ということだ。存在論的差異は、人間の有限性に基づいているかぎり、「すべての存在者」を全体化することを不可能にする。存在論的差異は、現実性《リアリティ》の領域は有限であるということを意味しているのだ。つまり存在論的差異は、正確な意味において、「リアル／不可能」なのである。エルネスト・ラクラウが敵対性について規定している言葉を借りて言えば、外的差異は内的差異と重なるのだ。存在者 beings と〈存在 Being〉との差異は、同時に、それぞれの存在者のあいだの差異でもある。すなわち、存在者 beings ／存在物 entities とそれらの〈開かれ〉、意味の地平との差異は、存在者そのものの領野につねに食い込んできて、その領野を不完全／有限にするものでもあるのだ。ここにパラドクスがある。すべての存在者全体とその〈存在〉との差異は、まさしく「差異を取り逃がして」おり、〈存在〉をもう一つの「高次の」存在物にしてしまっているのだ。カントのアンチノミーとハイデガーの存在論的差異とが似ているのは、どちらの場合も、ギャップ（現象的《フェノメナル》／叡智的《ヌーメナル》、存在的《オンティック》／存在論的《オントロジカル》）が、現象的-存在的なものの領域それ自体が非-全体である（すべて-ではない）ことを示しているからである。しかしながら、この有限性のパラドクスを、存在論的な地平を構成するものとして考えるところまで行けなかったのは、カントの限界である。カントは最終的に、超越論的地平を、有限である存在（人間）に対して現実《リアリティ》が姿を現す地平にしてしまっており、そうした現実のすべては、叡智的《ヌーメナル》現実というより広い包括的な領域へ位置づけられることになるのだ。

これは明らかにラカンの言う〈現実的なもの《リアル》〉と関係がある。〈現実的なもの〉は、最も根本的《ラディカル》な水準では、否認されたXであり、これによってわれわれの見る現実が歪像のように歪められるのである。それは、直接手にすることができない〈モノ〉であると同時に、直接〈モノ〉を手にすることを妨げる障害でもある。つかむことのできない〈モノ〉であると同時に、われわれがそのせいで〈モノ〉を取り逃がしてしまう歪んだスクリーンでもあるのだ。より正確に言えば、〈現実的なもの《リアル》〉は、究極的には第一の視点から第二の視点への移行そのもののことである。社会という概念の敵対的な性質に関するアドルノの有名な分析を思い起こそう。最初のアプローチでは、社会という概念の二極分裂（アングロ-サクソン系の、個人主義的-唯名論的な社会という概念と、デュルケームが言う、個人に先立つ全体性としての社会という有機的な概念との分裂）は、統合不可能なように思える。われわれはここで、真の意味でカントのアンチノミーに出会っているようだ。より高次の「弁証法的綜合」では解消されず、社会を到達不可能な〈モノ自体〉にまで高めるアンチノミーである。しかしながら、第二のアプローチでは、われわれが〈モノ〉に到達することを妨げているように見える根本的《ラディカル》なアンチノミーが、すでにモノそのものであるということに気づく——今日の社会の基本的特徴は、〈全体性〉と個との和解不可能な敵対関係であることは確実なのだ。これが意味しているのは、究極的には、〈現実的なもの《リアル》〉の地位《ステイタス》は純粋に視差的であり、したがって非-実体的であるということである。つまり、〈現実的なもの〉はそれ自体において実体的な厚みを持たない。それは二つの視点のギャップであり、一つの視点からもう一つの視点への移行においてのみ知覚できるものなのだ。したがって、視差《パララックス》としての〈現実的なもの〉は、標準的な（ラカンの言う）〈現実的なもの〉という概念、つまり、「つねに自らの場所に回帰」し、あらゆる可能世界（象徴界）において同一であり続ける〈現実的なもの〉という概念に対立する。視差《パララックス》としての〈現実的なもの〉は、根底に隠れている一つの〈現実的なもの〉の見かけが多数であることを説明する。〈現実的なもの〉は、〈同じもの〉

であり続ける固い核ではなく、同一性を粉々に砕いて多数の見かけにしてしまう、争いの固い種なのである。最初の考察では、〈現実的なもの〉は、不可能な固い核であり、直接向かい合うことができず、多数の象徴的な虚構というレンズを通さなければ見ることのできないもの、つまりは潜勢的《ヴァーチュアル》な構成物である。しかしさらに考察を進めると、まさにこの固い核は純粋に潜勢的であって、現働的《アクチュアリー》には存在していないものであることがわかる。それは、「現働的に存在しているもののすべて」である多数の象徴的構成物を通して、遡及的にのみ再構成されうるXなのである。

　ハイデガーは、こうした「隠れなさ＝不覆蔵性」の意味の不可避的な二重性から、最大限の帰結を引き出す覚悟はできていなかったように思える。率直に言って、もしも覚悟ができていたならば、「存在論的《オントロジカル》差異」は究極的には存在的《オンティック》な秩序における裂け目にすぎない、と認めざるを得なかっただろう。（ついでに言うと、これは、〈出来事〉は〈存在〉の秩序におけるねじれにすぎないという、バディウの重要な告白とまさしく平行関係にある）。以上のようなハイデガーの思想の限界によって、哲学における、そして倫理‐政治における帰結が相次いでもたらされる。哲学における帰結としては、〈存在〉開示のさまざまな地平を開く歴史的運命というハイデガーの概念、存在的《オンティック》な出来事によって決して影響を受けず左右もされない、またそうした影響を受けてはならない運命という概念がもたらされる。倫理‐政治における帰結は、ハイデガーがホロコーストに（その倫理的な側面にだけでなく、厳密に存在論的な側面にも）無関心で、（技術をめぐるカンファレンスでの悪名高い一節において）この災厄を、生命を扱う技術についての多くの事例のなかの一つにすぎないものと考えているのはなぜなのか、その理由がわかるようになるということだ。ホロコーストの法外な／例外的な地位《ステイタス》を認めることは、ホロコーストのなかに、〈存在〉の存在論的な座標軸を破砕するトラウマがあることを認めることに等しいからである。こうした無関心ゆえに、ハイデガーはナチになったのだろうか。

ハイデガーの決定的証拠？

大学の自治について守れるものはすべて守るために、ハイデガーはナチ体制にただ外面的に賛同したにすぎないというのが一般に知られたハイデガー像だが、これを激しく揺るがすハイデガーの二つのゼミナールがある。一つは、『自然、歴史、国家の概念と本質（*Über Wesen und Begriff von Natur, Geschichte und Staat*）』（一九三三―三四年、冬。講義ノートはマールバッハのドイツ文学資料館に保存されている）であり、もう一つは『ヘーゲル、国家について（*Hegel, über den Staat*）』（一九三四―三五年、冬。講義ノートはやはりドイツ文学資料館に保存されている）である。暗示的なことに、二つのうちの最初のゼミナールは、クロスターマン社による公認の全集に収められていない。「完全版」を銘打っているのに、これはどうしたことなのだろうか。これら二つのゼミナールは、ハイデガーに関する一般的な臆見《ドクサ》からすれば、起きたことのなかった、起きたはずのない、起きてはならなかったことを舞台に上げているために、ことわざでいう「犯罪の決定的証拠〔煙の出ている拳銃〕」に最も近い資料だと言える。それは、ナチズムへの全面的協力が、ハイデガーの心の内奥に秘められた哲学のプロジェクトに基づいて策定されたことをはっきりと示しているのだ。（とはいえ、哲学者の「犯罪の決定的証拠」を探そうと躍起になるのはやはりよくない。そうした「証拠」は、思想の形式的構造のなかにすでにあるものを確証するだけだから）。しかしながら、よく考えもせずに取り乱して投げ遣りになり、リベラル派のようにお決まりの非難の声を上げるべきではない。ハイデガーの失敗は、その原因を突き止めることが見た目ほど容易ではないからだ。ハイデガーが、一九三〇年代からのテクストや連続講義で（ハイデガーが説明のために用いる例などにおいて）政治に言及するときの調子は、やはり不吉な感じがする。この不吉さは、国家の存在を問うパラグラフの冒頭を読むだけで感じられる。「国家――それは在る。国家という存在の本質とは何か。

それは、国家警察が容疑者を逮捕することだろうか[44]［…］」。理性的なものと現実的《アクチュアル》なものの反照的同一性によってヘーゲルが意味していることを説明するためにハイデガーが用いる例も、やはり不吉である。「ベルサイユ条約は、現実的《アクチュアル》ではあるが、理性的ではない[45]」。

ハイデガーの出発点は、ヘーゲルは一九三三年に死に、ヒトラーがそのあとを継いだというカール・シュミットの有名な宣言からヘーゲルを守ることである。「ヘーゲルは一九三三年に死んだと言われた。だがまったく逆で、ヘーゲルは一九三三年に初めて命を与えられたのである[46]」。なぜそう言えるのか。ハイデガーは、国家は社会的存在の最高度の形態であるというヘーゲルのテーゼを支持している。「人間存在の最高度の現実化《アクチュアリゼーション》は国家において生じる[47]」。ハイデガーは、人民と国家との関係を存在論的差異の観点から規定し、国家を直接的に「存在論化」しさえする。「人民、存在者は、その存在、国家に対して完全に規定された関係にある[48]」。

しかしながら、これに続く一節においてやがて明らかになるのは、ハイデガーがヘーゲルを必要としている理由はただ一つ、市民社会における相互行為を調整する手段としての国家というリベラリズムの概念に対抗して、当時台頭しつつあったナチの「全体国家」を擁護するためである。ハイデガーは、「外面的」国家、「必要性の国家」、「悟性としての国家」、市民社会というシステム等々の限界を指摘するヘーゲルに、満足そうに言及している[49]。「［…］個々の《シンギュラー》「私」を本質的に規定するものとして自由を考えなければ、ヘーゲルが自由をどう理解しているのか捉えることはできない。［…］複数の「私」、複数の「主体」から成る共同体があるところでのみ、自由は現実的《アクチュアル》である[50]」。しかし、ヘーゲルは「自由」を次のように考えてもいる。ヘーゲルは、個人が持つ「無限の権利」という「近代の」原理を主張しているのだ。ヘーゲルにとって、市民社会は近代の重要な達成、現実的《アクチュアル》な自由の条件、相互承認の「物質的な基礎」であり、ヘーゲルの問題はまさしく、市民社会の諸権利を奪うことなく、国家の統一性と市民社会の動的な調整〔媒介〕機能とをいかに統一するかということなのである。若きヘーゲルは、とりわけ『人倫の体系』において、個人と社会の有機的な統一であるギリシアのポリスにまだ魅了されていた。社会の実体は、個人と対立するような、外部から課された冷酷で抽象的、客観的な法ではまだなく、「慣習」の、人倫的集団生活の生ける統一体であり、そのなかで諸個人は調和しており、社会を自分自身の実体であると認めている。この視点から見ると、冷酷で普遍的な法は慣習の有機的統一からの後退――ギリシアからローマ帝国への後退――である。ヘーゲルはその後まもなく、近代の主体の自由を受け入れねばならないこと、ポリスという有機的統一体は永遠に失われてしまったことを認めたが、それでもやはり、新たな有機的統一体へ回帰する類のことの必要性を主張した。回帰すべき先とは、個人を尊重する一方で、深い社会的連帯感と、市民社会における「機械論的」相互行為と個人主義的競争とを乗り越える有機的統一、この二つを与えてくれるような新たなポリスである。

成熟に向かうヘーゲルの決定的な一歩は、市民社会の役割を概念化し直すことを通じて、「ポリスというパラダイム」を本当に「捨て去る」[51]ときに踏み出される。まず、ヘーゲルにとって市民社会とは、「悟性としての国家」、警察装置にまで縮減された国家であり、そうした国家は、それぞれ利己的な利益を追求する個人同士の無秩序な相互行為を規制する。自由についてのそうした個人主義的-原子《アトム》的概念と、個人の自由を外側から制限するものとしての法秩序という概念とは、厳密に相関関係にある。ここで、「悟性としての国家」から真の「理性としての国家」へ移行する必要が生じてくる。「理性としての国家」においては、個人によってさまざまに異なる性向は、社会の〈全体〉と調和しており、個人はその社会の実体を自分自身の実体として認めるのである。成熟への決定的な一歩が踏み出されるのは、市民社会の調整〔媒介〕機能に関する考察をヘーゲルが徹底して押し進めるときである。「諸個人が相互に依存するシステム」の近代における究極の形態は市場経済であり、このシステムにおいては、個と普遍が分離・対立し、個人はそれぞれ私的目的の実現だけを目指し、社会の有機的統一は外的な機械的相互行為にまで分解してしまうのだが、じつはこの分解自体がすでに、例の市場の「見えざる手」によって行われた個と普遍との和解なのであり、この「見えざる手」のおかげで、個人は、他者の利益を犠牲にして私的な利益を追求することを通じて全員の福利に貢献するのである。したがって、市民社会における機械的／外的相互行為を、より高次の有機的統一において「克服し」なければならない、という単純な話ではないのだ。市民社会とその解体は、調整〔媒介〕という決定的に重要な役割を果たすのであり、その結果、（近代における主体の自由を切り捨てることのない）真の和解をもたらすには、市民社会の解体それ自体がすでにその対立物、すなわち統合する力であることを認めなければならないのである。それゆえ、和解は根本的《ラディカル》に内在的なのだ。和解は、最初は解体と見えたものについての視点の移動を暗示している。言い換えれば、市民社会が、抽象的な個人に固執する主観性と、個の自由を奪う外的な必然性として個人に対立する客観的な社会秩序とが分離される領域、疎外の領域であるかぎり、和解する力は、まさにこの領域に（この領域のなかで、「最初は最も精神的でなく、最も疎外を進めると見えたもの、つまり必要性のシステム」に[52]）見出さなければならないのであって、もう一つの「高次の」領域においてではない。成熟したヘーゲルにおけるこうした和解の構造は、またしてもラビノヴィッチ〔旧ソ連における政治風刺の小話に登場する人物〕のジョークと同じ構造である。「近代社会がそれ自身と和解する理由は二つある。第一には、市民社会内部での相互行為であり…。」「でもその相互行為というのは、絶え間ない争い、解体のメカニズム、無慈悲な競争のメカニズムそのものじゃないか！」「そう、それが第二の理由だよ。まさにこの争いと競争のせいで、個人は完全に相互依存することになり、その結果究極の社会的紐帯が生まれることになるのだから……」。

こうしてものの見方《パースペクティブ》全体が変化する。有機体的なポリスの人倫 *Sittlichkeit* が、多様な様相（市場経済、プロテスタンティズム等々）で存在する近代の抽象的な個人主義の影響を受けて蝕まれ解体するということではなく、また、有機的統一体が高次の水準で何とか回復されるべきだということでもない。ヘーゲルによる古代の分析のポイントは、繰り返し行われた『アンティゴネー』の読解からもわかるように、ギリシアのポリスそれ自体がすでに、ポリスという有機的統一体に対立しつつそこに内在する致命的な敵対性（公的―私的、男―女、人間―神、自由人―奴隷、等々）によって印づけられ、横断されていた、ということである。抽象的で普遍的な個人主義（キリスト教）は、古代ギリシアの有機的統一を解体させたわけではまったくなく、それどころか、真の和解へといたるのに必要な第一歩だったのである。市場について言えば、それはたんに有害な力であるどころか、個と普遍とを真に和解させる基礎を形成する調整〔媒介〕のプロセスは、市場での相互行為によって始まるのだ。つまり、市場競争は人々を本当に一つにするのだが、これに対して有機的秩序は人々を分断するのである。

成熟したヘーゲルにおいて以上のような移行を最もよく示しているのは、慣習と法との対立である。初期ヘーゲルにおいては、慣習を制度化された法へと変質させることは、有機的統一から疎外への後退である（規範はもはや、私の倫理的本性の実質的な部分としてではなく、私の自由を制限する外的な力として経験される）。これに対して、成熟したヘーゲルにおいては、慣習を法へと変質させることは、前進への決定的な一歩であり、これによって近代的主体の自由の空間が切り開かれ維持されるのだ[53]。だが、ハイデガーは「全体国家」という概念を動員するとき、以上のようなヘーゲルの明察に真っ向から対立している。

われわれは全体国家について話しているのだ。この国家は、（複数あるなかの）どれか一つの領域ではない。それは、社会を（国家そのものから）守るはずの装置ではなく、特定の国民だけがかかわる領域ではない[54]。

［…］こうして国民は、自分のやり方で、そして一つの国民であるというあり方で、国家を意志し愛するようになる。国民は、国家を求めて懸命に努力することによって、国家を求めるエロスによって支配されているのだ。[55]

もちろん、このエロスは擬人化を暗示している。愛はつねに〈一者〉への、〈指導者〉への愛なのだ。

総統―国家――われわれにとっての――は、歴史的発展の成果を意味している。つまりそれは、総統における国民の現実化《アクチュアライゼーション》である。[56]

信奉者をつくるのは指導者の意志だけであり、信奉者と指導者とのこうした関係から、共同体が立ち上がる。信奉者の犠牲と奉仕は、この生きられた関係からなされるのであって、制度の強制力への服従からではない。[57]

指導者は、人民の意志と何らかの関係がある。人民の意志は、個々の意志の総和ではなく、根源的本来性の〈全体〉である。共同体の意志についての意識をめぐる問いは、あらゆる民主主義の問題であり、指導者の意志と人民の意志をそれらの本質において認識するときにのみ、この問題は実り多いやり方で解決される。今日のわれわれの務めは、われわれ共同存在同士の基本的関係を、人民と指導者の現実《アクチュアリティ》の方向へもっていくことであり、その現実性において、人民と指導者は分離されえない。この基本計画がその本質的側面において適用され実行に移されるときにのみ、真の指導力が生じうる。[58]

言うまでもなく、これはまたしてもヘーゲルとは正反対である。ヘーゲルにとって、理性国家の元首は指導者ではなく王であるべきなのだ。なぜか。世襲君主制の合理的必然性を証明する、ヘーゲルの（悪）名高い演繹を見てみよう。官僚が持っている一連の知識は、「意志を完全に具体的に客観化したもの」としての王〔君主〕の決断によって代補されなければならない。王の決断が、「すべての個別性を一つの自己に再吸収し、いつまでも続く賛否両論の検討を終わらせる。王は、賛成と反対のあいだで絶え間なく揺れ続けるが、「決めた」という一言で決断を下し、すべての活動と現実を始動させるのである」[59]。こういうわけで、「君主という概念」はあらゆる概念のなかで、論理的推論、すなわち〈悟性〉が活動する際に用いる方法にとって、最も理解しがたい概念なのだ[60]。次のパラグラフで、ヘーゲルはこうした思弁における君主制の必然性についてさらに詳しく説明している。

国家の意志が集中しているこの究極の自己は、こうして抽象的に捉えると、一つの自己なのであり、それゆえ媒介されていない〔直接的な〕個人である。したがって、その「ありのままの」性質は、まさにその概念に含まれている。ゆえに君主の本質的特性は、それが持つ他のさまざまな特性から抽象されたものとして、媒介されていない個人なのであり、この個人が、無媒介的な、ありのままのやり方で、つまり自然の成り行きで生まれてきて、君主制の荘厳さにまで高められるのである[61]。

〈悟性〉が理解できない思弁的な瞬間とは、「純粋な自己決定という概念が、〈存在〉という無媒介性へ、そして自然の領域へと移行する瞬間である」[62]。言い換えれば、〈悟性〉は、生ける全体性が遍く媒介されていることはよく理解できるのに対して、この全体性が、それ自身を現実化《アクチュアライズ》するために、無媒介的で「自然な」特異性《シンギュラリティ》という姿を装って現実的な存在を獲得しなければならないということは、〈悟性〉には理解できないのである。[63]「自然な《ナチュラル》」という言葉は、ここでは十分な重みを与えられるべきだ。『論理学』の末尾で、〈理念〉が、自己媒介を完遂することによって自身を〈自然〉から解き放ち、〈自然〉の外的な無媒介性へと崩れていくのと同様に、〈国家〉理性による自己媒介も現実的な存在を獲得しなければならないのだが、それが行われるのは、自然そのままの無媒介的なもの、つまり厳密な意味で「非理性」として規定された意志においてなのである。

ヘーゲルは、一八〇七年の戦いののちイエナに入城する馬上のナポレオンを目にして、〈世界精神〉が馬にまたがっているかのようだと言った。この発言がキリスト論を含意していることは明らかだ。キリストの場合に起きたことは、全宇宙の創造主である神自身が普通の人として道を歩いていたということである。こうした受肉という神秘は、さまざまな水準で見られる。たとえば、親が自分の子供について思弁的判断を下し、「あそこに私たちの愛が歩いている!」と言うときのように。これは、ヘーゲルにおける規定的反省から反省的規定への逆転を表している——王が歩いているところをその臣下が見て、「あそこに国家が歩いている。」と言う場合と同じである。マルクスは(『資本論』第一章の有名な脚注において)反省的規定に言及しているが、これも不十分である。或る人を王として扱うのは、その人自身が王であるからだと普通は考えるが、実際は、王として扱われるからこそ王は王なのだ、そうマルクスは述べる。しかしながら、決定的に重要な点は、社会的関係をこうして一人の人間に物象化することは、たんなる「フェティシズム的誤認」として片付けてしまうことはできないという事実だ。そのように片付けることによって取り逃がしてしまうのは、おそらく、「ヘーゲル的パフォーマティヴ〔行為遂行的言明〕」とでも呼べるような何かである。もちろん、王は「それ自身〔即自的に〕」は一人の哀れな人間であり、臣下が王として接するかぎりにおいて王なのだ。しかし、重要な点は、王への尊敬の念を支えている「フェティシズム的錯覚」それ自体に、パフォーマティヴな次元が含まれているということである。すなわち、王が「具体化」

している国家の統一性は、王という身体においてのみ、それ自身を現実化〔アクチュアライズ〕するということだ。そういうわけで、「フェティシズムの罠」を避け、たまたま王である身体とその身体が表象するものとを区別しなければならないと説いても、十分ではないのである。王が表象するものは、先に身体がなければ存在しえないからだ。夫婦の愛は（少なくとも或る伝統的な考え方によれば）その子供において初めて現実的《アクチュアル》になることと同様である。

ここまでは、ヘーゲルはハイデガーと同じことを言っているように見える。しかし、決定的な違いが第二八〇段落の〈追記〉で明らかになる。

> 〈追記〉君主制への批判として、次のように言われることがよくある。君主制は、国家の繁栄を偶然に左右されるものにしてしまう。というのも、その主張によれば、君主に教育が足りないという場合もあるかもしれず、そういう君主は、国家における最高の地位に値しないだろうし、国家は理性的なのだからそうした事態もあってしかるべきだ、と考えるのは馬鹿げたことだからだ、などと言われる。しかし、こうした主張はすべて、君主の個別的特質がすべてを左右するという無意味な前提に立っている。完全に組織された国家においては、以上のようなことは形式的決定が下される瞬間の（そして熱情に対する自然の防波堤の）問題にすぎない。（それゆえ、君主に客観的特質を求めるのは間違いなのである）。君主は、「よし」と声を上げ最終的に決断するだけでよい。なぜなら、玉座につく者について重要なのは、その者の個別的性質ではないからだ。［…］よく組織された君主政体においては、客観的な特質を体現するのは法のみであり、君主の役割は、その法に主観的な「そうしよう（I will）」を付け加えることだけなのである。[64]

ハイデガーに欠けているのは、最終的に決断するという純粋に形式的な機能にまで君主の機能を縮減すること、つまり、今日では「事実確認的《コンスタティブ》」と「行為遂行的《パフォーマティブ》」と呼ばれている二つの側面の（ラカンの用語で言えば、知の連鎖と〈主人のシニフィアン〉との）分離である。言い換えれば、国家を統治するという「客観的な側面」、法や政策の内容（これは専門官僚の実務に関するものだ）と、これらを実現すべくなされる国家の「主観的」決断との分離である。ハイデガーの〈指導者〉という概念には、ヘーゲルが懸命に分離しようとしている二つの次元が区別されずに含まれている。君主制というヘーゲルの概念のさらなるパラドクスは、王は構成的例外であり、そういう者として、他のすべての主体〔臣民〕の法の下における普遍的平等を保障するということである。ヘーゲルとは対照的に、ハイデガーがはっきりと平等を拒否し、〈指導者〉によって制定された「等級の序列」を好むのも不思議ではない。

力は支配に伴うもので、力によって支配する者が——支配者が実際に力を持つかぎり、つまり自分の支配下で何でも自由に処理できるかぎりにおいて——その意志を押しつけることで等級の序列が創られる。[65]

ハイデガーは——古代ギリシアの残酷な側面（奴隷制などの）を考慮していないと言ってハイデガーを責める人たちには申し訳ないが——「等級と支配」を生み出す直接の基盤は存在の開示であると公然と指摘し、支配をめぐる社会関係に、じかに存在論的基盤を与えている。

近ごろ何かというとギリシア人のポリスが引き合いに出され、しかもときとしてその度が過ぎているきらいがあるが、その場合、いま述べたこの側面〔〈存在〉には等級があること〕は決して無視されてはならない。これを無視すると、ポリスの概念が無邪気で感傷的なものになってしまうおそれがある。高い等級を持つものはより強いものである。だから、〈存在〉、ロゴスは集約させられた調和として、たやすく似たりよったりの小銭で誰にでも手に入るものではない。いつも妥協、緊張の抹殺、平準化でしかないようなたぐいの調和に対しては、〈存在〉は隠されている。[66]

では、こうした序列的秩序の敵とは誰なのか。ブルジョワ-リベラル個人主義と共産主義的平等主義という二つの顔を持つ、非-序列的平等主義という双面神ヤヌスである。これは「ユダヤ-キリスト教的」精神性に根ざしており、したがって「ユダヤ-キリスト教」は、現代の政治を構成する対立的な二つの要素の共通の起源であり基盤なのだ。

ユダヤ-キリスト教の支配下においては、その様式に従って、裏表のある策が弄される。「プロレタリアート独裁」という側面に味方すると同時に、リベラル民主主義的な文化闘争という側面とも手を結ぶのだ。すでに現存する故郷喪失と、本質的決断を下す能力の欠如とは、この二重の策によって、しばらくのあいだ隠され続けるだろう。[67]

ハイデガーはここでさらに一歩進めて、リベラリズム-民主主義の臆見《ドクサ》を批判する。共産主義とリベラリズムとの二者択一においては、「「イギリス型」民主リベラリズムの方が危険である、と。「ブルジョワ-キリスト教」の形式を身に纏ったイギリスの「ボルシェヴィズム」は最も危険である。これを殲滅しなければ、近代という時代はずっと維持されていくだろう」[68]。

民主主義に対する不信は、転回《ケーレ》後のハイデガーの思想にも一貫して見られる特徴である。それは一九三六年から三七年にかけてのニーチェ講義にも見られ（そこにおいてハイデガーは、「ヨーロッパは、つねに「民主主義」にこだわり続けるが、そうしたこだわりがヨーロッパに運命的な死をもたらすということに気づこうとはしない」[69]と書いている）、また、ハイデガーの死後に発表された『シュピーゲル』誌とのインタヴューにおいても、民主主義は現代のテクノロジーに最も適した政治形態であるかどうか疑わしいと述べている。

反復と新しさ

ここで、死体の山のなかに一人の遺体を隠すというチェスタトンの発想にもどることになる。ハイデガーの哲学体系全体を「ファシスト」と言って非難するとき、われわれは、一人の遺体――他のすべての特徴をファシスト的に見せる、特異な（単数の）イデオロギー的特徴――を見つけられない無能さを、「ハイデガーのファシスト的思想」と呼ばれる死体の山を作ることによって隠しているのである。こうして敵に譲歩しすぎてしまうのだ。つまり、決断、反復、運命の引き受け等々といった概念に（「普通の」政治により近い例で言えば、大衆の統制、集団のために払う個人の犠牲等々といった概念に）、「ファシスト的なものがあらかじめ内在している」ことなどまったくない、ということだ。ようするに、戦う場所とその賭け金を敵に決めさせてしまうと、われわれはその結果として、抽象的に敵に対立することになり、敵が求めているものの否定的なコピーを支持することになってしまうのである。最後まで明晰かつ野蛮に論を進めるなら、一九四〇年代初頭にハーマン・ゲーリングが狂信的なナチへ返した応答から学ぶべき教訓がある。有名なユダヤ人を保護して国外に追放しないのはなぜかとナチに問われたゲーリングは、こう答えた。「この街では、誰がユダヤ人なのかを決めるのは私だ！」（ついでながら、ビスマルクからルエーガーまで、特権を持つユダヤ人を保護した他の多くのドイツ人もこの台詞を口にした)。この街では、何が左翼なのかを決めるのはわれわれだ、だからリベラル派が「矛盾〔非一貫性〕」を非難してもたんに無視すべきなのだ。これが教訓である。たとえば、チェ・ゲバラに関する映画『モーターサイクル・ダイアリーズ』〔ウォルター・サレス監督、二〇〇四年〕のレヴューにおいて、ポール・バーマンはこの映画を次のように批判した。

この映画全体、その着想や調子から、殉教に対するキリスト論的な崇拝《カルト》が、死の方へと向きを変えて突き進む、精神的に優れた人物に対する崇拝——正確に言えば、ラテンアメリカのカトリック教会が数世紀にわたって奨励してきたような崇拝〔礼拝〕であるが、これは悲惨な結果しかもたらさなかった——が滲みでている。この映画における反動的カトリシズムへの反逆は、それ自体反動的カトリシズムの表現になっている。ラテンアメリカの伝統的教会は、恐ろしい血塗れの彫像に満ちている。そして、こうした彫像の持つマゾヒスティックな魅力は、まさしく、喘息でひどく咳き込んだり、自分を試そうとして冷たい水のなかで泳いだりするチェの姿が繰り返されるところに現れている。[70]

この批判に対しては、たんにこう答えるべきだろう。確かに、でもそれが何か?と。革命的政治がカトリックにおける殉教崇拝を引き継いではなぜいけないのか。そして、こうした考えを臆することなくさらに徹底して(多くのリベラル派は怖気づくだろうが)、レニ・リーフェンシュタールについても同じことをいうべきなのだ。リーフェンシュタールの作品は、暗い結論に向かう、目的論的な読解を受け入れやすいように見える。登山という苛酷な状況におけるヒロイズムと身体の鍛錬を誉め称える山岳映画に始まり、続いてナチに関する二本のドキュメンタリー・フィルムを撮り、身体の規律=訓練、精神の集中、意志の強さといった、政治とスポーツに共通するあり方を称揚し、さらに、第二次世界大戦後には写真集を発表し、アフリカのヌバ族のなかに優雅な克己の精神と身体の美の理想を再発見する。生涯の最後の十数年間は、深海に潜る高度な技術を身につけ、暗い海底に生きる奇妙な生き物についてのドキュメンタリー・フィルムを撮り始めた。

このように、頂上から底部への軌跡というものがはっきりと描けるように見える。山頂で苦闘する人間たちの話から始まり、しだいに下降していき、ついには海底で栄える無定形の生命そのものにいたる――リーフェンシュタールが海底で出会ったのは、彼女の究極の対象、猥褻で魅惑的な永遠の生命そのもの、彼女が最終的に探し求めていたものではないだろうか。そして、同じことがリーフェンシュタールの特異な個性についても言えるのではないか。じつのところ、レニに魅了された人々の恐れは、「レニはいつ死ぬのか」ではもはやなく、「レニが死ぬということがありうるのだろうか」という思いであるように見えた。彼女がやがて死ぬということは理性ではわかっているが、死ぬとは思えないという部分がどこかにあり、いつまでも生き続けるに違いないと秘かに信じられていた。だからリーフェンシュタールの死はまったくの驚きだったのである。

こうした連続性は、リーフェンシュタールに関するスーザン・ソンタグの有名なエッセイ「ファシズムの魅力」が典型的に示しているように、たいてい「原《プロト》-ファシスト」的な性質を持つと解釈されてしまう。ナチに関与する前の、そしてナチとの関係が終わった後のリーフェンシュタールのフィルムにさえ、「原-ファシスト」的な生命観が分節化されているという考え方が、そうした解釈の根本にある。リーフェンシュタールのファシズムは、彼女がナチの政治を直接賛美する場合よりも深いものであり、生命に関する前-政治的美学のなかに、そして規律=訓練された動きを見せる美しい身体へののめり込みのなかに、それはすでに存在している……というわけだ。そろそろこうした常套的解釈を問題にしてもよい頃だろう。たとえば『青の光』〔一九三二年〕というフィルムを、いままでとは正反対のやり方で解釈できるのではないだろうか。山に住む孤独で荒々しい娘ユンタは、村人たちによって虐殺《ポグロム》されそうになる除け者《アウトカースト》であり、ここから反ユダヤ主義による大量殺戮を想起せざるをえないのではないか。このフィルムの脚本をリーフェンシュタールと共同で書いた、当時の彼女の恋人であるベラ・バラージュがマルクス主義者であったのは、おそらく偶然ではないだろう。

ここで問題はさらに一般化され、リーフェンシュタールをはるかに超えていく。リーフェンシュタールとは正反対の事例として、アルノルト・シェーンベルクを取り上げよう。シェーンベルクの主要な理論的マニフェストである一九一一年の『和声の理論』第二部において、調性の音楽に対する反論が展開されているが、ここにおけるシェーンベルクの主張の表面だけを見れば、後年のナチの反ユダヤ主義パンフレットを連想してもおかしくはない。いわく、調性の音楽は、浄化しなければ解決しないような、「病んでいて」、「退化した」世界である。調性の体系は「同系交配や近親相姦」に染まっており、減七の和音のようなロマン派的な和音は、「両性具有的」で、「宿なし」、「コスモポリタン的」であって……といった調子である。こうしたメシア的‐黙示論的態度は、ナチの「最終解決」を生み出したのと同じ「精神的状況」の一部を成している、そう主張することはじつに簡単だ。しかしながら、これはまさしく回避すべき結論である。ナチズムをおぞましいものにしているのは、最終解決というレトリックそれ自体ではなく、ナチズムがそのレトリックにひねりを加えることによって与えている具体的内容なのだ。

この種の分析を行う際に、リーフェンシュタールの事例により近い身近な話題として、「原《プロト》‐ファシスト」的な性質を持つと言われている、（パレードやスタジアムでの集団パフォーマンスなどのような）何千という身体の規律＝訓練された動きを見せるマスゲームがある。社会主義にもこれと同じ現象を見出す人々は、ただちに［ファシズムと社会主義という］二つの「全体主義」のあいだには「深い結びつき」があるという結論を引き出す。こうした手順による判断は、イデオロギー的リベラリズムの典型であり、的を外している。集団パフォーマンスは、その本質においてファシズムと無関係であるというだけではない。それは、やがて左翼か右翼によって我有化されてしまうような「中立的なもの」ですらないのである。集団パフォーマンスは、本当は労働運動から創造されたのであり、ナチズムがこれを盗み我有化したのだ。「原-ファシスト的」要素のなかで、それ自体でファシスト的なものは一つとしてないのであり、それらの要素は、具体的に分節化されて初めてファシスト的となる――あるいは、スティーヴン・ジェイ・グールドの用語を使えば、これらの要素すべてはファシズムによって「外適応」されるのである。言い換えれば、ファシズムという言葉以前にファシズムなるものは存在しない。なぜならば、多くの要素の束から正確な意味で、ファシズムを形成するのは、文字そのもの（名付け）だからである。

これと同様に考えて、規律＝訓練（自己管理から身体トレーニングまで）は「原-ファシスト的」特徴である、という思い込みをラディカルに拒否すべきであり、「原-ファシスト的」という述語も廃棄すべきである。この述語は、概念的分析を妨害することをその機能とする疑似概念というものの典型例なのだ。数千もの身体が組織化されて作り出されるスペクタクルは（あるいは登山のような、集中的な努力と自己管理を必要とするスポーツへの賞賛は）「原-ファシスト的」であると言うとき、厳密には何を言ったことにもならず、無知を隠蔽する漠然とした連想を口にしているだけなのだ。だから、三十年ほど前、（ブルース・リーなどの）カンフー映画の人気が高かった頃、われわれが目にしていたのは、成功するための手段といえば、唯一の所有物である自らの肉体を規律＝訓練することしかない若者をめぐる、真正の労働者階級のイデオロギーだったのではないだろうか。度を越した自由を楽しむ自発性と「全身の力を抜いた」生活態度は、そうする余裕のある人々に許されていることで、何も持たない人々は規律＝訓練するしかない。肉体の規律＝訓練に関する「悪い」形式は――そういうものがあるとして――集団的な訓練ではなく、自己の内的潜在力を実現するというニュー・エイジ神話の一部としての、ジョギングやボディ・ビルディングである。元左翼の過激派が、プラグマティックな政治という「成熟」にいたる過程で、ほとんど必ずと言っていいほど自分の身体をめぐる強迫観念に取りつかれるのも不思議ではない。ジェーン・フォンダからヨシュカ・フィッシャー〔「緑の党」に所属し、一九九八年から二〇〇五年までドイツの副首相兼外相を務める〕まで、二つの段階のあいだにある「潜伏期」の特徴は、自分自身の身体に焦点を合わせることなのだ。

したがって、リーフェンシュタールの場合にこれが意味しているのは、彼女のナチ関与を局所的で不幸な挿話的出来事として忘れるべきだ、ということではない。本当の問題は、リーフェンシュタールの作品全体を貫いている緊張関係を維持することである。それは、芸術的完成を目指す作業と、その作業を「勝手に利用する」イデオロギー上のプロジェクトとの緊張関係である。ファシズムへの傾向が見られるエズラ・パウンド、W・B・イェイツその他のモダニストが、だいぶ前から芸術的キャノンの仲間入りをしているのに、なぜリーフェンシュタールはそうならないのか。リーフェンシュタールの「真のイデオロギー的アイデンティティ」を探し求めようとすると、おそらく間違った方向にいくだろう。リーフェンシュタールにとってそのようなアイデンティティなど存在せず、一貫性もまったくなく、彼女は風に吹かれるがままあちらこちらと流れていき、力がせめぎ合う場に巻き込まれたのである。

ハイデガーに話をもどせば、ナチ関与においてハイデガーは「完全に間違っていた」わけではない。革命的行為を可能にする構造を組み立てながらも、ファシズムの捻りを加えその構造を歪めてしまったハイデガーは、ほとんど正しかったのだ。ここに悲劇がある。ハイデガーは、一九二〇年代後半から一九三〇年代中頃までの著述において、最も大きな過ちを犯すと同時に、真理に最も近づいていた。したがってわれわれの課題は、ハイデガーを反復し、その思想の失われた次元／潜在力を取りもどすことである。一九三七年から三八年にかけて、ハイデガーはこう書いている。

保守的なものは、歴史記述において行き詰まって動きが取れなくなっている。革命的なものだけが歴史の深みに到達する。ここで言う革命とは、たんなる転覆や破壊ではなく、慣習的なものを創り直す大変動によって、始まりが再構造化されることである。そして、根源的なものは始まりにあるのだから、始まりの再構造化は、最初にあったものの下手な模倣などではない。それとはまったく別のものであると同時に、やはり同じものでもあるのだ。[71]

この一節そのものは、ベンヤミンの言う革命についての見事な説明になっているのではないだろうか。ヴァルター・ベンヤミンが挙げていた例を思い起こそう。十月革命はフランス革命を反復した。つまり十月革命は、フランス革命の失敗を償い〔救済し〕、フランス革命の衝動を発掘し反復したのだ、そうベンヤミンは言っていた。すでにキルケゴールにとって、反復とは「反転した追憶」、前方への運動、〈新しいもの〉の生産であり、〈古いもの〉の再生産ではない。「この世にはまったく新しいというものはない」という諺は、反復という運動と好対照をなしている。それゆえ、反復は〈新しいもの〉の発現（の一様態）というだけではない。〈新しいもの〉は反復によらなければ発現しえないのである。もちろん、このパラドクスの鍵は、ドゥルーズが潜勢的《ヴァーチュアル》なものと現働的《アクチュアル》なものとの差異として指し示しているものである。（この差異を、〈精神〉と〈字義〉との差異として規定することもできるのではないだろうか）。カントのような大哲学者を例に取ろう。カントを反復する様式は二つある。新カント派（ハーバーマスやリュック・フェリーも含めて）と同様に、字義にこだわることによってカントの体系を精緻化したり修正したりするやり方と、もう一つは、体系を現働化する際にカント自身が実現できなかった〔裏切った〕創造的衝動《インパルス》を取りもどそうとするやり方（つまり、すでに「カントのなかにあってカント以上のもの」、カントの明示的体系以上のもの、その過剰な核に結びつけようとするやり方）である。このように、過去を裏切る二つの様式があるのだ。真の裏切りは、最高度の忠誠を意味する倫理的‐理論的行為である。カントの思想の「精神」に忠実であるためには（その「精神」を反復するためには）、カントの字義を裏切らなければならない。カントの思想の核と、それを支える創造的衝動《インパルス》を実際に裏切ることになるのは、まさしくカントの字義に忠実であり続けるときなのだ。このパラドクスを徹底することによって、何らかの結論を引き出すべきだろう。その結論とは、或る作者に対して本当に忠実でいられるのは、作者（その思想の実際《アクチュアル》の字義）を裏切ることによってである、ということだけではない。よりラディカルな水準では、これとは逆の言明――作者を本当に裏切ることができるのは、作者を反復すること、その思想の核に忠実であり続けることによってである――の方がいっそう真実に近い。作者を（キルケゴールが言う本来の意味で）反復せず、作者をたんに批判したり、見くびったり、ひっくり返したりするだけならば、それは事実上、自分で気づかないまま作者の地平の内側、その概念の領野の内側にとどまっていることを意味するのである。[72] G・K・チェスタトンがカトリックへ改宗したことを説明するとき、「真理よりも五分先に進んでいようと努めていたが、実際は真理から十八年遅れていることに気づいた」と述べた。[73] 今日、最新の「ポスト某」という流行を追いかけることによって、〈新しいもの〉に必死でついていこうとしている人々に対して、これと同じ事がさらによく当てはまるのではないだろうか。そういう人々は、本当に〈新しいもの〉に十八年遅れており、この遅れは永久に取りもどすことができないのである。

マルクスは、フランス革命に関するアイロニカルなコメントにおいて、革命の熱狂を、「その翌朝」の酔い覚まし効果に対比している。崇高な革命の爆発がもたらした結果、そして自由・平等・友愛という〈出来事〉が実際にもたらした結果は、計算が支配する功利主義的／自己中心的で悲惨な世界であると。（ついでに言えば、十月革命においてはこのギャップはさらに大きいのではないだろうか）。しかしながら、マルクスを単純化すべきではない。マルクスのコメントの要点は、革命の熱狂が演じられた舞台の「真理」

は商業という卑俗な現実であるという、どちらかと言えば常識的な明察にあるのではない。〈出来事〉としての革命の爆発においては、別のユートピア的次元から光が差し込んでくるのだ。別のユートピア的次元とはまさしく、「革命の翌日」を支配する現実の市場経済によっては実現されなかった〔裏切られた〕過剰、すなわち全世界の〔普遍的〕解放である。それゆえこの過剰は、見当違いのものとして簡単に廃棄され忘れ去られてしまうのではなく、言わば潜勢的な状態へと置き換えられ、実現されるべき夢として、解放を志向する想像界に取り憑いて離れないのだ。こうして、革命を引き起こす「現実の社会基盤」ないしは実体に対する過剰である革命の熱狂は、文字通り、革命の実体的原因に対する結果‐効果の過剰であり、正しく具体化されることを待っている亡霊的〈出来事〉なのである。

　反復だけが純粋な差異をもたらす。ハイデガーが、『存在と時間』における有名な分析で、現存在《ダーザイン》の時間性の脱自的構造を、将来から出発し過去を経て現在にいたる循環運動として説明するとき、これを次のような運動として理解するのでは十分ではない。私は、将来（私に開かれた可能性、私の投企、等々）から出発し、過去にもどり（私が投げ込まれ、そこに自分を見出す歴史的状況の構造《テクスチャー》を分析し）、そこから、私の投企を実現するために現在に関わる、という理解では十分ではないのだ。ハイデガーが将来それ自体の特徴を、既在 *gewesene* として、より正確に言えば既在として存在しているもの *gewesende* として説明するとき、将来それ自体を過去に位置づけているわけである——われわれは、将来のあらゆる可能性がすでに過去に含まれている閉じた世界に住んでいるので、過去から受け継がれた構造のなかにすでに現前しているものを反復し実現することしかできない、という意味ではもちろんなく、過去それ自体の「開示」というはるかに根源的《ラディカル》な意味においてである。つまり、過去それ自体は、たんに「存在していたもの」であるわけではなく、隠された、実現されていない潜在力《ポテンシャル》を含み、本来的な将来とは、この過去の反復／回復なのであって、かつて存在していたものとしての過去の反復／回復ではなく、過去それ自体が現実において裏切り抑圧して実現できなかったような事柄の反復／回復なのだ。今日「レーニンを反復する」と言うのはこの意味においてである。レーニンを自分の英雄として選ぶのは、（ハイデガーを敷衍して言えば）今日においてレーニンに従い同じ事を行うためではなく、まさにレーニン主義の実現されなかった潜在力《ポテンシャル》を引き出すという意味において、レーニンを反復／回復するためなのである。

そして、ハイデガーのナチに対する関係という非常に微妙な問題を、以上のような点から恐れることなく考察すべきなのだ。「現実に存在する社会主義」とは対照的に、「現実に存在するファシズム」について何か言われることがないというのは確かだ。（その理由は、「現実の《アクチュアル》」ファシズムを、そこに内在する開放的潜在力を実現できなかったものとして経験しなかったからである）。それでも、人種‐技術的で虚無主義的な現実《リアリティ》によって裏切られた、ナチズムの真の潜在力（その「内的偉大さ」）を実現すべく、「現実に存在するナチズム」を批判するようなことに実際に関与した哲学者がいる。もちろん、ハイデガーその人に他ならない。ナチ体制の現実にハイデガーが失望したのは――これについては盛んに議論された――一九三四年のことだったが、これ以降一九三〇年代を通してのハイデガーの努力は、事実上、ナチ運動の実現されなかった「内的偉大さ」、その世界史的潜在力を救出することに注がれた。ここに、ヘルダーリンとドイツの運命という主題をめぐり果てしなく変奏を続けるハイデガーの、究極的な政治上の賭け金があるのだ。[74]

一九六〇年代後半のドイツ学生運動のリーダーの記憶によれば[75]、反抗する学生たちの代表団が一九六八年にハイデガーを訪れると、ハイデガーは、学生たちに対する深い共感と支援の気持ちをはっきりと口にし、一九三三年にフライブルク大学総長として自分がやろうとしていたことを、学生たちは――政治的立場の違いはあるが――行っているのだと言ったという。この発言を、ハイデガーの偽善的な妄言として片づけるべきではない。ハイデガーがナチズムのなかに探し求めていたものは（誤解を避けるために言っておくと、こうしたハイデガーの行動の原因は、彼の個人的判断における偶然の過ちだけではなく、ハイデガーの理論体系それ自体の欠点のせいでもあった）、革命という〈出来事〉だったのであり、ハイデガーが、フライブルク大学総長に就任していた短い期間に実行したいくつかの方策さえ、ある種の「文化革命」を実現しようというハイデガーの意図を物語っている。（たとえば、学生を労働者や兵士と一緒にすることは、それ自体がファシスト的方策というわけではなく、毛沢東主義者が文化大革命においてやろうとしたことである）。このように見てくると、アンドレ・ジッドがテオフィル・ゴーティエに関して述べた皮肉な評言をハイデガーに当てはめたくなる。すなわち、一九三三年、ハイデガーはドイツの大学・学問に関する政治において決定的な役割を果したが、ハイデガーはその役割に値する人物ではなかった、と。

ハイデガーから欲動へ

道徳に対するハイデガーの病的とも言える過敏症は、倫理的に反感を買うような自分の行動と、倫理に関する基本的態度が自分に欠けていることを、ハイデガーが暗黙のうちに認めていることを物語っている、そう簡単に説明できるのだが、ハイデガーの、人としてのこうした問題点について彼の論敵が主張することはやはり間違っている。あたかも、ハイデガーに倫理観が欠けていることを証明すれば、ハイデガー哲学が提起した問題に取り組むという困難な務めを回避できるかのようなのだ。ただ、それでもやはり、道徳に配慮した言葉に対して見せる、ハイデガーのよく知られたアレルギー反応には、何か不穏なものがある。一九三一年から一九三二年にかけてのゼミナールにおけるプラトン読解でハイデガーは、感嘆詞の一つである「よし！（Good!）」の日常的な用法の一つを巧みに取り上げることによって、プラトンの言う善 *to agathon* を浄化し、道徳的善とのあらゆる連関を断ち切っている。「「よし！」は、だいじょうぶだ！

決まりだ！　ということを意味するのであって、道徳における善という意味とは何の関係もない。倫理はこの世界の根本的な意味を破壊してしまったのだ」。したがって、ヴァーンゼー会議〔一九四二年。この会議でユダヤ人の絶滅政策が決定された。〕で結論を出すときに、ハイドリッヒ〔ナチ幹部〕が、プラトンの言う「本来的な」（「だいじょうぶだ！　決まりだ！」という）意味で「よし！」と叫んだだろうということは、容易に想像できる。ここに本当の哲学的問題があることは、シェリングの『人間的自由の本質について』に関するゼミナールでハイデガーが行った精読によって明らかになる。ハイデガーはこのゼミナールで、歴史化しえない、つまり現代のテクノロジーがもたらすニヒリズムに還元できない〈根元悪〉という次元を認めざるを得ないのだ。ハイデガー哲学のこの行き詰まりを詳細に分析したのは、ブレット・デイヴィスの功績である。

　デリダは、ハイデガーを精読することによって、ハイデガーの哲学体系において「精神 *Geist*」が脱構築不可能な徴候的核心となっていることを明らかにしようとした。[76] ブレット・デイヴィスは〈意志〉という概念についてデリダと同じことを試みた。[77] ハイデガー研究者のあいだで、ハイデガーの思想には明確に区分けできる段階が二つではなく三つあるという総意が、しだいに形成されつつある。初期は（『存在と時間』における）現存在《ダーザイン》分析の段階で、中期は（「形而上学とは何か」と題された会議から、草稿である『性起について』〔『哲学への寄与論稿』〕――この草稿のうち主要なテクストは『形而上学入門』として出版された――にいたるまで）英雄的な歴史性を主張する段階である。最後は、『放下 *Gelassenheit*』という印の下に、テクノロジーがもたらすニヒリズムから詩と思考へ退く段階である。ハイデガーは〈意志〉という現象を、最初の段階では無視しているが、第二の段階では力強く主張し、この主張はナチ関与の時代以降もずっと続く（草稿の『性起について』は、普通は後期ハイデガーの始まりを示すテクストとして読まれているが、そこでハイデガーは「性起への意志」について語っている）。最後の段階では、ニーチェとの対決の結果として、〈意志〉は、以前とは逆に近代主体の核として措定され、人類の本質を脅かすニヒリズムから脱却しようとする際に克服しなければならないものとなる。デイヴィスは、詳細で鋭利な分析によって、右記の三区分が自明なものではないことを示している。デイヴィスによれば、意志は、明確に主題化されてはいないが、すでに第一の段階において背景に潜在しているだけではなく、より決定的な意味を帯びつつ、思いがけないときに神秘的な姿を現しながら、最後の段階まで強固に持続しているのである。

私がデイヴィスに同意できない点は、〈意志〉の克服ということがハイデガー哲学の中心的主題となっているときにさえ、奇妙なことに〈意志〉が持続してハイデガーにつきまとって離れないことをどう考えるのか、ということである。日本の禅宗に関する深い知識を持ち、明らかにそれから影響を受けているデイヴィスは、〈意志〉の持続を、「未完のプロジェクトとしての放下《グラッセンハイト》」を示す印と解釈している。これが示しているのは、簡単に言ってしまえば、ハイデガーは〈意志〉を徹底的に脱構築することに成功しておらず、その結果、彼の仕事を完成させ、放下からすべての帰結を引き出すことは、ハイデガーの歩んだ道を進むわれわれの務めとなったということである。しかしながら、デイヴィスが明敏に見抜いたように、後期ハイデガーにおいてさえ〈意志〉が持続しているということは、近代主体に対するハイデガーの批判的分析が不十分であったこと——「ハイデガーは中途半端なところで歩みを止めてしまったので、自分自身が主体性の刻印を押されることになった」という意味においてではなく、ハイデガーが近代の主体性そのものの非-形而上学的な核を見逃した、という意味において——を証明している。これがわれわれの賭け金である。主体性の深淵の最も根本的な次元は、テクノロジーによる支配を基本的立場とする主体性という概念のレンズでは捉えることができないのだ。[78] 言い換えれば、主体性の根本的な次元は、放下の徴候、放下という概念それ自体の限界を示す印なのであり、われわれが放下の潜在力を十分に展開できないことを示しているだけではないのである。[79]

デイヴィスは以下のように区別することを提案している。

（一）ハイデガーが主体性の「意志」と呼んでいるもので、形而上学の或る画期的な歴史において登場し広まった根本的な（不）調和。（二）われわれが（ハイデガーを補足的に解釈しつつ）「原-意志 ur-willing」と呼んできたもの、つまり非-意志 non-willing 独特の本質に取り憑いている、非-歴史的で非協和的な過剰。この二つを区別することである。[80]

ハイデガーは、秩序と無秩序に関するアナクシマンドロスの断片を読みながら、この点を直接論じている。その読解でハイデガーが考察しているのは、次のような可能性である。すなわち、存在者は、

永久に持続するもの［*Beständigen*］という意味でより一層現前していようとし、ただそれだけのために、自らの暫時の間に固執する［*bestehen*］。残存するものは自らが現前し続けることに執着する［*beharrt*］。このようにして、残存するものは、流れ去る暫時の間から自らを救い出す。それは、存在し続けるという頑固な姿勢をとり、もはや他の現前するものには頓着しない。それは——あたかもこれが残存するための唯一の方法であるかのように——頑なになり、ひたすら持続と存続を目指すのである。[81]

デイヴィスの言いたいことは、この「反抗的な暫時の間」は、非-歴史的な原-意志があること、近代の主体性と力への意志の時代に限定されず、〈存在〉の核に属している意志があることを示している、というテーゼである。ハンナ・アレントの読解は、こうした「持続への願望」を、「〈創造〉それ自体の「秩序」

に対する意志的な反抗」という伝統的な神学概念に還元してしまうわけだが、[82] この読解をデイヴィスが退けるのは、以上述べたようなことからしても正しい。この原-意志は、特定の被造物が世界的な〈秩序〉からそれ自身のなかへと退こうとする利己的な意志ではない。それは、この〈秩序〉そのもののなかに書き込まれた「倒錯」なのだ。

> 人間の不可避的な有限性の不可避的な側面である「意志」の問題は存在しないのだろうか。「意志」の問題は――形而上学の時代において、「意志」が具体的に規定され／劣化するという問題ではないとしても――別の時代の始まりにおいてさえも残り続けるのではないか。[83]

ハイデガーがはっきりと見ていたものは、ラインラントの偉大な神秘主義者たち（エックハルト、ベーメ）が見ていたものでもある。神の善からの隔たりないしは〈堕落〉として悪を定式化するだけでは十分ではない。問うべきなのは、この隔たりがどのようにして生じるのかということである。一貫性を持った〔無矛盾的な〕唯一の答えはこうだ。神自身のなかで「転倒」が、神聖な〈起源〉の中心においてすでに闘争が、不協和がなければならない、これが答えである。これと同様にハイデガーは、主体性の過剰、主体が〈存在〉をニヒリスティックに忘却していることの根本原因は、まさしく〈存在〉の中心における争い、不調和にあるとしている。デイヴィスは、ハイデガーがシェリングの『自由論』を読解する際に見せる揺れから、これと同じ結論を引き出している。〈根元悪〉が残酷なまでに剝き出しになるのは、

> 絶滅収容所に具現された、顔の見えない破壊的なテクノロジーにおいてではなく、人間が［…］相手の顔を見て、自分の内面性が消えていくのをはっきりと感じながら、銃の引き金を引いたり、ガス室

に行くように指で命じたりすることができるという事実においてなのだ。こうした顔と顔を向かい合わせての破壊という邪悪さは――こうした力への邪悪な意志は、〈他者〉として〈他者〉を殺害することを意志する。言い換えれば、力への邪悪な意志が〈他者〉を認識するのをやめないのは、まさしく彼または彼女の他者性を絶滅させることから悪魔的な快楽を引き出すためなのだ――テクノロジーによる計算された陰謀という悪をラディカルに超えているのである。

［…］無思慮なことに、〈他者〉をテクノロジーによる陰謀の歯車の一つとしてしまうことは、力への邪悪な意志がやることではない。この邪悪な意志は、まさしく他者による抵抗を打ち負かし他者の苦しみを目撃することから悪魔的な快楽を引き出すために、〈他者〉の他性を認識し続けるのだ。悪に関するこうしたおぞましい事実は、テクノロジーという視点からは説明できないのである。

ハイデガーの言う形而上学の歴史は、テクノロジーによる意志への意志において頂点に達し［…］、力への邪悪な意志という深淵の脇を通り過ぎていく。したがって、ハイデガーのあと、われわれは一歩下がって、原-意志の根源的で非協和的な過剰を、顔の見えない破壊的テクノロジーの意志への意志、その根底に潜在する力と考えるだけではなく、顔と顔を向かい合わせて破壊する邪悪な力への意志、その根底に潜在する力としても考えなければならないのである。さらには、テクノロジーと関係のない、力への邪悪な意志という視点から言えば、人間の自由は責任と切り離しえないのだから、悪をめぐるハイデガーの思考の限界は、人間の自由をめぐる彼の思考の限界を印すものでもあるだろう。[84]

悪名高いことだが、ハイデガーは、農業が自然を利用＝搾取するのと同じような水準でホロコーストを捉えていた。それが誤りであったことがここに現れている。

ここで「スキャンダラスなほどに不適切」であるのは、ハイデガー哲学は、食料の生産や消費のために野菜を長期保存することと、システマティックに殺害するために人々を整列させることとの本質的な区別がはっきりとつけられないように見えるところだ。[85]

では、ハイデガーを擁護するためになされる反論についてはどうだろうか。その反論によれば、野菜と人間とを等しく、利用できる／簡単に処分できる物体という水準に還元してしまうのは、ハイデガーではなく現代のテクノロジーそのものであるというのだ。答えははっきりしている。ハイデガーは、死体を生産するテクノロジーへとホロコーストを還元することにおいて、たんに（そして決定的に）間違っている。ホロコーストのような出来事においては、他者を辱め傷つける意志という決定的な要素があるのだ。犠牲者は、さらに屈辱を与えられるべく、反省的〔再帰的〕なやり方で物体として扱われるわけだが、これは産業として生産される野菜とはまったく別の話だ。こうした野菜の生産においては、傷つけようという意図は存在しない――産業化された農業においては、野菜はテクノロジーによる操作の対象にまでたやすく還元されているのである。

ハイデガーの宇宙にはトラウマという概念の居場所がないことの理由も、以上のことから説明される。ハイデガーの用語において、トラウマという概念、トラウマ的出会いという概念はまさに、思考不可能な地点を指し示しているのではないだろうか。そうした地点においては、存在的《オンティック》なものの侵入が激しくなりすぎて、現実《リアリティ》がわれわれに開示される際の座標軸を与える存在論的《オントロジカル》地平が破砕されてしまうのである。こういうわけで、トラウマ的出会いは「現実《リアリティ》の喪失」を必然的に伴うのであり、この喪失は、存在論的《オントロジカル》地平の喪失というまったく哲学的な意味において理解されねばならない――トラウマにおいて、われわれは束の間、存在論的地平によってまだ覆われ／隠されていない、「剝き出しになった」存在的《オンティック》なものに曝されるのである。これはもちろん、ホロコーストのような出来事を目撃したときに起こることだ。つまり、〈世界〉そのものの失墜である。こうしたことを、できるかぎり字義通りに受け取らねばならない。すなわち、極限的な〈悪〉の行為によって〈世界〉の開示が脅かされているのだ、と。

　デイヴィスが提示する解決策——「必ず間違うという存在論的《オントロジカル》必然性と、「間違った方向に身を委ねる」という法外な過剰〔行き過ぎ〕とを〔…〕明確に区別すること」[86]——は、存在論的な必然性を伴った「標準的な」水準の〈悪〉と、この「標準的」水準に対する存在的《オンティック》な「過剰」というあまりにも単純な区別（これは、かつてヘルベルト・マルクーゼが唱えた、リビドーの「必然的」抑圧と必然性のない過剰な抑圧との区別に似ている）に、危険なまでに接近している。デイヴィスの解決策の問題点は、これが二重に核心を外しているということである。第一に、この解決策はハイデガーの核心を取り逃がしている。ハイデガーは、デイヴィスとは逆に、真の過剰はテクノロジーによるニヒリズムという存在論的「悪」であると言っているのだ。これに比べれば、「存在的」過剰など取るに足らない事故にすぎない。だから、悪趣味ではあるが、思い切ってブレヒトをハイデガー風に言い換えてみてもよいだろう。「テクノロジーが人間自身をテクノロジーの操作の対象にしてしまうことに比べれば、何千人という敵を虐殺することが何だというのか」、と。第二に、デイヴィスの解決策は、エックハルト以来ドイツの神秘主義者によって取り出された次元を見逃している。人間のまさに非-歴史的で「過剰な」根元悪（他者を傷つけ辱めようとする意図）は、人間の存在論的本質からのたんなる堕落ではなく、この存在論的本質そのものに根ざしているのである。

　ここでさらに（相互に関連した）二つの問いを立てるべきだろう。第一の問いは、素朴だが必要なものである。〈悪〉が〈存在〉それ自体の渦巻きに根ざしているならば、人間は、現実の具体的な〈悪〉に対する責任を免れているのだろうか、という問いである。言い換えれば、「ハイデガーは、悪の根源を存在それ自体における否定性に帰することによって、存在論的に必然化された誤りとして悪を暗黙のうちに正当化しているのだろうか[87]」ということだ。第二の問いは、より根本的-存在論的な問いである。存在はまさに、対立し闘争する二極の密かな融和であるという意味で、〈存在〉の中心におけるこうした争いは、〈存在〉の〈調和〉そのものの一部なのではないか、それとも、〈存在〉の中心における争いは、よりラディカルな不調和、〈存在〉の〈調和〉自体を狂わせるものなのだろうか。あるいは、デイヴィスのようにこう問うべきか。「存在は、あらゆる不協和が最後には必然的に調和にいたるフーガなのだろうか。それとも悪は、存在の揚棄されない不協和な過剰として、存在という贈り物に取り憑いているのだろうか[88]」。存在すなわち調和であると考えると、ハイデガーの思想を観念論の体系性に引きもどすことになってしまう、そうデイヴィスは主張しているが、これとは逆に、次のように言うべきなのだ。存在すなわち調和であるという考え方は前-近代的（前-観念論的）「異教思想」であり、この思想の究極の地平は、闘争する諸力が最終的にいたる高次の〈調和〉であるということ、そして、「主体性」とは、その最も根本的な水準においては、まさしく「不協和な過剰」のことなのであり、この過剰は、〈存在〉の実質的秩序である高次の〈調和〉に吸収されえないのである、と。

以上のような問いに答えるには、「ハイデガーに抗いつつハイデガーとともに」考えること、つまり「ハイデガーの未完のプロジェクト」を完遂することだけでは十分ではない。言い換えれば、この場合は内在的批判では不十分なのだ。悪魔的な転倒によって得られる「存在のフーガ」というハイデガー哲学の根本的前提を廃棄しなければならない。ハイデガーによるアナクシマンドロスの読解にもどろう。フロイトとラカンを少しでも読んだことのある人なら、アナクシマンドロスの「無秩序」に関するハイデガーの読解から、フロイトの言う欲動《ドライヴ》を想起せずにはいられないだろう。ハイデガーによる系統的読解は、ある不可能な地点での欲動の「行き詰まり」、欲動の固着を、そしてその不可能な地点の周囲を欲動が循環する「反復強迫」を見事に説明している。欲動とは、その最も基本的な水準では、「自然な」流れを狂わせる「反抗的な暫時の間」である。では、欲動のこの「行き詰まり」以前には、厳密な意味で世界も存在をめぐる言説も存在しないとしたらどうだろう。暫時の間という過剰によって乱されない放下《グラッセンハイト》など存在しない、放下の空間を開くのはまさにこの過剰–行き詰まりであるとしたらどうだろう。欲動の行き詰まりが背景にあるからこそ、人間は、たんに死すべき存在である動物とは対照的に、有限の／死すべき存在として自分自身を経験できるとしたらどうだろうか。

したがって、根本的な事実は、原–意志の現れによって乱され／ねじ曲げられうる存在のフーガ（あるいは放下という心の平安）ではない。根本的な事実は、この原–意志そのもの、「自然な」フーガを乱す原–意志そのものなのだ。別の言い方をすると、人間が、いつも浸りきっている日常世界から退いて、放下という心の平安を得るためには、日常世界に浸りきっているという状態が、欲動の過剰な「行き詰まり」によってまず破壊されなければならない、ということなのである。

ここから、さらに二つの帰結を引き出すべきだろう。まず、人間の有限性は無限性と完全に等しいということ。つまり、「生と死の彼岸」に固執する、欲動の猥褻な「不死性」／無限性である。次に、存在の秩序を「ねじ曲げる〔倒錯させる〕」意志の悪魔的な過剰は、主体と呼ばれているということである。したがって主体は、〈存在〉の時代にも還元されえず、テクノロジーによる支配に夢中になっている近代の主体性にも還元されえない――そうした時代や主体性の下に、「非–歴史的」主体が潜在しているのである。

ハイデガーの「神的暴力」

私のハイデガー読解のすべてが標的とする命題があるとするならば、それは、「ハイデガーは闘争、神話的な政治行動や犠牲といったものへのロマンチックな憧れを捨て、大地と天、死すべき者どもと神的なものたちへの開示という、より穏やかで柔軟な形式へと向かった[90]」という見方である。この章に「穏やかな開示性にご用心！」というサブタイトルをつけてもよかったくらいだ。

ハイデガー哲学の三つの段階に関してこれが意味するのは、第二の段階には、まったく別の次元へと進む突破力が潜在しているのだが、第三の段階になるとそうした力が失われてしまう、ということである。つまり、ハイデガーは、最も大きな過ち（ナチへの関与）を犯したところで、真実の最も近くにいたということだ。第三の段階では、第二の段階の矛盾〔非一貫性〕が解決されるどころか、そうした矛盾を見えなくしてしまう新たなパラダイムが提示される。したがって、後期のハイデガーは地球に優しい放下を説いたという主張とは逆に、暴力、政治行動、犠牲を説くハイデガーを、新たな始まり〔開かれ〕のために考察すべきなのだ。グレゴリー・フリード[91]は、テクスト分析の水準において、ハイデガーの全著作を深くかつ正確に読むという基礎作業をすでに相当進めており、フリードがその読解において解釈のためのレンズとして用いるのは、ハイデガーが言及しているヘラクレイトスの断片五十三にある言葉 *polemos*（争い——ドイツ語では *Krieg*〔戦争〕、*Kampf*〔闘争〕。ハイデガーの場合は、たいてい *Auseinandersetzung*〔紛争、論争〕という語が使われる）である。断片五十三にはこうある。「争いは万物の父であると同時に万物の支配者である。すなわち、争いは一方のものどもを神々として、他のものどもを人間として現象せしめ、一方のものどもを奴隷として、他のものどもを自由民として設置する[92]」。

ヘラクレイトスの研究者なら誰もが知るように、この断片五十三は、神の力——たとえばヘシオドスにとっては、主神（ゼウス）つまり「万物の父であり支配者」の力である——によって創造され支配されるものとして世界を捉える宗教的な世界観を転倒したものとして読まなければならない。ゼウスと争い（戦争）を入れ替えるなら、世界全体に関するまったく異なる地図ができあがる。それは、位階序列的な全体における局所的な緊張関係や闘争が、神的な父たる〈一者〉の絶大な力によって支配されるような世界ではなく、進行中の闘争それ自体のプロセスが究極の現実《リアリティ》であり、すべての存在者がそれらの（一時的な）秩序とともに出現するプロセスとしての世界である。それぞれの存在者の安定した同一性は一時的なものにすぎないというだけではない。そうした存在者は、遅かれ早かれ消滅し、崩壊し、原初の混沌へと帰っていく。存在者の（一時的な）同一性それ自体は闘争を通じて現れるのだ。すなわち、安定した同一性は、闘争という試練を経て手に入れるべきものであり、他者（たち）との対立において初めて存在するものなのである。これはなじみのある話かもしれない。ヘラクレイトスの断片の読解において、ハイデガーが次のように述べているのを読めば、たしかにそう言える。「ここで考えられている闘争は、根源的な闘争である。この闘争が争うものたちをそのようなものとしてまず第一に生じさせるからである」[93]。ここでわれわれが思いつくフレーズは、おなじみの「ヒトラーとともにあるハイデガー」ではなく、意外にも「スターリンとともにあるハイデガー」ではないだろうか。というのは、スターリンにとっても、自然と歴史は、永久に続く「対立者の闘争」という大きな進行中のプロセスであるからだ。

形而上学とは反対に、弁証法は、内的矛盾は自然のあらゆる事物、現象に含まれていると考える。というのも、そうした事物、現象すべてには、否定的な側面と肯定的な側面、過去と未来、死にゆく部分と出来する部分があるからであり、こうした対立物の闘争、古いものと新しいものとの闘争、死にゆくものと生まれ来るものとの、消え去るものと出来するものとの闘争が、発展のプロセスの内容、量的変化から質的変化への変質の内容を構成しているからである。

したがって、弁証法という方法においては、低次から高次への発展のプロセスは、現象の調和的な展開としてではなく、事物や現象に内在する矛盾の開示として、こうした矛盾の基底で働いている対立する傾向の「闘争」として生起するのである。[94]

「階級闘争」さえ、「一方のものどもを奴隷として、他のものどもを自由民として設置する」闘争という姿で、ヘラクレイトスのなかにすでに存在している。いくつかの資料によれば、第二次世界大戦の終盤にハイデガーを訪ねた人たちは、マルクス主義哲学に関する書物が机上に置かれているのを目にして驚いたという。これについて訊かれたハイデガーは、ソビエト連邦が戦争に勝つだろうから、新たな社会で自分の役割を果たす準備をしているのです……と答えた。真偽のほどはともかく、このエピソードに内的論理があることはわかる。その論理は、最も高次なものと最も低次なもの、ヘラクレイトスの古代的叡智に見られる引き締まった詩的美しさや正確さと、スターリンの弁証法的唯物論の「世界観」に見られる単純な野蛮さとの予期せぬ響き合いのなかに存在している。

ヘラクレイトスの他に、暴力に関する古代ギリシアの一節で、ハイデガーが繰り返し参照している重要なものとして、『アンティゴネー』の、人間の「無気味な／超人的な」性質についてコロスが語る有名なくだりがある。『形而上学入門』においてこのコロスのくだりを読解する際に、ハイデガーは「存在論的《オントロジカル》」暴力という概念を用いている。「存在論的」暴力は、一つの人民から成る新たな共同〈世界〉を創設する詩人、哲人、政治家の身ぶりすべてに固有のものとして備わっている。

暴力は普通、次のような領域と関連していると思われている。それは、和解と相互扶助が現存在《ダーザイン》に対する基準を設定し、したがってどんな暴力も必然的に侵害と攻撃としてしか見なされないような領域である。[…] 暴力-行為者、創造者、いまだ言われたことのないものへと出動し、いまだ考えられたことのないものへと発動し、いまだ生起したことのないものを無理に生起せしめ、いまだ見られた

> ことのないものを現象させる、この暴力‐行為者は、いつも冒険的な勇気をもって立っている。〔…〕だから暴力‐行為者は（普通の意味での）慈愛とか和解とかを知らず、成功や威信やこれらを示す証拠による融和や慰撫を知らない。〔…〕そうした者にとって災難こそは〈制圧的なもの〉に対する最も深く最も広い肯定なのである。〔…〕本質的な決‐定〔分離‐切断すること〕は、日常的なものと慣習的なもののなかにあるしつこい誘惑に抵抗してなされるときに、暴力を使用せねばならない。こうした暴力‐行為、つまり存在者の〈存在〉へといたる道に決‐定的に〔決然として〕踏み出す行為は、人間を、すぐ近くにあるもの、ありふれたものから成る家郷から外に出してしまうのである。[95]

以上のような者である〈創造者〉は、「居場所を失ってしまう」（『アンティゴネー』三七〇行）。〈創造者〉は、ポリスとそのエートスの外に、かつその上に立っており、道徳（これはエートスの堕落した形にすぎない）に関するいかなる規則にも縛られない。そういう者としてのみ、〈創造者〉はポリスにおけるエートスの、共同〈存在〉の新たな形を創ることができる……。言うまでもなく、ここに反響しているのは、ヴァルター・ベンヤミンとカール・シュミットによって、同じ頃に異なった形で論じられた、法による統治の土台を創る「非合法的」暴力というテーマである。[96] 先に引用した一節がなぜ恐ろしく感じられるのかと言えば、そこでハイデガーが、倒置といういつものハイデガー的な修辞表現の新たな変奏（「暴力の本質は、存在的《オンティック》暴力、苦しみ、戦争、破壊等々といったものとは何の関係もない。暴力の本質は、本質の新たな様式——共同〈存在〉の開示——そのものを強制／創設することに伴う暴力的な性質に存する。」）を提示しているだけではないからである。先の一節でハイデガーは（暗黙のうちに、しかし明瞭に）、こうした本質的暴力を、存在的暴力の爆発それ自体を発生させるもの——あるいは、少なくともそうした爆発が生じる空間を切り開くものとして読んでいる。ハイデガーを批判するリベラル派はこうした点にこだわり、ハイデガーが最低限の道徳規準さえも宙吊りにしてしまい、政治家‐創造者の最も野蛮な存在的《オンティック》暴力を正当化し、そうすることによって、政治家‐創造者としてヒトラーを支持しナチに関与する道を開いたということを強調する。政治家‐創造者としてのヒトラーは、瀕死のワイマール共和国という共同空間の外、その上に立ち、その空間の座標軸を恐れることなく破砕することによって、新たな共同〈存在〉を暴力的に設立したのだ。その共同〈存在〉とは、国家社会主義革命において復活したドイツのことである……。このようにリベラル派はハイデガーを批判する。

しかしながら、ここでどうしても言っておきたいのは、ナチズムの場合（一般的にはファシズムの場合も）、暴力の布置が反対であるということだ。馬鹿げている、悪趣味だ、などと思われるかもしれないが、ヒトラーの問題は、十分に暴力的ではなかったこと、ヒトラーの暴力は十分に「本質的」ではなかったということ、これが問題だったのである。ナチズムは十分にラディカルではなかった。ナチズムは、現代の資本主義社会の空間を支える基本構造を攪乱するつもりなどなかったのだ（そういうわけで、外部に捏造した敵であるユダヤ人を殲滅することに集中したのである）。

したがって、ヒトラーの魅力を次のように語る主張には反対すべきなのだ。すなわち、ヒトラーはもちろん悪人で、数百万人の死に対する責任がある――しかし、ヒトラーには確かに勇気があり、自らの欲するものを鉄の意志をもって追い求めた……という主張である。要点は、この主張が倫理的におぞましいというだけではなく、端的に間違っているということである。ヒトラーが、真の変化を引き起こす「勇気を持って」いなかったことは確実である。ヒトラーは真の意味で行為したことなど絶対にない。ヒトラーのすべての行為《アクション》は基本的に反動《リアクション》だった。つまり、ヒトラーは、真の意味で何も変わらないように行為し、資本主義体制が生き延びるように〈革命〉という見世物を演出したのである。真の意味で勇気ある行為、不可能なことを行う本当の「勇気を持た」なければならない行為、しかしそれは同時に恐ろしい行為でもあり、想像を絶する苦しみを引き起こす行為でもある、そういう行為を本当に見つけ出したいと思うなら、一九二〇年代後半のソビエト連邦におけるスターリンの強制的集産主義化に注目するとよいだろう――しかし、これに対してすら、ヒトラーに向けられたものと同じ非難が妥当する。一九二八年の「スターリン革命」のパラドクスは、「革命」が、その見かけ上の野蛮なラディカルさにもかかわらず、実際に社会の実質を変えるに際して十分にラディカルではなかった、ということである。その野蛮な破壊性は、無力《インポテント》なアクティング・アウト〔行為への移行 *passage à l'acte*〕として解釈されねばならない。スターリンの「全体主義」は、〈真理〉のために、名付けることのできない〈現実的なもの《リアル》〉を全面的に強制することを表しているのではなく、完全に無慈悲な「プラグマティズム」という考え方、権力を維持するためにあらゆる「原理」を操作し犠牲にするという考え方を指し示しているのである。

　こうした視点から見ると、ヒトラーのアイロニーとは、ブルジョワの自己満足等々を軽蔑するヒトラーの大げさな身ぶりは、究極的には、ブルジョワの自己満足が存続できるようにするためのものだった、ということである。ナチズムは、「退廃的」ブルジョワ体制を糾弾し、実際にそれを揺るがすもの、堕落しきったドイツ人を覚醒させるものではなく、それどころか、ドイツ人が堕落の快楽をむさぼり続けられるようにし、覚醒するのを――ドイツ人の真の覚醒は、一九四五年の敗戦を待たねばならない――先送りにするための夢だったのである。バディウの「勇気」という概念（〈出来事〉への忠誠を貫くために必要なもの）がリベラル派の胸に掻き立てる不安の一つは、次のようなものだ。すなわち、そうは言っても、「よい」（正しく出来事にかかわる）勇気と「悪い」勇気とをどう区別すればよいのかわからない――たとえば、一九四四年から四五年にわたる冬にベルリンを防衛したナチ、あるいは、自爆攻撃を仕掛けるムスリムのテロリストもまた、真の勇気を持っていたのではないか、ということだ。それでもやはり、「悪い勇気」などない、と言うべきだろう。悪い勇気とはつねに、臆病が身にまとう形式なのだ。ナチの「勇気」は、彼らが生きる社会の重要な特徴である資本主義的生産関係、これを攻撃できない臆病さに支えられていた。テロリストの「勇気」は、自分が「大文字の〈他者〉」の道具となっているという自覚に支えられている。行為をもたらす真の勇気とはつねに、大文字の〈他者〉の不在を認める勇気、つまり、既存の体制の徴候的結び目を攻撃する勇気なのである。

もう一度ハイデガーにもどろう。以上述べたことが意味しているのは、ヒトラーの暴力は、その最も戦慄すべきときでさえ（何百万人というユダヤ人の虐殺）、「存在的《オンティック》」なものにすぎなかった、つまりそれもまた、真の意味で「ポリスの外に出る」ことができない無能さ、ブルジョワ的共同存在という基本的座標軸を疑問に付し――正面からとらえ――破砕することができないというナチ運動の無能さを暴き立てる、無力《インポテント》なアクティング・アウト〔行為への移行〕だったのである。そして、ハイデガー自身のナチ関与もまたアクティング・アウトとして解釈できるとしたらどうだろう。ナチ関与が、自身のなかに見出した理論的行き詰まりを解決できないハイデガーの無能さを物語る暴力の噴出だったとしたら。ハイデガーがナチに参加したことが彼の哲学といかに関係しているのかという問いは、だから練り直す必要がある。それはもはや、ハイデガーの思想と彼の政治行動との一致（照応関係）をめぐる問いではなく、ハイデガーの思想に内在する理論的な行き詰まり（これ自体はナチズムとは無関係である）と、この行き詰まりを回避する唯一の道としての暴力的な移行〔アクティング・アウト〕をめぐる問題なのである。

こうして、古くからあるディレンマ――初めにあったのは〈言葉〉と〈行為〉のどちらか？――を見直す必要も出てくる。論理的には、すべては〈言葉〉から始まり、それに続く〈行為〉は、〈言葉〉の行き詰まりを示す制御不能な爆発である。しかし、これと同じことが、〈行為〉のなかの〈行為〉、〈天地創造〉という神の行為にも当てはまる。つまり、〈行為〉は、神の推論の行き詰まりを示してもいるということだ。ようするに、ここでもまた、存在論的証明の否定的側面が妥当する。神が世界を創造したという事実は、神の全能と溢れる善良さを表しているのではなく、神の力を失わせる限界を示しているということである。

第2部　過去の教訓

4

ロベスピエールから毛沢東にいたる革命的恐怖政治《テロル》

「諸君は何を欲するのか」

『世界の論理』においてアラン・バディウ[1]は、古代中国の「法家」からジャコバン派、さらにレーニンや毛沢東にいたるまで存続してきた、革命的正義の政治学という恒久的〈理念〉について緻密に論じている。この〈理念〉は、四つの契機から成り立っている。すなわち、主意主義（「客観的」法則や障害もなんのその、「山だって動かせる」という信念）、恐怖政治 *terror*（人民の敵を叩き潰すという冷酷な意志）、平等主義的正義（段階を踏んだ進行をわれわれに強いる「複雑な状況」のことなど斟酌せずに、この正義を直ちに容赦なく強要すること）、そして最後に同じく忘れてならないものとして、人民への信頼である。最後の契機については、二つの例を想起すれば十分である。一つはロベスピエール、つまり、彼のいう「偉大なる真理」（「人民政府の特徴とは、人民に対する信頼とみずからに対する厳しさである」）。もう一つは、スターリンの『ソ連における社会主義の経済的問題』に対する毛沢東の批判である。毛沢東の評価によれば、スターリンの視点は「ほぼ完全に間違っている。その基本的過ちは小農に対する不信である」[2]。

近代ヨーロッパ史においてはじめて革命的正義の政治学を本格的に実行したのは、フランス革命期のジャコバン派である。[3] 一九五三年に中国の首相、周恩来が朝鮮戦争終結に向けた和平交渉のためにジュネーヴを訪れていたとき、フランスのジャーナリストが彼にフランス革命についてどう思うかと尋ねた。周恩来は「それについて語るのは時期尚早である」と答えた。ある意味で彼は正しかった。一九九〇年代後半には「人民の民主主義」の崩壊にともなって、フランス革命の歴史的意義をめぐる論争が再燃したからである。リベラルな修正主義者たちは、一九八九年の共産主義の終焉はまさにしかるべき時に起こった、という考えを押し付けようとした。それは、一七八九年にはじまった時代の終わり、すなわち、ジャコバン派とともにはじめて歴史の舞台に踊り出た国家統制主義的な革命モデルの最終的な失敗を示しているのだ、と。

フランス革命ほど「あらゆる歴史は現在の歴史である」という格言があてはまる事例はない。その歴史を叙述する行為には、つねに政治闘争の推移と転変が色濃く反映されているからだ。あらゆる類の保守派に共通してみられるのは、フランス革命をきっぱり拒絶することである。たとえば、フランス革命はそもそものはじめから大惨事であり、神を欠いた現代精神の産物である、それは人類の邪悪なやり方に対する神の罰として解釈すべきである、それゆえ、その痕跡はきれいさっぱり取り除かねばならない、というふうに。リベラルな態度の典型は、ここから分化したものである。それは「一七九三年抜きの一七八九年」とまとめられる。つまり、繊細なリベラル派が欲しいのは、カフェイン抜きの革命、革命の香りのしない革命である。このようにして、フランソワ・フュレをはじめとする人たちは、フランス革命から、近代民主主義を樹立した出来事というステータスを奪い、それを歴史的異常事態に貶める。個人の自由などの近代的原理を主張することは歴史的に必然であったが、英国の例が証明しているように、同じ成果はより平和的な手段によって、さらに効率的に得ることができたはずだ……と。それとは逆に、急進主義者は、アラン・バディウのいう「〈現実的なもの〉への情熱」に突き動かされている。A――平等、人権、自由

──について述べるなら、そこから帰結することに臆することなく、勇気をふりしぼってB──Aを実際に擁護し主張するために必要な恐怖政治──についても述べるべきである、というふうに。[4]

そして、同じことは一九六八年五月の記憶についてもいえる。二〇〇七年五月、大統領選挙の第二ラウンドを数日後に控えたニコラ・サルコジは、六八年の亡霊を悪魔祓いすることが有権者にとって正しい選択であると表明した。「六八年の遺産を永続させるべきか、それとも清算するべきか、われわれはこの選挙を通じて知るべきである。私としては、六八年五月はこれっきりにしたい」。ひとは六八年の記憶を大事にする一方で、この記憶の内容が或るイデオロギー闘争の焦点となっていることを銘記すべきである。ダニエル・ベンサイードとアラン・クリヴィンヌが最近指摘したように、「彼らにとっての五月とわれわれにとっての五月がある」のだ。[5]現在影響力をもつリベラルな言説は、六八年五月を伝統的左翼の終わりの始まりとして、青年の活力と創造性の爆発として、フランスが「おくればせながら快楽主義的近代へ参入した」時として、勝手に位置づけている。それとは逆に、左翼にとって六八年五月は、フランスを麻痺させ、国家権力の崩壊という恐ろしい考えを呼び覚ましたゼネストの特異な瞬間、学生の論争と労働者の抵抗が融合した瞬間、合衆国、ドイツ、イタリアの学生運動をも含む大きな運動の一部であった。

しかし、今日の左翼もこれを踏襲すべきだというのは、あまりにも安易である。一九九〇年に何かが、何らかの歴史的断絶が起こった。現代の「急進的左翼」を含む誰もが、ジャコバン派の遺産である、国家中心主義的傾向をもつ革命的恐怖政治に、なんとなく決まり悪さを感じているのだ。そのため今日では、まことしやかにこういわれている。左翼は、政治的影響力を回復したいなら、いわゆる「ジャコバン派のパラダイム」をきっぱり捨て、新しく生まれ変わるべきである、と。「創発特性」、すなわち、多数の主体の混沌とした交流、中央集権的階層秩序に代わる自由な交流、一つの〈真理〉に代わる多数の意見──これらを旨とするポストモダン時代にあって、ジャコバン的独裁政治は、根本的に「われわれの趣味に合っていない」（基本的なイデオロギー的傾向をとらえるための語として、ここではこの「趣味」という語のもつあらゆる歴史的重要性を考慮すべきである）。意見の自由、市場競争の自由、ノマド的で多元主義的な交流の自由、等々からなるわれわれの世界にとって、「自由の運命を真理の手に取り戻すこと」を目標として掲げるロベスピエールの〈真理〉の政治（もちろん大文字の真理である）ほど無縁のものを想像できるだろうか。そうした〈真理〉は、恐怖政治の流儀をもってしてはじめて強く主張できるのである。

平時において民衆政府を推進するのが徳（virtue）であるとすれば、革命時においてそれを推進するのは徳であり且つ恐怖（terror）である。つまり、革命時においては恐怖だけでは破滅を招き、徳だけでは無力である。恐怖とは機敏できびしい、剛直な正義にほかならない。したがって、それは徳から発するものなのだ。恐怖は特別な原理ではなく、むしろ民主主義の一般的原理を我が国のせっぱつまった難局に当てはめた結果出てくるものである。[6]

この議論がクライマックスを迎えるのは、対立物が逆説的に同一化されるとき、革命的恐怖政治が罰と慈悲との対立を「止揚」するときである。敵に対する正当且つきびしい処罰は、慈悲の最高形態であり、それゆえ恐怖においては厳格と慈善が一致するのである。

人間を抑圧する者を罰することは慈悲であり、そうした者を赦免することは野蛮である。圧制者の厳格は原理としての厳格さしかもたない。それに対し、共和制政府の厳格は慈善から生まれる。[7]

われわれは今でも、こうした革命的な「対立物の一致」——罰と慈悲の、恐怖政治と自由の一致——に耳を傾けるだろうか。世に普及しているロベスピエールのイメージは、エレファント・マンの裏返しのイメージである。後者は恐ろしく歪んだ体をしているが、心はやさしく知的である。それに対し、ロベスピエールは、やさしく親切な人柄だが、心のうちには彼の緑色の目に表れたような冷淡で残酷な決意を秘めている。ロベスピエールのこのイメージは、一九世紀の反動主義者がやったようにロベスピエールを邪悪な笑みを浮かべる残忍な怪物として描写する必要がない今日の反全体主義的なリベラル派にとって、きわめて都合がいい。ロベスピエールが道徳的誠意をもち革命の大義に専心したことは誰もがよろこんで認めるわけだが、その理由は、この彼の純粋さがまさに問題であり、あらゆる災厄の源だからである。このことは最近出たロベスピエールの伝記、ルース・スカーの『致命的な純粋さ』のタイトルがよく表している。[8] そして、アントニア・フレイザーはこの本の書評で、読者が要点を見失わないように「今日のわれわれをぞっとさせる教訓」を引き出している。ロベスピエールは正直で誠実なひとであったが、「この「誠実な」ひとによって引き起こされた流血からわれわれが思い知るのは、自分だけが正しいという信念は、思慮深い暴君が斜に構えた態度で発揮する積極性と同じくらい危険だ、ということである」と。[9] 己のプロジェクトに精一杯打ち込む覚悟をした誠実なムスリム原理主義者の下ではなく、世論を斜に構えた態度で操作する者の下で暮らすわれわれは幸せである……徳に対する不信がひとを動かす動機となるわれわれの時代の倫理的-政治的みじめさを、これ以上うまく伝えるものがあるだろうか！

　では、急進的左翼の遺産に対して信義をつらぬく者は、こうした情勢にどう対処すべきなのか。なすべきことは、少なくとも二つある。第一に、恐怖政治の過去は、批判的に拒絶されているとしても——正確にいえば、そうであるからこそ——われわれの過去として受け入れねばならない。今日のリベラルあるいは右翼の批評家を前にして疚しさを感じながら中途半端に自己防衛をはかることに代わってできることは、ただ一つである。すなわち、われわれはそうした敵よりも優れた批判的仕事をしなければならない。しかし、それだけでは十分ではない。われわれはそれと同時に、敵が論争の言葉や話題を規定するのを許してはならない。要するに、容赦なく自己批判をすること、そして、ヘーゲルの弁証法に対するマルクスの判断をもじってジャコバン派〈恐怖政治〉の「合理的な核」と呼んでみたいものを大胆に認めること、この二つが車の両輪となるべきなのだ。

唯物論的弁証法は、べつにそうするのが嬉しいわけではないが、こう判断している。どの政治主体も、それが組織する真理の永遠性に、恐怖という契機なしに到達できたためしはない。というのも、サン=ジュストもこう問うているからだ。「〈徳〉も〈恐怖〉も欲しない者は、いったい何が欲しいというのか」と。彼の答えはよく知られている。そうした者は堕落——主体の敗北の別名——を望むのだ。[10]

あるいはサン=ジュストが別のところでいっているように、「世間一般でいう善を生み出すものは、いつだってひどいもの」である。[11] こうした言葉は、世間一般でいう善を社会に暴力的に押しつけたいという誘惑に対する警告と解釈すべきではない。むしろ、それとは逆に、完全に是認されるべき悲しい真実と解釈すべきである。

さらに銘記すべき重要なポイントは、ロベスピエールにとって革命的恐怖政治は戦争とは正反対のものだ、ということである。つまり、ロベスピエールは平和主義者であったわけだが、それは偽善あるいは人道主義的意識から来るものではなく、国家間の戦争が決まって各国家内の革命闘争をうやむやにする手段となるということを、彼がよく分かっていたからなのだ。ロベスピエールの演説「戦争論」は、今日とりわけ重要である。この演説は、彼が——たとえ戦争が革命の防衛として定義されるとしても——愛国主義的な戦争への呼びかけを容赦なく非難する真の平和愛好者であったことを示している。というのも、そうした呼びかけは、「革命なき革命」を欲する者たちが革命過程の急進化を避けるために試みるものだからである。したがって、彼は、社会生活を軍事化しそれを独裁的にコントロールするために戦争を必要とする者たちとは正反対の立場に立っている。[12] ロベスピエールが、革命を他国に輸出し他国民を強制的に「解放する」という誘惑をはねつけるのは、そのためである。

フランス人は、あらゆる国民をその意に反して幸福にし自由にするという熱病にうなされてはいない。世のすべての国王がフランス国民の独立を尊重することができていたなら、彼らは、罰をのがれ玉座を血で染めることなく安穏に生き、あるいは死ぬことができたであろう。[13]

ジャコバン派の革命的恐怖政治は、ブルジョア世界の法と秩序――ここでは市民は自分の関心・利益を追求することを許される――を「設立するための犯罪」として(中途半端に)正当化されることがあるが、この主張は二つの理由から退けられるべきである。まず、これは事実認識として間違っている(多くの保守派が正しく指摘したように、ブルジョア的な法と秩序は、大英帝国の例からも分かるように――ただしクロムウェルを忘れてはならないが……――恐怖政治という過剰さがなくても達成できたのである)。それだけではない。さらに重要なのは、一七九二年から九四年の革命的〈恐怖政治〉が、ヴァルター・ベンヤミンをはじめとする人たちのいう国家設立的暴力ではなく、むしろ「神的暴力」の一例であるということだ。[14] ベンヤミンの解釈者たちは、「神的暴力」は実際に何を意味するのだろうかと首をかしげている。それは、現実には絶対に起こらない「純粋な」出来事という、あの左翼の夢の一例なのだろうか、と。ここで想起すべきは、フリードリッヒ・エンゲルスがプロレタリアート独裁の一例としてパリ・コミューンに言及している部分である。

> 最近、社会民主主義者の俗物たちが再び〈プロレタリアート独裁〉という言葉に健全な恐れを抱いている。よろしい、だが紳士諸君、この独裁がいかなるものか知りたいか。パリ・コミューンをみるがいい。あれこそは〈プロレタリアート独裁〉であったのだ。[15]

神的暴力に関しても、言葉を入れ替えてこう繰り返すべきである。「よろしい、だが批評理論家諸君、この神的暴力がいかなるものか知りたいか。一七九二年から九四年の革命的〈恐怖政治〉をみるがいい。あれこそは〈神的暴力〉であったのだ」。（この言い換えは、たとえば一九一九年の〈赤色恐怖政治〉などを使っても続けられる）。要するに、ここでは、いたずらに難解に、神秘的に考えることを避けて、大胆に神的暴力を現実に存在する歴史的現象とみなすべきなのだ。社会構造の外にいる者が、直接的な正義／報復を要求し且つ実行しながら「盲目的に」攻撃すること、それが「神的暴力」なのである。十年ぐらい前にリオデジャネイロで起きた騒乱を思い出そう。そのとき群集はスラム街から富裕層の住む地域へなだれ込み、スーパーマーケットから略奪したり、そこに火をつけたりした。これが「神的暴力」なのだ……。罪深き人間に対する神の罰を表す旧約聖書のイナゴのように、神的暴力はどこからともなく攻撃してくる。それは目的なき手段なのである。あるいは、ロベスピエールがルイ一六世の処刑を求める演説において述べたように、

> 人民は裁判所のようには裁かない。人民は判決を下すのではない、雷電を放つのである。人民は王に刑を宣告するのではない、王を元の無の状態に戻すのである。この正義には裁判所の正義と同等の価

値がある。[16]

したがって、「プロレタリアート独裁」は、法の外部にある、ベンヤミンのいう「神的暴力」の別名、残忍な復讐／正義として行使される暴力の別名である。だが、なぜ「神的」なのか。「神的」は「非人間的な」ものの特性を指している。したがって、ここでは、神的暴力＝非人間的恐怖＝プロレタリアート独裁というふうに二重の等号関係を設定すべきなのだ。ベンヤミンの「神的暴力」でいう「神」は、古いラテン語の金言「民の声は神の声」(*vox populi, vox dei*) でいう「神」と同じ意味で理解すべきである。つまり、「われわれは〈人民の意志〉の単なる道具としてそれをやっている」という倒錯的な意味ではなく、主権者の決断にからむ孤独を勇敢に引き受けるという意味で。それは、大きな〈他者〉の保護を得ずに絶対的な孤独のなかでなされる（殺したり、危険を犯したり、命を捨てたりする）決断である。それは、道徳からはみ出すとしても、「不道徳」ではない。つまり、天使のように無邪気に殺してよい、という許可を行為者に与えるのではない。神的暴力のモットーは、「世界が滅びようとも正義をあらしめよ」(*fiat iustitia, pereat mundus*) である。「人民」（全体の一部ではない匿名の部分）が恐怖政治を強引に推し進め、他の部分につけを払わせるのは——これは圧制、搾取、受難の長い歴史に対する〈最後の審判〉である——、正義、すなわち、正義と報復の区別がつかなくなる点を通じてなのである。あるいは、ロベスピエール自身が感動的に述べているように、

諸君は何を欲するのか、真理がフランス人民を代表する者の弁舌によって無力になることを望む諸君は。真理はまちがいなく力をもち、怒りを抱き、独断で事を決する。真理は感動的な語調と恐ろしい語調を備えており、その語調は良心の呵責においてと同様、清らかな心においても力強く反響してい

るが、非真理は、サロメが神の雷電を真似られないように、それらの語調を真似ることはできない。とはいえ、非真理の本性を弾劾しよう。非真理を欲し非真理を愛する人民を弾劾しよう。[17]

そして、これこそは、ロベスピエールが穏健派たちを、彼らが本当に欲しているのは「革命抜きの革命」であるといって非難したとき標的にしていたことである。つまり、彼らが欲しているのは、民主主義と恐怖政治の一致という過剰性を奪われた革命、社会のルールを尊重し既存の規範におもねる革命、暴力が「神的な」特性を奪われ、それによって型通りの偏狭な目標に奉仕するだけの戦略的な介入に堕してしまう革命である。

> 市民諸君、諸君は革命抜きの革命を欲したのか。われわれの束縛の鎖を断ち切った敵愾心をいわば修正するために到来したこの敵愾心は、いったい何なのか。とはいえ、この大動乱から帰結することに対して、どのような確固たる判断が下せるというのか。この出来事のあとで、民衆反乱の波が砕け散るべき正確な場所を、誰が指摘できるというのか。そうした犠牲を払って、かつていかなる人民が専制政治のくびきを振り落とすことができたというのか。というのも、なるほど偉大な国民は一つの政治運動と同時に生まれるものではないし、暴政がそれの間近にいる一部の市民によってはじめて打ち倒されるのは確かであるが、その一方で、勝利のあとで、暴政から遠く離れたところから来た代表者が、祖国を救った政治的苦痛の持続あるいはその暴力の責任を前者の市民に押し付けるようなことが仮にあれば、どうしてその市民はあえて暴政に攻撃しようなどと思うだろうか。彼らは、社会全体の暗黙の代理人によって正当化されていると、みなされるべきである。自由の友であるフランス人は、昨年八月の集会のとき、全部会の名においてその代理人の役を果たした。彼らは完全に承認されるか、

完全に否認されるか、そのいずれかであるべきだ。甚大な衝撃と無縁ではない、表面的な無秩序あるいは現実的な無秩序の罪を彼らに着せたりすれば、彼らの献身を罰することになるだろう。[18]

この真正の革命の論理は、修辞のレベルでも見て取ることができる。ロベスピエールは、最初に一見「現実的な」立場を呼び起こし、次いでその立場の本質的な錯覚性を示すといった定番の論述形式をひっくり返すことを好んだ。つまり、彼は多くの場合、まず、ある立場や、ある状況に関する説明を馬鹿げた誇張、虚構として提示し、次いで、最初は虚構としかみえなかったものが実際には真実そのものであることを思い知らせるのである。「だが、私は何をいっているのか。私がいま馬鹿げた仮説として提示したものは、実際は疑問の余地のまったくない現実なのだ」。またロベスピエールは、この根源的な革命的立場に立っているからこそ、革命的「神的暴力」の犠牲者に対する「人道的な」関心を非難できるのである。「他にはほとんど目もくれず、自由の敵だけを思って嘆き悲しむ感情は、私には胡散くさく思われる。私の顔の前で暴君の血塗られたローブを振るのをやめよ。さもなければ、私は諸君がローマを鎖で縛りたいのだと確信するだろう[19]」。

非人間的なものを肯定する

ジャコバン派の歴史的遺産を批判的に分析することとそれを受け入れることとは、次のような現実的問題において重なり合っている。革命的恐怖政治の現実（それは多くの場合嘆かわしいものだが）のために、われわれは〈恐怖政治〉の理念そのものを拒絶せざるをえないのか、あるいは、当時とは異なる今日の情勢のなかでそれを反復する方法、つまり、その潜在的《ヴァーチュアル》な内容をそうした現実化《アクチュアライゼーション》から救い出す方法が存在するのか。われわれの主張は、それは可能であり、当然なされるべきである、ということだ。そして、「ロベスピエール」という名によって指示される出来事を反復することは、きわめて簡潔に定式化していえば、(ロベスピエールの)ヒューマニズム的恐怖政治から反ヒューマニズム的(あるいはむしろ非人間的)恐怖政治へ移行することである。

『世紀』においてアラン・バディウは、二〇世紀の終わりまでに起こった、「ヒューマニズムと恐怖政治」から「ヒューマニズムか恐怖政治か」へという政治的退行の徴候を読み取っている。[20] 一九四六年、モーリス・メルロ=ポンティは『ヒューマニズムとテロル』を書き、ソビエト共産主義をパスカル的期待に関わるものとして擁護した。この期待は、バーナード・ウィリアムズがのちに「道徳的運」と呼んだ思考のひねりを先取りしている。つまり、現在の恐怖政治は、そこから生まれる社会が真に人間的であれば、事後的に正当化されるということである。だが今日、そのような恐怖政治とヒューマニズムの結合は文字通り思考不可能であり、現在もっとも影響力のあるリベラルな視点は、ヒューマニズムか恐怖政治か、というふうに「と」を「か」に置き換えている……。より正確にいえば、このモチーフには四つの形態がある。すなわち、「肯定的な」意味でのヒューマニズムと恐怖政治、「否定的な」意味でのヒューマニズムと恐怖政治、「肯定的な」意味でのヒューマニズムか恐怖政治か、「否定的な」意味でのヒューマニズムか恐怖政治か、である。肯定的な意味での「ヒューマニズムと恐怖政治」は、メルロ=ポンティが詳しく論じたものである。それはスターリン主義(〈新しき人間〉を力——「恐怖政治」——によって生み出すこと)を支えるものであり、すでにフランス革命において、ロベスピエールによる徳と恐怖の結合という装いの下に明確に見て取れる。この結合を否定する方法は、二通り考えられる。一つは「ヒューマニズムか恐怖政治か」という選択をともなう方法。これはあらゆる形のリベラル・ヒューマニズムのことであり、例としては反体制的、反スターリン主義的ヒューマニズム、今日の新ハーバーマス主義者(フランスのリュック・

フェリーやアラン・ルノー）、（全体主義的、原理主義的）恐怖政治に対抗して人権を擁護する者などを含む。もう一つは「ヒューマニズムと恐怖政治」を否定的な意味で保持する方法。これは、ハイデガーや保守系キリスト教徒から東洋精神や深層生態学の信奉者までを含む哲学的、イデオロギー的傾向であり、彼らは恐怖政治を、ヒューマニズムのプロジェクトそのものの、その傲慢さの真実――究極の結果――としてとらえる。

しかしここでは、通常は思考の埒外に置かれる第四の方法がある。それは、ヒューマニズムではなく恐怖政治のほうを肯定的な項として設定した、「ヒューマニズムか恐怖政治か」という選択である。これは維持するのが困難な過激な立場であるが、おそらく、われわれの唯一の希望である。この立場の行き着く先は、「恐怖政治的で非人間的な政治」をあからさまに追求するという不快きわまる狂気ではなく、それよりもはるかに考え抜くことが難しい何かである。今日の「ポスト脱構築」の思想（自己パロディとしか思われないこの馬鹿げた呼称をあえて使えば）において、「非人間的」という語は、アガンベンやバディウの仕事を通じて新たな意義を獲得している。この問題を考える上でもっとも参考になるのは、フロイトが「隣人を愛せ！」という命令を認めたがらなかったことである。ここでは、エマニュエル・レヴィナスの仕事においてすでに現れている、他者を倫理的にこぎれいにするという誘惑に屈してはならないのだ。これは弁証法的と呼ぶにふさわしい逆説なのだが、レヴィナスが〈他者性〉を言祝ぐことで考慮できなくなっているのは、すべての人間の根底にあるなんらかの〈同一性〉ではなく、根源的な意味で「非人間的な」〈他者性〉そのものである。それはすなわち、非人間的なものに還元された人間のもつ〈他者性〉、強制収容所の「生ける屍」、回教徒 *Muselmann* という恐るべき形象によって具現された〈他者性〉である。同じことは、レベルは違うが、スターリン主義的共産主義にもいえる。スターリン主義の定番の物語では、強制収容所でさえ、対ファシズム闘争の場であった。囚人となった共産主義者は、そこで、英雄的な抵抗運動のネットワークを形成していたのである。もちろん、そうした世界には、世界に人間的に関わる能力を奪われた生ける屍、回教徒の限界体験が入り込む余地はない。スターリン主義的共産主義者が収容所を反ファシズム闘争の場へと「正常化」することに熱心であり、回教徒を虚弱ゆえに闘争に耐えられない者として見捨てたことは、不思議ではない。

以上のことをふまえたとき、なぜラカンが隣人の非人間的な核について語るのかが明らかとなる。一九六〇年代の構造主義の時代、ルイ・アルチュセールは、「理論的反ヒューマニズム」という悪名高い原則を打ち出し、同時に、それが実践的ヒューマニズムによって補われることを容認し、また要求しさえした。実践においては、われわれは他者を尊重することによって、つまり、他者を威厳に満ちた自由な個人、自身の世界を構築する者として扱うことによってヒューマニストとして行動すべきである。しかし、理論においてわれわれがつねに念頭に置くべきは、ヒューマニズムはイデオロギー、すなわち、われわれがみずからの苦境を自発的に経験する方法であるということと、人間とその歴史に関する真の知は個人を自律した個人として扱うのではなく、独自の法則をもった構造における一要素として扱うべきである、ということである。アルチュセールとは逆に、ラカンは、理論的反ヒューマニズムから実践的反ヒューマニズムへ——すなわち、ニーチェのいう「人間的な、あまりに人間的な」次元を超えたところにある倫理へ——と移行し、人間の非人間的な核と向き合う。ここで意図されているのは、人間であるということの裏に潜む怪物性、「アウシュヴィッツ」という概念-名によって通常示される現象において爆発的に生起した悪魔的な特性を、否定するのではなく勇猛果敢に考察対象とする倫理——アドルノをもじっていえば、アウシュヴィッツ以後であっても可能な倫理——だけではない。それと同時に、この非人間的次元は、ラカンにとって倫理の究極の袋小路でもあるのだ。

哲学的にいえば、この「非人間的」次元は、あらゆる形の人間的「個性」あるいは「人格」を抜き取られた主体の次元と定義できる。(現代の大衆文化における純粋な主体の代表的形象のひとつが、非人間——エイリアン、サイボーグ——である理由がここにある。『ブレードランナー』のルトガー・ハウアー演じるアンドロイドから『ターミネイター』におけるシュワルツネッガーにいたるまで、この非人間は、その相手役となる人間と比べて仕事に対するより高い忠誠心、より大きな威厳と自由を発揮する)。ロベスピエールが聴衆を「全体主義的に」操作している証拠としてよく指摘される修辞学的な転調は、死を自主的に受け入れるというこの問題をふまえて読み直されるべきである。[21] この転調は、革命暦二年芽月一一日(一七九四年三月三一日)に国民議会で行われたロベスピエールの演説のなかで起こった。前の晩にはダントン、カミーユ・デムーランをはじめとする人たちが逮捕されており、そのため議会のメンバーは当然ながら今度は自分たちの番ではないかと恐れていた。このときロベスピエールは、今こそ肝心な時であると言明する。「市民諸君、真実を語るときが来たのだ」。それに続いて彼は、室内に漂う恐怖を呼び覚ます。

ひとが望む(*on veut*)のは、諸君をして、権力の乱用、諸君が行使してきた国民権力の乱用を恐れさせることである。[…]ひとが望むのは、われわれをして、人民が〈委員会〉の餌食になるのではないかと恐れさせることである。[…]ひとは、囚人たちが虐げられているのではないかと恐れる[…][22]。

ここでは、没個性的な「ひと」(恐怖を煽る者は人格を与えられていない)と、恐怖という重圧の下にある集団とが対立関係に置かれている。後者は知らず知らずのうちに、二人称複数の「諸君 *vous*」から一人称の「われわれ」に移行する(ロベスピエールは雄々しくも自らを集団の一員とする)。しかし最後に来て、不吉なひねりが起こる。もはや「ひとは諸君／われわれをして恐れさせることを望む」のではなく、「ひとは恐れる」のである。つまり、恐怖を煽る敵はもはや議会のメンバーである「諸君／われわれ」の外にはいない、敵はわれわれのなかに、ロベスピエールによって呼びかけられた「諸君」のなかにおり、われわれの結束を内側から崩している、ということである。この瞬間、ロベスピエールは、ある神技を使って完全な主体となる。彼は、聴衆が自分の言葉の不吉さを実感するようすこし間をとったあと、一人称単数を使って演説を続けるのだ。

> 今この瞬間に恐怖で震える者は罪人であると、私は言おう。というのも、無辜の民は衆人環視をけっして恐れないからである。[23]

「罪の恐れ自体がひとを罪人にする」というこの閉じられた回路――「恐れるべきものは唯一つ、恐れそのものである」という有名な格言に、奇妙な超自我的ひねりを加えたもの――以上に「全体主義的な」ものがありえようか。とはいえここでは、ロベスピエールの修辞学的戦略を「恐怖政治家を有罪たらしめる」戦略として安易に切り捨てる姿勢を乗り越えて、そこにある真理の契機を次のように認識すべきである。革命的決定がなされる決定的瞬間においては無辜の傍観者など存在しない、なぜなら、そうした瞬間にあっては、無辜であること自体が――決定から逃れること、今目撃している闘争が自分には関係ないかのようにふるまうことが――革命に対するこれ以上ない反逆であるからだ。いいかえれば、反逆者として非難されるのではないかという恐れ自体が私の反逆である、なぜなら、たとえ私が「革命に反することは何もしなかった」としても、この恐れそのもの、この恐れが私のなかで生まれたという事実は、私の主体としての立ち位置が革命の外にあること、私が「革命」を自分にとって脅威となる外的な力として経験することを証明するからである。

しかし、この特異な演説においてこのあと起こることは、さらに意味深いものである。ロベスピエールは、聴衆が抱かざるを得ない厄介な問い——どうして彼は次に告発されるのは自分ではないと確信できるのか——をあからさまに提起するのだ。彼は集団から隔離された主人、「われわれ」の外にいる「私」ではない。ともあれ、彼はかつてダントンと親密な関係にあったわけだが、では明日、ダントンと近しい関係にあったことが彼にとって不利に働くとしたらどうだろうか。つまり、どうしてロベスピエールは、自分が引き起こしたこの流れに飲み込まれないと確信できるのか。まさにここにおいて、彼の立場は崇高な偉大さを獲得する。彼は、今ダントンを脅かしている危険が明日には彼を脅かすということを全面的に受け入れる。彼がかくも落ち着いている理由、彼がこの運命を恐れない理由は、ダントンが裏切り者であったのに対し、彼、ロベスピエールが純粋であった、人民の〈意志〉を直接具現していたということではない。そうではなく、彼、ロベスピエールは死を恐れていないということである。彼が最後に死んでも、それは単なる事故であって、何の問題もないのだ。

> 危険がどうしたというのか。私の命は祖国のものである。私の心に恐れなど存在しない。たとえ私が死のうとも、その死は恥辱や屈辱とは無縁であろう。[24]

したがって、「われわれ」から「私」への移行が、民主主義的仮面がはがれる瞬間、そしてロベスピエールが自らを率直に〈主人〉として明示する瞬間として規定される以上（この点に関してわれわれはルフォールの分析に従う）、この「主人」という用語には、そのヘーゲル的な意味合いを余すところなく付与しなければならない。つまり、〈主人〉とは主権の形象、死を恐れない者、すべてを賭する覚悟のある者である。

いいかえれば、ロベスピエールの一人称単数（「私」）の究極的な意味は、私は死を恐れないということなのだ。彼が権威をもつのは単にこれだけによるのであって、いかなる形であれ、大きな〈他者〉と直に接しているからではない。つまり彼は、私は私を通じて語る人民の〈意志〉とじかに接触しているとは主張していないのだ。数百万の弾圧された者たちへの毛沢東のメッセージ、簡素で感動的な激励のメッセージ――〈大国＝大権力〉を恐れるな――は、まさにこのことをふまえて読まれるべきである。「大きいからといって恐れることはない。大きなものは小さなものによってくつがえされるだろう。小さなものは大きくなるだろう」。また、これと同じ激励のメッセージは、新しい世界原子力戦争に関する彼の（悪）名高い展望をも支えている。

われわれは断固平和を支持し断固戦争に反対する。帝国主義者がまた戦争をすると言い張るとしても、われわれは恐れるべきではない。この問題に対してわれわれは、あらゆる動乱に対する態度と同様の態度をとる。つまり、第一にわれわれはそれに反対である。第二にわれわれはそれを恐れていない。第一次世界大戦のあとには、二億人の人口をもつソ連が生まれた。第二次世界大戦のあとには、合わせて九億人の人口をもつ社会主義陣営が生まれた。もし帝国主義者が第三次世界大戦をはじめると言い張るなら、さらに数億人が社会主義へと転じ、この世で帝国主義者の居場所がわずかしか残らないことは明らかである［…］。[25]

こうした構想を、政治的目標のためなら数百万人の命を犠牲にすることも辞さない指導者の空威張り（一九五〇年代後半に毛沢東が下した、数千万人を飢え死にさせるという冷酷な決定の不条理な *ad absurdum* 拡張）として切り捨てるのは――こうした切り捨ての態度を裏返したものが「われわれは恐れるべきではない」という基本的メッセージである——あまりにも安易である。「第一にわれわれはそれに反対である。第二にわれわれはそれを恐れていない」——これは戦争に関する唯一の正しい態度ではないか。(ここでの毛沢東の論理は非常に厳密である。彼の「われわれは戦争に反対だが、戦争を恐れていない」は、「帝国主義者」本来の態度——「われわれは戦争を恐れている」——を裏返している。帝国主義者はニーチェのいう奴隷である、彼らは戦争に賛成だが、戦争を恐れている。それに対しプロレタリアートは、戦争を必要とするが、後生大事に抱えている財産を失うことを恐れている。それに対しプロレタリアートは、戦争を望まない(必要としない)真の貴族的な〈主人〉であるが、戦争を恐れていない、なぜなら、彼らには失うものがないからである……)。毛沢東の議論は恐るべき結論に達する。

合衆国はあの程度の数の原子爆弾で中国を殲滅することはできない。たとえ合衆国の原子爆弾が非常に強力で、中国に落ちた際、地球に穴を開ける、あるいは地球を吹き飛ばすとしても、それは太陽系にとっては大事件かもしれないが、宇宙全体からみればたいしたことはない。[26]

この議論は明らかに「非人間的な狂気」をはらんでいる。地球の破壊が「宇宙全体からみればたいしたことはない」という事実はむしろ、人類の滅亡に対するわずかな慰めにしかならないのではないか。この議論が意味をもつとすれば、それはカントの流儀にしたがって、この惨禍からなんの影響も受けない純然たる超越論的主体——現実には存在しないが、実質的な参照点として機能する主体——を前提とするときだけである。超越論的コギトはたとえ全人類を殲滅するような災いが起こっても無傷のままであるという、フッサールの『デカルト的省察』における暗い夢想を思い出そう。ここで、超越論的主体性の自己破壊的な背景をめぐって、また、フッサールが『言葉と物』のフーコーのいう「超越論的-経験的二重体」のパラドクス、超越論的自我と経験的自我との永遠の絆——これにより後者を無化すれば当然前者は消滅する——のパラドクスをいかに見逃しているかをめぐって、いちゃもんをつけることは簡単である。しかしながら、この二つの自我の依存関係を事実として（そして、ただこれだけを、存在に関するありのままの事実だけを）重々承知しつつも、その否定のもつ真理、生きた存在としての経験的個人に対する主体の独立性を断言することの真理に固執したら、どうだろうか。チェ・ゲバラもこれと同様に思考したことがあった。彼は、キューバ・ミサイル危機の緊張が耐え難いほど高まるさなか、（少なくとも）キューバ国民の全滅につながるはずの新たな世界大戦にあえて飛び込むという大胆な策を主張したのである。彼は、自らの消滅も辞さないというキューバ国民の英雄的な決意を賞賛したのだ。

繰り返していえば、この姿勢には確かに恐ろしいところがある。しかし、この恐怖は自由の条件以外の何物でもないのだ。禅僧山本常朝は、戦士〔武士〕本来の姿勢をまさにそのように説明している。「必死の観念、一日仕切りなるべし。古老曰く、「軒を出づれば死人の中、門を出づれば敵を見る」となり。用心のことにあらず、前方死して置く事なりと」[27]。ヒリス・ローリーによれば、第二次大戦中に日本の兵士の多くが出征前に自分の葬儀を済ませたのは、このためである。

目下の戦争において兵士の多くは戦場で死ぬことが確実であるため、前線に赴く前に自分の葬儀を行う。日本人にとってここには滑稽な要素などない。それはむしろ、帰還のことなど考えずに戦場に行く真の侍の有する精神として賞賛される。[28]

このように生者の領域から自己をあらかじめ除外することによって、むろん兵士は崇高と呼ぶにふさわしい形象へと変わる。この特徴をファシズム的軍国主義の一端として切り捨てる代わりに、ここではそれを根源的な革命的姿勢の構成要素として肯定すべきである。この姿勢は主体に対して、セネカがはるか昔に『オイディプース』において述べたように「死者と交わることなく、とはいえ生者からも離れて、さすらいの道を探す」[29]ことを要求するのである。

ブライアン・シンガーの『ユージュアル・サスペクツ』のフラッシュバック・シーンで、謎の男カイザー・ソゼが帰宅すると、彼の妻と幼い娘が対立するマフィアの一味に銃を突きつけられている。そのとき彼は妻と娘を自ら撃ち殺し、こう言い放つ。この先、対立するマフィアの連中を容赦なく追いかけ、彼らの親、家族、友人にいたるまで皆殺しにしてやる……と。強いられた選択という状況においてソゼという主体は、ある意味で自分自身を、自分にとって一番大切なものを攻撃するという、正気とは思えない、ありえない選択をする。この行為は、自己に向けられた無力な攻撃性の一例に帰着するどころか、むしろ主体の置かれた状況の枠組みを変化させる。つまり主体は、大切なもの――敵はこれを手に入れることによって主体を抑えつける――から自己を切り離すことによって自由な行為のための空間を獲得するのである。この自由の代償はもちろん恐るべきものである。主体にとって、自分のもっとも大切な（諸）事物を犠牲にした罪を帳消しにする唯一の方法は、自らを「生ける屍」の王に変えること、個人的な特性と快楽をすべて放棄すること、そして全人生を賭けて、彼に犠牲的行為を強いたすべての者を滅ぼすことである。こうした〈仕事〉への絶対的な服従（私の人生の唯一の目的は復讐である）と一致する絶対的な自由（私は孤独のなかにあって自由に自分の望むことをする、誰も私を抑えられない）という「非人間的な」姿勢は、おそらく革命的主体をその核心において特徴づけるものである。

ロベスピエールによって打ち出された〈徳‐恐怖〉の結合のもう一つの「非人間的」特徴は、（現実的妥協を組織する審級という意味での）慣習の拒否である。あらゆる法的秩序（あるいは、明示的基準から成るあらゆる秩序）は、われわれが明示的な規範とどうかかわればよいか、明示的な規範をどう適用すればよいか――すなわち、その規範をどの程度まで字義通り受け取るべきなのか、いつ、そしてどのようにその規範を無視することを許され、場合によってはその無視をせがまれるのか、等々――についてわれわれに教えてくれる複雑で「反省的な」非公式の規則体系に依拠しなければならない。そしてこれこそが慣習の領域なのである。ある社会の慣習を知ることは、その明示的規範の適用の仕方についてのメタ規則を知ることである。つまり、その規範をいつ使い、いつ使わないか、それをいつ破るのか、提供されたものを選ぶべきでないのはどういったときなのか、（ポトラッチの場合のように）実際には強いられているにもかかわらず自由に選択した結果としてやっているように振舞わねばならないのはどういったときなのか、知ることである。例えば、断られることを見込んでなされる親切な申し出。そうした申し出を断ることは「慣習」であり、誰であれそれをそのまま受け入れる者は、野蛮な間違いを犯すことになる。同じことは、われわれが正しい選択をするという条件の下で選択が与えられる多くの政治的状況についてもいえる。このときわれわれは、ノーといってもよいと大真面目に念を押される。しかしわれわれに期待されているのは、この申し出を断り、熱狂的にイエスということなのだ。多くの性的な禁止事項では状況が反対になる。率直な「だめ」は、実際には「やって、でもやさしくね」という暗黙の命令として機能するのである。こうしたことをふまえてみれば、ロベスピエールからジョン・ブラウンにいたる革命的-平等主義的人物は（少なくとも潜在的には）慣習を欠いた人物ということになる。彼らは、普遍的規則の機能を調整する慣習を無視するのだ。

> 慣習が自然発生的な支配を強めるあまり、われわれはきわめて恣意的な約束事を、ときにはきわめて不完全な制度を、真か偽か、公正か不正かを決める絶対的基準とみなしている。専制政治がわれわれに養分として与えた偏見に、ほとんどのひとがいまだに避けがたく結びつけられていることは、われ

われの思いもよらないことである。われわれは長い間そのくびきの下で身を屈めていたために、理性の永遠の原理に向かって身を起こすのにてこずっているのだ。われわれにとって、あらゆる法の聖なる源泉を引き合いに出すものは、何であれ不法の性格を帯びているように思われるし、自然の秩序自体、無秩序のように思われる。われわれのおびえた目には、偉大な人々の威厳ある運動、徳の崇高な熱情はしばしば、噴火する火山のように、あるいは政治的社会の転覆のようにうつる。だが、われわれのモラルの弱さ、われわれの精神の腐敗と、われわれの希求する自由政府によって要求された原則の純粋さおよび気質の力強さとのあいだのこの矛盾は、いささかもわれわれを悩ませる障害とはならない。[30]

慣習のくびきを打ち破ること。それが意味するのは、すべてのひとが平等であるなら、すべてのひとは実際に平等に扱われるべきである、黒人もまた人間であるなら、彼らは直ちに人間として扱われるべきである、ということだ。合衆国における奴隷制反対闘争の初期段階を思い出そう。南北戦争以前とはいえ、闘争は慈悲深いリベラル派の漸進主義とジョン・ブラウンという特異な人物とのあいだの武装対立へと発展していった。

アフリカ系アメリカ人は人民の戯画であり、道化やミンストレル・ショーの芸人とみなされた。彼らはアメリカ社会においてもの笑いの種であった。そして奴隷制廃止論者でさえ、反奴隷制の立場に立ちながら、その大多数はアフリカ系アメリカ人を自分と同等の人間としてみていなかった。これはアフリカ系アメリカ人がつねに抗議していたことなのだが、廃止論者の大多数は、南部における奴隷制の終焉のために働くのは厭わなかったが、北部における差別を終わらせるためにすすんで働くことはなかった。［…］ジョン・ブラウンはこれとは違っていた。彼にとって平等主義を実践することは、奴隷制廃止のための最初の一歩であった。そして彼と接触したアフリカ系アメリカ人たちは、すぐにこのことに気づいた。彼は、彼には人種間の差異など存在しないということを明らかにしたわけだが、彼はそれを言葉ではなく、行動によって明らかにしたのである。[31]

ジョン・ブラウンが合衆国の歴史における重要な政治的人物であるのは、こうした理由による。彼は、その熱狂的にキリスト教的な「急進的奴隷制廃止論」において、アメリカの政治状況にジャコバン派の論理を導入するところまで行っていた。

ジョン・ブラウンは自らを完全な平等主義者と考えていた。彼にとって重要だったのは、あらゆるレベルで平等主義を実践することであった。［…］彼は、彼には人種間の差異など存在しないということを明らかにしたわけだが、彼はそれを言葉ではなく、行動によって明らかにしたのである。[32]

奴隷制が廃止されてから長いときを経た今日でさえ、ブラウンはアメリカの集団的記憶において評価が割れる人物である。それゆえブラウンを支持する者は、なおのこと貴重である。支持者のなかには、驚くべきことに、暴力に強く反対したヘンリー・デイヴィッド・ソローがいる。ブラウンを残忍で愚かな狂人として切り捨てる定番の見方に逆らってソローは、一つの大義を誰にも真似できないようなかたちで受け入れた比類なき人物の肖像を描いた。彼はさらに、ブラウンの処刑（自分はブラウンを彼が実際に死ぬ前から死者としてみていると、ソローはいう）をキリストになぞらえてもいる。[33] ソローは、ブラウンをさげすむ多くの人たちに対して怒りをあらわにする。連中は、その硬直した思想的姿勢と「死んだ」実存のためにブラウンを理解できないのだ、連中は本当の意味で生きてはいない、生きたといえる人間はほんの一握りにすぎない、と。

しかしながら、この首尾一貫した平等主義自体は、ジャコバン派政治の限界を構成してもいる。平等の論理の「ブルジョア的」限界をめぐる、次のようなマルクスの基本的明察を思い出そう。資本主義的不平等(「搾取」)は「平等の原理を節操なく踏みにじるもの」ではなく、平等の原理に内在するものであり、その原理を着実に実現した結果逆説的にもたらされるものである。ここでわれわれが念頭においているのは、市場交換が市場で出会い交通する形式的／法的に平等な主体をいかに前提にしているかという、おなじみの退屈なモチーフだけではない。「ブルジョア」社会主義者に対するマルクスの批判において決定的に重要なのは、資本主義的搾取は労働者と資本家のあいだの、いかなる類の「不平等＝不等価」交換も伴っていない、ということである。この交換は完全に平等で「公正」であり、(原理上の)理想では、労働者は自分の売っている商品(労働力)に完全に見合う対価を支払われる。もちろん、急進的なブルジョア革命家はこの限界を認識している。しかし、これに対する彼らの対抗手段は、事実上の平等(平等な賃金、平等な健康保険……)を次々と直接的に「恐怖政治的に」押し付けることであり、この平等は新たな形の形式的不平等(恵まれない者に対する、様々な種類の優遇処置)によって押し付けられるしかない。要するに、「平等」の原理が意味するのは、十分ではない(それは現実的不平等の抽象的形式にとどまる)か、多すぎる(「恐怖政治的な」平等を強いる)かのいずれかである。この原理は、厳密な弁証法的意味において形式主義的な概念である。つまり、この原理の限界とはまさに、その形式が十分具体的ではなく、この形式から逃れる何らかの内容を容れる、どっちつかずの容器にすぎない、ということである。

ここで問題なのは、恐怖政治そのものではない。今日われわれがなすべきことは、まさに解放をもたらす恐怖政治をあらためて生み出すことなのだから。問題は別のところにある。平等主義を旨とする政治的な「過激主義」あるいは「過剰な急進主義」は、つねにイデオロギー的-政治的置換の現象として読まれるべきである。つまり、それとは反対のものの兆候、限界の兆候、「最後までやる」ことを事実上拒否することの兆候として読まれるべきである。ジャコバン派は過激な「恐怖政治《テロル》」に訴えたわけだが、それは、経済秩序の基本条件（私有財産など）を壊乱できない彼らの無能力を物語る、ある種のヒステリー的な行為化（アクティング・アウト）以外の何であるというのか。同じことは、いわゆる「行き過ぎた」政治的公正さにもいえるのではないか。それもまた、人種差別や性差別の実際的な（経済やその他の領域における）原因を壊乱することから逃げているのではないか。そうであるなら、ほとんどすべての「ポストモダン」左翼によって共有された定番の主題を、いまこそ問題視するときなのかもしれない。その主題によれば、政治的「全体主義」は、ともかく主体間コミュニケーションそして／あるいは象徴的実践に対して物質的な生産と技術が優位になることから生じる。道具的理性の「原理」、技術による自然の搾取の「原理」は社会にまで拡張され、その結果人々は〈新しい人間〉に作り変えられる原料として扱われる——まるで政治的テロルの根底には、こうした事実があるかのような言い方なのだ。だが、正しいのはこれとは正反対のことだとしたら、どうだろうか。政治的「テロル」とは、（物質的）生産の領域がその自律性を否定され政治的論理に従属させられることの表れであるとしたら、どうだろうか。ジャコバン派から毛沢東の〈文化大革命〉まで、あらゆる政治的「テロル」は、厳密な意味での生産の締め出し、生産を政治闘争の領域へ縮減することを前提にしているのではないか。言い換えれば、そうしたポストモダン的な視点が実際に行き着く先は、政治闘争がいかに経済の領域に差し戻して解読されるべきスペクタクルであるかということに関するマルクスの重要な明察を放棄することにほかならない。（「マルクス主義が政治理論にとって分析方法として何であれ価値があったとすれば、それは、自由の問題はリベラルな言説において暗黙に「非政治的」と決め付けられた——つまり、自然化された——社会関係のなかに含まれているという一貫した主張にあったのではないか」)[34]。

われわれはこのレベルにおいてこそ、革命過程における決定的な瞬間＝契機を求めるべきである。その瞬間＝契機とは、十月革命の場合でいえば、一九一七年から一九一八年の爆発的出来事ではないし、ましてやそれに続く内戦でもない。そうではなく、一九二〇年代初めの激烈な実験、日常生活の新しい作法を生み出そうとする（一か八かの、多くの場合正気とは思えない）試み——どのように革命以前の結婚と葬儀の儀式を新たなものに変えるか、工場やアパートにおけるきわめてありふれた人的交流をどのように組織するか——である。ジャコバン派およびソヴィエト革命、中国革命の両者が失敗したのは、このレベル、「偉大な」政治革命の「抽象的テロル」と対立するものとして、平凡な日常に新しい秩序を据えつける「具体的テロル」とでも呼んでみたいもののレベルにおいてである。ただし、失敗の理由がこの方向に向かう試みの欠如でないことは確かである。ジャコバン派の最良の部分は、〈恐怖政治〉の演出法にではなく、日常の改造をめぐって政治的想像力をユートピア主義的に過激に行使した点にあった。女性による自主的な組織形成や、老人が人生の晩年を安らかに威厳をもって過ごすことのできる共同住宅など、二、三年間の凝縮された熱狂的な活動によって提示されたように、すべてはそこにあったのである[35]。民主主義的手続きをはるかに超えた、平等主義的民主主義のこの過剰性は、それとは対立するものの形をとって、つまり革命的‐民主主義的恐怖政治（*terror*）として「制度化」されるしかないということ——それが、ここで受け入れねばならない過酷な結末である。

マルクス主義の実体変化

近代史において革命的恐怖政治《テロル》の政治学は——それが最後に実践されたのは毛沢東の〈文化大革命〉で

あったが――ロベスピエールから毛沢東までの時代、あるいはより一般的にいえば、ロベスピエールから一九九〇年の共産主義圏の崩壊までの時代に暗い影を落としている。

社会的-歴史的文脈は、明らかにフランス革命と〈文化大革命〉とのあいだで根本的に変化していた。プラトン的にいえば、両者を結び付けているのは、革命的〈正義〉という変わることのない「永遠の」〈理念〉だけである。毛沢東の場合でいえば、彼をマルクス主義者とみなすことができるかという問題さえある。なぜなら毛沢東革命の社会的基盤は、労働者階級ではなかったからである。

マルクス主義理論家を待ち受けるもっとも狡猾な罠のひとつは、マルクス主義の歴史において事態が間違った方向に向かった〈堕落〉の瞬間を詮索することである。たとえば、それが起こったのは、当初とくらべ史的唯物論をより実証的-進化論的に理解するようになった後期エンゲルスにおいてなのか、あるいは〈第二インターナショナル〉の修正主義と教義においてなのか、あるいはレーニンにおいてなのか[36]、それとも（「ヒューマニズム的マルクス主義者」が数十年前に主張したように）青年時代のヒューマニズムを放棄したあとのマルクスの後期作品においてなのか、というふうに。こうした言葉のあやを含む見方はどれも退けねばならない。ここでは〔起源とそこからの〈堕落〉といった〕対立は存在せず、〈堕落〉は起源そのもののなかに刻印されるからである。（さらに露骨にいえば、オリジナル・モデルを汚染しそれを退化させる妨害者をそのように詮索することは、反ユダヤ主義の論理を再生産するだけである）。要するに、マルクス主義の過去を仮借ない批判にゆだねるにしても――より正確にいえば、とくにそうした場合に――まず必要なのは、その過去を「自分自身のもの」として認め、その責任を完全に受け入れることであって、物事の「悪い」部分を体よく拒絶するために（愚かなあまりマルクスの弁証法を理解できない「悪い」エンゲルス、マルクス理論の核心をとらえなかった「悪い」レーニン、「良い」レーニンの高貴な計画を台無しにした「悪い」スターリン……）その責任を外的な要素に押し付けることではない。

われわれがまずしなければならないのは、二つの重要な移行（より正確にいえば、暴力的切断）、すなわち、レーニンから毛沢東への移行だけでなくマルクスからレーニンへの移行に集約された、マルクス主義の歴史における置き換えを完全に認めることである。各移行において起こっているのは、オリジナルの理論的布置の置き換えである。つまり、革命の舞台が（マルクスが期待したような）もっとも発達した国から相対的に発達の遅れた国へ置き換えられたこと――革命は「間違った国で起こった」のだ――そして革命の主要行為者が労働者から（貧しい）小農へ置き換えられたことである。キリスト教が普遍的〈教会〉として出来するために、キリストがパウロの「裏切り」を必要としたように（十二使徒のなかで反逆者ユダの代わりにその位置についたのがパウロであったことを思いだそう！）、マルクスは、最初のマルクス主義革命を実行するためにレーニンの「裏切り」を必要とした。この「裏切り」を甘受しそれを生き抜くことは、「オリジナルの」教義の内的な必然なのである。オリジナルの文脈から引き剝がされ、あらたな自己創出の場としての異質な環境に投げ込まれるというこの暴力的な行為を生き抜くこと――普遍性はこのようにしてはじめて生まれるのである。

したがって、第二の、つまり毛沢東による暴力的な置き換えに関しても、彼によるマルクス主義の再創出は理論的に「不適切」である、マルクスの基準からの後退である、と非難するのは安易すぎる（小農が非実体的なプロレタリアート的主体性を欠いていることは、簡単に示すことができる）。だからといって、この切断の暴力をぼかし、（例のごとく「今日支配的な階級闘争はもはやそれぞれの国における資本家とプロレタリアートとの闘争ではない、闘争は〈第三世界〉対〈第一世界〉、ブルジョア国家対プロレタリアート国家のそれへと移ったのだ」というふうに階級闘争を単に隠喩的に拡大することによって）毛沢東による再編成をマルクス主義の論理的継続あるいは「応用」として受け入れるのも、同じく安直である。毛沢東がここで成し遂げたことは途方もなく大きい。彼の名が表しているのは、歴史的発展の不可視の「実体」

＝背景を自らの労働によってもたらした、名もなき数億人の〈第三世界〉階層民を政治的に動員すること、レヴィナスのような「他者性」の詩人までもが「黄禍」として切り捨てたすべての人々を動員することである。レヴィナスの黄禍論は、彼のもっとも異様なテクストといってよい、ソビエトと中国の対立についてのコメント、「ロシア・中国間の論争とその弁証法」（一九六〇年）においてみてとれる。

まさに黄禍だ！　この黄禍は人種的ではなく、精神的なものである。そこにからんでいるのは、劣等な価値観ではなく、根源的な異質性、その過去の重みとは異質なもの——ここからは、いかなる馴染み深い声や影響も濾し取れない——、月あるいは火星の過去である。[37]

これによって思い出されるのは、今日の西洋思想の主要な仕事はギリシアによる飛躍的前進、「西洋」の基礎を築く態度、哲学以前の段階にある神話的な「アジア的」世界の克服を擁護すること、あらたな「アジア的」脅威と戦うことであるという一九三〇年代におけるハイデガーの一貫した主張——西洋にとっての最大の敵は「一般のレベルでは神話、特殊のレベルではアジア」である[38]——ではないだろうか。このアジア的な「根源的異質性」こそ、毛沢東の共産主義運動によって動員されたものなのである。『精神現象学』においてヘーゲルは、「共同体の永遠のアイロニー」としての女という悪名高い概念を導入している。それによれば、女は「陰謀によって政府の普遍的目的を私的目的に変え、政府の普遍的活動を特殊な一個人の仕事に変形し、国家の普遍的財産を家庭の備品や装飾品へとねじまげる」[39]。男性的野心とは対照的に、女は、国家の政治の普遍的次元を認識できないので、せせこましい自分の家庭の利益を拡大するために、あるいはさらにひどい場合には自分の個人的気まぐれを押し通すために、権力を欲する。われわれはここで「その有効性においてわれわれを食いつぶし破壊することになる原理が、その無効性においてわれわれを駆り立て支えるものとなる」[40]というF・W・J・シェリングの主張を思い出さずにいられるだろうか。それ固有の場所に留まる場合にはやさしく穏やかな力が、それよりも高次のレベル、それ自身とは異なるレベルに介入した瞬間、自らとは根源的に対立するものへ、きわめて破壊的な怒りへと変わる。また、家庭生活という閉域の内部ではひとを守る愛の力であるあの女性性が、公の国家的問題のレベルで発揮されると不快極まる怒りへと変わる……。要するに、女が家族や親族の利益のために公的な国家権力に歯向かうことは容認される、しかし、女が力の弱いパートナーの男を操り、彼らを一人前の男に仕立てながら国家の大事をめぐる決定に直接影響力を及ぼそうとする社会は、災いなるかな……ということである。アジアの名もなき大衆の目覚めという展望によって惹起された恐怖政治においても、同じことがいえないだろうか。彼らが自らの運命に抗議し、(大規模な人道主義的活動による)われわれの助けを受け入れてくれるなら問題はない、しかし、貧しく恵まれない者たちの反乱に――それが行儀よくなされる限りにおいて――つねに援助を惜しまない同情的なリベラル派が恐怖を抱くほど、彼らが「自力をつける」なら話は別だ……というふうに。

ゲオルギ・M・デルルグヤンの『カフカスでブルデューをひそかに崇拝する人』は、アブハーズ出身で、この動乱地域の指導的知識人であるムサ・シャニブに関する途方もない物語を語っている。ソビエトの反体制知識人から、民主主義的な政治改革者、ムスリム原理主義の戦争指導者を経て、尊敬を集める哲学教授へという彼のキャリアは信じがたいものだが、彼はこのキャリア全体を通して奇妙にもブルデューの理論を崇拝し続けた。[41]こうした人物にアプローチするには二つの方法がある。第一の反応は、こうした人物を局所的な異常として片付けること、悪意のない皮肉をこめて扱うことである――「ブルデューとはまた奇妙な選択だ、民話に出てくるようなこの男がブルデューのどこにほれたかなんて誰にも分かるまい……」。第二の反応は、理論の普遍的射程をあからさまに主張することである――「理論がいかに普遍的なものであるか見るがいい。パリからチェチニアやアブハーズまで、どの地の知識人もブルデューの理論を論じられるのだ……」。もちろん本来なすべきことは、この両方の意見を回避することと、理論の普遍性は困難な理論的活動・闘争の結果、理論の埒外ではない闘争の結果であると主張することである。つまりポイントは、シャニブが自分のいるローカルな文脈の縛りを破るために多大な努力をしなければならなかった、ということ（だけ）ではない。アブハーズの知識人がこのように自己流にブルデューを使うことは、理論自体の中身にも影響し、理論を別の世界に移植するのである。レーニンはこれと似たことを――むろん言葉遣いは変えねばならないが――マルクスに対して行ったのではないか。毛沢東によるレーニンおよびスターリンからの移動は、労働者階級と小農との関係に係わっている。レーニンもスターリンも小農に対して深い疑念を抱いていた。両者にとって、小農の不活発さを打破すること、すなわち、土地に対する彼らの物質的な愛着を根絶すること、彼らを「プロレタリアートに作り変え」、それによって彼らを近代化の力学に直面させることは、ソビエト政権がなすべき主要な仕事の一つであった。これは毛沢東とはまったく対照的である。すでにふれたように、毛沢東はスターリンの『ソ連における社会主義の経済的問題』に対する（一九五八年以降の）批判において「スターリンの視点は［…］ほぼ完全に間違っている。その基本的過ちは小作農に対する不信である」と述べたのである。この移動の理論的・政治的帰結は、まさに破壊的と呼ぶにふさわしい。そこから帰結されるのは、プロレタリアートの立場とは「実体のない主体」の立場、自らの主体性の深淵にまで還元された者の立場であるというマルクスのヘーゲル的思考を徹底的に練り直すことにほかならない。

彼らのマルクス主義をいまだに覚えているひとには周知のことだが、その理論体系の曖昧模糊とした中心には、資本主義は自らを超克するための条件をプロレタリア革命を通じて生み出す、という前提があった。われわれはこれをどう読むべきだろうか。これは次のように単線的、進化論的に読まれるべきなのか。

革命が起こるのは、資本主義が潜在能力を十分に開発し、すべての可能性を使い尽くしたとき、すなわち資本主義が、純然たる形で生のまま現れたその核にある敵対性（「矛盾」）に直面したときである、と。そして「主体的」側面を付け加えて、こう力説すれば十分なのだろうか。労働者階級は「時が熟す」のをただ座って待つべきではなく、長い闘争を通して自らを「教育する」べきである、と。これも周知のことだが、レーニンの「鎖のもっとも弱い環」理論は、ある種の妥協策である。最初の革命が起こるのは、高度に発展した国ではなく、たとえ発展段階は低くとも資本主義的発展による敵対関係がもっとも悪化した国（近代資本主義‐産業の集中する地域と、発展の遅れた農業および民主主義以前の権威主義的政府とが結びついたロシア）においてである――彼の理論はこのことを認めてはいるが、依然として〈十月革命〉を危険な躍進ととらえていた。〈十月革命〉が成功するのは、その直後に西ヨーロッパで大規模な革命が起こる限りにおいてである（これに関しては、ドイツに期待が集まっていた）、と。このモデルを根本的に放棄したのは毛沢東だけである。彼にとっては、プロレタリア革命が世界の発達段階の低い地域において、〈第三世界〉の貧しい小農、労働者、そして豈図らんや「愛国心のあるブルジョアジー」といった広範な大衆、つまり資本主義的グローバリゼーションの衝撃にさらされ、怒りと絶望を募らせてきたそうした大衆のあいだで起こるのは当然であった。したがって階級闘争は、マルクスのモデルが全面的に逆転（転倒）されるなかで、〈第一世界〉の「ブルジョア国家」と〈第三世界〉の「プロレタリア国家」との闘争として再定義されたのである。ここでの逆説はまさしく弁証法的であり、それはおそらく矛盾に関する毛沢東の教えの究極的応用において出てくる。つまり、発達の遅れた（そしてそれゆえに革命の「機の熟さない」）国は、まさにそのことによって革命の機の熟した国になるのである。しかし、そうした「機の熟さない」経済的条件は、資本主義以後にふさわしい社会主義の構築を保証しないわけだから、ここではそれとの絡みで「経済に対する政治の優位」という主張が必然的に出てくる。資本主義の矛盾によって未開発のままに留め置かれた自己の潜在的な力を解放する、戦勝者たる革命主体は、経済的必然性の手先として行動するのではない。それはむしろ、「自然成長的な」経済的必然に逆らって行動し、革命的恐怖政治を通して己がヴィジョンを現実に強要する、意志を第一原理とする行為者なのである。

ここで銘記すべきは、ヘーゲルのいう「具体的普遍」の基本となる教えである。普遍的必然は、発端から裏で糸を引き、事の成り行きを操ることによって喜ばしい結末を保障する神学的な力ではない。それとは逆に、この普遍的必然はつねに遡及的なものであり、事の成り行きの根源的な偶発性から出来し、偶発性の自己止揚の瞬間を告げるものである。したがって、こういうべきだろう。レーニン主義から毛沢東主義への(偶発的な)移行がいったん起これば、それは「必然的」なものとして現れざるをえない、つまり、われわれは毛沢東主義の「内的な必然」をマルクス主義の発展の次なる「段階」として(再)構成できるのだ、と。偶発性から必然性へのこの反転を理解するためには、可能性の実現として構成される線的な歴史的時間という定番の考え方(Xという瞬間に歴史が可能性としてとりうる方向は多様であるが、実際に起こったことはその可能性の一つが実現したものである)は捨てるべきである。この線的な時間から抜け落ちてしまうのは、自らの可能性を遡及的に生み出す偶発的で現実的な非常事態というパラドクスである。つまり、事が起こってはじめて、それがいかに可能であったかが「見える」ようになるのだ。毛沢東主義(あるいはスターリン主義)の起源をめぐる退屈な論争は、次の三つの選択肢のあいだを行ったり来たりしている。(一)「頑迷な」反共産主義者と「頑迷な」スターリン主義支持者は、マルクスからレーニン、レーニンからスターリン(そしてスターリンから毛沢東)へという展開にはある内的な論理が直接的に働いていると主張する。(二)「柔軟な」批評家は、スターリン主義的(あるいはそれ以前では、レーニン主義的)転回はマルクスの理論体系のなかに存在する歴史的可能性の一つであると主張する。別のかたちの転回もありえたであろうが、にもかかわらず、スターリン主義的な大惨事は一つの選択肢としてオリジナルの理論自体に書き込まれているのだ、と。（三）最後に「マルクス元来の教え」の純粋さを擁護する者は、スターリン主義（あるいは実をいえばレーニン主義）を単なる歪曲、裏切りとして切り捨て、両者のあいだには根源的な切断があると主張する。レーニンそして／あるいはスターリンは、単にマルクスの理論を「誘拐」し、マルクスとはまったくそぐわない目的のためにそれを使ったにすぎない、と。ここでなすべきことは、同一の線的‐歴史主義的な時間観念を根底において共有するこれら三つの見方をすべて拒絶すること、そして「マルクスはスターリン主義の大惨事に対してどの程度責任があるのか」という誤った問いを超えて、次のような第四の見方を選ぶことである。マルクスは完全に責任がある、ただしそれは遡及的にみてそうなのだ、つまりボルヘスの有名な定式におけるカフカと同じことがスターリンにもいえるのである、と。要するに、カフカもスターリンも自らの先行者を生み出したのである。

　これこそが、つまりオリジナルの理論が新たな文脈で自らを再創造することを強いるこの根源的な「移植」こそが、「具体的普遍」の動きである。この移植を生き抜くという意味においてはじめて、オリジナルの理論は実際に普遍的なものとして出来できるのである。ポイントはもちろん、ここで扱われているのが「疎外」と「脱疎外」という、つまり、オリジナルの理論がいかに「疎外され」、そのあといかに自らとは異質な文脈を取り込み、それを再利用し、それを自らの配下に置くかという擬似ヘーゲル的な過程である、ということではない。そうした擬似ヘーゲル的認識から抜け落ちてしまうのは、この新たな文脈への暴力的移植がオリジナルの理論を根本的に変え、その結果、この理論が「他なるものにおいて自己に回帰する」（異質な文脈で自らを再創造する）ときその内容自体が変容する、ということである。だが、この変化は外的なショックに対する単なる反応ではない。それはあくまで、資本主義の超克という当の理論の内的な変容なのだ。資本主義が「具体的普遍」であるのは、こうした次第による。つまり、あらゆる特定形態の資本主義に共通するもの、それらに共有された普遍的特徴を抜き出すことが問題なのではない。

問題は、この資本主義というマトリクスを一つの現実的な力そのものとして、すなわち、あらゆる現実の特定形態が対抗しようとする何か——その破壊的効果をそうした形態は包摂しようとする——として捉えることである。

毛沢東の弁証法の限界

資本主義の勝利を示すもっとも確かな兆候は、ここ二、三十年のあいだに資本主義という言葉が事実上姿を消したことである。一九八〇年代には「資本主義に言及するひとは、もはや数人の原始的ともいえるマルクス主義者（「絶滅危惧種」）を除いて事実上存在しなかった。資本主義という語は、政治家、労働組合員、作家、ジャーナリスト——そしていうまでもなく、その語が歴史的に忘却されるようにした張本人である社会学者——の語彙から完全に追い出されたのである」[42]。では、ここ数年、反グローバリゼーション運動が盛り上がっているのはどういうことなのか。それは明らかに、この診断と矛盾していないか。全然矛盾はしていない。この運動が「（経済システム、労働組織化の形態、利潤搾取に焦点をあてた）資本主義そのものに対する批判を「帝国主義」批判に変形するという誘惑」[43]に屈することは、緻密に検討してみればすぐに分かることである。このように、われわれが「グローバリゼーションとその動因」について語るときには、敵が（多くの場合、粗野な反アメリカ主義という形で）外面化される。この視点からみれば、今日なすべき重要なことは「アメリカ帝国」と戦うことであり、いかなる同盟も反アメリカであればよしとされる。その意味で、中国の抑制のない「共産主義的」資本主義、暴力的なイスラーム的反近代主義、そしてもちろんベラルーシの不快極まるルカシェンク政権（二〇〇六年七月にチャベスがベラルーシを訪問したことを思い出そう）は、進歩的な反グローバル化闘争の同志として立ち現れるかもしれない……。したがって、われわれがここで手にするのは、「もう一つの近代」という評判のよくない概念の一種である。つまり、資本主義そのものの批判の代わりに、資本主義の基本的メカニズムと直面することの代わりにわれわれが手にするのは、より「進歩的な」別の枠組みのなかで資本主義のメカニズムを動かそうという（暗黙の）考えをともなった、帝国主義的「過剰」に対する批判なのである。

マルクス主義哲学に対する毛沢東の主要な貢献とされるもの、すなわち、彼の練り上げた矛盾の概念に対しては、このようにアプローチするべきである。この毛沢東の仕事は、（単なる「対立する傾向の争い」という意味の、漠然とした「矛盾」概念に依拠しているとたやすく証明できるような）無意味な哲学的退行として切り捨てられるべきではない。矛盾の二つの側面――「過程における主要な矛盾と主要でない矛盾、および矛盾の主要な側面と主要でない側面」――に関する彼の偉大なテクスト「矛盾論」の中心的テーゼは、精読に値する。「教条的なマルクス主義者たち」に対する毛沢東の批判によれば、彼らは「矛盾の普遍性は矛盾の特殊性にこそ存するということを理解していない」。

例えば、資本主義社会においては、矛盾する二つの力、プロレタリア階級とブルジョア階級が主要な矛盾を形成している。他の矛盾、例えば、残存する封建階級とブルジョア階級との矛盾、小ブルジョアとしての小農とブルジョア階級との矛盾、プロレタリア階級と小ブルジョアとしての小農との矛盾、非独占資本家と独占資本家との矛盾、ブルジョア民主主義とブルジョア・ファシズムとの矛盾、資本主義国家間の矛盾、帝国主義と植民地との矛盾は、どれもみなこの主要な矛盾によって規定されるか、あるいはそれに影響される。

帝国主義がそのような国〔中国のような半植民地国〕に侵略戦争を仕掛けるとき、一部の国賊を除いたその国のありとあらゆる階級は、帝国主義に対する国民戦争において一時的に団結することができる。

そのようなとき、帝国主義とその国との矛盾は主要な矛盾となるが、その一方で、その国の内部における様々な階級の間のあらゆる矛盾（ここには、かつての主要な矛盾、封建制度と人民大衆との主要な矛盾も含まれる）は、一時的に、二義的で従属的な地位に追いやられる。[44]

これが毛沢東における重要なポイントである。つまり、主要な（普遍的）矛盾と、特殊な状況において支配的なものとして扱われるべき矛盾とは、重なり合わないのである。普遍的次元はこの特殊な矛盾のなかに文字通り存するのだ。それぞれの具体的状況においては、他と異なる「特殊な」矛盾が支配的な矛盾である。それは、主要な矛盾の解決に向けた戦いに勝つためには、特殊な矛盾を支配的な矛盾として扱うべきであり、他のすべての戦いはこの支配的矛盾に従属するべきである、という厳密な意味においてそうなのである。日本の占領下の中国においては、共産主義者が階級闘争に勝利したいのであれば、日本軍に対抗する愛国的団結が支配的な特徴となるのであった。こうした状態においては、階級闘争に直接焦点をあてることは階級闘争そのものにとって害になるのだ。（「教条的日和見主義」の主たる特徴は、おそらくここにある。つまり、主要な矛盾の重要性を場違いの時に主張することに）。

さらに重要なポイントは、矛盾の主要な側面にかかわっている。例えば、生産力と生産関係とのあいだの矛盾に関していえば、

> 生産力、実践、経済的土台は、一般的には、主要且つ決定的な役割を果たす。これを否定する者は、誰であれ唯物論者ではない。しかし、ある状況では生産関係、理論、上部構造が一転して主要且つ決定的な役割を果たすものとして現れる、ということも認めねばならない。生産力が生産関係の変化なしには発展できないとき、生産関係の変化は主要且つ決定的な役割を果たす。[45]

この議論の政治的目論みは決定的である。毛沢東のねらいは、マルクス主義の伝統において通常「主観的要因」と呼ばれるもの――理論、上部構造――が果たす、政治闘争における重要な役割を主張することなのだ。毛沢東によれば、スターリンはこのことを無視したのである。

スターリンの本『ソ連における社会主義の経済的問題』は、最初から最後まで上部構造については何もいわない。それは人民には関心がない。それが考慮するのは物であって、人民ではない。［…］それは生産関係について語るだけで、上部構造や政治については語らないし、人民の役割についても語らない。共産主義運動が存在しないのであれば、共産主義には到達できない。[46]

真の毛沢東主義者アラン・バディウは、これを今日の情勢に適用する。それゆえ彼は、反資本主義闘争に主眼を置くのを避け、今日におけるその主要な形態（反グローバル化運動）を嘲笑し、自由＝解放への闘争を厳密に政治的な見地から、今日の支配的なイデオロギー的‐政治的形態である（自由）民主主義に対する闘争として定義する。「今日の敵の名は〈帝国〉や〈資本主義〉ではない。〈民主主義〉である」[47]。今日、資本主義そのものを根源的に問題化するのを妨げているのは、まさに民主主義の形をした反資本主義闘争に対する信頼なのである。「純粋な」政治はもちろん「経済主義」にも反対するレーニンの姿勢が今日決定的に重要なのは、左翼（の生き残り）を二分する、経済に対する相反する態度との関連においてである。一方には、経済を闘争・介入の場として認めない「純粋な政治家」がいる。他方には、今日のグローバル経済の機能に魅せられた「経済学者」がいて、厳密な意味での政治的介入の可能性をことごとく妨げている。この分裂を考えたとき、われわれは今日、これまでにもましてレーニンに帰るべきである。確かに、経済は重要な領域である、そこは戦闘の決め手であろうし、われわれはグローバル資本主義の呪縛を解かねばならない。しかし、その介入は経済的なものではなく、厳密な意味で政治的なものであるべきなのだ。誰もが「反資本主義的」である今日――例えば、陰謀事件をテーマにした（『エネミー・オブ・アメリカ』〔原題『国家の敵』〕から『インサイダー』にいたる）「社会批判的」ハリウッド映画までが、暴利をむさぼる大企業を敵として描く今日――「反資本主義」というシニフィアンはその転覆的な辛辣さを失っている。問題にすべきは、この「反資本主義」の対立物として自明視されているもの、すなわち、この陰謀を粉砕する誠実なアメリカ人が民主主義に寄せる信頼である。これこそが、つまり民主主義そのものが、今日のグローバルな資本主義世界の強固な核、その真の〈主人のシニフィアン〉なのである。[48]

　毛沢東が「人民間の矛盾の正しい処理法について」（一九五七年）においてさらに精緻に練り上げた矛盾概念も、そのよく知られた特徴、すなわち、敵対的矛盾と非敵対的矛盾との区別という常識的ともいえるポイントに還元することはできない。

> われわれ自身と敵との矛盾は、敵対的な矛盾である。人民の階層体系の内部においては、労働者人民のあいだの矛盾は、敵対的ではない。一方、搾取される階級と搾取する階級との矛盾は、敵対的側面だけでなく非敵対的側面ももっている。[…] 人民による民主主義的独裁のもとでは、二つの異なる方法、独裁的方法と民主主義的方法が、性質において異なる二つのタイプの矛盾――われわれ自身と敵との矛盾、および人民間の矛盾――を解消するために用いられるべきである。[49]

この区別はつねに、そこに付されたより「不吉な」補足、すなわち、二つの側面は重なり合うかもしれないという警告とともに読まれるべきである。「日常的な状況では、人民間の矛盾は敵対的ではない。しかし、その矛盾が適切に処理されないなら、あるいはわれわれが警戒をゆるめ監視をあまくするなら、敵対性が現れるかもしれない」。民主主義的対話、労働者階級における様々な志向の平和的な共存は、単に与えられるもの、自然な事態ではなく、警戒と闘争によって勝ち取られ維持されるものなのである。ここでも、闘争のほうが協調性《ユニティ》に優先するのである。協調性の空間そのものは、闘争を通して勝ち取らねばならないのだ。

では、われわれは、精緻に練り上げられたこうした思考をどう扱うべきなのか。ここでは、毛沢東の正しかったところと間違っていたところを、きわめて抽象的な理論のレベルで厳密に究明するべきである。毛沢東は、対立物の「調和」としての、対立物の争いを包摂する高次の統一性《ユニティ》としての「弁証法的綜合」という定番の概念を拒絶した点においては正しかった。だが、この拒絶を、すなわち、闘争、分裂があらゆる綜合あるいは統一性に対して優位にあるというこの主張を、一般的な宇宙論――「対立物の永遠の争い」という存在論――によって定式化した点においては間違っていた。彼が闘争の「悪無限」という過度に単純な、非弁証法的ともいうべき概念に拘泥したのは、そのためである。ここで毛沢東は明らかに、あらゆる生物、明確な形をしたあらゆる生は遅かれ早かれ最後のときを迎えるという原始的で異教的な「知恵」に後退している。「あるものは別のものを破壊する。事物は出現し、発達し、破壊される。これはすべてにいえる。事物は、別の事物によって破壊されない場合、自らを破壊する」。ここでは毛沢東に対して公正であらねばならない。彼はこの考えを最後まで推し進め、この原理を共産主義そのものに適用する。次の一節において毛沢東は、原子核の陽子、反陽子、等々への分割から共産主義の複数の段階への必然的分割へという大きな存在論的「飛躍」を成し遂げている。

共産主義は段階に分けられない、量的な変化は存在しない――私はこうしたことを信じない。あらゆるものは分割できると、レーニンはいった。彼は原子を例にあげ、原子だけでなく陽子も分割できると述べた。しかし以前は、陽子は分割できないと思われていた。原子核の分裂を専門にした科学分野は、まだたかだが二、三十年の歴史しかない。ここ数十年のあいだに科学者は、原子核を陽子、反陽子、中性子、反中性子、中間子、反中間子といった構成要素に分解してきた。[50]

彼はさらに人類を超えた領域にまで踏み込み、原ニーチェ的な流儀で人間の「乗り越え」を予言する。

弁証法の生は、対立しあうものへと向かう持続的な運動である。人類もまた最終的には終末を迎える。神学者が最後の審判の日について語るとき、彼らは悲観的であり、人々を恐れさせる。人類の終焉は人類よりも進歩した何かを生み出すものであると、われわれはいおう。人類はいまだ幼年期にある。[51]

さらに彼は、(何らかの)動物が(今日、人間だけのものとみなされている)意識をもつようになると想像する。

未来において、動物は進歩し続けるだろう。私は、人間だけが両手を使えるとは思わない。馬、牛、羊は進化できないのだろうか。猿だけが進化できるのだろうか。さらに、すべての猿のなかで唯一つの種だけが進化し、それ以外の種は進化できないということがありうるだろうか。百万年後、千万年後も、馬、牛、羊は今と同じままだろうか。それらは変わり続けると私は思う。馬も、牛も、羊も、昆虫もみな変化するだろう。[52]

この「宇宙論的展望」には、付け加えるべきことが二つある。第一に、このとき毛沢東が語りかけている聴衆が党の側近であることを忘れるべきではない。公にされることのない秘密を共有するような調子は、ここから来ている。毛沢東はまるで「秘密の教義」を漏らしているかのようなのだ。実際、毛沢東の思弁は、いわゆる「バイオコスミズム」――ソビエト・マルクス主義の影の秘教的イデオロギー、その如何わしい秘密の教えの枠組みであった、俗流唯物論とグノーシス主義的精神との奇妙な結合――と深く共鳴している。ソビエト国家の主要な時代を通じて人目から隠されていたバイオコスミズムが公然と宣伝されたのは、ソビエト治世の最初と最後の二十年間だけであった。その主たるテーゼは、宗教の目標(集団にとっての楽園、あらゆる苦難の克服、個人の永遠の命、死者の復活、時間と死に対する勝利、太陽系をはるかに超えた空間の征服)は近代的な科学技術の発達を通して地上の生において実現されうる、ということである。未来には、露骨な生命工学的生殖を通じて繁殖する純潔な人間以後の人間が現れることによって、性的差異が廃絶されるだけではない。過去のあらゆる死者を蘇らせることもまた(遺骸から死者の生物学的製法を割り出し、死者を再生させることで――当時はまだDNAは知られていなかった……)可能になるだろうし、そうなれば、過去のあらゆる不正を帳消しにすること、過去の苦難や破壊を「取り消す」こともできよう。この輝かしい、共産主義の生政治的な未来においては、人間だけでなく動物も、つまりあらゆる生き物が、媒介なしに集団化された宇宙の〈理性〉に参与することになるだろう……。レーニンがマクシム・ゴーリキーのいう「神の創造」、人間のあからさまな神格化を容赦なく批判したことにどう反論しようとかまわないが、ゴーリキー自身がバイオコスミストと手を組んでいたことを忘れるべきではない。「バイオコスミズム」と今日の技術的-霊的直感知(techno-gnosis)との類似性は、注目してみるとおもしろい。

第二に、この「宇宙論的展望」は、毛沢東にとって単なる取るに足らない哲学的な但し書きではない。それはまぎれもなく倫理的-政治的意味をもっている。毛沢東が原子爆弾の脅威を独断的に退けるとき、彼はその危険の大きさを軽視しているのではない。彼は、原爆による戦争が人類の滅亡につながりかねないことを重々承知している。だからこそ彼は、自らの果敢な抵抗を正当化するために、地球の生命が絶滅しても「宇宙全体からみればたいしたことはない」という「宇宙論的展望」を選ばねばならないのである。この「宇宙論的展望」は、経済的・政治的試みのためなら人間の犠牲など屁でもないという毛沢東の姿勢の基盤にもなっている。最新の毛沢東の伝記を信じるなら[53]、彼は、原子爆弾やそのほかの武器を買うためにロシアに食料を輸出することによって歴史上最大の飢饉を引き起こした。一九五八年から一九六一年にかけて三千八百万の人が餓死するか、奴隷のようにこき使われて死んだのである。「中国人の半分が死んでもおかしくない」といっていた毛沢東は、この事態を正確につかんでいたと思われる。これは、すなわち、目標の実現に向けた断固たる試みの一端として人を殺すこと、人々を使い捨ての道具にすることは、道具主義的姿勢のもっとも過激な形である。そしてここで銘記すべきは、ナチによるホロコーストはこれと同じではなかった、ということである。ユダヤ人の殺害は合理的戦略の一部ではなく、それ自体が目的の、綿密に計画された「不合理な」過剰であった（一九四四年、最後に残ったユダヤ人がギリシアからドイツ軍撤退の直前に国外追放になったこと、あるいは、一九四四年に戦争物資ではなくユダヤ人を運ぶために多数の列車を使ったことを思い出そう）。それゆえ、ホロコーストを死体の工業生産として矮小化してとらえたハイデガーは間違っていた。ホロコーストはそんなものではなかった。そうした特徴によりふさわしいのは、むしろスターリン主義的共産主義であろう。[54]

　俗流進化論に付き物のこの「悪無限」が概念上行き着く先は、普遍的な弁証法的法則としての「否定の否定」を毛沢東が一貫して拒絶したことである。したがって、エンゲルスに対する明確な反論がここから出てくる（ちなみに毛沢東がここで依拠するのは、「マルクス主義弁証法の四つの主要な特徴」のなかに「否定の否定」を入れていない、「弁証法的唯物論と史的唯物論」におけるスターリンである）。

エンゲルスは三つのカテゴリーについて語っていたが、私の場合、そのうちの二つは認めていない。〔対立物の一致はもっとも基本的な法則である。そして否定の否定はまったく存在しない〕。質が量に、量が質に変容することは質と量という対立物の一致である。〔…〕否定の否定といったものは存在しない。肯定、否定、肯定、否定……事物の発展において、出来事と出来事をつなぐのはいつでも肯定と否定の両方である。奴隷制社会は原始社会を否定したが、封建制社会からみれば、それは転じて〔奴隷制の〕肯定を生み出した。封建制社会は奴隷制社会に対する否定であったが、資本主義社会からみれば、それは転じて〔封建制の〕肯定を生み出した。資本主義社会は封建制社会に対する否定であったが、社会主義社会との関連でいえば、それは転じて〔資本主義の〕肯定である。[55]

これと同様に毛沢東は、対立物の「弁証法的綜合」というカテゴリーを捨て、彼独自の「否定弁証法」を推し進めた。彼にとってあらゆる綜合は、究極的には、アドルノがそのルカーチ批判において「強いられた調停 *erpresste Versöhnung*」と呼んだものであり、よくいっても、進行中の闘争の一時的休止である。この休止は、対立物が一致するときではなく、一方が他方に単純に勝利するとき起こる。

綜合とは何か。二つの対立物、国民党と共産党が本土においていかに綜合されたかは、ご覧の通りである。綜合はこんなふうに起こった。彼らの軍隊がやって来た、われわれは彼らをむさぼるように食べ、次々と彼らを食いちぎった。〔…〕あるものが別のものを食べる、大きな魚が小さな魚を食べる、これが綜合である。これまで本ではこのように説明されてこなかった。私も自著でこのように説明したことはない。楊献珍《ヤンシャンチェン》は、二つのものは一つに結合する、綜合は二つの対立物の分離不可能な絆であると信じている。この世界にいかなる分離不可能な絆が存在するというのか。事物は結びつくこともあろう、しかし、結局は切断されねばならない。切断できないものは存在しない。[56]（ここでも、公開されない秘密を共有するような調子、公衆のおめでたい楽観主義を掘り崩す残酷で現実的な教義……等々に注目されたい）。これは、一九五〇年代後半における〈一〉と〈二〉をめぐる有名な論争（〈二者〉が結びついて〈一者〉となるのか、それとも〈一者〉が分裂して〈二者〉となるのか）の核となっていたものである。「いかなるものであれ、対立物の一致は暫定的、一時的、過渡的であり、それゆえに相対的である。それに対し、対立物の闘争は絶対的である」。ここから想起されるのは、毛沢東の倫理的-政治的命令とでも呼んでみたいもの――ベケットの『名づけえぬもの』の結びをもじっていえば、「沈黙のなか、おまえは〔自分がどこにいるか〕見当がつかない。おまえは切断し続けなければならない。私は続けることはできない。私は切断し続けるだろう」[57]――である。最終的な平安状態にけっして達することのない永続的分裂という毛沢東の急進的な政治には、次のような逆説がある。それは、それとは反対のもの、すなわち、「目標はどうでもよい、肝心なのは運動である」という標語をつくったベルンシュタインの創設した右派社会民主主義的な改革に帰着するのである。

では、毛沢東のどこがまずいのか。切断せよ、分裂せよというこの命令を弁証法的綜合と対立させる、そのやり方がまずいのである。

毛沢東が、「綜合」とは敵を破壊することあるいは敵が服従することであると、あざけるように述べるとき、彼の過ちはまさにこの嘲笑的な態度にある。彼は、これが真のヘーゲル的綜合であることを分かっていないのだ……。結局のところ、ヘーゲルのいう「否定の否定」とは何であるのか。まず、旧体制はそれ自身のイデオロギー的-政治的形式の内部で否定される。次には、この形式自体が否定されねばならない。二の足を踏む者、この形式自体を克服するという第二段階を恐れる者は、（ロベスピエールの言葉を借りれば）「革命なしの革命」を望む者である――ちなみにレーニンは、この後退の様々な形式を認識するなかで、彼の「猜疑の解釈学」の力を見せつけている。真の勝利（真の「否定の否定」）が起こるのは、敵がわれわれの言葉を語るときである。この意味で、真の勝利とは敗北における勝利である。つまり、それが起こるのは、われわれの具体的メッセージが普遍的枠組みとして、敵によってさえも受け入れられるときである。例えば、合理的科学と信仰との対立の場合、科学側が真に勝利するのは、教会が科学の言語によって自らを擁護するときである。あるいは、イギリスの現代政治でいえば、多くの鋭い評論家が洞察しているように、サッチャー革命はそれ自体混沌として衝動的であり、そこでは予測不可能な偶発的出来事が目立った。それを制度化できたのは、それを安定させ新たな制度の形に変えられたのは、あるいはヘーゲル流にいえば、偶発性（と当初みえたもの）、歴史的偶然を必然性へと格上げできたのは、「第三の道」のブレア政権だけだったのである。この意味で、ブレアはサッチャー主義を反復し、それを概念へと高めたのである。それはちょうどヘーゲルにとって、アウグスティヌスがシーザーを反復し、（偶発的な）一個人の名を概念に、称号に変容–止揚したのと同じである。サッチャーはサッチャー主義者ではなかった。彼女は単にサッチャーにすぎなかった。観念としてのサッチャー主義を生み出したのは、（ジョン・メイジャーではなくむしろ）ブレアだけであった。こうしたことをしてくれるのは、つまり、ひとを一概念にまで高めることができるのは、（名目上の）イデオロギー的–政治的な敵だけであるということ、それが歴史の弁証法的アイロニーである。実在の扇動者は除去されねばならないのだ（ジュリアス・シーザーは殺されねばならなかったし、サッチャーは不名誉な形で退陣を余儀なくされた）。

これは、すなわち、われわれのほうが上手くできるということは、ここ数十年で得られた驚くべき教訓、西欧の〈第三の道〉社会民主主義の教訓であるが、同時に、おそらくは人類史上もっとも爆発的な資本主義の成長において中心的位置を占める中国共産主義の教訓でもある。資本主義の超克をめぐるマルクス主義の古典的説明を思い出そう。資本主義は、自己増幅する驚くべき生産力を解放した。資本主義においては「確固たるものはすべて煙と消える」。資本主義は、人類史上もっとも偉大な革命をもたらす力である。その一方で、この資本主義の活動は、それ自身に内在する障害あるいは敵対性によって駆り立てられる。資本主義の（資本主義の自己推進的な生産性の）限界は、〈資本〉それ自体なのだ。つまり、資本主義の絶えざる発展とその物質的条件の絶えざる変革、生産力の無制限の増幅という狂気のダンスは、自らを弱体化する内的矛盾から逃れるための、破れかぶれの前進 *fuite en avant* にほかならない……。マルクスの根本的な誤りは、こうした明察をもとに、新しいより高度な社会秩序（共産主義）――増殖する生産力の潜在的可能性を維持するだけでなく、それをより高度なレベルに引き上げるとともに十全に解放し、その可能性が社会的破壊力をもった経済危機によって妨害されないようにする秩序――が可能であると結論づけたことにあった。要するに、マルクスが見落としていたのは、定番のデリダ的語彙でいえば、この生産力の十全な発展の「不可能性の条件」である内在的な障害／敵対性は、同時にその発展の「可能性の条件」でもある、ということである。この障害を、資本主義の内的矛盾を排除すれば、われわれは、その矛盾の束縛から最終的に解き放たれ完全に自由になった生産力を手にするのではなく、むしろ、資本主義によって生み出されると同時に妨げられるようにみえるこの生産力を確実に失うことになる――というのも、そのとき生産力は単に消散するだけだからである……。資本主義を超克するという社会主義の試みが失敗に終わった根底には、この「積極的条件としての障害」という論理があったわけだが、この論理はいまや、資本主義そのもののなかに猛烈な勢いで回帰しているかのようだ。つまり、資本主義が十二分に発達できるのは、市場の絶対的な支配においてではなく、自由に暴れる市場が、ある（福祉国家による必要最小限の介入から、はては中国の場合のように、共産党による直接的な政治的支配にいたるまでの）障害によって拘束されるときだけなのである。

そういったわけで、皮肉にも、これこそは毛沢東のいう意味での、資本主義と共産主義の「綜合」である。歴史的規模での勧善懲悪ともいえるこの類希な事態において、毛沢東の共産主義を「綜合した」のは資本主義であったのだ。ここ数年の中国の鍵となる新たな特徴は、中国が瞬く間に世界第一位の工業生産国になったつけとしてもたらされた労働条件に対して異議を申し立てる大規模な労働者運動が出現したこと、これまで厳しく抑圧されてきた運動が出現したことである。これは、すなわち、労働者の管理という「誰もが嫌がる汚い仕事」をする国家を伴った資本の自由は、中国が今日、理想的な資本主義国家であることを示す新たな証拠である――ただし、そうした証拠がまだ必要とされれば、の話だが。したがって、二一世紀の新興超大国としての中国は、新種の資本主義――生態系への影響を無視し、労働者の権利を侮蔑し、新たな世界勢力へと発展するための断固たる運動にすべてを従属させる――を具体化しているように思われる。残る大問題は、中国が遺伝子工学革命をどう扱うかである。中国は「西洋の」道徳的先入観や制約など顧みず、植物、動物、人間の遺伝子操作をやりたい放題にやる、そうみておくのが無難ではないだろうか。

以上が、「否定の否定」を拒絶した――すなわち、「否定の否定」が、ある立場とそれを過剰に根源的に否定する立場との妥協ではなく、いかに唯一の真の否定であるか理解できなかった――毛沢東の理論的過ちの代償である。[58] 毛沢東が、終わりなき否定、二分割、細分化……という「悪無限」に陥るのは、彼が、この〔「否定の否定」という〕形式自体の自己関係的な否定を理論的に定式化できないからなのだ。ヘーゲル流にいえば、毛沢東の弁証法は〈悟性〉のレベル、固定された概念上の対立のレベルにとどまっている。それは、概念的規定のもつ、厳密な意味で弁証法的な自己関係性を定式化できないのである。この〔スターリンの言葉でいえば〕「重大な過ち」ゆえに毛沢東は、自らの立場から帰結することをひるむことなくすべて引き出す際、次の無意味としかいいようのない結論に達することになる。階級闘争を活性化するためには、敵が入り込む余地を露骨に準備しなければならない、と。

彼らに資本主義を支持させよう。社会は非常に複雑である。ただ社会主義のみを支持し、資本主義を支持しないなら、それは単純すぎるのではないか。そうなれば、われわれは対立物の一致を欠き、単に一面的になるのではないか。彼らの好きにさせよう。彼らがわれわれを狂ったように攻撃しても、街頭でデモを行っても、武器をもって反抗しても、放っておこう。私はこうしたことをすべて是認する。社会は非常に複雑である。一つの人民公社、一つの県 *hsien*、〈中央委員会〉の一つの部局、これらのうち二分割できないものはない。[59]

この弁証法の概念は毛沢東の政治の基盤であり、「リベラルな」寛大さと「強硬な」粛清とのあいだで何度も揺れ動く彼の政治のもとにあるものである。この揺れとはすなわち、まず、いわゆる「百花繚乱」の状態をつくりだし、敵が自らの隠された反動的な傾向を実現しそれを完全に表現するようにする、次いで、各々の真の立場がはっきり確定されたら、冷酷な闘争へ踏み込む、ということである。繰り返していえば、ここで毛沢東がなしえていないのは、厳密な意味でヘーゲル的といえる「対立物の一致」に進むことであり、また、アナーキストのリーダーを捜査している秘密警察の長官とこの神秘的なリーダーとが最終的に同一人物（ちなみにこれは神である）に見えてくるG・K・チェスタトンの『木曜の男』の場合と同様に、革命が滅ぼそうとするその戦闘相手である力のなかに革命自体の本質を認識することである。そして、毛沢東自身は結局これと同様の役割、すなわち、世俗の神であり同時に自分自身に対する最大の敵でもある人物と同じ役割を果たすのではないか。こうした善き〈主＝神〉とアナーキストの〈反抗者〉とのチェスタトン的な同一性が提示するのは、社会的祝祭の論理が自己反省の極限にまで至った状態である。つまり、アナーキストの暴動は〈法〉と〈秩序〉に対する侵犯行為ではない、われわれの社会ではアナーキズムはすでに〈法〉と〈秩序〉の仮面をかぶった権力のなかにある、ということである。われわれの〈正義〉とは〈正義〉の戯画化であり、〈法〉と〈秩序〉のスペクタクルは卑猥な祝祭であるのだ。このことは、権力の形象の不快なパレードを描いた、英語によるもっとも偉大な政治詩といってよいシェリーの「無秩序の仮面」によって明らかにされている。

そしてさらに多くの〈破壊〉が
この恐ろしい仮装行列に参加した。
みな目元まで
主教、弁護士、貴族、スパイに変装して。

最後に現れたのは〈無秩序〉。
白い馬に乗って、赤い血を撥ね散らす。
その顔は〈終末〉における〈死〉のように
唇まで青白い。

〈無秩序〉は王冠をいただき、
その手には輝く笏が握られていた。
私はその額に紋章をみた。
「我は神、我は王、我は法」という紋章を。

この〈法〉と〈無秩序〉の同一性を引き受けるのは、映画においてさえ難しい。『Vフォー・ヴェンデッタ』（『Vは復讐 Vendetta のV』）は、その「過激な」──汎テロリズム的でさえある──姿勢のために（とりわけ、他ならぬトニ・ネグリによって）賞賛され、さらにはそれ以上に批判されてもいるが、この作品はこの同一性の論理を全うしていない。つまりそれは、サトラーとV、全体主義的な独裁者とアナーキスト的-テロリスト的な反抗者との類似性から重大な結論を引き出すことを拒んでいるのである。「ノースファイア」党がその戦いの相手であるテロルの先導者であることを、われわれは知っている。だが、サトラーとVとのさらなる同一性についてはどうか。二つの場合とも、われわれが彼らの実際の顔を見ることは（映画の最後に出てくる、死を迎えた怯え顔のサトラーを除いて）けっしてない。サトラーを目にするのはテレビの画面上だけであり、Vは画面操作の専門家である。さらにVの遺体は、ノースファイア〔古代スカンディナヴィアの火〕という支配政党の名前を奇妙にも喚起するある種のヴァイキング流の葬儀において、爆発物を詰め込んだ列車に安置されている。そうであるなら、イーヴィーが恐怖を克服し自由になる方法を習得するためにVによって監禁され拷問されるとき、これは、サトラーが全イギリス国民に対してしたこと、すなわち、イギリス国民が自由になり反逆者になるように彼らにテロ行為をすることをなぞっているのではないか。しかし、この映画は、Vとサトラーとの本源的同一性というこのチェスタトン的な教訓を引き出すにはいたっていない。[60]

文化革命と権力

〈法〉と〈秩序〉を犯罪的に侵犯することから〈法〉と〈秩序〉自体が犯罪的な侵犯行為の極致となることへの、こうしたヘーゲル-チェスタトン的移行は、毛沢東によって直接実践されているのではないか。

だからこそ毛沢東は、自己破壊的な祝祭を始動させ、それを陰で操りながら、なおかつその過程から逃れていたのだ。つまり、毛沢東自身が儀式的に退位させられ、「昨日は王、今日は乞食」として扱われるような深刻な脅威は、まったく存在しなかったのである。彼は伝統的な〈主人〉ではなく、「〈無秩序＝無礼講の君主〉」であった。

中世のヨーロッパでは、豪族が「〈無秩序＝無礼講の君主〉」を選ぶ慣習があった。選ばれた者は、因習的な社会的、経済的ヒエラルキーをしばしの間逆転ないしは風刺する酒宴を主催することになっていた。［…］つかの間の無秩序＝無礼講の権勢が終わると、因習的な秩序が回復された。つまり、〈無秩序＝無礼講の君主〉は奉公人の職に戻り、社会的に身分の高い者は平常の地位に帰った。［…］〈無秩序＝無礼講の君主〉という考えは、酒宴の領域を超えて政治の領域に広がることもあった。［…］徒弟は親方の仕事を引き継いで一日、二日、やりたい放題にやったし［…］女性が通常は男性だけのものとされている仕事や風貌を引き受けるときには、その日一日、男女の役割が逆転された。

中国の哲学者も地位の逆転というパラドクス、権威をくじき、一瞬にして新たな明察をもたらす機知や羞恥の働きを大変好んだ。［…］古い時代の中国哲学者の明察を利用すること、つまりそれを西洋の社会主義思想から引き出された要素と結合させること、そして両者を合わせて用いて、無秩序＝無礼講という限定的な概念を大変革における長期的な冒険的出来事にまで拡張すること、それが毛沢東の成し遂げた恐るべき偉業であった。毛沢東にとって、君主や主人が元の地位に戻るのは許されるべきことではなかった。彼らは自分より地位の高い人間ではない、彼らを排除することで社会は解放される、毛沢東はそう感じていた。彼はまた、因習的な秩序は回復されるべきではない、と考えていた。[61]

しかし、こうした「恐るべき偉業」は、真の革命すべてにみられる基本的姿勢ではないのか。そもそも「因習的な秩序は回復されるべきではない」と考えずに、誰が革命など起こすものか。毛沢東がやったことは、〔「無秩序＝無礼講の君主」的な〕侵犯行為を真剣に受け取ることによって、そこから儀式的で遊び的な性格を取り去ったことである。革命は単なるガス抜きではない。やがてしらふの状態に帰ることが決まっているカーニバル的な馬鹿騒ぎではないのだ。毛沢東の問題点は、「否定の否定」の不在、すなわち、革命の否定性を真の意味で新しい肯定的秩序に変換するのに失敗したことである。革命の一時的な落ち着きは、ことごとく単なる多くの旧体制の回復に帰着した、そのため、革命の火を消さずにおく唯一の方法は、〈文化大革命〉において頂点を迎える、無限に繰り返される否定という「見せかけの無限」であったのだ。『世界の論理』においてバディウは、出来事に対抗する主体の二つの姿勢、「反動的主体」と「曖昧な主体」について緻密に論じている。[62] ここで中国への資本主義の導入を一種の出来事と呼ぶ破廉恥をあえて受け入れてみれば、〈文化大革命〉と、「鄧小平」の名によって示される修正主義は、それぞれ曖昧な主体と反動的主体を表しているといった主張が可能だろう。鄧小平が共産主義国家中国における資本主義の復興《ルネサンス》を組織したのに対し、〈文化大革命〉はその完全な廃棄を目指したのであり、その意味ではまさにバディウのいう曖昧な災難 *un désastre obscur* であったからである。〈文化大革命〉の最終的な結果が否定的なものであったことは、バディウ自身が認めている。

すべては一九六六年から一九六八年のあいだにはじまった。そのとき、紅衛兵の高校生と大学生、そしてそれに続いて上海の労働者は、以前からあった仮説を現実的なもののなかに浸透させながら、来るべき数十年間のために、このはじまりを肯定的に実現することを定めた。だが、彼らの怒りは彼らの反抗の対象であったものに固着したままであったので、彼らはこのはじまりの純粋に否定的な面だけを開拓した。[63]

ここではさらにもう一歩踏み込むべきだろう。〈文化大革命〉が、新たなはじまりのための空間と道を切り開いたという意味で「否定的」であっただけでなく、それ自体においても否定的、つまり、〈新たなもの〉を創造できないそれ自身の無力さを示す指標としても否定的であったとしたら、どうだろうか。ここから導かれるのは、毛沢東の思想と政治の核心にある弱点である。ソビエトの共産主義関係の本や論文のタイトルに露骨にあらわれた文体的なぎこちなさ、例えば、（「ロシア革命の初期段階における革命の力学」や「ソビエト経済の発展における経済的矛盾」のように）同じ単語を繰り返すといった同語反復的な性格については、多くの論者が皮肉まじりに指摘している。しかし、この同語反復が指し示すものが、ダントン的な日和見主義者に対するロベスピエールの古典的な非難――「諸君が望むのは革命なき革命だ」――によって最良の形で表現されている裏切りの論理についての自覚であるとしたら、どうだろうか。要するに、この同語反復は否定を繰り返そうとする、否定を否定に結びつけようとする衝動を表している――真の革命とは「革命つきの革命」、すなわち、進行過程で自らの出発点であった前提を変革〔革命化〕する革命である、というふうに。ヘーゲルが次のように書くとき、彼はこの〔革命つきの革命の〕必要性を予期していた。「宗教を変えることなしに堕落した倫理体系、その制度と法を改めること、つまり改革なしの革命を行うことは、現代の愚行である」[64]。ヘーゲルはこう述べることによって、社会的革命を成功させるにはその条件として文化革命が必要であるという見解を表明していたのだ。だとすれば、ロベスピエールの辛辣な非難は、われわれ向けにこう書き換えられるはずである。「諸君が望むのは改革なき革命だ！」と。したがって、これまで試みられてきた革命の問題点は、革命が「過激すぎた」ということではなく、革命が十分に急進的＝根源的ではなかった、革命が自らの前提を疑問に付さなかったということである。フレドリック・ジェイムソンは、プラトーノフが（強制的な農業集団化の直前の）一九二七年から一九二八年にかけて書いた偉大な農民ユートピア作品、『チェヴェングール』をめぐる秀逸な論文において、革命の過程における二つの契機を分析している。革命はまず、急進的な否定の身振りによってはじまる。

世界の縮減というこの最初の契機、暴力と苦痛のうちに偶像を破壊し旧世界を一掃するというこの最初の契機は、それ自体、それとは別のものを再構築するための前提条件である。思いもかけない新しい感動と感情が存在できるようになる前には、絶対的な内在性という最初の契機、すなわち、農民の絶対的な内在性ないしは無知という白紙の状態が必要である。[65]

このあとには第二段階、新たな生（活）の創出――われわれのユートピア的夢想が実現される場としての新しい社会的現実の構築だけでなく、この夢想そのものの（再）構築――が来る。つまりそれは、

再建やユートピア的建設と呼んだのでは単純すぎるし、また誤解を招くような過程である。というのも、実際のところそこには、まずユートピアをどう想像しはじめるかという方法を発見する努力そのものが含まれるからである。より西洋色の強い精神分析的な言葉を使えば［…］われわれはこう考えてよいかもしれない。ユートピア的過程のこの新たなはじまりは、ある種の欲望への欲望、欲望の習得であり、当初ユートピアと呼ばれた欲望を、そうしたものを空想ないしは夢想するための新たな規則――それまでの文学的制度において先行例のない説話論的な取り決め――とともに創出することである、と。[66]

この精神分析への言及はきわめて重要であり、またきわめて的確である。根源的な革命においては、人々は「旧来の（解放、等々に向かう）夢想を実現する」だけではない。人々はむしろ、夢想の様式そのものを創出しなければならないのである。これこそは、死の欲動と昇華とのつながりを正確に表現しているのではないか。毛沢東が明確につかんでいた〈文化大革命〉の必要性は、まさにここにある。同時代におけるいま一つの瞠目すべき円環的な定式においてヘルベルト・マルクーゼが述べたように、自由（イデオロギー的制限からの、支配的な夢想の様式からの自由）は解放の条件である。つまり、われわれの夢想を実現するために現実だけを変え、その夢想そのものを変えないのであれば、われわれは早晩、旧来の現実に退行する、ということである。ここで機能しているのは、ヘーゲルのいう意味での「前提の措定」である。つまり、解放に向けた懸命の努力は、遡及的に自らの前提を形成する、ということである。

革命のあとに起こることに対する、「宴の後」に対するこの言及によって、はじめてわれわれは、自由意志を旨とする感情的な暴動と真の革命的な大変動とを区別できるようになる。前者は、社会の再構築という面白みの薄い仕事をはじめねばならない段になると、活力を失う。このときになって、倦怠がはびこるのである。それと対照的な例として、没落直前のジャコバン派がみせた途方もない創造性を思い出そう。彼らは、新たな市民宗教や、高齢者の威厳を守る方法等々について多くの提案を行った。一九二〇年代前半におけるソ連の、日常生活をめぐるレポートを読むおもしろさもまたその点にある。そこには、例えば、新しい求愛の規則とはいかなるものか、誕生日はどう祝うべきなのか……といった具合に、日常のあり方に関する新たな規則を創出しようとする熱意があったのだ。[67]

〈文化大革命〉は、この点において悲惨な失敗を犯した。バディウは、否定的なものとしての行為という考えには断固反対するひとではあるが、こと毛沢東の〈文化大革命〉に関しては、「革命的政治活動の主要産物である政党国家の終焉」を画した否定的な姿勢のうちにその歴史的意義を位置づけていた。この事実のはらむアイロニーを見過ごすことはむずかしい。ここにおいてこそバディウは、首尾一貫した姿勢をとるべきであったし、〈文化大革命〉には出来事としての資格はないと否定すべきであったのだ。というのも、〈文化大革命〉は〈出来事〉であるどころか、むしろ、バディウの好む言い方でいえば「病的な死の欲動」の、このうえもない誇示であったのだから。旧時代の記念物の破壊は、過去を真に否定するものではなかった。繰り返していえば、それはむしろ、過去を取り除くことの失敗を示す、無力なアクティング・アウト〔行為への移行 *passage à l'acte*〕であったのだ。

それゆえ、毛沢東の〈文化大革命〉の最終的な帰結が中国における今日の、前例のない資本主義的動力の爆発であるという事実には、ある意味で、一種の詩的正義〔因果応報〕が働いている。要するに、資本主義をとりわけ今日の「後期資本主義」において思う存分展開するそうした爆発は、不断の自己変革、逆転、危機、再創出によって「カーニバル化」されている今日の支配的で「正常な」生活様式なのである。ブライアン・マッスミは、この袋小路を明確に表現している。その基盤にあるのは、今日の資本主義が、正常性によって全体を統一する論理を克服して、逸脱的な過剰性をよしとする論理を採用したという事実である。後者の論理は、

多様であればあるほどよい、さらには逸脱的であればあるほどよい、というものである。規範性というたがは失われはじめ、規則によるしばりは緩みはじめる。この規範の緩みは、資本主義力学の一部である。それは単なる解放ではない。それは資本主義自体の力の形である。すべてを規定するのは、もはや規律的な制度的力ではない。多様性を生み出す資本主義の力である。それというのも、市場は飽和状態になるからである。多様性を生み出せば、適切な市場を生み出すことになるのである。このうえなく異様な情動的傾向であっても問題はない――それが利益になるかぎりは。資本主義は情動を

強化ないしは多様化するが、それはあくまで剰余価値を引き出すためである。資本主義は利潤を生み出す潜在能力を強化するために情動を強奪する。それは文字通り情動の価格を設定する。剰余価値生産の資本主義的論理は、それと関連のある、政治的環境の領域でもある分野、同一性や予測可能な軌道に対する抵抗という倫理的分野を接収しはじめる。このことはきわめて厄介な問題であり、われわれを大いに困惑させる。なぜなら、資本主義の力学と抵抗の力学とのあいだにはこれまである種の収束関係があったと、私には思われるからである。[68]

このように、毛沢東流の永遠の自己変革、国家構造の形骸化に対する継続的な闘争と、資本主義に内在する力学とのあいだには、安直な愚弄や皮相的な類比を超えた根源的な構造的同一性が存在する。ここでは「銀行を設立することにくらべれば、銀行強盗なんてかわいいものだ」というブレヒトの言葉を次のようにもじってみたくなる。真の〈文化大革命〉、すなわち、資本主義的再生産に必然的にともなう、あらゆる生活形式の恒常的な崩壊にくらべれば、〈文化大革命〉に巻き込まれた〈紅衛兵〉の行う暴動と破壊などかわいいものだ、と。今日、〈大躍進〉の悲劇自体は、近代化への資本主義的な〈大躍進〉というファルスとして反復され、「すべての村に鋳鉄製造工場を」というかつてのスローガンは、「すべての通りに超高層ビルを」に姿を変えている。

今日の世を支配するグローバル資本主義こそが、真の〈無秩序の君主〉である。そうであるなら、中国の政府高官が、資本主義の爆発的成長にともなう度を越した社会崩壊を制御するために、社会の安定に資する仏教から儒教にいたる宗教と伝統的イデオロギー、まさしく〈文化大革命〉の標的であったそうしたイデオロギーを賞賛するのは、不思議ではない。二〇〇六年四月、中国国家宗教局局長の葉小文は、新華社に「宗教は中国の強さの源となるもっとも重要な力のひとつである」と語り、とくに仏教を取り上げて、その「社会の調和を促進するうえでの唯一無二の役割」について述べた。これは、経済成長と社会的発展、社会的ケアとを結合させるための公式の枠組みである。そして同じ週には、中国は世界仏教会議のホスト国を務めた。[69] このように、宗教が資本主義の動乱を安定化する役割をもつことは、公式に認められている。中国当局にとって法輪功のような宗派が悩みの種なのは、彼らが国家による管理の手を逃れているからにすぎない。（だからこそ、〈文化大革命〉は人民における社会主義的姿勢を強化し、それによって、今日の資本主義の発展のもたらす最悪の過剰な崩壊現象を制御する一助となったとする議論には反対すべきである。それどころか〈文化大革命〉は、儒教のような社会的安定に資する伝統的イデオロギーを根本から崩すことによって、目のくらむような資本主義の効力に対して人民をいっそう無防備にしたのである）。

マルクス主義を有効な国家イデオロギーとして復活させようとする近年の中国における大々的なキャンペーン（この企てには、誇張ではなく実際に数億ドルが投じられている）は、以上のことをふまえて解読すべきである。この戦略に、資本主義的自由化に対する脅威、すなわち、強硬派が自らのヘゲモニーを再強化したがっているという兆候を読み取るひとは、完全に要点を見失っている。逆説的に聞こえるかもしれないが、このマルクス主義への回帰は、資本主義の最終的な勝利を示す兆候、資本主義が完全に制度化されたことを示す兆候である。（法的安定への重要な一歩として西洋から歓迎された、私有財産を保証する近年の法的措置は、この進展の一部である）。要は、いかなる類のマルクス主義が今日の中国にふさわしいものとして提示されているのか、ということである。重視されるのは、マルクス主義と「左翼思想」との区別である。マルクス主義は「左翼思想」と同じものではない。後者は、自由な労働組合から資本主義の超克にいたるまで、労働者の自由に関わるあらゆる類の話を指す用語である。生産力の発展が社会の進歩の主要因であるというマルクス主義のテーゼに基づいて、進歩的な力のなすべき主な仕事はこう定義される。持続的で急速な「近代化」の条件を創造しながら、同時に、右翼思想はもとより左翼思想によっても生み出されるあらゆる形の不安定（多政党民主主義を求めるキャンペーンなど）――これは混沌をもたらし、それによって近代化の過程そのものを妨害することになる――を回避すること、と。ここから出てくる結論は明らかである。つまり、今日の中国において共産党が果たすことのできる指導的役割は、急速に変容する、社会的安定の条件を支えることだけである。公式の（儒教的）用語でいえば、中国は「調和のとれた社会」になるべきだ、ということである。

　したがって、旧来の毛沢東的な用語でいえばこうなる。「ブルジョア」の脅威が主たる敵であるようにみえるかもしれないが、支配階級のエリートの目からみれば、「主要な矛盾」は、既存の「調和的な」秩序（共産党支配によって支えられた、何にも束縛されない資本主義の成長）と労働者および農民の反乱の脅威とのあいだに存在する、と。だからこそ、近年強化された圧制の装置（人民の不穏な動きをつぶすために編成された特別警察機動隊など）は、イデオロギーにおけるマルクス主義の復興を社会において現実的に表現するものなのである。この復興の問題点は、カントの言葉でいえば、マルクス主義が完全に「理性の私的使用」の支配下に置かれていることである。カントにとって、「世界市民社会」という公的空間は、普遍的単独性《シンギュラリティ》という逆説、単独者としての主体が特殊の媒介を迂回して直接普遍に関与するというある種の短絡ともいうべき逆説を意味している。これは、カントが「啓蒙とは何か」の有名な一節で「公的」と「私的」を対立させたときいわんとしていることである。「私的」とは、共同（体）的と対立する意味での個人的関わりのことではなく、ひとを特殊レベルで同定する共同（体）的-制度的秩序そのものである。それに対して「公的」とは、〈理性〉の実践がもつ国家横断的な普遍性のことである。

> 理性の公的な使用はつねに自由なものでなければならない。理性の公的な使用だけが人間に啓蒙をもたらすことができる。それに対して、理性の私的な使用は、とくに啓蒙の進歩を妨げることはないが、

多くの場合、著しく制約されたものになる可能性がある。理性の公的な使用とは、ある人が学者として読者である公衆の前で理性を使用することである。理性の私的な使用とは、ある人が、自分に任せられた市民としての特定の地位や役職において理性を使用することである。[70]

したがって、「自由に考えよ、しかし従え」というカントの原則は、個人の中身を同定する共同体的な場から引き抜かれた、あるいはそれと対立しさえする単独的な個人が、「公的」領域という普遍的次元に関与する、という逆説をいっているのである。人が本当の意味で普遍的であるのは、共同体的なもろもろのアイデンティティの狭間にあって根源的に単独的であるときだけである。現代中国の話に戻ろう。人為的に復興された形のマルクス主義は、理性の私的な使用の典型である。中国でマルクス主義が動員されるのは、マルクス主義に固有の普遍的な真理のためではなく、共産党の権力を維持しそれによって急速な経済発展の時期における安定性を確保するという現代中国の国家的関心を正当化するためである。マルクス主義のそうした使用は、マルクス主義を「客観的に見くびる」ものであり、認識としての価値はゼロである。ここでの悲劇は、中国国家が早晩「儒教的価値観をともなった資本主義」という枠組みの限界に直面するということ、そしてその点に関しては、無制限の「理性の公的な使用」だけが新たな解決をもたらすことができるだろう、ということである。今日の中国において、当局が「公的な知識人」と「市民社会」という二つの言葉をきわめて否定的にとらえていることは不思議ではない。そうした言葉は明確に禁止されているわけではないが、権力者とうまく付き合いたいならそうした言葉を避けたほうがよいということは、どの知識人も知っている。どんなことも（だいたいは）許されている。ただしそれは、閉じられた学問的な議論において、すなわち、一般公衆の耳目にとどかないかぎりにおいてである。

現代中国においてマルクス主義が逆説的な地位にあるのは、二一世紀の中国がもはや全体主義国家ではなく、むしろ、独裁国家と呼びうるようなものであるからである。一般市民のあいだでは熱心な論争が行われるし、重要な問題に関する多様な意見も尊重されるが、そこには踏み越えられない明確な制約がある（共産党が政治を独占することにあからさまに疑問を突きつけることはできない）。環境問題に関心を寄せることは可能だが、巨大な黄河ダムのような物議をかもしている問題に触れることは許されない。特殊技術をもたない肉体労働者の置かれた悲惨な状態について書くことは可能だが、その際には、それを局所的な異常事態として扱わねばならないし、独立労働組合のような労働者を守る組織の設立を提案してはならない。暗号的な言葉を使うことも強要される。たとえば、社会主義を批判するときには、社会主義のある方向性をたたいて別の方向性を擁護しなければならないのである。

マルクス主義の用語によって自らを正当化するにもかかわらず、マルクス主義の基本的前提、労働者の自己組織化は資本主義を打倒するための革命的な力であるという前提を拒絶する共産党――このあまりにも明白な矛盾に直面したとき、共産主義の理論的指導者はどう反応するのだろうか。ここでは、伝説と化した中国的な礼儀正しさが大々的に導入されるような気がしてならない。つまり、露骨にこうした問いを提起する（あるいはそれに固執する）ことは、礼儀を欠くとみなされるのである。このように礼儀にうったえることは必然的である。というのも、結びつけられないものを結びつけるには、それしか方法がないからである。公式イデオロギーとしてのマルクス主義を強化しながら同時にその中心原理を公然と禁ずるとなれば、イデオロギー体系全体の崩壊が起こるだろうし、それによって体系は無意味なものになるだろう。したがって、ここから帰結するのは、あることが明らかに禁じられながら、同時にこの禁止が公的には明言されず、この禁止自体が禁じられている、ということである。つまり、禁じられるのは、資本主義的搾取に対抗する労働者の自己組織化という問題をマルクス主義の中心的教義として提起することだけではない。この問題を提起することは禁じられていると公的に主張することもまた、禁じられているのである。(理論家から話を聞くと、彼らはたいてい個人的にはこう認める。もちろんこれは矛盾している、しかし、にもかかわらず、そうした矛盾したイデオロギー体系は機能する、しかも華々しく機能するのである、と。つまり、これは中国における急速な経済成長と安定とを確保する唯一の方法なのである。これがもっとも純粋な形の「理性の私的な使用」であることは、付言するまでもない)。

この逆説は、最近発表された中国に関するレポートのタイトル、「中国では秘密さえも秘密である」によって上手く表現されている。[71] 政治的圧制、環境破壊、農村の貧困、等々について報告する、中国当局にとって面倒な存在である多くの知識人(例えば、中国の地方紙の切抜きを外国に住む夫に送った中国人女性)は、国家機密を漏らした罪で数年間投獄される。しかし「国家機密体制を構成する法や規則の多くはそれ自体機密扱いになっているので、個人にとっては自分がいつどのように違反を犯したのかなかなか分からない」。この禁止自体の機密化は二つの目的に役立つものであり、この二つの目的は混同されるべきではない。一般に知られているのは、罪の意識と恐怖を広めるという役割である。何が禁じられているか分からないのであれば、いつ禁止を破ったのかも分かりようがない。これによってひとは、罪を犯しているかもしれないという意識をつねにもつことになる。

もちろん実際はこれほど単純ではない。スターリンによる粛清が最高潮に達していた時期には実際に誰もが有罪の判決を受ける可能性があったが、そうした場合を除けば、人々は自分がいつ権力者を怒らせるようなことをやっているかよく分かっている。したがって、禁止を禁止することの機能は、「不合理な恐怖」をあおることではない。(自分は法を破っているわけではなく、意見の自由など法の保障することだけをしているのだから、自らの批判活動によって罰せられることはないと思っている)反体制者の卵に、権力者を怒らせすぎると権力者の気まぐれによって罰せられる可能性がある、と教えることである。「われわれを挑発するな、われわれはお前に対して好きなことができる、ここにはお前を守ってくれる法などない！」と。旧ユーゴスラビアでは、作家やジャーナリストを起訴するために、きまって悪名高き刑事法第一三三条が発動された。社会主義革命の成果をゆがめて伝えたあらゆるテクスト、あるいは、その政治的、社会的、等々の問題の扱い方が公衆の間に緊張や不満を誘発するおそれのあるあらゆるテクストが、この条項によって有罪とされた。後者のカテゴリーは明らかに融通無碍であるだけでなく、便利な具合に自己言及的でもある。つまり、われわれが権力者によって告発されたという事実があるからこそ、われわれは「公衆の間に緊張や不満を誘発した」ことになるのではないか。当時、私は、この法律をどう正当化するのかと、ある政治家に聞いたことがある。にやっと笑った彼は、ウィンクをしてこう答えた。「われわれを怒らせる存在が必要なときには、なにか罰するための道具を用意しておかないとね……」。

しかし、禁止を禁止することには、もう一つ、これと同じくらい重要な機能がある。それは、見かけを維持するという機能である。ちなみに、スターリン主義下において見かけがいかに絶対的に重要なものであったかは、誰もが知っている。見かけが崩れるような恐れがあるとき（例えば、体制の過ちを明らかにする事件が公共のメディアにおいて報道されるとき――というのも、ソビエトのメディアにおいては、労働者やその他の人々による抗議活動はいうまでもなく、風刺新聞も、犯罪や売春に関するレポートも存在しなかったからだ）、スターリン主義体制はきまって完全なパニックに陥ったのである。この禁止の禁止が共産主義体制に限られたものでないのは、この機能のためである。禁止の禁止は今日の「寛容を旨とする」資本主義においても機能している。「ポストモダン的な」上司は、自分は支配者ではなく、みんなが力を合わせて働けるようにする調整役、いわば同輩中の筆頭にすぎない、と主張する。堅苦しいことは抜きにして、私をニックネームで呼べばいい、下品なジョークも遠慮なく私の前でいってくれ……と。しかし、そうしたところで、彼が支配者であることに変わりはない。こうした社交の場において、支配関係は支配関係の否定によって機能する。支配関係が機能するためには、それが無視されねばならないのである。

われわれは支配者に従わねばならないだけでなく、われわれが自由で平等であるかのように、支配など存在しないかのように行動しなければならない――もちろん、これによって状況はさらに屈辱的なものになるのだが。こうした状況では、逆説的ではあるが、支配者に支配者のように振舞うように要求することが、解放の第一歩となる。われわれは、支配者の差し出すまやかしの協調関係を拒絶すべきであり、支配者は支配者らしくわれわれとの間に距離を置けと主張すべきなのだ。（同じことは、女性に対する家父長制的な支配についてもいえる。現代社会では、こうした支配そのものはもはや認められていない。だからこそ、家父長制をからかうべく、あえて支配されているかのようにふるまうことが、女性にとって家父長制を転覆するひとつの抵抗策となる）。

この逆説の根源にあるのは、資本主義の勃興とともに起こる社会関係の変化である。ここでは、人と人との関係が物と物との関係として現れるという、商品フェティシズムに関するマルクスの古い定式を応用すべきである。つまり、資本主義において、われわれが人々として、個人としてみな平等であり、また同じ尊厳と自由をもつのは、この商品フェティシズムのためである。支配関係は、それ以前の社会では社会階層に直接基づく個人間の関係であったが、いまやそれは「物と物」（商品間）の関係に置き換えられたのである。支配は必ず支配を否定するという論理は、資本主義的な関係構造の核心に刻まれている。

ここで銘記すべきは、あらゆる社会構造は特定の排除や禁止に依存しているが、この排除の論理はつねに二重である、ということだ。つまり、支配される〈他者〉（同性愛者、白人以外の人種……）が排除／抑圧されるだけではない。排除と抑圧を行う権力は、自らのうちにある排除／抑圧された「破廉恥な」要素に依存しているのである（例えば、合法的なもの、寛容なもの、キリスト教的なもの……として正当化される権力の行使は、被支配者を暴力的に陵辱するといった、公にはその存在を認められていない破廉恥な儀式に依存している）。より一般的にいえば、われわれがここで扱っているのは、イデオロギーにおける脱アイデンティティの実践とでも呼んでみたくなるものである。要するに、イデオロギーは主体に確固たるアイデンティティを与え、主体に「社会的役割」を強要するというお決まりの考え方を、ここでは逆転するべきなのだ。イデオロギーは、それとは別の――しかし解消不可能で構造上必要な――レベルでは、まやかしの脱アイデンティティの空間、主体の社会的あり方を規定する現実の枠組みに対するまやかしの距離感を生み出すことによって効力を発揮するとしたら、どうだろうか。この脱アイデンティティの論理は、次のような例から確かめられるのではないか。もっとも基本的な例としては、「私はアメリカ人（の夫、労働者、民主党員、ゲイ……）であるが、そうした役割と仮面をとれば、私は一人の人間、複雑な唯一無二の人格をもつ個人でもある」という言辞があり（ここでは、私の社会的位置を規定する象徴的な特徴に対する多様な距離感そのものが、この規定の効果を保証する）、より複雑な例としては、サイバースペースにおける多様なアイデンティティを使った遊びがある。つまり、サイバースペースにおける倒錯的な「単なるゲーム」には、二重の神秘化が機能している。われわれがサイバースペースで遊ぶゲームには、われわれが通常想定しているよりも重い意味がある（主体は、虚構の形を借りて、つまり「単なるゲームだよ」といいながら、「現実の」人間関係においては自分でも絶対に認めないようなサディズム的、「倒錯的」、等々の特徴をもつ象徴的アイデンティティを、そこで表現し演じているのではないか）。しかし、それと同時に、これと反対のこともいえる。つまり、多くの人から評価されている、多様で変化に富む人格（自由に構築された複数のアイデンティティ）は、われわれの存在を捕らえる社会空間の制約をうやむやにしかねない（そして、それによってわれわれにまやかしの自由を与えかねない）のである。

この長い迂回を経て、われわれは現代中国のマルクス主義の逆説にもどる。マルクス主義の中核にある解放論的な前提を抜きにしたこのマルクス主義（カフェイン抜きのマルクス主義、その核となる転覆性を欠いたマルクス主義）を、自由を旨とする西洋マルクス主義の立場からばかにすることはやさしい。しかし、中国の国家イデオロギーであるこの新しいマルクス主義を直接皮肉たっぷりに批判することは、大事なことを見落としている。それは、われわれが扱っているのはマルクス主義に対する単なる裏切りではなく、マルクス主義の症候そのもの、すなわち、マルクス主義の矛盾を解決する常套手段である、ということだ。実際、「オリジナルの」マルクス主義には、潜在的に、労働者を「進歩」（生産力の急速な発展）に隷属させるような側面がある。スターリン主義において、この「進歩」は中央集権化された国家経済の枠組みのなかで組織された。それに対し今日の中国は、発展のためにもっとも効率のよい原動力は資本主義的な生産関係であると、論理的に結論する。（トニ・ネグリをも含む）古典的マルクス主義の前提は、「歴史はわれわれの味方である」であった。つまり、労働者による資本主義への抵抗は「客観的にみて」生産力のより急速な発展に資する、そしてこの抵抗自体は、資本主義が生産力の発展にとってもはや原動力とはならず、ますます障害となっていくことを示す徴候である、というわけだ。では、資本主義が事実上、社会関係を動かすもっとも効果的な原動力であるということが判明したとき、何をすればよいのか。世界史の現局面においてわれわれは資本主義を百パーセント受け入れねばならないということを素直に認めること――この中国流の解答が答えである。では、マルクス主義の出番はどこにあるのか。それは、共産党が指導的役割を果たさなければ、そうした近代化を支え且つ「調和ある社会」を維持することはできない、西洋のリベラルな資本主義の特徴である社会的崩壊を防ぐことはできない、という主張のなかにある。

このように資本主義は革命の力学を流用するわけだが、これは滑稽な事態を生み出さないわけではない。これは最近発表されたことだが、イスラエル国防軍の軍事学校は、イスラエル国防軍によるパレスチナ人民に対する市街戦を概念化するために、ドゥルーズとガタリ、なかでも彼らの『千のプラトー』を体系的に参照し、それを「戦略理論」として用いている。そこで使われるスローガンは、「形態なき敵の実体」「フラクタルな機動作戦」「速度対リズム」「ワッハーブ戦争機械」「ポストモダンなアナーキスト」「ノマドなテロリスト」である。彼らが依拠する重要な区別の一つに「平滑」空間と「条理」空間があるが、これは「戦争機械」と「国家装置」という組織概念を反映している。イスラエル国防軍は現在、ある空間における作戦に言及する際、その空間に境界線がないかのようにいいたい場合、よく「空間を平滑化する」という言葉を使う。パレスチナ人居住区は、フェンス、壁、溝、バリケードなどによって囲まれているという意味で「条理」空間であると考えられている。

二〇〇二年四月にイスラエル国防軍部隊によってなされたナーブルス市街への攻撃は、その作戦の司令官、アヴィヴ・コハーヴィ准将によって「逆換幾何学」と表現された。彼の説明によれば、それは「一連のミクロ戦術的な行動によって都市の文法を組み換えるもの」であった。戦闘の間、兵士たちは、切れ目のない込み入った都市を貫くように掘られた数百メートルにもおよぶ地上トンネルを横断しながら、街のなかを移動した。兵士数千人とパレスチナ人ゲリラは、同時期に街のなかで機動していたが、両者とも都市構造のなかにすっかり「溶け込んで」いたので、上空からでもその姿を確認することはできなかっただろう。さらに彼らは、街路、道路、路地、中庭などはいっさい使わなかった。いいかえれば、外部に面したドア、建物内部の階段の吹き抜け、窓はどんなものでも使った。水平方向に移動する場合は壁を通りぬけ、垂直方向の場合は天井や床に爆破して穴をあけた。この移動方法は、軍では「侵襲」と呼ばれているが、その目指すところは外部を内部として、室内を街路として捉え直すことである。イスラエル国防軍の「壁を通り抜けて歩く」という戦略に込められているのは、都市は単なる戦場ではなく、戦闘の手段そのもの、「永遠に偶発的で流動的な、ほとんど液体のように姿を変える手段」でもある、という考え方である。[72]

では、以上からいえることは何だろうか。それはもちろん、ドゥルーズとガタリは軍事的植民地化の理論家である、という無意味な糾弾ではない。そうではなく、結論としていえるのは、ドゥルーズとガタリによって表現された概念装置が単に「体制転覆的」であるだけでなく、逆に現代資本主義の（軍事的、経済的、イデオロギー–政治的）戦略にも適している、ということである。では、不断の自己変革を原理とする体制を変革するには、どうすればよいのか。

〈プロレタリア文化大革命〉（GPCR）は、失敗ではあったが、単なる国家権力の奪取で終わらずにどう新たな経済体制を構築し日常生活を再編成するかという重要問題への取り組みにおいて独自のものがあった。その失敗はまさに、新たな形の日常生活を生み出せなかったことにあった。それはカーニバル的な過剰の域に留まり、日常生活の復元と維持、生産の再建と維持が（周恩来の支配する）国家機構によって保証されていたのである。毛沢東が〈文化大革命〉を引き起こしたのは自らの権力を再建するためであったという主張には、社会的現実のレベルでいえば、明らかにある程度の真理がある（毛沢東の権力は、一九六〇年代のはじめ、〈大躍進〉の壮大な失敗の余波を受けて深刻な衰えをみせており、そのとき共産党幹部の大多数は彼に対して党内で無言の反抗を行った）。たしかに〈文化大革命〉は計り知れない苦痛をもたらし、社会組織を深く傷つけた。それはたしかに、スローガンを唱える熱狂的群集の物語として語ることができる。しかし、それですべてが片付くわけではない。〈文化大革命〉には、それが引き起こしたあらゆる惨事にもかかわらず（正確にいえば、それゆえに）、実演されたユートピアといえる要素がある。〈文化大革命〉の最後の最後には――これはちょうど（自らの影響力の再建とライバルであった党幹部の排除という目的をすでに達成した）毛沢東自身によって扇動活動が妨害される前のことであるが――「上海コミューン」が存在した。つまり、公式のスローガンをただひたすら真剣に受け止め、国家の廃棄はおろか党の廃棄までも要求した百万人の労働者と、率直にコミューンとして組織された社会が存在したのでである。毛沢東が、まさにこの時点において軍隊に介入を命じ秩序を回復させたことの意味は大きい。ここでの逆説は、野放しの動乱を引き起こした指導者が、同時に個人的権力を最大限にふるおうとする——極端な独裁と極端な大衆の解放とが重なり合う——という逆説である。毛沢東がGPCRを引き起こしたのは、党内の権力闘争におけるライバルを排除し自らの権威を再び主張するためであり、GPCRが軍隊の介入によって骨抜きにされたのは、それが制御不能に陥りそうになった瞬間であった、という議論は、たとえ真実であってもここでは意味がない。それはただ、GPCRにおける出来事がそれ本来の力を得ていた、ということを認めているにすぎない。〈文化大革命〉のもつこの正真正銘の革命的特徴は、ときに保守系の批評家によっても認められることがある。彼らは、人民に「自分のために自ら考え行動する」ように、「全体主義的な支配」機構そのものに抵抗しそれを破壊するように説く「全体主義的」指導者という「逆説」に、注目せずにはいられないのだ。ゴードン・チャンは保守系の雑誌『コメンタリー』に最近こう書いている。

逆説的ではあるが、中国人民に自分のために自ら考え行動することを独自のやり方で教えたのは、人民を隷属させた張本人、毛沢東であった。〈文化大革命〉において彼が急進主義的な若者に強く命じたことは［…］国の隅々にまで行って古来の寺院を壊すこと、文化遺産を破壊すること、母親、父親だけでなく政府の役人や共産党員をも含む年長者を非難することであった。［…］〈文化大革命〉は、毛沢東の考えでは自分にとっての敵を殲滅することであったかもしれないが、実際は社会組織を破壊する狂乱となった。統治体制が崩れ、統治機能が革命委員会と「人民のコミューン」の手に渡ると、国家による厳しい規制とその抑圧的な体制は崩壊した。人民はもはや、自分たちがなすべきことを誰かに指示してもらう必要はなかった。毛沢東は彼らに、人民は「反抗権」をもつ、と語っていたからである。急進主義的な若者にとって、これは本質的に自由な熱情の時間であった。〈偉大なる操舵手〉はこのときまでに、見事なやり口によって一気に、ほとんどすべての権威から正当性を剝奪していた。[73]

これが意味するのは、われわれは〈文化大革命〉を二つの異なるレベルで解釈できる、ということである。〈文化大革命〉を歴史的現実（存在）の一部としてみれば、それを「弁証法的」に分析することは容易であり、その場合、歴史的過程の結末がその過程の「真理」であるとみなすことになる。つまり、〈文化大革命〉の最終的な失敗は、文化革命というプロジェクト（「観念」）自体に内在的な矛盾があることの証拠である、それは（マルクスにとって、利益追求という野蛮で、非英雄的な資本主義的現実が、ジャコバン派による革命の高貴なヒロイズムの「真実」であったのと同じように）この矛盾の解明‐展開‐現実化である、ということだ。しかし、〈文化大革命〉を〈出来事〉として、平等主義的正義という恒久的〈理念〉の実演として分析するなら、〈文化大革命〉の実際上の結末、すなわち、それが悲惨な失敗に終わったあと近年になって資本主義に変容したことは、〈文化大革命〉の現実界を枯渇させるものではない。〈文化大革命〉の恒久的理念は、〈文化大革命〉が社会的‐歴史的現実において失敗しても生き残る。この理念は、頓挫したユートピアの亡霊として地下で妖怪のように生き続け、次の復活のときを辛抱強く待ちながら未来の世代に付きまとって離れないのである。ここで思い出されるのは、再びロベスピエールである。彼は、あらゆる失敗を貫いて存在し続ける、自由という恒久的〈理念〉への純粋な信仰を感動的に表現した。ロベスピエールにとって明らかであったように、この〈理念〉を欠いた革命は、「騒々しい悪行によって別の悪行をつぶすことにすぎない」。ロベスピエールが、逮捕され処刑される前日の一七九四年熱月《テルミドール》八日に行った演説は、この信仰をもっとも感動的に表現している。

しかし、私は断言できる、この信仰のうちには、感情をもった純粋な魂が存在するのだ。やさしくて尊大な抑えようのない情熱、寛大な心の苦悩と喜びが存在するのだ。暴政に対する根深い憎悪、被抑圧者に対する熱い同情心、祖国によせる聖なる愛、そしてそれをはるかにしのぐ崇高さと神聖さを備えた、人類に対する愛が存在するのだ。この人類への愛がなければ、大革命も、騒々しい悪行によって別の悪行をつぶすことにすぎない。この地上に世界初の〈共和制〉を樹立しようという寛大な大志が存在するのだ。[74]

これと同じことは、フランス革命以上に、この〈理念〉の最後の大きな実践である毛沢東の〈文化大革命〉に当てはまる――つまり、革命への熱意を支えるこの〈理念〉を欠いた〈文化大革命〉は、フランス革命以上に、「騒々しい悪行によって別の悪行をつぶすことにすぎな」かった――のではないか。ここで思い出すべきは、ヘーゲルが『歴史哲学講義』で述べた、フランス革命についての崇高な言葉である。

フランス革命は哲学から生じたといわれています。また、哲学が世界知 *Weltweisheit* と呼ばれてきたのには、理由がないわけではありません。というのも、哲学は、事物の純粋な本質としてそれ自体において、そしてそれ自体に対して真理であるだけでなく、世界の事件において示されたままの、その生きた形式においても真理であるからです。したがって、われわれは、革命が起こる最初のきっかけとなったのは哲学の衝撃であったという意見を否定すべきではありません。[…] 人間存在の中心は頭のなか、つまり思考のなかにあり、人間は思考に触発されて現実世界を築き上げるという捉え方は、太陽が天空に現れ、惑星がその周りを回り始めて以来、一度もなされたことがありませんでした。[…] 人間は現在にいたるまで、思考が精神的現実を支配すべきであるという原理を認識するところまでいかなかったのです。したがって、この革命は、精神の輝かしい夜明けだったのです。思考する存在はみな、この新時代の幕開けの喜びに沸き立ちました。人々はそのとき、高潔な感情に突き動かされていました。聖と俗との一致がはじめてなされたかのように、精神的な熱狂が世界にしみわたったのです。[75]

もちろんヘーゲルは、この発言にしばられることなく、この抽象的な自由の荒々しい発現がそれとは反対のもの、自己破壊的な革命的恐怖政治に転じる必然性を冷徹に分析したわけだが、ヘーゲルの批判が、〈フランス革命〉（および、それを補充する重要な出来事であった〈ハイチ革命〉）の基本原理を受け入れた内在的なものであることを忘れてはならない。そして、〈十月革命〉（および、のちの中国の〈革命〉）についても、われわれはまったく同じように考えなければならない。バディウが指摘しているように、それは、人類史においてはじめて被搾取民である貧者の反抗が成功をおさめた事例であった。貧者たちは新しい社会の、いまだ何の身分もない構成員であり、彼らは社会の基準を定めた。革命は安定化され新たな社会体制へと落ち着いた。想像を超えた経済的、軍事的圧力と孤立のなか、新しい世界が創造され、それは奇跡的に数十年間続いた。これはまさしく「精神の輝かしい夜明けであった。思考する存在はみな、この新時代の幕開けの喜びに沸き立った」。あらゆる階層秩序に抗して、平等主義的普遍性が直接、権力の座についたのである。

既存の社会に代わるこの新たな社会の根底には、基本的な哲学的ジレンマがある。つまり、ヘーゲル的な立場を首尾一貫してとるには、〈概念〉をその現実化の成否によって判断するしかないわけだが、そうなると、〈本質〉はその〈現れ〉に全面的に媒介されるという視点からみたとき、〈理念〉はその現実化を超越するという考えは崩れるように思われるのである。ここからは次のような結論が出てくる。われわれが、歴史的失敗を超えて生き残る恒久的〈理念〉に固執すれば——ヘーゲル流にいおう——完全なかたちで現実化された、〈本質〉と〈現れ〉との一致としての〈概念〉のレベルから、自らの〈現れ〉を超越すると想定される〈本質〉のレベルへの退行が必然的に生じる、と。だが、本当にそうなのだろうか。われわれはこう主張することもできる。歴史的な失敗を超えて生き残るユートピア的な〈理念〉の過剰性は、〈理念〉とその〈現れ〉との全面的な媒介関係と矛盾するものではない、つまり、〈理念〉を完全に実現できない現実の失敗は同時にこの〈理念〉自体の失敗（限界）でもある、というヘーゲルの基本的な明察は、引き続き当てはまるのだ、と。ただわれわれがここで付け加えるべきは、〈理念〉とその現実化とを隔てるギャップは、〈理念〉自体の内部にあるギャップを表している、ということである。歴史的現実にとり憑き続ける幽霊的な〈理念〉が、新しい歴史的現実そのものが虚偽であること、その現実が自らの〈概念〉に合致していないことの徴候であるのは、そのためである。ジャコバン派的なユートピアの失敗、すなわち、それが功利主義的なブルジョア的現実において実現されたことは、同時にこの現実自体の限界でもあるのだ。

　したがって、われわれは、ラカンの「カントをサドとともに」に対する凡庸な解釈を逆転すべきである。この解釈によれば、サド的倒錯はカントの「真実」であり、カント以上に「根源的」である、つまり、サド的倒錯は、カント自身が怖気づいて目を背けてしまったことをカント哲学から引き出している。しかし、われわれはこれとは逆のことも主張できるだろう。つまり、サド的倒錯はカントの妥協の結果である、カント自身が自らの画期的哲学から帰結することを回避した結果である、と。サドはカントの症候である。カントが、自らの革命的倫理学から得られるすべての結論を引き出さなかったことは確かであるが、その一方で、サドという人物が現れるための空間を準備したのは、このカントの妥協、つまり、とことんまで進もうとしない、自らの画期的哲学に忠実であろうとしない彼の態度である。サドは断じて単なる「カントの真実」ではない。サドは、カントが自身の哲学的発見の真実を裏切ったことの症候である。猥褻なサド的享楽者 *jouisseur* は、カントが倫理学的に妥協したことの証拠となる傷痕であり、サドという人物の見た目の「根源的な性格」(〈快楽への意志〉を最後まで極めんとするサド的主人公の意志)は、それとは正反対のことを隠しているのだ。いいかえれば、真に恐ろしいのはサド的な乱交ではなく、カントの倫理学の現実的な核である。再びブレヒトの言葉をもじっていえば、純粋な倫理的行為に付き物の「悪魔的〈悪〉」にくらべれば、サド的な集団乱交における貧弱な〈悪〉など、かわいいものである。そして適切に言葉を入れ替えれば、中国の〈文化大革命〉と、その「真実」としての今日における爆発的な資本主義の発達とのあいだの関係にも同じことがいえる。この爆発的発達もまた、毛沢東が〈文化大革命〉から得られるすべての結論を引き出さなかったことを示している。要するに、資本主義の爆発的発展のための空間を準備したのは、この妥協、つまり、とことんまで進もうとしない、〈文化大革命〉の理念に忠実であろうとしない毛沢東の態度である。毛沢東の場合もカントの場合も、教訓としていえることは同じである。それはベケットの『いざ最悪のほうへ』に出てくる言葉、すなわち「もういちどやろう。もういちど失敗しよう。前よりもうまく失敗しよう[76]」である。

5

スターリン主義再訪、
あるいは、スターリンはいかにして人間の人間性を救ったか

スターリン主義の文化反革命

スターリン主義がロシアにとって最大級の惨事になる危険性はなかった、いや、むしろスターリン主義は現に、われわれの理解する人間の人間性なるものを救済した——こうした保守主義的主張を貫くことは無理ではない。ここできわめて重要なのは、一九三〇年代の初めから半ばにかけて起こった、プロレタリアート平等主義からロシアの歴史的遺産を徹底的に擁護することへの大きな変化である。文化的領域では、プーシキンやチャイコフスキーのような人物がモダニズムよりも高く評価され、古典的美学における美の規範が再主張された。同性愛は法的に禁じられ、性的放縦は咎められ、結婚は新しい社会の基礎的組織であると宣言された。ソビエト政権と芸術的・科学的モダニズムとのつかの間の打算的結婚は、ここで終わりを迎えたのである。映画でいえば、この移行は、「アトラクション」のモンタージュを用いた無声映画から「有機体論的」発声映画へと移行したエイゼンシュテインにおいてはっきりみてとれる。音楽でこれに対応するのは、サーカスやジャズの要素を取り入れた一九二〇年代のパロディー的、暴力的で挑発的な音楽から、一九三〇年代における伝統的形式への回帰へというショスタコーヴィチの移行である。

標準的な解釈では、この移行は「文化的テルミドール」、すなわち、真正な革命に対する裏切りとみなされている。しかし、この評価を額面通り受け入れるまえに、われわれは、急進的な平等主義の支えとなっていたイデオロギー的ヴィジョンを、これまで以上に厳密に吟味すべきである。そのヴィジョンとは、以前にもふれた、いわゆる「バイオコスミズム」[1]である。ここで格好の例となるのは、トロツキーの書いた次の一節である。

人間とはなにか。人間は完成した、あるいは調和のとれた存在ではない。そうではなく、人間はきわめて未熟な生き物である。動物としての人間は計画的にではなく、自然にまかせて進化してきたのであり、多くの矛盾を抱え込んできた。身体的かつ精神的に構成された人間をどのように教育し管理するか、どのように改良し完成させるかという問題は、社会主義に基づかなければ理解できない巨大な問題である。[…]新しい「改良版の」人間を生み出すこと、それが共産主義の将来的な任務である。そしてそのためには、人間に関するあらゆること、すなわち、人体の構造、生理機能、生理機能の一部分である心理と呼ばれるものについて知る必要がある。人間は自らを原材料として、あるいは、せめて半加工製品として認識しなければならない。そして「やあ、ホモ・サピエンス、やっと君に手を加えるときがきたよ」というべきなのだ。[2]

これは単なる特異な理論的原則ではない。ここに表現されているのは、数十万の人によって構成された、芸術、建築、心理学、教育、社会組織科学における真の大衆運動である。政府も後押ししたテイラー主義の狂信的流行――それをもっとも過激に唱えたのは、ボルシェヴィキのエンジニアにして詩人であるアレクセイ・ガステフであるが、彼は一九二二年にすでに「バイオメカニクス」という語を使っていた――は、人間と機械が融合する社会というヴィジョンを切り開いた。ガステフは労働研究所を運営し、そこで、労働者を訓練によって機械のように働けるようにする実験を行った。彼は、人間の機械化は進化の次のステップであると考えていた。彼が思い描いていたのは、

ひとつのユートピアであり、そこで「人民」は「A、B、C、あるいは325、075、0、等々」のような暗号のIDをもつ「プロレタリア団体」に取って代わられる。[…]そこでは、「機械化された集産主義＝集団行動」が「プロレタリア階級の心理における個性に代わってその場所を占める」。感情はもはや必要とされず、人間の魂は「叫びや微笑みではなく、圧力計や速度計によって」測られる。[3]

この夢想は、今日のわれわれが通常、生政治学と呼んでいるものを、歴史上初めて過激に記述したものではないか。直感に反しているように聞こえるかもしれないが、このヴィジョンがもし仮に実際に押し付けられていたら、それはスターリン主義をはるかにしのぐ脅威となっていたであろう、と主張することは可能である。スターリン的な文化政策とはまさに、この全面的なモダニズム的機械化のもたらす脅威に対する反応であった。それは、大勢の人を惹きつけると思われる芸術形式への回帰を要求しただけでなく、さらに——シニカルな態度にみえるかもしれないが——基本的で伝統的な道徳への回帰をも要求したのである。スターリン的公開裁判では、犠牲者＝被告はある行為に対して責めを負わされ、告白を強いられた……。つまり、破廉恥にみえるかもしれないが（そして実際そうだったのだが）、犠牲者＝被告は、生政治学の対象ではなく、自律した倫理的主体として扱われたのである。一九三〇年代の盛期スターリン主義は、「機械化された集産主義＝集団行動」というユートピアに対抗して、もっとも暴力的な形の倫理への回帰を代表していた。要するに、それは、伝統的な道徳形式が無意味なものにされるという脅威、主体の

罪にかかわるものではなく特殊な圧力計や速度計のはじきだした機能不全が社会的に是認されない行動とみなされるという脅威に対抗するための究極の方法であった。

「社会主義リアリズム」の押し付けが大勢の人に温かく迎えられたのも、こうした理由による。この押し付けが意味していたのは、

体制が、過去の文化とは区別される「プロレタリア階級的」あるいは「ソビエト的」文化形態の樹立という革命的理念への関与をすでに放棄していた、ということである。[…]アフマートワのような同時代の作家は、出版社を見つけられなかった。が、プーシキンとツルゲーネフ、チェーホフとトルストイの全集(ドストエフスキーの全集はなかった)は、新たな読者層が開拓されるにつれて数百万部発行された。[4]

この古典的文化への回帰がピークを迎えたのは、プーシキン没後百年にあたる一九三七年であった。このときには、

国中で祝祭行事が行われた。地方の小さな劇場はプーシキンの芝居を上演し、学校は特別祝典を開催し、〈若き共産主義者〉は詩人とゆかりの深い場所に巡礼の旅に出かけ、工場は研究グループと「プーシキン愛好者」の会を組織し、集産農場は人々にプーシキンのおとぎ話に出てくる人物の格好をさせてカーニバルを行った。[5]

こうした事実にあえて言及したのは、それがもう一つの逆説につながっているからである。その逆説とは、

スターリン主義に対する抵抗自体が、周縁的で虐げられたものでありながらも、いかにこの文化的流行にしたがっていたか、ということである。要するに、ロシアの古典的文化遺産をこのように大々的に再導入することは、偽善的で検閲を経たものではあったが、そこには無学の大衆に対する啓蒙策以上のものがあったのだ。プーシキンやトルストイのような偉大な古典の世界には、社会的責任という倫理、独裁政権に反抗する被抑圧者との連帯という倫理とともに、包括的な文化的ヴィジョンが含まれていたのである。

ソ連における反体制的姿勢は、確固たる真実、生のままの現実、倫理的な価値観を表象していた。それは、社会主義リアリズムの空想的現実に対する反抗であり、ソビエトの公的言説という社会に蔓延する嘘とそれにともなう伝統的道徳の容赦ない否定（ソビエト体制の推進する「革命的発展」を構成する根本的要素として明言されたもの）に対する反抗であった。[6]

この意味でソルジェニーツィンは、一九三〇年代のスターリン的文化政策の申し子である。また、メランコリーと絶望と個人的不安に満ちたショスタコーヴィチの（弦楽四重奏を中心とする）「私的な」作品が、彼の（公的に賞賛された第五、第七、第一一交響曲を中心とした）偉大な「公的」作品と同様にスターリン的文化の構成要素であるのも、以上の理由による。

そしてこれは第三の逆説につながっていく。ヴィルヘルム・フルトヴェングラーはストラヴィンスキーの「春の祭典」についてこう述べた。これはロシア精神の限界を示している、それは嬉々としてみごとなまでに機械的なリズムを爆発させるが、しかし、ドイツ精神の特徴である生き生きとした有機的統一性のレベルには到達できない、と。ここでまず皮肉であったのは、フルトヴェングラーが〔有機的統一性の具現として〕言及した作曲家たちも、ロシアの伝統主義者にとってみれば、ロシアの有機的な文化遺産を脅かす西洋の近代化推進者であった、ということだ。しかし、ある意味で、フルトヴェングラーは正しかった。一八世紀と一九世紀にロシアに向かった多くの西洋人は、法という外的圧力によって束ねられた西洋の個人主義社会とは対立する有機的社会、生きられた社会的〈全体〉をそこに求めたわけだが、彼らはすぐに、ロシアが、内的で有機的な形式を欠いた、ゆえに皇帝による残忍な独裁政治という圧制によって支配された広大な無秩序の帝国であることに気づいたのである。言い換えれば、「古きロシア」の調和的均衡が西洋的近代化によって壊されたという考えは、神話である。要するに、暴力的な「モダニズム」、つまり、無秩序な社会生活に無理やり中央から秩序を押し付けることは、伝統的なロシア社会のアイデンティティの重要な構成要素なのである。スターリンが、イワン雷帝を自らの先行者として賞賛したのは正しかったのだ。

では、ここから得られる結論は、残念ではあるが、われわれはスターリン主義をそれよりもはるかにひどい脅威に対する防衛として擁護しなければならない、ということなのか。ここでもラカンの標語、「父か、より悪いものか *le père ou le pire*」を適用して、あえてより悪いものを選択するという危険を冒してみてはどうか。つまり、こう推測してみてはどうだろうか。生政治学的な夢想を実際に最後まで突き詰めていたら、この夢想の骨組みそのものを揺り動かすような予測不可能なことが起きていただろう、と。

宛先に届かなかった（ゆえに、おそらく世界を救うことになった）手紙

一九三〇年代のスターリン的恐怖政治は、人道主義的な恐怖政治であった。その「人道主義的」な核に対する執着は、その恐怖政治を抑制するものではなかった。それは、スターリン的恐怖政治を支えるもの、つまり、その恐怖政治に内在する可能性の条件であったのだ。盛期スターリン主義によって蘇生された人

道主義的伝統の遺産が、反体制的抵抗を可能にするイデオロギー的前提要件を生み出しただけでなく、文字通り「世界を救った」——すなわち、キューバのミサイル危機において、核戦争による世界の破滅を防いだ——としたら、どうだろうか。

今日再現可能になった事態の経過をみるかぎり、この幸運な結末は、二つのことが重なって可能になった。第一のものは——最近明らかにされたことを信じるなら——礼儀をふまえた機転、礼儀正しく無知を装うという作法である。キューバ・ミサイル危機の解決にとってきわめて重要であったケネディの天才的ひらめきとは、重要な手紙が宛先に届かなかったようにふるまうこと、この手紙が存在しないかのように行動することであった——これはもちろん、手紙の差出人（フルシチョフ）がいてはじめて機能する戦略ではあるのだが。一九六二年一〇月二六日金曜日にフルシチョフからケネディに送られた手紙は、以前仲裁者を通じてなされた提案、すなわち、合衆国がキューバを侵略しないと誓約すれば、ソ連はミサイルを撤去するという提案を確認するものであった。一〇月二七日土曜日、合衆国が返答する前に、もう一通、さらに厳しい要求をする手紙がフルシチョフから届いた。それは、キューバのミサイル撤去の条件として、合衆国がトルコからミサイルを撤去することを追加するものであり、ソ連における政変の可能性を示すものであった。同じ日の午後八時五分、ケネディはフルシチョフに返答を送り、一〇月二六日の提案を受け入れると知らせた。つまりケネディは、一〇月二七日の手紙が届かなかったかのように行動したのである。そして一〇月二八日日曜日、ケネディは、フルシチョフから取引に応じる旨の手紙を受け取る……。ここから得られる教訓は、すべてがどう転ぶか分からないそうした危機の瞬間にあっては、見かけを保つこと、礼儀正しさ、「ゲームをしている」という自覚がいつになく重要である、ということだ。

またわれわれは、危機をひき起したのは、これとちょうど対称関係にある事実であると主張することもできる。その事実というのもまた、宛先に届かなかった手紙なのだが、ただし今度は、送られなかったために届かなかった手紙である。ソ連のミサイルがキューバに配備されたのは、キューバとソ連のあいだで秘密裏に交わされた相互安全協定の結果である。多くの評論家（なかでもとりわけテッド・ソーレンセン）は、この相互安全協定が前もって公にされていたら（ちなみにカストロはそれを望んでいた！）、合衆国があれほど腹を立てることはなかっただろうと示唆している。ミサイル配備の目的は合衆国への攻撃以外にないと合衆国が思い込むようになったのは、ソ連が固執した秘密主義のためだったのである。協定の調印からミサイルの配備にいたる全過程が白日のもとで行われていたら、それはあれほどまで脅威として認識されることはなかっただろう。つまり、現実的な攻撃の準備ではなく、現実的な軍事的脅威をもたらさない単なる示威的態度として受け取られていただろう。

合衆国の軍事体制は、こうした教訓を学び取らなかった。それはキューバ危機の平和的解決を、まったく別の角度から解釈したのである。[7] この体制の見解をもっともよく表現しているのは、当時国務省の情報分析官であったレイモンド・ガーソフの言葉である。

この経験から学んだことがあるとすれば、それは、弱腰はたとえ見かけ上のものであってもソ連の違反行為を招く、ということである。同時に、断固たる態度でのぞめば、最終的にソ連は無分別な先制攻撃を断念せざるをえなくなる。[8]

このようにキューバ危機は、二人のプレーヤーの面と向かった対決、マッチョな「度胸くらべ」として捉えられていた。そこでは精神的強さ、剛直さ、決意において勝る者が勝利を得るのである。この見方はもちろん現実と合致していない。一連の細部が示しているのは、ケネディの柔軟さであり、危機から何か積極的なものを得るために、面目を保ちたいソ連に譲歩する彼の姿勢である。ケネディは、時間をかせぎ直接対決を避けるために、一〇月二五日、ソ連のタンカーが検疫停泊所を通過するのを許可した。そして、一〇月二八日には、いかなる会見も開いてはならないし、勝利を宣言するようないかなる声明も出してはならないと命令した。さらに彼は、合衆国がキューバを侵略しないことを保証しただけでなく、トルコから合衆国のミサイルを撤去するという提案をした。これと引き換えにソ連は、キューバからミサイルを撤去することになったのである。

ソ連のキューバ危機に対する見方は、合衆国のそれとは違っていた。ソ連にとって、危機を終わらせたのは、威嚇する力ではなかった。危機が収まったのは、ソ連当局と合衆国当局の双方が、自分たちが瀬戸際に立っていること、そしてこの危機が人類を滅ぼす恐れがあることに気づいたからである——ソ連の指導者はそう信じていた。ソ連は、目先の安全だけを危ぶんだのではないし、キューバにおける争いに負けることだけを心配したのではない。ソ連の抱いていた恐怖は、数百万の他者の運命、さらには文明そのものの運命を決定することに対する恐怖であった。キューバ危機の平和的解決を可能にしたのは、危機が頂点に達したときに両陣営が経験したこの恐怖なのである。そして、危機が絶頂に達したときになされた、フルシチョフとフィデル・カストロとのあいだの有名な手紙のやり取りの核にあるのも、この恐怖である。[9] 一〇月二六日のフルシチョフへの手紙で、カストロはこう書いている。

> 帝国主義者が占領目的でキューバを侵略するなら、そうした攻撃的な政策が人類にもたらす危険は甚大であります。それゆえ、そうした出来事が起きたあと、ソ連は、帝国主義者がキューバに対して最初の核攻撃を為し得るような状況をけっして許してはならないのです。私がこう申し上げるのは、帝国主義者の侵略主義はきわめて危険であると信じるからです。彼らが実際に国際的な法と倫理を破ってキューバ侵略という暴挙に出れば、そのときには、誰が見ても正当な防衛行為によって、たとえそ

の解決法が冷酷で恐ろしいものであっても、そうした危険を永久に排除することになりましょう。というのも、他に策はないのですから。

一〇月三〇日、フルシチョフはカストロにこう返答した。

一〇月二七日の電報で、あなたは、われわれが最初に敵の領土に核攻撃をすべきだと提案しています。もちろんあなたは、それをすればどうなるか分かっておられる。それをしていたら、単なる攻撃ではおさまらず、水爆戦争がはじまっていたでしょう。フィデル・カストロ同志、あなたのお気持は分かりますが、あなたの今回の提案は間違いであると思います。われわれは、核戦争が起きていたとしてもおかしくない、きわめて困難な事態を切り抜けました。核戦争が起きていたら、間違いなく、合衆国は甚大な損害を受けていたでしょうが、そうなれば、ソ連と社会主義陣営全体もひどい被害を受けていたでしょう。キューバに関していえば、それがキューバにとって何を意味することになったのか、一般的な言葉で表現するのはむずかしい。第一に、キューバは戦争によって火の海になっていたでしょう。その場合、キューバ人民が勇敢に戦い、英雄的に散ったであろうことは疑いありません。しかし、われわれが帝国主義と戦っているのは死ぬためではなく、われわれのあらゆる可能性を有効利用するためです。すなわち、帝国主義打倒と共産主義の勝利に向けて、この戦いにおいて損害をより少なくし、より多くのものを勝ち取るためなのです。

フルシチョフの議論の骨子は、ニール・キノックが労働党党首時代に出した一方的軍縮論――「私は国のために死ねるが、私のために国を死なせることはできない」――によって最良の形で要約できる。ここで銘記すべき重要なことは、ソ連の体制が「全体主義的」性格をもっていたにもかかわらず、合衆国の指導部よりもソ連の指導部のほうがこの恐怖に強く支配された、ということである。とすれば、フルシチョフの名誉を回復し、ケネディではなく彼をキューバ・ミサイル危機における真の英雄としてとらえるときが来ているのかもしれない。一〇月三一日、カストロはフルシチョフに次のような返事を送った。

あなたが私の手紙の言葉を誤解する可能性があるということは、それを書いているときから分かっていました。誤解は実際に起こりました。それは、あなたが慎重にお読みにならなかったからかもしれないし、翻訳のせいかもしれない。あるいは、私がほんの数行できわめて多くのことを言おうとしたからかもしれない。しかし、私は躊躇しませんでした。同志フルシチョフ、あなたは、われわれが自分たちのことを、つまり、無意識にではなく目前の危険を重々承知の上で自らをすすんで犠牲にする寛大な我らが人民のことを自分勝手に想像しているとお思いなのでしょうか。同志フルシチョフ、それはちがいます。一国の人民が普遍的な義務感をもって、あれほど喜んで戦死を受け入れたことは、歴史上ほとんどありませんでした。いや、あれほど恐ろしい危険に直面した人民はいまだかつて存在しないのですから、まったくなかった、とさえいえるでしょう。［…］われわれは、あなたがお手紙で示唆されたこと、つまり、核戦争が起きていたらわれわれは滅亡していただろうということを分かっていましたし、それをあえて無視したとも思いません。しかし、だからといって、われわれは、あなたにミサイルを撤去してほしいとは、つまり、降伏してほしいとは頼みませんでした。われわれが戦争を望んでいたと、あなたはお思いなのでしょうか。しかし、最終的に侵略が起こったら、われわれは戦争をどう防げばよいのでしょうか。［…］もし戦争が起きていたら、われわれは、それを引き起こした正気を欠いた人々をどう扱えばよいのでしょうか。あなた自身、目下の状況では、そうした戦争は即刻、不可避的に核戦争に発展していただろう、といっています。攻撃がなされた場合、攻撃者に、さらに核兵器をいつ使うか決める特権まで与えるべきではないと、私は考えます。核兵器の破壊力はすさまじく、発射速度も非常に高いので、攻撃者は最初にかなり有利な立場に立つでしょう。同志フルシチョフ、私は、ソ連が攻撃者になるべきだと提言したのではありません。それは正しくないばかりか、私にとっては倫理に反する下劣なことであります。しかし、帝国主義者がキューバを攻撃した瞬間から、そしてソ連軍がキューバに駐留し、外国からの攻撃に対するわれわれの防衛に手を貸してくれるあいだ、帝国主義者はこの行為によってキューバとソ連に対する攻撃者となるでしょう。そして、われわれは、彼らを殲滅するような攻撃によってこれに対処するでしょう。[…] 同志フルシチョフ、私は、ソ連はこの危機の只中にあって攻撃すべきである、と提言したのではありません。あなたは前の手紙でそういっているようでしたが。むしろ私はこういったのです。帝国主義者の攻撃のあと、ソ連は迷うことなく行動し、間違っても、敵がソ連に対して最初に核攻撃をするような状況を成立させてはならない、と。同志フルシチョフ、この意味で、私の見方は変わっていません。それはある特殊な状況を正しく適切に評価するものであると、私は考えているからです。あなたなら、私が間違っているということを私に納得させることができるかもしれない。しかし、私が納得しないうちは、私が間違っているということはできません。

ここでカストロ自身が（故意に）フルシチョフを誤解していたことは明らかである。フルシチョフは、カストロがソ連に望んでいたこと——合衆国を「どこからともなく」攻撃することではなく、合衆国がキューバに侵攻した際に（ただしこれは通常兵器による戦争、および、ロシア本国ではなくその当時できたばかりのソ連の同盟国に対する攻撃のような限定的な戦争のことである）核兵器による全面的な反撃をして報復すること――をよく分かっていた。ソ連は「間違っても、敵がソ連に対して最初に核攻撃をするような状況を成立させてはならない」という警告の意味するところは、これしかない。すなわち、ソ連が最初に核攻撃するべきである――「攻撃がなされた場合、攻撃者に、さらに核兵器をいつ使うか決める特権まで与えるべきではない」――ということである。はっきりいえば、カストロは、フルシチョフがキューバの消滅を越えて、この世の文明の終焉を選ぶことを要求していたのである。[10]

したがって、繰り返しになるが、われわれがここで目にしているのは、フルシチョフの人道主義的な思慮深さ（極言すれば、盛期スターリン主義によって回復された伝統文化の遺産）と、カストロのすべてを賭ける無慈悲な態度との対立である。後者は、人類滅亡の可能性を思慮する毛沢東を反復している。すでにふれたように、滅亡する覚悟で行動するキューバ人民を賞賛したチェ・ゲバラは、これと同じ考え方をしていたのである。

クレムリノロジー

「人間の人間性」の救済においてスターリン主義が果たした役割は、言語のもっとも基本的なレベルにおいて認められる。人間以後の新しい存在の言語が、もはや主体を正しく表象しない、合図からなる言語になるはずであったとすれば、当然ながらスターリン主義の言語は、それに対する、考えうるもっとも激烈な対立物である。蜂の使うきわめて複雑な合図と対照をなす人間的言語の特徴は、ラカンのいう「空虚な発話」である。それは、発話が話し手と聞き手とのあいだの間主観的関係の指標として機能できるように、その指示的価値（明示的な内容）が一時的に無効にされるような発話をいう。この一時的な無効が、スターリン主義における隠語の重要な特徴、「クレムリノロジー」という科学の研究対象である。

ソ連時代の公文書がまだ広く公開されなかった時代、実際に起こったこと、そして起こってもおかしくなかったことを突き止めようとした外国の学者は、伝聞に頼っていると罵倒された。つまり、誰某が誰某から聞いた話は、そもそも収容所にいた誰某から聞いた話で、その誰某によれば……［ここに空想的な事柄が挿入される］であることは確かである、という具合なのだ。そうした耳学問に対する批判者のいうことは一理ある。しかし、今でもほとんどのひとが気づいていないと思われるのだが、主要な問題は、スターリン時代のソ連における口伝えや政治的予言の信頼性ではなく、そうしたものの蔓延であるかもしれないのだ。クレムリノロジーは、ハーバードではなく、クレムリンおよびその周辺で生まれた。［…］体制全体はこのように動いていたのであり、ソ連では誰でもある程度、同じことをした。その程度が大きいということは、それだけその人の身分が高いということであった。省間の闘争とメビウスの帯のような陰謀に巻き込まれたスターリン主義者にとって、自分が生きるか死ぬかは、どの立場にいようと、また誰と懇意であろうと不明瞭なままであった。それは規定的であると同時に不確定なものであった。

一九三九年四月、［コミンテルンの名目上の書記長、ゲオルギ・］ディミトロフは、名誉最高会議幹部会に関する『プラウダ』の紙面および『イズヴェスチャ』の紙面から自分の名が突然消されたことについて思い悩んでいた。彼の不安が解消されたのは、彼の肖像画がメイ・デイのパレードで高く掲げられたことが分かったときであり、これによって彼をめぐる不吉なうわさは静まった。しかし、不安は再び起こった。彼は「国際婦人デイにおいて名誉最高会議幹部部に選出されなかったのは、これがはじめてだ」と、一九四一年三月八日に記している。「これは偶然ではない」と。なるほど、しかし、これは何を意味したのか。ディミトロフは、レーニン廟での所作を研究し、予兆を見抜き、噂話に惑溺する、根っからのクレムリノロジストだった——そうでなければ、クレムリンにあそこまで接近することはできなかっただろう。[11]

もう一つ面白い例を紹介しよう。「トロツキー主義者=ジノヴィエフ主義者連合センター」に対する公開裁判において、検察は、「センター」が暗殺しようとしていた人物のリスト（スターリン、キーロフ、ジダーノフ……）を公表した。このリストは「そこに含まれていることがスターリンとの近さを示していたので、奇妙な名誉」[12]となった。モロトフはスターリンと個人的に仲がよかったのだが、リストに自分の名前がないことにショックを受けた。この名前の不在という表徴は、いったい何を意味するのだろうか。スターリンからの警告なのか、それともモロトフがもうじき逮捕されるということを示しているのか。ここではまさに、エジプト人の秘密はエジプト人自身にとっても秘密であったわけだ。スターリン主義時代のソ連こそ、本当の意味で「表徴の帝国」であった。

ソビエトの言語学者、エリック・ハン=ピラの語るある逸話は、この「表徴の帝国」における意味の完全な飽和状態、直接的で外延的な意味を抜き取ることによって成立する飽和状態を完璧に伝えている。ソビエトのメディアが共産党の上級幹部の葬儀を報じる際には、長年、「……はクレムリンの城壁そばの赤の広場に埋葬された」という定型文が使われていた。しかし、一九六〇年代には、埋葬場所の不足のため、新たに亡くなった高官は火葬され、骨壺は城壁内側の壁がんに置かれた——とはいえ、報道においては旧来通りの定型文が用いられていたのだが。〈ソビエト科学アカデミー・ロシア言語研究所〉に勤める一五人の研究員は、この言葉と現実とのずれに促されて〈共産党中央委員会〉に手紙を書き、定型文を現状に合うように「骨壺はクレムリンの壁がんに安置された」と変えるよう提案した。数週間後、〈中央委員会〉の代表から研究所に電話があり、こう知らせた。〈中央委員会〉は提案を審議し、旧来の定型文を引き続き用いることに決めた、と。代表は、この決定の理由については何もいわなかった。[13]ソビエトの「表徴の帝国」を統制する規則からみれば、〈中央委員会〉は正しかった。というのも、もし文を変えていたら、それは、幹部が火葬され遺灰が壁がんに安置されたという事実の単なる記録として認識されなかったからである。定式からのずれは、いかなるものであっても一つの表徴として解釈され、熱狂的な解釈の試みを誘発していただろう。そうであるなら、伝えるべきメッセージもないのに、どうして変更するのか。この結論に対して、単純な「合理的」解決もありうると、反論するひとがいるかもしれない。定型文を変え、そのうえで、これ自体に意味はない、これは新しい事実を記録しているにすぎないと説明してはどうか、と。そうした「合理的」アプローチは、ソビエトという「表徴の帝国」の論理を完全に見失っている。そこでは、すべてが意味をもっている。意味の否定でさえ、そしてとりわけ意味の否定が意味をもっている。そのため、そうした否定はかえって熱狂的な解釈の試みを誘発するのである。そうした否定は、既成の確固たる記号空間の内部で意味のある表徴として解読されるだけでなく、それよりもさらに強烈なメタ記号的な徴候、すなわち、この記号空間の基本的ルールそのものが変わりつつあることを示す徴候としても読まれ、それによって全面的な混乱状態はおろかパニックすらも引き起こしていただろう。ソビエトの指導者のなかには、アイロニーのセンスを失わず、事実をいかようにも形作れるということに関連して腹黒いユーモアを発揮したひともいる。一九五六年のはじめ、アナスタス・ミコヤンは、ハンガリーの狂信的スターリン主義的指導者マーチャーシュ・ラーコシに、モスクワが彼を退位させる決定をしたと伝えるため、ブダペストに飛んだ。そのとき、ミコヤンはラーコシにこう語ったのである。「ソビエト指導部は、君に病人になってもらうことにした。君はモスクワでの療養が必要になるだろう」[14]。

以上の観点から、第二次大戦後のソ連における弁証法的唯物論の模範的教科書、マーク・ローゼンタールの『マルクス主義の弁証法的方法』を読み直してみるのもおもしろい。この本の初版は一九五一年のモスクワで出ており、のちの再版では、大幅な削除や書き換えがなされている。しかし、こうした変更は、自らのかかえる哲学的問題に対する著者の思索の深まりとは一切関係がない。この変更は厳密にクレムリノロジー的に、イデオロギー的‐政治的傾向における変化の表徴として読まれるべきである。この本はもちろん、スターリンが「体系化」した弁証法的方法の四つの「主要な特徴」(すべての現象の統一性、現実の動的な性質、現実の恒常的な発展、継続的で段階的な変化だけでなく突然の飛躍をも通じて進行するこの発展の「革命的」性質)に依拠している。意義深いことに、この体系化には、「否定の否定」という「法則」が含まれていない。(これについては、スターリンの「弁証法的史的唯物論について」を参照。)ローゼンタールの本はその後も再版を重ねたが、そこでは、この四つの「主要な特徴」に関する説明に微妙な変化がみられる。例えば、なんらかの目的で「否定の否定」が再導入されていたりするのである。この変化は、イデオロギー的‐政治的情勢における変化、すなわち、スターリン自身の煽動のもとに逆説的にはじまった脱スターリン主義(これについては、科学——一部の科学——は階級闘争から独立し相対的に自律しているという認識への道を開いた、言語学と経済をめぐる彼の後期の二つのエッセイを参照されたい)という変化を示すクレムリノロジー的な記号である。したがって、「否定の否定」が現実の根源的な存在論的特徴として措定されたことは、世界認識とはまったく関係がない。それは百パーセント、イデオロギー的‐政治的情勢と関連しているのである。

そうであるなら、クレムリノロジーとは、ソビエトロジーの一種の卑猥な分身ではないだろうか。後者がソビエト体制を社会学的データによって客観的に研究するのに対し、前者は同じ体制を曖昧な記号システムとして研究するのだから。[15]

客観的罪から主観的罪へ

こうした世界において、主体はどのような立場に置かれているのだろうか。議論の出発点として、ブレヒトの「教育劇」、『処置』を取り上げよう。この劇では、革命活動を活性化するために中国に送られた共産主義運動グループの一員である若き革命家が、仲間の共産主義者によって殺される。理由は、彼がいると自分たちの身が危うくなると仲間が考えたからである（そして彼はこの処刑を従順に受け入れる）。この芝居は、スターリン的公開裁判を正当化するものとして上演されることが多いが、両者のあいだには決定的な違いがある。

ブレヒトの虚構上の運動家たちと、スターリンの下にいた、ヴィシンスキーのような実在の検察官およびベリヤのような実在の警察官との違いは、後者が――実際に生じた事実を超越する逆説的な「客観的」罪という考えを深めるのではなく――被告は実際にいろいろと邪悪で凄惨な陰謀行為をしたのだと陳腐に主張したところにあった。[…]ブレヒトは、観客が、主人公の処刑を受け入れざるを得ないように仕組んでいる。[ブレヒトを批判的に解釈するヘルベルト・]リューティは、共産主義国あるいは共産主義組織がこの芝居を上演してこなかったことを認めたが[16]――「〈党〉は率直さをあまり好まない……」――〈党〉の方針の冷酷さをあばく際のブレヒトの「率直さ」は、その冷酷さを受け入れることと矛盾する、ということに気づかなかった。真の信奉者は、いかなるときも、自分の知っていることを漏らさなかった。[17]

この読みの問題点は、それが基本的に次の二点においてブレヒトの立場を曲解していることにある。（一）

ブレヒトが若い同志の殺害を正当化しているのは、「客観的罪」の見地からではなく、実利的な便宜の見地からである（若い同志はマスクをはずし、素顔を晒していたため、他の同志を危険な状態に置いた）。つまり、彼の殺害は罰ではなかったのだ。（二）ブレヒトにとって、この〔冷酷な〕メカニズムを暴露することは、それを受け入れることと矛盾しない。ブレヒトが、「処置」の無情さ、不運な若き同志が冷酷に殺されるありようを十分描ききりながら、なおかつこの「処置」を容認しているということ、それがこの作品の際立った劇的緊張なのである。[18] 真の問題は、なぜ「客観的罪」の論理を明示的に主張することはできないのか、ということである。この論理はなぜ、なかば私的な場所でのみ認められた、ある種の猥雑な秘密であり続けねばならないのか。それを公的な場ではっきり述べることは、なぜ自滅的な行為となるのか。われわれがここで出会うのは、雑り気のない、現れをめぐる謎である。つまり、「客観的罪」――「ひとは（起訴事実に関して）主観的に潔白であればあるほど、（客観的に）有罪となる」――は、そのまま現れてはならないのである。

　したがって、問題はこうなる。われわれは、どのような倫理に基づけば、「客観的罪」について語れるようになるのか。答えは間違いなく、非道徳的な倫理、である。非道徳的倫理の哲学者といえばニーチェであるわけだが、われわれは、彼の名著のタイトルが『道徳の系譜』――道徳（morals）であって、倫理（ethics）ではない――であることを忘れるべきではない。道徳は、私と他の人間とのあいだの対等な関係にかかわっている。その最低限のルールは、「自分がされたくないことは、相手にもしない」ということである。[19] 反対に、倫理がかかわるのは、首尾一貫して自分を貫くこと、自分の欲望に対して忠実であることである。スターリンは、レーニンの一九三九年版『唯物論と経験批判』の後ろの見返し部分に、赤鉛筆で次のようにメモしていた。

（一）弱さ
（二）怠惰
（三）愚かさ
悪徳と呼べるのはこれだけである。前記のものを欠いた他のあらゆるものは、間違いなく美徳である。

注意。もしある人が（一）（精神的に）強く、（二）活動的で、（三）賢明（あるいは有能）であるなら、その人は、他のいかなる「悪徳」に関係なく、すぐれたひとである。
（一）と（二）を合わせれば、（三）が生まれる。[20]

これは、非道徳的倫理の定式化といえるほど的確なものである。これと反対に、道徳的ルールに従い自分の罪を気に病む虚弱者は、ニーチェのルサンチマン批判の標的である非倫理的道徳を象徴している。

しかし、スターリン主義には限界がある。それは、スターリン主義はあまりに不道徳である、ということではない。そうではなく、スターリン主義はあまりに道徳的であり、依然として大きな〈他者〉という形象に依存している、ということである。すでにみたように、スターリン的恐怖政治（テロル）を正当化するもっとも聡明な試みといってよい、一九四六年に出たメルロ=ポンティの『ヒューマニズムとテロル』においては、恐怖政治は、未来へのある種の賭けとして正当化されている。その正当化の仕方は、われわれに神に賭けるように命じるパスカルの神学を髣髴させる。つまり、今日の恐怖が結果的に輝かしき共産主義の未来となるなら、革命家が今日なさねばならない恐るべきことは、この結果によって事後的にその罪を贖われる、ということである。同様に、スターリン主義者であっても——粛清された多くの犠牲者は「党の結束を強めるために仕方なく」無実のまま告発され殺されたと（つねになかば私的にではあるが）認めざるをえないときには――未来における最終的な勝利の瞬間に期待する者はいるだろう。そうした瞬間が来れば、強制的に犠牲者になったすべてのひとは然るべき地位を与えられ、彼らの無実と大義に対する彼らの高尚な自己犠牲的献身が認識されるのである。これこそはラカンが『倫理』のセミネールで「〈最後の審判〉の視座」と呼んだものであるが、この視座は、スターリン主義言説におけるキーターム、自分の行為の「客観的罪」と「客観的意味」というキータームにおいてよりいっそう明確に現れている。われわれは、誠意をもって行動した誠実な個人でありうるかもしれないが、にもかかわらず、その行為が反動勢力に寄与するものなら、われわれは「客観的に有罪」なのである。そしてもちろん、われわれの行為の「客観的意味」を直接利用できるのは党である。ここで再びわれわれが手にしているのは、(われわれの行為の「客観的意味」を明確にする)〈最後の審判〉の視座だけでなく、今日の出来事を判定する特殊な能力をもち且つこの視座に基づいて活動する、現在における行為主体でもある。[21]

「大きな〈他者〉は存在しない」というラカンのモットーが、なぜ倫理的問題の核へとつながるのかは、いまや明らかである。このモットーが排除するのは、まさにこの「〈最後の審判〉の視座」である。すなわち、どこかに――たとえそれがまったくの仮想的な参照点であるとしても、たとえわれわれがその場所を占めることができず、また実際の判断を下すこともできないと認めるとしても――われわれが自分の行為を評価し、その「真の意味」、その真の倫理的地位を表明するのを可能にする基準があるにちがいない、という考えである。「正義としての脱構築」というジャック・デリダの考えでさえ、「無限の正義」という、永遠に先送りされ、つねに来るべき状態にありながら、われわれの活動の究極の地平でもある幽霊を支えるユートピア的希望に依存しているように思われる。

ラカン的倫理学の過酷さは、われわれはこうした基準への参照を完全に放棄しなければならないという、その要求にある。そして、この要求に込められているのは、この放棄によってわれわれを倫理の不確定性ないしは相対性のなかに置く、あるいは倫理的活動の基盤そのものを掘り崩す、ということだけではない。大きな〈他者〉の保証を放棄することは真に自律的な倫理学の条件であるということも、そこに込められているのだ。フロイトが自らの夢分析の手順を説明するために格好の例として参照したイルマの注射の夢が、責任（イルマの治療の失敗に対するフロイト自身の責任）をめぐる夢であることを思い出そう。この事実だけみても、責任がきわめて重要なフロイト的概念であることが分かる。しかし、われわれはこれをどう理解したらよいのか。精神分析の基本的な倫理的メッセージは、まさに自分の責任から逃れること、〈他者〉に責任を負わせることであるという、よくある誤解――「無意識は〈他者〉の語らいなのだから、私は自分の無意識の形成については責任がない、〈他者〉が私を通じて語るのであって、私は単に〈他者〉の道具にすぎない」――を避けるには、どうすればよいのか。ラカン自身は、精神分析的倫理の重要な先行者であるカント哲学を参照することによって、この袋小路からの出口を示した。

標準的な批判によれば、「定言的命法」（われわれの義務をはたせという無条件的な命令）というカントの普遍主義的倫理の限界は、その形式的な不確定性にある。つまり、道徳的〈法〉は、私の義務が何であるか私に教えてくれない、それはただ、私は己が義務を果たすべきであるということを私に教えるだけである。ゆえに、空虚な主意主義（私が私の義務と決めたものは、すべて私の義務である）を生み出す、というのだ。しかし、この特徴は、限界であるどころか、まさにカント的な倫理の自律性の核へとつながっている。というのも、私が特定の状況で従わねばならない具体的規範を、道徳的〈法〉そのものから引き出すことは不可能であるからだ。要するに、道徳的〈法〉の抽象的命令を一連の具体的責務に翻訳する責任を負わねばならないのは、主体自身なのである。この逆説を完全に受け入れるとき、われわれは、言いわけのために義務に言及すること――「この仕事はたいへんだし、つらいかもしれない、しかし俺にどうしろっていうんだ、これは俺の義務なんだ……」――を断念せざるをえなくなる。無条件の義務というカントの倫理学は、そうした言いわけがましい態度を正当化していると了解されることが多い。その意味では、あのアドルフ・アイヒマンが、ホロコーストの計画と実行における自らの役割を正当化しようとしたとき、カントの倫理学に言及したのは不思議ではない。自分は己の義務を果たし、総統の命令に従っただけだ、というわけだ。しかし、主体は十全の道徳的自律性と十全の道徳的責任をもつということを強調するカントのねらいは、まさに、責任を何らかの姿をした大きな〈他者〉に転嫁するそうした操作を阻止することなのである。

さて、ここでスターリンに戻ろう。スターリンに対する批判は、通常、次の二つの主張からなっている。（一）彼はシニカルなひねくれ者であり、実は状況（公開裁判の被告が本当は無実であること、など）をよく把握していた。さらに（二）彼は自分のしていることを分かっていた、つまり、彼は一連の出来事を完全に掌握していた。だが、新たに入手可能となった公文書は、むしろこれとは反対のことを示している。つまり、スターリンは基本的に（公式のイデオロギー、誠実な指導者としての自分の役割、被告の罪、等々を）信じていたし、実際には出来事を掌握していなかった（彼は、自分の行動や介入がもたらした結果にしばしばショックを受けていた）[22]。ラーズ・T・リーは、ここから悲惨な結論を引き出している。「スターリンがもっとシニカルなひねくれ者であったなら、ソ連人民はおそらくもっと幸せであっただろう」[23]。しかし、スターリンの「信念」については、別の読み方もできる。それは、彼は「個人的に」信じていた、ということではない。彼は大きな〈他者〉に信じて欲しかったのである。リー自身がこうした読みの方向性を示すのは、彼がロバート・タッカーのある驚きを受け入れるときである。その驚きとは、

> いかに多くの痛みと苦しみが、一九三七年の一年間において、大量の告白を生み出したか、ということである。こうした告白は何の役にも立たなかった。それはすぐさま整理保管され、忘れられたので

ある。スターリンは、渡る世間は敵ばかりという彼のヴィジョンの正しさを後世に示す証拠としてこうした告白に執着していたと、タッカーは推測している。[24]

しかし、強制的な告白が「何の役にも立たなかった」ということを、より文字通りに受け取ったらどうだろうか。つまり、告白が実在の人々によって「すぐさま整理保管され、忘れられた」のは、その告白の向けられた相手が実在の人々ではなく、仮想的な「大きな〈他者〉」であったからである、と。一九五四年にベリヤの失脚直後に起こったソビエト大百科事典に関する有名な事件を説明できるのは、この大きな〈他者〉以外にない。ソビエトの予約購読者がBで始まる見出し語を含む百科事典の巻を受け取ったとき、そこにはもちろん二頁分のベリヤに関する記述があり、それは彼をソ連の偉大な英雄として称えていた。だが、ベリヤが失脚し反逆者・スパイとして告発されたあと、すべての購読者は出版社から、ベリヤに関する頁を破って送り返すように要求する手紙を受け取った。それと引き換えに購読者のもとには、すぐに、ベーリング海峡に関する（写真つきの）二頁分の記述が送られてきた。そのため、それをもとの巻に差し挟むと、再び巻は完全な形となり、歴史の突然の書き換えを示す空白はなくなった……。ここには謎がある。すべての購読者がこの操作について知っていたのだとしたら（というのも、購読者は自分でそれをしなければならなかったからだ）、この完全な形（という見せかけ）は、いったい誰のために維持されていたのか。唯一考えられる答えは、もちろん、大きな〈他者〉の純真な眼差しのために、である。スターリン主義の構造が本質的に神学的であるのはこのためであるし、スターリン主義が必死に見かけのよさを維持しようとしたのもこのためである。またこの答えによってわれわれは、「スターリンは信念の人だったのか、それともシニカルなひねくれ者だったのか」という問題をまやかしの問題として退けることができる。スターリンはその両方であったのだ。「個人的には」彼はもちろん、公認された言説の嘘に気づいていた。その意味で彼は個人的にはシニカルなひねくれ者であったわけだが、しかし、彼は同時に、「大きな〈他者〉」の純真さと誠実さを守るために真摯な努力をした。われわれの代わりに「信じていると想定される」この〈他者〉には、今日、名前がつけられている。「人民」である。ゴルダ・メイアは、神を信じるか訊ねられたとき、こう答えた。「私はユダヤ人民を信じていますし、ユダヤ人民は神を信じています」。この声明は、厳密に解釈しなければならない。これは、大半のユダヤ人が神を信じている、ということを意味しない（実際、イスラエル国家は、間違いなく、世界でもっとも無神論的な国、神を信じていないユダヤ人が確実に過半数を占める国である）。この声明が意味しているのは、「人民」の明白な物神化である。つまり、たとえ──極端にいえば──イスラエルにおける個々のユダヤ人市民は信じていないとしても、市民はおのおの、「人民」は信じていると想定しており、市民をあたかも信じているかのように行動させるには、この想定があれば十分である……ということである。

スターリン主義者は、実在の個人のためではなく、「人民」のために行為する。つまり、たとえ実在の個人が信じないとしても信じつづける、この仮想的な大きな〈他者〉のために。このようにスターリン主義者は、個人的なシニシズムと「客観的な」誠実さをあわせ持つことができる。スターリン主義者は、〈大義〉を信ずる必要はなく、ただ、信じていると想定される「人民」を信じればよい……。このことは、スターリン主義的共産主義者の基本となる主体的立場につながっている。それはすなわち、倒錯者の立場である。真のスターリン主義的政治家は人類を愛するが、にもかかわらず、恐ろしい粛清と処刑を実行する。これを実行するあいだ彼の胸は張り裂けるが、彼にはどうすることもできない、これは〈人類の進歩〉に向けた彼の〈義務〉なのである。これは、大きな〈他者〉の〈意志〉の純粋な道具として我が身を定める倒錯的な態度である。私に責任はない、それを実際にしているのは私ではない、私は私よりも高次元にある〈歴史の必然〉の道具にすぎない、というわけだ。この倒錯的な主体的立場の発生について明らかにするには、ボルシェヴィキ運動と医学との関係、すなわち、ボルシェヴィキ運動と党の指導者を診ていた医者との関係に関する詳細な記述をみるのがよいだろう。ここでは三つの文書が決定的に重要である。

一つ目は、レーニンが一九一三年の秋にゴーリキーに出した一連の手紙である。[25]人道主義的な「創神」イデオロギーを擁護するゴーリキーに激しい不安を抱いたレーニンは、ゴーリキーがこんなふうに道を踏み外したのは神経を病んだせいだという意味のことをいい、ゴーリキーにスイスに行って最高の治療を受けるよう助言する。ある手紙でレーニンは、ゴーリキーの考えにいかにショックを受けたか述べたあと

——

> 親愛なるアレクセイ・マクシーモヴィチ。きみはいったい何をしているのだ。本当に恐ろしいとしかいいようがない。なぜきみはこんなことをするのか。まったく痛ましいことだ。V・I。

——奇妙な追伸を書き足す。

> 追伸。冬のあいだ風邪をひかずに旅ができるように（冬の風邪は危険だ）、もっと体を大事にしてくれ。

レーニンは明らかに、ゴーリキーが風邪とは別に、それよりもずっと深刻なイデオロギー的病にかかることを心配している。それは、（この手紙といっしょに投函された）続きの手紙から明らかである。

> ぼくはきみをよく理解していないのかもしれない。きみが「今のところ」と書いたとき、あれはおそらくジョークのつもりだったのだろう？「神を構築する」という部分については、おそらくきみは

まじめに書いたわけではないのだろう？　困ったものだ。もうちょっと体を大事にしてくれ。レ、ー、ニ、ン、。

ここでわれわれにとって驚きなのは、イデオロギー的な逸脱の原因が、治療の必要な体調（神経の過剰な興奮状態）に求められていることである。一九三五年にトロッキーの夢枕に現れた死んだレーニンが、トロッキーにこれとまったく同じ助言を与えているのは、地味ではあるが最高のアイロニーではないだろうか。

彼〔レーニン〕は私の病気について心配そうに尋ねていた。「きみは神経の疲労がたまっているようだ、休まないといかん……」。私はこう答えた。私は疲労しても、持ち前の気力 *Schwungkraft* のおかげですぐに回復しますが、今回は、問題はこれまでになく深いところにあるようです……。「そうなら、きみは真、剣、に、（彼はこの言葉を強調した）医者に診てもらうべきだ（数人の医者の名前があげられる）……」。[26]

というわけで、この論理を終いまで推し進めるなら、レーニンの人生最後の一年間に彼とスターリンとのあいだで演じられた次のようなシーンを想像してみたい誘惑に駆られる。レーニンは卒中を起こして倒れたあと、最後の力を振り絞ってスターリンを猛烈に叱責するが、後者は前者に恩着せがましくこう答える。「なんてことでしょう、同志レーニン。だいぶ神経がまいっているようだ。なんとしても休息が必要です。もっと真剣に医者に診てもらうべきです」……。このときレーニンは、裏返され、本来の形となった自分自身のメッセージ――自分の過ちに対する当然の罰――を受け取ることになるだろう。

二つ目は、一九二四年一月二六日のレーニンの葬儀におけるスターリンのスピーチ（「レーニンの死について」）である。それはこうはじまる。

同志のみなさん、われわれ共産主義者は、特殊な型をした民です。われわれには特殊な素質があります。われわれは、偉大なプロレタリア戦略家の軍隊、同志レーニンの軍隊を形成する人間です。同志レーニンが設立し統率した〈党〉の一員であることは、最高の称号であります。誰もがそうした党の一員になれるわけではないのです。誰もが、そうした党の一員であることに付随する圧力や騒乱に耐えられるわけではないのです。[27]

革命家の身体――レーニンとってそれは単に、ある独特な体格を意味した――に対するレーニンの妄想は、ここで一つの概念にまで高められている。つまり、ボルシェヴィキの「幹部 cadre」は、他の人の身体とは違う特別な身体をもつ人間であると考えられているのだ。その身体に特別のケアが施されねばならないのは（そして、その死体が壮大な墓に安置される価値をもつのは）そのためである。

三つ目は、スターリンが最後に抱いていた偏執症的強迫観念が、いわゆる「医者の陰謀」にかかわるものであったという事実である。スターリンや党の幹部を診察した医師たちはみな逮捕され、拷問を受けた。その目的は、自分はソ連指導者の殺害をもくろむ、合衆国‐ユダヤ人による国際的陰謀に協力していると、医師たちに自白させるためである。[28] さらに、これと先に述べた二つのポイントとのつながりは明らかである。医師たちの犯罪は、単に普通の患者を殺すことではなく、革命家である幹部（cadre）の聖なる身体を殺すことなのである。

では、「cadre」〔＝枠組み、幹部〕とは何であるのか。ここでは、しばしハイデガー的な言葉遊びをして、

「cadre」のなかに古代ギリシア語の *tetragonos*〔四角形〕を読み取りたい誘惑に駆られる。例えばこの語が、シモニデスが紀元前五世紀に書いたある詩の冒頭に現れたときのように、である。「有能な、真に有能な人であることは至難の業。つまり、精神はもちろん手足においても欠点なく、まっとう〔＝四角形 square〕[*tetragonos*] であることは……」。（このギリシア的概念と共産主義的概念とを中継するのは、カジミール・マレーヴィチの「白い表面の上の黒い四角形」、すなわち、何の特徴もないものを背景にした四角い＝まっとうな形以外にはない）。したがって、ハイデガー流にいえば、幹部（cadre）の本質とは、本質そのものに *cadre*（四角形＝まっとうな形、枠組み）を与えることである。

幹部の特別な身体というこの概念は、単なる「隠喩」ではない。それどころか、その根底には、レーニンとスターリンによって共有された「客観的意味」の論理がある。一般人は、自分を越えた歴史的出来事の真の意味を知らないまま、それに捕われている。そのため彼らの意識は「虚偽」である。一方、革命家である幹部は、出来事の真の（「客観的」）意味を手にできる。つまり、彼の意識は、歴史の必然性そのものに対する直接的な自己意識なのである。（この特別の立場によって彼は、「君は善意からそう言うのかもしれないし、真剣に人々を助けたいと思っているのかもしれない、しかし客観的にみれば、君の主張は、闘争のこの瞬間にあって反動勢力への支持を意味する……」というお馴染みの言い方で他者を批判することができる。ヘーゲル流にいえば、この立場において見落とされているのは、いかにこの「客観的」意味がすでに主観によって媒介されているかということである。例えば、党が政治方針の変更を決定したとしよう。まさにこのとき、この政策自体はその「客観的」意味を根本的に変える可能性があるのだ。一九三九年にヒトラーとスターリンが独ソ不可侵条約を結ぶまで、ファシズムは最大の敵であった。それに対して、条約締結後も反ファシズム闘争を続けた人は、「客観的には」帝国主義的反動に手を貸したことになるのである）。そして幹部の崇高な身体は、歴史的で絶対的な〈主体〉に対するこの直接的な自己意識を、超俗的な次元で支えるものなのである。

とはいえ、レーニンとスターリンのあいだには決定的な断絶がある。レーニンは今述べたレベルに留まったまま、出来事の「客観的意味」を得ることを主張する。一方、スターリンは、そこからさらに決定的な一歩を踏み出し、この客観的意味を再度主体化する。スターリン主義的世界では、逆説的なことに、結局のところ、まぬけは存在しない。誰もが自らの行為の「客観的意味」を分かっているため、そこでは錯覚に基づく意識ではなく、露骨な偽善や欺瞞が生じるのである。つまり、われわれの行為の「客観的意味」はわれわれが本当に望んだものであり、われわれの善意は偽善的なかこつけにすぎない。さらに、レーニンの思考は、「客観的意味」を特権的に獲得するこうした主体の立場に収まりきるものでない。レーニンの書いたものには、それとは別の、それよりもずっと「開かれた」主体的立場が息づいている。それは、歴史の偶然性に全面的に身をさらす立場である。この立場からみれば、発見されるのを待っている「真の」党の政治方針など存在しないし、それを規定する「客観的」基準も存在しない。党は「考えうるあらゆる過ちを犯し」、「真の」党の政治方針は試行錯誤の蛇行のなかから生まれる。要するに、「必然性」は実践において構成され、決定を下す主体間の相互作用を通じて生じるのである。

レーニンの政治学とスターリン主義との連続性を証明しようとする歴史家は、ボルシェヴィキの秘密警察、非常委員会(チェーカ)(のちのGPU〔国家政治保安部〕、NKVD〔内務人民委員部〕、KGB〔国家保安委員会〕……)の創設者である、あのフェリックス・ジェルジンスキーに注目したがる。ジェルジンスキーは通常、ドゥルーズであればこういうだろうが、スターリン主義の「知られざる先駆者」として描かれる。それは、イアン・ブキャナンによって定義された、その語の厳密な意味においてそうなのである。「知られざる先駆者とは、われわれが結果を原因と見誤らないために逆向きに読まれねばならない、テクストにおける重大な面のことである」[29]。〈十月革命〉後の最初の十年間における、スターリン主義以前のソ連の発展という文脈において、ジェルジンスキーは「逆向きに読まれねばならない」。すなわち、十年先のスターリン主義時代の未来から時間を遡ってやって来た人として読まれねばならない。そうした読みは、ジェルジンスキーの冷たく虚ろな眼差しを強調する歴史家の場合のように、適度な空想性を帯びることが多い。彼らによれば、その眼差しは、人間的な温かさと思いやりを欠いた彼の冷酷な精神の表れなのである。そうだとすれば、ロシアのプーチン政府がジェルジンスキーの彫像をKGBの所在地である悪名高いルビャンカ宮殿前の広場に戻すことに決定したというニュースに、西側が驚いたのも無理はない。しかし、この〔秘密警察の創設者というジェルジンスキーの〕一般的イメージを捨てきれない人には、かなりの驚きが待ち受けている。レズリー・チェンバレンの『哲学汽船』——これは、一九二二年にソ連から追放され、きわめて危険な目にあった非マルクス主義知識人グループについての本であり、まさにレーニン主義からスターリン主義にいたる道筋（両者の連続性ではないにしても）を力説している——には、補遺として、この追放に関わったすべての人の短い伝記的注釈が載っている。以下に引用するのは、ジェルジンスキーに関する記述である。

フェリックス・ジェルジンスキー（一八七七〜一九二六年）ポーランド生まれ。チェーカ、のちのGPUの長であり、追放を統括。ジェルジンスキーは、人生の四分の三——一一年——を帝政時代の監獄およびシベリアでの流刑で費やし、うち三年間は強制労働についていた。「恵まれない者および被抑圧者に対する彼の一体感、そしてそうした者たちを擁護する彼の姿勢」（レゲット[30]）は、疑いのないものであった。ジェルジンスキーはいまなお不可解な人物である。[31]

この象徴的な人物の予期せぬ側面を教えてくれる細部は、まだまだたくさんある。しかし、ここで肝心なのは、初期のボルシェヴィキがいかに後のそれとくらべてずっと「優しく」「人間的」であったか強調することではない。われわれは彼らの支配の厳しさを絶対に隠蔽するべきではない。ただ、ポイントは別のところにあるのだ。それはすなわち、彼らが恐怖政治（テロル）に訴えたとき（そしてその蛮行を「〈赤いテロル〉」と呼んで、それを公然と行ったとき）、この恐怖政治はスターリン主義的なものとは違っていた、ということである。当然ながら多くの歴史家は、この論点を認めながらも、その一方で、深層のレベルでは初期から後期へとつながる必然性があったのだと主張する。容赦のない純正な革命が堕落した恐怖政治に転ずることは、革命の歴史においてよくあることではないか、と。初期ボルシェヴィキは、一九三〇年代にソ連がどうなったか知ったら、間違いなくショックを受けていただろう（実際、多くの初期ボルシェヴィキはその通りであったし、また大粛清において容赦なく駆逐された）。しかし、彼らの悲劇は、スターリン的恐怖政治のなかに、自らの行為の生み出した最終的な結果を看取できなかったことにある。彼らに必要だったのは、彼ら流の「汝はそれなり」という東洋の古い識見であったのだ……。世に認められたこの知恵――はっきりいっておくと、これを安っぽい反共産主義として切り捨てることはできない、つまり、それは独自の論理的整合性をもっており、ボルシェヴィキの守旧派のもつ悲劇的威厳を認めている――は、われわれがそれでもなお疑問に付すべきものである。ここで〈左翼〉は、現在流行している「もし何々であったら、こうなっていただろう」という形で語られる右翼的な歴史に対して、それに代わる独自の歴史を提示するべきである。というのも、「もしレーニンが健康を害さず十年長生きをして、スターリンを免職することに成功していたら、何が起こっていたか」という左翼にとっての永遠の問いの答えは、もっともな議論がたくさんあるにもかかわらず（ローザ・ルクセンブルクは、一九一八年の時点ですでに官僚的スターリン主義の勃興を予言していなかったか）、見た目ほど明白ではないからである（リベラル派ならこう答えるだろう――基本的には何も起こらないし、何も変わらない、度を越した最悪の事態がなくなるだけでスターリン主義には変わりはない、と)。

したがって、スターリン主義が〈十月革命〉の初期の状態とその直接的な余波から発生したことは明らかであるとしても、われわれは、レーニンがあと数年健康を維持してスターリンを解任していたら、まったく別のことが起こっていたかもしれないという可能性を無条件に《ア・プリオリ》無視するべきではない。ここでいう別のこととは、もちろん「民主主義的社会主義」のユートピアではなく、とはいえスターリン的な「一国社会主義」とも実質的に異なるもの、すなわち、自らの限界をよく心得た、より「プラグマティック」で即興的な政治的、経済的決定から生まれてくるものである。レーニンが最後にみせた、ロシア・ナショナリズムの再燃に対する捨て身の闘争、グルジアの「ナショナリスト」に対する彼の援助、今以上に脱中心化された連邦政府をめぐる彼のヴィジョン——これらは単なる戦略的な妥協ではない。ここに込められているのは、スターリン主義的観点とは完全に矛盾する、国家と社会のヴィジョンなのである。

トロツキーが重要なのは、ここにおいてである。トロツキー主義は、今日の〈左翼〉にとって必要な根源的な自己批判的分析の妨げとなる、ある種の政治的-理論的障害として機能することが多いのだが、にもかかわらず、トロツキーという人物は、「(社会)民主主義的社会主義か、それともスターリン的全体主義か」という二者択一を壊乱する象徴的要素であるかぎりにおいて、重要な意味をもちつづける。つまり、われわれがトロツキーのなかに、彼の書いたものと、初期ソ連における彼の革命的実践のなかに見出すのは、革命的恐怖政治、党による支配などであるが、その様態はスターリン主義の場合とは異なっているのである。したがって、トロツキーが現実に成し遂げたことに忠実であるためには、精神分析を好み、シュルレアリストの芸術家と交わり、フリーダ・カーロと関係をもった温かみのある民主主義的なトロツキーという大衆神話を一掃しなければならない。そして、繰り返していえば、「たとえトロツキーが勝っていたとしても、最終的な結果は基本的に同じであっただろう」という結論(あるいは、トロツキーもスターリンも根は同じである、すなわち、一九二〇年代後半以降スターリンは、トロツキーが「戦争共産主義」の時代にはじめて構想した施策を応用し発展させたにすぎない、という主張[32]）は間違っている。歴史とは開かれたものであり、トロツキーが勝利していたらどうなっていたかは誰にも分からないからだ。問題は別のところにある。つまり、トロツキーの政治路線が国家権力をめぐる闘争において勝利するのを不可能にしたのは、彼自身の姿勢である、という事実にある。

一九二〇年代のレーニン主義から一九三〇年代の厳密な意味でのスターリン主義への移行は、党内部のユーモアのレベルにおいても認められる[33]。ボルシェヴィキの討論には、つねにある種のユーモアが備わっていた。レーニン自身、一九二二年の〈第一一回党大会〉で「ジョークはよいものだ。われわれには、ジョークを交えずに演説することなどできない[34]」といっている。このユーモアは、粗野で嘲笑的で皮肉の効いたものだが、それでも党の同志間の会話には不可欠なものであった。ハムレットが同名芝居の第三幕で母親のところに向かいながらいう台詞を借りていえば、「舌を剣とするとも、手には剣をとるまじ」ということになる。さらに、二者が論争する場合、彼らはユーモアと嘲笑的皮肉を厳密に対等に用いた。例えば、一九二一年における、大勢を占めるレーニン主義者と〈労働反対派〉との論争において、両陣営は、嘲笑と皮肉を行使しただけでなく、相手方の嘲笑的、皮肉的言辞をひっくり返したり、笑いの種にしたりするなど、一定の同じ遣り方で議論の応酬をした。しかし、一九三〇年代には、それよりもはるかに残忍な形の嘲笑的皮肉が支配的となった。ソ連の報道機関はそれを「勝者の笑い」と呼んだ。つまりそれは、恥辱を受けた無力な犠牲者が自分の誠実さを他人に説得しようとする際にいう言いわけを、からかい嘲笑するものであった。例はたくさんある。検察官ヴィシンスキーは、有名な公開裁判のあいだカーメネフとジノヴィエフを「この馬鹿げた茶番を終わりにしろ！」とどなりつけた。同裁判の被告人のひとり、スミルノフが、自分はテロリストではないと述べたとき、彼は「自由になろうともがく感動的な姿は、まことに滑稽だ」と言葉を返された。これと同様に、一九三七年二月二三日にブハーリンが〈中央委員会〉の前で最後の陳述をしたときに公衆から発せられたカフカ的な気味の悪い笑いは、話し手の大まじめな態度（彼は自殺の可能性、そして、自殺は党に傷をつけることになるので自殺はせず、死にいたるまでハンガーストライキを続ける理由について語っている）と、〈中央委員会〉メンバーの反応とのあいだの根本的なずれから生まれている。

ブハーリン　私はピストル自殺などしない。そんなことをしたら、私は〈党〉に損害を与えるために自殺したのだと人々はいうだろう。しかし、もし私が病気で死ぬことになったら、それによってあなたがたはいったい何を失うというのか。（笑い声。）

ヴォロシーロフ　悪党！　黙れ！　なんて卑劣なやつだ！　そんなことをいうとは何様のつもりだ！

野次馬　ゆすり屋だ！

ブハーリン　しかし、あなたがたは理解できるはずだ、私にとってこれから先生き続けるのは非常につらいということを。

スターリン　では、われわれにとっては楽だというのか?!

ヴォロシーロフ　みんな聞いたか、「私はピストル自殺しません、でも死にます」といういいぐさを！

ブハーリン　あなたがたが私について語るのは楽なことだ。そもそも、あなたがたは何か失うものがあるのか？　よいか、私が破壊工作員のくそったれ野郎だとして、それなのになぜ私の命を助けるのか？　私は何の要求もしない。私はただ思っていることを、これから経験することを述べているにすぎない。もしそれが、どんなに些細であれ政治的な損害をもたらすというのなら、話は簡単、私はあなたがたのいうとおりにしよう。（笑い声。）なぜ笑うのか？　何もおかしいことなどない

……[35]

これと同じ不気味な笑いは、他のところでも現れている。

ブハーリン　彼らのあげる、私にとって不利な証拠は、どれも真実ではない。（笑い声、部屋の中が騒然となる。）なぜ笑うのか？　おかしいことなど何もない。[36]

われわれがここで手にするのは、『審判』におけるヨーゼフ・Kの最初の取り調べにみられる不気味な論理が、実生活において再現される光景ではないだろうか。

「ふむふむ、そうすると」、と〈調査官〉は書類をめくり、ふんぞり返りながらKに向かって尋ねた。「あなたは塗装工ですな？」。「いいえ」、とKはいった。「私はある大〈銀行〉の副支店長です」。この答えは〈右側〉の席に座っている聴衆に大爆笑をもたらした。Kもその迫力におされて笑わざるをえなかった。人々は手をひざにおいて身を折りまげ、痙攣をおこしてせきこんだときのように体を震わせていた。[37]

もちろん、こうした世界においては、主体のきわめて形式的で空虚な権利でさえそれ固有の場所を与えられていない。ブハーリンはあくまでその権利にこだわり続けるのだが。

ブハーリン　［…］私は、一九三〇年から一九三二年のあいだに自分が多くの政治的罪を犯したことを告白した。その件については納得している。しかし、自分の犯した現実の罪について告白すると きと同じだけの力をこめて、それと同じ力をこめて、私は自分に押しつけられた罪を否定する。永遠に否定する。私個人の利益のためではない。いかなる状況であれ、ひとは余分なものを引き受けるべきではないと信じるからだ。とくに党がそれを必要とせず、国がそれを必要とせず、私がそれを必要としていないときには、なおさらだ。(部屋中にざわめきと笑い声。)[…]

ピャタコフや彼に似たひとたちが悪い雰囲気をつくったために、だれもが人間の感情——気持ちや、こころの激しい動きや、涙——を信用しない雰囲気がうまれた。(笑い声。)人間の感情表現の多くは、以前は証拠のひとつのかたちであったが——それは、なにも恥ずべきことではない——今日ではその価値と力を失ってしまった。

カガノヴィチ　おまえの二枚舌はもうたくさんだ!

ブハーリン　同志諸君、実際の出来事に関して私に次のことをいわせてほしい——

フロープリアンキン　もう牢屋にぶち込む時間だ!

ブハーリン　なんだって?

フロープリアンキン　普通ならもうとっくに牢屋にぶち込まれている時間だ!

ブハーリン　そうか、いいだろう、私を投獄すればいい。そうすればきみは、自分が声をあらげて主張している事実が何であるか考えるだろう。つまり、「そいつを牢屋にぶち込め!」といわれて私がいい分を変えるか?——変えることはない、という事実を。[38]

このユーモアのあり方の変化が、いかに行為の「客観的意味」というレーニン主義的な概念からスターリン主義的な再主体化への移行によって規定されているか、看取することはやさしい。つまり、スターリン主義的世界では、間抜けは基本的に存在せず、また誰もが自分の行為の「客観的意味」を分かっているので、党の方針に対する不同意は、露骨な偽善と欺瞞の結果として生ずるしかないのである。さらに驚くべきことは、西側から事態を見守る共産主義者が、なんのためらいもなく、この偽善を被告の心理的真実とみなしてしまうことである。アドルノは、一九三八年のベンヤミンに宛てた手紙において、ニューヨークでハンス・アイスラーと交わした会話を伝えている。

モスクワの裁判を擁護する彼のおそまつな話を聞くにはそうとう忍耐が必要だったし、殺害されたブハーリンをネタにした彼のジョークには吐き気がした。彼は、モスクワにいたときブハーリンと懇意だったと言い張っている。彼によれば、ブハーリンはそのときすでに心にやましいことがあったので、彼、つまりアイスラーの目をまっすぐ見ることさえできなかったそうだ。[39]

心理に対してアイスラーの眼はまったく節穴であり、これには心底驚かされる。ブハーリンは恐怖をいだき、外国人との接触を恐れ、自分がつねに監視されすぐに逮捕されることを分かっていたわけだが、アイスラーはそれを罪の意識と取り違えているのである。

『カサブランカ』におけるショスタコーヴィチ

ノーメンクラトゥーラのメンバーには、もちろん、大きな〈他者〉の道具であるという倒錯的な立場が用意されていたが、一般のソ連市民は、大きな〈他者〉を信じるか、信じないかという単純な二者択一にきっちり収まるものではなかった。後者に顕著に見られる主体的立場は、それとは異なる性質のギャップによって特徴づけられていた。例として、音楽学者が最近まで激しく戦わせていた、ショスタコーヴィチ作品の真のメッセージをめぐる論争を思い出そう。この作曲家は、共産主義との（明らかに歪んだ）関係において、実のところ、どのような立場に立っていたのか。二つの対立する立場が考えられる。一つは、ショスタコーヴィチは（明白な）懐疑をいだき逡巡していたにもかかわらず、ソ連に忠節をつくす作曲家であった、ということ。もう一つは、ショスタコーヴィチは実は隠れ反体制派で、その音楽は「彼が表向き支持していた政治体制そのものに対する偽装され暗号化された挑戦」である、ということである。後者の場合、われわれは、あらゆる特徴がそれとは反対のことを意味する記号として解釈されるという狂乱状態におかれる。「レニングラード交響曲の「意気揚々とした」エンディングは陳腐だとぼやいたら、「いや、あれは意図的に陳腐にしているのだ」と言い返されるかもしれない。伝えられたメッセージが重要だったのだ[40]」。したがって、この二つの読みを隔てるのは、反省性という細い線だけである。つまり、陳腐さが自己宣言的なものであるなら、つまり、それが意図されたものであるなら、それは陳腐さであることをやめ、アイロニーに回帰する……ということである。では、真実はどこにあるのか。私が提示したいのは、この対立する二つの見方のヘーゲル的な「綜合」、ただし意外なひねりを加えた総合である。すなわち、ショスタコーヴィチの音楽を「スターリン主義的」に、ソ連という世界の一部にしている原因が、彼とこの世界との隔たりであるとしたらどうだろうか。公式のイデオロギー世界との隔たりが、この世界を掘り崩すどころか、むしろその機能の重要な構成要素であったとしたらどうだろうか。政治に対するショスタコーヴィチの率直な個人的態度をもっともよく表しているのは、おそらく、彼が友人に語った「歴史とは実に売女であると思わないか[41]」という言葉である。このあらゆる政治に対する一般的な不信感（彼とソルジェニーツィンのような反体制派とのあいだの隔たりは、ここから出てくる）のおかげで、彼は労せず生き残ることができたのである[42]。この重要な認識を手にしたとき、われわれは、ショスタコーヴィチの「反体制的姿勢」をめぐる標準的な擁護論に、ある特定のひねりを加えざるをえなくなる。

> 当局から最大限「公認された」作家であっても［…］たいていソ連の体制に対して私的な懐疑をいだいていたし、反体制文化の内部にいることが知られていた。ソ連体制下における作家は、いかに当局に公認され、表向きは順応者であったとしても、「ソ連の現実」に対して折に触れ批判的姿勢を見せることがごくあたりまえであった。［…］［ショスタコーヴィチ］もまた、独自の方法で、自作（非言語的な反体制批判に特有の言い逃れやすさによって本質的に守られていた活動）のなかで反体制的価値観を積極的に押し出していた。しかし、私的な領域ではソ連の生活に異議を唱えながら、同時に公的な領域では必然的に順応者のイメージを植えつけるといったことをしたのは、断じて彼だけではなかった。[43]

では、スターリンはなぜショスタコーヴィチを（そして「明々白々な」反体制的考えをもった、アフマートヴァからパステルナークにいたる他の多くの重鎮を）抹殺しなかったのか。「詩人の場合、スターリンの迷信が一因であると思われるが、主な理由は、偉人を抹殺すれば、かならず外国が大騒ぎをする……ということである」[44]——これは、スターリンの迷信まで持ち出さざるをえない推論にとって、たいへんひどい答えのようにみえる……。むしろ、体制に対する「公的な」忠誠と「私的な」異議申し立てとのあいだの裂け目は、スターリン主義的主体のアイデンティティの一部である、と認めたほうがずっと容易で論理的ではないだろうか。スターリン主義的イデオロギーの機能から学ぶべきことがあるとすれば、それは、（公的な）見かけこそが重要であり、ゆえに「反体制」というカテゴリーは公的な言説だけに適用されるべきである、ということである。つまり、「反体制者」とは、誰もが私的なレベルですでに知っていることを、公的に――どうにかこうにか――発表することによって公的言説の円滑な機能を妨げるひとのことだけを指していたのである。

しかし、そうした主体的立場は、（もちろん、生き残りたいと思った者にとって……だが）唯一可能な主体的立場であったのか。もう一人のソビエト音楽の偉人、セルゲイ・プロコフィエフの運命は、それとは違う道をたどっている。その（論争を呼んだ）回想録においてディミトリ・ショスタコーヴィチは、彼のライバルであるセルゲイ・プロコフィエフのことを、つねに「利口者」を気取って歴史について真剣に考えないやつだといっている。しかし、一つだけ最高の例をあげれば、プロコフィエフの「ヴァイオリン・ソナタ第一番」（作品八〇）は、明らかに、プロコフィエフの（悪）名高い「アイロニー」とは反対のものを示している。

> 四つの楽章を通じて［…］われわれが感知するのは、曲の底に流れる激烈な苦闘である。しかし、これは作品とその外部とのあいだで起こる苦闘ではなく、むしろ作品内部にある何かの苦闘、すなわち、顕在化することのない、必死に表れ出ようとしても作品の実際の外的な形式と言語によってつねに出現を「阻まれて」しまう何かの苦闘である。「内部にある何か」をこのように阻止すれば［…］意味――音楽的であれ、超音楽的であれ――がアイロニーを寄せ付けないほど平明化される最高に明確な状態、つまり精神的な「純粋さ」の領域へと向かう浄化の欲望が満たされなくなり、フラストレーションを抱え込まざるをえなくなる。[45]

これこそが、プロコフィエフがそのアイロニックな姿勢のために払う代償である。そして、そうしたアイロニックな部分こそは、彼の芸術上の誠実さを如実に物語っている。このアイロニックな姿勢は、知的な虚勢を示すものではない。それはむしろ、「〈内的空間〉に由来する〈モノ〉」（「内部にある何か」）をなんとか表に出そうとするプロコフィエフの絶えざる苦闘が頓挫したことの裏面であって、見た目の派手さはまやかしにすぎない。プロコフィエフのいくつかの作品（例えば、人気の高い交響曲第一番）がもつ表面上の「陽気さ」は、プロコフィエフが究極の反モーツアルト、すなわち「タイタニック的苦闘」のはてに完全な失敗へと行き着くある種のベートーヴェンであるという事実を非顕在的に表示しているにすぎない。モーツァルトが至高の音楽的天才の最たるもの、すなわち、おそらくは音楽上の〈モノ〉がそのまま自然に音符になっていくタイプの最後の作曲家であるとすれば、また、ベートーヴェンにおいては、音楽の題材との長い英雄的な格闘のすえにようやく一つの作品がその最終的な形に行き着くのだとすれば、プロコフィエフの偉大な作品は、この格闘における敗北を示す記念碑なのである。[46]

ショスタコーヴィチは、そのような内的失敗のレベルに達してはいなかった。彼の作品のうち、主体の関与がもたらす例外的な強度という点でプロコフィエフの「ヴァイオリン・ソナタ第一番」と比較しうるのは、もちろん「弦楽四重奏曲第八番」であるが、この二作品のあいだには著しい差異がある。四重奏曲の裏にいかなる主体の苦悶が認められようとも、その音楽的表現は阻まれることなくわき出し、容易に認識しうる情緒的効果をとめどなく生み出していく。ショスタコーヴィチの人生と経験は挫折の産物であり、そこにあるのは憂鬱と、人格を否定するようなひどい妥協であったかもしれないが、この障害は彼の音楽表現に影響していない。それとは逆に、プロコフィエフのヴァイオリン・ソナタにおいてわれわれが扱っているのは、音楽表現そのものに内在する、外的な障害よりもはるかに根源的な障害である。創作上の悲劇的な失敗は、ここでは形式自体の失敗なのである。そして、プロコフィエフにあってショスタコーヴィチにはない内的な真実は、この失敗に起因するのである。

その晩年の一五年間、プロコフィエフは正真正銘のスターリン主義的超自我に捕えられていた。つまり、彼の為すことはすべて正しくないとみなされたのである。自分の本質であるモダニズムにこだわっていた時期の彼は、「反人民的フォルマリズム」およびブルジョア的退廃という批判をあびた。そのあと彼は、マルクス、レーニン、スターリンのテクストを用いた悪名高い「十月革命二〇周年のためのカンタータ」において社会的圧力に最大限へつらおうとするわけだが、このカンタータもまた「左翼的な逸脱と下品さ」のために（すなわち、マルクスとレーニンを引きずり込んだために）批判された。それでも二〇周年になにか——なんでもよいから——貢献しようと必死になったプロコフィエフは、急遽、民族音楽と党の集会で歌われる唄を混ぜ合わせた「我らが時代の歌」という曲をつくった。だが、この作品もまた「活気がなく個性に欠ける」として——むろんこれは本当であった——退けられた。

プロコフィエフは、ここにいたって心底驚いていたにちがいない。ぼんくらのような作品を書けば、個性のない左翼の変人扱いされ、プロコフィエフ本来の作品を書けば、金銭づくのフォルマリストとみなされる。個性的といわれたり、非個性的といわれたり……ここにはなんの道理もないように思われたにちがいない——もちろん、現に道理など存在しなかったわけだが。[47]

とはいえ、実際には間違いなく「道理」はあった。すなわち、超自我の目からみれば、人はつねに罪を犯している……という道理は。しかし、問題はこれよりも深いところにあった。つまり、プロコフィエフの晩年のスタイルにおける逆説は、表現主義的情念から離れ「新たな簡潔さ」へと向かった彼の内的な音楽的進化が、ソ連の一般人民にとってとっつきやすく聴きやすい音楽を要求した当局の動きと、奇妙にも共鳴していたことであった。

ショスタコーヴィチの場合と同様にプロコフィエフの場合においても、批評家が血眼になって彼らの隠された反体制的姿勢を証明しようとする理由は、あるきわめて厄介な事実、すなわち、今日西側でもっとも人気のある彼らの作品は、意外にも、（人民からだけでなく）体制から最大限の公的擁護を受けた作品――ショスタコーヴィチの交響曲第五番、第七番、第一一番、プロコフィエフの「ピーターと狼」とバレエ音楽「ロメオとジュリエット」――と重なっているという事実から目を背けるためである。ショスタコーヴィチの室内楽のなかにさえ、一九四〇年にスターリン賞をとったピアノ五重奏曲のように、彼のもっとも人気の高い作品があるのだ！　どうしてこうなるのだろうか。ここで出番となるのが、解決策を示してくれる反体制の解釈学である。ショスタコーヴィチの交響曲第五番、あの西側でも一番頻繁に演奏される二〇世紀の交響曲はどうかって？　あの意気揚々としたフィナーレには実はアイロニーが込められていて、スターリン的な勝利主義を揶揄しているというのが真相にちがいない！　交響曲第七番（「レニングラード」）の尽きせぬ人気はどうかって？　第五楽章におけるあの冷酷で粗暴な行進曲は、「実は」一九四一年のドイツによるロシア侵略を指しているのではなく、共産主義によるロシア侵略を指しているのにちがいない！　ショスタコーヴィチのヒット作品、交響曲第一一番（「一九〇五年」）はどうかって？　一九〇五年というのは単なる口実で、革命の勃発は「実際には」一九五六年のハンガリーを指しているということがすぐに立証されるはずだ！……しかし、交響曲第一三番（「バービーヤール」）や最後の交響曲第一五番のように、権力者に実際には受け入れられなかったショスタコーヴィチの交響曲についてはどうだろうか。答えは明らかである。究極の皮肉のなせるわざとでもいうべきか、交響曲第一三番が物議をかもしたのは、まさにそのときの政治状況――この作品は政治的抵抗の身振りとして機能した――のためだけであって、作品の芸術的な力のためではなかったのだ。

　リーラ・ジョセフォウィッツが新たに録音したショスタコーヴィチの「ヴァイオリン協奏曲第一番」の宣伝にはこう書かれている。彼女は「ショスタコーヴィチがスターリン体制下において敢行した闘争に敬意を表する」と。このどうみてもおろかな主張を前にすると、「人生と作品の混合によってあそこまで正統派としての地位を得た作曲家は彼以外にはまずいない」[48]というマイケル・タナーの見解が正しいことがはっきりする。交響曲のいくつかの楽章をどう読むべきか、つまりそこに深刻な情念をみるべきか、それともアイロニーによる覆しをみるべきかをめぐる、あるいは、意気揚々としたフィナーレのうち犠牲に見合わない勝利を表現しているのはどれなのかをめぐる終わりなき論争は、「実のところ、音楽自体が達成しようとしてもできないものをわれわれに教えている」と指摘したタナーは完全に正しい。ショスタコーヴィチの心の奥にある反共産主義的姿勢を決定的に証明するような、何らかの私的な（芸術外部の）文書を取り付かれたように捜し求めること——彼の芸術的失敗の賜物としてこれ以上のものはない。この政治的背景がもはや感じ取れない曖昧さのなかで、ショスタコーヴィチの音楽が最後の交響曲でロッシーニとワーグナーを参照したときのように「つまらない謎」となるのは、そのためである。ここにはもはや解読されるべき深い意味はなく、そうした「謎」は音楽的には退屈なのだ。ここでのアイロニーは、音楽外部の「決定的証拠」を追求すること自体が、ショスタコーヴィチ音楽の「フォルマリズム的」特徴に関するスターリン主義的な糾弾の正しさを証明する、ということである。そういえるのは、もちろん、その糾弾がジダーノフ一味によって意図されたものであるからではなく、彼の音楽が社会的関与という点で曖昧である（そのため、それを明確にするべく音楽外部の記号を探す必要が出てくる）からである。

ではここで、あるハリウッド古典映画の読み方の可能性をめぐる議論を参考にしつつ、ショスタコーヴィチの人気の高い交響曲を読んでみたら、どうなるだろうか。『カサブランカ』の全体の四分の三あたりにある有名な短いシーンで[49]、イルザ・ラント（イングリッド・バーグマン）はリック・ブレイン（ハンフリー・ボガート）の部屋にやってきて通行証を手に入れようとする。これがあれば、彼女とその夫であるレジスタンスのリーダー、ヴィクター・ラズロは、カサブランカからポルトガルに渡り、そのあとアメリカに逃げられるのである。リックが通行証を渡すのを拒むと、彼女は銃を取り出し、彼を威嚇する。彼はいう「さあ撃って、そうしてくれるとぼくも助かる」。彼女は泣き崩れ、なぜパリで彼のもとから去ったか語りはじめる。彼女は彼に「私があなたをどれほど愛していたか、いまもどれほど愛しているか、あなたが分かってくれたら」というが、そのときにはすでに抱き合う二人の姿がクローズアップになっている。ここで画面はゆっくりと消え、夜の空港管制塔とその回転するサーチライトを映した三秒半のショットに転換する。ついでこのショットもゆっくりと消え、ふたたびリックの部屋の窓を外から撮ったショットに転換する。リックはタバコを吸いながら外を眺め、窓のところにたたずんでいる。彼は彼女のほうに振り返り、「それで?」という。すると彼女はふたたび話はじめる……。

ここで直ちに出てくる問いは、もちろん、この間、つまり三秒半の空港のショットの間に何が起こったか——彼らはやったのか、やってないのか——ということである。モルトビィが正しく主張しているように、この点に関してこの映画は単に曖昧であるわけではない。映画はむしろ、非常に明確な、ただし相容れない二つの意味を生み出している。彼らはやってもいるし、やってもいない。つまり映画は、彼らがやったという明白なしるしと同時に、彼らがやったはずはないという明白なしるしも提示しているのである。暗号化された一連の特徴は、彼らがやったということ、要するに、三秒半のショットはそれよりも長い時間を表しているということを示している(激しく抱き合う男女からフェイドアウトすることは通常その後の行為を暗示し、タバコも性交後の弛緩状態を示す定番の記号であり、塔は通俗的ではあるが男根を含意する)。その一方で、それと平行して出てくる一連の特徴は、彼らがやらなかったということ、要するに、三秒半の管制塔のショットは現実に流れた時間と一致しているということを示している(背景にあるベッドはまったく乱れていないし、二人の会話は途切れなく続いているようにみえる、等々)。リックとラザロが空港で交わす最後の会話でこの夜の出来事が直接話題になるときも、二人の言葉は二様に読むことが可能である。

リック　イルザとぼくの関係については知っているね。

ヴィクター　ああ。

リック　きみは知らなかったろうが、ゆうべ彼女がぼくの部屋に来てね、そのときぼくは……。彼女が来たのは通行証のためだ。そうだね、イルザ。

イルザ　ええ。

リック　彼女はあらゆることをして通行証を手に入れようとしたけど、うまくいかなかった。いままで私を愛していると、一生懸命私に信じ込ませようとした。それはとうのむかしに終わったことだ。だけど彼女はきみのために、今でもぼくを愛しているふりをした。それでぼくは彼女がそうしたふりをするのをとめなかったのさ。

ヴィクター　よく分かった。

いや、私にはどうしても分からない。リックはヴィクターに、きみの奥さんと寝たといっているのか、それとも寝ていないといっているのか。モルトビィは次のように主張してこの問題を解決した。このシーンは、『カサブランカ』が「映画館で隣り合って座る二人の人間に別々の喜びを与えるように意図的につくられている」ことを示す格好の例である、すなわち、『カサブランカ』は「「無邪気な」観客にも「洗練された」観客にも合わせることができた[50]」のだ、と。表層的な物語展開のレベルでは、この映画は観客によって厳密な道徳的コードに従うものとして構成される。だが同時に映画は、それに代わる性的により大胆な物語展開を構築するのに必要な手がかりを「洗練された」観客に対して提供するのである。この戦略は見た目よりも複雑である。われわれは、公認された物語展開がいわば「隠れ蓑になる」こと、それによって自らが「罪深い衝動から解放される」[51]ことを知っているからこそ、心置きなく卑猥な空想にふけることができるのである。われわれには、こうした空想が「ゆゆしい」ものでない、大きな〈他者〉からみればたいしたことではない……と分かっているのだ。したがって、モルトビィの論には一点だけ訂正が必要となる。すなわち、ここでは並んで座る二人の観客は必要ではない、二人に分裂した一人の観客がいれば十分なのである。

　ラカンの用語でいいかえよう。この評判のよくない三秒半のあいだ、イルザとリックは大きな〈他者〉、すなわち公的な見かけの秩序にとってはセックスをしなかったが、われわれの卑猥で空想的な想像力にとってはセックスをした。これは正真正銘の内的侵犯の構造である。つまり、ハリウッドが機能するためにはこの二つのレベルが両方とも必要なのである。オズワルド・デュクロの構築した談話理論の用語を使っていえば、ここにあるのは、前提と推測の対立である。ある言説における前提は、大きな〈他者〉によって直接承認されており、われわれは前提に対して責任がない。一方、ある言説をめぐる推測に対する責任は、完全に読者（観客）が負っている。テクストの著者はきまってこういうのだ。「観客が映画の画面から卑猥なことを読み取ったとしても、それは私の責任ではない」と。そしてこれを精神分析の用語につなげていえば、この対立はもちろん象徴的〈法〉（自我理想）と破廉恥な超自我との対立である。公的な象徴的〈法〉のレベルでは何事も起こらず、テクストは清潔であるが、もう一つ別のレベルでは、テクストは「享楽せよ！」、お前の卑猥な想像に身をゆだねよ、という超自我の命令によって観客を攻め立てるのだ。さらにいいかえるなら、われわれがここで直面しているのは、フェティシズム的分裂、「分かってはいるが、それでもやはり……」という否認の構造の明確な例である。つまり、二人はセックスをしていないと自覚すること自体が、われわれの卑猥な想像をたくましくするのである。われわれがそうした想像にふけることができるのは、大きな〈他者〉にとって二人はセックスをしなかったという事実によって、われわれが卑猥な想像からくるやましさを免れるからなのだ……。この二重の読みは、単に〈法〉の側の妥協を表しているのではない。つまり、象徴的〈法〉はただ見かけを維持することだけに関心があり、われわれの空想が公的領域を侵害しないかぎり、すなわちそれが〈法〉の維持する見かけを保つかぎり、われわれに自由に空想を抱かせておく、ということではない。というのも、〈法〉自体がこの破廉恥な補足を必要としているからである。〈法〉はこの補足によって維持される、だから前者は後者を生み出すのである。

　したがって、一九三〇年代、一九四〇年代の悪名高い〈ハリウッド・プロダクション・コード〉は、単なる否定的な検閲コードであっただけでなく、そのコードのもとでは直接描写することのゆるされない過剰なものを生み出した肯定的な（フーコーであれば、生産的な、と呼ぶであろう）コード体系であり規制であった、というモルトビィの主張は正しい。そのよい証拠となるのは、モルトビィが伝えているジョゼフ・フォン・スタンバーグとブリーンとの会話である。スタンバーグが「ここに二人の主役のちょっとした恋愛エピソードを入れます」というと、ブリーンがすかさずこう口をはさむ、「つまり二人は干草に飛び込んだっていいたいわけだ。二人はそこでやった、と」。憤慨したスタンバーグはこう答える、「ブリーンさん、本気で怒りますよ」。ブリーンはいう、「おっと、たのむからたわごとはやめて、現実をみてくれ。不倫の話を撮りたい、だから助けてほしいというのなら、われわれとしても助けられる。でも、結構なセックスシーンを「恋愛エピソード」なんて呼んでるうちは手を貸せん。さて、この二人はなにをする？　キスをして別れるのか？」。「いいえ」とスタンバーグは答える、「二人はやります」。「よろしい」、ブリーンは机を叩いてかん高い声で叫ぶ、「これでストーリーが理解できる」。監督がストーリーの概略を語り終えると、ブリーンはどうやれば〈コード〉にひっかからずにこの映画を撮れるかを彼に話す。[52]というわけで、禁止が適切に機能するには、禁じられた物語展開のレベルで実際に起こっていることに関する明確な意識に頼らざるをえないのである。つまり〈プロダクション・コード〉は単になんらかの内容を禁じるのではない。むしろそれは、禁じられた内容の暗号的表現をコード体系のなかに組み入れるのである。

ショスタコーヴィチに話を戻そう。彼の有名な交響曲にもまったく同じことがいえるとしたらどうだろうか。それらもまた二つのレベル、すなわち、支配的なイデオロギー的眼差しを意識した公的なレベルと、公的なルールを侵犯しつつも、まさにそれゆえにその内的な補足としてとどまるもう一つのレベルで、同時に機能しているとしたら、どうだろうか。そう考えれば、次の一節の曖昧さは正当に評価できるだろう。

一九三六年に自作の音楽がスターリン主義的な非難を受けて以来、ショスタコーヴィチは自らの音楽言語において意図的に二重性をもった曖昧な表現をするようになった。彼は、クレムリンのお偉方を喜ばせる表現形式と同時に、芸術家および市民として自らの道徳的良心を満足させる表現形式を用いたのである。彼の声は、表向きは意気揚々としていた。しかし、ソ連の祝典にあわせた儀式的な音楽の下には、それよりも穏やかでもの悲しい声――彼の音楽が表現する苦しみを感じ取った人たちの耳だけにとどく、周到に隠された風刺と異議申し立ての声――が存在していた。この二つの声はショスタコーヴィチの「交響曲第五番」において確かに聴き取ることができる［…］。この作品は初演時に電気ショックのような大喝采を巻き起こしたのだった［…］。ソ連の勝利を高らかに告げる、フィナーレにおける長々と続くファンファーレの背後に［…］聴衆はその悲しみを感じ取っていたにちがいない［…］。聴衆は、精神的解放としての音楽に反応したのである。[53]

実に不思議な解釈である。「周到に隠された声」であるにもかかわらず、数千人がそれを明確に理解するのだから。検閲官はこの声を聞き取れないほど馬鹿だったのだろうか。ここで、『カサブランカ』の夜の出会いの場面に組み込まれていた曖昧さを参考にして、この二つの表現形式の危うい共存を解釈してみたら、どうなるだろうか。スターリン主義はプロコフィエフのプロパガンダ的作品と彼の私的な作品の両方を拒絶したわけだが、それが当のスターリン主義の条件からみて正しいものであったとしたら、どうだろうか。プロコフィエフは体制に対してこの二つのどちらか一方だけを提供した。それに対し、体制が彼に望んでいたものは、まさにこの二つのレベル、プロパガンダ的なレベルと私的なレベルの共存であったとしたら、どうだろうか。第二次大戦後のプロコフィエフは、しだいに室内楽という私的な領域に身を引いていき、そこで個人的な悲しみのための表現を発見することができた。これは無言の反抗的行為、「引き出しに仕舞うための」作曲——ショスタコーヴィチならそういうだろう——であったのか。そうであるとすれば、そうした作品のなかでもっとも感動的で絶望的なもの、「ヴァイオリン・ソナタ・ニ長調」——その耳にこびりつくような最初の楽章は、「墓地に吹く風のような」音楽として意図された——が、一九四七年のスターリン賞を受賞したのはどういうわけなのか。オーランドー・ファイジャスは、この賞には「アイロニー」が込められていたと主張している。しかし、この奇妙なアイロニーとはいかなるものなのか。[54]

ショスタコーヴィチに話を戻そう。彼のもったいぶった公的な音楽はアイロニーを意図してつくられたのに対し、彼の私的で告白的な調子の音楽は誠実につくられていた——われわれは本当に確信をもってそういえるだろうか。このアイロニーは客観的なものであり、われわれは、マルクスが一八四八年の革命後のフランス議会における〈秩序党〉の政治姿勢を解釈したときと同じやり方でこの音楽を解釈しなければならないとしたら、どうだろうか。この保守的‐共和主義的な党が「〈共和国〉という匿名の王国」においていかに王政主義の二派（オルレアン派と正統王党派）の連合として機能したかをめぐるマルクスの目覚しい分析を思い出そう。[55]〈秩序党〉の議員たちは、自らの共和主義をまがいものとしてみていた。というのも、議会での討論における彼らは、王政主義を匂わすような失言をし、また、自分たちの真の目的が王政の復活であることを知らしめるために〈共和国〉をばかにしたのである。彼らが自覚できなかったのは、〈秩序党〉支配の実際の社会的影響に関して彼ら自身が思い違いをしているということであった。彼らは、自分たちがあれほどまで軽蔑していたブルジョア共和主義体制の条件を無自覚なまま（例えば、私有財産を保証することによって）整備したのである。したがって、彼らは共和制支持者の仮面をつけた王政主義者であった、ということにはならない。彼らは自分たちのことをそう思っていたが、しかしここでは、彼らの「内面的な」王政主義的信念こそが彼らの真の社会的役割を隠蔽する仮面だったのである。要するに、彼らの誠実な王政主義は、彼らの公的な共和主義の隠された真実ではなく、むしろ彼らの現実的な共和主義の空想的な支え――彼らの活動にとって情熱のみなもと――であったのだ。そうだとすれば、〈秩序党〉の議員は――ショスタコーヴィチが忠実な共産主義者のふりをするふりをしていたのとまったく同じように――共和主義者のふりをするふりをしていたのではないか。

それにもかかわらず、プロコフィエフの主体的立場は、ショスタコーヴィチのそれとは根本的に違っている。プロコフィエフは、スターリンとその体制を言祝ぐカンタータをショスタコーヴィチよりも多く作曲したが、たとえそうであっても、前者は後者とは対照的に実際には「ソ連の作曲家」ではなかった。プロコフィエフは、スターリン主義を内面的に放逐するという、ある種の原‐精神病的な立場に立っていた。彼は内面的にスターリン主義に影響を受けたり、悩まされたりすることはなかった。つまり、彼はスターリン主義を単なる外的な悩みの種として扱ったのである。実際、プロコフィエフには、わがままな子供が社会の決まりを拒むときのような子供じみたところがあった。スターリンによる粛清がピークを迎えた一九三六年にソ連に戻ったプロコフィエフは、輸入したアメリカ車を乗り回し、パリから調達した風変わりで派手な服を身にまとい、西側に食べ物と本を注文し、周囲の狂気や貧困には目もくれなかった。ショスタコーヴィチとは対照的に、彼が、外面的な適応性と内面的な苦しみ、悲しみとを結合させるスターリン主義的な超自我的二重表現をけっして「身につけ」なかったのは、そのためである。彼の後期のヴァイオリン・ソナタにおけるメランコリーと絶望も、スターリン主義的圧制に対する反応ではない。同じようなスタイルとムードは、革命以前の作品のなかにすでに存在しているのだから。ここで格好の例となるのは、一九四六年から四七年にかけて二人の作曲がジダーノフの攻撃に対してみせた反応の違いである。プロコフィエフは、単純に、なぜ非難を受けるのか理解できなかった、つまり、この緊張関係を内面化しなかった。彼は一九四七年に〈作曲家組合〉の会合に出席し、彼をふくむソ連の作曲家を攻撃するジダーノフの演説を聞くように強制されるが、そのとき彼は酔っぱらって会場に現れ、無礼な言葉を大声で叫んで演説を妨害し、演説の途中で椅子に座ったまま寝てしまう。信じられないことだが、会合は何事もなく進行し、彼の奇行は大目に見られた。

では、ショスタコーヴィチはどうか。彼の音楽の人気とその一般的な受けとめ方は、異様なまでに変化した。数十年前、大半の批評家は、ショスタコーヴィチは現代音楽本来の発展とは無縁の「社会主義リアリスト」である、と非難した。しかし今日では、シェーンベルクやヴェーベルンのような偉大なモダニスト音楽家が過去の遺物とみなされ、尊敬されながらも無視されるのに対し、ショスタコーヴィチは、二〇世紀におけるもっとも人気の高い「深刻な」作曲家として存在している。また、彼の音楽だけでなく、彼の密室の反体制についても何十冊もの本が書かれている。しかし、ショスタコーヴィチの人気が、非-出来事の徴候、すなわち、現代音楽の真の〈出来事〉が隠されていることの徴候であるとしたら——大まかにいえば、解放をめざす根源的な政治から身を引き、代わりに人権と苦痛の予防に注意を向ける姿勢をその兆候とする広範な文化的反革命の一契機であるとしたら——どうだろうか。

スターリン主義的カーニバル……

一九三五年のトラウマ（『プラウダ』に掲載された評論「音楽に代わる混乱」が引き起こした、「マクベス夫人」を批判する大衆的キャンペーン）は、彼の音楽になにをもたらしたのか。このトラウマ以前と以後の断絶をもっとも明確に示しているのは、一九四〇年代から一九五〇年代初めにかけてショスタコーヴィチ作品におけるスケルツォの役割が変化したことである。一九三五年以前の彼のスケルツォは、攻撃的でグロテスクな新しい活力と生の喜びを爆発的に表現したものとみなすことができる。そこには、カーニバルのもつ解放的な力のようなもの、あらゆる障害を払い除け、あらゆる既成の規則と階層秩序を無視する創造力の狂気のようなものがある。しかし、一九三五年以降、彼のスケルツォは明らかに「その素朴さを失った」。その爆発的なエネルギーには、残忍で威嚇するような性質が加わり、操り人形の不自然な動きのような機械じみたところが出てくるのだ。そうしたスケルツォは、社会的暴力のエネルギー、つまり無力な犠牲者の大虐殺のエネルギーを生々しく表現しているともいえるし、それが「生の喜び」の爆発としてつくられている場合、それは明らかに、皮肉な表現、すなわち、空しく凶暴に噴出した、無力な犠牲者の攻撃性を意図しているともいえる。ここでは「カーニバル」はもはや解放の経験ではなく、妨げられ抑圧された攻撃性の瞬間的な発散である。それは人種差別的な虐殺行為や酔ったギャングの行うレイプと同じ「カーニバル」なのだ。（顕著な例は、「交響曲第八番」の第二、第三楽章、「交響曲第一〇番」（「スターリンの肖像」）の有名な第二楽章、そして弦楽四重奏のなかでは、「弦楽四重奏曲第三番」の第三楽章（これは今聴くとヘルマンの書いた『サイコ』の音楽とそっくりである）と「弦楽四重奏曲第一〇番」の「フリオーソ」楽章である）。[56]

これが意味しているのは、ショスタコーヴィチは、スターリン主義から受けた譴責というトラウマ的経験のおかげでその悲痛な円熟期を迎えることができた、ということなのか。この経験がなかったら、彼は、ジャズと攻撃的リズムのモダニズムとの混合を得意とする、ソ連の新しい「生の喜び」の作曲家のままであったのか。憂鬱で重苦しいドラマと破壊的なスケルツォの爆発との結合が、スターリン主義的恐怖政治の経験に対する唯一の反応の仕方ではなく、むしろスターリン主義的ヒューマニズム、つまり古いロシアの伝統を再肯定することと調和した反応であるとしたら、どうだろうか。また、ロシアの別の伝統のなかにすでに存在している、これとは異なる反応の仕方があるとしたらどうだろうか。つまり、ロシア特有のグロテスク――その偉大な代表者として筆頭にくるのはゴーゴリである――の特徴ともいうべき、恐怖とユーモアの重ね合わせという方法があるとしたら? 下級役人の顔から離れた鼻が独立した存在になる話であるゴーゴリの有名な短編小説「鼻」は、グロテスク・コメディあるいはホラー・ストーリー以外の何であるというのか。ここで示唆的なのは、この物語を下敷きにした、ショスタコーヴィチ初期の「不条理」ショート・オペラ（一九三〇年）の受容である。これはふつう風刺作品あるいは熱狂的なファルスとして上演されるのだが、ショスタコーヴィチ自身はこの作品を「ホラー・ストーリー」と呼んでいた。「私は『鼻』が笑い話にならないようにした。[…] これはあまりにも悲惨な話である」。だから、最近この作品を上演した〈オペラ・グループ〉がビラのなかで「最高におかしなオペラ、オペラ版『モンティ・パイソン』」と謳ったとき、われわれはモンティ・パイソンのコメディの根底にある悪夢的な特徴を思い出したはずなのだ。そうしたホラーとユーモアの混合は、強制収容所のトレードマークでもある。プリーモ・レーヴィは『これが人間であるなら』〔邦訳『アウシュビッツは終わらない』〕において、収容所における生き残り検査、あの恐ろしい「選抜 selekcja」を次のように描いている。

舎の年長者が連絡通路のドアを閉め、共同寝室に通じるドアと外の談話室に通じるドアを開けた。この二つのドアの前には、われわれの運命を決定する者、親衛隊の士官が立っている。彼の右側には舎の年長者、左側には需品係将校がいる。われわれは一人ひとり、裸のまま談話室を出て一〇月の冷たい外気のなかへ向かいながら、二つのドアのあいだを数歩で走りぬけ、カードを親衛隊の男に渡し、共同寝室のドアに入らなければならない。親衛隊の男は、ひとりが横切るのに要するわずか一秒のあいだにからだの正面と背中をちらっとみて全員の運命を判断し、カードを右側の男か左側の男に渡す。これはわれわれにとって生か死かを意味している。三、四分のあいだに一舎分、二百人の男が「処理」される。午後いっぱいでは収容所全体分、一万二千人の男が「処理」されることになる。[57]

右は命拾い、左はガス室送り。ここには本当の意味で喜劇的なもの、すなわち、健康で強くみせるための、淡々と生死を決めるナチの管理者の目を一瞬でも惹くための、ばかげた見世物のような努力がないだろうか。ここでは喜劇とホラーがひとつになっている。それは、立ち居振る舞いを練習したり、一生懸命背筋を伸ばして頰を膨らましたり、きびきび歩いたり、唇をつねってその青白さを取ったり、親衛隊の男に好印象を与える方法を伝授したりする囚人を想像すれば分かるし、あるいは、カード処理の間違いや親衛隊の男の注意散漫によって囚人の運命が決まる可能性を想像すれば分かる……。そうであるなら、卑猥なユーモアが、スターリン主義的恐怖政治のカーニバル的な特性を示す重要な要素であることもうなずける。一九三七年にKGBの尋問を受けたときのショスタコーヴィチの珍体験を思いだそう。

私は［入室］許可証をもらい、［NKVD（内務人民委員部）の］オフィスに行った。私が入っていって挨拶をすると、尋問官は立ち上がった。彼はとても親切で、私に椅子に坐るようにいった。彼は私の健康、私の家族、私の目下の仕事について質問しはじめた。彼の質問は多岐にわたっていた。彼の話し方は、非常に友好的で愛想よく礼儀正しかった。そうこうしているうちに、彼が突然「で、トゥハチェフスキーは知り合いですか」と聞いてきた。私がそうだと答えると、彼は「どんな知り合いです？」といった。それで私は答えた。「私のあるコンサートで知り合いました。コンサートのあと、トゥハチェフスキーがお祝いをいいに楽屋に来ました。彼は、私の音楽が好きで、私の大ファンだといいました。彼がレニングラードに来たときには、私と会って音楽の話がしたい、私と音楽の話ができたらさぞや楽しいだろう、と彼はいいました。また、私がモスクワに来た場合にも、私と会えることができればうれしい、と。」「彼と何回ぐらい会いましたか？」「トゥハチェフスキーがここに来たときだけです。いつも私をディナーに招待してくれました。」「ディナーの席には他に誰がいましたか？」「彼の家族だけです。彼の家族と親戚です。」「どんな話をしました？」「おもに音楽のことです。」「政治の話はしないですか？」「ええ、政治の話はしたことがありません。事情は分かっていましたから。」「ドミートリ・ドミトリエヴィチ、これは非常に深刻な問題です。あなたは思い出さなければならない。今日は土曜日です。あなたの許可証にサインしますから、今日は家に帰れます。しかし、あなたは月曜日の午後にまたここに出頭しなければならない。忘れないでください。これは非常に深刻で、非常に重要な問題です。」私は万事休すだと理解した。月曜までの二日間は悪夢であった。私は妻に、もう戻ってこられないと伝えた。それでも妻は、バッグを用意してくれた。連行される人に必要なものを入れたバッグである。妻は防寒用の下着を入れてくれた。私が戻らないことを分かっていたのだ。私は「月曜の」午後にオフィスに行き、受付に知らせた。そこには兵士が一人いた。私は彼に「国内」パスポートを渡し、私は召喚されている、と彼に伝えた。彼は私の名前を探した。リストを一枚、二枚、三枚とめくりながら。「誰に召喚されたのです？」と彼がいったので、私は「ザコフスキー調査官です」と答えた。すると彼はいった、「彼は今日あなたに会うことはできない。帰ってください。

あなたが来たことは報告しておきます」。彼は私にパスポートを返し、私は家に帰った。私はその日の夜になってはじめて、調査官が逮捕されたことを知った。[58]

今日の王は明日の乞食というカーニバルがかつて存在したとすれば、これこそはまさにそれであった。[59] とはいえ、ここでは常識的な反論が出てくる。厳密な意味でのカーニバルとスターリン主義的粛清とのあいだには、明白で根本的な差異があるのではないか、と。カーニバルの場合、社会の階層秩序全体は一時的に宙吊りにされ、身分の高い者は低い者に、身分の低い者は高い者に変わる。それに対し、スターリン主義の場合、運命の予期せぬ「不合理な」変化から影響を受けるのは、権力に従属する者たちだけである。共産党のノーメンクラトゥーラ（特権階級）は、なんの脅威も受けないし、彼らの権力は象徴的なレベルで機能停止することさえない。それどころか、彼らは、「不合理に」変化する恣意的な恐怖政治を利用して自らの統治を強化する……と。しかし、革命的恐怖政治が実際に、突発的にカーニバル的状態に達する瞬間、政権を握る党がことわざに出てくる自分の尾を飲み込む蛇のように自らを侵食しはじめる瞬間は存在する。スターリン主義とファシスト政権を明確に分かつのは、前者にみられる「もっとも危険な場所は権力の中枢付近であった」という驚くべき事実である。次にあげるのは、たった二年間のエジョフ時代 *yezhovshchina* に起こったことである。

〈共産党政治局〉に勤めるスターリンの同僚のうち五人が殺され、〈中央委員会〉のメンバーは一三九人のうち九八人が殺された。ウクライナ共和国の〈中央委員会〉で生き残ったのは、二〇〇人中三人だけであった。また、共産主義青年同盟〈中央委員会〉の九三人のメンバーのうち七二人が死んだ。一九三四年のコミンテルン第七回大会に出席した党幹部一九九六人のうち一一〇八人が投獄されるか殺害された。地方では、三八五人の地方党幹事のうち三一九人が、二七五〇人の地区幹事のうち二二一〇人が死んだ。[60]

ドイツ人裁判官シュレーバーのパラノイアをめぐるフロイトの分析を読んで気がつくのは、われわれが通常狂気と考えるもの（患者=主体を標的にした陰謀が存在するというパラノイア的なシナリオ）は、実のところそれ自体回復の試みである、ということである。精神病による精神の完全な崩壊のあとにできるパラノイア的な構築物は、患者=主体が自分の世界にある種の秩序を再建しようとする試み、つまりは、主体がある種の「認知地図」を得られるようにする準拠枠なのである。ここでは、これと同じ考え方にそってこう主張してみたくなる。一九三七年の終わりにスターリン主義のパラノイア的言説が最高潮に達し、社会的紐帯の崩壊がはじまったとき、一九三七年時スターリン配下の粛清執行者の中心であったエジョフ自身が一九三八年に逮捕され粛清されたことは、事実上、回復に向かう試み、すなわち、一九三七年に発生した制御不可能な激しい自己破壊の動きを抑えようとする試みであった、と。そして、エジョフの粛清はある種のメタ粛清、すべての粛清を終わりにする粛清であった、と（彼はまさに、国外勢力のために数千人の無実のボルシェヴィキを殺したかどで起訴された――皮肉なのは、この起訴事実が文字通り事実であったこと、つまり、彼が実際に数千人の無実のボルシェヴィキの殺害を計画したこと……である）。しかし、決定的に重要なポイントは、われわれはここで社会性の限界、社会的-象徴的紐帯が自己破壊を通じて崩壊する地点に到達しているが、にもかかわらず、この過剰そのものは社会的闘争の厳密な力学によって、つまり、体制のトップ（スターリンとその側近のサークル）、ノーメンクラトゥーラ上層部、一般の党員のあいだでめまぐるしく編成される連帯およびその再編成によって生み出された、ということである。

このように一九三三年と一九三五年には、スターリンと〈共産党政治局〉はあらゆるレベルでノーメンクラトゥーラのエリートと手を組み、無力な一般庶民を選別あるいは粛清した。そのとき地方の指導者たちは、こうした粛清を利用して幹部連中の結束を固め、「不都合な」人々を追放した。そして今度はそれが一九三六年の新たな連帯をもたらした。そこではスターリンとモスクワのノーメンクラトゥーラは、地方エリートによる抑圧に不満を抱いていた一般庶民に味方したのである。一九三七年、スターリンは公然と「一般党員」を動員してノーメンクラトゥーラ全体に対抗した。これは〈大粛清〉によるエリートの壊滅へとつながる重要な道筋を準備した。しかし、一九三八年に〈共産党政治局〉は、連帯のあり方を変え、恐怖政治期間中の党の安定を回復する試みの一端として地方ノーメンクラトゥーラの権威を強化した。[61]

このように、先に述べたような過剰な状況が勃発したのは、スターリンが下級一般党員に直接訴えかけるという危険な動きをみせ、そうした党員たちをそそのかして地方の党幹部の独断的な支配に対する不満を言い表すようにしむけたとき（この動きは毛沢東の〈文化大革命〉と似ている）であった。体制に対する彼らの怒りは、それを直接表現することが不可能な状況のなかで、擬人化された代用の敵に対して向けられ、ひときわ悪辣に爆発したのである。またそれと同時に、ノーメンクラトゥーラ上層部も粛清において行政力を保持していたために、カーニバル的と呼ぶにふさわしい自己破壊的な悪循環が作動しはじめた。この状況においては事実上すべてのひとが恐怖におびえていた（例えば、八二人いる地区の党幹事のうち、七九人が銃撃された）。この悪循環のもうひとつの側面は、粛清の徹底に関する党のトップからの指令が不安定なものであったということである。トップは情け容赦のない行動を要求したが、同時に行き過ぎた行動に対して警告もしていた。そのため粛清の執行者は耐え難い立場に置かれた。彼らが何をしようと、結局それはすべて誤りであったからである。もし彼らが十分な数の裏切り者を逮捕できず、また十分な数の陰謀を発見できなかった場合、彼らは厳しさに欠ける、反-革命の支持者とみなされた。したがって、こうした圧力のもとで、いわば割り当て人数を満たすためには、彼らは証拠をでっち上げ、陰謀を捏造しなければならなかった――ただし、それによって彼らは、おまえたちは破壊工作員であり、国外勢力のために何千人もの誠実な共産主義者を殺したのだという非難にさらされることになるのだが……。したがって、一般党員に直接呼びかける、つまり彼らの反官僚的な傾向を吸収するというスターリンの戦略は、きわめて危険なものであった。

　これによって、エリート層主導の政治が公衆の監視へと向かうおそれだけでなく、スターリン自身もその一部を担っているボルシェヴィキ政治全体の信用が失墜するおそれもでてきた。[…]一九三七年、スターリンはついにゲームの規則をすべて破り――はっきりいえば、ゲームそのものを完全に壊し――すべてのひとによるすべてのひとへのテロルを作動させた。[62]

ここに見て取ることができるのは、まさしく、こうした出来事における超自我的な次元である。〈共産党〉が党員に加えたこの暴力は、体制のはらむ解消不可能な自己矛盾、すなわち、体制の起源においては「真正な」革命的なプロジェクトが存在したという事実を物語っている。そう、絶え間ない粛清は、体制自体の起源の痕跡を消すために必要であっただけでなく、ある種の「抑圧されたものの回帰」としても、体制の核にある解消不可能な否定性を想起させるものとしても必要であったのだ。身分の高い〈党〉員に対するスターリン主義的粛清は、次のような根本的な裏切りを根拠にしていた。すなわち、被告は、新しいノーメンクラトゥーラのメンバーとして〈革命〉を裏切ったかぎりにおいて事実上有罪であった、というような。したがって、スターリン主義的恐怖政治は、単なる〈革命〉に対する裏切りではない、すなわち、真正な革命という過去の痕跡を消す試みではない。むしろそれが物語っているのは、革命後の新体制が〈革命〉に対する裏切りを自らの内部に(再)刻印することを強いる、つまり、その裏切りをノーメンクラトゥーラ全員にとって脅威であった恣意的な逮捕や殺戮という装いのもとに「反省」ないしは「認知」することを強いる、ある種の「倒錯の魔」である。そう、精神分析のときのように、スターリン主義的な罪の告白は、本当の罪を隠蔽しているのだ。(よく知られているように、スターリンが〈内務人民委員部〉に登用したのは、賢明にも、身分の高い共産党政治局員を逮捕し拷問することによってノーメンクラトゥーラへの嫌悪を行動で表すことのできる下層階級出身のひとたちであった)。新しいノーメンクラトゥーラによる統治の安定性と、ノーメンクラトゥーラ上層部に対して繰り返される粛清という倒錯した「抑圧されたものの回帰」とのあいだのこの内在的な緊張関係は、スターリン主義という現象の核心部に存在している。粛清とは、裏切られた革命の遺産が生きながらえ体制に憑依する際にとる形式そのものなのだ……。毛沢東のところですでに述べたように、ここでわれわれが明確にするべきは、〈指導者〉の役割である。〈指導者〉はこのような運命の変転から隔離されている。なぜなら、彼は伝統的な〈主人〉ではなく「〈無秩序の王〉」、つまり、カーニバル的な転覆を取り仕切る者だからである。

このカーニバル的で自己破壊的な力学ゆえに、スターリン主義的ノーメンクラトゥーラを「〈新階級〉」とみなすことは不可能である。アンジェイ・ウォリッキが指摘したように、逆説的ではあるが、ノーメンクラトゥーラを新階級として安定化することは、真のスターリン主義的「全体主義」とは相容れないものである。これが起こったのは、ブレジネフ時代になってからである。これとは、すなわち、

ソ連のノーメンクラトゥーラの地固めである。彼らは、ソ連の歴史上はじめて「高位の権威への従属

から自由になることに成功し」、身の安全だけでなく(彼らはそれをフルシチョフの下ですでに手に入れていた)、業績とは無関係に雇用保障をも享受できる、安定した特権階層――事実上、新しい支配階級の地位と同様の地位――として成立した。[…]全体主義の頂点は、終わりなき粛清の時期であった。そうした粛清の目的は、あらゆる逸脱の可能性を除去することだけでなく、存在そのものがイデオロギー的純粋性を脅かし、権力の一枚岩構造を崩す可能性のある安定した利益団体を除去することでもあった。[63]

ここからは、さらに二つの逆説的な結論が導かれる。すなわち、スターリン主義体制特有のイデオロギー的性格(平等主義的で真に共産主義的な社会という目標への名目上の関与)のために、ノーメンクラトゥーラ自体に対するテロルと粛清は、スターリン主義体制の性格そのものに刻印されたものであっただけでなく(ノーメンクラトゥーラという存在自体が、その体制の掲げる目標を裏切るものであった)、実際に「社会主義を裏切る」という罪を犯したノーメンクラトゥーラに対する、体制自身のイデオロギーによる復讐でもあったのだ、と。さらにいえば、だからこそ、ノーメンクラトゥーラの新階級としての全面的な安定化は、そのメンバーが体制のイデオロギー的目標を真剣に受け取るのをやめたとき、はじめて可能になったのである。「現実に存在する社会主義」という用語の役割は、まさにそこにある。これはブレジネフ時代に出現した用語である。要するにそれが示しているのは、体制が自らの共産主義的ヴィジョンを捨て、実際的なパワーポリティクスに活動を絞った、ということである。また、フルシチョフ時代は、ソ連の支配階級エリートが自らの使命に対して正真正銘の(革命的といえないまでも)歴史的な熱意を抱いていた最後の時代であったという(しばしば指摘される)事実も、これによって確認できる。フルシチョフよりあとの時代に、彼のように「われわれはきみたちを葬り去る! きみたちの孫は共産主義者になるのだ!」

といってアメリカ人を挑発することは想像できない。

……を描いたセルゲイ・エイゼンシュテインの映画

エイゼンシュテインの『ベージン平原』と『イワン雷帝』第三部は、オーソン・ウェルズの『偉大なるアンバーソン家の人々』とともに、映画史における失われた大傑作の系譜に属している。『ベージン平原』の極めつけのアイロニーは、そのタイトルである。それは、死の超自然的な予兆について議論する農民の少年たちを描いた、ツルゲーネフの『猟人日記』所収の短編小説からとられている。この小説は、(悪)名高いパヴリク・モロゾフ事件を題材にした、反クラーク運動時代の農村の少年――彼は集団農場を支持したために、反革命派の父親に殺される――をめぐる映画のストーリーと、いかなる関係があるのか。ここでは、ナデジダ・クルプスカヤが彼女のオフィスでコムソモールの若いメンバーと激しくセックスしているところを描いた、「ワルシャワのレーニン」と題された絵の前で当惑した観者がいだく問い――「レーニンはどこにいるのか?」――を繰り返してみたくなる。(ちなみにガイドは「レーニンはワルシャワにいます」と平然と答える)。つまり、ベージン平原はどこにあるのか、と。二つの物語のあいだには共鳴関係がある。しかし、それは明示的な物語のレベルにあるのではない。共鳴関係は、物語の底にある、空想的で「仮想現実的な」レベルにかかわっている。映画においても、教会という地上における超自然的なものの代理と戦う少年農民グループが出てくるが、ただし彼らは、カーニバル的な騒ぎのなかで教会を破壊することによって「死の超自然的な予兆について議論する」のである。[64]

エイゼンシュテインの偉大さは、自作の映画において、レーニン的な革命的熱情からスターリン的な「テルミドール」へというリビドー構造の変化を表現したことにある。革命による破壊的暴力がもたらす熱狂状態（エイゼンシュテイン自身のいう「破壊を言祝ぐ本物のバッカス祭」）を描いた、原型的なエイゼンシュテイン的シーンを思い出そう。例えば『十月』では、冬宮のワイン貯蔵室に押し入った勝利に沸く革命家たちが、何千本もの高価なワインのボトルを割るという馬鹿騒ぎに興じる。また、『ベージン平原』では、村の〈先駆者たち〉が地元の教会に押し入り、教会の聖遺物を強奪したり、聖像を罵倒したり、冒瀆的に法衣を身につけたり、異端者のように彫像を笑い飛ばしたりして冒瀆的な行為を行う……。目標本位の、手段としての活動がこのように一時的に中断されるなかでわれわれが手にするのは、ある種のバタイユ的な「制限なき蕩尽」である。善意に駆られて革命からこの過剰を取り除きたいと望むことは、単に、革命なき革命を望むことである。これと、エイゼンシュテインが『イワン雷帝』第二部でやっていることを比較してみよう。後者においてカラーで撮られた唯一のシーン（終わりから二番目の巻《リール》）は、伯爵の屋敷の大広間で繰り広げられるカーニバル的な馬鹿騒ぎ、すなわち、「通常の」権力関係の逆転が起こるバフチン的空想の場のシーンである。ここで皇帝は馬鹿者に仕える奴隷であり、皇帝はこの馬鹿者が新しい皇帝であると宣言する。イワンは精神薄弱者のウラジミールに皇帝の勲章・記章を全部与え、彼の前にうやうやしくひざまずき、彼の手にキスをする。このシーンは、とことんまで「非現実的な」方法――ハリウッド映画と日本の芝居の奇妙な融合、不気味な物語を歌ったミュージカル曲（その歌詞は、イワンの敵の首を落とす斧を讃美する）――によって演出された、「オプリーチニキ *oprichniks*」（イワンの私設軍隊）による破廉恥なコーラスとダンスからはじまる。歌は最初、豪華な食事をとっている大貴族を描写する。「中央では……金色の酒盃が……手から手へと渡される」。続いてコーラスがいらいらしつつも楽しげに尋ねる。「さあ、さあ、お次は何だろう、ねえねえ、はやく教えてよ」。すると、ソロをとるオプリーチニキのひとりが前かがみになって口笛を吹きながら答えを叫ぶ。「斧で討つのさ！」。われわれがここで目にしているのは、音楽的な楽しさが政治的殺害と交わる破廉恥な場である。この映画が一九四四年に撮られたことを考えれば、これは、スターリン主義的粛清がカーニバル的性格をもつことの裏付けとなるのではないか。われわれは、撮影されなかった『イワン雷帝』第三部においても、これと似た夜の馬鹿騒ぎに出会う。シナリオには、[65]神聖冒瀆的な破廉恥さが明確に現れている。そこでは、イワンと彼のオプリーチニキが、普段着の上に修道士の黒いローブを着て、夜の酒盛りを黒ミサとして行うのである。エイゼンシュテインの偉大さは、まさにここにある。つまり、彼は、政治的暴力のありようが「レーニン主義的な」破壊的エネルギーの爆発的解放から「スターリン主義的な」〈法〉の破廉恥な裏面へと根本的に変化したことを見抜いていた（描写していた）ということである。

おもしろいことに、映画のこの二つのパートにおいてイワンの敵対者となるのは、男ではなくて女、すなわち、イワンのおばで、老いてなお影響力をもつエフロシーニヤ・スタリーツカヤである。彼女は、息子である精神薄弱者のウラジミールをイワンの地位につけ、事実上の支配者になりたいと考えている。イワンは全権を得たいと思っているが、同時にそれを「重荷」と考えており、権力を目的（強大なロシア国家の構築）のための手段として行使する。一方、エフロシーニヤは彼とは対照的に、病的な情念の主体である。彼女にとって、権力は目的そのものである。ヘーゲルの『精神現象学』に出てくる、女という概念をめぐる先にふれた一節は、[66]ワーグナーの『ローエングリン』に出てくるオルトルートという人物に完全に当てはまる。ワーグナーにとって、権力欲に駆られて政治に介入してくる女ほど恐ろしく不快なものはない。男の野心とは対照的に、女は、国家の政治の普遍的側面をとらえることができず、それゆえに、己の家族という狭い範囲の利益のために、あるいはさらに悪い場合には、個人的な気まぐれから権力を手に入れたがる。これと同じことは、『イワン雷帝』に関してもいえるのではないか。エフロシーニヤは、必然的に、イワンの毒殺された花嫁と、全身全霊で夫に尽くし夫に仕える従順な女と、対を成す存在ではないのか。[67]

イワンにおいては、以下のような身振りが規範となっている。彼は、自分がその張本人である殺戮を前にして恐怖と悔恨の表情をみせるが、そのあと突然思案に沈んだかと思うと、自らの残虐性を完全に肯定し、さらなる殺戮を要求する。その典型といえる第二部のある場面で、彼は、オプリーチニキに殺された大貴族の死体を検分しながら、うやうやしく十字を切る。そうかと思うと、彼は突然それをやめ、狂わんばかりに激怒で目を輝かせながら地面を指し、しわがれ声でこう述べる。「まだまだ足りん！」と。この急激な変化は、彼の演技の基本的特徴のうちにもっともよく現れている。われわれは、哀れを誘う表情を浮かべて高貴な使命に没頭しているかのように頭の上をじっと見つめるイワンの姿を、繰り返し目にする。だが、そのあと彼は突然、偏執症的な狂気ともいえる表情で疑わしげにあたりを見回すのだ。この変化のヴァリエーションは、第一部の有名なショットにみられる。イワンが病気のあいだ、聖職者たちは、気の早いことに、きわめて熱心に、死にそうなイワンの葬儀をしはじめる。彼らは、巨大な聖書をイワンの頭にかぶせる。イワンは、火のついたろうそくを胸に抱いて、祈りをつぶやきながら儀式に参加している。しかし、彼は突然、聖書の下から懸命に頭をもたげ、必死に事態を理解しようとするかのように部屋中を見回す。すると、今度は疲れて、聖書のそばの枕にまた倒れこむ。

これは、エイゼンシュテインのいう、三部作全体の根本的主題 *donnée*（劇作面と感情面における枢要なポイント）として構想されたシーンを想起させる。第三部の中ほどでイワンは、彼の統治に反抗する都市、ノヴゴロッドを包囲し破壊するが、そのあと懐疑と良心の呵責に苛まれ、司祭を呼んで告解することを望む。このときのショットでは、イワンの頭の長く続くクローズアップが画面の半分を覆っている。画面のもう半分は、告白を聞く司祭の首からぶら下がる十字架によって占められており、この間イワンは、己が母国のために為さざるを得なかった恐ろしい所業の数々を司祭に語る。突然、聴罪司祭のユースタスが、殺された人たちの名前に過剰な興味をいだき（これは彼の十字架の震えによって効果的に示される）、他にも殺された人がいないか熱心に尋ねる。「フィリップは？　それから……ティモフェイは？　ミハイルは？」。イワンは、聴罪司祭を安心させたあと（「われわれはやつを捕まえる！」）、突然びくっとする。彼はユースタスの十字架をつかみ、この聴罪司祭の顔と向き合うまで十字架を引き下げていく。十字架の鎖を伝っていた彼の手が司祭の喉まで来たとき、彼は司祭を威嚇するように「おまえもこの忌まわしい連中の一味なのか」と非難しはじめる。そして最後に彼の怒りは爆発する。「こいつを逮捕して尋問しろ！吐かせるんだ！」と。[68]

第三部のさらなる山場の場面では、イワンは神自体をこの弁証法のなかに引き入れる。教会で修道士がノヴゴロッドで殺された人々の名をゆっくり読み上げているあいだ、イワンは、〈最後の審判〉の大きな絵の下で埃にまみれてひれ伏している。画面上では、最高審判者の目から火花が散り、その険しい顔には怒りがみなぎっている。イワンは、自分の残虐行為について反省し、言い訳しようとする。「あれは悪意ではない。怒りでもない。虐待でもない。裏切りを、共通の大義に対する裏切りを罰するためにやったことだ」。それに続いて、苦悶する彼は、直接神に話しかける。

「天の皇帝よ、なにも言葉はないのか」。

彼は待つ。返事はない。怒った地上の皇帝は、まるで挑戦状をたたきつけるかのように、言葉を繰りかえし天空の皇帝を威嚇する。

「天の皇帝よ、なにも言葉はないのか」。

地上の皇帝は、突然荒々しく、宝石のついた己の笏杖を天空の皇帝に投げつける。笏杖は壁にぶつかって砕ける。[69]

この奇妙な急変のリビドー構造は、いったいどこから来るのか。イワンは単に、個人的な良心の呵責と、国のために残虐行為をしなければならない統治者の義務との相克によって引き裂かれているわけではない。また、イワンは単に、偽善的に倫理的に苦しんでいるふりをしてひとを騙しているわけでもない。悔い改めたいという彼の意志が完全に真摯なものである一方で、彼はその意志と主体的に同一化していないのである。彼は、象徴界によって導入される主体的な亀裂のなかに置かれている。彼は、告解という儀式が正しい外面上の儀式として遂行されることを望み、申し分のない真摯な態度で告解のゲームを行うが、同時に、裏切り行為に対してつねに目を光らせながら、スペクタクル全体に外側から疑いの目を向ける観察者の立場を保持しているのである。彼が欲しているのは、彼にとっての呼びかけの対象であり、また許しを与えてくれると期待される責任者が、政治などにかかずらわずにその職務を適切に果たすこと、ただそれだけである。つまり、自ら罪を告白する相手として認めた責任者を信頼できないということが、イワンのパラノイアの内容である。そう、イワンは、この責任者（究極的には神）が、イワンの政治方針に逆らう独自の方針をひそかに抱いているのではないかと疑うのだ。こうしたことから、スターリンはここでも敏感に反応した。エイゼンシュテインとの有名な夜の会談で、スターリンは、イワンの過剰な信仰心は、敵の壊滅という己の任務を容赦なく全うすることを妨げる道徳上の障害にすぎないとした。

イワン雷帝はきわめて残虐だった。なぜ彼が残虐であらねばならなかったか、その理由を示すことは可能である。イワン雷帝の犯した過ちの一つは、五大封建氏族の息の根を完全に止めなかったことである。この五大氏族をつぶしていれば、〈動乱時代〉はなかっただろう。イワン雷帝は、誰かを処刑すると、罪を悔い改め、長時間祈りをささげた。これらの問題に関しては、神が彼の邪魔をしたのである。［…］断固たる決意が必要だったのだ。[70]

スターリンがその天才をもってしても理解できなかったのは、告解のスペクタクルが、敵を容赦なく殺戮することを妨げるものではなく、むしろ、らせん状に自己推進していく、殺戮と悔悛の終わりなき振幅を助長した、ということである。このらせん運動は、『イワン雷帝』第三部で耐え難いクライマックスを迎えるはずであった。映画の台本をみると、イワンが己のオプリーチニキに対して原スターリン的な粛清を行う、宮廷の大広間でのシーンがある。集まったオプリーチニキを前にして、彼は不吉にも「われわれのなかに、黄金と引き換えにオプリーチニキの大義を売った者がいる」と、容疑者を名指すことなく主張する。そしてこう続ける。「諸君のなかに、立派で、最高の信頼を得ている者がいる。[…]そしてこの卑劣漢は私の信頼を裏切ったのだ」。全員の目が、イワンの視線の先にいる、イワンの忠実な僕アレクセイ・バスマーノフに注がれる。悲嘆にくれた、アレクセイの息子ヒョードルも父を見ている。そこでイワンは尋ねる。「この賢者の首を刎ねる適任者は誰か」。彼の目は、うなだれたヒョードルの頭に向けられる。イワンの視線を感じたヒョードルは、頭をもたげてイワンの目をみる。イワンが、見落としてしまうぐらい小さくうなずくと、ヒョードルは席を立ち、父親のところに行き、彼を連れ出す。

広間の外の暗い場所で、アレクセイは息子に己の罪を告白する。だが同時に彼は、自分は「われらが一族の存続」のために黄金を蓄えたのだと息子に語る。そして彼は、息子に向かって、自分を殺したあと子孫のために黄金を保持していくと約束するよう懇願する。ヒョードルは約束し、父と息子はキスをする。そして息子は父の首を切り落とす。続いて場面は大広間に移る。高まる緊張と苦悶の状態のなか、イワンはドアを見る。ついにドアが開き、ヒョードルが現れる。彼は頭を下げる。額には汗で髪が張り付いている。彼が顔を上げると、イワンは彼の目をみる。

しかし、ヒョードルの眼差しにはすでに不純さが現れている。彼の眼差しはイワンの眼差しに耐えられない。イワンは唇をぴくぴくさせながら、うつろにこう話す。「ヒョードル、おまえは実の父に対してなんの哀れみも示さなかった。なぜおまえは私に同情し、私を守らねばならないのか」。ヒョードルは、皇帝が彼と父親との秘密の約束を見抜いたことを理解する。

イワンは「やつを捕らえろ」と命令する。ヒョードルは、狂人のようにイワンにすがろうとするが、シュターデン（ドイツ人のオプリーチニキ）に短剣で刺される。「皇帝イワンの白い口ひげの上に一滴の涙が落ちる。雫は、葬儀の花輪についた雨滴のように彼のひげの先についたままである。イワンはいう。「神よ、我を哀れみたまえ、我を……」。絶命間近のヒョードルは、最後の力をふりしぼってイワンに警告する。「皇帝、そのドイツ人を信頼なさるな……」。イワンは重いまぶたを上げ、シュターデンをじっとみる。「瞬く間に仲間のオプリーチニキを刺して皇帝を守ったこの外国の客人の迅速さには恐れ入った」。するとすぐに、イワンの忠臣マリュータがそのがっちりした手でシュターデンの肩をつかむ……。[71] ここでも、アレクセイからヒョードルへ、ヒョードルからシュターデンへ……というふうに裏切りと疑念の連鎖がつづく。どちらの場合も、イワンの疑惑は、皇帝を守るために殺人を犯した人物に向けられる。

二人の忠臣、アレクセイ・バスマーノフとその息子ヒョードルさえ（一族の富と繁栄のために財宝を盗み、蓄積しながら）最終的に裏切るとなると、イワンが信頼できるのは誰なのか。イワンからもっとも信頼された、彼に盲従する処刑人、マリュータ・スクラートフがイワンにはじめて会ったのは、スクラートフが、イワンの戴冠式の行われている教会に、彼を殺すべく群衆を率いて侵入したときであった。第三部の終わりで、マリュータは死に際に彼の後継者（イワンが全幅の信頼を寄せられる人物）を指名する。その人物の名はピョートル・ヴォリネッツ。第二部の終わりで、ウラジミールを刺し殺した、そして自分が殺したのはイワンだと思い込んでいた若者である。そう、イワンは以前裏切り者であった人物しか信頼できないかのようなのだ。

極小の差異

自分に降りかかった不当な罰は、自分自身が以前行った政治活動の結果であり、その意味では皮肉にも正義のしるしである、すなわち、この意味で自分は実際に「客観的に有罪」である——公開裁判の被告（かつてのノーメンクラトゥーラ）がこうしたことを認めざるをえないときに起こるであろう真にスターリン主義的な悲劇は、想像可能である。しかし、スターリン自身がこれと似た経験をするところを想像できるだろうか。つまり、身の回りで起こる反革命的な策略の狂乱のなかに自らの狂気の帰結を認識する彼の姿を想像できるだろうか。構造的な理由からみて、答えはノーである。想像できるのは、上級ノーメンクラトゥーラによって仕組まれたスターリンに対するクーデターが（例えば、ノーメンクラトゥーラ全員がスターリンの反ユダヤ主義的パラノイアに脅かされていた、スターリンの晩年に）成功することぐらいである。だが、スターリンの公開裁判を開いて、彼に、真の社会主義に背く陰謀を率いたと告白させることは、不可能であっただろう。ノーメンクラトゥーラにとって可能な一番の得策があったとすれば、それは、スターリンを慎重に殺し、それによって同時に彼を不可侵の死んだ〈主人〉に祭り上げることであっただろう。これはある意味で、一九三〇年代後半に実際に起こった。一九世紀後半に教皇の不可謬性という観念がつくられた理由が、教皇の権力を増大させるためではなく制限するためであったことを忘れてはならない。教皇が不可謬であるとなれば、一教皇が前任の教皇の決定を無効にすることはできなくなるのである。これと似た逆説はスターリンにも当てはまる。彼を神格化すること、彼を不可侵の至高の〈指導者〉に祭り上げることは、彼の「現実の」権力を制限することと同じなのである。大粛清がクライマックスに達し、カーニバル的な自己破壊の連鎖が上級ノーメンクラトゥーラを飲み込みそうになったとき、〈共産党政治局〉はスターリンに立ち向かい、両者による権威の共有を彼に強いた。

「官僚主義的社会主義」という、スターリン主義体制に対する常識的な評言は、誤解と(自己)神秘化のもとである。それは、スターリン主義体制自体が、自らのかかえる問題、自らの失敗と困難の原因をとらえる際のやり方なのだ。商店の品物が足りない、権力者が人民の要求に応えられない、云々といったときに、冷淡で少々横柄な「官僚的」態度を批判することほど楽なことはない。一九二〇年代以降、スターリンが官僚批判、官僚的態度批判の文書を書いていたことは、不思議ではない。「官僚主義」は、スターリン主義体制が機能するなかで生み出されたものにほかならない。ここでのパラドクスは、これが究極の誤称であるということだ。スターリン主義体制に本当に欠けていたのは、まさに有能な「官僚」(政治色のない有能な行政機構)なのだから。

二〇世紀における真の倫理的-政治的カタストロフィーは、ファシズムではなく共産主義であると主張する人たちの論拠の一つは、ナチス・ドイツ全体で人民を統制するゲシュタポの秘密警察官が二万五千人しかいなかったのに対し、ドイツ民主共和国(旧東ドイツ)では、人民の数はそれよりも少ないのに一〇万人の秘密警察官が雇われていたという事実——共産主義体制がファシズム体制よりはるかに圧制的であったことの明白な証拠——である。しかし、この事実を別の角度から解釈してみてはどうだろうか。ゲシュタポの人数が少なくてすんだのは、旧東ドイツ国民とくらべて、ドイツ国民のほうがナチスをサポートすることによってはるかに道徳的に堕落していた(つまり体制の協力者であった)からである。なぜか。なぜ旧東ドイツ国民は、ナチ時代のドイツ国民よりもはるかに抵抗的であったのか。答えは逆説的なものである。それは、人民が倫理的な独立を保持しており、そのため体制が大多数の人民の「実質的な倫理的生活」にとって疎遠なものであった、ということではない。まったく逆である。抵抗は、支配的イデオロギーがうまく機能していることの指標であった。共産主義体制への抵抗そのものにおいて人民は、現実としばしば露骨に矛盾する公式イデオロギー——現実の自由、社会的結束、真の民主主義……——に依拠していたのである。われわれは、反体制的抵抗がどの程度公式イデオロギーに依存するものであったか、けっして忘れるべきではない。

それゆえに、今日の北朝鮮はもはや共産主義国ではない、スターリン的な意味においてさえそうではない、と主張することができる。啓蒙主義のもつ普遍性という概念のもとでは、体制は、す、べ、て、の市民に公式プロパガンダを浴びせかけねばならないのだが、北朝鮮は、啓蒙主義の遺産とのつながりを断ち切ってしまった。北朝鮮の「完全統制区域」から脱出し、中国経由で韓国に入ったシン・ドンヒョクは、その区域に送られた囚人は絶対に外に出られないと言っている。囚人は死ぬまで炭鉱か材木搬出場で働かされるのだ、と。権力者は囚人にイデオロギー教育を施そうとはしない。この区域に住む親のもとで生まれた(そしてここで一生暮らす運命にある)子供は、石炭採掘と農業に必要な基本的技術を教え込まれるだけである。シンのいた収容地域、第二渓谷には千人の子供がいたが、教科書は一冊もなかった。北朝鮮では、国中の村が共産主義のスローガンと金正日の肖像写真を飾っている。第二渓谷には、たった一つのスローガンが板に刻まれているだけであった。「みな規則に従え!」と。[72] したがって、ここにあるのは、いかなるイデオロギー的正当化も欠いた、きわめて純度の高い規律装置である。すべての北朝鮮人は、最愛の指導者を仰ぎ見るよう期待される(ある盲目の夫婦が、なぜ目が見えるようになりたいのかと西洋のジャーナリストから聞かれたとき、この夫婦は、彼らにとってのすべてである金正日を一目見たいからだと主張した)。ただし、文字通り人間以下の存在に貶められ、社会的コミュニティから排除された「完全統制区域」の囚人は例外であるが。

ここで有益なのは、エルンスト・ノルテのハイデガー論を参照することである。というのも、それは、ナチズムを実行可能な政治プロジェクトとして把握するという課題、「ナチスがナチス自身についてナチス自身に向かって語っていた物語」の再構築を試みるという課題——これはナチスに対する効果的な批判にとって不可欠である——に、真剣に取り組んでいるからである。同じことは、スターリン主義に対してもなされねばならないのだ。[73] ノルテはまた、ファシズムと共産主義の「客観的比較」を第一信条とする「歴史修正主義」論争の基本的語彙と論点を明確にした。すなわち、ファシズムは、そしてナチズムさえも、結局は共産主義の脅威に対する反動であり、共産主義の最悪の実践（強制収容所、政敵の大量粛清）を反復したものであった、と。

ナチスとヒトラーは、自分たちとその同胞を「ボルシェヴィキの」「アジア的」行為の潜在的あるいは現実的犠牲者とみなしており、ただそのためだけに「アジア的」行為（ホロコースト）を実行した、というのが真相なのだろうか。「収容所群島」は、アウシュビッツ以前に存在していたのではないか。[74]

非難されるべきことではあるが、ナチズムはそのように、時間的に共産主義のあとに出現したものであった。ナチズムはまた、その内容からみれば、共産主義の脅威に対する過剰な反動であった。さらに、ナチズムによるすべての恐るべき行為は、ソ連共産主義によってすでになされていた恐るべき行為——秘密警察、強制収容所、大量殺戮的テロル……による統治——をコピーしたものにすぎなかった。したがって、ノルテはこう結論する。共産主義とナチズムは、同じ全体主義の形態をもっている、両者の違いは、構造的に同一の場所を占める実体の違い（「階級の敵」の代わりに「ユダヤ人」……）だけである。ノルテに対するリベラル‐左翼からの標準的な反応は、次のような道徳意識にもとづく抗議からなっている。ノルテは、ナチズムを共産主義的〈悪〉の二番煎じとしてとらえながら、ナチズムを相対化している——だが、そもそも、頓挫した解放運動としての共産主義を、どうしてナチズムの悪魔的〈悪〉と比較できるのか、と。この批判に対して、われわれは、ノルテの中心的論点を百パーセント受け入れるべきである。ノルテのいう通り、ナチズムは実際に共産主義の脅威に対する反動であり、事実、単に階級闘争をアーリア人とユダヤ人との闘争に置き換えている、と。しかし、問題はこの「単に」のなかにある。この「単に」は見た目ほど素朴なものではない。われわれがここで相手にしているのは、フロイト的な意味における置換（*Verschiebung*）である。ナチズムは、階級闘争を人種闘争に置換し、それによって階級闘争本来の場所をあやふやにしたのである。共産主義からナチズムへの移行において変化するのは形式であり、ナチによるイデオロギー的神秘化は、まさにこの形式の変化のなかに存在する。政治的闘争は、人種的軋轢へと自然化され、社会構造に本来備わっている（階級的）敵対性は、アーリア人コミュニティの調和を乱す（ユダヤ人の）外的身体の侵入へと単純化されるのだ。したがって、ファシズムと共産主義の差異は、「形式的-存在論的」なものである。つまり、（ノルテが主張するように）両者には、形式的に同一な敵対性構造があり、そこでは実体的に異なる要素（階級、人種）が〈敵〉の場所を占めているにすぎない、ということではない。人種の場合、われわれが相手にしているのは、馴致された実体的な要素である（存在すると前提された社会の有機的統一性が、異質な身体の侵入によって壊乱される）。それに対し、階級の敵対性は、まったくのところ社会的領域に本来備わったものであり、且つその構成要素である。したがって、ファシズムは、敵対性を実体的な対立項に変換することによって、敵対性をあやふやにする。[75]

こうした状況においてこそ、われわれは選択しなければならない。左翼的「全体主義」とも右翼的「全体主義」とも等しく距離をとる「汚れのない」リベラルな立場（両「全体主義」とも欠陥がある、その基盤には政治的差異やその他の差異に対する不寛容、民主主義的、人道主義的価値観の拒否、等々がある、という立場）は、ア・プリオリに間違いである。ここで必要なのは、どちらかをとることであり、どちらが根本的に「より悪い」か言明することである。そのため、現在進行しているファシズムの「相対化」、すなわち、二つの全体主義を合理的に比較すべきである、云々という見解には、つねに、ファシズムは共産主義「よりよい」もの、共産主義の脅威に対する納得のいく反応であるという——明示的あるいは暗示的な——テーゼが含まれている。[76]

ハイデガーは、（第三章ですでにふれた）一九四八年一月二〇日付のマルクーゼへの手紙のなかで、こう書いている。

「数百万のユダヤ人を殺害した……ある体制をめぐって」きみが表明した、重大で正当な非難に対して、私が付け加えられるのは次のことだけだ。もしきみが「ユダヤ人」の代わりに「東ドイツ人」と書いていたら、きみの非難は、その体制の同盟国のひとつにも当てはまる。違いは、一九四五年以来起こったすべてのことが世間に知られているのに対して、ナチスの残虐なテロルは、実のところドイツ国民にとって秘匿されたものであった、ということである。[77]

人々を冷酷に国外に追放することと、人々を強制収容所で焼却することとのあいだのわずかな差異は、当時、文明と野蛮の境目となった線である——この手紙に対してそう応答したマルクーゼは、完全に正しかった。われわれは物怖じすることなく、さらに一歩踏み込んでこういうべきである。スターリン主義的な強制収容所（gulag）と、ユダヤ人絶滅を目的としたナチスの収容所とのわずかな差異は、その当時においては文明と野蛮との差異でもあった、と。

スターリン主義の残虐さの極致、一九三〇年代初頭の反クラーク運動を例にとろう。スターリンのスローガンは、「階級としてのクラーク（富農）は一掃すべきである」であった。これはどういう意味だろうか。

考えられる意味は――クラークの財産（土地）を没収することから、彼らを強制的に別の土地へ（例えば、ウクライナからシベリアへ）、あるいは単に強制収容所へ移住させることまで――たくさんあった。しかし、クラークを単純に殺害するという意味は、そこにはなかった。目標は、個人としてのクラークではなく、階級としてのクラークを一掃することであった。農村の人々が故意に飢えさせられたときも（ここでもウクライナの死者は数百万を数えた）、目標は、彼らを皆殺しにすることではなく、彼らの気勢をくじき、彼らの抵抗を容赦なく粉砕し、彼らに誰が主人であるか示すことであった。ナチスの反ユダヤ主義をみれば、ここでもスターリン主義とナチスの差異――極小ではあっても決定的な差異――は、けっして消えることはない。ナチスの反ユダヤ主義においては、実際に、個人としてのユダヤ人を絶滅すること、人種としてのユダヤ人を消滅させることが最終目標であった。

この意味で、エルンスト・ノルテは正しい。つまり、ナチズムは、ボルシェヴィズムの反復、ボルシェヴィズムのコピーであったのだ。そう、ニーチェの用語でいえば、ナチズムは根本的に反-動的な現象だったのである。

6

なぜポピュリズムは実践的によい（こともある）が理論的にはまずいのか

アイルランドの元首相、ジェラルド・フィッツジェラルドは、「これは理論的にはよいかもしれないが、実践的にはまずい」という陳腐で良識的な決まり文句を、ヘーゲル的と呼ぶにふさわしい流儀で反転してみせた。「これは実践的にはよいかもしれないが、理論的にはまずい」と。この反転には、ポピュリズム政治の曖昧なスタンスが申し分なく要約されている。ポピュリズム政治は、短期的な実践的妥協策の一部として支持されることもあるのだが、われわれは、この考え方を根源的な次元において批判し、拒絶するべきである。

ポピュリズムの良い面は、それが民主主義のルールを機能停止させる可能性をもっていることである。民主主義において——今日におけるこの言葉の使われ方からみて——とくに問題となるのは、そのお役所的な形式主義である。現実的な敵対関係を余すところなく論争上の駆け引きに吸収することを保証する一定の形式的規則に無条件に固執すること、これが民主主義の最小限の定義である。「民主主義」とは、選挙においていかなる操作が行われようと、どの政治的主体もその結果を無条件に尊重する、ということを意味する。この意味で、二〇〇〇年のアメリカ大統領選挙は、実際に「民主主義的」であった。明白な操作があったにもかかわらず、またフロリダの二、三百票によって勝者が決まったという誰の目にも明らかな無意味さにもかかわらず、民主党の候補者は敗北を認めたのだから。選挙後、数週間しても結果がはっきりしないとき、ビル・クリントンは的を射た辛辣なコメントを出した。「アメリカ国民は声を発した。ただ、国民がなにをいったのか、われわれは分かっていない」。このコメントは、そのもともとの意図を超えて真剣に受け取らねばならない。というのも、われわれは、いまもなお国民のいったことを分かっていないし、そしておそらくは、選挙結果の背後に実質的な「メッセージ」など存在しないからである……。ジャック゠アラン・ミレールは、民主主義においていかに「線を引かれた゠存在を消された」大きな〈他者〉が暗黙の前提となっているかを示した。[1] しかし、フロリダの例が示しているのは、それにもかかわらず、民主主義においては「大きな〈他者〉」が存在し続けている、ということである。それはすなわち、選挙結果がどうあれ従わねばならない選挙規則という、手続き上の「大きな〈他者〉」である。そして、この「大きな〈他者〉」こそ、この規則に対する無条件の依拠こそ、ポピュリズムが機能停止に追い込む（おそれのある）ものなのである。ポピュリズムのなかに、リベラルな視点にとってつねに脅威となる暴力的なものが存在しているのは、そのためである。選挙が操作されたものなら「国民の意思」を表すには別のやり方が必要となる、あるいは、たとえ選挙による権力の正当化が尊重されたとしても選挙には副次的な役割しかないということ、つまり、選挙はそれ自体実質的な意味をもたない政治プロセスを確保しているだけであるということが明らかになる——そうした公然の、あるいは目に見えない圧力、つまり警告が、ポピュリズムのなかにはあるのだ。ベネズエラのウゴ・チャベス体制が真にポピュリズム的であるのは、そうした理由による。その体制は、選挙によって正当化されたが、その権力の行使が選挙とは別の力学（スラム街貧民組織を直接編成することや、それとは別の形をした、地域における自主的な組織編成）に依拠していることは明らかである。ポピュリズム体制にとって、これは「スリル」である。つまり、ここでは民主主義的ルールはけっして完全には保証されないし、そのルールにはつねに不確かさが付きまとっている、そして、ルールが見直され「ゲームの途中で不正に」変えられる可能性がつねに浮上しているのである。ポピュリズムのこうした側面は、百パーセント支持されねばならない。ただ問題なのは、ポピュリズムの「反民主主義的」性格ではなく、それが「人民」という実体的概念に依拠していることである。ポピュリズムにおいては「大きな〈他者〉」が——（潜在的には）手続き上の形式主義の様相のもとでは機能停止しているものの——権力を正当化する実体的な担い手としての〈人民〉という様相のもとで回帰するのである。

したがって、民主主義には、他のものに還元できない二つの基本的側面がある。ひとつは、「余分な」者、「全体の一部ではない部分」、社会組織の内部に形式的に含まれてはいるがそこに決められた場所をもたない者の論理が、平等主義を旨として暴力的に出現すること。もうひとつは、権力を行使する者を選ぶための規則化された（多少とも）普遍的な手続きである。この二つの側面は、どういう関係にあるのか。第二の意味の民主主義（「人民の声」を形にする規則化された手続き）が、結局のところ、自己に対する防衛、社会組織の階層的機能を壊乱する平等主義的論理の暴力的な介入という意味での民主主義に対する防衛であるとしたら、どうだろうか。つまり、この過剰を再実用化する試み、それを社会組織の正常な運行に組み込む試みであるとしたら?

しかし、ここで避けねばならないのは、この二つの対極的な原理を「善」と「悪」のように対立させること、つまり、制度化された民主主義的手続きを原初的な民主主義的経験の「硬化」として退けることである。本当に重要なことは、まさに、民主主義の爆発がどの程度うまく制度化され、社会秩序に変換されるかである。民主主義の爆発によって失われた秩序は、権力者によって簡単に回復される。というのも、「その翌日」人民は、民主主義の新鮮な血によって元気を取り戻した権力関係というありのままの現実に気づくからである（権力者が一九六八年五月のような「創造性の爆発」を喜ぶのは、そのためである）。それだけではない。大多数のひとが「形骸化した慣行」のようにしがみつき続ける「硬化した」民主主義的手続きは、多くの場合、群集による「全体主義的な」情熱の猛攻に対する唯一の防御なのである。

したがって、問題は、この暴力的で平等主義的な民主主義的衝動をどのように統制／制度化するか、この衝動が第二の意味の民主主義（規則化された手続き）に飲み込まれるのをどのように防ぐか、である。それができないなら、「本来的な」民主主義は、熱狂が去ったあとにくる、あのお決まりの後悔の時期に正常化されねばならない、ユートピアの一時的爆発にとどまることになる。ここで受け入れるべき過酷な結論は、民主主義的手続きを凌駕するこの平等主義的民主主義の過剰性は、それとは反対の装いの下で、つまり革命的-民主主義的恐怖政治（テロル）としてはじめて「制度化」される、ということである。

実践的にはよい……

二〇〇五年にフランスとオランダがヨーロッパ憲法のプロジェクトに突きつけた「ノー」は、「フランス理論」でいう浮遊するシニフィアンの明快な例であった。つまり、それは、乱雑で一貫性のない重層的に決定された意味をもつ「ノー」であり、労働者の権利の擁護と人種差別とが共存する、変化の脅威および恐怖に対する盲目的な反応と漠然としたユートピア的希望とが共存する、ある種の容器であった。フランスの「ノー」は、実際にはヨーロッパ憲法以外の多くのものに対する「ノー」であったといわれている。つまり、アングロ・サクソン的新自由主義、シラクと彼の政府、フランス人労働者の賃金引下げを招いたポーランド移民労働者の流入……等々に対する「ノー」であった、と。現在進行しているのは真の闘争、すなわち、この「ノー」の意味を獲得するための闘争――それを占有するのは誰か、誰が（そんな人がいるとして）この「ノー」を、現状に代わる首尾一貫した政治的ヴィジョンに変換するのか――である。

この「ノー」の解釈として現在支配的なのは、昔クリントンが掲げたモットー「いいかい、大事なのは経済さ」の新しい形である。つまり、この「ノー」はおそらく、新興経済ブロックに遅れをとったヨーロッパの経済的な無気力状態、ヨーロッパの経済的、社会的、イデオロギー的-政治的停滞に対する反応であった、ということである。しかし、逆説的ではあるが、これは不適切な反応、既得権をもつヨーロッパ人たち、古い福祉国家的特権にしがみついていたい人たちの利益となるような反応であった。それは、あらゆる現実的な変化に対する恐怖から生まれた「古いヨーロッパ人」の反応、グローバルな近代化という得体の知れない〈素晴しき新世界〉に対する拒絶反応であった。[2]「公式の」ヨーロッパの反応が、この「ノー」を支えた「不合理で」人種差別的で孤立主義的で危険な情念からくる、つまり偏狭な了見による開放性とリベラルな多文化主義の拒絶からくる、パニックにも似た反応であったことは不思議ではない。増大する有権者の無関心、大衆の政治参加の減少はけしからんという意見を、われわれはよく耳にする。そのため、不安をおぼえたリベラル派は、市民社会による主導という装いの下に人民を動員する必要性、人民をこれまで以上に政治的手続きに関与させる必要性について始終語っている。しかし、人民が無関心のまどろみから覚めるときには、右翼ポピュリズム的な反抗のかたちをとるのが常である。いまや、テクノクラシーを旨とする見識ある多くのリベラル派は、かつてのような「無関心」は形を変えた恩寵だったのではないかと考えているのだが、それもむべなるかなである。

ここで注目すべきは、純粋な右翼的人種差別として現れる要素であっても、実際は、姿を変えた労働者階級の抵抗である、ということである。もちろん、雇用機会を奪うおそれのある外国人労働者の移民を止めよという要求には、ある種の人種差別がみとめられる。しかし、ここで銘記すべきは、旧共産主義国からの移民労働者の流入は、多文化主義的寛容によるものではないという単純な事実である。それは実際には、資本が労働者の要求を制御するために用いる策略の一部なのだ。合衆国において、ブッシュのほうが、労働組合の圧力にとらわれた民主党員よりもメキシコ不法移民の身分を合法化することに積極的だったのは、そのためである。したがって、皮肉なことではあるが、今日の右翼の人種差別的ポピュリズムは、「階級闘争」は「すたれた」どころか進行中であるということを示す最良の論拠である。左翼がここから得るべき教訓は、外国人に対する憎悪という神秘化／ずらしを行ったポピュリズム的、右翼的過ちと対になる過ちを犯してはならないということ、そして「産湯とともに赤子を流して」はならない、つまり、ポピュリズム的、反移民的な人種差別と多文化主義的な寛大さとを単に対立させ、他のものにずらされてしまった階級的内容の痕跡を消し去ってはならない、ということである。たとえ善意からでたものであれ、単なる寛容さへの執着は、きわめて欺瞞的なかたちの反プロレタリアート的な階級闘争なのだ……。

典型的な事例は、二〇〇五年の選挙における新〈左翼党〉の編成、すなわち〈東ドイツ民主社会主義党〉と〈社会民主党〉の左翼反体制派との連合に対する、ドイツの主流派政治家たちの反応である。ヨシュカ・フィッシャーがオスカー・ラフォンテーヌを「ドイツのハイダー」と呼んだとき（その理由は、ラフォンテーヌが、ドイツ労働者の賃金を下げるための東欧の安い労働力の輸入に対して抗議したからである）、フィッシャーの人気は、彼の政治人生のうちで最低のレベルまで落ち込んだのだった。ラフォンテーヌが「外国人労働者」に言及したとき、あるいは〈社会民主党〉総裁が金融投資家を「イナゴ」と呼んだとき、政治的（そして文化的でもある）体制がみせた大げさで慌てふためいた反応は、症候的である。そう、あれはまるでネオナチの完全復活のようであった。この途方もない政治的な無分別、つまり、左翼と右翼を区別する能力までが失われたことは、政治化する意識そのものにおけるパニック状態を示している。ポスト政治という既成の枠組みに収まらない思考は何であれ「ポピュリズム的な民衆扇動」として自動的に切り捨てること——われわれが新たな思考禁止令 *Denkverbot* の下で生きていることを示す、これほど明確な証拠はない。[3]

今日の政治の場は、ポスト政治的な行政機関とポピュリズムの政治化とに二極化しているといえるが、それだけではない。ベルルスコーニのような現象は、この二極が一つの政党のなかに共存していることを示している。ベルルスコーニの〈がんばれイタリア！ *Forza Italia!*〉運動は、ポスト政治的ポピュリズムの一例、すなわち、自らをポピュリズムによって正当化するメディア的‐行政的統治の一例ではないのか。そして同じことは、ある程度イギリスの〈新労働党〉内閣にも、あるいは合衆国のブッシュ政権にもいえるのではないか。いいかえれば、ポピュリズムは、ポスト政治的行政をイデオロギー的に補う「自然な」付属物として、すなわち、その行政の「まやかしの具体化」、その行政を個人の生の経験に訴えられる形態に変換したものとして、次第に多文化主義的寛容に取って代わりつつあるのではないか。ここで鍵となるのは、純粋なポスト政治（徹頭徹尾「技術官僚主義的」に自己正当化を行い、自らを有能な行政機関として提示する政治体制）は本質的に不可能である、という事実である。つまり、いかなる政治体制も、その補足として「ポピュリズム的な」レベルの自己正当化を必要とするのだ。

今日のポピュリズムが、伝統的なそれと異なるのはこのためである。前者を特徴付けているのは、動員された人民にとって敵となる相手である。この相手とはすなわち、「ポスト政治」の勃興、本来的な政治がますます利害関係の合理的な調整へと矮小化される傾向のことである。少なくとも合衆国や西ヨーロッパの先進国において「ポピュリズム」は、制度化されたポスト政治に内在する、その影のような分身として現れている——あるいは、こういいたくもなる、ポスト政治のデリダ的な意味における代補として、制度化された空間にはそぐわない政治的要求が表現されるアリーナとして、と。この意味で、ポピュリズムに付随しているのは構成的な「神秘化」である。その基本的な身振りは、状況の複雑さから目を背けることと、その複雑さを、（「ブリュッセル官僚政治」から不法移民にいたる）まやかしの実体性をもった「敵」の形象との分かりやすい闘争に変換することである。したがって、「ポピュリズム」とは、当然ながら否定的な現象、拒絶にもとづく現象であり、無力さを暗黙に認めることですらある。落とした鍵を街灯の下で探している男についてのジョークは誰もが知っている。どこで鍵をなくしたんだ、ときかれた男は、薄暗い場所だった、と答える。じゃあどうしてここで、街灯の下で探しているんだ、ときかれた男は、ここのほうがずっと明るくて探しやすいからさ、と答える……。ポピュリズムのなかにも、つねにこれと同じごまかしが存在しているのだ。したがって、ポピュリズムは、今日の解放的プロジェクトが書き込まれるべきアリーナではないということになるが、話はそれで終わりではない。われわれはさらに一歩進んでこう提議すべきである。現代の解放を目指す政治の主な使命、その死活問題は、制度化された政治を（ポピュリズムのように）批判しつつポピュリスト的誘惑を回避するような政治的動員の形態をみつけることである、と。

こうしたことから、われわれは、紛糾するヨーロッパ情勢に関連して、どのような状況に置かれるのか。フランスの有権者に与えられた選択は、賛成・反対の均整がとれたものではなかった。というのも、選択の言葉自体が「イエス（賛成）」を特権化していたからである。つまりエリート層は、実際には選択とはいえない選択を人々に提案したのである。そう、人々は、受け入れざるをえないもの、その道に明るい専門家の判断結果を承認するよう求められたのだ。メディアおよび政治的エリートは、この選択を、知か無知か、専門的知識かイデオロギーか、ポスト政治的な行政か左翼と右翼の古風な政治的情念かという選択として提示した。[4] したがって、「ノー（反対）」という選択は、その選択が何をもたらすか自覚できない近視眼的な反応として切り捨てられていた。つまり、ポスト産業的でグローバルな新秩序の出現を恐れるあいまいな反応、破綻しつつある福祉国家の構造を守ろうとする保守的な本能——具体的な代替案を欠いた拒絶の身振り——として、である。正式に「ノー」の立場を表明した政党が、政治的スペクトルの両極端、右翼のル・ペンの〈国民前線〉と左翼の共産主義者・トロツキー主義者だけであったのも、うべなるかなである。

しかし、こうしたことすべてに真実の要素があるとしても、「ノー」という意見が現状に変わる首尾一貫した政治的ヴィジョンに支えられたものではなかったという事実そのものは、政治エリートとメディア・エリートに対する、考えうる限りもっとも強力な糾弾となる。すなわちそれは、そうしたエリートには人々の望みと不満を表現する能力、それを政治的ヴィジョンに翻訳する能力がない、ということを示す顕著な例なのである。そうしたことをする代わりに彼らは、この「ノー」に対する反応において、人々を専門家の授業を理解できない学業不振児として扱った。つまり、彼らの自己批判は、学生をきちんと教育できなかったことを認める教師の自己批判と同じなのである。この「コミュニケーション」説（フランス人とオランダ人の「ノー」は、見識あるエリートが大衆と適切にコミュニケーションをとれなかったことを意味する）を支持する者が分かっていないのは、問題の「ノー」は、逆に、コミュニケーションの完璧な例であるということだ――ラカンのいうように、コミュニケーションにおいて送り手は、自分自身のメッセージを、反転された、真実のかたちで受け手から受け取るのである。要するに、見識あるヨーロッパの官僚たちは、彼ら自身のメッセージの浅はかさを、真実のかたちで選挙民から受け取ったのである。フランスとオランダによって却下された欧州連合のプロジェクトは、ある種の小細工であった。そこでは、ヨーロッパはあたかも、自分自身とその競争相手、その両方の最良部分を単に結合することによって――すなわち、自らの文化的伝統の存続を通じて科学技術の近代化において合衆国、中国、日本を打ち負かすことによって――名誉を挽回し、競争相手に勝てるかのようなのだ。ここではこう主張しなければならない。もしヨーロッパが名誉挽回を望むなら、ヨーロッパは反対に、この両方を（根本的に疑問に付す、という意味で）失う――すなわち、科学技術の進歩というフェティッシュを追い払い、且つ、己の文化遺産の優越性に依拠することをやめる――覚悟を決めるべきである、と。

したがって、この選択は二つの政治的なオプションを選ぶものではないわけだが、それはまた、グローバルな新秩序に適合する用意のできた現代ヨーロッパの見識あるヴィジョンか、それとも混乱した古い政治的情念か、という選択でもない。評論家たちはこの選択における「ノー」を狼狽と恐れを伝えるメッセージとして説明したが、それは間違っている。ここで一番問題となる恐怖は、この「ノー」がヨーロッパの新しい政治エリートにつきつけた恐怖、人々はもはや彼らの「ポスト政治的」ヴィジョンを鵜呑みにしなくなるという恐怖である。残るわれわれにとって、この「ノー」は希望のメッセージであり表現である。希望とはすなわち、政治はいまなお生きており可能であるという希望、新しいヨーロッパがどうなり、どうなるべきかをめぐる議論はいまなお決着していないという希望である。だからこそ、われわれ左翼陣営は、リベラル派の冷笑的なあてこすり、われわれは「ノー」を選んだことでネオファシストと奇妙な友情で結ばれてしまったという彼らのあてこすりを、拒絶すべきなのだ。新ポピュリスト右翼と左翼が共有しているのは、ただひとつ、本当の意味での政治はいまなお生きているという自覚だけである。

この「ノー」には、ある積極的な選択が込められていた。すなわち、選択自体の選択が、そして、自らの専門知識を確証するための、もしくはひとの「理性を欠いた」未熟さを暴露するための選択しかわれわれに提供しない新エリートのゆすりに対する拒絶が、込められていた。この「ノー」は、われわれは実際どのようなヨーロッパを欲しているのかということをめぐる真に政治的な議論をはじめるための積極的な決意である。フロイトは晩年、*Was will das Weib?*——女は何を欲しているのか——という有名な問いかけをし、女性のセクシュアリティの謎を前に自分が当惑していることを認めていた。欧州憲法をめぐる紛糾した事態は、これと同じ当惑を物語っていないだろうか。つまり、われわれはいかなるヨーロッパを欲しているのか、と。

いくつもの政治的、文化的イベントやスポーツ・イベントで耳にする欧州連合の非公式の賛歌は、ベートーヴェンの第九交響曲の最終楽章に出てくる「歓喜の歌」であるが、これは、なんでも意味することのできる本物の「空虚なシニフィアン」である。フランスでは、それはロマン・ロランによって人類の友愛をたたえる人道主義的頌歌(「人類の『ラ・マルセイエーズ』」)として祭り上げられた。一九三八年には、それは帝国音楽祭週間 *Reichsmusiktage* のハイライトとして、またのちにはヒトラーの誕生日に演奏された。〈文化大革命〉期の中国では、大衆がこぞってヨーロッパの古典を拒絶する熱病的状況のなかで、「歓喜の歌」は進歩的階級闘争の作品として名誉を回復した。それに対して今日の日本では、それは、「苦痛を経た歓喜」という意味に解釈されつつ社会組織そのもののなかに組み込まれ、カルト的な地位を獲得している。一九七〇年代まで、すなわち、東西ドイツのオリンピック・チームが一つのドイツ・チームとして参加しなければならなかった時期を通じて、ドイツの金メダリストのために演奏される国歌は「歓喜の歌」であったし、同時期、イアン・スミスのローデシア白人至上主義体制――これは一九六〇年代後半にアパルトヘイトを維持するために独立を宣言した――は、同歌を国歌として流用した。〈センデロ・ルミノソ〉の(現在収監されている)リーダー、アビマエル・グスマンでさえ、好きな音楽は何かときかれ、ベートーヴェンの第九の第四楽章だと答えている。そうだとすれば、ヒトラーからスターリン、ブッシュからサダムにいたるあらゆる不倶戴天の敵同士が、互いの違いを忘れて恍惚状態のなかで奇跡的に友愛の絆をむすぶ……そんな想像のパフォーマンスを思い描くこともむずかしいことではない。[5]

しかし、第四楽章を「社会的利用によって台無しにされた」作品として片付けるまえに、その構造がもついくつかの特異性に注目してみよう。楽章の中盤、主旋律(「歓喜」のテーマ)のオーケストラによる三つの変奏と声楽による三つの変奏のあと、この最初のクライマックスにおいて、初演以来一八〇年にわたって批評家を悩ませてきた予期せぬことが起こる。三三一小節でトーンは一変し、荘厳な賛美歌的な進行に代わって、「歓喜」のテーマがトルコ・マーチ風の様式で繰り返されるのである。この様式はもともと、一八世紀のヨーロッパの軍隊がトルコ軍から取り入れた、管楽器と打楽器による軍隊音楽であった。そう、ここでの音楽のモードは、カーニバル的で大衆的なパレード、からかうようなスペクタクルのモードなのである。[6]このあとは、すべてがおかしくなる。楽章の最初のパートがもっている簡素で荘厳な威厳は、二度と回復されることはない。「トルコ風の」パートのあと、それに対抗する動き、深い信仰心へと戻るような動きのなかで、合唱曲風の音楽（これを「グレゴリア聖歌の遺物」とこき下ろした批評家もいる）は、ひざまずいた数百万の人々が抱き合い、はるか彼方の空を畏敬の念をもって熟視し、星の天蓋の上に住まうにちがいない情愛に満ちた父のような神を探し求めるといった霊妙なイメージを描こうとする（「星空の上には、慈愛に満ちた父が住まうにちがいない」）。しかし、「にちがいない *muss*」という語が最初バスで歌われ、次にテノールとアルト、最後にソプラノによって繰り返されるとき、音楽はいわば立ち往生する。繰り返されるこの呪文のような文句は、「愛情に満ちた父が住まうにちがいない」という詩行を必死の嘆願行為へと変えながら、またそれによって、星の天蓋の彼方には何も存在しない、われわれを守りわれわれの友愛を保証してくれる愛情深き父は存在しない、という事実を証明しながら、自らが嘘だと分かっていることをわれわれに（そして自らに）必死に信じ込ませようとしているかのようだ。このあと、さらなる祝典的なムードへの回帰が二重フーガの装いのもとで試みられるが、このフーガはあまりにも人工的な音の輝きゆえにまがい物のように響かざるをえない。すなわち、それは間違いなく、まやかしの綜合、前のセクションで露呈された不在の神という空虚を必死に覆い隠そうとする試みである。しかし、何よりも奇妙なのは最後のカデンツァである。それはベートーヴェンというよりはむしろ、「トルコ風の」要素とロココ風のスペクタクルを融合した、モーツァルトの『後宮からの誘拐』のフィナーレを冗長にした感じである。（このモーツァルトのオペラが差し出す第一の教え、つまり、そこでは東洋的暴君が真の啓蒙化された〈主人〉として提示されているということを忘れないようにしよう）。したがって、このカデンツァのフィナーレは、オリエンタリズムと一八世紀後半の古典主義への退行との奇怪な混合、現代という歴史からの二重の逃避であり、全人類的友愛という歓喜が純空想的な性質をもつことを認めるものなのである。文字通り「自らを脱構築する」音楽がこれまであったとすれば、これこそはその音楽である。一直線にきわめて整然と進行してゆく楽章の最初のパートと、せっかちで雑多で一貫性のない二番目のパート、これ以上著しい対照をなすものはない。そう、初演から二年後の一八二六年に、このフィナーレを次のように説明する評者がいたのも不思議ではない。「人間的喜びと呼べるものすべてを憎悪する祝祭である。心を引き裂き、神々しい輝きをけたたましいあざけりによって曇らせる危険な貯蔵物が、巨大な力とともに出現したのだ」[7]。

したがって、ベートーヴェンの第九は、ニコラス・クックのいう「未完遂のシンボル」、すなわち、作品を包括する全体的意味（あるいはそれが現れる楽章）からはみ出す要素、この意味にそぐわない、とはいえどんな意味を付加しているのかも分からない要素に満ちている[8]。クックが例としてあげるのは、第一楽章の五一三小節にある「葬送行進曲」、第二楽章の唐突な終わり方、第三楽章の軍隊的な調子、「恐怖のファンファーレ」と呼ばれるトルコ風行進曲、第四楽章における他の多くの事例である。これらの要素はみな「音楽的シナリオには収まらない暗示的な意味作用を帯びている」[9]。要点は単に、こうした要素の意味を慎重な解釈によって発見しなければならない、ということではない。ここでは、テクスチャーと意味との関係そのものが逆転されている。つまり、支配的な「音楽的シナリオ」が、前もって決められた明確な意味（歓喜、普遍的友愛……に対する賞賛）を音楽にあてがうようにみえるとしても、ここでは、その意味はあらかじめ与えられているものではなく、むしろある種の仮想的な未決定状態のなかで浮遊しているように思われるのである。われわれはまるで、なんらかの意味が存在する（というより、存在しなければならない）ということを知りつつ、この意味が何であるか決定できないかのようだ。

では、どう解決するか。唯一の根源的な解決は、見方をすっかり変えて、第四楽章の最初のパートそのものを問題にすることである。つまり、事態は、三三一小節のトルコ風行進曲になってはじめておかしくなるのではない、最初からおかしいのである。われわれは受け入れるべきなのだ——「歓喜の歌」には退屈なにせものともいえる部分がかなりある、それゆえ、三三一小節で出来するカオスはある種の「抑圧されたものの回帰」、第四楽章の最初から存在したおかしなものが症候として現れたものである、ということを。われわれが「歓喜の歌」を馴染みやすいものに変えすぎてしまったとしたら、どうだろうか。われわれが喜びに満ちた友愛のシンボルとしての「歓喜の歌」に慣れすぎてしまったとしたら？　そして、この歌と新鮮な気持ちで向き合い、そのなかにある誤りを拒絶するべきであるとしたら？　今日のリスナーの多くが強く感じざるをえないのは、「歓喜の歌」のもつもったいぶった空虚な尊大さ、滑稽ともいうべき荘厳さである。それは、テレビでみるこの歌の演奏風景——豪華な衣装に身をまとい、自己満足に浸る太った歌手たちが、青筋を立て、指揮者の馬鹿げた手のふりに合わせて、できるだけ大きな声で崇高なメッセージを届けようと力を振りしぼる……——を思い出せば分かることだろう。こうしたリスナーはまったく正しいとしたら、どうだろうか。本当の意味で破廉恥なことは、トルコ風行進曲のあとではなくその前に起こっているとしたら、どうだろうか。ここで視点全体をずらし、トルコ風行進曲を、馬鹿げた尊大さを中断し「人の友愛を讃美したいの？　ほら、これが本当の人類だよ……」といわんばかりにわれわれを世俗に連れ戻す平凡な正常性への回帰としてとらえてみたら、どうだろうか。

同じことは、今日のヨーロッパにもいえないだろうか。最高の存在から最低の存在（虫けら）まで無数の人々を抱き寄せたあと、第二連は不吉な終わり方をする。「だが、歓喜しえぬ者は、泣きながら人知れず去ればよい」と。ベートーヴェンの「歓喜の歌」がヨーロッパの非公式の頌歌であることの皮肉、それはもちろん、今日の欧州連合の危機の主たる原因がトルコにほかならない、ということである。ほとんどの世論調査から分かることだが、フランスとオランダの最後の国民投票において「ノー」を選択した人の動機となっていたのは、トルコの加盟に対する反発であった。この「ノー」は、右翼的な考え（われわれの文化を脅かすトルコに対するノー、トルコの低賃金移民労働者に対するノー）に基づいていることもあるし、自由主義‐多文化主義的な考え（トルコの加盟を認めるべきではない、なぜならトルコは、クルド人の扱いにおいて人権を十分尊重していないからだ）に基づいていることもある。そして、それと反対の視点、「イエス」は、ベートーヴェンの最後のカデンツァと同様に偽りである……。現代トルコの事例は、資本主義のグローバリゼーションを正しく理解するうえできわめて重要である。というのも、グローバリゼーションの政治的支持者は、首相エルドアン率いる「穏健な」イスラーム主義的与党だからである[10]。完全な主権国家にこだわりつつ、グローバルな場に完全に組み込まれることに抵抗する（そして、トルコが欧州連合に加入することに疑念を抱く）のは、猛烈なナショナリストで世俗主義的なケマル主義者である。それに対し、イスラーム主義者は、自らの宗教的‐文化的アイデンティティと経済的グローバリゼーションを結びつけるのはたやすいと考える。ある特殊な文化的アイデンティティに執着することは、グローバリゼーションの障害にはならない。本当に障害となるのは、文化横断的な国家普遍主義である。

では、トルコは、欧州連合への加入を許されるべきなのか、それとも「泣きながら人知れず欧州連合から去るべき」なのか。ヨーロッパは「トルコ風行進曲」を切り抜けることができるのか。そして、ベートーヴェンの第九のフィナーレのように、真の問題はトルコではなく、ベースとなるメロディそのもの、つまり、ブリュッセルのポスト政治的なテクノクラシー・エリートによって演奏されたヨーロッパ統合の歌であるとしたら、どうだろうか。われわれに必要なのは、まったく新しいメロディ、ヨーロッパそのものの新しい定義である。トルコ問題、つまりトルコの扱いをめぐる欧州連合の困惑は、トルコそのものに関する問題ではなく、ヨーロッパとは何であるかをめぐる混乱なのである。

では、ヨーロッパは今日いかなる苦境にあるのか。ヨーロッパは、アメリカと中国とのあいだで板挟みになっている。形而上学的にみれば、アメリカと中国は同じもの、すなわち、抑制なきテクノロジーと根無し草的な一般人組織がおりなす絶望的な狂乱である。地球の隅々が技術によって征服され、経済的に搾取されうる状態になるとき、好きな出来事に好きな場所で好きな時間に好きな速さで触れられるようになるとき、テレビの「生報道」を通じてイラクの砂漠での戦闘や北京で上演されるオペラを現地と同時に「経験」できるようになるとき、グローバルなデジタル・ネットワークにおいて時間というものがスピード、即時性、同時性といったものにすぎなくなるとき、テレビのリアリティ番組の勝者が偉人扱いされるとき、こうした騒乱状態の彼方でいくつかの問いが、ぼんやりとではあるが幽霊のように現れる。すなわち、この騒乱は何のためなのか、われわれはどこに向かっているのか、いま何をなすべきなのか、という問いが。[11]

したがって、われわれヨーロッパ人に必要なのは、ハイデガーのいう*Auseinandersetzung*（解釈的対峙）を、他者に対して、そしていうまでもなくヨーロッパの過去全体——ユダヤ-キリスト教的な古来のルーツから、消滅して間もない福祉国家の理念まで——に対して行うことである。今日のヨーロッパは、いわゆるアングロ・サクソン・モデル——近代化（グローバルな新秩序のルールを採用する）を受け入れる——と、フランス・ドイツ・モデル——「古いヨーロッパ的な」福祉国家をできるかぎり残す——とのあいだで引き裂かれている。この二つの選択肢は、対立してはいるが表裏一体の関係にある。だから、われわれの行くべき道は、理想化された形の過去に戻ることではないし——というのも、これらのモデルは明らかに使い尽くされている——、世界の一勢力として生き残りたいなら最近流行のグローバリゼーションにできるだけ順応すべきであると、ヨーロッパ人を説得することでもない。また、「ヨーロッパの顔をもったグローバリゼーション」と呼びたくなるようなものの構築を目指しつつ、ヨーロッパ的伝統とグローバリゼーションの「創造的総合」を模索するといった最悪といってよい意見に、われわれは誘惑されるべきではない。

すべての危機はそれ自体新しい出発への起爆剤である。短期的な（欧州連合の金融再編成、等々のための）戦略的、実践的施策の失敗は、どれも姿を変えた天の恵み、連合の基盤そのものを再考する機会である。われわれに必要なのは、反復を通じた回復 *Wieder-Holung* である。ヨーロッパの伝統全体と批判的に向き合うことを通じて、われわれは「ヨーロッパとは何か」、より適切にいえば「われわれにとってヨーロッパ人であることは何を意味するのか」という問いを繰り返すべきであり、それによって新たな始まりを生み出すべきである。これは困難な仕事である。そのためには、われわれは大きな危険を冒して、未知の領域に踏み込まざるをえない。だが、それをしないなら、残る道は緩慢な退廃しかない。つまり、ヨーロッパは徐々に、盛期を迎えたローマ帝国にとってのギリシア、実質的には何の意味もないノスタルジックな文化観光旅行の目的地に変わるしかない。[12]

ヨーロッパをめぐる意見の対立は、普通、ヨーロッパ中心主義的でキリスト教的な傾向をもつ強硬路線派と、欧州連合の門戸をトルコやその先にまで広げたいと望むリベラルな多文化主義者とのあいだの対立として描かれている。この対立が間違った対立であるとしたら、どうだろうか。ポーランドのような事例によって、われわれが門戸を狭めざるをえなくなるとしたら、つまり、ポーランドのキリスト教原理主義を排除するようなかたちでヨーロッパを再定義せざるをえなくなるとしたら、どうだろうか。いまや、トルコの場合と同じ基準をポーランドにも当てはめるべきときなのかもしれない。高級なマズルカは当然、低級なトルコ風行進曲に劣らずわれわれに疑念を与えるはずである。

したがって、ここから学ぶべきことは明らかである。それはすなわち、原理主義的ポピュリズムは左翼的な夢の不在という空虚を補填している、ということである。ドナルド・ラムズフェルドの、新旧ヨーロッパをめぐる悪名高い評言は、新たな予期せぬ現実性を帯びてきている。彼はこういったのだ。旧共産主義国の大部分（ポーランド、バルト諸国、ルーマニア、ハンガリー……）を含み、それらの国々のキリスト教的、ポピュリズム的原理主義、遅れてきた反共産主義、外国人嫌悪や同性愛嫌悪、等々をともなった「新たな」ヨーロッパの輪郭が現れてきている、と。

ハイデガーは彼の意図とは違う意味で正しかったという危険な仮説をあえて立てねばならないわれわれにとって、さらに鍵となるのは、民主主義がこの苦境に対する解決ではないとしたらどうだろうか、という論点である。偉大な保守主義者T・S・エリオットは、『文化の定義に向けての覚書』においてこう述べている。選択肢が分派主義と無信仰しかない、つまり、宗教を存続させるには本体組織から分派するしかない、そのような時機が存在するのだ、と。これこそは今日のわれわれにとって唯一の選択である。標準的なヨーロッパの遺産から「分派」することによってはじめて、つまり、古いヨーロッパの朽ちゆく死体から身を引き離すことによってはじめて、われわれは刷新されたヨーロッパの遺産を存続させることができるのである。われわれが自らの運命として、退っ引きならない苦境として受け入れがちな前提そのもの――グローバルな〈新世界秩序〉と呼ばれる現象と、「近代化」を通じてそれに順応する必要性――は、こうした分裂によって当然ながら疑問に付されることになる。率直にいえば、新興の〈新世界秩序〉がわれわれみなにとって否定しえない枠組みであるなら、ヨーロッパは失われる。したがって、ヨーロッパにとって唯一の解決は、あえて危険を冒しこの運命の呪縛を断ち切ることである。この新たな再建策においては、なんであろうと――経済的「近代化」の必要性であろうと、きわめて世俗的な自由主義的、民主主義的なフェティッシュであろうと――不可侵のものとして保護されてはならない。

したがって、フランスとオランダの「ノー」は、首尾一貫した詳細な代替的ヴィジョンによって支えられているわけではないが、少なくとも――行政上の既成事実を提示しながら実際には思考を禁じる憲法賛成の立場とは対照的に――そうしたヴィジョンのための空間を開き、新たなプロジェクトによって満たされるのを待つ空虚を導入したのである。ヨーロッパの行く末を案じるわれわれにとって、フランスの「ノー」は次のようにいっているに等しい。いや《ノー》、素性の分からない専門家がその商品をリベラルな多文化主義という鮮やかな包装紙に包んでわれわれに売りつけようとも、われわれの思考が妨げられることはない、と。われわれは自らの欲するものについて本当の意味で政治的な決断を下さねばならない——いまこそは、われわれヨーロッパ市民がこのことを自覚するときである。見識ある行政官が、われわれのために仕事をすることはない。

……が、理論的にはまずい

したがって、フランスとオランダの「ノー」は、ポピュリズムの歴史に付け加えられた新たな一章を提示している。自由主義・技術主義を信奉する見識に富む政治エリートにとって、ポピュリズムは本質的に「原ファシズム」であり、政治的理性の死、盲目的なユートピア熱の爆発という形をまとった反乱である。この不信に対してごく簡単に応答するなら、こう主張することになるだろう。ポピュリズムは本質的にニュートラルなもの、すなわち、様々な政治的関与に組み込むことのできるある種の超越論的《トランセンデンタル》〔先験的〕・形式的な政治的装置である、と。この選択肢は、エルネスト・ラクラウによって詳細に論じられてきたものである。[13]

ラクラウにとって、これは自己言及性の格好の事例なのだが、ヘゲモニー形成の論理そのものは、ポピュリズムと政治とのあいだの概念的な対立にも当てはまる。つまり、「ポピュリズム」とは、政治におけるラカンのいう対象 a、政治的なものの普遍的次元を表す特殊な形象である。ポピュリズムが政治的なものを理解する「近道」となるのはそのためである。ヘーゲルは、普遍的なものとそれ自身の特殊内容とのこうした重なり合いを「対立的規定」（*gegensätzliche Bestimmung*）と呼んでいる。それは、普遍としての類がその特殊としての種のなかにあるそれ自身に出会う点である。ポピュリズムは特定の政治運動ではなく、政治的なものの純粋形態である。すなわち、どんな政治内容にも作用できる、社会空間の「屈折」である。その要素は、純粋に形式的で「超越論的〔先験的〕」なものであって、実在的《オンティック》なものではない。ポピュリズムが発生するのは、一連の特殊な「民主主義的」要求（社会のセキュリティを高めること、保健サービス、減税、反戦、等々）が等価物の連鎖につなぎとめられるとき、そして、このつなぎとめが普遍的な政治主体としての「人民」を生み出すときである。ポピュリズムを特徴づけるのは、こうした要求の実在的な内容ではない。そうではなく、こうした要求のつなぎとめを通じて「人民」が政治主体として現れ、あらゆる特殊な闘争と敵対性が「われわれ」（人民）と「彼ら」とのあいだのグローバルな敵対的闘争の一部として現れるという事実である。繰り返していえば、「われわれ」と「彼ら」の内容はあらかじめ規定されているのではなく、まさにヘゲモニー闘争の結果決まるものなのである。野蛮な人種差別や反ユダヤ主義のようなイデオロギー的要素でさえ、ポピュリズムを形成する等価物の連鎖につなぎとめられ、「彼ら」を構成することになる。

ラクラウがなぜ階級闘争よりもポピュリズムのほうを好むかは、いまや明らかである。ポピュリズムは、偶発的なヘゲモニー闘争によって規定された内容と目的をもつ開かれた闘争のための、ニュートラルで「超越論（先験）的」なマトリクスを提供する。それに対し「階級闘争」は、ある特定の社会集団（労働者階級）を特権的な政治的行為者として前提している。この特権性自体はヘゲモニー闘争の結果ではなく、この集団の「客観的な社会的位置」にもとづいている。したがってここでは、イデオロギー的・政治的闘争は最終的に「客観的な」社会的プロセスの付帯現象、権力およびその軋轢の付帯現象に還元される。これとは逆に、ラクラウにとって、ある特定の闘争がすべての闘争の「普遍的等価物」に祭り上げられるという事態は、あらかじめ決められた通りに起こる事態ではなく、偶発的な政治的ヘゲモニー闘争の結果そのものである。この闘争は、ある情勢では労働者の闘争であるかもしれないし、別の情勢では愛国的な反植民地主義闘争であるかもしれない、また別の情勢においては文化的寛容を求める反人種差別闘争であるかもしれない……。ある特定の闘争に備わる実体的な性質のなかには、その闘争がすべての闘争の「一般的等価物」というヘゲモニー的役割を果たすことを定めるようなものは、なにもないのである。したがって、ヘゲモニー闘争は、普遍的形式と特定内容の多様性とのあいだの解消不可能なギャップを前提とするだけでなく、それらの内容の一つが普遍的次元を直接具現するものへと「実体変化」する際の偶発的プロセスをも前提としている。例えば（ラクラウのあげる例でいえば）、一九八〇年のポーランドでは、独立自主管理労働組合〈連帯〉の特殊な要求が共産主義体制に対する全人民的な拒絶を具現するものへと祭り上げられ、その結果、「連帯」という空虚なシニフィアンのなかに、あらゆる種類の反共産主義的抵抗（保守的・ナショナリズム的抵抗から自由・民主主義的抵抗、文化レベルでの異議申し立てから左翼的労働者による抗議活動まで）が認識されることになったのである。

このようにしてラクラウは、完全な自己調和社会をもたらすと想像される全面的革命という考え方から身を引き離すだけでなく、それと対極にある漸進主義（これは政治的なものの次元そのものを希薄にする、つまりここにあるのは、一つの社会空間の内部で特定の「民主主義的」要求が漸進的に実現されるということだけである）からも身を引き離す。この両極端の立場に抜け落ちているのは、特定の要求が「威厳ある〈モノ〉の位置に祭り上げられる」、つまり「人民」という普遍性を代表するようになる場としてのヘゲモニー闘争である。このように政治という場は、「空虚な」シニフィアンと「浮遊する」シニフィアンとのあいだの解消不可能な緊張関係に捕えられている。つまりそこでは、ある特定のシニフィアンが普遍的次元を直接具現しながら「空虚な」シニフィアンとして機能しはじめ、この空虚によって全体化された等価物の連鎖のなかに多数の「浮遊する」シニフィアンを組み入れるのである。[14] ラクラウは、ポピュリズム的な抗議投票の「存在論的《オントロジカル》な」必要性（これは、支配的な権力言説が一連のポピュリズム的要求を取り入れることができないという事実からきている）と、この投票と結びついた偶発的で存在的《オンティック》な内容とのあいだのこうしたギャップを導入することによって、一九七〇年代まで〈国民戦線〉の極右ポピュリズムではなく共産党を支持していた多くのフランス人有権者が行ったと推定される態度変更を説明している。[15] この解説のすばらしさは、この解説によってわれわれが、極右と「極端な」左翼とのあいだにあるとされた「深層的な（当然ながら全体主義的な）連帯」という退屈極まる問題から解放される、という点にある。

　ラクラウのポピュリズム論は、今日において真に概念的に厳密であるといえる偉大な（悲しいかな、社会理論においては稀な）例のひとつだが、いくつか指摘すべき問題点がある。第一の問題点は、ポピュリズムの定義そのものにかかわっている。彼の列挙するポピュリズムの形式的条件は不十分であり、それだけではある現象を「ポピュリズム的」と呼ぶことはできない。彼の理論に付け加えねばならないのは、ポピュリズム言説が敵対性を別のものに置き換え、敵を構築する過程である。ポピュリズムにおいては、敵は経験に訴える《ポジティブ》存在論的実体（これは幽霊的なものであってもかまわない）へと外面化／物象化され、この敵をやっつければ調和と正義が回復されることになっている。またこれと対になる側面として、われわれ自身の――ポピュリズム的な政治主体の――アイデンティティも敵の襲来に先立って存在すると考えられている。チャーティズムをポピュリズムとみなすべき理由に関するラクラウ自身の的確な分析を参照しよう。

　　チャーティズムにおいて繰り返し現れる支配的なテーマは、社会の悪を、経済システムに内在する何らかのもののなかにではなく、それとは正反対のもの、すなわち、政治権力を掌握する寄生的で思弁的な集団による権力の乱用――コベットのいう「旧時代の腐敗」――のなかに位置づけることである。［…］支配階級の特質としてまっさきに指摘されるのが怠惰と寄生であったのは、こうした理由による。[16]

いいかえれば、ポピュリストにとって問題の原因は最終的にシステムそのものではなく、システムを腐敗させる侵入者（資本家そのものではなく、金融を操作する者など）にあり、構造そのものに刻み込まれた致命的欠陥ではなく、構造のなかで自らの役割を適切に果たさない要素にある。これとは逆に（フロイト同様）マルクスにとって、病理的なもの（何らかの要素の逸脱的で不適切なふるまい）は、正常なものにおける症候であり、「病理」の爆発という脅威にさらされた構造自体の欠陥を示すものである。つまり、マルクスにとって経済危機は、資本主義の「正常な」機能を理解するための鍵であり、フロイトにとってヒステリー発作のような病理的現象は、「正常な」主体の構成（そしてそうした主体の機能を支える隠された敵対性）を解明するための鍵となるのだ。これは、ファシズムがまさしくポピュリズムである理由でもある。ユダヤ人という形象は、個人の経験する（種々雑多で一貫性もない）一連の脅威のどれとも等号で結ばれる点なのである。ユダヤ人は、あまりにも知的で、汚く、性的に放埒で、勤勉で、人の金を横取りする……というふうに。われわれがここで出会うのは、ラクラウが言及していないポピュリズムのもう一つの重要な特質である。敵を表示する〈主人のシニフィアン〉は、彼も正しく力説するように、空虚で漠然として不明確なものであるが――

社会的要求が満たされないのは寡頭政治の責任であると述べることは、社会的要求そのものから読みとりうる何らかのものについて言明することではない。そうしたこと〔責任論〕は、社会的要求の外部から、その要求が書き込まれる言説によってもたらされる。［…］等価物の束がつくられたあとに続いて空虚さという契機が生じるのは、まさにここにおいてである。それゆえに「漠然」と「不明確さ」ということになるわけだが、しかし、「漠然」と「不明確さ」は、なんらかの周縁的あるいは原始的な状況から生じるのではない。それらは、政治的なものの本質そのものに刻印されている。[17]

――話はそれで終わりではない。本来的な意味でのポピュリズムにおいてはさらに、この「抽象的」性格は、最たる敵、すなわち人々にとってのあらゆる脅威の背後にいる特異な行為者として選び出された形象の擬似具体性によってつねに補われている。今日では、タイプライターのキーを打ったときの音だけでなく指への抵抗感を再現したラップトップ・コンピュータを買うことができる。最近みられる擬似具体性への要求としてこれほど格好の例があるだろうか。社会関係だけでなくテクノロジーもますます不透明なものになっている今日では（パソコンの中身を具体的に想像できるひとがいるだろうか）、人工的な具体性を作り出すことによって、個人が意味に満ちた生活世界と関係するときのように身のまわりの複雑な環境と関係できるようにしたいという大きな渇望がある。コンピュータ・プログラミングの分野でこの方向性を示して見せたのは、そのデスクトップ・アイコンの擬似具体性から分かるようにアップルである。したがって、「スペクタクルの社会」をめぐるギー・ドゥボールの旧来の定式には、次のような新たなひねりが付け加えられる。イメージがつくられるのは、新しい人工的世界と旧来の生活世界的な環境とを分かつギャップを埋めるため、つまり、この新しい世界を「飼い慣らす」ためである、と。そして、われわれを規定する莫大な数の匿名的な力を凝縮した「ユダヤ人」という擬似具体的なポピュリズム的形象は、昔のタイプライターをまねたコンピュータのキーボードと似ているのではないか。敵としてのユダヤ人とは、まさしく経験的に満たされることのない社会的要求の外部から出現するものである。

ラクラウのポピュリズムの定義に対するこの補足は、いかなる意味においても実在的《オンティック》レベルに退行するものではない。われわれはなお形式的‐存在論的《オントロジカル》なレベルにとどまっているのであり、ポピュリズムはいかなる内容にも結びついていないある形式的な政治的論理であるというラクラウのテーゼを受け入れながら、そのテーゼに、敵対性を分かりやすい実体に「物象化する」というポピュリズムの特徴（その他の特徴に劣らず「超越論（先験）的な」なもの）を補足しているだけである。その意味でのポピュリズムは、定義からいって当然、最低限の、基本的な形のイデオロギー的神秘化をはらんでいる。ここからは、以下のことが帰結する。ポピュリズムは、様々な政治的なひねり（反動的‐ナショナリズム的、進歩的‐ナショナリズム的……）を加えることのできる政治的論理の形式的枠組み／マトリクスではある。だが、それにもかかわらずポピュリズムは、内的な社会的敵対性を、統合された「人民」とその外敵とのあいだの敵対関係に観念的に置き換えるかぎりにおいて、「最終審級においては」長期的な原ファシズム的傾向を生み出すのである。[18]

要するに、私は、ラクラウがポピュリズムを形式的・概念的に定義づけようとしたことに対しては賛成するし、また、彼が最近の著書で自らの立場を「根源的民主主義《ラディカル・デモクラシー》」からポピュリズムに明確に移したこと（彼はいまや民主主義を、システム内部における民主的要求という契機に限定して考えている）にも注目している。しかし、ポピュリズムは、彼も承知しているように、非常に反動的なものにもなりうる。では、われわれはここでどのように線引きをしたらよいのだろうか。[19] 繰り返していえば、形式的・概念的レベルにおいて線引きをする方法があるのだろうか。私の答えは、「ある」である。

政治的主体としての人民を構築したり、その人民のために行動したりすること自体が即ポピュリズムなのではない。ラクラウはよく、〈社会〉は存在しないと力説する。それと同様に〈人民〉も存在しないのであるが、ポピュリズムの問題は、その地平の内部では人民が存在するということである。そう、〈人民〉

の存在は、構成的例外によって、〈敵〉を分かりやすい侵入者／障害に外面化することによって保証されるのである。したがって、本当の意味で民主主義的に人民を指し示すには、目的なき合目的性 *Zweckmässigkeit ohne Zweck* というカントの美の定義をもじった次のような言い方になるはずである。〈人民〉なき民衆、すなわち、〈人民〉という完全な実質的アイデンティティの獲得を妨げる構成的敵対性によって切り裂かれ、妨害された民衆、と。ポピュリズムが、政治的なものそのものを表すどころか、つねに政治的なものの最小限《ミニマル》の脱政治化、「自然化」をともなうのは、こうした理由による。

このことは、権威主義的ファシズムのもつ根本的逆説の説明となっている。この逆説は、シャンタル・ムフのいう「民主主義の逆説」と対称的な関係にあるといってよい。（制度化された）民主主義の目指すものが、敵対的な闘争そのものを制度的な／差異化された空間に統合し、それを統制された抗争に変えることであるとすれば、ファシズムはこれとは反対の方向に向かう。ファシズムは、その活動様態において（己と敵との「死にいたるまでの闘争」について語りながら、そして、複雑な法的・制度的手続きを無視した最小限の制度外的な脅威としてある暴力、「人民の直接的な圧力」をつねに——実現といえないにしても——維持しながら）敵対性の論理を極限までもっていくが、その一方で、それが政治目標として掲げるのは、その反対、きわめて秩序だった階層的な社会組織である（ファシズムがつねに有機体論的・コーポラティズム的隠喩に依拠するのは不思議ではない）。このコントラストは、ラカンのいう「発話行為の主体」と「発話されたもの（内容）の主体」との対立によってうまく表現できる。民主主義は、敵対的闘争をその目標（ラカン的にいえば、発話されたもの、発話の内容）とするが、その一方で、その手続きは規則的・体系的である。逆にファシズムは、抑制なき敵対性を利用しながら、階層秩序的な調和という目標を押しつけようとする。

これと同様に、中産階級の曖昧さ、この具体化された矛盾（マルクスはプルードンに関連してそう述べた）は、中産階級と政治との関係にもっともよく現れている。一方において、中産階級は政治化に反対する。彼らはただ生活を維持したいと望み、平和に生活し仕事をする状態を望むだけである。そのため中産階級は、社会の狂気じみた政治的有事体制の終焉を約束する権威主義的クーデターを支持する傾向にある。そうなれば誰もが己の仕事にもどれるからである。だが、他方において――脅威にさらされた、愛国的で仕事熱心な道徳問題における多数派の姿をした――中産階級の構成員は、右翼ポピュリズム的な形のもとで一般大衆を動員する扇動者の大本でもある。例えば、今日のフランスにおいて、ポスト政治的でテクノクラシー的・人道主義的な行政に実際にゆさぶりをかけられるのは、ル・ペンの〈国民戦線〉だけである。

　結局ポピュリズムは、一般庶民の不満の爆発によって、つまり「いったいどうしたんだ、もうたくさんだ！　このままではだめだ！　いいからやめろ！」という叫び――堪忍袋の緒が切れ、物事を理解しようとせず、複雑な事態に腹を立て、誰かにこうした混乱すべての責任があるはずだと思い込む状態――によってつねに支えられている。こうした状態すべてを説明する黒幕的行為者が要請されるのは、そのためである。ここ、つまりこの知ることの拒否にこそ、ポピュリズムのフェティシズム的と呼ぶべき側面がある。いいかえれば、フェティッシュ（フェティシズムの対象物）は純形式的なレベルにおいて（フェティッシュへの）転移の身振りをともなうが、とはいえそれは、（知っていると想定された主体との）転移の標準的定式を正確に逆転したものとして機能するのである。つまり、フェティッシュが具現するのは、まさしく私による知識の否認、自分の知っていることを主体的に引き受けることに対する私の拒否である。ここにこそ、フェティッシュと症候の違いがある。症候は、抑圧された知識、主体が受け入れる用意のない主体に関する真実を具現するからである。このためフロイトは、フェティッシュが、女にはペニスがないという事実に出くわす前に見出される最後の対象である理由について思弁を展開した。つまり、フェティッシュとは主体の無知の最後の支えである、と。[20]

このことは、ラクラウの分析のさらなる弱点とつながっている。彼のポピュリズム分析では、（要望 request と請求 claim という二重の意味をもつ）「社会的要求 social demand」というカテゴリーがその最小単位となっている。この用語を選択した戦略的理由は明らかである。つまり、彼はこういいたいのだ。要求の主体はこの要求を提起することを通じて構成される、またそれゆえに「人民」は等価関係に置かれた諸要求の連鎖を通じて構成される、「人民」はこうした諸要求の提起という行為の結果生まれるものであって、それに先立って存在するものではない、と。ラクラウは、等価物の連鎖につなぎとめられる以前のそうした初歩的要求を「民主主義的」と呼んでいる。彼独特の語法においてそうした用語は、社会的・政治的システムの内部において機能するある要求を指している。いいかえれば、それは、満たされない、それゆえに敵対関係で結ばれた等価物の連鎖にやむを得ず刻印されてしまう要求ではなく、むしろある特定の要求としてわれわれの前に現れるものである。ラクラウは、「正常な」制度化された政治空間においては当然多数の不和が存在するが、こうした不和は一つずつ処理され、いかなる横断的な協定／敵対関係も始動させることはない、と強調する。とはいえ彼は、制度化された民主主義的空間の内部においても等価物の連鎖が形成されうるということをよく分かっている。一九八〇年代後半、ジョン・メイジャーの保守政権下のイギリスにおいて「無職のシングル・マザー」という形象が、旧来の福祉国家システムの欠陥を表す普遍的象徴として祭り上げられたことを思い出そう。そこでは、あらゆる「社会悪」がとにかくこの形象に押し込まれたのである（なぜ国家財政の危機が起こるのか。そうした母親とその子供に金をかけすぎるからだ。未成年者の犯罪はどうして起こるのか。シングル・マザーが子供をきちんとしつけられないからだ……という具合に）。

ラクラウが強調し忘れているのは、差異の論理（統制されたグローバルなシステムとしての社会）と等価物の論理（自らの内的差異を等価関係におく敵対しあう二つの陣営へと引き裂かれた社会空間）という彼の基本的な対立概念からみて民主主義が特異な位置にあるということだけでなく、この二つの論理が完全に内的に絡まりあっているということである。われわれがここで第一に銘記すべきことは、敵対性に基づく等価物の論理は民主主義的な政治システムにおいてはじめて、政治システム自体の内部にその基本的な構造的特徴として刻印される、ということである。この問題により深く関連するのは、民主主義と激烈な闘争精神とを大胆に結合しようとするシャンタル・ムフの仕事であると思われる。この試みにおいてムフは、二つの極端な立場を両方とも退ける。すなわち、一方では、民主主義とその規則を中断させる大胆な闘争・対立を言祝ぐ立場（ニーチェ、ハイデガー、シュミット）を退け、他方では、規則にもとづく無気力な競争だけが残るように民主主義的空間から真の闘争を追い出す立場（ハーバーマス）も退ける。[21]ムフはここで、自由なコミュニケーションというルールに適さない者たちを排除することにおいて暴力が激しく回帰すると指摘しているが、それは正しい。しかし、今日の民主主義国にみられる民主主義にとっての最大の脅威は、この二つの極端な立場のいずれでもなく、政治の「商品化」による政治的なものの死である。ここで主として問題になるのは、政治家が選挙のときにいわば包装され売り出されるということではない。それよりもずっと問題なのは、選挙自体が商品（この場合、権力）を買うことと同じようなものだとみなされていることである。つまり、選挙では様々な商品＝政党間の競争があり、われわれの票は、欲しい政府を買うための金のようなものなのだ。そのように政治を金で買えるサービスとみなすことによって失われてしまうのは、われわれみなにかかわる問題や決定事項をめぐる共有された公的な討議としての政治である。

したがって民主主義は、敵対性を取り入れることができるだけでない。民主主義は、敵対性を積極的に求め前提とする、つまりそれを制度化する、唯一の政治形態である。民主主義は、他の政治システムが脅威と考えるもの（「生まれつき」権力者たろうとする者が不在であること）を、自らが機能するための「正常な」肯定的条件として位置づける。権力の座は空白であり、その座を生まれつき要求できる者はいない。だから争い *polemos*／闘争を解消することは不可能であり、実在するあらゆる政府は争い *polemos* を通じて勝ち取られねばならないのである。それゆえ、ルフォールに対するラクラウの批判は、的外れということになる。

ルフォールにとって、民主主義における権力の場所は空虚である。私にとって、この問題は違ったふうに提起される。つまり、これは、ヘゲモニーの論理の働きから空虚を生み出すという問題なのである。私にとって、空虚は一種のアイデンティティであって、構造上の位置ではない。[22]

端的にいって、この二つの空虚を比較することはできない。「人民」という空虚は、等価物の連鎖を全体化するヘゲモニー的シニフィアン——要するに、その特定の内容は社会全体を具現するものへと「実体変化」する——の空虚である。それに対し、権力の場所という空虚は、あらゆる現実の権力の掌握者を「欠陥のある」偶発的で一時的な存在にする、ある隔たりである。

以上から引き出される結論は、ポピュリズムは（ラクラウの定義に対するわれわれの補足をふまえれば）、統制された闘争という制度的・民主主義的枠組みを超えた過剰な敵対性がまとう唯一の様態ではない、ということである。というのも、（いまやすたれた）共産主義革命組織はもとより、一九六〇年代後半から一九七〇年初めにおける学生運動や、そのあとの反戦運動、そして最近のグローバル化反対運動といった制度化されない社会的、政治的抗議もまた、厳密には「ポピュリズム的」とは呼べないからである。ここで規範的な例となるのは、マーティン・ルーサー・キングの名によって代表される、一九五〇年代後半から一九六〇年代初めにかけての合衆国における人種隔離反対運動である。この運動は、既存の民主主義制度の内部では厳密には満たされない要求を表現しようと格闘していたが、それをいかなる意味においてもポピュリズム的と呼ぶことはできない。そう、その運動が闘争を率い、抗議者を組織する際のやり方は、端的にいって「ポピュリズム的」ではなかったのだ。ここでは、一つの問題に的を絞った大衆運動について一般論を述べておく必要があるだろう。例えば、合衆国における「反税運動」。民主主義的制度によっては満たされない要求をめぐって人民を動員するこの運動は、ポピュリズム的な様態で機能しているが、とはいえそれが、等価物の複雑な連鎖に依拠しているようにはみえない。その運動は逆に、単独的で特異な一つの要求に焦点をあてつづけているのである。

「決定要因としての経済」――マルクスをフロイトとともに

ポピュリズム 対《ヴァーサス》 階級闘争という主題は、さらに、概念レベルにおける一連の根本的問題を浮上させる。まず、普遍性のあり方に関する理論的ポイントを明確にしておこう。われわれがここで扱っているのは、対立する二つの普遍性の論理であり、それらは厳密に区別されねばならない。一方には、社会の普遍的階級としての国家官僚（あるいは、より視野を拡大すれば、世界の警察、つまり人権と民主主義の普遍的な執行者・保証者としての合衆国）、すなわち、グローバルな〈秩序〉を直接代表するものがある。他方には、「定数外の」普遍性がある。これは、既存の〈秩序〉からはみ出た要素、つまり、その〈秩序〉に内在しつつもその内部に固有の場所をもたない要素のなかに具現された普遍性（ジャック・ランシエールのいう「全体の一部ではない部分」）である。この二者は同じものではない。[23] それればかりか、闘争とは最終的にはこの二つの普遍性のあいだの闘争である。これは単なる、普遍性を表す特殊な要素同士の闘争ではない。つまり、どの特殊な要素が普遍性という空虚な形式を「ヘゲモニー化」するか、ということではない。そうではなく、相容れない二つの普遍性の形式のあいだの闘争である。

それゆえに、概念の内容／根源的任命の効果という対立軸にそって「労働者階級」と「人民」とを対立させるラクラウは間違っている。[24] 彼によれば、「労働者階級」は、無条件に存在する、実質的内容という特徴をもった社会集団を指しているが、それに対し「人民」は、任命行為そのものを通じて統一的な行為主体として現れる——種々雑多な要求を「人民」という統一性に向かわせるものはそうした要求自体にはそなわっていない、というわけだ。しかし、マルクスは「労働者階級」と「プロレタリアート」を区別する。「労働者階級」はまさしくある特定の社会集団であるが、一方「プロレタリアート」はある主体的な立場を指している。

それゆえに、プロレタリアートとルンペンプロレタリアートというマルクスの対立図式をめぐるラクラウの批判的議論もまた間違っていることになる。マルクスによるこの区別は、実在する社会集団と、非-集団、すなわち社会組織の内部に固有の場所をもたない残余-過剰とを区別するものではなく、二つの異なる主体的立場を生み出すこの残余-過剰の二つの様態を区別するものである。マルクスの分析で暗示されているのは、こういうことだ。ルンペンプロレタリアートはプロレタリアートにくらべ社会組織との関係において根本的に「場所を追われている」ようにみえるが、逆説的なことに、実際のところ前者は後者よりも社会組織にうまく適合している。カントによる否定的判断と無限定判断との区別を参照すれば、ルンペンプロレタリアートは、厳密には「非-集団（集団の内的否定、非-集団としての集団）である」のではなく、「集団ではない」のである。そして、それはあらゆる社会階層から除外されることによって、他の集団のアイデンティティを強化するだけでなく、他のあらゆる階層・階級が利用できる浮動性の要素となる。そう、それは労働者闘争の急進的な「カーニバル的」要素となって、労働者を妥協的で穏健な戦略から開かれた対抗運動へと向かわせる可能性もあるし、あるいは、反体制運動の本質を内側から変えるために支配階級によって利用される要素にもなりうるのだ（権力者に奉仕する犯罪組織には長い伝統がある）。それとは逆に、労働者階級は、社会構造内部の一集団としてそれ自体は非‐集団である集団、すなわち、それ自体において「矛盾した」立場にある集団である。それは一つの生産力であり、社会（および権力者）は自分自身とその支配を再生産するためにそれを必要としている。しかし、にもかかわらず社会（および権力者）は、労働者階級の「固有の場所」を見つけられないのである。

　ラクラウはこうした誤解にもとづきながら、オリヴァー・マーチャートによって簡潔にまとめられた一般論を提示する。

> 形式レベルでは、ファシズムの政治だけでなく、あらゆる政治は「相反する態度の結合と圧縮」という接合の論理にもとづいている。その結果、根源的な社会的敵対関係は、つねにある程度ずらされることになる。というのも、すでに見たとおり、存在論的レベル――この場合、敵対関係――には、直接、政治的媒介なしに接近することはできないからである。これにより歪みは、あらゆる政治を構成するものとなる。ファシズム的な政治のみならず、政治そのものは「歪み」を通して進行するのである。[25]

この非難は、いまだに本質と仮象との「二項対立的な」緊張関係にとらわれている。つまりここでは、根源的な敵対関係がそのまま透明な形で直接現れることはけっしてない（マルクスの用語でいえばこうなる、あらゆる社会的緊張関係が階級闘争へと単純化／還元される「純粋な」革命的状況はけっして生起しない、それはつねに他の――民族的、宗教的、等々の――敵対関係によって媒介される、と）。だから「本質」は直接現れることはけっしてなく、つねにずらされた／歪んだ形で現れることになる。これは原理的にだいたい正しいが、少なくとも二つのことを付け加えねばならない。第一に、この通りであるなら、なぜ「根源的な社会的敵対関係」について語り続けるのか。ここにあるのは、等価物――それらは互いを隠喩化することで互いを「汚染」する――の連鎖を構築する（可能性のある）一連の敵対関係だけであり、どの敵対関係が「中心的なもの」として出現するかは、ヘゲモニー闘争の偶発的な結果による。では、このことは、「根源的敵対関係」という概念自体を（ラクラウがしたように）退けるべきであるということを意味するのか。

この問いに対して、私はヘーゲル的な答えを提示してみたい。私にとって規範的な例の一つを（あらためて）参照することによって要点を明確にしよう。その例とは、レヴィ゠ストロースが『構造人類学』において提示した、グレートレークに住む部族の一つ、ウィネベーゴ族の建物の配置に関する模範的分析である。この部族は、二つの下位集団（「半族」）、「上から来た者たち」と「下から来た者たち」とに分かれている。この部族の人に紙の上や砂の上に村の平面図（住居の空間的な配置）を書くように頼むと、その人が二つの下位集団とどういう関係にあるかによって、二つのまったく異なる答えが返ってくる。両集団とも村を円としてとらえているが、一方の集団にとって、この円の内部には中心の家々からなるもう一つの円があり、結果的に二つの同心円が存在することになる。それに対し、他方の集団にとって、円は明確な分割線によって分断されている。いいかえれば、前者の下位集団（「保守的・コーポラティズム的」集団と呼ぼう）がとらえる村の平面図では、寺院を中心にほぼ対称的に配置された家々が一つの輪をなしている。それに対し、後者の（「革命的・敵対的」）下位集団がとらえる村では、家々は見えない境界で分けられ、二つの集合に区別されている。[26]

われわれはこの例につられるままに、社会空間の捉え方は観察者がどの集団に属するかによって決まるという文化相対主義に向かうべきではない――これがレヴィ゠ストロースの主張したいことである。つまり、二つの「相対的な」捉え方への分裂そのものは、ある不変のもの——建物の客観的な「実際の」配置ではなく、トラウマ的な核、村の住民が象徴化も説明も「内面化」も受け入れもできない根源的な敵対性、コミュニティ全体の安定的調和を妨げた、社会関係における不均衡——をひそかに指し示しているのである。二つの平面図の捉え方は、このトラウマ的な敵対性に対処しようとする、すなわち、安定した象徴的構造をかぶせることでこの傷を癒そうとする、互いに相容れない二つの試みにすぎない。ここではっきりするのは、厳密にいってどのような意味で〈現実界〉が歪像（アナモルフォーズ）を通して介入してくるか、ということである。まず、「実際の」「客観的な」家の配置がある。次に、それに関する二種類の象徴化があり、その二種類とも実際の配置を歪像的に歪めている。しかし、ここで「現実的」なのは、家の実際の配置ではない。実際の敵対関係に関する部族構成員の見方を歪める、社会的敵対性というトラウマ的な核である。したがって〈現実界〉は、われわれの現実に対するヴィジョンが歪像的に歪められる原因となる、否認されたXである。それは、じかに接触することのできない〈モノ〉であると同時に、この直接的な接触を妨げる障害でもある。あるいは、われわれの手を逃れる〈モノ〉であると同時に、われわれが〈モノ〉を得そこなう原因となる、歪みをもたらすスクリーンでもある。より厳密にいえば、〈現実界〉とは、結局のところ第一の論点から第二の論点への移行そのものである。つまり、ラカンのいう〈現実界〉とは、歪められたものであるだけでなく、現実の歪曲の原理そのものでもあるのだ。

この三つのレベルからなる装置は、フロイトによる夢解釈の三つのレベルからなる装置と完全に一致している。フロイトにとっても、夢における無意識の欲望は、顕在的な夢テクストへの変換によって歪められる、なまのまま現れることのない夢の核であるだけでなく、この歪みの原理そのものでもある。ドゥルーズにとって経済は、概念的にいってこれとまったく同じ仕組みのなかで「最終審級において」社会構造を決定する役割を果たす。この役割における経済は実際の原因として直接現前することはなく、その存在は純粋に潜勢的《ヴァーチュアル》なものである。つまり、この意味での経済は社会的な「擬似原因」である。だが経済は、そのような絶対的、非関係的なものとして、不在の原因、けっして「それ固有の場所」には存在しない何かである。「それゆえに、「経済的なもの」は厳密にいって所与のものではない。それはむしろ、解釈によってとらえるべき微分的な潜勢性であり、様々な形で現働化《アクチュアライゼーション》されることによってつねに覆い隠されてしまうものである」[27]。それは、一連の多様な社会領域（経済的、政治的、イデオロギー的、法的……領域）のあいだを循環する不在のXとして、それら諸領域を一定の切り分けられた形に配分する。したがってここで強調すべきは、この潜勢的《ヴァーチュアル》なXとしての、社会領域の絶対的な参照点としての経済と、その現働態《アクチュアリティ》、すなわち、実際の社会全体を構成する要素（下位システム）の一つとしての経済とのあいだの根源的な差異である。この二つの差異が出会うとき、つまりヘーゲル的にいえば、潜勢的な経済がその「対立的規定」において現働態の姿をした自分自身と出会うとき、この二つの経済の同一性は、絶対的な（自己）矛盾と一致する。

ラカンが『セミネールXI』でいうように、何かのつまずき／失敗／ぐらつきの原因以外に原因というものはない[28]。この誰がみても逆説的なテーゼを説明するには、原因と因果関係の対立を考えればよい。ラカンにとって両者は同じではない。というのも、厳密な意味での「原因」はまさに、因果関係のネットワーク（原因と結果の連鎖）がぐらつく場所に、この因果関係の連鎖に切れ目、ギャップがあるとき介入してくるものだからである。この意味でラカンにとって原因とは、当然ながら、遠く離れた原因（一九六〇年代・七〇年代の幸福な「構造主義者」が用いていたジャーゴンでいえば「不在の原因」）である。つまりそれは、直接的な因果関係のネットワークの隙間において機能するのだ。ラカンがここで念頭においているのは、とくに無意識の働きである。よくありがちな言い間違いを想像してみよう。化学の学会で誰かが、そう、例えば、流動体〔＝体液 fluid〕の交換に関する論文を読むとする。だが、彼は突然言い間違いを犯し、性行為中の精液の移動に関連した言葉をうっかりもらす……。このようにフロイトのいう「〈別の光景〉」からくる「牽引力」は、遠くから見えない力を行使し、談話の流れの空間を湾曲させ、その空間にギャップを導入しながら、ある種の引力のように介入してくるのだ。このラカン的なテーゼが哲学的視点からみてたいへん興味深いのは、これによって「因果関係と自由」という古い問題に新しい仕方でアプローチできるようになるからである。つまり自由は、原因と対立するのではなく、因果関係と対立するのである。政治の世界ではおなじみの the "cause of freedom" というひねりの利いた言葉は、通常の想定よりも字義通りに受け取られるべきである。つまり、"cause" という言葉の二つの主要な意味、結果を生み出す原因という意味と、われわれを動かす政治的大義という意味の両方を含むように、である。この二つの意味はおそらく、見た目ほど異質ではない。われわれを動かす〈大義 Cause〉(「自由という大義」)は、因果関係のネットワークを壊乱する不在の〈原因 Cause〉として機能するからである。それは、原因と結果のネットワークからわれわれを引き抜くことによってわれわれを自由にする原因＝大義である。そしてわれわれはおそらく、「最終審級における決定」というマルクス主義的公式をも、そのように理解するべきなのである。つまり、「経済」という重層決定を行う審級もまた、遠く離れた原因であって、けっして直接的な原因ではない。要するにそれは、直接的な社会的因果関係の裂け目において介入してくるのである。

階級闘争に関しては今日、夢に出てきた女性は誰かという問いに対するフロイトの患者の答えと似たようなことがいわれている。「この戦いの内容がなんであれ、それは階級闘争ではない……(そうではなく、性差別、文化的不寛容、宗教的原理主義……だ)」と。今日の労働者階級はもはや革命主体であることを「運命付けられた」存在ではない、現代の解放闘争は複数的なものであって、特権的地位につくことを主張できる特定の行為主体は存在しない——これは、ポスト・マルクス主義におけるお決まりの論点の一つである。この批判に答えるには、そこでいわれていることをさらにすすんで認めればよい。そのような労働者い、と。

階級の特権はけっして存在しなかった、労働者階級の重要な構造的役割はこの種の優位性を意味していな

では、「決定要因としての経済」は、社会領域における究極の参照項ではないとすると、どのように機能するのか。大衆音楽文化の形で戦われる政治的闘争を考えてみよう。例えば、ポスト「社会主義的な」東欧諸国では、ポピュラー音楽の分野におけるフォークまがいの音楽とロックとの緊張関係が、ナショナリズム的・保守的な右翼とリベラルな左翼との緊張関係の代替物として機能した。昔ながらの用語でいえば、大衆文化的闘争は政治的闘争（が表現される場）を「表出した」（提供した）となる。（例えば、今日の合衆国ではカントリー・ミュージックはおおむね保守的であり、ロックはおおむね左翼的・リベラルである）。だが、フロイトにしたがうなら、ポピュラー音楽における闘争は政治的闘争の二次的表現、症候、コード化された翻訳であって、政治的闘争こそが「本当の内容」であった、と述べただけでは十分ではない。二つの闘争はそれ自身の内容を備えている。文化的闘争は、単なる二次的な現象ではない。（大概は十分明らかになっている）政治的意味を求めて「解読」されるべき影の戦場ではない。「決定要因としての経済」が意味するのは、この事例において全論争の「本当の内容」は経済的闘争であった、ゆえにわれわれは経済を、二レベル分の距離を置いて文化的闘争のなかで「表出」される隠された〈メタ本質〉とみなすべきである（経済は政治を規定し、その政治が文化を規定する……）、ということではない。そうではなく経済は、政治闘争から大衆文化的闘争への翻訳／置き換えの過程そのものに、すなわち、この置き換えが素朴なものではなくつねにずれをふくみ非対称的であることのなかに、刻印されているのである。文化的「生活様式」のなかに暗号として含まれている「階級」的意味合いは、明示的な政治的意味合いと逆向きになることがよくある。ニクソンの敗北の原因となった、大統領候補者による一九五九年のテレビ討論会において、自由主義者ケネディは上流階級出の名門の士とみなされ、右翼のニ

クソンはそれに反抗する卑しい生まれの者とみられていたことを思い出そう。これが意味しているのはもちろん、第二の〔階級的〕対立が第一の〔政治的〕対立とそぐわないということ、前者は後者によってぼかされてしまった「真実」を表しているということではない。すなわち、公的な発言において自らをニクソンに対する進歩的・自由主義的反抗者として位置づけていたケネディが、テレビ討論において演出された彼のライフスタイル上の特徴を通じて、自分が「本当に」上流階級出身の名士であることを実際に伝えた、ということではない。それが意味しているのは、この置き換えはケネディの進歩主義の限界を物語っている、すなわち、ケネディのイデオロギー的・政治的立場の矛盾した性格を示している、ということである。[29] 決定要因としての「経済」という審級が介入してくるのは、ここにおいてである。経済的なものは、表象におけるこの置き換えの原因、すなわち、進歩的政治／保守的政治という対の系列と上流階級／中流階級という対の系列とのあいだの非対称性（この例においては逆転）の原因となる不在の原因である。

ラクラウであれば、こうした「汚染」を次のように解説しただろう。それは、敵対性が等価物の偶発的な連鎖につなぎとめられたせいである、と。つまり、左翼／右翼という政治的対立がロックとカントリーというポピュラー音楽上の対立を「汚染する」のは、ヘゲモニー闘争の偶発的な結果であって、ロックが進歩的でカントリーが保守的である内的な必然性は存在しないのだ、と。しかし、この分かりやすい解説は、ここに存在する非対称性をうやむやにしている。政治的闘争は、その他大勢の（一連の芸術的、経済的、宗教的、等々の）闘争の一つではない。それは、敵対的闘争の純形式的原理そのものなのである。要するに、政治にはそれ固有の内容はないのだ。政治的な闘争や決定がかかわるのは、つねに社会生活における他の特定領域（税、性道徳や生殖に関する法令、保険サービス、等々）である。そう、「政治」とは、公的な闘争と決定にかかわる問題として現れるかぎり、こうした問題を処理する形式的な様式にすぎないのである。それゆえに――政治闘争の争点となるかぎりにおいて――「あらゆるものは政治的である（より正確にいえば、政治的になりうる)」のだ。それとは逆に「経済」は、単なる政治的闘争の一領域ではなく、闘争間の相互汚染・相互表現の「原因」である。簡潔にいえば、右翼・左翼は他のもろもろの対立によって「汚染される」〈主人のシニフィアン〉であり、一方、経済は対象a、すなわち、この汚染を支えるとらえどころのない対象である(そしてこの汚染が経済的なものである場合、経済は対立的規定のなかで自分自身と出会うことになる)。

したがって政治とは、「経済」の自己乖離につけられた名前である。政治の空間は、不在の〈原因〉としての経済と、その「対立的規定」のなかにある、社会全体の一要素としての経済とを分かつギャップによって開かれるものなのである。政治が存在するのは、経済が「全体を形成しない non-all」ものであるから、経済的なものが「無力」で無表情な擬似原因であるからなのだ。したがって、経済的なものは、ラカンのいう〈現実界〉の厳密な定義のなかに二重に書き込まれている。つまりそれは、置換やそれ以外の形の歪曲を通じて他の闘争のなかに「表出される」硬い核であり、同時にこうした歪曲の構造的原理そのものでもある。[30]

その紆余曲折をへた長い歴史において、マルクス主義の社会解釈は、まったく異なる——とはいえ「経済的階級闘争」という曖昧で折衷的な用語の下でしばしば混同されている——二つの論理に依拠してきた。一つは、(悪)名高い「歴史の経済的解釈」である。ここでは、あらゆる闘争は芸術的であれ、イデオロギー的であれ、政治的であれ最終的には経済的(「階級」)闘争によって規定されるのであり、後者の闘争は前者の諸々の闘争の隠された意味として解読される。もう一つは、「すべては政治的である」という論理、つまり、マルクス主義的歴史観の徹底的な政治化である。ここでは、基本となる政治的闘争によって「汚染」されない社会的、イデオロギー的、文化的……闘争は存在しないのであり、この考え方は経済にまで及ぶ。そう、労働者の闘争は脱政治化され、労働環境改善、等々のための純粋に経済的な交渉に単純化できるというのは、まさに労働組合主義の幻想ということになる。しかし、この二つの「汚染」――経済的なものが「最終審級において」すべてを決定するということ、「すべては政治的である」ということ――は、同じ論理にもとづいてはいない。「経済」は、外-密的（ex-timate）な政治的核（「階級闘争」）を欠いた場合、実証的にとらえられた社会的発展のマトリクスとなるだろう。それは、（擬似）マルクス主義的な進化論的・歴史主義的発展概念にみられるものだが、マルクス自身も『経済学批判』の「序言」においてこの概念に危険なまでに接近している。

人間は、自らのあり方を社会的に生産する際、人間の意志から独立した一定の関係を受け入れざるをえない。この関係とはすなわち、ある一定の段階まで発達した人間の物質的生産力に適合した生産関係のことである。この生産関係の総体が社会の経済的構造を構成する。この構造こそ、法的、政治的上部構造が生まれるための現実的土台であり、一定の社会的意識形態が対応する現実的土台である。物質的生活の生産様式が、社会的、政治的、知的生活の進展全体を制約するのである。人間の意識が人間のあり方を規定するのではなく、人間の社会的あり方が人間の意識を規定するのである。社会の物質的な生産力は、ある発展段階にいたると、既存の生産関係と矛盾するようになる。あるいは――同じことを法的用語で言い換えただけだが――それまでその生産力が機能する枠組みとなっていた所有関係と矛盾するようになる。生産力の発展の形態であったそうした関係は、生産力を束縛するものへと変わる。社会革命の時代はこのとき始まる。経済的土台の変化は、遅かれ早かれ、巨大な上部構造全体の変容に帰着する。

そうした変容を研究するときつねに必要なのは、経済的生産条件の物質的な変容――これは自然科学並みの正確さで測定できる――と、人間がこの矛盾を意識化しそれに決着をつける際の法的、政治的、宗教的、芸術的、哲学的――ひとことでいえばイデオロギー的――形態とを区別することである。ある個人をその人の自己認識によって判断することはできないように、そうした変容の時期をその時期の意識によって判断することはできない。むしろ逆に、この意識は、物質的生活の矛盾から、社会的生産力と生産関係とのあいだに存在する対立から説明されねばならない。いかなる社会構成も、そこに包含された生産力がことごとく発展を遂げるまで、崩壊することはない。新しい優れた生産関係は、その存在の物質的条件が古い社会の枠組みのなかで成熟するまで、古い生産関係に取って代わることはない。[31]

この一節における進化論的な論理は明らかである。つまり、社会的発展の「原動力」は生産力および生産手段の非政治的な発達であり、生産力と生産手段は生産関係を規定する、云々という論理は。

他方、経済による「汚染を排した」「純粋な」政治も、同様にイデオロギー的である。つまり、俗流経済主義とイデオロギー的・政治的観念論は表裏一体なのである。ここにあるのは、内側に向かうループの構造である。つまり「階級闘争」は、経済の中心部にある政治なのだ。あるいは逆説的にいえばこうなる。われわれはあらゆる政治的、法的、文化的内容を「経済的土台」に還元し、前者を後者の「表出」として「解読」できる――ただしそのあらゆる内容からは、階級闘争、すなわち、経済的なものそれ自体の内部にある政治的なものが除かれている、と。

適切に言葉を入れ替えれば、同じことは精神分析にもいえる。あらゆる夢は性的内容をもっている、ただしあからさまに性的な夢は除いて、と。なぜか。ある文脈は、形式的なものによって、その文脈を歪曲する原理によって性的なものになるからである。あらゆる――セクシュアリティそのものを含む――トピックは、反復、迂回、等々を通じて性的なものになるのだ。人間の象徴能力の爆発的発達は、単なるセクシュアリティの範囲の隠喩的な拡張（それ自体まったく非性的な活動が「性的な」ものになりうる、すべてが「エロティックな」ものになり「あれを意味する」ようになりうる）ではない。それよりもさらに重要なのは、この爆発的発達がセクシュアリティ自体を性的なものにする、ということである。人間のセクシュアリティの特殊な性質は、性交およびその前戯の、愚かしい生の現実とはなんの関係もない。われわれがいわゆるセクシュアリティを手にするのは、つまり、性的活動そのものが性的なものになるのは、動物的な交接が欲動の自己言及的な悪循環のなかにとらえられ、不可能な〈モノ〉に到達しようとして繰り返されるその試みがひたすら失敗に終わるときなのである。いいかえれば、セクシュアリティがあらゆる（他の）人間的活動に広がっていき、後者の隠喩的な内容として機能するという事実は、セクシュアリティの力を示すものではない。そうではなく、それはセクシュアリティの無力さ、失敗、セクシュアリティに内在する障害を示すものである。以上から分かるように階級闘争は、政治を経済につなぎとめながら（すべての政治は「最終的に」階級闘争の表出である）同時に経済の核心部にある解消不可能な政治的契機を表す特異な媒介項なのである。

一線を画す

「普遍の直接的な表出かその構成的な歪曲か」というジレンマをこのように精緻に概念化したことの意義は、明らかである。私に対するラクラウの政治的反論の基本はこうである。私は、すべてを強引に階級に還元する擬似革命的なヴィジョンをもっているために「火星人を待つ」はめになっている。というのも、私が提示する革命主体の条件は、「社会的効果に関するきわめて厳格な幾何学のもとで示されているために、現実にその条件の要求を満たせる行為者はいない」からである。しかし私は、現実の行為者について語っているという体裁を保つために「火星人化」という過程に依拠しなければならない、つまり、「実在する主体にきわめて不合理な特性を賦与しながら、同時に現実との接触という幻想を保つためにそれらの主体の名前は維持しなければならない」と。ここで注目せざるをえないのは、ラクラウが「火星人化」と呼んで揶揄するこの過程が、いかにヘゲモニーに関する彼自身の理論と似ているか、ということである。その理論によれば〈社会〉の完全性を具現するようになるからである。ラクラウはジョアン・コプチェクの議論を参照して、ヘゲモニーを、部分対象に賦与された「乳房-価値」になぞらえている。したがって、適切に言葉を入れ替えていえば、彼のテーゼはこうなるのではないか。火星人は不可能なものであるが必要なものであるので、ヘゲモニー形成の過程においては経験的な社会的要素が「火星人的価値」を賦与される、と。すると私と彼との違いはこうなるのではないか。私は本物の火星人を信じている（と思われている）、それに対し彼は、火星人の置かれた場所は永遠に空虚であるのだから、われわれにできることは実在する行為者に「火星人的価値」を賦与することだけである、ということを分かっている、と。[32]

空虚な普遍性とその歪んだ表象とのあいだの解消不可能なギャップを主張するラクラウの批評的スタンスは、（カントのように）あまりにもナイーヴである。ヘーゲル的立場に立つ私からすれば、このギャップは乗り越えることができる。どのようにしてか。普遍がそのまま正確に目の前に現れ出ることによってではない。歪みそのものが普遍性の場として位置づけられるからである。つまり、普遍性は特殊なものの歪みとして現れるのだ。そう、これはフロイトの夢の論理とまったく同じである。そこでは、（マルクス主義的にいえば「最終審級において」夢を規定する）「普遍的な」無意識の欲望は、夢のテクストのなかに置換／歪曲された形で表出された夢の核ではなく、この歪曲の過程そのもののことである。この意味で、「中心的な」社会的敵対性（「階級闘争」）はつねに歪曲／置換された形で表出／明確化されるという言い方は間違っている。というのも、その敵対性とはこの歪曲の原理そのもののことなのだから。したがって、階級闘争だけに焦点を絞り、あらゆる特殊な闘争を唯一の「真の」闘争の二次的表出および効果に還元することは、真の「階級政治」とは何の関係もない。毛沢東の「矛盾論」を思いだそう。彼はそこでこう主張している。個々の具体的状況においては、他と異なる或る「特殊な」矛盾が主要な矛盾となる、なぜかといえば、主要な矛盾の解消に向けた戦いに勝利するためには、ある特殊な矛盾を主要な矛盾として扱うべきであり、そこに他のあらゆる闘争を従属させるべきであるからだ、と。

　しかし、次の問題は依然として残る。なぜ経済的なものは、こうした構造的役割を果たすのか。ここでも精神分析との相同性によって問題は明確になるだろう。なぜなら、フロイトに対してもこれとまったく同じ反論ができる（そして実際によくなされる）からである。なぜ無意識の欲望が、性的特徴をもった他のあらゆる夢願望の複雑な絡み合いを「重層決定」するのか、と。なぜわれわれは、ある特殊な願望が様々な願望のあいだでなされる「ヘゲモニー闘争」の結果として主要な役割を果たすようになる、開かれた相互作用の場を主張してはならないのか。セクシュアリティの中心的役割は、マルクスの「経済本質主義」と共通するフロイトの「性本質主義」を、はっきりと想起させるものではないのか。真のフロイト主義者にとって答えは簡単である。セクシュアリティが他のあらゆる内容に広がっていくのは、あらゆる内容が「性的なものになる」のは、セクシュアリティに本質的に備わる欠陥（「性関係は存在しない」）のためである。要するに、原人（ヒューマノイド）が人間になったとき、その核にあったのは「象徴的去勢」という出来事であったのだ。これは不可能性という障害を背負うことであり、これによってセクシュアリティは、季節のリズムによって規定された本能的欲求の満足という領域から引き離され、不可能な〈モノ〉を「形而上学的」に無際限に追求することへと変容する。したがって、フロイト主義的仮説はこうなる。セクシュアリティは、あらゆる発話におけるほのめかし（言外の意味）のうちの一つではない。それどころかセクシュアリティは、言外の意味という形式そのものに備わっているのである。あるものが「見た目以上のことを意味している」という事実自体が、そのあるものを性的なものにする、いいかえれば、象徴的去勢によって、言外の意味が浮遊する不確定な空間そのものが確保されるのである、と。[33] またマルクス主義的仮説はこうなる。適切に言葉を入れ替えれば、同じことは「経済」、すなわち集団的な生産過程にもいえる。社会的な生産組織（「生産様式」）は単に、多数ある、社会組織のレベルの一つではない。それは「矛盾」、構造的な不安定性、社会の核にある敵対性（「階級関係は存在しない」）の場であり、またそうしたものとして他のあらゆるレベルに広がるのである。

　商品フェティシズムは理念（あるいは主体）の直接的な表出とその歪められた隠喩的表象とのあいだの対立に依拠しているといわれるが、いまやわれわれはこの非難に対しても答えることができる。これについて説明するために、今日のわれわれはポスト・イデオロギー的世界に生きている、というテーゼを参照することにしよう。このテーゼを理解するには二通りの方法がある。すなわち、ナイーヴなポスト政治的な意味で受け取るか（われわれは大きなイデオロギー的物語や大義からついに解放され、現実の問題を実用的に解決することに専心できる）、それともより批判的に、現在支配的なシニシズムの徴候として受け取るか（権力はその統治を正当化するためのイデオロギー的構築物をもはや必要としない、権力は明白な真実――利潤の追求、経済的利益・関心の乱暴な押し付け――を率直に堂々と発言できる）である。第二の読みを採用すれば、イデオロギー批判 *Ideologiekritik* の洗練された手続き、イデオロギー体系のほころびを発見する「症候的読解」は必要なくなる。そうした手続きは、開いているドアをノックするようなものである。というのも、徹底的にシニカルな権力の言説は、そうしたほころびをあらかじめすっかり認めているのだから。それは、分析家から心の奥底にある卑猥な欲望を指摘されても、なんのショックも受けずにそれを平然と受け入れる今日の被分析者に似ている。

だが、本当にそうだろうか。これが本当なら、イデオロギー批判と精神分析は最終的に用済みとなる。というのも、それらの解釈は手続き上、主体は自分がしていることに関する真実を公然と認めたり実際に受け入れたりすることはできない、という前提に立つのだから。しかしながら精神分析は、次のようにして、自らの無用性を示すこの明白な証拠の正体を暴いてみせる。精神分析はまず、ポスト・イデオロギー的シニシズムのもつまやかしの正直さの背後にフェティシズムがあることを発見する、そして、「ポスト・イデオロギー的」といわれる現代において強い影響力をもつ、イデオロギーのフェティシズム的な様態と、イデオロギーの伝統的な症候的様態——ここでは、われわれの現実の捉え方を構成するイデオロギー的偽りは、「抑圧されたものの回帰」としての症候、イデオロギーの紡ぎだす嘘における欠陥によって脅かされている——とを対置するのである。フェティッシュとは実際、症候のある種の裏面 *envers* である。要するに症候は、偽りの仮象の表面をかき乱す例外、抑圧された〈他の光景〉が噴出する点である。それに対して、フェティッシュが具現するのは、耐え難い真実をわれわれにとって耐えられるものに変える嘘である。愛するひとが死んだ場合を例にとろう。症候の場合、私はこの死を「抑圧」し、それについて考えないようにするが、抑圧されたトラウマは症候となって回帰する。それとは逆にフェティッシュの場合、私はこの死を「合理的に」全面的に受け入れるが、ただしフェティッシュに、すなわち、私にとってこの死の否認を具現する何らかの特徴にしがみつく。この意味でフェティッシュは、きわめて構成的な役割を果たすことができる。われわれがつらい現実に対処できるのはフェティッシュのおかげなのだ。フェティシストは自身の私的な世界に没入した夢想家ではない。フェティシストは、あるがままの現実を受け入れることのできる徹底した「リアリスト」である。というのも、彼らは手元にあるフェティッシュにしがみつくことによって、現実世界の衝撃をすっかり無化することができるからである。

パトリシア・ハイスミスの初期の短編に「ボタン」という傑作がある。主人公の中産階級のニューヨーカーは、よだれをたらしながら笑っていつもわけの分からない声を出している九歳の知的障害児と暮らしている。ある日の夜おそく、この生活状況に耐えられなくなった主人公は、人気のないマンハッタンの通りに散歩に出るが、そこで、彼に物乞いをしてきた極貧のホームレスにぶつかってつまずいてしまう。説明しようのない怒りに駆られた彼は、ホームレスの物乞いを殴り殺し、物乞いのジャケットからボタンを引きちぎる。そのあと家に帰った彼は、人が変わったように家族の悪夢に平穏に耐え、障害児の息子にも笑顔で接することができるようになる。そして彼はいつもズボンのポケットにこのボタンを入れている。そう、このボタンこそは、完璧なフェティッシュ、彼の惨めな現実に対する否認を具体化したものである。つまり、自分は己の惨めな運命に対して少なくとも一度は復讐したということを永遠に思い出させてくれるものである。

アナ・ファンダーは『監視国家』(*Stasiland*) においてさらに途方もないフェティッシュの事例を描いている。これは東ドイツの秘密警察官、ハーゲン・コッホの実人生で起こったことである。東ドイツ政府が〈ベルリンの壁〉建設に着工した一九六一年四月一三日、彼は世界中のメディアの注目を集めることになった。[34] 彼の (疑わしい) 名声は、文字通り〈壁〉の線を引いた男としての名声であった。彼は秘密警察の地図科の職員として、東ベルリンと西ベルリンの正確な境界線を白ペンキでマークするように命じられた。〈壁〉が正確な位置につくられるように、である。彼は丸一日、人の視線を浴び写真を撮られながら、片方の足を東側、もう片方の足を西側に置いてゆっくり歩いて線を引いた。この中間的位置は、政治的現実に対する彼の基本的姿勢を象徴しているようなところがある。彼は、東ドイツ体制に対する忠誠と些細な反抗的行為 (たとえば、秘密警察の上官の反対にもかかわらず、共産党員でない家族の娘と結婚したこと) とのあいだで揺れ動きながら、妥協と優柔不断に満ちた人生を送っていた。最終的に彼は病気になり、秘密警察の仕事に疲れ、転属を希望する。そして常備軍関係の職に就くことを許される。

この時点でコッホはすこし思い切った行動に出る。秘密警察のビルにある自分のオフィスの片づけをしていたとき、彼は机のそばの壁に、金色に塗られた安っぽいキッチュなプラスチックのプレートが掛かっていたことにはじめて気づく。これは、彼の部署が秘密警察の訓練度ランキングで第三位になったことを公式に認める馬鹿げた代物であった。彼は人生におけるあらゆる妥協と屈辱に対する「ささやかな個人的復讐」の行為として、このプレートをコートの下に隠してこっそり持ち去る。そう、彼が勇気を振り絞ってできることといえば、このプレートを盗むことしかないのである。彼はここで今度は文字通り〔体制側と〕一線を画し、それを維持した。なぜなら、彼にとって意外なことに、だがドイツの官僚を考えれば当然なのだが、彼の行為は、彼の予想を超えて多くの強烈な反応と結果をもたらしたからである。

まず三週間後、二人の秘密警察の上官が彼の家を訪ねてくる。そしてプレートを盗んだ彼を責め、それを返すように要求する。彼は容疑を否認し、彼らの要求に応じて、プレートを盗んでいないという誓約書にサインをする。〈ベルリンの壁〉崩壊 *die Wende* から数年後、彼は自宅のアパートに〈壁〉に関する小さな個人博物館をつくる。そこでは〈壁〉に関するものが東側の視点から展示される。彼は、一九六一年に〈壁〉の線を引いた人間としても知られていたので、これはそれなりの関心を呼び起こす。そして一九九三年には自宅でテレビのインタビューを受けるのだが、そのとき彼の背後の壁にはあの盗んだプレートが掛かっている。撮影係が、照明を反射してぎらぎらするのでプレートをはずして欲しいと頼むと、コッホは激怒しそれを拒む。「なんでも要求どおりにするが、このプレートは動かさん」と。プレートはそのままになる。しかし、彼の博物館に関するレポートが放映された数日後、トロイハントの職員（トロイハントは東ドイツの国家財産を管理・処理する連邦機関であった）が彼の家に現れ、ふたたびプレートを要求する。新法によれば、東ドイツの財産は統一されたドイツ連邦共和国の財産となった、あなたがプレートを盗んだのであれば、返さねばならない、と。コッホは激怒して職員を追い返す。職員は裁判になっても知らんぞといってその場を後にする。数週間後、職員はふたたびコッホを訪ね、国家財産の窃盗に関する彼に対する告訴は取り下げられたと報告する（盗品は価値のないものであったし、窃盗から数年たっていたので彼の罪はとうに時効を迎えていた）。しかし職員は彼にこう伝える。新たな罪、すなわち偽証罪（プレートを盗んでいないという誓約書に数十年前にサインしたことによる秘密警察に対する偽証）でお前を告訴する話が持ち上がっている、偽証は処罰の対象である、と。コッホはふたたび職員を追い返すが、困難な状況は続く。彼は泥棒であるという噂が流れたために、彼の仕事はうまくいかなくなり、彼の妻も失業する……。コッホはアナ・ファンダーにこう語っている。「そのプレートにはおれのありったけの勇気が詰まっている。その汚れた小物のなかいっぱいにね。おれにはそれしかなかった。そのプレートはいまでもそこに置いてあるよ」。これこそは純然たるフェティッシュである。つまり、私が自分の汚い打算的な人生に耐えるためにしがみつく小さな馬鹿げた対象である。われわれはみな、何かしら、そうしたフェティッシュをもっているのではないか。それは、心のなかにしまってある精神的な体験（それは、われわれの社会的現実など大して意味のない仮象に過ぎないと教えてくれる）、子供（子供のためなら、われわれはどんな屈辱的な仕事もやる）など、いろいろ考えられるだろう。

商品フェティシズムは理念（あるいは主体）の直接的表出とその歪められた隠喩的表象との対立に依拠している、という慣例的な非難に話をもどそう。この非難が意味をなすのは、フェティッシュとは現実をうやむやにする幻想である、という単純な考えに執着した場合だけである。精神科医のあいだで知られたこんな話がある。ある男の妻が急性の乳癌と診断され、その三ヵ月後息を引き取った。夫は妻の死後も問題なく生活し、妻とのトラウマ的な別れについて冷静に語ることができた。どうしてだろうか。この男は、血も涙もない冷血漢だったのか。やがて彼の友人たちは気づく。死んだ妻の話をするあいだ、彼はつねにハムスターを手にもっているのである。妻のペットであった物体は、いまや彼のフェティッシュ、妻の死に対する否認を具現するものになったのである。数ヵ月後ハムスターが死んだとき、男が正気を失い、長期入院をして急性鬱病の治療を受けねばならなかったのは当然である。したがって、今日のポスト・イデオロギー的でシニカルな時代では声高に語られた理想など誰も信じないという主張が方々から聞こえてくるとき、社会的現実をありのままに受け入れることで信念という病から癒えたと主張する人が眼の前にいるとき、そうした主張にはつねに次の質問を返すべきなのだ。なるほど、ところであなたのハムスターはどこですか——あなたが「ありのまま」の現実を受け入れる（ふりをする）ことを可能にしてくれるフェティッシュは？と。まったく同じことは商品フェティシズムというマルクスの概念にもいえないだろうか。次の引用は、有名な『資本論』第一章第四節、「商品のフェティシズムとその秘密」の冒頭である。

> 商品は一見すると、きわめて自明で些細なものにみえる。しかし商品を分析してみると、それが形而上学的な精妙さと神学的な気むずかしさに満ちた、ひじょうに奇妙なものであることが分かる。[35]

この一節はわれわれを驚かす。というのも、ここでは、神学的な神話から神秘的要素を剝ぎ取るという通常の手続き、そうした神話をその世俗的な基盤に還元するという通常の手続きが逆転されているからである。マルクスは、批判的分析は神秘的で神学的な存在物がいかに「平凡な」実生活から発生したものか証明すべきであると、啓蒙主義的批判の流儀で主張するのではない。逆である。批判的分析の仕事は、一見平凡にみえるもののなかにある「形而上学的な精妙さと神学的な気むずかしさ」を暴露することだと、彼は主張するのである。いいかえれば、批判的マルクス主義者は、商品フェティシズムにどっぷりつかったブルジョア主体を前に、「商品はあなたにとって特殊な力を帯びた魔術的なものにみえるかもしれないが、それは実際には人同士の関係が物象化されて表現されたものにすぎない」と咎めるのではない。むしろマルクス主義者はこう咎めるのだ。「あなたは、商品とは単に社会関係を具現したものである（例えば、貨幣とは社会的生産物の一部を得る権利を与える一種の引換券である）と思うかもしれない、だが、実際にはあなたにはそうみえていない。あなたが自らの社会的現実において、自ら社会的交換へ参加することによって証明しているのは、商品は実際に、特殊な力を帯びた魔術的なものにみえるという不気味な事実である」。

以上のような厳密な意味において、今の時代はそれ以前の時代とくらべて無神論的でないのかもしれない。われわれはみな、徹底した懐疑主義、シニカルで冷淡な態度、「なんの幻想もともなわない」他者の搾取、あらゆる倫理的制限の無視、過激な性的行為、等々にすすんで関与する――そう、大きな〈他者〉には知られていないという暗黙の了解に守られて。ニールス・ボーア〔デンマークの原子物理学者〕のある逸話は、信じることに対するこうしたフェティシズム的な否認がいかにイデオロギーにおいて機能するかを示す完璧な例である。ボーアのカントリーハウスの玄関に蹄鉄がぶら下がっているのをみた訪問客は、驚いてこういった。自分は、蹄鉄は悪霊を追い払い幸運を呼び込むという迷信を信じない、と。するとボーアはこう言い返した。「私も信じないさ。ただ、私がそれをぶらさげているのは、信じていなくても効き目があると教えられたからだ！」。フェティシズムは、「惑わし」や「ゆがめられた知識」というレベルで機能するのではない。フェティッシュにおいて文字通り「位置をずらされ」、フェティッシュへと移し変えられるのは、知識ではなく幻想そのもの、すなわち、知識によっておびやかされた信仰である。フェティッシュは、現状に関する「リアリスティックな」知識をあいまいにするのではない。むしろ逆である。それは、主体がこの知識を相応の犠牲を払わずに受け入れられるようにするための手段なのだ。「私は〔現実の状況を〕十分承知している、私がこのつらい真実に耐えられるのは、私のしがみつく幻想を具現したフェティッシュ（ハムスター、ボタン……）のおかげである」。

またフェティッシュは、純粋に形式的なレベルにおいて（フェティッシュ対象に対する）転移をともなうが、とはいえ、その機能は、（知っていると想定された主体との）転移の標準的な定式を正確に裏返したものになっている。つまり、フェティッシュが具体化するのは、まさに私による知識の否認、自分の知っていることを主体的に受け入れることの拒否なのである。ここにこそ――すでに指摘したポイントを強調すれば――フェティッシュと症候との差異がある。というのも、症候は、抑圧された知識、主体が受け入れる用意のない主体についての真実を具現するからである。ある種のキリスト教ではキリスト自身がフェティッシュの地位に祭り上げられるが、それは、キリストが世界の邪悪なありようを無視する無垢な主体であると想定されるかぎりにおいてである。

このフェティシズムの弁証法は、今日の「仮想資本主義」において頂点に達する。資本主義は、社会生活の根源的な世俗化を必然的に引き起こす。資本主義は、高貴なもの、神聖なもの、誉れ高きものなどがもつあらゆるオーラを容赦なく引き裂いてしまう。

> それは敬虔な法悦、騎士の情熱、町人の哀愁といった荘厳な喜悦を、利己的打算という氷のように冷たい水のなかに沈めた。それは個人の尊厳を交換価値に貶め、お墨付きを得て既得権となっていた無数の自由を、ただ一つの非情な自由に、つまり〈自由貿易〉に置き換えた。一言でいえば、それは宗教的、政治的幻影で覆われていた搾取を、あからさまな、恥知らずな、直接的な、粗暴な搾取に置き換えたのである。[36]

しかし、このように荘厳な妄想を粗暴な経済的現実に還元することは、それ自体の幽霊性を生み出すということ、それこそが『共産党宣言』の数年後に円熟期のマルクスによって練り上げられた「経済学批判」

の根本的な教えである。マルクスは、資本の狂った自己拡大的な循環運動――この独我論的な自己増殖の行程は、今日のメタ-反省的な先物取引において頂点を極める――を記述している。が、だからといって、人間や環境といっさい関係なく我が道をゆくこの自己生成的な怪物の幽霊はイデオロギー的な抽象であると主張するのは、そして、この抽象の背後には現実の人間と自然があり、その生産力と原料が資本の循環を基礎づけ、資本は巨大な寄生体のようにそこから養分を得ているのだと主張するのは、単純すぎる話である。問題は、この「抽象化」が社会的現実に対するわれわれ（金融投資家）の誤った理解に存するだけでなく、物質的な社会過程の構造そのものを決定するという厳密な意味において「現実的《リアル》」である、ということである。全階層の住民、ときにはすべての国家の運命が、資本の「独我論的な」投機のダンス――それはひたすら利潤の目標に向かって進み、それが現実社会にあたえる影響についてはいっさい無頓着である――によって決定されることもありうるのだ。これは以前にもまして、今日の状況に当てはまるのではないか。「仮想資本主義」として通常分析されている現象（先物取引および、それに似た抽象的な金融投機）は、マルクスの時代よりもさらに根源的に、「現実的な抽象化」の支配の極致を示しているのではないか。つまり、イデオロギーの究極の形態は、イデオロギーという幽霊的なものにとらわれること、現実の人々とその諸関係のなかにあるイデオロギーの基盤を忘却することにあるのではなく、この幽霊という〈現実界〉を見のがすこと、そして「現実の苦しみを抱えた現実の人々」にじかに向かい合うようなふりをすることにある。ロンドン証券取引所を訪れる人に無料で配られるビラには、株式市場が関わっているのは得体の知れない株価の変動ではなく現実の人々とその生産物なのです、という説明文がついている――これこそイデオロギーのもっとも純化した形態である。

「物象化」と「商品フェティシズム」というマルクス主義におなじみの論題は、フェティッシュは堅固な対象で、そのゆるぎなさはその社会的媒介機能を見えにくくする、という考え方にいまだに依拠している。

逆説的ではあるが、フェティシズムが頂点に達するのは、まさにフェティッシュそのものが「脱物質化」され、流動的で「非物質的な」仮想的存在物になったときである。貨幣フェティシズムは、それが電子形態へと移行したとき、つまりその物質性の最後の痕跡が消滅したとき、頂点に達するだろう。そう、電子マネーは、価値を直接具現する「本物の」貨幣（金、銀）と、それ自体は価値のない「単なる記号」であってもなお己の物質的なあり方に執着する紙幣のあとにくる第三の形態である。この段階になってはじめて、つまり、貨幣が純粋に仮想的な基準点になったとき、貨幣はついに破壊不可能な幽霊的存在という形態をとるのである。例えば私が千ドル借金をしたとしよう。私がどれだけ物質的な借用証書を燃やそうと、この借金は消えない。それは仮想的なデジタル空間のどこかに書き込まれているのだ……。この徹底した「脱物質化」をもってはじめて、つまり、資本主義のもとでは「確固たるものはすべて煙と消える」という『宣言』におけるマルクスの主張が彼の意図をはるかに超えて文字通りのものとなってはじめて、デリダのいう資本主義の幽霊的側面が完全に実現されるのである。

したがって、仮想資本主義という新時代への参入をめぐる熱狂的な主張は、相手にすべきではない。この「新時代」が視界に浮上させたのは、これまでも存在したある仮想的な次元だからである。神の実在をめぐる存在論的証明を拒絶したカントを思い出そう。この拒絶の出発点にあるのは、存在は賓辞ではないというカントのテーゼである。われわれがある存在物の賓辞をすべて知ったところで、その物が存在（実在）することにはならない。つまり、概念から存在を導くことはできないのである。（カントがここでライプニッツから離れていることは明らかである。後者によれば、二つの対象の賓辞がすべて同じである場合、それらを見分けられない）。神の存在証明に対してカントがいわんとすることは明らかである。つまり、私が百ターレルの正確な概念を知っても私のポケットにその銀貨は入っていない、それと同様に、私が神の正確な概念を知っても神は存在しない、ということである。皮肉なのは、カントがターレル、すなわち貨幣について語っていることである。ターレルの貨幣としての存在は「物質的＝客観的な」ものではなく、「観念的な」規定に基づいている。なるほどカントがいうように、百ターレルの概念をもつことは、百ターレルをポケットに入れることと同じではない。しかし、急速なインフレが起きて、ターレルの価値が完全に下落する事態を想像しよう。それはもはや貨幣ではなく、なんの意味も価値もないコインにすぎない。そう、その場合ポケットに百ターレルはあるが、それはもはや貨幣ではなく、なんの意味も価値もないコインにすぎない。いいかえれば、貨幣とは、われわれがそれをどう「考える」かによってその地位が決まる対象なのである。人々がこの金属片を貨幣として扱わないならば、人々がそれを貨幣として「信用」しないならば、それはもはや貨幣であるとはいえない。

こうしたパラドクスから読み取るべきは、シニシズムと信じることとの奇妙な重なり合いである。資本主義は断固として「唯物論的」であるが（最終的に重要なのは、富、現実的な力、快楽であって、それ以外のものは「高貴な嘘」、この厳然たる真実を隠蔽する妄想にすぎない）、その一方で、このシニカルな見識は、広大な信念のネットワークを拠り所としなければならない。資本主義のシステム全体が機能するのは、われわれが貨幣を「信用」してゲームに参加し、貨幣をまじめに受け入れ、ゲームに参加していると想定される他者を根本的に信頼するかぎりにおいてなのである。現在八三兆ドルの価値があるとされる資本市場は、私利私欲だけに基づくシステムのなかに存在している。そこでは、噂にもとづきがちな集団行動が、企業の価値――あるいは経済全体――を数時間のうちに膨張あるいは破壊する可能性がある。

うろこ状に重なり合ったこの粗暴なシニシズムと素朴な信念は、まさに資本主義の客観的＝物質的アイロニーの在りかである。したがってわれわれは、この仮想資本主義――そこでは、われわれの日常的現実から完全に切り離された、まったく仮想的なレベルの金のやり取りにおいて「リアルなこと」が起こる――の対比的要素として、まったく仮想的な崩壊、「世界の終わり」としての仮想市場の崩壊を想像することができる。とはいえ、仮にこの崩壊が起きても、われわれの物質的現実に「実際の変化」は起こらず、ただ人々は突然信頼することをやめ、ゲームに参加するのをやめるだけであろうが。要するに、貨幣の仮想的な地位は、貨幣がネーションのように機能することを意味するのである。ネーションは人々の中身、つまり、人々が（ときに）すべてを犠牲にしても守ろうとする大義であるが、その一方でネーションにはそれ自身の実質となる現実がない。ネーションが存在するのは、ネーションは存在すると人々が「信ずる」かぎりにおいてである。つまりネーションとは、それ自身の効果によって遡及的に措定される〈原因＝大義〉である。そうであるなら、われわれは、サラマゴが『見ること』で描いたシナリオ（人々は突然、投票に行くことを拒否する）を経済の領域に移して、それと似たようなシナリオを想像すべきである。すなわち、仮想的な金融ゲームへの参加を拒否する人々の姿を。そうした拒否はおそらく今日における究極の政治的行為となるだろう。

アガサ・クリスティの初期の作品「アパートでの殺人」においてエルキュール・ポアロは、ガイ・フォークス夜祭のときにアパートで射殺体で発見されたアレン夫人の死について捜査をする。夫人の死は一見自殺にみえるのだが、いろいろ細かく調べてみると、殺人の線が濃いこと、アレン夫人が自殺したようにみせかけるおそまつな工作がなされたことが明らかとなる。夫人は、事件のときその場にいなかったミス・プレンダリースと部屋を共有していた。ほどなくして殺人現場でカフスリンクが発見され、その持ち主、メージャー・ユースタスが容疑者として浮上する。このときのポワロの事件解決は、クリスティーの作品のなかでも最良の部類に入る。それは自殺にみせかけた殺人というよくある筋を逆転するのだ。犠牲者は、数年前インドでスキャンダルに巻き込まれたことがあり、そこでユースタスとも出会っていたのだが、現在は保守党議員と婚約していた。スキャンダルを公表すれば夫人の結婚が破談になると知ったユースタスは、夫人をずっと脅迫していた。そしてアレン夫人は絶望の末自殺する。この自殺直後に帰宅したミス・

プレンダリース——彼女はユースタスの脅迫を知っており、彼を憎んでいた——は、アレン夫人を自殺に追い込んだユースタスが十分な罰を受けるように、自殺の現場に細工をして、殺人犯が不器用に自殺をでっちあげたかのように見せかけたのである。こうしてこの物語は問題を逆転する。犯行現場にみられるちぐはぐな点はどう解釈すべきなのか。それは自殺を装った殺人なのか、それとも殺人を装った自殺なのか。この物語がおもしろいのは、殺人が隠蔽される（それはよくある話である）代わりに、殺人の状況が仕立てられるから、つまり、犯罪が隠蔽されるのではなく、おとりとしてでっちあげられるからである。

これは、ポピュリズム的暴力の扇動者がしていることではないのか。裏切られた群衆の怒りの矛先を（再）設定するために、扇動者は自殺を犯罪にみせかける。いいかえれば、彼らは、「自殺」（内在的な敵対性の結果）である破局が犯罪者の仕業にみえるように、手がかりを偽造する。それゆえに、この場にふさわしいニーチェ的な言葉を使っていえば、真の根源的・解放的政治とポピュリズム的政治との最終的な差異は、真正の根源的な政治が積極的に堂々と自らのヴィジョンを強く主張するのに対し、ポピュリズムは基本的に反動的なもの、不穏な侵入者に対する反応である、ということになる。いいかえれば、ポピュリズムはある種の恐れ（fear）の政治学の域を出ることはない。ポピュリズムは、腐敗した侵入者という恐れを喚起することによって群集を動員するからである。

行為

しかし、このラクラウに対する批判は、本当にラカン的な批判といえるのか。そうはいえないと、ラクラウとムフの「根源的民主主義」のプロジェクトにラカン理論を接木する試みである、ヤニス・スタヴラカキスの『ラカン的左翼』[37]は異議を唱える。スタヴラカキスによれば、私の出発点はよいが、私の議論はその後「とどまることなく奇怪で理解不可能な方向へ進んでいく」[38]。彼によれば、私はアンティゴネーを、つまり自殺に向かう彼女の「純粋な」欲望の根源的な自律性を理想化しており、彼の批判も主にその点にかかわっている。そうした私の立場はアンティゴネーを社会的・政治的領域から排除している、と。彼によれば、私の主張は、行為の主体は死と向き合う「危険」があり、「いっとき」象徴的／法的枠組みを宙吊りにするということだが、アンティゴネーは明らかにこの基準を満たしていない。彼女は死の危険を冒すだけでなく死を欲望する、と。

危険というのは最小限の戦略的ないしは実用的計算を伴うものだが、それはアンティゴネーの純粋な欲望には無縁のものである。宙吊りはその前と後を前提とするものだが、アンティゴネーにとって後というものはない。その意味で、これは、現状にずれをもたらす行為の具体例とはならなかったのである。彼女の行為は一回限りのものであり、彼女は自分が自殺したあとポリスに何が起こるかなど一向に関心がない[39]。

本当にそうだろうか。ソフォクレスのアンティゴネーは死に身を投じるどころか、兄を然るべく埋葬するという厳格な象徴的姿勢を、死にいたるまでかたくなに守り続ける。『ハムレット』と同様に『アンティゴネー』は、損なわれた象徴的儀式のドラマである。ラカンがこだわったのはこの連続性であった（彼は『精神分析の倫理』に先立つセミネールにおいて『ハムレット』を分析した）。アンティゴネーが表しているのは、象徴界の外にある何らかの現実的なものではなく、純粋なシニフィアンである。そう、彼女の「純粋さ」とはシニフィアンの純粋性なのだ。彼女の行為が自殺であるにもかかわらず、それが象徴的なものをめざしているのは、そして死にいたるまでの彼女の執拗な姿勢が、われわれだけでなく、コロスに具現されたテーベの人々にもカタルシスを与えるのは、そのためである。スタヴラカキスがいいたいのは、こういうことだ。私は、自らを象徴的コミュニティの外に締め出すアンティゴネーの過激な自殺的行為を政治的行為のモデルに祭り上げる、そしてそれによって、ラカンがアンティゴネーをこのようにとらえなかったことばかりか、彼が後年態度を変えたことも無視している、と。

ラカンのアンティゴネー解釈だけに注目すれば、『倫理』セミネール以降に彼の立場が根本的に変化したことを無視することになる。明らかにアンティゴネーは、倫理と摂理の問題をめぐるラカンの最後の――あるいはもっとも明察に富んだ――メッセージではない。ラカンの立場は、アンティゴネーの純粋な欲望に対する彼の初期の関心をぐらつかせる方向に進んでいった。[…]ラカンの重要な態度変更を真剣に受け取る者は、倫理的・政治的行為のモデルとしてのアンティゴネーを捨てねばならない。ジジェクができないのはこれである。[40]

スタヴラカキスは、私の仕事のなかに奇妙な抑圧を見出している。彼によれば、私は初期の著作でラカンの重要な認識である「〈他者〉における欠如」を力説していたが、最近の著作ではこの概念を脱構築主義の一端として批判し、そのためラカンの貴重な明察を脱構築主義に引き渡している。私の行為の概念では、欠如を宙吊りにする無条件の肯定性が奇跡的に出来することになっている。すなわち、私は「有限性および否定性を意味する不在と、不滅性および肯定性を意味する神聖な奇跡とのあいだの厳密な対立」[41]に依拠している。欠如を受け入れることが否定性と有限性を受け入れることを意味するのに対し、私は行為を、象徴界の外部にある絶対的・肯定的・外的なものとしてとらえている。あるいは、スタヴラカキスが得意げに引用するプラスとホーエンズの主張にもあるように、「行為は象徴界と関わるという重要問題を無視することによって、ジジェクは、行為という現実界は象徴界なしに起こる、と述べているように思われる」[42]。（この文、そしてあとでみるようにスタヴラカキスの本においても、「思われる」という言葉はきわめて重要である。それは、彼自身が自分の読みの正しさに疑念を抱いていることの証拠である）。また、行為を社会的・象徴的組織から引き抜くそうした行為の絶対化は、本物の行為と偽りの行為の区別、出来事とそのシミュラークル（模造）の区別を不可能にする（これはバディウに対するお決まりの反論である）……。これはうそである。私が自著で説明してきたのは、出来事が症候の結び目、つまり、ある状況に刻印された欠如にいかに関わるか分析することによって、出来事とそのシミュラークルを区別することは可能である、ということなのだから。

　そういうわけで、私はバディウの影響によってラカンから離れている、というのがスタヴラカキスの主張となるわけだが、想定内とはいえここで最高に滑稽なのは、バディウのほうが私よりもラカン的であるということだ。つまり、「現実的《リアル》な出来事の真の肯定性は、出来事とそれが起こる場に空いた空虚、つまり一つの形態化された否定性との込み入った関係によって決まる」[43]ということが、（バディウには分かっても）私には分からないのである。だから、バディウが、ある状況下で真理を押し付けるという全体主義は危険である、つまり「名状しがたいもの」、真理の流れに包摂されることに抵抗する現実の過剰な多様性を無視するという全体主義は危険である、と警告するとき、私が彼を批判するのは当然である。これ〔バディウがここでいう全体主義〕はまさにスターリン主義が行ったことである。スターリン主義は、集産化を強制し中央集権的計画経済を押し付けるなかで、停滞する現実を無視した主意主義を実践してみせた。そしてスターリン主義は、この「名状しがたきもの」の過剰性など認めなかったために、まったくぶれることなく、自らのプロジェクトに対する現実の抵抗を国際的な反革命として解釈しなければならなかった[44]。そして予想通りではあるが、スタヴラカキスにとって、これは無条件的なものとしての行為という私の概念にも当てはまる。私のいう行為は限界を知らない以上（過剰な強制に警告を発するバディウは限界を認めている）、それは必然的に全体主義の肯定につながる、というわけだ。

私がここでバディウには問題があると思う理由は、私からすれば、真理を「押し付ける」ことができるという考え自体がどこかおかしいからである。ここではラカンが引用した次のジョークを応用してみたくなる。「ぼくのフィアンセは絶対に約束に遅れない。だって遅れたら最後、彼女はぼくのフィアンセでなくなるから」。〈真理〉はけっして押し付けられない、なぜなら、〈真理〉への忠誠が度を越して強制的なものとなった瞬間、われわれが扱っているのはもはや〈真理〉ではないから、〈真理–出来事〉に対する忠誠ではないからである。スターリン主義の場合、問題は単に〈真理〉の強制、つまり〈真理〉を状況に押し付けることではない。むしろ問題は、強制された「真理」——中央集権的な計画経済、等々のヴィジョン——そのものは〈真理〉ではない、ゆえに、それに対する現実の抵抗はそれ自体が偽りであることのしるしである、ということだ[45]。

スタヴラカキスの議論は、予想通り進んでいく。私の、瞬間的で奇跡的な行為の概念が意味するのは「事後のない行為[46]」である、すなわち、私は行為の効果、行為が状況に刻み込まれることを無視している……と。これもうそである。私は自著で、行為自体ではなく「その後」がいかに重要であるか、行為がいかに状況を書き換えるか論じてきたのだから。（さらに私は、肯定性を特権化している、否定性を無視していると咎められている。しかし、私の行為概念が仮にそうした「事後のない行為」、単なる断絶、切断であったなら、それこそはまさに純粋な、肯定化されない否定性であっただろう）。かくして私は「欠如の肯定化／制度化」を無視しているとされる。「ジジェクは、欠如と分裂を制度化する可能性そのもの、否定性と不可能性を取り囲む——無効にする、ではない——肯定的な政治秩序を明確化する可能性そのものを否定しているように思われる[47]［原文のまま］」。これもうそである。ヘーゲルの政治思想に関する私の読解のポイントは、ヘーゲル的国家は制度化された否定性である、ということなのだから！　また私が一九一七年のレーニンよりも一九一九年から一九二二年のレーニンを評価するのは、その時期のレーニンが、革命的否定性を肯定化する新秩序を制度化したからなのだ！　さらにスタヴラカキスの議論は進んでいく。私は、否定性を無視するがゆえに、空虚な場の創造という否定的な身振りがいかに肯定的な行為の条件であるか理解できないのだ、と。

パウル・クレーはかつてモンドリアンをめぐってこう述べた。「空虚を創造することは、主要な行為である。またそれは真の創造である。なぜならこの空虚は肯定的なものであるからだ」。［…］政治において、これは根源的な民主主義的戦略である。このことをジジェクは理解できていないように思われる[48]［原文のまま］。

これもそうである。私は自著で何頁にもわたって、空虚な場を開くこと、ただ場所だけが生起しているであろう（*rien n'aura eu lieu que le lieu*）地点に到達することについて——例えば、死の欲動と昇華との関係（肯定的な昇華の条件としての死の欲動の否定性）について——書いてきたのだから。スタヴラカキスは、私がいくつかの論点（〈他者〉における欠如、否定性、象徴界によって規定された行為……）を無視していると批判するが、私がそうした論点すべてを論じてきた証拠は山ほどある。彼はこれに対してどう反応するのだろうか。彼は、私の行為概念に関する自分の読解を問題にする代わりに、私を（理論における）倒錯者呼ばわりするのである。

私はジジェクにラカン理論のいろはを教えるつもりはない。それについては当然私よりも彼のほうが詳しいのだから。しかしだからこそ、ジジェク自身がそのいろはを忘却あるいは放棄しているようにみえることが、私には大いに気にかかるのである。この彼の態度を説明するために私が「否認」という精神分析用語を用いたのは、偶然ではない。周知のとおり、倒錯の基本的作用である否認は、なんらかのもの——臨床においては去勢——を認識すると同時に否定することをともなう。実際、ジジェクの反応は、これによって説明できると思われる[49][原文のまま]。

これはみごとな策略である。これによって私の反論はすべて前もって無効になるのだから。私はAを主張していると非難される。私は自分がAを主張していないという証拠をあげる。するとこういう答えが返ってくる。私〔ジジェク〕はAに対する固執を否認しているだけである、つまり、私の思考回路は「私はAが有効でないことを分かっている、しかしそれにもかかわらず、私はAが有効であるかのようにふるまい続ける……」というものだ、と。だから、スタヴラカキスが私の著作を扱った章の最後で「なぜ〔ジジェク〕は、ラカンによって理論化されたもう一つの（女性的）享楽 *jouissance* を避けて通るのか[50]」と書くとき、私が自著のなかで実際に女性的享楽を扱った部分をたくさんあげて自己弁護をしても無駄なのである。そうした弁護をしても、それは倒錯的な「滑稽話[51]」としてはなから相手にされないだろう……。ここで倒錯者なのはスタヴラカキス自身である。彼の議論の根底に「私は自分のジジェク批判が意味のないことは分かっている、しかし私はそれに固執し続ける」という論理があるとしたら、どうだろう。しかし、私の行為概念に関してスタヴラカキスが主張していることが単に正しいとしたら、どうだろう。その主張はなにを根拠になされているのか。次に引用する一節においてスタヴラカキスは、私の著作が「紛れもない否認のメカニズム」を示していることを証明しているそうである。

次の二つの引用について考えてみよう。まずジジェクはこう論ずる。「今日のような状況において革命の機会を逃さないでおく唯一の方法は、直接行動に出よという安易な要請を放棄することである。［…］根源的な真の変革のための礎を築く唯一の方法は、衝動的な行動を慎むこと、「何もしない」ことである。そうすれば、これまでとは異なる活動の空間が開かれる」。［…］三頁後、彼は、政治的行為に対する抵抗と強迫観念的な「根源的〈悪〉」を非難する。「何も起こってはならないということが、今日の至高〈善〉であるかのようだ」。［…］われわれはここからどのような結論を引き出せばよいのか。いうまでもなく、「何もしないこと」は、「何も起こってはならない」と主張する人に対する矯正策にならない。[52]

この一節から引き出せる結論は、これは「紛れもない」誤読の実例である、ということである。というのも、私が真の活動（厳密な意味での行為に忠実であること）と偽りの活動（それは既存の社会的布置を再生産するだけである――そう、事態は変われば変わるほど同じままである *plus ça change, plus ça reste le même*、われわれは何も変わらないということを確かめるためにいつも活動している）を体系的に対立関係に置いているという（かなり明白な）事実を考慮すれば、その瞬間に外見上の矛盾は消えるからである。真の変革（真の行為）の条件は、偽りの行為をやめることである。あるいは、私が繰り返し引用する文でバディウがいうように、「〈帝国〉によってすでに存在を認められたものを可視化する形式的方法の考案に手を貸すよりは、何もしないほうがましである」。[53]

別の例をみよう。スタヴラカキスは、私が偶発性（あらゆる行為は偶発的な歴史的状況に「埋め込まれて」いる）を主張している部分と、私が行為の「無条件的な」性格を主張している部分を引用したあと、こう問うている。

どうすれば偶発性に関する認識は、われわれが偶発性を放棄し、且つあらゆる条件を超えたところに身を置くことを実際に前提とするもの、すなわち、無条件的な革命的行為の必要条件となりうるのか。[54]

お生憎さま。ヘーゲル主義者である私にとって、ここに矛盾はない。私が「無条件的な行為」と呼ぶのは、私に押し付けられたたわごと（歴史の外部、象徴界の外部にある行為）のことではなく、条件に還元できない行為のことだからである。そうした行為は、偶発的条件に根ざしているだけではない。この条件そのものが、そうした行為を行為たらしめるのである。同じ身振りであっても、（早すぎたり遅すぎたり）誤った時に為されるならば、もはや行為ではないのだ。ある行為を「無条件的な」ものにするのは、その偶発性にほかならないということ、それがここでの厳密な意味で弁証法的といえる逆説である。仮にその行為が必然的なものであったなら、それは自身の条件に完全に規定されている、それは（戦略的推論ないしは合理的選択理論によってもたらされた最善の行為として）自身の条件から演繹できる、ということになろう。ここではヘーゲルを参照する必要はない。デリダとラクラウで十分である（デリダはキルケゴール論において、選択／決断という行為の「狂気」について語っている）。こうして状況と行為とのつながりが明らかとなる。行為は、状況によって規定されるもの（あるいは、神秘的な外部から状況に介入するもの）ではなく、むしろ、状況における存在論的な非–閉鎖性、矛盾、ギャップによって可能となるのである。

私がフェティシズム的な否認をしているというさらなる「証拠」は、スタヴラカキスが「倒錯的逆説」と呼ぶもの、すなわち、私が今日では「既存の体制に代わるグローバルな新体制というこのユートピア的な場を開いておくことが、これまでになく重要である」[55]と主張しながら同時にユートピアを拒絶している、ということである。これもうそ。私は様々な意味でのユートピアについて論じてきたのだから。例えば、単なる想像上の不可能なものとしてのユートピア（敵対関係のない完璧に調和した社会秩序というユートピア、現代資本主義の消費主義的ユートピア）と、既存の社会関係の枠組みの内部からみて、「不可能」に思われるものを実演＝制定するというより根源的な意味でのユートピアについてである。そう、後者のユートピアは、この関係からみた場合にかぎって「場をもたない」のである。[56] このように、スタヴラカキスのあげる「証拠」はどれもこうした誤読にもとづいている。彼は、「ラカンがのちに概念化した行為には、戦略的介入を超えたこの「狂気」の契機が残っていると主張する」私に対してこうコメントする。「無条件的で現実的《リアル》とされる行為、象徴界とのいかなる関係からも解き放たれた行為というこの考え方は、ラカンの行為概念を定義するものなのか」[57]。この誤った言い換えには正直驚かされる。彼は、真正な行為はつねに「戦略的介入を超えた「狂気」の契機を含む」という主張、デリダあるいはラクラウにもみられる主張から、「象徴界とのいかなる関係からも解き放たれた行為」へと一気に飛躍してしまう……。こうした言い換えが許されるなら、なんでも証明できるはずだ！

　また、スタヴラカキスは、私がマルクス主義の歴史を完全に無視していると非難してもいるので、私としては、複数政党的民主主義をめぐるカール・カウツキーの擁護論にふれておきたい。カウツキーは、社会主義の勝利を議会における〈社会民主党〉の勝利としてとらえ、なおかつこう示唆した。資本主義から社会主義へ移行するうえで適切な政治形態は、進歩的なブルジョア政党と社会主義政党との議会における連合である、と。（われわれは、この論理を極限まで推し進めて、こういってみたくなる。カウツキーにとって容認できる唯一の革命は、国民投票で過半数が賛成したあとに起こる革命である、と）。一九一七年に書かれた著作においてレーニンは、ある種の革命の「保証人」を飽くことなく求める人たちに対して、きわめて辛らつな皮肉を浴びせた。この保証人には二つの主な形態がある。一つは社会的〈必然〉という物象化された概念（革命を急ぎすぎてはいけない、適切な瞬間まで、歴史的発展の法則の点からみて機が「熟した」といえる瞬間まで待つべきである――「社会主義革命は時期尚早である、労働者階級はまだ成熟していない」)、もう一つは標準的な(「民主主義的な」)正当性(「国民の大多数はわれわれに賛成ではない、だから革命をしてもそれは本当の民主主義ではない」)である。レーニン自身は別の言い方で繰り返しいっているが、これではまるで、革命主体は国家権力を掌握する前に、なんらか形の大きな〈他者〉から許可を得る(大衆の革命支持を確かめるための国民投票をする)のが当然であるかのようだ。ラカン同様レーニンにとっても重要なのは、革命は革命自体によってしか権威づけられない(*ne s'autorise que d'elle-même*)、ということである。つまり、われわれは、大きな〈他者〉に保護されない革命的行為を受け入れるべきなのだ。権力掌握は「時期尚早」ではないかと恐れること、保証人を求めることは、行為という深淵に対する恐れである。

したがって、民主主義は「〈他者〉における欠如の制度化」であるだけではない(ちなみに、立憲君主制もこれとまったく同じ制度化であるというのがヘーゲルの立憲君主制論のポイントである)。民主主義は、この欠如を制度化することによってそれを無力化——正常化——し、その結果、大きな〈他者〉の不在(ラカンいわく「大きな他者は存在しない」)がまたもや棚上げされるのである。大きな〈他者〉はここでも、われわれの行為を民主主義的に正当化する/権威づけるものとして現れている。そう、民主主義において私の行為は、多数派の意志を実行に移す正当な行為として「保護」されるのである。この論理とは反対に、解放的な政治的力が旨とするのは、多数派の意見を受動的に「反映」することではない。そうではなく、労働者階級を扇動することによってその力を動員し、そこから新たな多数派を創出することである。あるいは、トロツキーが『テロリズムと共産主義』でいうように、

議会制的体制が、「穏やか」で安定した発展の時機においてさえ、国の意見を発見する方法としてはかなり粗雑なものであったとすれば、また革命的激動の時代にあって、闘争の流れと革命意識の発展

にまったくついていけなくなったとすれば、ソビエト体制は議会制的体制よりも密接に、直接的に、誠実に一般大衆と結びついたものであり、その意義は多数派を静的に反映することではなく、それを動的に創出することにある。

この最後のポイントを支えているのは、「反映」としての知という標準的な弁証法的唯物論の理論（これは『唯物論と経験批判』のレーニン自身によって広められた）を根本から不確実なものにする重要な哲学的前提である。ロシアの労働者階級による権力掌握は「時期尚早」だったのではないかというカウツキーの不安から読み取れるのは、歴史とは政治的介入の可能な枠組みを事前に規定する「客観的」過程であるという実証主義的な歴史観である。根源的な政治的介入があれば、この「客観的」枠組み自体が変化し、それによってある意味でこの介入の成功のための条件が創出される――こうしたことを想像するのは、この歴史観の内部にいるかぎり不可能である。本来的な意味での行為は、単に、自らの条件に縛られながら状況に戦略的に介入することではない。行為は遡及的に自らの条件を創り出すのである。カフカと彼の多様な先行者――古代中国の作家からロバート・ブラウニングにいたる――との関係に関するボルヘスの的確な説明を思い出そう。

カフカ独特の特徴は、多かれ少なかれ、こうした先行者の作品一つひとつに現れているが、カフカが作品を書いていなかったら、われわれはそれに気づいていないだろう。つまり、それは存在していないだろう。[…] 作家はそれぞれ自らの先行者を創り出す。各作家の作品は、未来を変えるのに並行して、過去に対するわれわれの見方を変える。[58]

したがって、「それは原資料のなかに実際に存在するものなのか、それとも、われわれが原資料に読み込んだものなのか」というジレンマを、厳密な意味で弁証法的に解決するとこうなる。それは原資料のなかに存在するが、われわれがこのことを認識し言明できるのは、今日の視点から遡及的にみるかぎりにおいてである、と。この遡及性はドゥルーズによって明確に説明されている。ドゥルーズが（潜勢的《ヴァーチュアル》なものからの、現働的《アクチュアル》なものの）生成について語るとき、彼がいわんとしているのは、時間的・進化的生成、あるものの空間的・時間的な生成過程ではなく、「超歴史的な要素において展開せざるをえない、ダイナミズムなき生成、すなわち静的な生成」[59]である。潜勢的領域のこの静的な性質は、純粋過去というドゥルーズの概念にもっとも根源的な形で現れている。純粋過去とはすなわち、まだ現在であるものをすでに含みいれた潜勢的な過去のことである。現在が過去になりうるのは、ある意味で現在がすでに過去であるからである。現在は過去の一部として捉えられるのだ。そう「われわれがいましていることは、歴史である（になっているだろう）」というふうに。

　特定の古い現在が再生可能であり、現在の現在が自らを反省できるのは、一般的な意味での過去として、つまりア・プリオリな過去として理解された、過去の純粋な要素との関連においてである。[60]

　これはどういうことか。この純粋過去は、決定論的な世界概念——起こる（到来する）ものすべて、その現働的《アクチュアル》な空間的・時間的展開すべてが、すでに非記憶的／非時間的な潜勢的《ヴァーチュアル》ネットワークの一部になっている世界——を必然的に伴うということなのか。そうではない。そういえる明確な理由は、純粋過去は「新たな現在が発生するたびに、それによる変化を素直に受け入れ[61]」ねばならないからである。伝統へのわれわれの依存と過去を変えるわれわれの力とのこうしたつながりを最初に明確にしたのは、誰あろうT・

S・エリオットであった。

[伝統] は、相続できるものではない。伝統を欲する者は、苦労してそれを手に入れなければならない。伝統は、第一に、歴史感覚を要件とする。これは、二五歳を過ぎてなお詩人であろうとする人にとって欠かせないものといってよい。また、歴史感覚は、過ぎ去った過去だけでなく、現前する過去についての認識を要件とする。この歴史感覚によって、ひとは、おのが時代を直感して書くだけでなく、ホメロス以来のヨーロッパ文学全体、そしてその内部にある自国の文学の全体が共時的に存在し、共時的な秩序を構成しているという感覚をもって書かざるをえなくなる。[…] 新しい芸術作品が創られるとき、それと同時に、先行作品すべてに何かが起こる。すでに存在する偉大な作品は、それだけで理想的な秩序を形成するが、この秩序は、新しい(本当の意味で新しい)芸術作品の導入によって変化する。既存の秩序は、新しい作品が到来する前に完成している。斬新なものが付加されたあとも秩序が持続するためには、既存の秩序全体は、たとえわずかであっても変化しなければならない。またそれによって、個々の作品がこの全体に対してもつ関係、調和性、価値は改変される。こうして古いものと新しいものは、互いに適合しあう。秩序に関する、ヨーロッパ文学、英文学の型に関するこの考え方を是とする者は、現在が過去によって支配されるように過去は当然現在によって変えられるということを、不合理とは思わないだろう。[62]

エリオットが、現在生きている詩人を評価するには「その詩人を物故詩人のなかに置かねばならない」と書くとき、彼が提示しているのは、ドゥルーズの純粋過去の的確な例である。エリオットが「既存の秩序は、新しい作品が到来する前に完成している。斬新なものが付加されたあとも秩序が持続するためには、既存の秩序全体は、たとえわずかであっても変化しなければならない」と書くとき、彼はまさしく、完成した過去と、それを遡及的に変えるわれわれの力とのあいだの逆説的な関係を定式化している。すなわち、純粋過去が完成したものであるからこそ、個々の新しい作品は、純粋過去の均衡状態を全体的に再編するのだ、と。カフカは自らの先行者を創り出したというボルヘスの発想を思い出そう。結果自体が原因に押し付けるそうした遡及的な因果関係は、自由にとって最低限必要な条件である。

ピーター・ホールワードの『世界の外へ』は優秀な仕事なのだが、いかんせん、この自由の問題においては不十分である。その本で彼は、潜勢的《ヴァーチュアル》領域では「すべてがすでに書き込まれている」ため、あらゆる現働的《アクチュアル》な出来事は事前に確定されている、ということだけを純粋過去の特徴として強調する。このように現実を永遠不変という視点からみると、絶対的な自由は、絶対的な必然性およびその純粋な自動運動と一致する。つまり、自由であるとは、実体的必然性のなかで／とともに自由に流れるままになることである、というふうに。ドゥルーズにとって自由は、「人間の自由の問題ではなく、人間性からの自由の問題」[63]である、つまり、絶対的な〈生〉の創造的な流れのなかに完全に没入することの問題である、と力説するホールワードは正しい。しかし、その一方で、彼がここから得る結論は、あまりにも安易であると思われる。

> 自由な様態あるいは自由なモナドとは、それを通して作動する至高の意志に対して抵抗するのをやめた様態あるいはモナドである。それゆえに、至高の力が絶対的であればあるほど、それに従う者は「自由」である、ということになる。[64]

ホールワードは、ドゥルーズも強調する遡及的な運動、すなわち、われわれを規定する永遠の純粋過去が遡及的な変化を被るということを無視している。要するに、われわれは、自分が思っている以上に不自由であり同時に自由でもあるのだ。過去に規定され、過去に依存するわれわれは、完全に受動的な存在であるが、しかし、われわれには、この規定の射程を限定する自由、すなわち、われわれを規定する過去を（重層的に＝過剰に）決定する自由があるのだ。ドゥルーズは、意外にもここでカントに接近している。カントによれば、私は諸々の原因によって規定されているが、しかし、私はどの原因が私を規定するか遡及的に決定する（ことができる）のである。われわれ主体は、感性的《パトローギッシュ》な対象や動機から受動的に影響をうける。しかし、われわれには、反省の形をとった、このように影響されるのを受け入れる（あるいは拒否する）最低限の力がある。いいかえれば、われわれは、われわれを規定することになった諸々の原因を、あるいは少なくとも、この直線的な規定関係の様態を、遡及的に決定するのである。したがって「自由」は、本質的に遡及的なものである。つまり、そのもっとも基本的な部分において自由は、何もないところから新しい因果の連鎖をはじめる自由な行為ではなく、特定の必然性の連鎖／連続を私を規定するものとして認めるという遡及的な行為なのである。ここでは次のように、スピノザにヘーゲル的なひねりを加えるべきだろう。自由とは単に「認識された／知られた必然性」ではなく、認識された／受け入れられた必然性、この認識を通じて構成／現働化された必然性である、と。したがって、ドゥルーズが、スワンの耳にこびりつくヴァントゥイユの音楽をめぐるプルーストの描写――「演奏者たちは短いフレーズを演奏したというより、むしろ、そのフレーズが現れるために必要な儀式を行ったかのようであった」――に言及するとき、彼が喚起しているのは、必然性にかかわる幻想である。つまり、感覚-出来事を生成することは、すでに起こった出来事を儀式的に呼び起こすこととして経験されるのである――まるで出来事がすでにそこにあって、潜勢的に存在しながらわれわれの呼びかけを待っているかのように。

この問題と直接かかわってくるのは、もちろん、予定説というプロテスタント的な思考操作である。予定説は、反動的な神学的思考操作ではなく、感覚の唯物論的理論において鍵となる要素である。ただし、それは、われわれが予定説を潜勢的なものと現働的なものというドゥルーズ的な対立軸にそって読めば、の話であるが。要するに、予定説とは、われわれの運命は、神の御心のなかに永遠に存在するある現働的なテクストに書き込まれている、ということではない。われわれの運命を決めるテクストは、完全に潜勢的な、永遠の過去に属し、この過去自体は、われわれの行為によって遡及的に変えられるのである。これこそは、おそらく、キリストの受肉（托身）の特異性がもつ究極の意味であろう。つまり、それは、われわれの運命を根本から変える行為なのである。キリスト以前、われわれは宿命によって規定され、罪とその償いの循環に捕えられていた。それに対し、キリストがわれわれの過去の罪を消したことは、まさしく、彼の犠牲的行為がわれわれの潜勢的過去を変え、それによってわれわれを自由にする、ということを意味する。ドゥルーズが「私の傷は私以前に存在していた、私はそれを具現するために生まれた」と書くとき、『不思議の国のアリス』におけるチェシャー猫とその微笑のテーマ（猫は自分の微笑を具現するために生まれた）をふまえたこの言葉は、キリストの犠牲的行為を完璧に公式化しているのではないか。つまり、キリストは、彼の傷を具現するために、犠牲になるために生まれたのだ、というふうに。問題なのは、この命題を文字通り目的論的に読むことである。その場合、ある人間の現働的行動は、あたかも、潜勢的な理念に刻印された非時間的な永遠の宿命を実現するだけのものになってしまう。

シーザーにとって唯一の真の仕事は、自分が生まれながらにして具現することになっている出来事にふさわしい人間になることである。おのが運命への愛 *Amor fati*。シーザーが現実になすことは、彼の潜勢的なあり方になにも付加しない。シーザーが現実にルビコン川を渡るとき、思慮や選択は必要ない。というのも、それは、シーザーであるということの全体的、直接的な表現の一部にすぎないからである、つまり、シーザーという概念のなかに常時包含されていた何かを明らかにする、あるいは「展開する」にすぎないからである。[65]

しかし、この過去そのものを（再）構成する身振りの遡及的な動きについてはどうか。これはおそらく、真正の行為とはいかなるものであるかを簡潔に定義している。つまり、日常的な活動におけるわれわれが、実際のところ、われわれのアイデンティティの（潜勢的‐空想的）枠組みに従っているにすぎないのに対し、本当の意味での行為は、行為主体の存在の潜勢的《ヴァーチュアル》で「超越論的な」枠組み自体を（遡及的に）変える――あるいはフロイト流にいえば、われわれの世界の現実を変えるだけでなく、「その地獄のような領域をも目覚めさせる」――現働的《アクチュアル》な運動という逆説なのである。したがって、ここにあるのは、「特定の条件から生まれた状況の上に当の条件が折り返される」[66]という、ある種の反省的＝再帰的な動きである。純粋過去がわれわれの行為の超越論的な条件であるのに対し、われわれの行為は、アクチュアルな新しい現実を生み出すだけでなく、この条件そのものを遡及的に変えるのである。予定説では、宿命は、人生の流れに先立つある決定のなかに実体として存在している。それゆえに、個人の活動においては、己の宿命を行為遂行的に構成することではなく、己の既定の宿命を発見（あるいは推測）することが目指すべき目標となる。これによってうやむやになるのは、偶発性が必然性へと弁証法的に反転すること、あるいは、偶発的なプロセスの結果が必然性の様相を呈することである――事態は遡及的に必然的なものに「なっているだろう」というふうに。ジャン＝ピエール・デュピュイは、この反転をこう説明している。

大惨事は、運命として未来のなかに組み込まれている。それは確かだ。だが同時にそれは、偶発的な事故としても未来に組み込まれている。つまり、大惨事は、たとえ前未来 *futur antérieur* において必然的なものにみようとも、起こるはずがないのに起こった、ということである。［…］ある突出した出来事、例えば大惨事が起こった場合、それは起こるはずがないのに起こったのではない。だが、それにもかかわらず、それが起こらないうちは、それは不可避的なものではない。要するに、出来事の現れ《アクチュアリゼーション》——それが起こったという事実——こそが、その必然性を遡及的に生み出すのだ。[67]

デュピュイは、一九九五年五月のフランス大統領選挙を例としてあげている。大手の世論調査機関は、その年の一月にこう予測していた。「もし五月八日にバラデュール氏が当選すれば、大統領選の勝敗は選挙前から決していた、といえるようになる」。ある出来事が——偶然——起こると、それによって、それを不可避的なものにみせる、それに先行する出来事の連鎖が生み出されるのである。これは、物事の根本に潜む必然性が様相の偶然の戯れのなかで、またそれを通じて表現される、という凡庸なことをいっているのではない。その核にあるのは、偶発性と必然性のヘーゲル的な弁証法である。同じことは〈十月革命〉についていえるし（ボルシェヴィキが勝利し、その権力基盤が安定すると、ボルシェヴィキの勝利は、深層にある歴史的必然の結果および表出として現れた）、多くの批判を受けた、ブッシュのアメリカ大統領選挙における最初の勝利にもいえる（大いに疑問視された偶発的なフロリダの過半数獲得のあと、彼の勝利は、遡及的に、深層にあるアメリカ政治の趨勢の表出として現れる）。この意味で、われわれは運命によって規定されているにもかかわらず、われわれには、自らの運命を選ぶ自由があるのである。デュピュイによれば、われわれは生態系の危機に対してもこのようにアプローチすべきである。つまり、大災害の可能性を「現実主義的に」査定するのではなく、それを厳密にヘーゲル的な意味で〈運命〉として受け入れるのである。バラデュールの当選の場合のように、「もし大災害が起これば、その発生は、それが起こる前から決まっていた、といえるようになる」わけだ。このように、〈運命〉と（「もし」をさえぎる）自由な行為は、密接に関連している。自由とは、そのもっとも根源的な次元において、己の〈運命〉を変える自由なのである。

現実的なもの《ザ・リアル》＝現実界

ここではもう一つ奇妙な事実に触れねばならない。私が否定性を消し去っている（私の作品では否定性が〈行為〉の肯定性のなかで嘘のように消えてしまう）というスタヴラカキスの批判は、彼自身も認識しているように、私の作品に対するピーター・ホールワードの批判と正反対なのである。ホールワードの批判によれば、私は否定性、死の欲動、等々に病的に魅了されており、そのため〈出来事〉の肯定性を取り逃がしている。これは奇妙なことではないか。同一作品に対する二つの批判が、私に正反対の見解を押し付けるとは。そうであれば、こう結論できるのではないか。二人の批評家は、「間違った」見解に基づいて準備しておいた場所に私の理論を型どおりはめ込んでいるだけである、と。[68]

では、なぜスタヴラカキスは、私の過ちとされる、ばかげた行為の概念に、かくも執拗にこだわる必要があるのか。明らかなのは、彼と私の差異は単なる言語的なもの、単なる誤解ではない、ということだ。つまり、スタヴラカキスと私の主張は実は同じで、彼は単に私を誤解している、ということではない。彼の倒錯的批判の根元にあるのは、彼の理論的基盤の弱さ、欠陥であり、これにより彼はまた、実行可能な政治プロジェクトを表現できなくなっている。そのため、彼の提示するものはすべて、昔ながらの陳腐なフロイト＝マルクス主義の焼き直しとなるのだ。この基本的な弱点は、「序論」における短い方法論的考察にすでに現れている。彼がそこで注目するのは、実証主義的科学の循環性である。実証主義的科学は、理論は現実を余すところなく反映し、事実によって証明されると主張するが、それによって、自らが参照する「客観的事実」が〈象徴的なもの〉に先立つ、生の〈現実的なもの〉ではなく、すでに〈象徴的なもの〉によって媒介／構成された〈現実的なもの〉であることを無視している。

> 世に広まった際限のない啓蒙主義的楽観主義とは裏腹に、一般的な意味での知は、けっして正確なものではない。知はつねに何かを取り逃がしている。理論はまるで、現実の経験という生気に満ちた、予測不可能な領域を制限する拘束服のようにみえる。[69]

ここで暗黙の前提となっているのは、知／経験の対と〈象徴界〉／〈現実界〉の対との同一化である。ここでは「知と経験との、象徴的なものと現実的なものとの構成的な対立」を自明視しなければならないのである。[70] こうして〈象徴的〉／〈現実的〉というラカンの対概念は、「理論は灰色だが、生命の木は緑である」という常識的な経験論に矮小化される。われわれの知にはつねに限界がある、知は豊かな経験を包括することも説明することもできない、というわけだ。しかし、〔スタヴラカキスによれば〕ひとは、知を放棄することも〈現実界〉を直接把握することもできないのだから、限定的な象徴化はどれも不安定で一時的なものである、それは遅かれ早かれ〈現実界〉とのトラウマ的な邂逅によってぐらつく、ということを十分意識しつつ、〈現実界〉を象徴化するという終わりなき作業を続けるしかない。

> 経験という、縮減不可能な現実的《リアル》なものに直面したとき、われわれは、象徴化するより他に手がない。つまり、象徴化し続けるより、否定性のまわりを旋回するという肯定的な行為を試み続けるより他に手がない。しかし、これは、経験という現実的なものを抑えつけようとする空想的な象徴化であってはならない。[…]そこでは、象徴的なものの現実的な限界、理論の現実的な限界に関する認識を含む、

一連の象徴的身振り（肯定化）が表現されねばならないだろう。また、現実的な欠如を、すなわち、経験の（否定的）痕跡、あるいはわれわれによる経験の無効化の失敗という（否定的）痕跡を、象徴的に「制度化する」試みが表現されねばならないだろう。[71]

こうしてわれわれは、ヘーゲルのいう「偽の無限」に行き着く。主体は自らの構成的な欠如を埋めること、そして〈象徴的〉および〈想像的〉同一化を通じてアイデンティティを得ることに努めるが、しかし、いかなる同一化も十分なアイデンティティを生み出すことはなく、あらたな欠如がつねに発生する……というふうに。ここでスタヴラカキスは、すべての〈象徴的〉領域は自らを縫合するために欠如のシニフィアンを必要とする——スピノザがすでに認識していたように、伝統的宗教において「神」はそうしたシニフィアンである（厳密な意味での知という観点からみれば、「神」は実証的＝肯定的内容をもっていないし、そのシニフィアンは単にわれわれの無知を実体化＝肯定化しているだけである）——という自らの前提を、十分突き詰めているとはいえない。要するに、スタヴラカキスは、欠如それ自体が象徴化・実体化（＝肯定化）・制度化される可能性を私がいかに考慮していないか何度も指摘するが、彼の目には、それがすでに機能している場が見えていないのである。

「欠如のシニフィアン」という概念自体に「転覆的」あるいは「進歩的」なところはない。反ユダヤ主義におけるユダヤ人という形象は、イデオロギーにおけるそうしたシニフィアンの最たる例ではないのか。この形象は、首尾一貫した実体的＝肯定的内容をもっていない。この形象にまとまりをつけているのは、空虚なシニフィアンとしての「ユダヤ人」という名前なのである。いいかえれば、ここにある構造は、「現実に存在する社会主義」の時代にはやったポーランドの古き善き反共産主義的なジョークの構造と同じである。「社会主義は、それ以前のあらゆる生産様式の偉大な成果を綜合したものである。つまりそれは、階級社会以前の部族社会からはプリミティヴィズムを、アジア的生産様式からは専制政治を、古代からは奴隷制を、封建主義からは領主による農奴支配を、資本主義からは搾取を、そして社会主義からはその名前を取り入れている」。これと同様に、反ユダヤ主義におけるユダヤ人という形象は、大資本家からは富と社会支配を、快楽主義者からは性的放蕩を、商業主義的大衆文化と低俗新聞からはその下品さを、下層階級からは不潔と悪習を、知識人からは堕落した詭弁を、そしてユダヤ人からはその名前を取り入れているのだ。まさにこの純粋な／空虚なシニフィアンの介入によって、ユダヤ人をユダヤ人たらしめる名状しがたきもの、不可解なXが生み出される。というのも、筋金入りの反ユダヤ主義者にとって、ユダヤ人は単に堕落して、ふしだらなのではないからである。そう、彼らにとって、ユダヤ人が堕落してふしだらなのは、その人がユダヤ人であるからなのである。この意味で、「ユダヤ人」は――反ユダヤ主義言説の内部では――明らかに欠如のシニフィアン、〈他者〉における欠如である。

したがって、スタヴラカキスは〈現実界〉と象徴化に収まらない過剰な現実の経験とを同一視するが、それはラカンのいう（あるいはラクラウのいう）〈現実界〉とは何の関係もない。ラクラウのいう「敵対性」は、〈象徴界〉の外部にある〈現実界〉の実在性＝肯定性ではない。それは完全に〈象徴界〉に内在するもの、〈象徴界〉の内的な欠陥あるいは不可能性である。〈現実界〉は、〈象徴界〉の安定性を外側から壊乱する超越的、実質的な現実ではなく、〈象徴的〉秩序それ自体の内的障害、躓きの石なのである。ラカンのいう〈現実界〉に関する、こうした経験主義に基づく誤読をみれば、スタヴラカキスによる「否定性」という語の奇妙な使い方もうなずける。彼にとっては、象徴化におさまらない過剰な経験としての〈現実界〉が「否定的」なのだが、そこには、〈現実界〉は象徴化に抵抗する〈他者性〉として機能するがゆえに象徴化を掘り崩すという表面的な意味しかない――しかし、この〈現実界〉そのものは、あふれんばかりに豊かな経験の実在性＝肯定性であるのだが。ラカンにとって、事態はこれとはまったく逆である。確かに、初期の（最初のセミネールの頃の）ラカンは、時折、〈象徴界〉以前の現実を指し示すために「〈現実界〉」という言葉を用いている。しかし、この〈現実界〉は、欠如なき状態という純粋な実在性＝肯定性である。そう、この頃のラカンが繰り返し述べているように、現実界においては何も欠けていない *rien ne manque dans le réel*。欠如は〈象徴界〉によってはじめて導入される。だからこそ、ラカンにとって否定性とは、〈象徴界〉を外側から突き崩す〈現実界〉のことではなく、〈象徴界〉そのもの、暴力的な抽象化をともなった象徴化の過程、つまりは、豊かな経験を意味作用を生み出す一なる徴 *trait unaire* へと還元することである。ラカンはヘーゲルを引用する。一つの言葉とは、それが指し示す物の殺害、その物にとっての屈辱である、と。

このように、ラカンにとって否定性の基本形態は、象徴化をはみ出す経験の過剰性ではなく、象徴化と経験された現実とを分かつギャップである。ラカンの第一セミネールのフランス語版の表紙にある、象を映した大きな写真を思いだそう。象はここでそのシニフィアンのなかに存在している。その近くで「現実の象」が歩き回っていないとしても、そうなのである。このように「現実の」象をそのシニフィアンへと容赦なく還元することが、純然たる否定性（あるいは死の欲動）である。ラカンは後に立場を変えるが（「死の欲動」はその後、現実を無視して自律的に作動する〈象徴的〉システムとして定義されるが、最終的には、象徴化に抵抗する〈現実的なもの〉として概念化される）、〈現実的なもの〉が、〈象徴界〉に内在するもの、その内部にあるトラウマ的な核であることに変わりはない。つまり、〈象徴界〉なくして〈現実界〉はないということである。〈象徴界〉の発生こそが、現実のなかに〈現実界〉というギャップを導入するのだ。

したがって、ヘーゲルなど存在しなかったかのようにものを（考え）書いているひとがいまだにいるのは感動的である。[72] ヘーゲルだけではない。数式素 *matheme* をめぐるラカンの考え方、すなわち、科学的現実は想像的経験と対立する一群の数学化された公式としてあるという考え方についてはどうか。ラカンが科学的な「現実界における知」と想像的な解釈学的理解とを対立させるのは、この考え方のためである。さらにスタヴラカキスのアプローチは、精神分析における理論と実践の、厳密な意味で弁証法的な関係を取り逃がしている。フロイトはこう主張したのだった。精神分析は、それを必要としない社会においてはじめて完全に可能となるだろう、それゆえ精神分析理論とは、分析実践において起こることに関する理論、実践の可能性の条件をめぐる理論であるだけでなく、同時にその不可能性についての理論、なぜ実践はつねに失敗する可能性があるのか、失敗する運命にあるのかをめぐる理論でもある、と。この意味で話は単に、実践は理論からはみ出す、ということではない。理論は実践の限界、その〈現実的なもの〉を概念化するのである。

スタヴラカキスは、科学的知のこうした現実的な（単に象徴的であるだけではない）あり方を無視するため、知と理解を同一視してしまう。実際、彼は、知の限界の場合と同じ考え方にそって、「われわれがもっとも用心すべきことは、過剰に理解することである」というラカンの警告に言及するのである。しかし、ラカンの要点は、スタヴラカキスの強調するようなこと、つまり「理解の限界を設定することによって、よりよいタイプの、というより異なるタイプの理解が可能となる」[73]ということではない。ラカンは、「理解のある種の拒絶」について語るとき、理解と分析的知を対立させている。というのも、分析の目的は、患者を理解すること、患者の語るシニフィアンの隠された意味を示すことではなく、それとは逆に、ラカンが『セミネールXI』でいうように、意味を「意味作用する無意味」に還元することだからである。〈象徴界〉と対立関係にあるラカンのいう〈現実界〉は、抽象的な概念的規定には還元できない豊かな現実という、定番の経験主義的（あるいは現象学的、あるいは歴史主義的、あるいは「生の哲学 *Lebensphilosophie*」的）問題とは何の関係もない。ラカンのいう〈現実界〉は、どんな象徴的構造よりも「還元主義的」である。というのも、われわれが〈現実界〉に触れるのは、象徴的領域から豊富な差異をすべて抜き取り、その豊富な差異を極小《ミニマム》の敵対性に還元するときだからである。〈現実界〉がこのように「ミニマリズム的な」――純粋に形式的で、実質を欠いた――ものであるからこそ、ラカンにとって、反復は抑圧に先立つのである。あるいは、ドゥルーズが簡潔に述べたように「われわれは抑圧するから反復するのではない、反復するから抑圧するのである」[74]。つまり、われわれがまずなんらかのトラウマ的な内容を抑圧する、そしてわれわれがそれを思い出すことができないために、またそれゆえそれとの関係を明確にできないために、この内容がわれわれに取りつき続け、姿を変えて反復的に現れる、というわけではないのだ。〈現実界〉が極小の差異であるなら、（この差異を打ち立てる）反復は原初的である。抑圧の先行性は、〈現実界〉が象徴化に抵抗する〈モノ〉へと「物象化」されるときに現れるのだ。そう、そのときになってはじめて、排除／抑圧された〈現実界〉がしつこく繰り返し現れるようにみえるのである。〈現実界〉とは、ものを自己分裂させる裂け目、反復という裂け目である。またここからいえるのは、反復と再記憶化との関係が反転するということである。つまり「われわれは自分が思い出せないことを反復するように強いられる」というフロイトのモットーは、こう逆転されるべきなのだ。われわれは、自分が反復できないことに取りつかれるように、そしてそれを思い出すように強いられる、と。過去のトラウマを取り除く方法は、それを思い出すことではなく、それをキルケゴール的な意味で十分反復することである。

こうした同語反復的な言い方が許されるとしたら、ドゥルーズのいう「純粋過去」のもっとも純粋な形は、いかなるものであるのか。それは、自らの現働的《アクチュアル》な特性と完全に同一のものとして反復される、一実体の純粋に潜勢的な差異である。

われわれの現働的な感覚刺激において表出される潜勢的な強度のなかには、意味作用をともなった差異が存在する。この差異は、認識可能な現働的差異とは一致しない。ピンクの色の濃さが識別可能なかたちで変化したということは、重要ではない。この変化は、無際限の、この変化とは別の現働的かつ潜勢的な関係性が再編成されたことのしるしである。[75]

そうした純粋な差異とは、ロベルト・シューマンの「フモレスケ」において同一の実際《アクチュアル》に現れるメロディが反復されるとき発生しているものではないか。この作品は、シューマンの歌曲において徐々に声が失われていく過程をふまえて読まれなければならない。これは単なるピアノ曲ではなく、声楽部のない歌曲、声が沈黙の状態にまで切り詰められた歌曲である。そのためわれわれが実際に聴いているのは、ピアノによる伴奏なのである。シューマンが（楽譜に）加筆した有名な「内声」（*innere Stimme*）は、このように、二つのピアノの旋律、高音部と低音部のあいだの第三の旋律として、すなわち（書かれた音符の形をとった、目のための音楽 *Augenmusik* としてのみ存在する）声にならない「内的な声」の状態にとどまる声の旋律として読まれるべきである。この不在のメロディは、第一のレベルと第三のレベル（ピアノの右手のパートと左手のパート）が直接関連していないという事実、その関係が鏡像的なものではないという事実にもとづいて再構成されるべきものである。要するに、この二つのレベルの相互連関を説明するためには、構造的理由ゆえに演奏できない第三の「潜勢的で」中間的なレベル（メロディ・ライン）を（再）構築せざるを得ないのである。シューマンは、この実際に演奏された二つのメロディ・ラインを同じ「フモレスケ」のなかで断片的に反復することになるが、そのとき、この不在のメロディという方法は、不条理としかいえない自己言及の域にまで達している。だが、そのとき楽譜には、第三の不在のメロディ・ライン、つまり内声は書かれていない。そう、ここでは不在のメロディが、つまり不在そのものが、不在なのである。ここでの音符は、実際に演奏されるもののレベルにおいては以前の音符を正確に反復しているわけだが、このときわれわれは前者の音符をどのように演奏すべきなのか。実際に演奏される音符に欠けているのは、存在しないものだけ、構成的な欠如だけである。あるいは、聖書的にいいかえれば、音符は、それが一度も所有したことがないものを失うのである。したがって、真のピアニストは、機転を利かせて、演奏されない「沈黙の」潜勢的な音符の響き、あるいはその音符の不在の響きが認識されるように、現実に存在する音符を演奏しなければならない……。これこそは純粋差異である。すなわち、二つのメロディ・ラインの差異を説明する現働的な無、潜勢的な背景こそは。

潜勢的な差異というこの論理は、これとは別のパラドクスにも見て取ることができる。エドガー・ドクトロウの『ビリー・バスゲート』の映画化は基本的に失敗であるが、しかし、それは興味深い失敗である。というのも、それは、映画よりもはるかに出来の良い小説の存在をぼんやりと人に感じさせる失敗だからである。しかし、いざ映画のもとになった小説を読んでみると、われわれはがっかりする。これは、映画を失敗作として判断する基準となった、映画自体が喚起する小説ではない、と。したがって（失敗した映画における、失敗した小説の）反復は、純粋に潜勢的な第三の要素、すなわち、実際の小説よりも出来の良い小説を生み出す。これは、ドゥルーズが『差異と反復』の重要なページで展開している議論の典型的な例である。

二つの現在は、現実的《リアル》なもののセリーにおいて一定でない間隔をおいて連続しているようにみえるかもしれない。だが、実際には、二つの現在はむしろ、それらとは別種の潜勢的な対象と関係しながら共存する、二つの現実的なセリーを形成している。そしてこの対象は、この二つのセリーのなかで常に循環し置き換えられるものである。［…］反復が構成されるのは、一つの現在から別の現在への移行においてではなく、これらの現在が潜勢的対象（対象＝x）の機能のもとで形成する二つの共存するセリーのあいだにおいてである。[76]

『ビリー・バスゲート』で考えてみよう。映画はそのもとになった小説を「反復」するのではない。両者はむしろ、反復不可能な潜勢的対象x、現実の小説から映画への移行においてその存在がぼんやりと生み出される「真の」小説を「反復」するのである。この事態の基盤にある動きは、見た目以上に複雑である。われわれは単純に出発点（小説）を「開かれた作品」として、つまり、将来的にいかようにも展開、現働化できる可能性に満ちたものとしてとらえるべきではない。あるいは——さらに悪い例をいえば——われわれはオリジナルのテクストを、将来的に他のコンテクストに組み込まれ、オリジナルの意味とはまったく違う意味を付与される前《プレ》テクストとしてとらえるべきではない。そうした姿勢に欠けているのは、ドゥルーズにとって重要な参照項であるアンリ・ベルクソンによって最初に記述された、後方へ向かう遡及的な運動である。「道徳と宗教の二つの源泉」においてアンリ・ベルクソンは、ドイツがフランスに宣戦布告した一九一四年八月四日に彼が経験した、奇妙な感覚を説明している。

> 私は不安であったし、私にとって戦争は、たとえ勝ち戦であっても、カタストロフィに思われた。だが、それにもかかわらず、私は［ウィリアム・］ジェイムズが述べていたことを経験した。それはすなわち、抽象的なものから具体的なものへの移行が容易になされたことへの感嘆の念である。かくも恐ろしい出来事がこともなげに現実において現れるとは、誰が予想していただろうか。[77]

ここで決定的に重要なのは、事前と事後のあいだの断絶のありようである。戦争が勃発する前、ベルクソンにとって戦争は「起こりそうにもみえたし、同時に起こりえないようにもみえた。それは、最後〔戦争勃発のとき」まで執拗に続いた複雑で矛盾した観念であった」[78]。だが、戦争は、その勃発以後、突然、現実的であり且つ起こりうるものとなった。パラドクスは、この蓋然性の遡及的な出現のなかにある。

私は、ひとは過去に現実を差しはさむことができ、それによって時間を遡ることができる、と主張したつもりはまったくない。しかし、ひとはまちがいなく、過去に可能なものを差しはさむことができる。あるいは、より正確にいえば、可能なものは、いかなる瞬間にも過去に割り込んでくる。予想不可能な新しい現実が自己創造的なものである以上、そのイメージは、その後方にある、不確定の過去において映し出される。つまり、この新しい現実は、つねに可能なものであったことが判明するのである。しかし、それがつねに可能であったものとして存在しはじめるのは、あくまで、それが現実に発生した瞬間からである。それゆえに私はこういうのだ。この可能性は、その現実に先行していないが、この現実が現れたとたんに、それに先行するものとなっているだろう、と[79]。

そして、これこそは『ビリー・バスゲート』の例において起こっていることである。映画は小説のなかに、後者とは別の、それよりも出来の良い小説の可能性を挿入するのである。また、われわれは、スターリン主義とレーニン主義とのあいだの関係においてもこれと同じ論理に出会っているのではないか。ここでも三つの契機が作用している。すなわち、スターリン主義が支配する以前のレーニンの政治学、スターリン主義の政治学、そして、スターリン主義によって遡及的に生み出された（ソ連における「脱スターリン化」の過程において「元来のレーニン主義的原理に帰れ」というモットーが謳われたときのように、公式のスターリン主義的ヴァージョンであり、またスターリン主義に批判的なヴァージョンでもある）「レーニン主義」の幽霊である。したがって、われわれは、スターリン主義的テロルとスターリン主義によって裏切られた「真正の」レーニン主義の遺産とを対立させるという馬鹿げた冗談をやめるべきである。「レーニン主義」とは徹頭徹尾スターリン主義的な概念なのだから。スターリン主義が潜在的にもつ解放性・ユートピア性を後方に、つまりそれに先立つ時間に投影するという身振りは、スターリン主義のプロジェクトそのものに内在する「絶対的な矛盾」、耐えがたい緊張のなかで思考が持ちこたえられなくなったことを示している。だからこそ、(スターリン主義の真の核としての)「レーニン主義」と、レーニン時代の実際の政治的実践・イデオロギーとを区別することが重要なのである。要するに、レーニンの実際の偉大さと、生粋のスターリン主義的神話であるレーニン主義とは同じものではないのだ。

そして、ここでのアイロニーは、唯一無二の反ヘーゲル主義者ドゥルーズによって展開されたこの反復の論理が、ヘーゲル的弁証法の核そのものである、ということだ。つまり、その論理は、つかの間の現実と永遠の絶対とのあいだの弁証法的と呼ぶにふさわしい関係に依拠しているのである。永遠の絶対は、一時的に形象化されるものにとって不動の参照項であり、後者はそのまわりを巡回する。前者は後者の前提である。しかし、永遠の絶対は、まさにそのようなものとして、そうした一時的な形象化によって定位される。なぜなら前者は、後者に先行する存在ではないからである。要するに、永遠の絶対は、第一の形象化と第二の形象化とのあいだの――『ビリー・バスゲート』の場合でいえば、小説と、映画におけるその反復とのあいだの――ギャップにおいて存在するのだ。あるいは「フモレスケ」に戻っていえばこうなる。永遠の絶対とは、演奏されない第三のメロディ・ライン、すなわち、実際に演奏される二つのメロディ・ラインにとっての参照点である、と。それは絶対的ではあるが、脆弱でもある。だから二つのメロディ・ラインが下手に演奏されると、それは消えてしまう……。われわれはこれを「唯物論的神学」と呼んでみたくなる。これはすなわち、束の間の継起は永遠を生み出すという考え方である。

享楽の政治学の愚かしさ

スタヴラカキスにおいて存在論と政治学が短絡的に結合されることは、想像に難くない。というのも、〈象徴界〉にあいた構成的な穴、「〈他者〉における欠如」を受け入れることは、民主主義を偶発性の制度化として理論化するための場をもたらすからである。これは、スタヴラカキスの本の政治的な目論み、すなわち、

現代の民主主義を生き返らせる倫理的態度と、伝統的〈左翼〉の古色蒼然たるユートピア主義にかかわることなく統治体制に活を入れることのできる変革への真の情熱とを、結びつけることにつながっていく。[80]

そうした結合は、ハーバーマス流の冷めた平等主義的民主主義と情熱的な全体主義的関与という両極端を避ける、「バランスのとれた繊細な行為[81]」を実践しなければならない。このバランスは、欠如と過剰とのあいだのバランスである。欠如は言説理論において記述される。それに対し、過剰は政治的ファクターとしての過剰を指すのである。例えば、ヨーロッパのアイデンティティをめぐる近年の議論では、「情緒面におけるヨーロッパとの同一化が否定され、行き場を失った心的エネルギーが、反ヨーロッパ的な政治的・イデオロギー的言説に備給されている[82]」。

近代社会は、究極的、超越的な保証の欠如、あるいはリビドーにかかわる語でいえば、完全な享楽 *jouissance* の欠如によって規定されている。この否定性に対処する方法は、主として三つある。ユートピア的方法、民主主義的方法、ポスト民主主義的方法である。最初の方法(全体主義、原理主義)は、否定性を

排除するユートピア的で調和的な社会に到達することによって絶対的享楽の基盤を再び手に入れようとする。第二の民主主義的方法は、政治的な場において「空想の横断」に相当することを行う。つまり、それは政治的敵対性の場を生み出すことによって欠如そのものを制度化する。第三の方法、消費主義的ポスト民主主義は、政治を非政治的行政に変形することによって否定性を無効にする。ここでは、個人は専門的な社会行政によって規制された場において自らの消費主義的空想を追及するのである。民主主義が消費主義的なポスト民主主義へと徐々に進化している今日では、民主主義はまだその潜在的な力を出しきっていないと主張すべきである——「未完のプロジェクトとしての民主主義」、これこそがいわばスタヴラカキスの政治的モットーであるといえるだろう。この民主主義の潜在力《ポテンシャル》を再生するうえで鍵となるのは、享楽を再導入することである。「いいかえれば、必要なのは、享楽となりうる民主主義的な政治倫理である」[83]。

きわめて症候的なのは、スタヴラカキスがここ数年のラクラウの仕事にみられる重要な変化に関して沈黙していることである。『ポピュリズム的理性』においてラクラウは、民主主義をシステム内部における民主主義的要求に限定しながら、明らかに「根源的民主主義」からポピュリズムへと立場を変えた。この立場の移動は、明確な政治的基盤と意味を含んでいる。そのことは、ウゴ・チャベスに対するラクラウの支持をみれば明らかである。ここで容易に想像できるのは、制度化された民主主義権力の陣営とそれに対抗するポピュリズム陣営とのあいだの対立によって規定された状況である。この場合、ラクラウならポピュリズム陣営のほうにつくだろう（誤解を避けるために付言すれば、この場合、私は彼に賛成である）。スタヴラカキスは、「進歩的な軍事的独裁」は肯定的な役割を果たす可能性があるという私の主張を批判するが、そのとき彼は明らかに、私が暗にラクラウを参照していることに気付いていないのである[84]。

しかし、ここで鍵となる問いはもちろん、われわれが語っているのはいかなる享楽か、ということである。

> リビドーの備給と享楽の導入は、(ナショナリズムから消費主義にいたる) あらゆるアイデンティティ意識にとって必要な前提条件である。これは民主主義の根源的な政治倫理にもあてはまる。しかし、この備給の様態はまだ確定していない。[85]

これに対して、スタヴラカキスは次のような答えを提示する。問題の様態は、権力のファルス的な享楽ではないし、近親相姦的な十全の享楽のユートピアでもない、それは非ファルス的な(すべてなるものを形成しない not-all) 部分的享楽である、と。予想通り、私はこの図式でいくと近親相姦的なユートピアの代表となる。私は「プロレタリア革命」や「ユートピア」を追悼できないまま、それらの再所有という古い――挫折した、危険な――政治学へのノスタルジー的な回帰を選択する、幻滅感ただよう左翼[86]の一人なのである。これも嘘である。私のレーニン論、『迫り来る革命』は、まさに追悼をめぐる――メランコリー的な愛着ではなく、レーニンを手放すことをめぐる――本なのだから。

> したがって、レーニンを〈反復〉することは、レーニンへの〈回帰〉を意味し〈ない〉。レーニンを反復するとは、「レーニンは死んだ」ということを受け入れることである。すなわち、彼の特定の解決策は失敗、しかも恐ろしい失敗であったが、そこには救済する価値のあるユートピア的な輝きがあったということを。レーニンを反復するには、レーニンが実際にしたことと彼が開いた可能性の領域とを区別しなければならない。レーニンのなかには、彼が実際にしたことと、それとは別の次元にあるもの、すなわち「レーニンのなかにあってレーニン以上のもの」とのあいだの緊張があるのだ。レーニンを反復するとは、レーニンの〈した〉ことではなく、彼が〈仕損じた〉ことを反復すること、彼が〈取り逃がした〉機会を反復することである。[87]

スタヴラカキスは自著の末尾で、いかに「民主主義的な主体性が高尚な情熱を奮い起こしうる[88]」か主張するとき、通常の享楽とは異なるラカン的な享楽 *jouissance*、すなわち「累積、支配、空想を超えた享楽、すべてなるものを形成しない not-all、あるいは全体なるものを形成しない not-whole 享楽[89]」に言及する。では、この享楽を得るにはどうすればよいのか。「空想的な対象 a を犠牲にする」こと、この犠牲だけが「この別種の享楽を獲得可能なものする[90]」。

精神分析――そして政治――において核となる課題は、〈他者〉における欠如のシニフィアンから対象 a を引き離すこと［…］欠如の民主主義的な制度化から（反民主主義的でポスト民主主義的な）空想を取り去り、それによって空想を超えた部分享楽との接触を可能にすることである。［…］そのようにしてはじめて、われわれは自らの部分享楽を、空想という地殻変動的な欲望に従属させることなしに、本当に楽しむことができるようになるだろう。これこそが、否認の弁証法を超えて、ラカン派左翼がわれわれに提示する具体的目標である[91]。

基本となる考え方は、驚くほど単純である。スタヴラカキスは、ラカンとは完全に矛盾するかたちで、対象 a を空想におけるその役割だけに単純化する。対象 a とは、〈他者〉における欠如の場を占める部分対象を、享楽の不可能な充満というユートピア的約束へと奇跡的に変える過剰なXである、というふうに。したがって、スタヴラカキスが提示するのは、欲望が対象 a なしに、すなわち、欲望を「空想という地殻変動的な欲望」へと変える不安定な過剰なしに機能する社会というヴィジョンである。つまり、スタヴラカキスが症候的ともいえる同語反復を用いていうように、われわれは「部分享楽を本当に楽しむ」ようになるべきである、ということだ。

これとは逆に、ラカンにとって対象 a は、フロイトのいう「部分対象」に付けられた(もう)ひとつの名前である。対象 a を、欲望を支える空想におけるその役割に還元できないのは、そのためである。だからこそ、ラカンがいうように、欲望における対象 a の役割と欲動におけるその役割とを区別するべきなのである。ここではジャック゠アラン・ミレールにしたがって、二つのタイプの欠如、すなわち、厳密な意味での欠如(lack)と穴(hole)との区別を導入する必要がある。欠如は空間的なもので、ある空間の内部における空無を指している。それに対し、穴は、欠如よりも根源的である。穴は、この空間秩序自体が崩壊する(物理学における「ブラックホール」にも似た)地点を指している。[92] 欲望と欲動の違いは、まさにここにある。欲望の基盤は、欲望における構成的な欠如である。それに対し、欲動は、穴、つまり存在の秩序におけるギャップのまわりを巡回する。いいかえれば、欲動の巡回運動は、二点間の最短距離が直線ではなく曲線になるという、湾曲空間の奇妙な論理にしたがうのである。欲動は、その目的に到達する最短の道のりはその目標―対象のまわりを巡回することであるということを「知っている」のだ。(ここで銘記すべきは、欲動の目的と目標とのあいだの、ラカンによる有名な区別である。欲動の目標は、欲動の巡回運動の軸となる対象である。一方、欲動の(真の)目的は、この循環運動そのものの無限の持続である)。

ミレールはまた、「構成された不安」と「構成的不安」とのあいだのベンヤミン的な区別を提示している。この区別は、欲望から欲動への移行との関連においてきわめて重要である。「構成された不安」は、われわれにとりつく不安の恐ろしくも魅惑的な深淵という常套的な概念を指している。それに対し、「構成的不安」は、まさにそうした不安が失われるなかで構成されるものである対象 a との「純粋な」出会いを表している。[93] ミレールはここで正当にも二つの特徴を強調する。構成された不安と構成的不安とを分かつ差異は、空想との関係におけるその対象の地位にからんでいる、と。構成された不安の場合、対象は空想の領域の内部にある。それに対し、構成的不安は、主体が「空想を横断」し、空想的対象によって補塡されていた空無、ギャップに直面するとき、はじめてもたらされる。しかし、このミレールの図式は、明快で説得力があるものの、真のパラドクス、より正確にいえば、対象 *a* の曖昧さを取り逃がしている。ミレールは対象 *a* を、その対象自体の喪失と重なり合う、つまりその対象自体が失われた瞬間に出現する対象（そのため乳房から声・眼差しにいたる対象 *a* の空想的な具現体は、空無 void、無 nothing の換喩的な形象となる）として定義しているが、そのとき彼は欲望の地平にとどまっている。というのも、欲望の対象―原因とは本来、その空想的な具現体によって補塡される空無だからである。ラカンが強調するように、対象 *a* は欲動の対象でもあるが、この場合、対象と空無との関係は欲望の場合とは完全に異なっている。両者の場合とも、対象と喪失とのつながりはきわめて重要なのだが、欲望の原因―対象としての対象 *a* の場合、われわれが手にするのは、元から失われている対象、それ自身の喪失と一致する対象、失われたものとして出現する対象である。それに対し、欲動の対象としての対象 *a* の場合、「対象」は喪失それ自体である。そう、欲望から欲動への移行においてわれわれは、失われた対象から対象としての喪失へと移動するのである。要するに、「欲動」と呼ばれる奇妙な運動の動因は、失われた対象の「不可能な」追求ではない。欲動とは、「喪失」――ギャップ、切断、隔たり――そのものを積極的に、直接身をもって示す力なのである。したがって、ここでは二重の区別をしなければならない。すなわち、空想のなかにある対象 *a* と空想なきあとにくる対象 *a* とのあいだの区別だけでなく、この空想以後の領域内部における区別、欲望の失われた対象―原因と欲動の対象―喪失とのあいだの区別も、もうけなければならない。[94]

驚くべきことは、対象 *a* なしに欲望を支えるというスタヴラカキスの考えが、ラカンと矛盾するだけでなく、ラクラウのヘゲモニー概念とも矛盾することである。ラクラウは、イデオロギー体系を機能させるうえで不可欠な、対象 *a* の役割を強調するが、それは正しい。ヘゲモニーにおいては、ある特定の経験的対象が「〈モノ〉の高みにまで祭り上げられる」。そして、それは、不可能なものである〈社会〉の完全性を代理、具現するものとして機能しはじめる。すでにふれたように、ラクラウはジョアン・コプチェクを参照して、ヘゲモニーを、近親相姦的、母親的な〈モノ〉（乳房）の代わりである部分対象に付着した「乳房価値」になぞらえている。ラクラウはここで（空想によって支えられる）欲望と欲動（その定義のひとつは、「欲望の主体が空想を横断したあとで欲望に残っているもの」である）とを混同しており、それは批判されるべきである。つまり、彼にとってわれわれは、不可能な完全性を追い求める運命にあるわけだ。端的にいって、彼の思考の地平においては、欲動——そこにおいて、われわれは欠如そのものを直接楽しむ——は現れないのである。しかし、だからといって、われわれは欲動において厄介な過剰なしに「部分享楽を本当に楽しむ」、ということにはならない。ラカンにとって、欠如と過剰は厳密な相関関係、コインの裏表の関係にある。欲動とは、穴のまわりを巡回するかぎりにおいて、まさしく人間特有の過剰につけられた名前である。つまり、欲動とは、生と死を超えて存続する格闘の「手に負えなさ too-muchness」のことである（だからこそ、ラカンはときにあからさまに、対象*a*と剰余享楽とを同一視するのである）。

　スタヴラカキスはこの欲動のもつ過剰性を無視しており、そのため彼の使う「空想の横断」という概念も単純化されている。彼にとって空想は、われわれと部分対象との関係を曇らせるある種の幻想的なスクリーンであるかのようだ。彼のこの概念は、精神分析の役割をめぐる常識——特異な空想の縛りからわれわれを解放し、われわれがあるがままの現実と向き合えるようにすること、それが精神分析の仕事だ……——と完全に一致している。しかし、これはラカンの意図するところではない。彼のねらいは、これとは正反対のものである。日常的な存在容態において、われわれは（空想によって構造化され、支えられた）「現実」に沈潜しているが、この沈潜は、われわれの精神にはこの沈潜に抵抗する抑圧された別の次元があるということを示す症候によって、かき乱される。したがって、「空想を横断する」とは、逆説的ではあるが、空想と——つまり、日常的現実への沈潜に抵抗する過剰を構造化する空想と——完全に同一化することを意味する。あるいは、リチャード・ブースビーの簡潔な整理を引用すれば、

> 「空想の横断」の意味は、主体が空想的なきまぐれにふけるのをやめ、実際的な「現実《リアリティ》」に順応するということではなく、まさにその反対である。というのも、主体は、日常的現実の限界を暴露する象徴的欠如の影響下にあるからである。ラカン的な意味における空想の横断とは、イメージ化を超えた空想の現実《リアル》的な核とさらに親密な関係を築くという意味で、これまで以上に濃密に、空想の言いなりになるということである。[95]

ブースビーは、空想がヤヌス的構造をもつことを強調するが、それは正しい。というのも、空想は、平和的、武装解除的なもの（われわれが〈他者〉の欲望の深淵に耐えられるようにするための想像的シナリオを与えるもの）であると同時に、われわれの現実に同化されない破壊的、壊乱的なものでもあるからだ。この「空想の横断」という概念のもつイデオロギー的、政治的特質は、ロックバンド「シュルレアリストのトップリスト」がボスニア戦争時、包囲されたサラエヴォにおいて果たした役割によって明らかになった。戦争と飢えのさなかにサラエヴォ人の苦境を風刺した彼らの皮肉の利いたパフォーマンスは、カウンターカルチャーにおいてだけでなく、サラエヴォ市民全体のなかでカルト的な人気を博した（このグループのテレビ番組は、戦争中、毎週放映され、絶大な人気を得た）。彼らはボスニア人の悲劇的運命を嘆く代わりに、ユーゴスラヴィアではおなじみの「馬鹿なボスニア人」に関するあらゆるクリシェを導入し、それと完全に同一化してみせた。したがって、ここでの要点はこうなる。真の連帯は、ボスニアの象徴空

間に流通していた忌まわしい人種差別的な空想と直接向き合うことによって、つまり、そうした空想と戯れ同一化することによってもたらされるのであって、「人々の実像」の名のもとにそうした忌まわしい空想を否定することによってもたらされるのではない、と。

そういうわけで、スタヴラカキスがこの新しい部分享楽の政治学の具体例をあげようとするとき、まったく「奇想天外」な結果となるのも、うべなるかなである。彼の出発点は、石器時代のコミュニティは「豊かさに通ずる禅の道」にしたがっているというマーシャル・サーリンズのテーゼである。それによれば、石器時代のコミュニティは、分裂、交換、性的差異、暴力、争いといった特徴を色濃く帯びているにもかかわらず、「〈到達不可能なもの〉という聖域」、「無限の〈要求〉」という聖域を欠いており、それゆえに「蓄積への欲望」を欠いている。そうしたコミュニティにおいては、

> 享楽は、蓄積、完全な満足、過剰といった空想の媒介なしに手に入るように思われる。こうしたコミュニティが示しているのは、[…]〈部分〉享楽を完全性という夢想や空想的欲望から分離するかぎりにおいて、別種の世界が原理的に可能になるかもしれない、ということである。[…]これと似たことは、精神分析医の診療所でも起こらないだろうか。またこれこそは、根源的な民主主義的倫理にとっての目標ではないのか。[96]

繰り返していえば、この考えは、欠如なき社会という考えそのものではないか。石器時代の部族は、欠如そのものを無くすことによって蓄積を避けた――こうした類の、「無限の〈要求〉」という過剰性のない社会という考えこそ、まさしくユートピア的なものであり、究極の空想、〈原罪〉以前の社会をめぐる空想である。[97] そしてこのあとには、「政治の理論家と分析家、エコノミスト、活動的市民――彼らのなかには

ラカン理論に触発されたひともいる[98]――が、現在、現実世界の様々な場でこの根源的な民主主義を作動させようとしている」ことを示す一連の例が提示される。たとえば、「ある会社員のグループ［バーンとヒーリー］は、彼らの享楽を再検討し、それを非空想的な方法で再構成《リストラクチャー》しようとした[99]」と。この「再構成＝リストラ」がどのように行われたのか詳しく話を聞けたら、さぞかしおもしろいだろう！　そしてこのあとには、年金基金の民主化というロビン・ブラックバーンの提案、家族から社会的な相続システムへの移行というロベルト・ウンゲルの提案、最低限の所得保障というトニ・ネグリの提案、ブラジルにおける市民参加型予算編成というプロジェクト[100]……などの例がくる。だが、こうした事例が女性的享楽にどのようにかかわるのかは、謎のままである。基本にあるのは、次のような漠然とした考えである。こうした事例を通じてわれわれは、控え目で実用的な提案、根源的でユートピア的な社会再建という過剰性を避ける部分的解決を扱っている――こうした事例の意味を、絶対的な過剰性にラカンが付けた名前である女性的享楽に限定するのでは不十分である、と。

以上のように、女性的享楽、〈他者〉における欠如のシニフィアン、等々といったラカンの概念と社会的・政治的な具体例とを結びつけるスタヴラカキスの試みは、まったく説得力がない。スタヴラカキスは、補填 *suppléance* は「享楽を言語に翻訳することによってではなく、享楽を意味するというよりはむしろそれ自体直接享楽の対象となるシニフィアンに享楽を形態化することによって、われわれが自分の欲望を言祝ぐことを可能にする[101]」というジョアン・コプチェクの明確なテーゼを引用するが、彼はそのテーゼを、「享楽および、欠如のシニフィアンの生産を、民主主義的な視点から考える方法[102]」として読む。しかし、コプチェクの記述は、ナショナリズムにもぴったり当てはまるのではないか。ネーションの名は、そのような補填ではないのか。熱狂的愛国主義者が「アメリカ！」と叫ぶとき、彼はそれによって、「享楽を言語に翻訳するのではなく、享楽を意味するというよりはむしろそれ自体直接享楽の対象となるシニフィアンに享楽を形態化する」シニフィアンを生み出すのではないか。

スタヴラカキスの政治的ヴィジョンは、空疎である。これは、政治における情熱を高めよという彼の要求がそれ自体無意味である、ということではない（もちろん現代の〈左翼〉にはもっと情熱が必要である）。問題はむしろ、それが、ラカンの引用する、ただで診察してくれと友人から頼まれた医者をめぐるジョークとあまりにも似ていることである。無料で診察するのがいやな医者は、友人を診たあと、冷静にこう伝える――「医者の診断が必要だ！」と。逆説的ではあるが、スタヴラカキスは（正当に）フロイト－マルクス主義を批判しているにもかかわらず、彼の立場は、「フロイト的－根源的民主主義」と名付けることが可能である。彼は、精神分析によってマルクス主義を補おうとしたヴィルヘルム・ライヒのように、精神分析によって根源的民主主義の理論を補おうとしており、その意味で、フロイト－マルクス主義の内部にとどまっている。どちらの場合も、問題は全く同じである。われわれは適切な社会理論を手にしてはいるが、ここに欠けているのは、「主体的要因」――人々が情熱的な政治闘争に参加するようになるためには、彼らをどのように動員すればよいのか――である。ここで精神分析の出番となる。精神分析は、敵がどのようなリビドーのメカニズムを用いているか説明し（ライヒはこれをファシズムに対して行い、スタヴラカキスは消費主義とナショナリズムに対して行う）、また、左翼がどうすればみずからの「享楽の政治学」を実践できるかを説明するのである。問題は、そうしたアプローチは政治的分析の代用品である、ということだ。政治的実践および理論における情熱の欠如は、それ自体で、すなわち、政治的分析そのものによって説明されるべきなのだ。本当の問いは以下のようになる。なにが、情熱を傾けるべき対象として存在するのか？　どのような政治的選択が、「現実的」で実行可能なものとして人々の生活に合っているのか？

このように問いを立てた瞬間、今日のイデオロギーの輪郭は、新たな相貌のもとで現れ、「最善なるものはみな信念を欠き、最悪なるものは強烈な熱情に富む」というW・B・イェーツの有名な詩句を際立たせることになる。この詩句は、無気力な自由主義者と情熱的な原理主義者とのあいだの今日の分裂を完璧に描写しているようにみえる（「最善なるもの」は、もはや十分に政治に関与しないが、対して「最悪なるもの」は、人種差別、宗教、性差別に熱狂的に関与する）。しかし、キリスト教徒であれイスラーム教徒であれ、テロリスト的原理主義者は、その語の本来の意味において、本当に原理主義者であるのか。彼らは、本当に信じているのか。彼らに欠けているのは、チベットの仏教徒からアメリカのアーミッシュまで、あらゆる真正の原理主義者に簡単に見てとれる特徴、すなわち、怨嗟と羨望がないこと、無信仰の人の生活に対してまったく無関心であることである。今日のいわゆる原理主義者が、自分たちは〈真理〉への道を発見したと本当に信じているのなら、彼らは、なぜ無信仰の人に恐れをいだかねばならないのか、なぜ無信仰の人をうらやまねばならないのか。仏教徒が西洋の快楽主義者に出会っても、前者は、まず後者を非難しない。前者は、享楽主義者の快楽追求は自滅的であるということを、慈悲深く指摘するだけである。本物の原理主義者とは対照的に、テロリスト的な偽の原理主義者は、無信仰の人の罪深い生活に大いに悩まされ、興味をそそられ、魅惑される。罪深い他人との戦いのなかで、彼らは、自分自身の誘惑と戦っている、という感じさえするのだ。いわゆるキリスト教原理主義者あるいはイスラーム教原理主義者が、真の原理主義者の面汚しであるのは、そのためである。

この点において、イェーツの分析は、現在の苦境をとらえきれていない。暴徒の強烈な熱情は、真の信念の欠如を物語っているからだ。テロリスト的な原理主義者もまた、深層においては真の信念を欠いている。彼らが暴力に走ることは、その証拠である。オランダの小さな新聞にのった馬鹿げた風刺漫画に恐れをいだくイスラーム教徒の信仰は、なんと脆弱なものだろう。原理主義的でイスラーム教的なテロルは、みずからの優越性に対するテロリストの信念に基づいてはいないし、グローバルな消費主義文明の猛襲から文化的・宗教的アイデンティティを守りたいという彼らの欲望に基づいてもいない。原理主義者にとっての問題とは、われわれが彼らをわれわれより劣るとみなしている、ということではない。問題はむしろ、彼ら自身がみずからをわれわれより劣るとみなしている、ということである。われわれは彼らに対して優越感をいだいていないという、われわれの恩着せがましい政治的に公正な確約が、かえって彼らを怒らせ、彼らの怨嗟を強めるのは、そのためである。問題は、文化的差異（おのれのアイデンティティを保持しようとする彼らの努力）ではなく、それとは反対の事実である。すなわち、原理主義者は、すでにわれわれと似たような存在である、彼らは、ひそかにではあるが、われわれの基準をすでに内面化し、それによってみずからを評価している、という事実である。（このことは、明らかに、幸福の追求と痛みの回避という西洋的視点からチベット仏教を正当化したダライ・ラマにもいえる）。逆説的ではあるが、原理主義者に本当に欠けているのは、まさに、自分たちは優れているという「人種主義的な」信念なのである。

　ここではルソーを参照するのが有効だろう。ルソーは、リビドーの備給先が、対象から対象への接近を妨げる障害へと反転することを説明した。平等主義を額面どおり受け入れるべきではないのは、この反転のためである。平等主義的正義の概念（および実践）は、羨望に支えられるかぎりにおいて、他者の利益のためになされた標準的な断念を反転することに依拠している。「私はそれを断念してもよい、そうすれば、他の人は（他の人も）それを手にしない（手にできない）だろうから！」と。したがって、〈悪〉は、犠牲の精神に反対であるどころか、犠牲の精神そのものであり、みずからの幸福を無視する覚悟ができているのである――私が、自分の犠牲によって、〈他者〉から享楽を奪うことができれば……というふうに。[103] そして、われわれは、政治的に公正な多文化主義的自由主義において、これと同様の否定的情熱に出会っているのではないか。人種差別や性差別の痕跡を一挙手一投足にいたるまで厳しく追及するその姿勢は、怨嗟という情念〔情熱〕を示しているのではないか。原理主義の情熱は、偽りの情熱である。それに対し、気力のない自由主義的寛容は、否認された倒錯的な情熱に依拠している。原理主義と自由主義の区別は、それらの基盤にある共通の特徴によって支えられている。両者は、ともに、怨嗟という否定的情熱に支配されているのだ。

第3部　なにをなすべきか？

7

規定的否定の危機

一九五〇年代から一九六〇年代にかけて、フランクフルト学派は、革命の歴史的必然性という古典的マルクス主義の概念に対してますます批判的な態度をとるようになり、こうした批判が頂点に達し、ついには「規定的否定」というヘーゲルの概念をも廃棄することになった。この廃棄に対応して登場したのが「まったき〈他者〉」(*das ganz Andere*)という概念であり、この概念には、グローバルなテクノ資本主義体制をユートピア的に乗り越えるという期待が込められていた。完全に「管理された」社会というゼロ地点に向かう「啓蒙の弁証法」のために、人を死に至らしめるこの弁証法の渦巻きから脱出することを古典的マルクス主義の考え方によって概念化することはもはやできない。古典的マルクス主義の考え方によれば、〈新たなもの〉は、まさしく現代社会の矛盾と、この矛盾を内在的に自ら乗り越えることから生まれるわけだが、そうした超克へ向かう力は無媒介的な〈外部〉からしかやってこない、というわけだ。[1]

もちろん、このように「規定的否定」を捨て去ることは、資本主義の勝利を受け入れることに対応している。すでに論じたように、資本主義のイデオロギー面での勝利を示す最も確かな徴は、この二、三十年のあいだに「規定的否定」という用語が事実上消滅したことだった。[2]

現代の左翼は、グローバル資本主義と、政治におけるその補完物であるリベラル民主主義の全面的なへゲモニーに対して、以下のようなさまざまな様式で（それらは重なり合う部分もある）反抗してきた。

1．上記のヘゲモニーの枠組みを完全に受け入れる。解放をめざす闘いは、あくまでもこの支配の枠組みの内側で続けられる（社会民主主義という第三の道）。

2．この枠組みをすでに広まっているものとして受け入れるが、その支配が及ばないところに退き、そうした「隙間」から抵抗を試みる（サイモン・クリッチリーがこの立場の典型である）。

3．闘争はすべて無益であることを受け入れる。なぜなら、支配の枠組みは今日全面化しており、この枠組みに対立するはずのものも内部に含み込んでいるからである（強制収容所の論理、恒久化した非常事態）。したがって、実際にできることは何もなく、「神的暴力」の爆発を待つしかない――これは、「神のみがいまだわれわれを救うことができる」というハイデガーの言葉の革命版である（今日ではジョルジョ・アガンベンが、それ以前では、ある意味で後期アドルノが具体化している考え方）。

4．闘争は当面は無益であることを受け入れる（「グローバル資本主義が勝利している今日、真の抵抗は可能ではなく、少なくとも資本主義の中心地では可能ではない。だから、グローバルな労働者階級のなかに革命精神が再生するまで、われわれにできることは、権力の座についている者たちに対して無理な要求を突きつけることによって、福祉国家が現在実現しているものを守るか、そうでなければ、カルチュラル・スタディーズに撤退しておとなしく批判作業を続ける」）。

5．問題はより根本的なものであることを強調する。つまり、テクノロジーないしは「道具的理性」をめぐる原理が存在論《オントロジカル》の水準にあり、この基底的水準にある原理が存在《オンティック》の水準にもたらす結果が、グローバル資本主義の究極の姿であることを強調する。

6. グローバル資本主義と国家権力は掘り崩すことができると信じる。とはいえ、それらを直接攻撃することによってではなく、「新たな世界を構築」できる日常的実践の場に闘争の領野を移すことによってである――こうして、資本と国家を支える土台はしだいに掘り崩されていき、国家はあるとき突然、崖っぷちをうろつく漫画のなかの猫のように倒れてしまうのである（これはサパティスタ運動を想起させる）。

7. 反資本主義闘争から、さまざまな形態の政治的・イデオロギー的ヘゲモニー闘争へと、「ポストモダンな」方向にアクセントを移動させる。こうしたヘゲモニー闘争は、言説による再分節化の偶発的なプロセスとして概念化される（エルネスト・ラクラウ）。

8. ポストモダンの水準において、古典的マルクス主義者の身振りを反復し、資本主義を「規定的に否定する」ことが実際にできるということに賭ける。すなわち、「認知労働〔情報産業などにかかわる労働〕」が増加している今日、社会的生産力と資本主義的生産関係との矛盾が未曾有の極点にまで達し、「絶対的民主主義」が初めて実現可能になっているのだ、と（〔マイケル・〕ハートと〔アントニオ・〕ネグリ）。

これらのヴァージョンを、政治に固有なものを否定するさまざまな様式として分類したくなる。つまりこれらは、精神分析の言うトラウマとしての〈現実的なもの《リアル》〉を回避するさまざまな様式に従っているのだ。そうした様式には以下のような種類がある。否定‐を通じての‐承認（*Verneinung*。これはつまり、「夢に出てきた女性が誰であろうと、母親でないことだけは確かだ」をもじって、「新たな敵対性がどんなものであろうと、階級闘争でないことだけは確かだ」で表される様式である）。分裂病的な排除（*Verwerfung*。排除された階級闘争が、目に見えない全能の〈敵〉というパラノイア的妄想として〈現実界《リアル》〉に回帰する。

たとえば「ユダヤ人陰謀説」のように）。神経症的抑圧（*Verdrängung*・抑圧された階級闘争が、「新たな敵対性」を示す多種多様な姿で回帰する）。フェティシズムによる否認（*Verleugnung*・フェティシストが階級闘争の代用品としているものを、実際に階級間に対立が生じると「見えなくなってしまうもの」として、階級闘争の主たる〈原因〉にまで高めること）。

われわれがここで目にしているのは、「真の」ラディカルな左翼の立場を回避するさまざまな様式ではない――これらの回避の様式が曖昧にしようとしているのは、そうした「真の」立場が存在しないという事実なのだ。過去数十年の歴史から学ぶべき教訓があるとすれば、それは、資本主義の破壊不可能性である――マルクスが（早くも）資本主義を吸血鬼に譬えていたが、吸血鬼がゾンビでもあることを忘れてはならないだろう。吸血鬼＝ゾンビは、ナイフで刺し殺しても何度でも生き返るのだ。〈文化大革命〉で資本主義の痕跡を一掃しようとしたラディカルな毛沢東主義者の試みさえ、結局は復活した資本主義の勝利に終わったのである。

ユーモラスな超自我……

現代の左翼（あるいは、さまざまな姿で存在する左翼の生き残り）は、ある恐怖を克服できずにいる。国家権力に直接対峙するという恐怖である。国家権力を直接奪取しようとすることは当然で、いまでも国家と闘っているのだと言い張る人々は、「旧来のパラダイム」にはまり込んでいるといって直ちに非難される。国家権力の及ばないところに退き、その支配圏から身を引き、その支配圏の外部に新たな空間を創出することによって国家権力に抵抗すること、これが今日の課題であると。現代の左翼知識人のこうしたドグマは、ネグリのインタヴュー集のタイトル『さようなら、社会主義様』（邦題は『未来派左翼』）に端的に表れている。つまり、かつての左翼には修正主義派と革命派の二つがあり、そのどちらもが、国家権力を奪取し労働者階級全体の権利を守ることを目指したわけだが、そうした時代はもう終わったということだ。今日では、搾取の主要な形式は知識の搾取であり、といった具合に。社会の発展は新たな「ポストモダン」の段階に入っており、このことを旧左翼は考慮に入れようとはしないが、左翼は自身を刷新するために、ドゥルーズとネグリを読み、ノマド的抵抗を実践し、ヘゲモニー理論に基づき……といったことを行わなければならない。しかし、こうして問題を明確にする様式そのものが問題の一部であるとしたらどうだろう。この「ポストモダン」をめぐる教訓を、制度化された左翼（第三の道という社会民主主義、労働組合、等々）が頑なに学ぼうとしない以上、問題の所在は「ポストモダン」の批評家に（も）あるとしなければならない。

　こうした「ポストモダン」の領域内でも、サイモン・クリッチリーの著書『要求は無限に厳しく（*Infinitely Demanding*）』は、私が断固として反対する立場をほとんど完璧に体現している。[3] 私が反対するのは、明確に異なる、しかし相互に関連している二つの水準においてである。それは、倫理的に〈善〉にかかわることから生じてくるものとして主体性を説明する水準と、抵抗という政治《ポリティクス》が提案されている水準である。クリッチリーが、「批評的で無宗教で身だしなみに気を遣うメトロセクシュアルな（ファッションやライフスタイルに高い意識を持つなど、ゲイに帰される特徴を備えたヘテロセクシュアルの男性を形容する言葉）ポスト・カント主義者」[4] の一人に自分を数え入れるとき、この自己描写の重大さはそのアイロニーによって見えなくなっている――クリッチリーが、国家権力の支配に「抵抗する」人物のリストのなかにダイアナ妃を入れたのも不思議ではない。[5]

　クリッチリーの出発点は、現代のリベラル民主主義という体制における「動機の不足」である。この不足は、現在支配的な二つの政治姿勢を生み出す原因となっている。それは、「受動的」ニヒリズムと「能動的」ニヒリズムである。一方には、シニカルな無関心、消費の快楽への耽溺、等々があり、他方には、腐敗したリベラルな世界を破壊しようとする暴力的な原理主義がある。クリッチリーの問題は、この行き詰まりからいかに脱出するか、解放をめざす政治的情熱をいかに生き返らせるか、ということである。この問題はきわめて切実なものだ。「ポスト・イデオロギー」の時代と言われる現在、大きな解放のプロジェクトが終わったことをわれわれ自身が認めた後の世界では、意味と真理とのギャップは乗り越えがたいように思える。集団としてのわれわれの位置関係を示すと同時に、有意義でラディカルな社会変革のための空間を一挙に切り開くような「認知地図」が手に入るなどと、いまさら誰が主張するだろうか。したがって今日では、「真理の政治」という理念は全体主義的であるとして退けられる。人々に喜ばれる政治が有効な社会福祉行政をさらに進めようとして設置する主な目標は、消極的なものだ。それはつまり、痛みと苦しみを遠ざけること、さまざまに異なった生き方を許容する最低条件を整えること……である。それぞれの人にそれぞれ固有の真理があるのだから、政治の課題は、プラグマティックな妥協、利益の調整、異なった生き方が平和共存できることの保障、等々をいかにうまく達成するかという技術をめぐるものになる。あたかも、経済の均一性と文化の多様性とが同じプロセスの二つの側面であるかのように。しかしながら、こうしたリベラル民主主義的な展望には、「原理主義」という亡霊がとり憑いて離れずにいる。ローマ教皇の死に対する一般の反応を思い起こそう。中絶や離婚を禁止する国に誰が住みたいと思うだろうか。しかし、〔中絶や離婚の禁止を主張する〕教皇の意見を拒否する人々、こうした人々が、教皇の断固たる、信念に基づいた倫理的態度や希望を語るメッセージを称賛し、そうすることで、プラグマティックな相対主義を超えた、〈真理〉の確固たる基準が必要であることを示したのである。

では、どうすればこの行き詰まりから脱出できるのか。クリッチリーは二段階で事を進める。第一段階では、レヴィナス、バディウ、ラカンの三者を組み合わせて考案された主体の概念が鍵となる。この概念によれば、主体が設立されるのは、不正と悪事の経験から発せられる無条件の倫理的〈呼び声《コール》〉に目覚めることによってである。次の段階でクリッチリーは、倫理的〈呼び声〉になり代わって、国家権力への抵抗としての政治という概念を提唱する。

主体は、苦しみ喘ぐ無力な〈他者〉（〈隣人〉）とのトラウマ的な出会いへの反応として出現する。そういうわけで、主体は脱中心的に構築され、自律的ではなく、倫理的〈呼び声〉に引き裂かれているのだ。「主体は、内面化された、自らが満たすことのできない要求、自らを超えている要求を突き付けられることによって主体となる」[6]。それゆえ、主体を構築するパラドクスは、主体が満たすことのできない要求であり、その結果、主体はその構造からして分裂したものとなり、主体の自律性は、「他者からの要求という他律的な経験によってつねに侵害されているのである」[7]。全能で無限の神のみがそうした要求を満たすことができたのだろう。だから、「神がいないことを知っているわれわれは、神のようになれという要求に従わねばならないのだが、有限の存在である以上、そうした要求を満たすことはできないとわかっている」[8]。ここでクリッチリーは、次のようなレヴィナスの主張を参照する。

> 他者に対する私の関係は、情け深い慈悲心、心のこもった配慮、他者の自律性の尊重によるものではなく、他者への応答責任にとり憑かれ、その重みに苦しめられる経験である。私は他者の人質なのだ。[9]

では、超自我からの圧倒的な重圧を主体はどうすれば軽減できるのだろうか。「私は、他者に対する無限の応答責任において、どうすれば自分を主体として消滅させてしまうことなく他者に応答できるのだろうか」[10]。ここでクリッチリーは、ラカンの方に、フロイトの昇華という概念を入念に練り上げるラカンの方に向きを変えて進んでいく。美的昇華によって、主体は最低限《ミニマム》の幸福を手に入れることができる。[11]〈美〉

は自らを主体と〈善〉とのあいだに置き、「主体を倫理的要求の発信元と関係させるのだが、まぶしく輝く〈モノ〉に直接触れないように主体を保護するのである」[12]。

クリッチリーは、昇華を類別する一覧表に、超自我の情け深い側面としてユーモアを加えている。邪悪で苛酷な超自我、〈呼び声〉の要求に応えられないわれわれを無限の罪責感で苛み押し潰す、厳格な裁判官としての超自我とは対照的に、ユーモアにおいては――この場合、われわれは自分の有限性や〈呼び声〉に答えられない愚かさを、超自我の視点からも観察する――〈呼び声〉に応答できないわれわれの有限性は、滑稽で馬鹿げたものに見えてくる。この超自我は、われわれを苦悩と絶望の淵に突き落とすのではなく、われわれの限界、無力さ、見せかけの決意を自分で笑えるようにしてくれる。奇妙なことに、クリッチリーが考慮に入れていないのは、ユーモアそれ自体の残忍で「サディスティックな」側面である。ユーモアはきわめて残酷で毒々しいものになりうるのだ。極端な例を挙げよう。アウシュヴィッツ収容所の門に記された「働けば自由になれる!」という悪名高い標語が、労働の尊さに反するものであることは議論するまでもない。ヘーゲルが『精神現象学』における主人と奴隷に関する有名な一節で述べているように、労働は確かに人間を自由にする。しかし、この標語をアウシュヴィッツ収容所の門に記すというナチスの行為は、「セックスをすれば気持ちよくなれる!」とプリントされたTシャツを着てレイプすることにも等しい、残酷な嘲りなのである。

したがってクリッチリーが、「ある種の精神分析、とりわけラカンのそれは、超自我に問題がある」[13]と述べているのは理解に苦しむ。ラカンは、ユーモアと超自我との結びつきだけでなく、ユーモアの残忍でサディスティックな側面のことも十分にわかっていたからだ。マルクス兄弟の傑作映画『我輩はカモである』は、全体主義国家の馬鹿げた儀式を、その空虚な振る舞いを告発するなどしてからかった作品だと思われている。笑いは最強の武器であり、全体主義体制が笑いを脅威と見なすのも当然だ……という訳である。だが、こうした常識的見方はひっくり返す必要がある。『我輩はカモである』の力強さは、全体主義国家の仕組みや舞台装置をからかっているところにではなく、全体主義国家のなかにすでに存在している狂気、「楽しさ」、残酷なアイロニーをあけすけに示しているところにあるのだ。マルクス兄弟の「ばか騒ぎ」は、全体主義そのもののばか騒ぎなのである。

超自我とは何か。プリモ・レーヴィやその他のホロコーストからの生還者たちがつねに喚起していることだが、自分が生き残ったことに対する生還者自身の心の内奥での反応に深い裂け目が入っているという奇妙な事実を思い起こそう。生還者たちは、意識のレベルでは、自分たちが生き残ったのは無意味な偶然であること、生き残ったことに対して自分たちは何の責任もないこと、唯一罪のある加害者は拷問を行ったナチであること、こうしたことを十分にわかっていた。しかしこれと同時に、ホロコーストからの生還者たちは、「理不尽な」罪の意識に（執拗に、と言ってもよいほどに）とり憑かれており、あたかも、ナチスの犠牲になった人々のおかげで自分たちは生き延びたのであり、したがって生き延びた者は犠牲者の死に対して何らかの責任があるかのようなのだ。よく知られているように、こうした耐えがたい罪の意識は生還者たちを自殺に追いやった。この罪の意識は、超自我という審級の最も純粋な姿を示している。つまり超自我とは、われわれを自己破壊というらせん運動に陥らせる非道な審級なのだ。これが意味しているのは次のようなことである。すなわち、われわれを人間として構成している恐怖の原因、人間であることの核心にある非人間的なもの、ドイツ観念論において否定性と呼ばれている次元、フロイトの言う死の欲動、こうしたものをぼかして目立たなくすることがまさに超自我の機能である、ということなのだ。超自我は、昇華による保護のおかげでわれわれが直面しなくてすむ〈現実的なもの《リアル》〉というトラウマ的な固い核であるどころか、〈現実的なもの《リアル》〉を隠す覆いなのである。

ユーモアのある超自我とは、私を無理な要求で攻めたて、そうした要求に応えられない私を嘲笑う残酷で貪欲な審級であり、こうした超自我の目から見れば、私は「罪深い」欲望を抑圧して超自我の要求に応えようとすればするほど、それだけ一層罪を背負うことになる。すでに述べたように、シニカルなスターリン主義者が、見せしめ裁判で無実を訴える被告について掲げたモットー（「被告らは、無実であればあるほど銃殺に値する」）は、超自我の最も純粋な姿を表している。したがって、ラカンにとって超自我は、「その強制的な要求に関するかぎり、道徳的良心とは何の関係もない」[14]。それどころか、超自我は倫理に反する審級であり、人間の倫理上の裏切りが刻印されたものなのだ。そういうわけで、超自我は、最も基本的な水準では、禁止の審級ではなく生産の審級なのである。「人に享楽するように強制するものなど、超自我以外にない。超自我は享楽（*jouissance*）を命ずるところなのだ——享楽せよ！と」[15]。享楽（*jouissance*）は〔英語で〕"enjoyment"〔楽しみ〕と訳せるが、ラカンの英訳者たちは、この用語の過剰で、厳密な意味でトラウマ的な性質をわかりやすくするために、これを訳さずにフランス語のままにしていることがよくある。つまり、この語が含意しているのは、たんなる快楽ではなく、快楽よりもむしろ苦痛をもたらす暴力的な強制であるということだ。だから、ラカンが享楽（*jouissance*）と超自我を等置したのも不思議ではない。享楽するとは、人間の自然発生的な性向に従うということではなく、気味が悪くねじ曲げられた倫理上の義務のようなものに従うということなのである。

　クリッチリーは、バディウに従いつつ、〈善〉への忠誠を通じて現れるものとして主体を規定している（「主体とは、自己が自らを善という概念に縛りつけ、そうした善との関係で主体性を形成するプロセスに付けられた名前である」[16]）。しかし、ラカンの考え方に厳密に従うならば、クリッチリーは主体と主体化を混同していることになる。ラカンの考えは、主体を主体化のプロセスの効果《エフェクト》＝結果と見なす言説‐理論すなわち臆見《ドクサ》と対立せざるをえない。つまり、ラカンからすれば、主体が主体化を開始するのであって、主体化（経験すなわち主体の「内的生」を創設すること）は、主体に対する防壁なのである。こうした意味で、主体は主体化のプロセスの（前提）条件なのであり、これは、ヘルベルト・マルクーゼが一九六〇年代に唱えた「自由は解放の条件である」という主張と同じことを含意している。ある意味、主体の中身が空っぽであることは事実で、その中身は主体化のプロセスによって埋められる、そう考えるかぎり、主体はそれ自身を開始する、と言えることにもなる――主体になるためには、すでに主体でなければならず、したがって、主体はその生成のプロセスにおいて、すでに存在している主体へと生成するということになる。（ついでに言えば、これは、正しいヘーゲル弁証法のプロセスと疑似ヘーゲル的な「弁証法的進化」とを区別するポイントである）。以上のような考え方に対するわかりやすい反論は、これはイデオロギー的錯覚の典型例ではないか、というものだ。主体化のプロセスの前に主体は存在しないのだが、それでも主体が前もって存在しているように思えるとしたら、それはまさしく、主体のイデオロギー的構築が成功していることを物語る〔原因と結果の〕転倒の結果だというのだ。主体は、構築されたとたんに、主体を構築したプロセスそのものの原因として自らを経験する定めにある。つまり、主体はそうしたプロセスを主体の「表現」として知覚する、というのである。これはまさに拒否すべき説明である――だが、拒否すべきだという確たる理由は何か。

少しだけアルチュセールに立ちもどって考えてみよう。アルチュセールの用語では、主体はイデオロギーの〈呼び声《コール》〉を引き受けることによって構築される。つまり、イデオロギーの呼びかけに応えることによって自身を主体として追認する――この追認が前‐イデオロギー的個人を主体化するのである。もちろん、クリッチリーにも明らかなように、この呼びかけ、〈善〉の呼び声を引き受けることは、究極的にはつねに失敗する。主体は、この呼び声に応じて行為することはできず、応じようと努力してもつねに挫折する。ここにおいてこそ、アルチュセールの説明をラカンの視点から補足すべきなのだ。主体はある意味で主体化の失敗そのものであり、象徴界からの命令を引き受けられないという失敗、倫理的〈呼び声〉に完全に同一化することができないという失敗なのである。アルチュセールの名高い定式を言い換えれば、個人は呼びかけられることで主体の一員となるのだが、この呼びかけは失敗するのであり、「主体」とはこの失敗のことなのだ。こういうわけで、主体は根源的に分裂しているのであり、それは、与えられた務めとその務めを誠実に果たせないこととの分裂である。主体はもとからヒステリー症なのだとラカンが言うのは、こうした意味においてである。ヒステリーとは、最も基本的な水準においては、呼びかけの失敗であり、呼びかけによって主体に押しつけられたアイデンティティを疑問に付すこと——なぜ私はこの名前で呼ばれるのか？ なぜ私は大文字の〈他者〉が言う通りの存在なのか？——をやめずに、絶え間ない苦痛をもたらす症状のことなのだ。

クリッチリーは、倫理的〈モノ〉の〈呼び声〉に関して主体がつねに失敗することを強調するに際して、この失敗が主体性を構築する次元であることを完全に受け入れているように思える。しかしながら、ここで決定的に重要な点を補足しておかねばならない。こうした呼びかけの失敗——〈善〉の〈呼び声〉に対する応答責任を果たす水準に主体はけっして達することができない——と主体とを直接同じものと見なすことは完全に間違っているということだ。呼びかけの失敗の理由は、主体の有限性からくる限界や、「無限に厳しくなる」要求に応える能力が主体に不足していることだけではない。つまり、主体が背負わされた無限に厳しくなる倫理的課題と、その課題を達成する力が有限な主体に与えられることは永久にないという現実、この両者のあいだの単純なギャップがここで問題となっているわけではない、ということだ。「主体化以前の主体」は、それ自体積極的な力、否定性の持つ無限の力であり、こうした力をフロイトは「死の欲動」と呼んだのである。そういうわけで、われわれ人間は「限界づけられている」[17]ということ、有限であることを受け入れるのがきわめて難しく、ここから数々の悲劇が生まれる」という主張は、ラカンの視点から見れば問題含みであるように思える。事実はまったく逆で、われわれ人間は、人間という存在の核心にある「無限」（完全には死んでしまわないこと、生の過剰）を受け入れるのがきわめて難しいのであって、この奇妙な「不死性」をフロイトは死の欲動と名付けたのである。

倫理的〈呼び声〉は、人間という動物に直接介入してきて、「無限に厳しくなる」命令と主体との均衡を乱すわけではない。それどころか、倫理的〈呼び声〉は次のことをすでに前提としている。人間という動物の再生産〔生殖〕は、動物的本能が死の欲動へと変質したことによって逸脱して均衡を失い、歯車が狂った状態にあるということだ。したがって、ラカンにとって倫理とは、〈現実的《リアル》なモノ〉との出会いというゼロ地点そのものではない。それはむしろ、〈現実的《リアル》なもの〉の破壊的な衝撃からわれわれを守るスクリーンなのだ。奇妙なことに、クリッチリーはまさにこの点において、『精神分析の倫理』における〈善〉と〈美〉をめぐるラカンの概念を曲解している。ラカンは、〈現実的《リアル》なモノ〉にじかに曝されることからわれわれを守るスクリーンとして〈美〉を措定し、他方で〈善〉も、ある構造のなかで〈美〉が占める場所とまったく同じ場所に位置づけられる。つまり、〈善〉は〈現実的《リアル》なモノ〉そのものではなく、そうした〈モノ〉の途方もない衝撃からわれわれを守るスクリーンなのである。

クリッチリーにとって、主体を脱中心化する根源的に異質な〈現実的《リアル》なモノ〉のトラウマ的な侵入は、〈善〉の倫理的な〈呼び声〉と同一であるが、ラカンにとっては、トラウマ的な衝撃を与え主体を脱中心化する根源的に異質な〈モノ〉は、クリッチリーの場合とはまったく逆に、根本的に〈邪悪なモノ〉であり、〈善〉に類するものへと揚棄され（*aufgehoben*）えない、いつまでも痛む癒えない傷のようなものなのだ。この点からして、クリッチリーのサドへの言及は的外れだと言える。クリッチリーは、サドの目論見はじつは〈善〉にかかわる座標に合致していると主張する――サドは、われわれがその内容からして「悪」と感じるものを、〈善〉の場所に置いているだけなのだ、と。言い換えれば、サドにとって、性的享楽を得るための手段として他者を無制限に利用することは、サドが心から貢献できる〈善〉なのである（ここで、ミルトンの『失楽園』におけるサタンの台詞、「〈悪〉よ、私の〈善〉になれ！」が想起される）。だが、〈善〉という形式（倫理に対する無制限の献身）が変わらず存在し、「悪」はその形式の内容なのだという考え方は、ひっくり返さなければならない。〈善〉と〈悪〉の違いは、内容の違いではなく形式の違いなのだ——とはいえ、繰り返せば、〈善〉が〈大義〉に対する無制限の献身という形式であり、〈悪〉がこの献身に対する裏切りである、という意味においてではない。それどころか、〈悪〉はまさしく、〈大義〉に対する無制限の「狂信的」献身、すなわち「死の欲動」の最も純粋な姿なのであり、したがってそれは、〈悪〉の根本的な形式なのである。〈悪〉は（社会的）生の流れを暴力的に切断し、生の関節を外してしまう。その後に〈善〉がやってきて、〈邪悪なモノ〉のトラウマ的な衝撃を「上品にして」飼い馴らそうとするのだ。ようするに、〈善〉とはスクリーンで覆われ／飼い馴らされた〈悪〉なのである（カントは、根元〈悪〉ないしは悪魔的〈悪〉をめぐる（いくつかの）概念について行き詰まっていたとき、これと同様のパラドクスにはまっていたのではないだろうか）。

ルソーはすでにこう指摘していた。利己主義あるいは自分の幸福への関心が公共の利益《コモン・グッド》と対立することはまったくない、なぜなら、利他的規範は利己的な関心から容易に導くことができるからである、と。個人主義対共同体主義《コミュニタリアニズム》、功利主義対普遍的規範、といったような対立は偽の対立である。というのは、対立させられている二項は最終的に同じ結果をもたらすからだ。今日の快楽主義的で利己的な社会は本当の価値を失っている、そう不満をこぼす批評家たちはまったくのピント外れである。利己的な自己愛に本当に対立するのは、利他主義でも公共の〈利益＝善〉への関心でもなく、自分の利益に反する行動に駆り立てる妬みやルサンチマンなのだ。保守主義もしくは共同体主義を支持する批評家たちは、次のように不満を述べる。功利主義的個人主義を前提としたときにそこから導き出せる「倫理」は、「狼同士の契約」でしかありえず、この「契約」を結んだ「狼たち」は、心からの連帯や利他主義よりも、攻撃性を抑制することがお互いにとって最も得策であるという結論に達したにすぎない、と。しかし、こうした批評家たちはアイロニカルなポイントを見逃している。功利主義的な倫理によってきちんと説明できないのは、真の〈利益＝善〉ではなく、長い目で見た場合の利益に最終的に反する〈悪〉そのものなのである。

……そして抵抗の政治

これまで述べてきたような主体性の概念に最もうまく適合する政治的実践の形式は何だろうか。一方には、リベラル民主主義の国家が増えていること、つまり国家を廃棄しようとする試みは無残な失敗に終わったということがあり、他方には、リベラル民主主義という制度を支える動機の不足は解消しがたいということがあるわけで、したがってこうした状況下では、新たな政治は国家から離れたところに位置づけられる、国家に抵抗する政治でなければならない。それはつまり、無理な要求を突き付けることによって国家を攻め立て、国家機構の限界を糾弾する政治である。抵抗の政治の、国家の外に位置するという地位《ステイタス》を評価する主な意見は、正義を求めて「無限に厳しくなる」要求の、メタ政治的で倫理的な次元とつながっている。国家による政治はすべて、この要求の無限性を裏切らざるをえない。というのも、国家による政治の究極の目標は、国家の再生産（経済成長、治安、等々）を保障するという「リアル・ポリティクス」にあるからだ。ここでアンティゴネーとクレオンとの対立が想起される。クレオンは国家理性（*raison d'état*）を代表しており、その関心は、ポリスを滅ぼすかもしれない内戦が再び勃発するのを防ぐというまったく立派なものである。そういうクレオンはアンティゴネーと対立せざるをえない。アンティゴネーの無条件の倫理的要求は、その要求が実現したらポリスが滅びるかもしれないという懸念を無視しているのだから。[18]

クリッチリーは、青年マルクスによるヘーゲル批判に肯定的に言及している。その批判のなかでマルクスは、自由な人民が社会において互いにリンクしている「真の民主主義」と、押しつけられた統一性としての国家とを対立させている。[19] しかしながら、以上の理由から国家の廃棄を目指すマルクスとは対照的に、クリッチリーにとって真の民主主義は、「国家の内部にある隙間として」でなければ可能ではない――クリッチリーの言う真の民主主義は、

> 国家を疑問に付し、既存の体制の責任を問うが、それは国家を廃棄するためではなく――ユートピア的思想では国家の廃棄は望ましいことなのだろうが――、悪意をもって振る舞う国家を改善したり弱体化したりするためなのだ。[20]

クリッチリーの言う政治は、次のような意味で否定的である。

> そのような政治は、ヘゲモニーを握るための、政治組織に関する新たな原理として立ち上がるべきではなく、また、新たな全体性の肯定ではなく全体性を否定する立場にとどまるべきである。無政府状態は、国家をラディカルにかき乱すのであり、国家が立ち上がり一つの全体になろうとすることを妨害するのである。[21]
>
> したがって民主主義は、社会における固定した政治形態ではなく、むしろ［…］物質的・政治的な示威行動によって社会それ自体を変形させること（*deformation*）なのである。[22]

では、もしも民主主義と、（アナーキックな人民（*demos*）の、美的でカーニバルのような示威行動とし

ての）政治が、「同じものに付けられた二つの名前」[23]であるとするなら、国家形態としての民主主義にとってこれは何を意味するのだろうか。クリッチリーによれば、リベラル民主主義という制度を支える動機が不足していること（選挙への関心がますます低くなっている、等々）には「よい面もある」[24]、たとえば、ＮＧＯや反グローバリズム運動、メキシコとオーストラリアでの先住権運動などの、選挙によらない政治運動が続々と生まれていることからわかるように。そうクリッチリーは述べるのだが、このとき彼の立場は曖昧になる。人民が民主的な制度にかかわらないとしても、それが解放をめざす政治にとって実際により良いことなのだろうか。そうすると、たとえばアメリカ合衆国の民主党員は何をすればよいのか。国家権力をめぐる競争から撤退して（そうした競争から自分自身を「差し引き」）国家の隙間に身を隠し、国家権力は共和党員に委ねて、これに対するアナーキスト的な抵抗を実践すべきだというのだろうか。

もちろん、歴史は銃とこん棒を持つ人々によって書かれるのが常であり、そういう人々を風刺によるからかいや羽毛製のちり払いで打ち負かすことは期待できない。そうかといって、極左活動のニヒリズムが雄弁に物語っているように、銃とこん棒を手にとった瞬間に負けは決まってしまう。アナーキックな抵抗の政治は、自身が敵対する暴力的な統治政体を模倣したり繰り返したりすべきではないのだ。[25]

しかし、もしもヒトラーのような敵に直面したら、クリッチリーもきっと「銃とこん棒を手にとる」のではないだろうか。こういう場合には、「自身が敵対する暴力的な統治政体を模倣したり繰り返したり」すべきではないのか。暴力に訴えるという点において国家と共同歩調をとるケースと、「風刺によるからかいや羽毛製のちり払い」を使うべきであり、またそうするしかないケースとを区別するとして――では、左翼はどうすべきなのか。

クリッチリーが、「アルカイダについて考えるときには、ビン・ラディンの言葉や行動にレーニン、ブランキ、毛沢東が反響していることを念頭に置くべきだ[26]」と述べ、これと同じことをその著書の結論部で指摘しつつ、「ネオ-レーニン主義〔…〕が、アルカイダのような前衛主義グループにおいて実践的に表明されている[27]」と主張するとき、クリッチリーはイデオロギー的形式主義に完全にはまり込んでおり、政治に関する二つの対立する論理の決定的な違いをぼかしてしまっている。一つは、ラディカルな平等主義的暴力であり（バディウはこれを、革命的正義をめざす政治の「永遠の〈イデア〉」と呼んでおり、こうした政治は古代中国の「法家」〔諸子百家の一つ。厳格な法至上主義を唱えた〕からジャコバン派を経てレーニンと毛沢東にいたるまで現実に実践されてきた）、もう一つは、反近代の「原理主義的」暴力である。この二つを混同することは、かつてリベラルな保守派が右翼の「全体主義」と左翼の「全体主義」とを同一視していたことの繰り返しなのである。

クリッチリーによれば、以上のような話は国家だけではすまない——同じことが資本主義にも当てはまるというのだ。

資本主義による逸脱＝ずらし（dislocation）は、伝統という絆、地元への帰属意識、家族や親族の構造など、かつては誰もが信じて疑わなかったものを無慈悲に破壊することによって、社会生活が偶発的なものであることを、つまりそれが構成されたものであることを明らかにする。言い換えれば、社会生活が政治的に分節化されたものであることを露わにするのだ。〔…〕自然に見えたものが、じつはイデオロギーによる錯覚であり、資本主義の逸脱＝ずらしによって偶発的に構成されたものであることが暴露されると、たとえば自由は、労働市場で自分を〔自由に〕売るときに感じる危うい不安といったものに縮減されてしまう。そのようなときに、さまざまな政治的アイデンティティを一つにまとめるものは、ヘゲモニーによる結びつきしかない。[28]

以上のような論証に（意図的ではなく）含意されているのは、社会生活を偶発的なものとして感じる「反本質主義的」経験である。この場合、アイデンティティはすべて、言説による分節化の効果《エフェクト》＝結果、公然たるヘゲモニー闘争の産物であると見なされるが、こうした経験は、資本主義の「本質主義的な」支配に根ざすもので、そのとき資本主義は、ありうる生産様式のうちの一つとはもはや見なされず、偶発的な（再）分節化という開かれたプロセスの中立的な「背景」であるとしか考えられなくなってしまうのだ。

こうした考え方によれば、資本主義は永久に続く多様な逸脱＝ずらしを意味し、この逸脱＝ずらしは、新たな政治主体を形成する空間を切り開くことになる。しかしながら、こうした主体を「プロレタリアート」という名前で括ることはもはやできない。多様な逸脱＝ずらしは、多様な主体（危機に瀕する先住民、性的マイノリティ、少数民族、スラム街の住人、等々）のための空間を創るのであり、われわれがめざすべきは、こうした一連の要求‐不満のあいだで等価関係を保つことである。クリッチリーは、名付けという行為によって新たな政治主体を創造する典型的な例として、メキシコの困窮した農民たちが自らを「先住の」民族という主体として再創造したことを称えている。しかしながら、クリッチリーが称えている例は、その限界をも明らかにしているのではないだろうか。クリッチリーの分析から明らかなように、貧しい農民たちは自らを「先住の」民族として創り直す／名前を付け直すことが必要だった。なぜなら、勢いづいたネオリベラリズムのイデオロギー的攻撃によって、搾取されているという経済的立場に直接言及することが、効果を失い支持されなくなってしまったからである。政治的なものを文化的なものに含み込んでしまう「ポスト政治」の時代においては、不満を公に表明するには、文化的な、かつ／または民族的な《エスニック》要求として提示するしかない。たとえば、搾取されている労働者の場合は、「他者性」が抑圧されている移民として発言するしかない、というように。このような、政治的なものを文化的なものに変換する操作に対して支払わねばならない代価は、少なくとも最小限のイデオロギー的神秘化である。すなわち、貧しい農民たちが守っているものが、その「自然な」(民族としての)本質的アイデンティティであると見なされてしまうということだ。

こうして、現代のリベラル民主主義国家と、「要求を無限に厳しく」していくアナーキズム的な政治とは、互いに寄生し合う関係を結ぶことになる。国家は、その倫理的自意識を国家の外部の倫理‐政治的審級に表現してもらい、この審級は、その存在意義を国家に表現してもらう——アナーキズム的審級に属する人々は国家のために倫理的に思考し、国家は社会を実際に管理し統御するという仕事を行う、というわけである。

クリッチリーの言うアナーキックな倫理‐政治的審級が超自我と結ぶ関係は二重である。この審級は、超自我によって圧倒されるだけではなく、超自我の要求で国家を楽しそうに攻め立て、それ自身が超自我の代理であるかのように振る舞うのだ——すると国家はますます罪深く感じるようになり、それだけ一層要求に応えようとする。(国家の外部にあるアナーキズム的審級は超自我の論理に従って、抗議の焦点を、あからさまな独裁国家に合わせるのではなく、偽善的なリベラル民主主義国家に合わせ、イデオロギー的規範にきちんと従っていないと言ってその偽善を責めるのである。)このように、クリッチリーが提示しているのは人間の顔をしたリベラル‐資本主義的‐民主主義なのだ——われわれは依然として「フランシス・フクヤマの世界にしっかりと囚われている。あるいは、トマス・ド・クインシーの「芸術の一分野として見た殺人」をもじって言えば、ラカンの誤読から始まり、ダイアナ妃を謀反人として誉め称えることに終わる者がいかに多いことか……。

ここから学ぶべき教訓は、真に破壊的なことは、権力の座についている者たちには満たすことができない、ということをわれわれがわかっている「無限に厳しい」要求を突きつけることではなく（われわれがわかっているということを、権力者たちもまたわかっているので、そうした「無限に厳しくなる」要求を突きつける態度は権力者には受け入れやすい。「素晴らしいことに、みなさんの批判精神にあふれる要求をうかがって、われわれ全員がどんな世界に住みたいと考えているのか思い出しました——しかし残念ながら、ここは現実の世界であり、われわれはできることを誠実に実行しているのです」）、真に破壊的なこととはこれとはまったく逆で、権力を握っている者たちに、戦略的な熟考によって選ばれた的確で限定的＝有限な要求を突きつけ、先のような言い逃れを許さないことなのである。

「さようなら、抵抗するノマドのみなさん」

クリッチリーとは対照的に、アントニオ・ネグリは、マルクス主義の根本的な座標＝原理を手放さないという英雄的態度を貫く代表者のような人物で、以下のことを明らかにしようとしている。すなわち、資本主義の「ポストモダン」への転回、情報産業への労働のシフトを伴う「ポスト産業」社会の出現によって、マルクスが想像していたよりもさらにラディカルな革命を起こす条件が整い、「絶対的民主主義」を実現する可能性が開かれる、と。

以下に示すネグリの出発点は、どちらかといえばありふれたものだ。ネグリいわく、今日、新たな価値を創造するに際して、非物質的な認知労働が重要な役割を果たしており、労働のこうした認知的側面が支配的となっている以上、時間（労働時間）を尺度として価値を量ることはもうできない。だから、搾取というマルクス主義の概念はもはや有効ではない。

ここですぐに気づくことは、今日では、イノヴェーション能力のある自由な頭脳から生み出された非物質的な価値以外に、価値はもはや生産されないということです。自由という唯一の価値にもとづいてこそ、われわれはたんに富を再生産するのみならず、富を増やし循環させることができる[29]。

したがって、今日の基本的生産力は「コグニタリアート」、つまり認知《コグニティヴ》労働者から成るマルチチュードである。こうした者たちの労働は自由を生産し、その自由は生産的なのだ。「自由とは人々の頭脳のなかにある固定資本です[30]」。というわけで、われわれの置かれた状況は以下の通りである。

支配される階級が、支配する階級よりも豊かな固定資本をいまや手にしているわけです。支配される階級は、精神的な財産を手にしているのであり、それは支配する階級が自慢する財産よりも、ずっと大きなものなのです。これは絶対的な武器でしょう。何しろ、世界の再生産のために欠くことのできない〈知〉なのですから[31]。

代わって今日では、資本主義的生産において〈一般知性《ジェネラル・インタレクト》〉がヘゲモニーをもつようになる。つまり非物質的労働あるいは認知労働がただちに生産的なものになる。そうなると、知的労働力は以前のような隷属関係から解放され、かつては資本が事前に準備していた労働手段を、生産主体が自分のものとしてしまいます。いわば、可変資本そのものが固定資本として表れるということです。[…]私は資本との関係の外でも生産できる、認知資本あるいは社会資本の流れは、経営者の手中にある物理的構造としての資本とはもはや何の関係もない、と[32]。

したがって、一般知性がヘゲモニーを持つようになると、資本は、生産を社会的に組織化する機能、固定資本および可変資本と生産手段と労働力とを結びつける機能を失う。その機能は純粋に寄生的なものになり、それゆえ資本を切って捨てることもできるようになる。もはや、社会の構造《テクスチャー》に暴力的に亀裂を入れるという問題ですらない。生産と(社会)生活そのものはますます組織化されていくのだから、マルチチュードはその自己組織化の動きを追うだけでよく、資本はある日突然自分が宙に浮いていることに気づいて、大きな音を立てて落ちてしまうだろう。まるで漫画のなかの猫が、崖っぷちを歩きながら足元を見ると地面がなく、今まで宙を歩いていたことに気づいて奈落の底へ落ちてしまうように。

ここで鍵となるカテゴリーは、生産を資本のもとへ形式的および現実的に包摂するカテゴリーである。生産手段の発展に従う生産との関係から変化を捉える進化論的な論理とはじつに対照的に、マルクスは形式的包摂が現実の形態に先立つことを強調している。資本家が最初に生産過程を自分の支配下に包摂する場合、形式的にそうするにすぎない(資本家は、原料を供給して個々の職人から生産物を買うのだが、この職人たちは資本家に包摂される前のやり方で生産を続けていたのである)。包摂が物質的になるのは、つまり生産手段と生産組織が直接資本によって形成されるのは、そのあとのことなのだ(機械の導入、工場での分業、フォーディズム、等々)。この過程は、機械化された大規模な工場生産において頂点に達する。そのとき、労働者の資本への従属は、生産過程のまさに物質的な組織化によって直接再生産され(恒常化され)るようになる。労働者は、物質的に機械の歯車の一つに縮減され個々の仕事を行うのだが、生産過程全体を見渡すことはできず、生産過程を支える科学的知識についても何も知らない――知も組織も資本の側にあるのだ。マルクスは『経済学批判要綱』において次のように記述している。

知識の蓄積と熟練技術の蓄積、つまり社会的頭脳の一般的生産諸力の蓄積は、このように、労働に対立して資本のなかに吸収され、だからまた資本の属性として、さらに明確には、本来的な生産手段として生産過程にはいるかぎりでの固定資本の属性として現れる。だから機械装置は、固定資本の最も妥当な形態として現れるのであり、また固定資本は、資本が自己自身への関連において考察されるかぎりでは、資本一般の最も妥当な形態として現れるのである。[33]

しかしながら、認知労働がヘゲモニーをもつポスト-フォーディズム型資本主義に移行すると、知と組織は再び労働者の集団によって専有され、その結果、いわば「否定の否定」によって、資本は純粋に形式的な方法で再び生産を包摂するのだ。資本の役割はますます寄生的になり、何の問題もなく自ずと作動している過程を制御し支配しようとするのである……。ここでのネグリと〔マイケル・〕ハートの問題は、二人があまりにもマルクス主義的で、歴史の進歩というマルクス主義の根底にある図式をそのまま継承していることである。ネグリとハートは、マルクスと同様に、資本主義の「脱領土化する」革命的な潜在力を称え、マルクスと同様に、この潜在力と資本の形式、つまり私有財産が剰余価値を専有する形式とのあいだのギャップに資本主義そのものの矛盾を見出す。ようするに彼らは、生産力と生産関係の対立という、マルクス主義のおなじみの概念を復活させているのである。資本主義は、すでに「未来の新たな生活形式の芽」をはらんでおり、絶えず新たな「共《コモン》」を生産するので、革命の爆発においては、この〈新たなもの〉が古い社会形態から解き放たれるにすぎない。ここにおいて、ネグリとハートはドゥルーズ主義者であることをやめていない。〔ジル・〕ドゥルーズと〔フェリックス・〕ガタリは『アンチ・オイディプス』において次のように述べている。分裂症者は、脱領土化の最も遠い限界まで行こうとすることによって、「資本主義の極限を追求しているのだ。分裂症者は、資本主義に内在する発展への傾向性である」[34]。ドゥルーズとガタリはこう書くことによって、彼ら自身の社会-政治的プロジェクトは資本主義に内在する空想、その潜勢的《ヴァーチュアル》な座標を実現しようとする必死の試みであると認めているのではないだろうか。そうすると共産主義《コミュニズム》は、他でもないビル・ゲイツが「摩擦ゼロの資本主義」と呼ぶもの、つまり流通〔情報の流れ〕の速度が無限大になることによって高度化され強化された資本主義にまで縮減されてしまうのではないだろうか。最近ネグリが、「ポストモダンな」デジタル資本主義を称賛し、この資本主義はすでに共産主義であり、必要なのは公然と共産主義になるためのもうひと押し、形式的な身振りである、そう言っているのも不思議ではない。現代の資本の基本戦略は、自由で生産力のあるマルチチュードを再び包摂する新たな方法を見出すことによって、資本自体の過剰性を隠すことなのだ。

想像力のある特異性が固定資本になったいま、この固定資本を労働させるためには、新たな装置が必要になる。これこそがまさにあの逆説的な「資本のコミュニズム」なのです。特異性たちがグローバルな生産機械を構成しているわけですが、そうした特異性たちの頭ごしにこの生産機械を包囲しようという試みが金融化を通じて行われているのです。すなわち、マルチチュードを包摂しようとする試みなのです。[35]

この説明には見逃すことのできない特徴がある。哲学の常識によれば、哲学的省察を軽視する者は、その結果として最悪で最も単純な哲学の枠組みに依存していることに気づく。この常識は、必要な変更を加えれば、徹底した反ヘーゲル主義者にも当てはまる。ヘーゲルを完全に拒否することの報いは、拒否する者が無意識のうちに最も浅薄なヘーゲルのカテゴリーを使用していることである、とでも言おうか。[36] こうした視点から見ると、ネグリの著作において徴候として印象的に機能している細部を説明することができる。ネグリは慎重に考えることなく自由に（「野蛮に」と――「野蛮な精神分析」と言う場合の意味で――言いたくなるほどだ）ヘーゲルのカテゴリーを使用しているが、これはネグリが公言している反ヘーゲル主

義と明らかに矛盾している。[37] たとえば次のように。現代のマルチチュードは、

あくまでも即自的に存在しているのであって、対自的に存在しているわけではないのです。したがって、移行はたやすいものではありません。移行とは、さまざまな局面が移り変わっていくと言うことであり、自覚の対象があれこれと移り変わっていくということです。つまり、さまざまな趨勢や偏流が断続的に現れたり別のものに取って代わられたりしているわけですが、そうした運動の全体こそが移行をなすものなのです。[38]

奇妙なことに、ここでネグリはヘーゲルの〈即自〉と〈対自〉という対概念に依拠しているのではないだろうか。

では、ネグリとハートが彼らの著書『帝国』において、社会機構という既存の世界に対する抵抗の象徴、否《ノー》の象徴としてバートルビーに言及するとき、彼らがバートルビーの「せずにすめばありがたいのですが〔しないことを好みます〕」という台詞を、いわば行動開始のたんなる準備として、あるいは既存の社会的世界に対して距離をとる第一歩にすぎないものとして解釈しているのを見て、われわれは驚くべきなのだろうか。必要なのは、新たな共同体《コミュニティ》を構築するという長期にわたる作業にとりかかることだ。バートルビーの段階にとどまるならば、結局は何の結果も生み出すことなく社会の周縁で自殺することになってしまう……。ようするに、ネグリとハートにとって、バートルビーの「しないことを好みます」はヘーゲルの言う「抽象的否定」であり、この「否定」は、既存の社会的世界に対する「規定的否定」という忍耐の要る積極的な作業によって克服されねばならないのである。こうしたヘーゲル的な論の運びの狙いは意図的なものだ。ネグリとハート、二人の偉大な反ヘーゲル主義者は、バートルビーに対してもっとも標準的な（疑

似）ヘーゲル主義による批判を行っているのである。[39]

皮肉なことに、ネグリはここで、現代の「ポストモダン」資本主義のイデオローグが称揚する、物質的生産から象徴的生産への移行、中央集権的で位階序列的な論理から、オートポイエーシス的な自己組織化の論理、多数の中心を持つ協働等々の論理へ移行する過程に言及している。ネグリはここでもマルクスに忠実である。ネグリが証明しようとしているのは、マルクスは正しかったということ、「一般知性」の出現は長期的に見れば資本主義とは相容れないということである。ポストモダン資本主義のイデオローグはこれとは正反対のことを言っている。位階序列的で中央集権的な国家管理の論理にとらわれ、新たな情報革命の社会的効果＝結果に対応できていないのは、まさしくマルクス主義の理論（と実践）である、と。この主張には経験に裏打ちされたもっともな理由がある。よく言われることだが、これ以上ない歴史の皮肉とは、従来のマルクス主義における生産力と生産関係の弁証法、資本主義を乗り越えようとするときにマルクス主義が頼りにしていた弁証法の有効性が、共産主義の崩壊によって最も説得的に証明されたということである。共産主義体制が崩壊した原因は、「情報革命」によって強化された新たな社会の論理を党指導部が受け入れられなかったことだ。党指導部は、情報革命を、中央集権国家が計画するこれまでの大規模なプロジェクトと同じようなものにしようとしていたのである。したがって次のようなパラドクスが存在する。資本主義を乗り越える唯一のチャンスとしてネグリが称賛するものを、「情報革命」のイデオローグたちは「摩擦ゼロの」新たな資本主義の始まりとして称えているというパラドクスである。

では、ここで正しいのは誰なのか。「情報革命」における資本の役割とは何なのか。ネグリがその主張の根拠としてよく言及する、『経済学批判要綱』の「一般知性」に関する名高い一節は、詳しく引用するだけの価値がある。マルクスはその一節において、資本主義が自らを乗り越える論理――マルクスはこの論理のすべてを、革命を目指す現実の闘争から抽出している――を動員し、これを純粋に経済学の用語で説明している。

資本は、それ自身が、過程を進行しつつある矛盾である。すなわちそれは、一方では労働時間を最小限に縮減しようと努めながら、他方では労働時間を富の唯一の尺度かつ源泉として措定する、という矛盾である。したがって、資本主義を崩壊させるこの矛盾は、価値の唯一の源泉（つまりは剰余価値の唯一の源泉）としての労働時間に基づいて資本家が行う搾取と、直接的労働の役割を量的にも質的にも縮減する科学技術の進歩との矛盾である。こうした直接的労働は、量的にもより小さい比率に引き下げられるとともに、質的にも、不可欠ではあるが下位の契機として、すなわち、一面から見れば一般的科学的労働、自然科学の技術的応用に比べて下位の契機として、また他面から見れば総生産の社会的編成——社会的労働がもたらす自然な果実として現れる編成（この編成は歴史的産物であるが）——から生じる一般的生産力に比べて下位の契機として引き下げられる。資本はこのように、生産を支配する形態としての自己自身の解体に従事しているのである［…］。

大工業が発展するにつれて、現実的富の創造は、労働時間と充用された労働の量とに依存することがますます少なくなり、むしろ労働時間のあいだに運動させられる諸作用因の力に依存するようになる。そして、これらの作用因の「強力な効果」それ自体がまた、作用因の生産に要する直接的労働時間には比例せず、むしろ科学の一般的状態とテクノロジーの進歩とに、あるいはこの科学を生産に応用することに依存している。

ここでマルクスが述べている見通しは、完全にオートメーション化された生産過程においては、人間（労働者）は「生産過程そのものに対して監督者か調整者として関係することになる」ということである。

労働者は、変形された自然対象［*Naturgegenstand*］を、客体［*Objekt*］と自分とのあいだに媒介項として割り込ませるのではなく、労働者は、自然過程を産業の過程に変換し、これを自分と自分が操る非有機的自然とのあいだに手段として押し込むのである。労働者は、生産過程の主作用因であることをやめ、生産過程と並んで現れる。この変換において、生産と富の強固な礎石として現れるのは、人間自身が行う直接的労働でも、人間が労働する時間でもなくて、人間による人間固有の一般的生産力の専有であり、自然に対する理解、社会体として人間が現前することによる自然の支配、一言で言えば社会的個人の発展である。現在の富は他人の労働時間を盗むことを基盤として作られているが、この盗みという基盤は、新たに発展した、大工業そのものによって創造された富の礎石に比べればみすぼらしく見える。

直接的形態における労働が富の豊かな源泉であることをやめてしまえば、労働時間は富の尺度であることをやめ、またやめざるをえない。

ここで決定的に重要なのは、「固定資本」の地位《ステイタス》のラディカルな変化である。

固定資本の発展は、どの程度まで一般的な社会的知識が直接的な生産力になっているか、したがってどの程度まで社会的生の過程における諸条件そのものが一般知性の管理下に入り、この知性に応じて変化させられているか、ということを示している。どの程度まで社会的生産力が、知識という形態においてのみならず、社会的実践の、現実の生の過程の直接的器官としても生産されているか、ということを示しているのである。

右の一節で言われているのは、一般的な社会的知識が発展するにつれて、「労働の生産力そのものも強大な生産力となり、直接的生産過程の視点から見れば、一般的な社会的知識の発展は固定資本の生産とみなすことができる。そしてこの固定資本は人間自身なのである」[40]ということだ。またしても、資本は生きた労働に対立する「固定資本」として姿を現すことによって組織的に搾取を行うのだから、固定資本の主要な構成要素が「人間そのもの」、「一般的な社会的知識」になった瞬間に、資本主義による搾取の社会的基盤は掘り崩され、資本の役割は純粋に寄生的なものとなるというわけだ。

今日、資本は労働者から搾取することはもはやできません。労働者同士の協働からしか搾取できないのです。今日では、資本はかつて協働の核になったような内的機能、進歩を可能にする抽象化をもたらす内的機能を持つことはもはやありません。今日の資本は内部には存在しないので寄生的となっています。資本はマルチチュードの創造力の外部にあるのです。

ネグリの考えでは、こうした非物質的労働は「絶対的民主主義」の可能性を切り開くのであり、隷属化されえない。なぜなら、非物質的労働それ自体が社会的自由の形式（と実践）そのものであるからだ。そこにおいて、形式と内容は一致する。つまり、非物質的労働は直接的に自由であり（創発的、創造的であり、主体の生産力の表現であり、能動的であって反動的ではない）、かつ社会化されている（つねに共《コモン》に参加しており、その内容において協働的である）。こういうわけで、非物質的労働は資本を寄生的なものにするのである。非物質的労働は直接的に社会化されているので、普遍性という形式を自らに与えるために資本をもはや必要とはしないのだ。今日の搾取は本質的には、「認知労働に携わる特異性たちが社会的プロセスのなかで展開する協働の力を資本がみずからのものにすることだと言える。労働を組織するのはもははや資本ではなく、労働はみずからの手で自己組織化するのだ」[41]。社会的な生そのものが直接生産力を持つというこうした考え方により、ネグリはアガンベンとは異なったやり方で「生政治」を主張するにいたる。すなわち、「生政治」が意味するのは、集団的労働が直接そのテーマとして生産するのは人間の生そのものであるということだ。「絶対的民主主義」を可能にするのはまさしく、生産に直接備わっているこの生政治的な特徴なのである。「したがって、生権力に対抗するものとして生政治的な潜勢力［*potenza*］があるということになる」[42]。

すでに指摘したように、ネグリのこうした身振りは、マルクス主義の長い伝統の最後に位置するものではないだろうか。その伝統とは、生産の社会的関係かつ／またはテクノロジーそのものの社会的関係における契機を、資本主義がもはやそれ自身の内部に統合できない契機、したがって長期的に見れば資本主義の消滅につながる契機と同一視するという伝統である。ネグリにとって、今日の「ポストモダン」資本主義の新しい点は、二つの次元（物質的生産とその社会的形態）が直接重なり合っているところにある。新たな社会的関係は生産の本質であり目標である。言い換えれば、生産はますます「直接的に」社会化されてきており、まさにその内容において社会化されている。そういうわけで、生産は資本の社会的形態を押しつけられる必要がなくなるのだ。ネグリは急ぎすぎるあまりに、われわれの時代を特徴づけているのは生資本主義《バイオキャピタリズム》であるという事実を見過ごしてしまう。生資本主義は、狭い意味では、資本の新たな投資先である、生物学的生の新たな形態を直接生産する広大な領域（遺伝子組み換え作物からヒトゲノムまで）を指し示しているのである。

こうした問題にマルクス主義的な方法でとり組む場合、最初にすべきことはもちろん、「知的労働」の搾取という概念をより厳密な用語で再定義することである。たとえば、ビル・ゲイツの行っている搾取がもはや「他人の労働時間を盗むこと」ではないとするなら、ビル・ゲイツの下で働いている何千人ものプログラマーを彼が搾取していると言えるのは、厳密に理論的な立場からするといかなる意味においてなのだろうか。ゲイツの役割はプログラマーの自己組織に「寄生する」ことだけであると本当に言えるのだろうか。彼の資本は、より実質的なやり方で、プログラマーたちが協働する社会的空間を提供しているのではないか。価値を量る究極の尺度がもはや時間ではないとするなら、厳密に言っていかなる意味で「知的労働」が「価値の源泉」なのだろうか。価値というカテゴリーはここにもまだ適用できるのだろうか。

こうしてネグリのテーゼは、その核心だけとり出せば以下のようになる。サイバー・テクノロジーの発展とともに、利潤を生産する主要な手段はもはや労働の搾取ではなく情報を「収穫すること」になった。この変化によって、資本主義的生産の限界の内側から労働を解放することが可能になる。というのも、「収穫された」情報を市場で交換することは、もはや労働の搾取に基づいていない、つまり剰余価値の専有に基づいてはいないからだ。

> 今日の政治経済学《ポリティカル・エコノミー》は、労働する者としての人間だけでなく、生きる者としての人間をも考慮に入れなければなりません。人間はつねに生産者なのですから。「つねに」というのはつまり、生きているどの瞬間にもということです。〈生〉そのものの搾取など、できるでしょうか。できないに決まっています。

> グローバルな双方向的メディアの時代においては、独創的な発明はもはや個人のものではない。それは直接的に集団化されており「共《コモン》」の一部となっているので、著作権によってその発明を私有化しようとすると問題が生じる。「所有とは盗みである」という〔プルードンの〕言葉は、ここではますます字義通りに解釈すべきものになっている。すると、まさしくこうしたこと——認知労働に携わる創造力のある特異性た

ちの集団を組織し、そこから生じる相乗効果を搾取すること――を行っているマイクロソフトのような会社はどうなのだろう。そこで、残された唯一の課題は、認知労働者が「経営者を追い払うにはどうしたらいいのか、ということだ。認知労働者に対しては、かつてのような産業的命令機構はまったく時代遅れで通用しないのだから」[43]。新たな社会運動が示しているのは、

　賃金労働の時代が終わり、対立構造が賃金をめぐる労働と資本の闘いから、市民所得をめぐるマルチチュードと国家の闘いへと移行しつつあるということなのです[44]。

ここには「今日の社会の革命的な変化」の基本的特徴が示されている。つまりこういうことだ。「共有財の重要さを資本に気づかせる必要がありますし、もし理解しようとしないなら強制しなくてはなりません」[45]。（ネグリの論述の微妙な点に注目してほしい。ネグリは、資本を廃棄するのではなく資本に共有財の重要さを気づかせると言っている――資本主義の内側に留まったままなのである。）

　以上のような簡潔な記述から、マルクスとネグリの違いだけでなく両者の近さも見えてくるだろう。マルクスのなかにはなく、ネグリがマルクスの「一般知性」に投影しているのは、社会的次元において生そのものを直接的に生産する「生政治」という、ネグリ特有の中心的概念である。ネグリが直接的な「融合」を見るところに（認知労働においては、生産が究極的に生み出すものは社会的関係そのものである）、マルクスは解消不可能《ラディカル》なギャップを、つまり生産過程からの労働者の排除を措定する。マルクスが思い描く完全にオートメーション化された生産過程においては、労働者は「わきに寄り」、「生産過程の監督者か調整者」にまで縮減される。このことがはっきりと意味しているのは、根本的な論理として「理性の狡智」が作動しているということだ。つまり、人間は生産過程に直接かかわるのではなく、自分はわきに寄って

自然が自ら働くに任せるということである。労働者が「変形された自然対象を、客体と自分とのあいだに媒介項として割り込ませる」ことがもはやないとき、すなわち、労働者が変質させたいと思う対象に働きかける際に道具をもはや使うことなく、「自然過程を産業の過程に変換し、これを自分と自分が操る非有機的自然とのあいだに手段として押し込む」とき、労働者は賢い操り手になり、安全な距離をとって生産過程を管理するのである。マルクスが意図的に単数形《シンギュラー》（「人間 man」、「労働者 worker」）を使っていることは、「一般知性」が間主観的なものではなく「モノローグ的」なものであることを示している。こういうわけで、以上のマルクスの洞察によれば、生産過程が生み出すのは社会的関係ではまったくない。「対象物の管理」（自然を制御し支配すること）は、ここでは人間同士の関係から分離されている。生産過程は、人間を支配することにもはや依存する必要のない「対象物の管理」の領域を作るのである。

「ポストモダンな」考え方からすると魅力的に見えるのは、マルクスとネグリとのこうした相違を、生産過程を外側から管理し調整する中央集権化された「道具的理性」という「古いパラダイム」にマルクスがこだわり続けている証拠と見なすことである。しかしながら、ネグリによってぼかされ曖昧になっているが、マルクスの記述には真理への契機も含まれている。それは、いまだに残り続ける、生産過程の解消不可能な《ラディカル》二重性である。[46] 今日では、この二重性はマルクスが予想しなかった形態をとっている。すなわち、「自由の王国」、「認知労働」の領域と、「必然性の王国」、物質的生産の領域とが物理的に分離されており、この分離線が国境に等しいことすらよくあるということだ。一方の側には、ネグリの価値基準を例証する「ポストモダンな」企業（生-形式を直接生産する「表現力豊かなマルチチュード」の自由なコミュニティ等々）があり、他方の側には、完全なオートメーション化にはほど遠い、物質的な生産過程があり、したがってそこには——字義通りに、世界の片方の側には、と言えることも多い——「フォーディズム」による労働の組織化が徹底的に行われている労働搾取工場が存在し、そこでは何千人もの労働者がコンピュータやおもちゃを組み立て、バナナやコーヒー豆を摘み取り、石炭やダイヤモンドを採掘する、といったことを行っているのだ。ここには「目的論」などない。労働搾取工場が「認知労働」の自由な空間にしだいに統合されていくというような見込みなどないのだ。アウトソーシングはいまや例外であるどころか支配的になり、〔認知労働の領域と労働搾取工場という〕二つの側は直接関係することすらない。両者はまさしく資本によって「媒介され」、束ねられている。それぞれの側にとって、反対の側は〈資本〉として現れる。労働搾取工場の群衆にとって〈資本〉は、「認知労働」を代表し「認知労働」の成果を物質化するために労働者を雇う力である。「認知労働者」にとって〈資本〉は、「認知労働者」を雇い、その成果を物質的生産の青写真として使う力である。ネグリが無視するこうした二重性があるからこそ、〈資本〉はまだ完全には寄生的になっておらず、生産の組織化において今なお重要な役割を果たしているのだ。〈資本〉は二つの側面を束ねているのである。

ダヴォス会議のネグリ

ネグリは、ダヴォス会議のようなフォーラムについて正しいことを言っている。ネグリによれば、こうしたフォーラムは、見識ある資本家の「一般知性」であり、一般的な利益が何であるかを決める場、「他者の声を聞き」、エコロジー、貧困といった問題にとり組み、魂の問題などについて意見を交わす場である。そこにはまた、公害や貧困など無数にある問題に対する闘いと資本主義とを協力させるという目的がある。これは実際、「共産主義者《コミュニスト》の資本主義」である。つまり、危機に瀕している共《コモンズ》というテーマにとり組もうとする資本主義である。ダヴォス・フォーラムが（これに先立つ、かつての日米欧三極委員会よりもはるかに）重要であるという事実、ダヴォスのようなフォーラムの必要性は、資本主義が危機に瀕していること、共《コモンズ》が脅かされているということを証明している。ダヴォスは〈帝国〉の〈集団的頭脳〉、「シンクタンク」なのだ。ネグリは、アメリカのプロジェクトに反対する戦略的な協定をダヴォスに提案することまでしている。長期的にはマルチチュードとダヴォスは敵対関係にあるが、短期的には、グローバルな〈帝国〉に反対するアメリカ合衆国のクーデターを失敗させることから両者とも等しく利益を得る。[47] じつに奇妙な論理だ！ 敵の矛盾〔非一貫性〕を利用するのではなく、敵が最も効果的な形式を確立するのを手助けするというのだから……。言い換えればこうなる。民族《ネイション》–国家《ステイト》という形式を捨て去る「純粋な」〈帝国〉、資本家の一般知性が直接事を進める〈帝国〉という理念が、不可能な抽象だとしたらどうだろう。民族《ネイション》–国家《ステイト》の役割は小さくなるどころか決定的に重要であり〈〈帝国〉に反対するクーデターを起こしそうな民族《ネイション》–国家《ステイト》も複数存在し〉、したがって、例外——〈帝国〉における民族《ネイション》–国家《ステイト》の過剰な役割——が実際には標準的なものだとしたらどうだろう。

ネグリはここで、不徹底なレーニン主義者にとどまっている。すでに働いている連想により、ドゥルーズの用語で言い換えれば、レーニンの言う時機とは「暗き先触れ」、「消え去る媒介者」であり、つねに自分の場所からずれてしまうもの、二つの系列のあいだにあるものである。二つの系列とは、最も発展した国で革命が起きるという初期の「正統派」マルクス主義の系列と、スターリンによる「一国社会主義」と第三世界の民族と新世界のプロレタリアートとを同一視する毛沢東主義から成る新しい「正統派」の系列である。ここにおいてレーニンからスターリン主義への移行は明らかであり、この移行は容易に規定できる。レーニンは状況を、絶望的で想定外だと考えるが、それゆえ新たな政治的決断のために創造的に利用すべきものでもあると考える。「一国社会主義」を唱えるスターリンは、「段階」を経て発展するという新たな線的な物語《ナラティヴ》へと状況を再び正常化する。すなわち、レーニンは「異例なこと《アノマリー》」が起きたということ〈社会主義の社会を創るための前提条件が整っていない国で革命が起きたということ〉は十分わかっていたが、

「機が熟さぬうちに」革命が起きたので、一歩後退して民主的な近代資本主義社会を創りながら社会主義革命を起こす状況を整えようという粗雑な進化論的結論を拒否した。その際にレーニンは――すでに引用した決定的に重要な一節を再び引けば――こう主張していた。こうして「状況にまったく希望が持てない」からこそ、「西ヨーロッパの国々とは異なったやり方で文明の基本的必要条件を創造するチャンス」が与えられるのだ、と。[48] レーニンがここで提示しているのは、事実上、「別の歴史」という暗黙の理論である。未来の力を「機が熟さぬうちに」独占することによって、そうしなかった場合とは異なったやり方で（近代文明への）「必然的な」歴史過程が（新たに）動き出す可能性が出てくるのである。

こうした姿勢はおそらく、今日においてかつてないほど切実なものとなっているだろう。状況には「まったく希望が持てず」、革命を起こす明確で「現実的な」見通しもない。しかし、だからこそ奇妙な自由が、実験を行う自由が与えられるのではないか。「客観的必然性」と、発展過程において必ず踏むべき「段階」から成る決定論的モデルを投げ捨てるだけでよいのではないか。こうしてぎりぎりのところで反-決定論を維持しなければならない。いかなる行為も排除し、われわれを生政治的な植物状態へと完全に運命づけてしまう「客観的状況」において、無価値と見なされるものなど絶対にない。行為のために創出されるべき空間がつねにあるのだ。修正主義を批判するローザ・ルクセンブルクの言葉を言い換えれば、その理由はまさしく、革命が起きる「正しい時機」を忍耐強く待っているだけでは十分ではないからである。ただ待っているだけならば、「正しい時機」はけっしてやってこない。というのも、「機が熟さぬうちに」試みるということから始めなければならないからだ。そうした試み――これは「革命のための教育」である――は、公言した目標の達成にまさに失敗することにおいて、「正しい」時機のための（主観的）状況を創造するのである。毛沢東のスローガン「敗北に敗北を重ね、最後の勝利へ」を思い起こそう。このスローガンには、すでに引用したベケットの次のモットーが反響している。「もう一度やってみよう。もう一度失敗しよう。もっとうまく失敗しよう」。

こうした正確な意味において、レーニンは先駆的なベケット主義者であった。ロシア内戦の終末という絶望的な状況でレーニンがボルシェヴィキに示した基本的提案は、ただちに「社会主義を打ち立てる」ことではなく、「正常な」ブルジョワ国家よりも「もっとうまく失敗しよう」ということだった。これはまた、デリダの有名な寸言を再び言い換えれば、不可能性の条件は可能性の条件である、という革命の過程にも当てはまる。つまり、不可能性の条件——社会主義を不可能にしていたロシアの後進性と孤立状態——は、最初の社会主義革命を可能にしたものと同じ例外的条件の一部なのだ。言い換えれば、（革命は最も発展した資本主義の国でまず起こると思い込み）、例外的で「機が熟していない」状況下で起きる革命など歴史的に見て異例《アノマリー》であると嘆くのではなく、客観的な社会的過程が「機が熟した」状況を生み出してから時宜を得て訪れる革命などない、ということを心に刻んでおくべきなのだ——レーニンの「鎖の最も弱い環」という有名な概念の要点は、またしても、敵対性を増幅させる梃子として「異例《アノマリー》」を利用し、増幅された敵対性によって革命を爆発的に起こすべきである、ということなのだ。[49]

この新しいグローバルな秩序においては、従来の意味での戦争はしだいに現実味を失いつつある、そう指摘するネグリはやはり正しい。「戦争」と呼ばれているのは、グローバルな秩序にとって脅威であると感じられる地域に対して、「グローバルな」国家が警察のように介入することをいう。戦争と政治は軍事的「警察行動」というかたちで結合しており、混沌とした地域に秩序を押しつけるのである。逆説的なことに、旧来の伝統的な戦争を継続しているのはブッシュの政策であり、それは、〈帝国〉を支配下に置こうとして〈帝国〉に対してクーデターを起こす民族-国家《ネイション・ステイト》の政策なのである。〈帝国〉に相対した場合、「バナナ共和国」〔外国資本に支配された政情不安定な南米の小国を侮蔑的に指す言葉〕であるのはアメリカ合衆国の方なのだ。しかしながら、ここでネグリは両義的になる。一方でネグリは、長期的に見れば資本家の一般知性は真の敵であると断言する。しかし他方では、ルラ〔ブラジル大統領〕に関しては、米国のヘゲモニーを破壊し、多極的な（米国、ヨーロッパ、それにおそらくロシア、中国、極東、ラテンアメリカ等々も含む）グローバル資本主義を確立しようとするルラの政策をネグリは支持するのである。

誤解を招く見かけとはまったく異なり、「アメリカの世紀」は現実には終わっていて、われわれはすでに、多数の中心を持つグローバル資本主義を形成する時代に入っている。中国国家主席が二〇〇六年四月に米国を訪問した際にまずビル・ゲイツに会いに行ったという事実は、こうした新時代の幕開けを告げるものではないだろうか。だからおそらく、この新たな時代においては、新たな複数の中心はそれぞれ独自のひねりを加えた資本主義を体現することになるのだろう。米国はネオリベラル資本主義、（おそらくロシアを含む）ヨーロッパは福祉国家を維持する資本主義、中国は「東洋の価値観」と独裁的資本主義、ラテンアメリカはポピュリズム的資本主義……といった具合に。米国が唯一の超大国（世界の警察）として出しゃばることに失敗した後、こうした各地域の中心は、利害の対立が生じることに備えて相互交流のルールを確立する必要があるだろう。[50]

現代のグローバルな秩序に関するエマニュエル・トッドの展望は明らかに偏っているが、[51]そこに真理への契機が含まれていることは否定しがたい。米国は衰退しつつある帝国なのだ。増大する一方の貿易赤字は、米国が生産力のない略奪者《プレデター》であることを示している。アメリカは、自国の消費をまかなうために他国から一日で十億ドルも吸い上げなければならず、まさに世界経済を動かし続ける巨大なケインズ主義的消費者である。（今日支配的に見える反－ケインズ主義の経済イデオロギーも形無しだ！）。古代ローマに支払われた税金にも等しいこうした米国への資金の流入は、複雑な経済メカニズムに基づいている。米国は安全で安定した中心として「信頼」されているので、原油を産出するアラブ諸国から西ヨーロッパ諸国、日本、そしていまや中国まで、あらゆる国々が自国の剰余利益を米国に投資している。この「信頼」はそもそも、経済力ではなくイデオロギーと軍事力に支えられているので、米国としてはいかに帝国としての役割を正当化するかが問題となる。米国は戦争状態が永続することを必要としているため、「テロとの戦い」を考案し、「普通の」（「ならず者」でない）国家すべてを守る世界の保護者を自任しているのである。

地球全体はこうして、第一、第二、第三世界に分かれ、三つの階級から成る古代スパルタの世界版の様相を呈する。（一）軍事的‐政治的‐イデオロギー的な大国としての米国。（二）産業‐製造を受け持つ地域としての、ヨーロッパならびにアジアおよびラテンアメリカの一部（ここで重要なのは、世界有数の輸出国であるドイツと日本、それに発展著しい中国である）。（三）現代のヘロット〔古代スパルタの奴隷〕ともいうべき、残りの発展途上国。言い換えれば、グローバル資本主義は寡頭制に向かう大きな潮流を作り出し、これが「文化の多様性」として礼賛され、その本質が隠されてしまっているのである。平等と普遍主義は、アクチュアルな政治原理としては急速に消えつつある……。しかしながら、こうしたネオ‐スパルタ的世界システムは、完全に確立されないうちに崩壊しつつある。一九四五年のときとは異なり、世界は米国を必要としていない。米国が世界を必要としているのだ。今日の世界はコントロールしきれない多くの地域‐中心から成っているので、米国がグローバルな軍事大国として自己主張するためにできることは、本当に米国にとって代わる中心となりうる大国（中国、ロシア）とではなく、弱い敵（イラク、キューバ、北朝鮮、イラン……）を相手に芝居がかった戦争あるいは「危機管理」を行うことだけなのである。最近のブッシュ政権の暴走は、権力の行使ではなく、パニック状態での行為であり、わけのわからないアクティング・アウト〔行為への移行〕なのだ[52]。

おそらく、〈帝国〉に対する米国のクーデターを阻むことに焦点を合わせると、チャベス〔ベネズエラ大統領〕をだしにしてルラを評価するネグリの奇妙な態度が説明できるだろう。

ラテンアメリカには、ルラとブラジルPT〔労働者党〕によって約束されたものに代わるような政治プロジェクトはひとつも存在しません。たしかに、とりわけ最近では［ウゴ・］チャベス大統領のボリーバル主義ベネズエラが、ルラのプロジェクトに代わりうる選択肢として語られることがよくあります。しかしチャベスによる代替案は明らかに、完全にイデオロギー的で、きわめて抽象的なものです。［…］とくに、ベネズエラでは、政治権力がまだ経済・生産におけるオルタナティヴな開発能力と確固たる関係を築いていないように思えます。[53]

では、こうしてルラは何を達成したというのだろうか。ネグリは二つしか挙げていない。ルラがさまざまな運動と直接対話をしながら国を治めているということと、新たな方策（IMFの債務を返済することなど）を実行し、（国際）資本からの政府の自律を確かなものにしていること、この二つである。ネグリ自身、新たな国際均衡を確立するという目標は、社会的不平等に対する闘いよりも優先すべき事項であると認めている。[54]

それでは、米国のクーデターが失敗に終わり一般知性が〈帝国〉を運営することになると、何が起こるのだろうか。ネグリはここでまた奇妙な態度を見せる。意外なことに、ヨーロッパ中心主義を口にするのだ。

これからの時代は、グローバルな多国間主義《マルチラテラリズム》が確立され、貴族制型のグローバル代表制が大陸単位で現れてくるはずです。そのとき、ヨーロッパはこの新たなグローバルな〈構成〉のなかで唯一の民主的中継点になるでしょう。だからこそ、われわれにはヨーロッパが必要なのです。［…］グローバルなレベルでの現実的でダイナミックな変容を、多元的なかたちで、かつ民主的に推進していくチャンスを与えてくれるのはヨーロッパだけなのです。[55]

ここでの問題は、ヨーロッパ中心主義そのものであるよりも、それが理念的に正当化されていないということである。「グローバルなレベルでの現実的でダイナミックな変容を、多元的なかたちで、かつ民主的に推進していく」きっかけを作れるのはヨーロッパだけであると言える根拠は、厳密に言って何なのだろうか。

ドゥルーズはネグリとは別に

ネグリのヨーロッパ中心主義は、彼の思想全体の基盤である表現《エクスプレッション》=表出と表象《リプレゼンテイション》=代表制との対立に、すでに見てとることができる。その対立とは、政治的代表制《リプレゼンテイション》の論理（人民を代表するものとしての国家——あるいは政党）対表現《エクスプレッション》の論理（マルチチュードの自由な創造性を表現する社会運動）、である。代表制は、普遍的な領域において「代表される《リプレゼンテイド》」個人を相手にし、個人の経験的な個別性と、その超越論的あるいは法的普遍性とのギャップを特徴とする。さまざまな特異性は、生産力を備え直接相互に作用し、各自の創造力を表現=表出する原子《アトム》である。哲学的に見れば、これはデカルト／カント対スピノザという対立を意味する。（ここには明らかに、サルトルの『弁証法的理性批判』で展開された「実践的惰性態(pratico-inert)」という概念の反響が聴きとれる。）理論的な問題は、マルチチュードの表現《エクスプレッション》という点から見て完全に組織され有機体化された社会、「絶対的民主主義」の社会、代表制《リプレゼンテイション》なき社会などというものが想像できるのか、ということだ。それは、流動化が永久に続く社会、客観的構造のすべてが主観的生産性の直接の表現となっている社会である。ここにあるのは、〈生成〉対〈存在〉（生き生きとした生産性と、表象＝代表制の惰性的構造の不毛性との対立）という昔からある哲学上の論理であり、この対立においては、あらゆる表象＝再-提示《リ－プレゼンテイション》は生産的な表現力に寄生しているのである。

ここでおそらく、「表現＝表出する生産性がなければ表象＝代表制は存在しない」から「表象＝代表制がなければ表現＝表出する生産性は存在しない」という方向へとアクセントを移動させるべきなのだ。さまざまな運動におけるマルチチュードを「全体化する」ことは構造的に不可能である。「絶対的民主主義」、マルチチュードを直接的に完全に掌握するということは、遠近法的錯覚であり、二つの異質な次元が重なっているかのように偽って合成されたイメージなのだ。タルコフスキーの映画『惑星ソラリス』の結末においては、一つのショットにおいて二つの〔異質な〕ものを結合するという、タルコフスキーの原型的空想《ファンタジー》が提示されている。二つのものとは、主人公がそこに向かって投げ出される〈他者性〉（惑星ソラリスの混沌とした表層）と、主人公のノスタルジックな思慕の対象、彼が帰りたいと思っているロシアの田舎の家《ダーチャ》、ソラリスの表層を成す流動的粘液物質に覆われた家である――根源的《ラディカル》〈他者性〉の内部に、心の奥底から思慕する失われた対象を見出すのだ。これと同じ空想的な舞台設定を、タルコフスキーの『ノスタルジア』の結末に見ることができる。廃墟となった聖堂に囲まれたイタリアの田舎の風景、故郷のロシアを遠く離れた主人公がさまよう風景のなかに、まったく場違いなものであるロシアのダーチャ――主人公の夢の内容――が建っている。このショットも、ダーチャを背景にして、上半身を起こして地面に一人で横たわる主人公のクローズアップで始まるので、しばらくのあいだ、主人公が故郷に帰ったように見える。その後キャメラがゆっくりと引いていくと、イタリアの田舎の風景のなかにダーチャが建っているという完全に空想的な舞台が現れるのだ。このエンディング・ショットにおける空想は、対立し相容れない二つの視点が技術的に圧縮されて作られたもので、眼鏡屋でよく行われる検査に似たところがある。片方の目で鳥かごを見て、もう片方の目でオウムを見てから両目を開けると、視軸がうまく合っていれば鳥かごのなかにいるオウムが見えるというあの検査だ。マルチチュードが直接自らを統治するという、ネグリの言う「絶対的民主主義」も、これと同じ空想だとしたらどうだろう。マルチチュードと権力とのギャップが解消しがたいものになっているとしたらどうだろうか。

　これはドゥルーズを捨て去るべきだという意味ではない——捨て去るべきなのは、ネグリが一方的に解釈＝専有しているドゥルーズであるにすぎない。ネグリは、ドゥルーズの思考の根源的《ラディカル》な二重性を度外視しているのだ。[56] ドゥルーズのなかには、相容れない二つの存在論がある。潜勢的《ヴァーチュアル》な流れの生産力を称揚するドゥルーズは、もう一人のドゥルーズ、物質的生産と〈感覚〉の潜勢的な流れとのあいだに解消しがたいギャップを措定し、感覚の潜勢的な流れを非物質的で不毛な効果＝結果と見なすもう一人のドゥルーズに、いつまでもつきまとわれているのである。

　ドゥルーズの存在論の基本的座標を成すのは、〈潜勢的なもの《ヴァーチュアル》〉と〈現働的なもの《アクチュアル》〉との対立である。現働的なものの空間（現前している実際の行為、経験された現実《リアリティ》、個として形成された人格としての主体）は、その潜勢的な影（原《プロトー》－現実《リアリティ》の、多数多様な特異性《シンギュラリティ》の領野、現実の経験にやがて統合されることになる非人称的要素）につきまとわれている。これは「超越論的経験論」を説くドゥルーズ、カントの超越論的哲学に独特のひねりを加えるドゥルーズである。厳密な意味での超越論的空間は潜勢的なものの空間、多数多様で特異な潜在的能力の空間であり、「純粋に」非人称的で特異な身振りと効果＝結果および知覚の空間であり、そこにおいては、あらかじめ存在する安定した自己同一的主体に固有の身振り－結果＝効果－知覚はまだ存在しない。こういうわけで、ドゥルーズはたとえば映画芸術を称揚するのである。つまり映画は、眼差し、イメージ、運動、そして究極的には時間そのものを、特定の主体に帰属するという地位から「解放する」のだ。われわれは映画を観るとき、「機械」であるキャメラの視点からイメージの流れを見るわけであり、この視点はいかなる主体にも帰属していないのだから。モンタージュという技法によって、運動もまた特定の主体ないしは客体に帰属するという地位から抽出／解放される。解放された運動は非人称的なものであり、たんに二次的に、ア・ポステリオリに実定的存在物に帰属するにすぎない。

しかしながら、以上のような理論体系にここで最初の亀裂が走る。ドゥルーズは理解しがたい飛躍をして、先に見た概念的空間を、生産対表象＝代表という伝統的対立に結びつけるのである。潜勢的なものの領野は発生を促す生産力の領野として（再）解釈され、この領野は表象＝代表の空間に対立するのだ。ここでわれわれが目にしているのは、よくあるおなじみの話、分子的《モレキュラー》で多数多様な生産性の場が、全体化を目指すモル的組織によって抑制されている、等々といったよくある話ではないだろうか。このようにドゥルーズは、二つの論理を生成と存在という対立の下に同一視しているように思える。その二つの論理は原理的に両立しえないにもかかわらず、である（二つ目の論理の方にドゥルーズを押しやる「悪」影響を、フェリックス・ガタリのせいにしたくもなる）[57]。厳密な意味での生産の場は、潜勢的な空間そのものではなく、潜勢的な空間から構成された現実への移行、マルチチュードが崩壊して一つの現実へとなだれ込んでいく動きなのである。原理的に言って生産は、潜勢的なものの解放空間を制限すること、潜勢的なマルチチュードを規定／否定することなのだ（こうしてドゥルーズは、スピノザの「スベテノ規定ハ否定デアル *omni determinatio est negatio*」をヘーゲルに抗って読むのである）。

ドゥルーズ固有の方向性を示す著作は、初期のすばらしい研究書（鍵となるのは『差異と反復』と『意味の論理学』）に加えて、短めの入門書のいくつか（たとえば『プルーストとシーニュ』や『マゾッホとサド』）である。後期の著作では、『意味の論理学』の主題への回帰を示している二巻本の『シネマ』がある。この系列の著作はガタリとの共著と区別すべきであって、残念なことに、英米圏において受容されているドゥルーズ（そしてまたドゥルーズが与えた政治的インパクト）は、その大部分が「ガタリ化された」ドゥルーズなのである。ドゥルーズが一人で書いたテクストのなかに、いかなる意味においても直接的に政治的なものは一つもないということは決定的に重要である。ドゥルーズ「自身」は政治に関心のない、きわめてエリート的な書き手であった。したがって、唯一の哲学上の重大問題は、ドゥルーズがガタリに向かったのはいかなる内在的行き詰まりからなのか、ということになる。ドゥルーズの最も出来の悪い著作だと言える『アンチ・オイディプス』は、完全に袋小路にはまった状態から、単純化された「平滑的《フラット》」解決によって脱出しようとした結果得られたものではないだろうか。これは、「肯定」哲学と「否定」哲学との二重性への移行によって、世界年代というプロジェクトの袋小路から脱出しようとしたシェリングの試み、あるいは、道具的理性とコミュニケーション的理性との二重性への移行によって、「啓蒙の弁証法」という袋小路から脱出しようとしたハーバーマスの試みと同型ではないだろうか。われわれの課題はこの袋小路に再び正面からぶつかることである。したがって以下の疑問が生じる。ドゥルーズがガタリの方に押しやられたのは、ガタリがアリバイを、ドゥルーズがかつてはまりこんでいた袋小路から脱出する安易な逃げ道を提示したからではないのか、という疑問である。ドゥルーズの概念的構築物は、彼の著作のなかに共存している二つの論理、二つの概念的対立をその基盤としているのではないか。この洞察はあまりにも明白で、フランス人の言う自明の理（*lapalissade*）を述べているに等しいと思えるので、これがまだ一般的に理解されていないことは意外である。二つの論理とは以下の通りだ。

まず、意味の論理、意味-出来事としての、身体的-物質的な過程-原因から生じる結果=効果としての非物質的生成の論理、発生的な過程とその非物質的な意味-結果との解消しがたい《ラディカル》ギャップの論理がある。

> 多数多様性は、物質的原因から生じる非実体的効果=結果であり、無感覚的な存在物あるいは因果論的に不毛な存在物である。純粋な生成の時間は、つねにすでに過ぎ去っているか永遠にやってこないかのどちらかであり、こうした多数多様性の無感覚性あるいは不毛性の時間的次元を形成する。[58]

そして映画とは、表層における生成の不毛な流れを示す究極的な事例ではないだろうか。映画におけるイメージは、内在的に〔本来的に〕不毛かつ無感覚的であり、イメージの疑似‐自律性を獲得しながらも、やはり実体的原因から生じる純粋な効果＝結果なのである。

次に、これに対して、〈存在〉の生産としての生成の論理がある。

> 計量的あるいは外延的属性の出現は、連続的な潜勢的時空間が非連続的で現働的な時間‐空間的構造へとしだいに自己差異化していく単一の過程として考えるべきである。[59]

たとえば映画や文学を分析する場合、ドゥルーズは触発《アフェクト》＝情動の非実体化を強調する。つまり、芸術作品においては、或る触発＝情動（たとえば、退屈さといったような）は現実の個人に帰因するのではもはやなく、自由に浮遊する出来事へと生成しているということだ。では、こうした触発＝情動‐出来事の非人称的強度は、いかにして身体あるいは個人に結びつくのだろうか。ここでわれわれは、再び同じ両義性に出会っている。すなわち、この非物質的触発＝情動は、純粋な〈生成〉の不毛な表層として、相互作用する複数の身体によって発生させられるのか、それとも、非物質的触発＝情動は潜勢的強度の一部であり、そこから現働化《アクチュアライゼイション》を通じて複数の身体が出現するのか（〈生成〉から〈存在〉への移行）、という両義性である。

そして、これはまたしても唯物論と観念論の対立ではないだろうか。ドゥルーズにおいては、これは『意味の論理学』と『アンチ・オイディプス』との対立を意味している。〈意味‐出来事〉、純粋な〈生成〉の流れは、身体的‐物質的原因が複雑化することから生じる（能動的でも受動的でもなく中立的な）非物質的触発《アフェクト》＝情動なのか、それとも、身体という実定的な存在物はそれ自体〈生成〉の純粋な流れの産物であるのか、という対立である。あるいはまた、潜勢性という無限の領野は相互作用する複数の身体から生じる非物質的な効果＝結果なのか、それとも、身体それ自体がこの潜勢性という領野から出現し自らを現働化するのか、という対立である。ドゥルーズ自身は『意味の論理学』において、現実《リアリティ》を発生させる様式は二つありうると見なして、上記の対立をさらに展開している。すなわち、形式的発生（〈存在〉の純粋な流れとしての非人称的意識の内在性から現実が出現すること）は現実的発生によって代補され、これに対して現実的発生は、複数の身体の相互作用から非物質的な出来事−表層そのものが出現することを説明する、というのである。

生産的な〈生成〉の場としての潜勢的なものと、不毛な〈意味−出来事〉の場としての潜勢的なものとのこうした対立は同時に、「器官なき身体」と「身体なき器官」との対立でもあるのではないだろうか。一方では、純粋な〈生成〉の生産的な流れは、器官なき身体、つまり機能的器官としてはいまだ構造化されたり規定されたりしていない身体ではないだろうか。しかし他方では、身体なき器官は、『不思議の国のアリス』でチェシャー猫の身体がもはや現前していないのにしばらく残っているニヤニヤ笑いのように、身体にはめ込まれた状態から取り出された純粋な触発＝情動という潜勢性ではないだろうか。

「わかった、わかった」とネコは言って、こんどはゆっくり時間をかけて、消えていきました。まず尾の先が消え、だんだんとほかの部分も見えなくなり、最後にニヤニヤ笑いだけがしばらく残っていました。「これはおどろき！　ニヤニヤ笑いなしのネコなら、よく見たことがあるわ。でも、ネコなしのニヤニヤ笑いなんて！　生まれてこのかた、こんなへんてこりんなもの、見たことないわ！」

〔高橋康也・迪訳、『不思議の国のアリス』、河出文庫〕

このように取り出された身体なき器官という概念は、もはや身体に付属していない自律した器官としての眼差しそのものという姿で、『シネマ2＊時間－イメージ』に印象的に再出現する。こうした二つの論理（現実を発生させる力としての〈出来事〉と、複数の身体の相互作用から生じる不毛で純粋な効果＝結果としての〈出来事〉）はまた、二つの特権化された心理学的立場にも影響を与えている。〈生成〉という発生にかかわる〈出来事〉は、「スキゾ」の生産力、やがてはエディプス的母型《マトリクス》に束縛されてしまう欲望する強度という非人称的な多数多様体《マルチチュード》において、統一された主体が爆発することを基盤としている。これに対して、不毛で非物質的な効果＝結果としての〈出来事〉は、儀式を演じるという退屈で反復的なゲーム、このゲームの機能は性的なアクティング・アウト〔行為への移行 *passage à l'act*〕をいつまでも繰り延べることなのだが、こうしたゲームにおいて満足を見出すマゾヒストという人物＝形象を基盤としている。何のためらいもなく多数多様な情動の流れに身を投じるスキゾと、影の舞台での周到な演技において不毛な同一の身振りを何度も反復することに執着するマゾヒスト、この両者の対比ほど強烈な対比を実際に想像できるだろうか。

そこで、物質的身体と意味の非物質的効果＝結果との混合というドゥルーズにおける対立を、下部構造と上部構造というマルクス主義における対立になぞらえてみるとどうなるだろうか。生成の流れは典型的な上部構造――物質的生産の場から存在論的に切り離され、まさしくそれゆえに、〈出来事〉の起こりうる唯一の空間である影の舞台――ではないだろうか。ドゥルーズの二つの存在論は明らかに、二つの異なる政治の論理と実践に翻訳できる。生産的な〈生成〉の存在論は、分子《モレキュラー》の集団であるマルチチュードの自己組織化という左翼の主題につながっていくことは明らかだ。この分子の集団は、全体化を目指す権力のモル的システムに抵抗しこれを掘り崩すというのである。これは、抑圧的で物象化されたシステムに対立する自発的で非序列的な生けるマルチチュードという旧来の考え方であり、哲学上の観念論的主観主義に結びついた左翼的ラディカリズムの典型例である。問題は、ドゥルーズの思想を政治化するときに考えられるモデルがこれしかないということだ。もう一つの存在論、〈意味‐出来事〉の不毛性の存在論は、「非政治的」に見える。しかしながら、このもう一つの存在論が、ドゥルーズ自身も気づいていなかった政治に関する独特の論理と実践を含んでもいるとしたらどうだろう。するとわれわれは、革命的実践を新たに基礎づけるためにヘーゲルへと――直接政治を論じた著作ではなく、主に『論理学』へと――回帰した一九一五年のレーニンのように進むべきではないだろうか。レーニンと同様に、ドゥルーズのもう一つの政治論をここに発見すべきだとしたらどうだろう。こうした方向に進む際の最初のヒントは、すでに言及した類似性、つまり実体的原因／生成の非物質的流れという対と、旧来のマルクス主義の下部構造／上部構造という対との類似性のなかにあるのかもしれない。そうした政治論は、現実に稼働している「客観的な」物質的／社会‐経済的過程の解消しがたい二重性とともに、革命的〈出来事〉の爆発、政治的論理固有の爆発をも考慮に入れるだろう。政治の領域が、本来的に「不毛」で、準‐原因の領域、影の舞台であるのだが、それでもやはり、現実を変える際には決定的に重要なものだとしたらどうだろう。

　これが意味しているのは、不毛な潜勢的《ヴァーチュアル》運動と権力の現働性《アクチュアリティ》とのギャップを受け入れるべきだということである。この解決策は見かけよりもパラドクシカルだ。つまり、潜勢性は表現力のある生産性を表すが、これに対して現働的《アクチュアル》国家権力は表象＝代表の水準で機能するということを念頭に置かねばならない。生産性は「現実的《リアル》」であり、国家は表象＝代理的なのだ。これは、生産性対〈存在〉の実定的秩序という哲学上のパラダイムから脱出する方法である。真のギャップは現実《リアリティ》とその表象《レプレゼンテイション》＝代理とのギャップではない。現実とその表象＝代理は対立しておらず同じ側にあって、同一の実定的〈存在〉の秩序を形成しているのだ。したがって生産性は、実体的〈存在〉のたんなる見かけに対立するような形而上学的原理でも現実の発生源でもないのである。実体的〈存在〉は「実際にそこに在るものすべて」であり、これに対して生産性の原因性は疑似‐因果性であるが、そうであるのは生産性が「不毛」で潜勢的な影の領域で機能するからなのだ。

この二重性はハイデガーのいう〈世界〉と〈大地〉との闘争であり、今日われわれは、経験を規定している敵対性というかたちでこの闘争に出会っているのではないだろうか。一方では、経験の流動化（揮発）、その非実体化ということがある。幾何級数的に進むこうした「存在の軽さ」の爆発は、人間としてのわれわれのアイデンティティを、ハードウェアからソフトウェアに、一つのハードウェアから別のハードウェアへとリロードできるプログラムに変容させるというサイバー・ドリームにおいて頂点に達する。ここにおいて現実《リアリティ》は仮想化＝潜勢化《ヴァーチュアライズド》され、失敗しても巻き戻せばいくらでもやり直しがきく。しかし、われわれが住むこうした仮想化＝潜勢化された世界は、やがて訪れるエコロジー的破局と呼ばれるものの影に脅かされている。そうした破局の見込みは計量しえない重み、複雑さを伴う〈大地〉の惰性態であり、われわれを捕らえて、〈大地〉に生きる者にとっての不可視の背景＝基底を形成する均衡が崩れやすいことを思い出させる。われわれはそうした均衡を（したがってわれわれ自身を）破壊する可能性があるのだ――地球温暖化、新種のウィルス、〈大地〉に衝突する巨大小惑星によって……。人類の歴史において、人間という存在の耐えられない軽さ（メディアは、われわれがクリックするだけで不思議な感覚を提供し、現実という抵抗をすり抜け、「摩擦ゼロの」世界を約束してくれる）と、〈大地〉という予測不可能な背景との緊張関係がこれほど明白になったことはないのである。

国家権力と自己組織化するマルチチュードの運動との緊張関係／対話として「ガヴァナンス」の定式を提示するネグリは、純粋に政治的な水準において、解消不可能なギャップを肯定するという解決の道を歩んでいるのではないだろうか。毛沢東はこの二重性に十分気づいていたのであり、だからこそ彼は、〈文化大革命〉が頂点に達し、上海コミューンが党‐国家装置そのものを取り除いて、自己組織化するコミューンを代わりに据えようとしたとき、こう警告して介入したのだ――そのような組織は「やがてやって来る反革命を押さえつけるには弱すぎる」と。[60] こうした脅威がやって来るときには、純粋で剝き出しの権力が必要になるのである。

> 重要なことのなかでも、権力の掌握は最も重要である。したがって、階級上の敵に深い憎悪を抱く革命的大衆は、団結して偉大な同盟を形成する決断を下し権力を奪取するのだ！ 権力奪取！ 権力奪取！ ブルジョワ的反動路線に執拗に固執する反革命的修正主義者や意固地な保守派によって奪われた、党のすべての権力、政治上の権力、財政上の権力を取り戻さねばならない。[61]

毛沢東によるこうした介入は、彼が〈紅衛兵〉を冷酷に操っていたことの証拠として引用されるのが常である。すなわち、毛沢東は、共産貴族《ノーメンクラトゥーラ》のなかの敵を粉砕するために〈紅衛兵〉を必要としたにすぎないので、紅衛兵たちがその任務を終えてからも活動をやめようとせず、党-国家装置を解体し実際にそれを乗っ取ろうとすると、毛沢東は軍隊――当時まだ安定して機能していた唯一の国家装置――を指導して介入させ、〈紅衛兵〉の抵抗を潰し、数百万人の紅衛兵たちを「再教育」のため農村に追いやった……と言うのだ。しかしながら、マルチチュードの運動の広がりはつねにすでに、そうした運動が行われる空間自体を構築し維持するような〈権力〉装置に依存しているということを、毛沢東が意識していたとしたらどうだろう。今日、ゲイの権利や人権等々を求める運動は国家装置に依存しており、こうした装置は、権利運動が要求を突きつける相手であるだけではなく、運動を行う人々の活動（安定した市民生活）の枠組みを提供してもいるのである。

毛沢東に対するより根本的な非難は、ポストモダン〈左翼〉から伝統的「レーニン主義的」マルクス主義者に対してなされる標準的な批判と同様である。つまり、そうしたマルクス主義者は国家権力に、国家権力を奪取することばかりに集中している。しかしながら、国家権力を奪取することに成功した例はいろいろあるが、最終的には悲惨な失敗に終わっている。だから〈左翼〉は態度を変えて、外見は今までより穏健に見えるがじつはもっとラディカルな戦略を取るべきなのだ。すなわち、国家権力から身を引いて、社会生活の組成《テクスチャー》そのもの、社会全体の構造を支えている実践すべてを直接変えることに集中すべきだというのである。こうした立場は、ジョン・ホロウェイ著『権力を取らずに世界を変える』に最も洗練されたかたちで提示されている。[62] 絶えず批判されてきた、「すること」（人間の活動、生ける労働）と「なされたこと」（死せる労働、資本）との分離は、人と人との関係が物と物との関係へ還元されていることを意味する。することの社会的な流れ、ホロウェイの言う「する力」は、「させる力」によって破壊されてしまう。われわれの日々の生活は闘争の連続であり、秘匿されると同時に公にされ、暴力的であると同時に抑圧されており、意識的であると同時に無意識的である。「われわれは〈眠れる森の美女〉ではない。王子-党がキスしてくれるまで疎外されたまま凍結しているのではなく、呪いの言葉から自分を解放するために日々闘っているのである」[63]。したがって、ラディカルな社会変革はいかなるものであっても、そのやり方において反-物神崇拝《フェティシズム》的でなければならない。しかし、物神崇拝《フェティシズム》の反対はまさに、見ることも描くこともできない「暗い空虚」であり、われわれが歩いた後にできる道、問い自身を問うということなのである。

こうしたアプローチには真理への契機がある。この真理は、ラ・ボエシの自発的隷属論において初めて古典的に定式化された真理である。すなわち、われわれが権力を受動的に耐え忍んでいることが権力を構成するのであり、権力自体が強力であるから権力を恐れそれに従っているのではない。それどころか、権力が強力に見えるのは、われわれが権力をそのようなものだと受け入れているからなのだ。この事実を認識することによって、魔術的な受動的革命を実現する空間が切り開かれる。そうした革命は、権力に直接対峙するのではなく、権力を支えている日々の儀式や実践に参加するのを控えることによって、モグラが地下に穴を掘るようにして、権力の地盤を徐々に掘り崩していくのである。マハトマ・ガンジーは、インドで反英抵抗運動を率いていたとき、ある意味でこれと同じことをしていたのではないだろうか。ガンジーは、植民地支配を行う国家を直接攻撃するのではなく、市民による不服従の運動、英国製品に対する不買運動を組織し、植民地支配を行う国家の外部に社会的空間を創造したのである。

　資本の支配を掘り崩すもう一つの領域は、消費者の自己組織である。この考え方によれば、社会生活の唯一の実質的現実として生産を特権化する伝統的左翼の見方は捨て去るべきである。労働者-生産者の立場と消費者の立場との相違は、一方を他方に対して「より深い真理」として特権化することなく、解消せずにそのまま維持するべきなのだ。[64]価値は生産過程において創造される。しかしながら、この場合価値は、いわば潜在的に創造されるだけであって、生産された商品が売れることによってM-C-M′〔貨幣-商品-貨幣〕という流通〔循環〕が完結されたとき初めて価値は現働化されるのである。価値の生産と価値の現働化とのこうした時間的ギャップは決定的に重要である。流通〔循環〕の過程がうまく完結することなく、生産〔過程〕において価値が生産されるとしても、厳密に言えばそれは価値ではない。そこでの時間性は前未来（*future antérieur*）である。言い換えれば、価値は、直接的には「存在」していないのであり、「存在することになるだろう」と言えるだけで、遡及的に現働化され行為遂行的に生じるのだ。生産〔過程〕において価値は「即自存在」として生み出され、これに対して、流通〔循環〕過程が完結することによってのみ、価値は「対自存在」に生成する。このようにして柄谷行人は、生産過程において生み出されると同時に生み出されない価値のカント的アンチノミーを解決している。生産過程において、価値は即自として生み出されるだけなのだ。そして、まさしくこうした即自と対自とのギャップがあるがゆえに、資本主義は形式的な民主主義と平等を必要とするのである。

資本を主人-奴隷の関係から区別するのは、まさに、労働者が消費者および交換価値措定者として資本に相対するという事実であり、労働者が、貨幣所持者という形態、貨幣という形態で、流通の単なる一つの起点――無限に多くの起点のうちの一つ――になるという事実なのであって、ここにおいては労働者の労働者であるという規定性が消し去られているのである。[65]

この一節が意味しているのは、資本がその再生産過程の循環〔流通〕を完結させるためには、役割が逆転してしまう臨界点《クリティカル・ポイント》を通過しなければならないということである。「[…] 剰余価値は原理的に、総体として、労働者が自ら作ったものを買い戻すことにしか存在しない」[66]。この点は柄谷にとって決定的に重要である。それは、今日の資本による支配に対抗するのに必要な梃子を与えてくれるのだ。プロレタリアートがこの特異点に攻撃の焦点を合わせ、買い手という立場から資本に接近し、したがって、この特異点においてはまさしく資本の方がプロレタリアートの機嫌をうかがわねばならないのだが、これは当然ではないだろうか――「[…] 労働者が主体となりうるとしたら、消費者として以外にない」[67]。

今日、こうした消費の役割の重要性は、意外な点においてますます確実なものとなっている。ドイツのポスト・ヒューマニズムの哲学者ペーター・スローターダイクは、果てしなく暴利を貪る資本主義という「限定経済」に対立する、至高の蕩尽に基づく「一般経済」というジョルジュ・バタイユの概念に言及しつつ、資本主義のそれ自身からのズレ、その内在的な自己超克の輪郭を描いている。資本主義は、「それ自身のなかから、最もラディカルな――そして唯一実り豊かな――対立項、悲観主義に囚われた古典的〈左翼〉が夢見たものとはまったく異なる対立項を生み出す」ときに、その頂点に達する。[68] これは、スローターダイクがアンドリュー・カーネギーに肯定的に言及していることのうちに示されている。果てしない富の蓄積を自己否定する至高の身振りとは、価格を超えた、市場の流通の外部にある物——公共財、芸術や学問、健康など——に対してこの富を支出することである。この決定的な「至高の」身振りによって資本家は、果てしなく拡大する再生産の悪循環、より多くの貨幣を得るために貨幣を獲得するという悪循環から脱出することができる。蓄積した富を公共財のために寄付する資本家は、資本とその再生産の循環を人格化したものにすぎない自分を否定しているというのだ。こうして資本家の人生は意味のあるものとなる。それは自己目的的なゴールとしての拡大再生産ではもはやない。それだけでなく、こうして資本家はエロスからサイモス〔承認願望〕への移行、蓄積という倒錯した「エロスの」論理から公的な承認と名声への移行を成し遂げるのだ。これは結局、〔ジョージ・〕ソロスや〔ビル・〕ゲイツのような人物を、資本主義の過程自体に内在する自己否定を体現する人物にまで高めることに他ならない。彼らの慈善事業——公共の福祉に対する莫大な寄付——は、たんなる個人的な性癖ではない。誠実な行為であれ偽善的な行為であれ、それは資本主義の循環の論理的帰結点なのであり、厳密に経済学的な視点から見て必然的なものなのだ。というのも、そのおかげで資本主義のシステムは危機を先送りできるからである。それは致命的な罠に陥ることなく、均衡——本当に貧しい人々へ富を再分配するというようなこと——を再び確立する。致命的な罠とは、破滅をもたらす恨みによる論理、国家統制主義者によって強制された富の再分配であり、これらは結果として悲惨な状況を拡大することにしかならないのだ。加えて、そうした慈善事業などの行為は、ある種の均衡の回復やサイモスの肯定を、至高の蕩尽すなわち戦争を通じて行うという様式を回避するものでもある。以上のようなパラドクスは、われわれの置かれた悲しい苦境を表している。すなわち、現代の資本主義は自分だけの力では自己を再生産できないということだ。資本主義は、社会的再生産の循環をうまく回し続けるために、経済の外部にある慈善を必要としているのである。

ガヴァナンスと運動

このように、どんな革命も二つの異なる側面から成っている。事実としての革命に精神的な改革が加わる。つまり、国家権力を求める現働的《アクチュアル》闘争に、慣習の変革、日常生活の実質の変革を求める潜勢的《ヴァーチュアル》闘争が加わるのだ。後者の闘争は、ヘーゲルが「沈黙のうちに機《はた》を織る〈精神〉」と呼んだものであり、これが権力の不可視の土台を掘り崩していくので、形式的な水準での変革をもたらす最後の行為は、すでに起きていることに気づくことなのである。つまり、死んだ形式に、自分が死んでいることを思い出させるだけでよいのだ。それだけで形式は崩壊する。またもや『精神現象学』を参照すれば、ヘーゲルはそこで、「それ自身の実体の単一な内面において、沈黙のうちに機《はた》を織り続ける〈精神〉」について、ディドロの『ラモーの甥』から有名な一節を引用している。

〔…〕洞察〔透見〕は、偶像の中心部分の奥の奥までしのびこみ、偶像の気づかぬうちにその内臓と四肢とをすっかり占領してしまう。そして「ある晴れた日の朝、洞察はその仲間を肘でおしのける、するとがらがらと音をたてて、偶像は地に倒れてしまう」。その晴れた日の午後になっても、伝染病が精神的生命の全器官にしみ通っているので、血は流れない。[69]

しかしながら、ヘーゲルはここで終わりにせずさらに続けて、「その活動を自分自身から隠す〈精神〉は、純粋な洞察〔純粋透見〕を実現する一つの側面にすぎない」と指摘する。と同時に、意識的な行為であるこの〈精神〉は、「そのいくつかの契機に、はっきりと明確な存在を与え、まったくの騒乱のなかで、自らが対立するものに暴力的な戦いを挑まねばならない」[70]。〈新たなもの〉への移行においては激しい戦いが続くのだが、対立し合う一方の力が、まさしくその敵対者に自分の論理がすでに浸透していると気づくやいなや、戦いは終わる。[71]このように、明らかに対立する二つの特徴（形式の優先性、「沈黙のうちに機《はた》を織る〈精神〉」）を同時に理解しなければならない。この〈精神〉は内容ではなく形式それ自体にかかわるのである。またしてもテレビ伝道師を例にとれば、「沈黙のうちに行われる機織」はテレビ伝道師のメッセージを、そのメッセージの形式の水準において掘り崩すのだ（テレビ伝道師がメッセージを伝えるやり方そのものが、メッセージの内容を覆すということである）。

〈文化大革命〉のような失敗から得られる教訓は、次のような焦点の移動を行うべきであるという教えだ。すなわち、表象＝代表制、国家による秩序、資本といったものをもはや必要としない生産的表現力を完全に支配するというユートピア的目標から、「既存のリベラル民主主義的表象＝代表制国家に取って代わるのはどのような表象＝代表制であるべきか」という問いへと焦点を移動させるべきである、という教訓である。これと同じことを、「市民所得」というネグリの提案は指し示しているのではないだろうか。「市民所得」とは、制度的-表象＝代表制的方策なのだ（ホモ・サケルにとってではなく完全な市民にとって、「市民所得」は国家の表象＝代表制を含意している）。それは、個人の生産性に関連しているのではなく、表現力のある生産性を可能にする空間を切り開くための、表象＝代表制という条件であり枠組みなのである。

ネグリは現代の状況を「永続するガヴァナンス」の一種と見なしている。

> 権力は二つに分割されています。規範を定め、それを具体的な行政措置において執行するというやり方ではもはや実現しえない権力なのです。というのも、コンセンサスがなければ規範を実現することはできず、そのコンセンサスとはあくまでも、主体たちの参加という意味で理解されるものだからです。[72]

ついでに言えば、こうした「二重の権力」、「ガヴァナンス」という概念は、表象＝代表制による国家権力と「表現力のある」運動の評議会との相互作用を意味するものとして、〈左翼〉の歴史において長い伝統をもっている――とりわけそれは、一九一八年から一九年にかけてカール・カウツキーによって唱導された。そのときカウツキーは、「国民議会か評議会か」という二者択一を拒否し、それぞれの議会が別個の務めを果たすように、両者の統合を目指したのである。

カウツキーによれば、評議会は、たとえ住民の大多数の支持を得ていても、選挙による代表制の唯一の形態として選択されてはならない。というのも、評議会は技術的にも政治的にも欠陥があったからである。評議会という形態だけを選ぶならば、職場と職業に基づくシステムを導入することになり、一党中心主義者と協調組合主義者の考え方を受け入れざるをえなくなるだろう。［…］これに対して、国民議会の選挙においては、社会的な関心は同質化され、複数の大政党が前面に出てきたのである。[73]

トルストイは、カウツキーの批判の標的であったが、階級の自己組織と革命的前衛党の政治指導部との相互作用の必要性を訴え、カウツキーと同じ二重性を唱えている。[74]「表現力のある」マルチチュードという直接民主制の、二十世紀における主要な形態は、いわゆる評議会（「ソビエト」）であった。評議会のなかに、ポリスにおける古代ギリシア人の生活の木霊を聴き取っていたハンナ・アレントのようなリベラル派も含め、西側諸国の（ほとんど）全員が評議会にほれ込んでいる。「現実に存在する社会主義」の時代を通じて、「社会民主主義者」の秘められた希望は、「ソビエト」、つまり人民が自己組織化した形態である各地域の評議会、これによる直接民主制であった。そして、「現実に存在する社会主義」の凋落とともに、そこにいつもつき纏っていた解放を表す影もまた消え去ったことはじつに徴候的である。これは、次のような事実を究極的に確証するものではないだろうか。すなわち、「社会民主主義」の会議のモデルは、「官僚的な」、「現実に存在する社会主義」の亡霊的分身にすぎず、そうした社会主義に内在する、実質的で積極的な内容を持たない侵犯であり、つまり社会を組織する不変の基本原理としては役に立たないものであったという事実である。「現実に存在する社会主義」と議会制民主主義に共通していたのは、自身に対して透明な社会組織の可能性を信じていたことである。そうした社会組織は、政治的「疎外」(国家装置、政治的生活に関する制度化された規則、法秩序、警察、等々)をあらかじめ排除する。そして、「現実に存在する社会主義」の終焉をめぐる基本的経験とはまさに、「現実に存在する社会主義」と議会制民主主義に共通する特徴を拒否するという身振り、つまり、社会とはサブシステムの複雑なネットワークであり、したがってある程度の「疎外」は社会生活を構成する上で必要なのだから、完全に自身に対して透明な社会は潜在的に全体主義につながるユートピアなのだという事実を、諦念をもって受け入れるというポストモダン的身振りなのではないだろうか。[75] とすると、これと同じことが、ファヴェラ〔貧民が不法に占拠する居住区〕から「ポスト産業的」デジタル文化(コンピュータ・ハッカーの新たな「部族的」コミュニティの姿は、議会制民主主義の論理を思い起こさせることも多いのではないだろうか)にいたるまでの、今日における「直接民主制」の実践に当てはまるのも不思議ではない。こうした実践はすべて、国家装置に依存しなければならない、つまり、全領域を占拠することは構造的な理由からできないのである。

したがって、ネグリのモットーである「運動なくして統治なし」は、「統治なくして運動なし」、運動の空間を確保しているのは国家権力である、という反論に曝されねばならない。ネグリは表象＝代表制民主主義というシステムを軽視している。「議会を通じた代表システムは腐りきっていますから、そのなかではもはや何もできません。われわれは何か新たなものを生み出す必要があります[76]」。しかしながら、「表現力のある」運動が、それが前提とする〈基底〉に依存しなければならない以上、われわれは民主主義（直接制ではなく、まさしく表象＝代表制）を、「表現力を持つ」自由を行使する運動に必要な〈基底〉を与えてくれるものとして擁護しうる。民主主義の抽象的‐普遍的で形式的な特徴（一人一票、等々）は、そうした中立的な基底を与えるのにふさわしいものなのである。

代表制民主主義と「運動」の直接的な表現との緊張関係があるからこそ、通常の民主的政治政党と「より強い」（大文字の）〈党〉（共産党のような）との違いを明確に規定することができるのである。通常の政治政党は、代表制的機能を完全に前提としており、選挙によってそのすべてが正当化されるが、これに対して〈党〉は、民主的な選挙という形式的手続きを、自身の力を「表現する」運動の現実的な政治力学に比べて二次的なものと見なす。もちろんこれは、〈党〉は自身にとって外的な運動において正当化されることを目指しているという意味ではない。〈党〉は、運動の *Selbst-Aufhebung*（自己‐揚棄）として自らを把握／措定するのだ。〈党〉は運動と交渉することはない。〈党〉は、政治上の普遍性という形式にまで変質した運動、国家権力のすべてを引き受ける準備のできている運動なのであり、そういうものとして、自分自身だけを拠り所としているのである。

民主主義が不十分なのは、表象＝代表されるものに対する表象＝代表の構成的過剰、とバディウが呼ぶものにおいてである。〈法〉の水準では、国家権力はその臣民《サブジェクツ》＝主体の利益・関心等々を表象＝代表するだけであり、臣民＝主体に奉仕し、臣民＝主体に対する責任を負うと同時に彼らによる支配に従う。しかしながら、超自我という裏面の水準では、責任その他に関する公的メッセージは、〈権力〉の無条件の行使という理不尽なメッセージによって代補される。法は実際には私を拘束しない、私はおまえにしてやりたいことを何でもできる、私の判断ひとつでおまえを有罪にできる、私の一言でおまえを殺すことだってできる……というメッセージである。こうした理不尽な過剰は、主権という概念（この概念のシニフィアンは、〈主人のシニフィアン〉である）を構成するには必要なものなのだ。非対称性はここでは構造的なものである。つまり、臣民＝主体が法のなかに理不尽な無条件の自己主張の反響を聴き取る場合にのみ、法は自らの権威を支えることができるということである。

　民主主義は、疎外を最小限にとどめることを前提としている。権力を行使する者は、自分と人民とのあいだに、人民を再-提示＝代表するという最小限の隔たりがある場合にのみ、人民に対する責任を負うことができる。「全体主義」においては、この隔たりは無効にされ、〈指導者〉が人民の意志を直接提示するとされる。もちろんその結果として、〈経験的な水準での〉人民は、その〈指導者〉においていっそうラディカルに疎外されることになる。〈指導者〉は、人民の混乱した「経験的」願望や利益＝関心とは正反対の、人民の真の願望や利益＝関心を、人民の「本当の存在」を、その真のアイデンティティを、直接体現しているのだ。臣民＝主体から疎外された独裁的権力とは対照的に、人民、ここでいう「経験的」人民は、自分自身から疎外されているのである。

　もちろんこれは、たんに民主主義を求め「全体主義」を拒否するという訴えを意味しているわけではまったくない。それどころか、「全体主義」には真理への契機がたしかに存在している。政治における代表制は、人民は自分が欲するものをあらかじめ知っていて、そうした願望を実現するよう自分たちの代表者に求めるということを意味しているのではない。人民は自分の願望を「即自的に」知っているにすぎない、ということをヘーゲルはすでに指摘していた。人民の利益や目標を定式化し「対自的に」存在させるのは、人民の代表者なのである。こうして「全体主義の」論理は、代表＝表象される「人民」の内側からつねに-すでに生じている裂け目をあらわにし、それを「裂け目そのもの」として措定するのである。

　ここで、指導者という人物＝形象に関してラディカルな結論を引き出すことを恐れてはならない。一般的に、民主主義はプラグマティズムや功利主義が支配する惰性態を超えることはできず、「利益になる」

（「*service des biens*」）という論理を停止できない。したがって、分析者という外的な人物＝形象に対する転移的な関係を通じてでなければ〔精神〕分析による変化は生じないのだから、自己分析というものは存在しないのだ、という場合と同じく、〈大義〉を求める熱狂を誘発し、指導者に従う者たちの主観的ポジションにラディカルな変化を引き起こし、彼らのアイデンティティを「化体＝変質させる」ためには、指導者は必要なのである。[77]

　こうした主張が意味しているのは次のようなことである。すなわち、権力をめぐる究極の問いは、「権力が民主的に正当化されるか否か」という問いではなく、民主的であるか否かにかかわらず、主権そのものに付随する「全体主義的過剰」に固有の性質（その「社会的内容」）は何か、という問いであるということだ。「プロレタリアート独裁」という概念が機能するのは、まさしくこの水準においてである。「プロレタリアート独裁」において、権力の「全体主義的過剰」は「全体の一部ではない部分」の側にあるのであって、位階序列的な社会秩序の側にあるのではない。ずばりと言ってしまえば、究極的には、人民はその場合まさに至高の権力という意味での権力の座に就いているのだ。言い換えれば、人民の代表者が権力の空虚な場所を一時的に占めているというのではなく、よりラディカルに、人民は国家の代表制の空間を自分たちの方向に「ねじ曲げて」いるのである。

　チャベス〔ベネズエラ大統領〕とモラレス〔ボリビア大統領〕は、「プロレタリアート独裁」の現代的形態とでも呼べるものに接近していると言えるだろう。この二人による統治は、多くの行為体《エージェント》＝代理人や運動体と交流し、そこからの支援に頼ってはいるが、ファヴェラに住むよりどころのない人々と特別なつながりがあることは明らかだ。チャベスはそうした貧民の大統領なのであり、貧民は大統領の背後で主導権を握る力なのである。そして、チャベスは今でも民主的な選挙という手続きを尊重しているが、彼を根本的に支え正当化している土台は、民主的選挙ではなく貧民との特別なつながりなのだ。これが「プロレタリアート独裁」の現代的形態である。[78]

目を見張るほどの「リベラリズムの復興《ルネサンス》」がイランの市民社会でなされているが、これをほとんど無視する西洋の〈左翼〉の偽善については、説得力をもって語ることができる。こうした「リベラリズムの復興」に関して西洋の知識人が参照するのは、ハーバーマス、アレント、ローティー——ギデンズが参照されることすらある——といった人物であり、いつものように反-帝国主義的「急進主義者《ラディカル》」の一団ではないので、イランのこの運動の指導者たちが失職したり逮捕されたりしても、西洋の〈左翼〉は騒ぎ立てることがまるっきりない。西洋の〈左翼〉は、権力の分裂、民主的な法制化、法による人権の擁護、等々といった「退屈な」お題目ばかり掲げるので、イランの活動家から疑いの目をもって見られている。彼らは、十分に「反-帝国主義者」で「反-アメリカ的」であるようには見えないのである。[79] しかしながら、次のようなより根本的な問いを提起すべきなのだ。西洋のリベラル民主主義を根づかせることは、宗教的原理主義の体制を駆逐することに関して本当の解決策になるのだろうか、それともこうした体制はむしろリベラル民主主義それ自体の徴候なのだろうか。民主的な「自由」選挙によって「原理主義者」が権力を握ることになったアルジェリアやパレスチナのようなケースでは、いったいどうすればよいのか。

「独裁政治の本質は、民主主義を廃棄することにではなく、民主主義をどう使うかということにある」とローザ・ルクセンブルクが書いたとき、彼女が言いたかったのは、民主主義はさまざまに異なる政治主体によって使用されうる空虚な枠組みである（ヒトラーが権力の座についたのも——ある程度は——自由な民主的選挙を通じてだった）ということではなく、このまさしく空虚な（手続きに関する）枠組みに「階級的バイアス」が書き込まれているということだった。こういうわけで、急進的《ラディカル》左翼が選挙によって政権をとった場合、彼らの承認の徴（*signe de reconnaissance*）は、「規則を変える」こと、選挙その他の国家の仕組みを一変させるだけでなく、（動員された運動の力に直接依拠しつつ、あるいは各地域《ローカル》の自己組織のさまざまな形態を強制的に取り入れるなどして）政治的空間の論理全体を変えてしまうことなのである。ようするに、急進的左翼は、自分たちの基盤であるヘゲモニーを保証するために、民主的形態に書き込まれた「階級的バイアス」に関する正しい直観によって導かれ、合法性を得るのである。

8

アラン・バディウ、あるいは差し引く《サブトラクション》という暴力

唯物論、民主的そして弁証法的

バディウはその著書『世界の論理』において、「民主的唯物論」と、これに対立する「唯物論的弁証法」とを簡潔に定義している。「民主的唯物論」を要約する公理は、「〔複数の〕身体と〔複数の〕言語しか存在しない……」であり、唯物論的弁証法はこれに「……ただし〔複数の〕真理という例外がある」を付け加える。[1] この対立は、二つのイデオロギーあるいは二つの哲学の対立というよりも、われわれが生活世界に浸りきっていることで「投げ込まれている」非‐反省的前提／信と、われわれが生活世界に浸りきった状態から自分自身を差し引くことを可能にする、思考に固有の反省的態度との対立である。バディウが高く評価する映画『マトリックス』のモーフィアスなら、こうした浸りきりから離脱することを、自分自身の「プラグを抜く」と言っただろうし、バディウから刺激を受けて『マトリックス』を観れば、そこで自分自身を支配《コントロール》することの必要性が的確に説明されていることにも気づくだろう（マトリックスに完全に囚われている「プラグを差し込まれている」大勢の一般人のことをネオに説明するとき、モーフィアスはこう述べる。「プラグを抜かれている者はすべて潜在的にエージェント〔マトリックスを守る工作員〕なのだ」と）。

こういうわけで、「民主的唯物論」に関するバディウの公理は、われわれの内発的（非-反省的）でイデオロギー的な信をめぐる問い、すなわち「私が自分自身による支配《コントロール》から脱しているとき、私は何を考えているのか」、あるいは「われわれの（私の）内発的な信とは何か」という問いに対する答えなのである。さらには、こうした対立は、（かつて）「哲学における階級闘争」と呼ばれていたもの、レーニン、毛沢東、アルチュセールという名前によって同定される方向性に直接結びついている。毛沢東の簡潔な定式、「階級闘争があるところでのみ、哲学は可能である」を思い起こそう。支配階級（その階級の考え方がほかの階級を支配しているような階級）は内発的イデオロギーによって表象=代表されるが、これに対して、支配される階級は苛烈な概念的作業によって自らの道を切り開かねばならない。だからこそ、バディウにとってここでの鍵となる参照項はプラトン――戯画化されたプラトン、アテナイの民主制に反対する反動的貴族政治を説く反-民主的哲学者のプラトンではなく、受け継がれてきた信から解放された合理性の領野を初めて明確に肯定した哲学者としてのプラトン――なのである。プラトンによるエクリチュール批判の「音声-ロゴス中心主義的」性質に対する否定的意見がこれまで散々繰り出されてきたが、いまやその積極的で平等主義的-民主的な側面を主張すべきときだろう。前-民主的で専制的な国家においては、文字の読み書き《エクリチュール》は、支配層であるエリートが独占しており、その性質は神聖なもので、「そう書かれている」というフレーズは権威を示す究極的標章であり、書かれたテクストの意味はもとから神秘的であるとされ優れて信の対象であった。したがって、プラトンがエクリチュールを批判する目的は二つだった。エクリチュールからその神聖な性質を剥ぎ取ることと、信から解放された合理性の領野を肯定することだった。言い換えれば、ロゴス（弁証法の領域、つまり外的な権威を一切認めない理性的推論の領域）をミュトス（伝統的な信）から区別することだったのである。

したがってプラトンによる批判の意義は、エクリチュールからその神聖な性質を取り除くことであるように思える。真理への道は、エクリチュールではなく弁証法、すなわち二つ、いやむしろ三つの部分が密接にかかわる話された言葉である。三つの部分とは、話し手、聞き手、そしてこの両者が共有する言語である。プラトンはその批判において、人間の歴史上初めて、あらゆる信の混合体から解放された合理性という概念そのものを蒸留して取り出したのだ。[2]

ここに見られるさらなるパラドクスは、エクリチュールによって表象され／コピーされた純粋な自己-現前的〈声〉という概念、デリダの脱構築の標的である「現前の形而上学」の究極的な支えであるこの〈声〉という概念が、それ自体エクリチュールの産物であるということだ。プラトンにおける話し言葉《スピーチ》のエクリチュールに対する優位性を哲学者たちが攻撃するとき、

批判されているのは音声的エクリチュールという副産物だったのである。プラトニズムのような哲学が口承文化に出現するとはまず考えられない。シュメール文化に出現することもやはり無理だろう。形のない〈イデア〉の世界を絵文字が表象できるだろうか。感覚の領域を引きずっているエクリチュールの様式によって、抽象的な存在が究極の実体として表象されうるだろうか。[3]

重要なのは、話し言葉《スピーチ》がつねに-すでにエクリチュールによって触発され構成されているというようなことだけでなく、「抽象的な」音声的エクリチュールによって、話し言葉《スピーチ》が形而上学的な〈言葉〉になること、自己-触発の、精神的なものの自己-現前の、霊妙な／純粋な媒体《メディウム》になるということなのだ。話し言葉《スピーチ》は、音声的エクリチュールに先立ち、複雑な物質的生活-世界の一部を成す実践として知覚され

る。話し言葉《スピーチ》を「純化」するのは音声的エクリチュールなのである。（ここで但し書きを付け加えておきたいのだが、バディウが「弁証法的唯物論」についてほとんど何も言っていないのは理解できるとしても、やはりここで声を上げ、〔「民主的唯物論」対「唯物論的弁証法」という〕対立項の主語―述語関係を転倒させるべきだろう。すなわち、「唯物論的民主主義」対「弁証法的唯物論」である）。本章の冒頭で言及した公理を、より限定された人間学的な言葉で言い換えればこうなる。民主的唯物論にとって、「〔複数の〕個人と〔複数の〕共同体しか存在しない」のであり、唯物論的弁証法はこれに「真理が存在するかぎり、主体はあらゆる共同体から自らを差し引き、あらゆる個体化を破壊する」を付け加えるのだ、と。[4]

ここにおいては〈二〉から〈三〉への移行が決定的に重要であり、そして、物質的現実がすべてではなく、それとは別の非物質的な真理の水準もあることを主張するという、一見したところ原《プロト》‐観念論的身振りと受け取られてしまう方向への、プラトン的な、正しい意味で形而‐上学的な推進力を心に留めておくべきだろう。こうした主張の流れに乗って、二つのやり方でバディウを補足＝代補したくなる。第一のやり方は、〔複数の〕身体と〔複数の〕言語とは、存在、その多数性、〔複数の〕世界と同義ではないのか、という問いから始まる。したがってここで話題となっている〈三〉とは、存在、〔複数の〕世界、〔複数の〕真理から成る〈三〉である。民主的唯物論にとっては、存在の多数性（果てしなく差異化されていく現実《リアリティ》）と〔複数の〕異なる世界――〔複数の〕異なる言語――しか存在せず、その内部において〔複数の〕個人と〔複数の〕共同体がこの差異化されていく現実《リアリティ》を経験する。[5] これはまさに内発的イデオロギーではないだろうか。果てしなく差異化されていく複雑な現実が存在し、そこに埋め込まれている〔複数の〕個人と〔複数の〕共同体、つまりわれわれは、歴史的世界という個別的で有限の視点からそうした現実を経験するのである。民主的唯物論が激しく拒否するのは、〔複数の〕世界のこうした多数性を横切って超えていく無限で普遍的な〈真理〉というものが存在しうるという考え方である。こうした考え方は、政治的には、自らの真理を普遍的なものとして押しつける「全体主義」を意味する。それゆえたとえば、平等その他の真理を自らの普遍的な概念として、多様性を持つフランス社会に押しつけ、その結果必然的に恐怖政治《テロル》に陥ったジャコバン派は拒否されてしまう……。

ここから、バディウを補足＝代補する第二のやり方が出てくる。それは、民主的唯物論の公理を政治的な方向にさらに限定して、次のようなものにすることだ。「今日の社会に起きていることはすべて、ポストモダンなグローバル化というダイナミックな変化と、こうした変化に対する（保守的‐ノスタルジックで、原理主義的、旧左翼的、民族主義的、宗教的な）反動と抵抗であり」、もちろん唯物論的弁証法はこれに「……ただし、真理という、解放をめざすラディカルな（共産主義の）政治という例外がある」という条件を付け加えるのである、と。

唯物論的弁証法による〈二〉から〈三〉への移行が重要性を帯びてくるのはまさしくここにおいてである。共産主義という政治の公理は、たんなる二元論的な「階級闘争」ではなく、より正確には、ヘゲモニーを握る〈二〉の政治から差し引かれるものとしての〈三〉という契機《モーメント》なのである。すなわち、ヘゲモニーを握るイデオロギーの領野が、われわれに（イデオロギー的）可視性の領野を押しつけてくるのだが、その領野は「主たる矛盾」（今日では、市場‐自由‐民主主義と、原理主義‐テロリズム‐全体主義つまり「イスラーム・ファシズム」との対立、等々）を伴っており、そこでまずわれわれがなすべきことは、この対立を拒否し（この対立からわれわれ自身を差し引き）、真の分割線を曖昧にしてしまう偽の対立としてこれを見ることである。こうした再二重化にラカンが与えた定式は、1＋1＋aである。つまり、「表向きの」敵対（〈二〉）は、その〈二〉から排除されている次元を指し示す「分割しきれない残余」によってつねに代補されているということである。別の言葉で言えば、真の敵対は、つねに再帰的〔反省的〕であり、「表向きの」敵対とそれによって排除されている敵対とのあいだの敵対であるということだ（こういうわけで、ラカンの数式素《マテーム》においては1＋1＝3なのである）。たとえば今日、真の敵対は、リベラルな多文化主義と原理主義とのあいだにではなく、まさにそうした対立を支えている領野とそこから排除された〈三〉（解放をめざすラディカルな政治）とのあいだにあるということだ。

この三幅対を、社会体の統一性を維持するための三つの異なるメカニズムに結びつけたいという気さえしてくる。

1. 権威という伝統的基体《マトリクス》。そこでは共同体が、犠牲によって創設されるか、原初の罪によって基礎づけられるかしているので、共同体の構成員を統一し指導者に従わせるのは罪の働きである。
2. 市場の「見えざる手」、つまり、自分の利己的な関心事を追い求める個人間の競争が、〈理性の狡智〉によって、結果として全員の利益になるような神秘的平衡状態に落ち着くという社会的領野。
3. 社会的協働という開かれた政治プロセス。そこにおいて決定は、至高の権威によって下されるのではなく、盲目的なメカニズムによってはじき出されるのでもなく、諸個人による意識的な相互交流を通じて到達される。

さらに言えば、これら三つの様式は、レヴィ＝ストロースの言う三角形のようなものを形成してはいないだろうか。市場の自由主義、市民の公的活動が行われる正しい意味での民主的な空間と、計画された社会的協働とは、いずれも社会の自己組織化の様式であり、外部から押しつけられる権威とは対立する。これらの三つの様式は、社会的権威の三つの基盤、すなわち独裁主義という基盤、テクノクラシーという基盤、民主主義という基盤といかに関係しているのだろうか。テクノクラシーという権威は、資格＝能力に基づいており（知を所有する者が権力を行使すべきである）、権威に関する独裁主義的形式と民主的形式のいずれにも対立する。というのも、この二つは資格＝能力を問題にしていないからである（王が統治するのは、王として生まれたからであり、王にふさわしい特質を備えているからではない。また民主主義においては、誰もが生まれや能力に関係なく権力を分有する権利を持つ）。他方で、権威に関する独裁主義的形式と専門家的〔テクノクラシー的〕形式はいずれも選別的であり（統治する資格＝能力を持つ者――その地位か専門知識からして――だけが統治すべきである）、全員で統治すべきであるという民主主義と対立する。そして最後に、民主主義による統治とテクノクラシーによる統治はある意味で平等主義的であり、誰が何を主張しているのかという点が最も重要な伝統的権威とは対照的である。明らかに、これら二つの三幅対〔自己組織化の三つの様式と社会的権威の三つの基盤〕は、ぴったりと重なり合うわけではなく、それゆえこの三角形をグレマスの言う意味論の四角形に拡大すべきであるという主張もありうるのだ。というのも、三番目の〔社会的協働という〕様式それ自体が、厳密な意味での民主的自己組織と、社会に対して上から押しつけられる国家権力との二極に分裂するからである。すなわち、「自主管理と官僚制との対立」である。したがって意味論の四角形を構成する二本の対立軸は、中央の権威（伝統的権威、国家権力）と下からの自己組織（市場、自主管理）との対立から成る軸と、外的組織（象徴的権威、市場）と民主的組織（近代の国家権力、自主管理）との対立から成る軸になる。

こうして、決断の時点としての「点」、状況の複雑さが二元論的構えという「フィルター」を通過して単純な選択に濾過＝還元される、そういう瞬間としての「点」というバディウの概念を、新たなやり方で理解することができるようにもなる。そうした選択の瞬間とは、すべてを考慮に入れたうえで、賛成か反対か（攻撃か撤退か、宣言に賛成なのか反対なのか、等々）どちらかに決める瞬間である。ヘゲモニーを握る政治の〈二〉から差し引かれたものとしての〈第三の〉契機について言えば、ヘゲモニーを握るイデオロギーの基本的な働きの一つは、偽の点を強要すること、偽の選択を押しつけることだということを、つねに心に留めておくべきである。たとえば、「テロとの戦争」において、状況の複雑さと曖昧さに目を向ける人々は誰でも、遅かれ早かれ次のような乱暴な声によって発言を遮られることになる。「わかった。こんな混乱はもうたくさんだ。われわれは困難な戦いのただなかにいて、そこにはこの自由な世界の命運がかかっているのだから、どうか立場をはっきりさせてほしい。自由と民主主義を支持するのか、しないのか」。[7] もちろん、こうした偽の選択を強いることに対応しているのは、真の分割線をぼかしてしまうことである。この点に関して、敵であるユダヤ人を「金権政治-ボルシェヴィキの陰謀」の手先と名指すナチズムはいまだに乗り越えられていない。この名指しにおいて、真の分割線をぼかしてしまうからくりがほとんど露わになっている。つまり、真の対立（「金権政治」対「ボルシェヴィキ」、言い換えれば資本家対プロレタリアート）が文字通りぼかされ抹消されて〈一つ〉にされてしまっており、ここにこそ「ユダヤ人」という名前の機能――この抹消の操作子としての機能――があるのだ。

したがって、解放をめざす政治の最初の課題は、「偽の」点と「真の」点とを、「偽の」選択と「真の」選択とを区別すること、すなわち、偽の選択が成立するのは第三の要素が抹消されるからだが、この第三の要素を取り戻すことである。たとえば今日では、「リベラル民主主義かイスラーム-ファシズムか」という偽の選択は、解放をめざすラディカルで世俗的な政治を封殺することによって支えられているが、こうした政治を取り戻すことが最初の課題なのである。だから、「敵の敵は味方」という危険な格言を決然と拒否すべきなのだ。この格言に基づいて、イスラーム原理主義の運動に反帝国主義という「前進的」潜在力を見出す向きもあるけれども。ヒズボラのような運動のイデオロギー宇宙は、資本主義による新帝国主義と世俗的で前進的な解放との区別をぼかすことを根拠としている。ヒズボラのイデオロギー空間の内部では、女性の解放、ゲイの権利等々は、西洋の帝国主義の「退廃した」道徳的側面にほかならないのである……。

これがわれわれの置かれている現在の状況である。支配的イデオロギーの空間によって押しつけられた敵対は、（バディウの言う）「反動的な」主体と「曖昧な」主体とのあいだの二次的な敵対であり、これによって両者の闘争は、抹消された〈出来事〉を背景として戦われることになるのだ。政治参加から身を引くのではなく、あらゆるファシズムの背後には挫折した革命がある、という格言を思い出すべきである。この格言は、われわれが「イスラーム-ファシズム」と呼ばれもするものに直面している今日、とりわけ思い出す意味がある。繰り返そう。リベラル民主主義と宗教的原理主義との対立は、誤解を与える偽の対立である。ここには第三項が欠けているのだ。

〈出来事〉への応答

ハンニバル・レクターが登場する連作小説の初期の作品において、ハンニバルの怪物性は不幸な生い立ちが原因であるという説は退けられている。「彼にとっては何の事件も起きなかった。彼自身が事件なのだ」。これは、バディウの言う意味での〈出来事〉、つまり原因や状況に還元されえない〈新たなもの〉の出現に対する、もっとも正確な定式である。あるいは、ゴシック風ＤＶＤゲームの一つに、知恵に満ちた古い諺が表示されてゲームが始まるものがあるが、その諺を引用すれば、「それぞれの〈出来事〉は〈予言〉されている。しかし、〈勇者《ヒーロー》〉がいなければ〈出来事〉は起きない」。この曖昧な格言は、次のようなマルクス主義の用語に簡単に翻訳できる。「それぞれの革命的出来事の一般的な輪郭は社会理論家なら予言できる。しかし、この出来事は、革命の主体がいなければ現実に起きることはない」。あるいは、バディウならこう言うだろう。「主体がいるときにのみ、〈出来事〉は出来事の場所の内部に生起する」、と。それゆえバディウにとって——われわれが対象を経験する際の条件は対象それ自体の条件に等しい、というカントのテーゼを想起させるが——主体性のさまざまな様式は、主体が〈出来事〉に結びつく〔応答する〕際の様式に等しいのである。バディウはそうした応答の様式を詳細に検討し四つにまとめている。忠実な主体、反動的な主体、曖昧な主体、復活、この四つである。おそらく、このリストはもう少し複雑になるので、応答の様式は実際には六つになるだろう。

〈フロイト–出来事〉への応答は以下の六つだった。（1）忠実さ（ラカン）。（2）反動的な規格化。支配的な分野への再統合（自我心理学、「力動的精神療法」）。（3）完全な否定（認知主義）。（4）疑似〈出来事〉における反啓蒙主義的神秘化（ユング）。（5）全面的な遂行（ライヒ、フロイト–マルクス主義）。（6）さまざまな「フロイトへの回帰」における、「永遠の」フロイトというメッセージの復活。〈愛–出来事〉への応答は以下の六つである。（1）忠実さ。（2）規格化、再統合（結婚）。（3）出来事という地位の完全な拒否（放蕩、〈出来事〉を火遊びに変質させてしまうこと）。（4）性愛の徹底的な拒否（禁欲）。（5）トリスタンに対する、〔イゾルデの〕自殺的な死に至る情熱。（6）復活した愛（再会）。〈マルクス主義–出来事〉への応答は以下の六つである。（1）忠実さ（共産主義、「レーニン主義」）。（2）反動的な再統合（社会民主主義）。（3）出来事という地位の完全な拒否（リベラリズム、〔フランソワ・〕フュレ）。（4）疑似〈出来事〉を装った、破局的な総反撃（ファシズム）。（5）結局は「はっきりと目に見えない厄災」に終わる、〈出来事〉の全面的遂行（スターリニズム、クメール・ルージュ）。（6）マルクス主義の再生（レーニン、毛沢東……）。

そこで問題は、（1）と（6）とが（レーニンやラカンという人物において）いかに共存するのか、ということになる。ここからさらに次のような仮説を立てたくなる。〈出来事〉は、一回目は必然的に見失われるので、真の忠実さは復活という形式において、「修正主義」に対する防御としてのみ可能である、と。つまり、フロイトは自分の発見に含まれる真の次元を認識しておらず、ラカンによる「フロイトへの回帰」において初めてフロイトの発見の核心を捉えることができた、ということである。あるいは、再婚をめぐるハリウッドのコメディーに関するスタンリー・カヴェルの言葉を用いれば、真の結婚は〈同じ相手との〉再婚以外にない、ということだ。ジャック＝アラン・ミレールが最近これと同じことを指摘した。

正統があって初めて異端があると信じられているかも知れないが、後になって異端的だとわかる言説が出現して初めて、未来の正統が到来するのだ。正統が根づくのは、むしろ事後的な効果＝結果を通じてのことなのである。[8]

重要な点は、正統は勝利した異端、ほかのすべての言説をうまく押しのけた異端であるというようなことにではなく、もっと複雑なところにある。新たな教え――キリスト教からマルクス主義ないしは精神分析にいたる――が出現するとき、その教えが影響を及ぼす真の範囲について混乱、無理解がまず始めに存在する。異端は、新たな教えを旧来の座標に戻すことによって、こうした混乱を整理しようとする試みであり、こうした背景がなければ、新たな教えの核心は定式化されえない。最近エイドリアン・ジョンストンが[9]、バディウの主題である出来事という切断にイデオロギー批判の潜在力を見て取ったのは、〈出来事〉への多数多様な応答をめぐるこうした背景の存在を前提としている。イデオロギー状況の均衡が、「徴候的結び目」の出現、つまり形式的には状況の一部であるがその状況にうまく当てはまらない要素の出現によって乱されるとき、イデオロギーによる防衛のメカニズムとして、次の二つの主要な戦略が採用されうる。それは、既存の状況に完全に統合されたままである変化のパターンを、偽って「出来事化する」という戦略と、真の出来事の可能性を描き出す徴を否認するという戦略、そうした徴をちょっとした《マイナー》アクシデントないしは外的な障害と読むという戦略である。

一つ目は、たんなる改良を、出来事の新しさをもたらすもののように見せるという戦略である（これは、後期資本主義のイデオロギーにおいて顕著な戦術であり、このイデオロギーによって騒々しく売り出された「永久革命」はまさに、「物事が変化すればするほどその根本は変わらない」という紋切り型を示す一例にすぎない。あるいは、バディウが言うように、「資本主義それ自体が、形式を永久に改革し続けることと新しさへの執着の表れなのだ」）。二つ目は、爆発力が潜在する出来事という大変動が生じうる場所を、最低の評価では、ありふれた日常的な風景の平凡な特徴と見なし、最大の評価でも、既存のシステムの機能における一時的で修正可能な誤作動にすぎないものと見なすという戦略である。

おそらく、こうした方向に向かう思考には一つだけ留保が必要になる。ジョンストンはこう述べている。

世俗国家のイデオロギーは、はったりないしは仮装のようなものによって、国家が統合し得ない弱点、アキレス腱を、調和的に機能しているとされるシステムに完全に統合された歯車や部品であるかのように偽装するのであって、そうしたアキレス腱を、現体制――体制は、諸主体に対しては自らが安定していると見せたいのだが、実際はそれほどの安定性はない――の機能を妨害することによって機能不全すなわち出来事を引き起こす潜在力を含む場所として考えることはない。

しかし、イデオロギーの戦略のなかには、機能不全の脅威的な性質を十分に認めつつ、それをシステム内の活動の必然的な帰結としてではなく、外から侵入してきたものとして扱うという戦略もあるのではないか。そのモデルはもちろん、社会という組織の有機的全体性を壊乱する外国からの侵入者――ユダヤ人

——がもたらした社会的敵対、というファシズムの概念である。

経済恐慌に対する標準的な資本主義の考え方とマルクス主義の考え方との違いを思い起こそう。標準的な資本主義の見方では、恐慌はシステムの機能における「一時的で修正可能な誤作動」であるのに対して、マルクス主義の視点から見れば、恐慌はシステムの機能を把握することを可能にする唯一の正念場〔真理の時〕であり「例外」なのだ（これは、フロイトにとって夢や症状が、心的装置の二次的な機能不全ではなく、心的装置の抑圧された基本的機能を見定めることを可能にする契機であるのと同様である）。ジョンストンがここで、ドゥルーズの「最小《ミニマル》の差異」という用語を使っているのも不思議ではない——「最小の／極小の差異（とは、ここでは、変化のカテゴリーに関するいくつかの地位《ステイタス》のあいだの差異であると解される。地位の異なるこれらのカテゴリーは、国家のイデオロギーによって、かつ、これとは反対に別の非国家的枠組みによって、単一の状況‐内における複合性に同時に割り当てられる）」。ときたま偶発的にシステムに生じる機能不全として恐慌を捉える見方から、システムの「真理」が明らかになる徴候的な点として恐慌を捉える見方に移行するとき、われわれは一つの現働的《アクチュアル》出来事を話題にしているのである——。差異は、純粋に潜勢的《ヴァーチュアル》であり、現働的《アクチュアル》な属性にはまったく無関係で、イデオロギー的で概念的な背景という潜勢的《ヴァーチュアル》なタペストリーによってこの出来事が代補される仕方にのみ関わるのだ（これは、読むためにだけ楽譜に記された第三の旋律を、最初だけ演奏してその後は演奏しないという、シューマンのピアノ曲を想起させる）。それゆえ、ジョンストンが以下のようにバディウを批判するのは正しい。

> バディウは、法制や社会‐経済の領域における、一見したところ小規模《マイナー》な調整や改革（つまり出来事とは言えないような身振り）という、明らかに漸進主義的な方策を性急に却下する一方で、非妥協的なまでに「完璧な」革命の到来を告げるような、システムを破裂させ粉砕する出来事すなわち擬似‐

神的な介入を待ち望んでいる。しかし、これまでの分析から明らかなのだが、漸進主義的で小規模《マイナー》と見えるものが本当にそうなのか、あるいはそうではなくて、国家主義のイデオロギーが割り当てる変化のカテゴリーの地位《ステイタス》に左右されるからそう見えるだけなのか、ということについてバディウは確信を持っているわけではない。

（支配的イデオロギーが管理する可視性の空間と登記簿の内部で）「小規模な《マイナー》」方策と見えるものが、全領域のラディカルな（出来事的な）変革にいたるプロセスを発動させるのかどうか、あらかじめ確信が持てるわけではない。社会を改革する最低限の方策が、自ら「ラディカルだ」と称する変化よりもずっと激しく大規模な帰結をもたらしうる状況があり、こうした「社会‐政治的変化の歩調を定めることに深く関わっている要因に固有の計算不可能性」は、バディウが「恩寵という唯物論的概念」という標記の下に捉えようとしたものの次元を指し示している。ジョンストンは次のような問いを発している。もしも出来事が起きる前に行為者が

自分が何をしているのか正確にはわからず、どこに行こうとしているのかまったくわからないとしたらどうだろう。もしも行為者が次のような見込みを持っているとしたらどうだろう。すなわち、行為者が国家主義のイデオロギーの影響を受け、システムを維持するための修正を特定の身振りによって行うのだが、この身振りの事後的な効果として、こうした介入が意外なことにまさにこのシステムの解体を（遅らせるのではなく）加速させるという見込みを持っているとしたらどうだろう。

ここからまず連想されるのは、ミハイル・ゴルバチョフのペレストロイカではないだろうか。ペレストロ

イカは、システムをより効率的にするための小規模《マイナー》な改善をめざしていたのだが、システムが全面的な崩壊に向かうプロセスを引き起こしてしまった。そうすると、最終的には全面的な崩壊につながる「小規模《マイナー》な」改革というスキラ〔イタリアのメッシーナ海峡にある岩。その前方に有名な渦巻カリュブディスがある。この海峡を通る船が渦巻を逃れようとしてこの岩に近づくと、ここに住む女の怪物の餌食になったという。〕(市場経済と少しでも妥協すれば資本主義への全面的降伏への道を開いてしまうのではないかという、毛沢東の――もっともな、と今日では言える――恐怖のことも思い起こそう)、これと、結局はシステムを強化することにしかならない「ラディカルな」変化というカリュブディス(ローズヴェルトのニュー・ディールなど)、この両端のあいだに政治的介入を行う道を見つけねばならないのだ。

とりわけ今述べた点は、さまざまに異なる抵抗の形式はどの程度「ラディカル」なのか、という問いを提起しもする。「ラディカルな批判的姿勢」あるいは転覆的活動と見える抵抗が、実際はあくまでもシステム「内部での侵犯」として機能してしまうことがあり、他方で、システムが掲げるイデオロギー上の目標にシステム自体を近づけようとするにすぎない、法律に関する小規模《マイナー》な改革が、システムの基本的前提を問う以上に転覆的になることがありうる。このように考えると、「最小《ミニマル》の差異の政治」の技術を規定できるようになる。それはすなわち、一見したところシステムの前提を問うていないだけではなく、それ自身の原理をシステムの実際《アクチュアル》の機能に当てはめているにすぎないとさえ見え、その結果システムの首尾一貫性を高めているような最小《ミニマル》の(イデオロギー、法制などに関する)方策を見出し、それに焦点を合わせる技術である。しかしながら、われわれはイデオロギー批判に関する「視差」を導入することによって、この最小《ミニマル》の方策が、システムの明示的な機能ぶりを乱すことのないまま、うまく「地下に潜伏して」システムの基底に亀裂を入れることを思い描けるのである。今日われわれは、ジョンストンが「出来事が起きる前の時間の鍛錬《ディシプリン》」と呼ぶものを今まで以上に必要としているのだ。

時間に関するこうした別種の鍛錬《ディシプリン》とは、物事を変えたいという十分練られていない不明確な思いを実現しようとして性急になんでもやってしまうというような、鍛錬不足から生じる焦りではないだろうし、また、果てしなく流れ続ける現状に身を任せてしまうというような、かつ／または、まだ活動的にはなっていない「x」が真の変化の口火を切る瞬間の到来をいつとも知れず待ち続けるというような、静観主義的な忍耐でもないだろう（バディウの哲学は、この後者のタイプの静観主義を認めてしまう恐れがあるように思えるときがある）。今日の後期資本主義の狂乱状態にある社会経済的形態に従属している人々には、大まかに「注意力欠如障害」と呼ばれているさまざまな形態、すなわち、ろくに考えもせず現在からつねに新しい現在へと狂ったように飛び移るさまざまな形態に屈する危険がつねにある。政治の水準では、資本主義に特有のそうした忍耐の欠如に対しては、明確に共産主義的な忍耐と名付けられている鍛錬（この名付けは、以下のバディウの主張、すなわち真正な政治の形式はすべて広い意味で「共産主義的」である、なぜならそうした政治は解放をめざすと同時にラディカルに平等主義的で非個別的であるという点で「無名のもの《ジェネリック》」でもあるからだ、というバディウの主張と一致している）――そうした鍛錬によって抗わねばならない。先に非難されたような静観主義的な忍耐ではなく、国家システムの基本構造における、イデオロギーによって隠された弱点を見抜く目をもって、状況、国家、世界の細部を落ち着いて熟考することが必要なのだ。こうした（出来事が生じうる隠された場所としての）カムフラージュされたアキレス腱が世俗的な文脈に存在しうるし確かに存在する、そう想定することが理論的に妥当であるとわかれば、出来事が起きる前の状況を観察し、真の変革を引き起こす隠された核心を状況のなかに探し求め、見た目にはちょっとした《マイナー》身振りが、そうした観察に導かれることによって、国家の状況、かつ／または、世界の超越論的体制に対して大きな《メジャー》打撃を与えることになるかもしれない、そういう希望を我慢強く持ち続けられるはずなのだ。

しかしながら、この戦略には限界がある。この戦略に忠実に従っていくと、結局は「活動的な静観主義」といったものに行き着くことになるのだ。〈大行動〉を永久に繰り延べながら、できることといえば小さな介入を行うだけで、なぜだかわからないがそうした介入が「量から質への飛躍」という魔法によって地球規模のラディカルな変革を引き起こしてくれる、そういう希望を秘かに抱き続けるだけになってしまうのだ。こうした戦略に付け加える必要があるのは、迫り来る〈大変革〉が始まる時を見定め、その時にすばやく戦略を変更し、危険を冒して全面的な闘争に身を投じる覚悟と力量である。言い換えれば、政治においては、「大きな《メジャー》打撃」はおのずと与えられるわけではないことを忘れてはならない。たしかに、我慢強い努めによって、打撃を与える下準備をしておく必要はあるが、そうした時の到来はわれわれがつかみ取るべきものであるということも知っておかねばならないのだ。

「明確に共産主義的な形態の下にある忍耐」とは、システム理論における「創発特性」を想起させるようなやり方でラディカルな変革が爆発する瞬間を、ただ我慢強く待っていることではない。最後の戦いに勝つために敗北することを耐え凌ぐ忍耐でもある（毛沢東のスローガン「敗北に敗北を重ね、最後の勝利へ」をもう一度思い起こそう）。よりバディウらしい用語で言い換えればこうなる。突発する出来事が時の流れを切断し、まったく異なる時間性（「愛の仕事」の、出来事への忠誠の時間性）の秩序を導き入れるということが意味しているのは、歴史の進展という非出来事的な時間の側から見れば、革命的出来事にとって「正しい時」などけっして存在せず、革命的行為を始める際に状況が「十分に熟している」ことなどけっしてない——行為は定義上、つねに「時期尚早〔未熟〕」なのだ、ということである。フランス革命を真に反復していると言える出来事を思い起こそう。トゥーサン・ルーヴェルチュールが指導したハイチ革命のことだ。この革命は、明らかに「時期尚早」で「未熟」であり、それゆえ失敗する定めにあったわけだが、まさしくだからこそ、おそらくフランス革命そのものよりもはるかに〈出来事〉の名に値したのである。こうした過去の敗北が積み重なってユートピアをめざすエネルギーとなり、それが最後の戦いにおいて爆発するのだ。「機が熟す」〔のを待つ〕とは、「客観的な」状況が熟するのを待つことではなく、敗北を積み重ねることなのである。

今日の進歩的なリベラル派は、よくこんな不満を口にする。「革命」(ラディカルな解放的政治運動)に参加したいのだが、革命を必死になって探してみてもどこにも「見当たらない」(革命という活動に真剣に関わる意志と力を備えた政治主体など、社会的空間のどこにも見当たらない)、という不満である。ここに真実が垣間見える瞬間があることは確かだが、それでもやはり、こうしたリベラル派の態度それ自体が問題の一部となっていることをも考慮に入れるべきだろう。革命運動を「目撃する」のを待っているだけなら、もちろん革命は起きないだろうし、革命を目撃することもないだろう。真の現実と見かけとを分かつ幕についてヘーゲルが述べていること(見かけという覆いの背後には何もなく、主体が探し求めているものを主体自身がそこに置くのである)が、革命の過程についても当てはまる。ここにおいては、「見ること」と「欲望すること」とは分かちがたく絡み合っている。言い換えれば、革命の潜在力は、客観的な社会的事実として発見されるべく存在しているのではなく、人がそれを「欲望する」(運動に参加する)場合にのみ「見えてくる」ものなのだ。革命による権力奪取を求めるレーニンの一九一七年夏の呼びかけに反対した者たちやメンシェヴィキが、そのときの状況を「熟している」とは「見ず」、「時期尚早」であるとして行動に反対したのも不思議ではない——彼らは革命を欲することがなかったというだけのことだ。「見ること」に関して懐疑的な主張には別のヴァージョンがあって、それは、資本主義は今日グローバル化して地球全体を覆いつくしているので、資本主義に対する本格的なオルタナティヴはどこにも「見え」ず、資本主義の現実的な「外部」を想像することもできないというリベラル派の主張である。これに対しては次のように応えよう。それが本当なら、リベラル派には見えていないというだけのことだ、と。

なすべき務めは、外部を見ることではなく、何よりもまず見ること（現代の資本主義の本性を把握すること）なのである。マルクス主義の賭け金は、「見える」ならその向こう側にも越えていける…ということだ。だから、革命に参加したいと熱烈に思っていてもどこにも革命など見当たらない、そう悩む進歩的リベラル派に対しては、破局《カタストロフィ》の到来を心配する、よくいるエコロジストに対するのと同じくこう応答すべきだろう。だいじょうぶ、破局は来るから、と……。

こうした〔革命の〕イメージをさらに複雑にすることになるが、出来事の次元を自己-抹消することによって成功する、そういう〈出来事〉がよく起きている。それはたとえば、フランス革命におけるジャコバン派の場合である。ジャコバン派は（必要な）仕事を成し遂げると、権力の座から引きずり降ろされ粛清されただけでなく、過去に遡ってその出来事の地位《ステイタス》まで奪われ、歴史における偶発的災難、奇怪な醜行、歴史的発展における（回避可能な）過剰といったものに矮小化されてしまったのである。[10] こうした主題は、マルクスとエンゲルスによってしばしば喚起されていた――ひとたびプラグマティックで功利主義的なブルジョワの「正常な」日々の生活が確立されると、そうした生活を可能にした暴力的で英雄的な起源は否認されるということである。こうした可能性――出来事が連続して起きて目的に達する（明らかな）可能性だけではなく、より不確かな可能性、つまり〈出来事〉が自身の勝利を究極的に示すものとして、〈出来事〉自身を否認しその痕跡を抹消する可能性というものを、バディウは考慮に入れていない。

ラディカルな切断や断絶は、それ自身の反響が未来に広がっていくせいもあって、起源〔における暴力〕の隠蔽によって成立している現実のなかに生きる人々には見えなくなってしまうかもしれないわけだが、そうした切断が存在する可能性とその効果〔をバディウは考慮にいれていないの〕である。

〈出来事〉のこうした自己‐抹消によって、メランコリーという左翼政治、とベンヤミンに倣って呼びたくなるようなものの空間が切り開かれる。ちょっと見たところでは、この言葉〔メランコリーという左翼政治〕はどうしても撞着語法と受け取られてしまう。未来に向かう革命の方向性は、過去へのメランコリックな執着とは正反対のものではないだろうか。しかしながら、われわれが忠誠を誓うべき未来が、過去それ自体という未来だとしたら、言い換えれば、過去の試みが失敗したために実現されず、それゆえわれわれに取り憑いて離れない、解放をめざす潜在力だとしたらどうだろう。マルクスは、フランス革命をアイロニックに論評するなかで、革命の熱狂と「その翌朝」の酔いを醒ますような帰結とを対置した。崇高な革命の爆発、自由、平等、友愛という〈出来事〉がもたらす現実《アクチュアル》の結果は、市場での計算という惨めな功利主義的／利己的世界なのだ。（ついでに言えば、十月革命においてはこうしたギャップはさらに広がっているのではないだろうか）。しかし、マルクスをこのように単純化すべきではない。商業という卑俗な現実が、革命の熱狂が演じられる舞台の「真理」、つまりは「結局すべてが落ち着く先」なのだ、という常識的な知見をマルクスは述べたのではない。〈出来事〉としての革命の爆発においては、別のユートピア的次元から光が差し込んでくるのだ。それはまさしく、「革命の翌日」を支配する市場の現実によって切り捨てられる過剰としての、普遍的解放という次元である。だからこの過剰は、無意味なものとしてただ廃棄され打ち捨てられるのではなく、いわば潜勢的な状態に転置され、実現されるのを待っている夢のように、解放を想像する者に取り憑いて離れないのだ。革命の熱狂という過剰は、革命それ自身の「現実的《アクチュアル》で社会的な基礎」すなわちその基体《サブスタンス》を凌いでおり、したがってこうした過剰は、字義通りに、過去という未来／過去のなかの未来という過剰であり、正しく具現されるのを待っている亡霊のような〈出来事〉なのである。

　当初はフランス革命を熱狂的に歓迎していたロマン派のリベラルのほとんどは、革命によって解き放たれた〈恐怖政治〉、その「怪物性」に肝をつぶし、革命の理論的根拠を疑問視し始めた。重要な例外はシェリーで、革命を理想化することなく、またテロ行為から目を背けることなく、最後まで革命に忠実であり続けた。シェリーは長詩『イスラームの反乱』において、悲劇的で暴力的な帰結はある意味で、輝ける革命の希望であり理念である普遍的自由の「真理」である、という反動的な主張を明確に退ける論を立てた。シェリーにとって、歴史とは生じるかもしれない帰結の連なりであり、可能性は現働性《アクチュアリティ》に優先し、可能性のなかには現働化《アクチュアライゼーション》しきれない剰余、地下に潜伏して存在し続ける活力があるのであって、それゆえ解放をめざす試みの失敗そのものが、さらなる革命への大志を抱く人々に対して、そうした試みをよりラディカルに、より広範囲にわたって反復すべきであると告げているのである。

以上のような次元をバディウがないがしろにする理由はおそらく、バディウが反復と〈出来事〉という切断とをあまりにも乱暴に対立させ、反復を、〈新たなもの〉の出現にとっての障害として、究極的には死の欲動そのものとして、主体を自己破壊的な悪循環に陥れる暗い享楽（*jouissance*）への病的な執着として退けていることである。この意味で、〈出来事〉への忠実さの、主体の側のカテゴリーとしての「生」は、「破壊欲動（死の本能）に対するのと同様に、保存欲動（間違って「生の本能」と呼ばれているもの）に対しても距離を置いているのだ[11]」。バディウがここで見逃しているのは、「死の欲動」とフロイトが名付けているものは、逆説的にもその名前とは正反対の意味を持つこと、この用語〔死の欲動〕によって不死性が精神分析の内部に出現したということである。つまり「死の欲動」とは、生と死の、発生と腐敗の（生物学的）循環を超えて残り続ける「不死の」衝動を、生の不気味な過剰を指し示す言葉なのだ。したがって死の欲動は、自己壊滅あるいは自己破壊という暗い傾向性とは正反対のものを表しているのである——これは、たとえばバディウが絶賛するワーグナーの諸作品に示されている。まさしくワーグナーの作品を参照するからこそ、フロイトの言う死の欲動が、自己を根絶させたいという欲望や、生の緊張のない無機物の状態に戻りたいという欲望とは一切関係がないということを理解できるようになるのだ。死の欲動は、ワーグナー作品の主人公たちが抱く死への願望、死のうちに平安を見出したいという願望のことではまったくない。それどころか、死の欲動は、死ぬことの対極にあるものであり、永遠で「不死の」生そのものにつけられた名前、罪責感と苦痛を感じつつさまよい続けるという果てしない反復的な循環に囚われたおぞましい運命につけられた名前なのである。それゆえ、ワーグナー作品の主人公の最終的な死去（オランダ人、ヴォータン、トリスタン、アムフォルタスの死）は、死の欲動による支配から彼らが解放される瞬間なのだ。トリスタンは第三幕において、死ぬことを恐れて絶望的になっているのではない。トリスタンは、イゾルデがいなければ死ぬことができず永久に死を望み続ける運命にあることに絶望している――トリスタンは、死ぬことができるようにイゾルデの到来を渇望しているのだ。トリスタンが恐れているのは、イゾルデに会えないまま死ぬこと（恋人が通常抱く悩み）ではなく、イゾルデのいない、終わりのない生なのである。

精神分析の究極の教えは、人間の生は「たんなる生」ではないという教えである。つまり人間は、たんに生きているのではなく、生を過度に享楽したいという奇妙な欲動に取りつかれ、物事の通常の行程からはみ出たり逸脱したりする或る過剰に激しく執着しているということだ。この過剰は、主体を「不死」たらしめ、主体から死ぬ能力を奪う傷という形で身体に刻み込まれている（もちろん、トリスタンの傷やアムフォルタスの傷とは別に、例の傷、カフカの「田舎医者」に見られる傷というものがある）。この傷が癒えると、主人公は安らかに死ぬことができるのだ。このように、衝動は或る器官に具現（身体化）されていると考えるならば、真理へ至る手続きの場として身体を捉えるというバディウの考え方は、訂正した方がよいのではないかとも思えてくる。すなわち、真理を具現した身体など存在せず、真理は（身体なき）器官に存するのだということ、言い換えれば、一つの真理は、身体から自律した（複数の）器官を通じて一つの身体に刻み込まれているのである。カフカの「田舎医者」に登場する子供の脇腹の傷はそうした器官であり、それは身体の一部でありながら身体を突き破り剝き出しにされ、それ自身の不滅の〈不死の〉生命を持ち、絶えず血をにじませており、それゆえに子供を安らかに死なせることがないのである。

まさしくここにおいて、バディウから離れてドゥルーズへと、〈新たなもの〉の創発へと向かうべきなのだ。もちろん、極めて洗練された思想家であるバディウは、反復の出来事的な次元を見逃してはいない。『世界の論理』において、出来事に「応答する主体」の三つの様式（忠実な主体、反動的な主体、曖昧な主体）を数え上げる際に、バディウは四つ目として「復活の主体」を付け加えている。これは、その痕跡が消し去られ、歴史的-イデオロギー的無意識のなかに「抑圧」された出来事を再活性化する主体である。「忠実な主体はすべて、かつての現在において押し込められ隠されていた真理の断片を、出来事が生起する現在に再び取り入れることができる」[12]。バディウが例に挙げて見事に説明しているのはスパルタクスである。スパルタクスという名前は、公式の歴史から抹消されたが、まずハイチにおける黒人奴隷の反乱によって復活し（進歩的な将軍であるラヴォーはトゥーサン・ルーヴェルチュールを「黒きスパルタクス」と呼んだ）、次いでその百年後、ドイツの二人の「スパルタクス団員」、ローザ・ルクセンブルクとカール・リープクネヒトによって復活した。しかしながら、ここで問題なのは、バディウがこの復活を反復と呼ぶことにためらいを見せているということなのである。

新たな世界は必要なのか

こうした決定的に重要な点をめぐるバディウの曖昧さは、〈存在〉-〈世界〉-〈出来事〉という彼の三幅対——これはキルケゴールの〈審美的なもの〉-〈倫理的なもの〉-〈宗教的なもの〉という三幅対と同様に機能する——に左右される。つまり、選択はつねに二つの項のあいだでなされるあれか／これかであり、三つの項が同じ存在論的水準で同時に機能することはない。これは、ラカンの〈想像的なもの《イマジナリー》〉（I）／〈象徴的なもの《シンボリック》〉（S）／〈現実的なもの《リアル》〉（R）の場合と、あるいはフロイトの自我／超自我／イドの場合と同じである。一つの項に焦点を合わせると、ほかの二つの項は（どちらか一つの項が主導して）一つに圧縮される。たとえば〈想像的なもの〉に焦点を合わせると、〈現実的なもの〉と〈象徴的なもの〉は〈象徴的なもの〉の支配の下に縮約されて、〈想像的なもの〉に対立することとなる。Rに焦点を合わせると、IとSはSの支配の下に縮約される。（ここにこそ、精神分析の論理を主題とする『セミネールⅦ』によって示されたラカンの仕事における移行がある。つまり、I–Sの軸からS–Rの軸への移行である）。あるいはフロイトの場合なら、〈自我〉に焦点を合わせると、これに対立するのは（超自我を包含する）イドとなる、といった具合である。[13]

『世界の論理』が示している移行は、〈存在〉–〈出来事〉の軸から〈世界〉–〈出来事〉の軸への移行である。この移行が意味しているのは、〈存在〉、〈世界〉、〈出来事〉は三幅対を形成しないということだ。つまり、〈存在〉と〈世界〉（見かけ）との対立か、〈世界〉と〈出来事〉との対立しかないのである。ここから思いがけない結論が引き出される。すなわち、真の〈出来事〉がたんなる否定的な身振りではなく、〈新たなもの〉を肯定する次元を切り開くものであるかぎり（バディウはこの点を繰り返し強調している）、〈出来事〉は、新たな世界、新たな〈主人のシニフィアン〉を必ず強要するのだ（これは、バディウの言葉で言えば新たな〈名付け〉であり、ないしはラカンの言う「新たなシニフィアンに向けて *vers un nouveau signifiant*」である）。真の出来事がもたらす変化は、古い世界から新たな世界への移行なのだ。

さらに一歩進めて、ここに弁証法の次元を導入すべきだろう。〈出来事〉は、〈存在〉の多様性と〈世界〉との緊張関係によって説明することが可能であり、〈出来事〉の生起する場所は〈世界〉の徴候的な捻れであり、この捻れは〈世界〉に対する〈存在〉の過剰（再-現前〔表象〕に対する現前の過剰）によって生じる。ここに見られる正しい意味でヘーゲル的な謎とは、「〈出来事〉、真に〈新たな〉ものはいかに発生しうるのか」ということではなく、「われわれはいかにして〈存在〉から〈世界〉へ、（有限の）見かけへと移行するのか、つまり〈存在〉、その平板な無限の多様性は、いかにして（それ自身に対して）現れるのか」ということなのである。これは、〈存在〉それ自体のただなかにおいてある程度は作動していなければならない「否定性」のようなもの、（無限の力ではなく、その逆に）限界づける力のようなものを前提としているのではないだろうか。ヘーゲルはこうした力を、現実において一つになっているものを引き裂き、見かけに自律性を与える「絶対的な力」と呼んだのである。いかなる「綜合」にも先だって、〈精神〉は、カントが「超越論的構想力」と呼んだもの、抽象化し単純化／浄化する力、或る事物をその「一なる徴」（*le train unaire; der einzige Zug*）に還元する力、その事物の経験的豊かさを消去する力なのだ。〈精神〉は、経験的な諸特徴の多様さに直面して混乱したとき、「こうしたもののすべてはまったくどうでもよい！ *X*という特徴が存在するのか否かだけ教えよ！」と言う力なのである。そして、世界それ自体が一つの「点」によって、そうした「一なる徴」の暴力的な強要によって支えられているかぎり、一つの点のない無調の世界とは、世界のなさ〔無世界性〕を指し示しているのではないだろうか。最近バディウ自身が、マルクスの『共産党宣言』の、固定した社会形態のすべてを解体する資本主義の「脱領土化する」力をめぐる一節に言及しながら、われわれの時代は世界性を欠いていると述べた。

マルクスは、資本主義という氷のように冷たい水のなかであらゆる神聖な絆が脱神聖化されることについて述べているが、この一節は熱狂的な調子を帯びている。これは、〈資本〉が持つ解体する力に対するマルクスの熱狂なのだ。〈一〉という「超自我」のような形象とこれに伴う神聖な絆からわれわれを解放する物質的な力として〈資本〉が自らの姿を露わにしたということは、事実上〈資本〉の積極的で進歩的な性質を表しており、それは現在までずっと続いている。だからこそ、一般化された原子論《アトミズム》、回帰する個人主義、そして最後に、思考をたんなる行政、統治、技術的操作という実践へと貶めることに、哲学者である私は決して満足しないだろう。私はただこう考える。まさしく脱神聖化という境位においてこそ、思考するという使命を再び自覚しなければならない、と。[14]

このようにバディウは、資本主義の動力が表象の安定した枠組みすべてを危うくすること、つまり資本主義の例外的な存在論的地位を認識している。通常は批判的-政治的活動によって遂行されるべき務め（すなわち、国家の表象の枠組みを危うくするという務め）が、資本主義そのものによってすでに遂行されているのだ。そしてこの事実が、「出来事の」政治《ポリティクス》というバディウの概念に問題を引き起こす。前資本主義的社会体においては、国家や全体化された表象のすべては、原初における排除、「徴候的捻れ」という点、「全体の一部ではない部分」、システムの一部でありながらそのシステムの内部には居場所のない要素、といったものを含み込んでいる。そして、解放をめざす政治は、こうした過剰な（「員数外の」）要素、状況の一部でありながらも状況によっては説明されない要素から介入していかねばならないのだ。しかしながら、システムがこうした過剰をもはや排除せず——絶えざる自己革新によって、自身の限界を絶えず超えていくことによってしか自らを再生産できない資本主義の場合のように——システム自身の駆動力としてこの過剰を直に措定するとき、いったい何が起きるのだろうか。単純化して言おう。もしも政治的出来事、つまり確定された歴史的世界への革命的で解放的な介入が、その世界の「徴候的捻れ」という過剰な点につねに結びついているとしたら、また、過剰な点がその定義からしてこの世界の輪郭を変えてしまうものだとしたら、すでにそれ自体で世界を持たない世界、自らを再生産するためにもはや一つの「世界」による制約を必要とはしない世界《ユニヴァース》に対して、解放をめざして政治的に介入することを、どう規定すればよいのだろうか。アルベルト・トスカーノがその明快な分析において指摘しているように、バディウはここで矛盾に陥っている。バディウは次のような「論理的」結論を引き出している。「世界を持たない《ワールドレス》」世界《ユニヴァース》（すなわち現代のグローバル資本主義の世界《ユニヴァース》）においては、解放的な政治の目標は、「伝統的な」やり方とは正反対の仕方で成し遂げられるべきだ――今日の務めは、新たな世界を形成すること、「認知地図」を与えてくれる新たな〈主人のシニフィアン〉を提示することである、と。

［…］バディウは、諸世界の見かけに関する理論的著作において、出来事は世界とその超越論的体制の機能不全を引き起こすと説得的に論じている一方で、「現前の存在論」では、「幕間のような」現代あるいは世界を持たない現代においては、現在排除されているものが回帰して新たな名前、真理へ至る新たな手続きを支えられる名前を創出できるように、一つの世界を構築することが必要であると主張している。バディウはこう述べる。「われわれは極めて特殊な時代に、世界がまったく存在しない時代に生きているのだと思う」。［…］その結果、「哲学の正統な目標は、われわれをただ待っているだけの未知の世界――なぜならわれわれがそうした世界の到来を待っているのだから――を生み出す新たな名前を見出す手助けをすること以外にない」。バディウはここで、彼の理論の鍵概念のいくつかを奇妙なことに転倒させ、「秩序化する」という務めをある程度唱道しているように見える。この務めは、或る人々にとっては「もう一つの世界は可能だ」という今やあちこちで耳にするスローガンと不可避的に――おそらく間違って――響き合うような務めである。[15]

こうした矛盾によって、「規定的否定」という話題に立ち戻ることになる。つまり、新たな世界を設立するという「秩序化」の務めは、一種の「抑圧されたものの回帰」であり、ここで回帰してくるのは、バディウの理論において抑圧されたものだけではなく、現代の主たる参照点としてバディウがよく言及し、すでに見たように、まさにこの「秩序化」の務めに失敗した政治的出来事そのもの――毛沢東主義者の文化大革命――において抑圧されたものでもあるのだ。

文化大革命の教訓

では、バディウにとって文化大革命の歴史的帰結（教訓）とは何か。行為を否定的なものと捉える考え方に断固として反対するバディウが、毛沢東主義者の文化大革命の歴史的意義を以下のように見ているというアイロニーに気づかないわけにはいかない。

〔文化大革命の歴史的意義は、それが〕革命的な政治活動を生み出す中心としての党‐国家の終焉を告げているというところにある。より一般的に言えば、文化大革命は、革命的大衆の行動《アクション》も組織現象も、代表‐表象《リプレゼンテーション》という階級の厳密な論理に帰することはもはやできないことを示したのである。だからこそ文化大革命は極めて重要な政治的出来事なのだ。

以上の一節は、バディウの「文化大革命――最後の革命？」[16]からの引用であり、まさにこのテクストのタイトルは、意外なことにハイデガーとバディウとの類似関係を示唆している。バディウにおいて文化大革命は、ハイデガーにおけるナチ革命と同じ構造的場所を占めているのだ。それは、最もラディカルな政治参加の失敗が、政治参加そのもの（をめぐる伝統的様式）の終わりを告げている場所である。バディウのテクストの結論部は、この点を繰り返し強調している。

> 最終的に、文化大革命は、まさにその行き詰まりにおいてさえ、国家‐党という枠組みによって監禁された政治を解放することの不可能性を偽りなくグローバルに物語っている。文化大革命は、没頭＝飽和状態（saturation）という取り替えのきかない経験を印している。なぜならば、社会主義という形式的条件の下で、新たな政治の方向を見出し、革命に再び着手し、労働者の闘争の新たな形式を見出そうとする暴力的な意志は、内戦の拒否と公的秩序、国家‐党という一般的枠組みの維持、つまりは保守することの必要性に直面して結局は挫折したからである。

したがって、二十世紀最後の真に大規模なこの革命的爆発の決定的に重要な意義は、否定的なものである。その意義はまさに、革命が失敗し、革命の過程をめぐる党／国家の論理が不毛であることを告げている点にあるからだ。しかしながら、ここでさらに一歩進めて、提示《プレゼンテーション》（革命的大衆による「直接的な」超国家的自己組織化）と再提示‐代表《リプレゼンテーション》という両極を、二つの独立した極として捉え、その結果、真にヘーゲル的な逆説のうちに、「国家権力を専有する」という目的《テロス》によって導かれた革命的活動を組織する党‐国家の形式の終焉が、同時にまた「直接的な」（非‐代議制的）自己組織化（労働者評議会や「直接民主主義」の諸形式）に関するあらゆる形式の終焉でもあるとしたらどうだろう。

「文化大革命――最後の革命？」の後に出版された『世界の論理』において、バディウが文化大革命について同じことを主張するとき、ほとんど気づかない程度にだが、力点がわずかに移動している。

> 世界中のすべての革命家にとって、文化大革命は事実上レーニン主義の限界を試したものだった。解

放をめざす政治は、もはや革命のパラダイムには従属しえず、党という形式に縛られてもいないということをそれは教えた。これに対応することだが、文化大革命は議会や選挙という装置に刻み込まれることもありえない。すべてが始まるのは、高校生の紅衛兵や学生たちが、次いで上海の労働者たちが、一九六六年から一九六八年のあいだに、以前は仮説だったことを現実的なもの《リアル》へと完全に変容させることによって、来るべき十年のためにこの始まりの積極的な実現を指示したときであり、これが文化大革命の陰鬱な特質なのだ。しかし、怒り狂った彼らは、彼らが反乱を起こして倒そうとした相手に囚われたままだったので、この始まりを純粋な否定という立場から探ったにすぎなかった。[17]

〔文化大革命をめぐる〕以上の二つの解釈は対立している。「文化大革命――最後の革命？」によれば、文化大革命の失敗は「国家-党という枠組みによって監禁された政治を解放することの不可能性を偽りなくグローバルに物語って」おり、この失敗の原因はやや常識的な水準で特定されている（「内戦の拒否と公的秩序、国家-党という一般的枠組みの維持、つまりは保守することの必要性」――ようするに、「財の供給」という急務である。革命による動揺がどれほど激しくても、生活は続けなければならず、働き、消費するといったことを続けなければならない。こうしたことを保障できる機関は党-国家しかなかった……というわけだ。人名を挙げて説明すれば、文化大革命の動乱の最中に何とか国家を機能させていた周恩来なくして毛沢東は存在しえなかった、ということである）。バディウはここで、党-国家という枠組みから政治を解放することの不可能性を主張しているわけだが、これとは反対に、『世界の論理』の一節では、党-国家という枠組みの内部でラディカルな政治活動を追求することの不可能性が文化大革命の教訓であると言われている（「解放をめざす政治は、もはや革命のパラダイムには従属しえず、党という形式に縛られてもいない」）。したがって、党-国家という枠組みの外部で革命を起こす政治を実践することはできず、この枠組みの内部でもそうした政治を実践することはできないことになる。『世界の論理』においてバディウは、決定的に重要な以下の問いに直面している。それは、「四つの要素（平等、テロル、自由参加、人民への信頼）から成る平等主義－革命を起こす政治という「永遠のイデア」は、国家－党というモデルに根差しており、またそれは、文化大革命において潜在力を枯渇させた結果捨て去るべきものとなってしまった革命的国家に依存しているのだろうか、それとも、そうしたイデアは、本当に「永遠」であり、それゆえこの革命後の時代においても再生されるのを待っているのだろうか」[18]、という問いである。バディウがこの問いに対して与えている以下の答えが説得力に欠けるのも不思議ではない。

実際、国家に革命を起こす人物という超俗的な主体性が構成されるのは、まさしく、そうした人物が国家と革命を起こす政治との分離を常態化しようとする際に、国家権力の内部からそうしようとするときである。したがって、問題となっている主体性は、こうした〔国家と革命を起こす政治との〕分離を前提とする場合にのみ存在する。まただからこそ、今日ではそうした主体性は哲学によってのみ構成されるわけだが、それは、行動《アクション》を考えるために、政治をめぐる新たな思考のおかげで、国家権力を目的にも規範にもしていない政治の内部に自分を位置づけることが想像可能で実践可能になった後のことなのである。[19]

こうした行き詰まり（国家という形式の内部でも外部でもうまくいかない）に対してバディウが与える解決は、国家という形式から距離を置くことである。国家の外部に立つ、ということだが、それは、国家という形式を破壊するような外部に立つことではなく、国家という形式を破壊することなくそこから自身を「差し引く」という身振りなのである。ここで本当に問うべきは、国家に対するこの外部性はどうすれば作動するのか、という問いである。文化大革命は、国家形式をその内部から破壊しようとする試みの失敗、国家を廃棄しようとする試みの失敗を示しているのだから、取るべき代替策《オルタナティヴ》は、国家を事実として、「財の供給」を担う装置としてそのまま認め、国家に対して（あれこれうるさく声明を出したり要求を突き付けたりして）距離を取ることなのだろうか。しかし、こうした立場はサイモン・クリッチリーのそれに近づいているのではないだろうか。すでに見たように、クリッチリーは、解放をめざす政治は次のようなものであると主張している。

> 〔解放をめざす政治は〕国家から距離を取って——実践的に、局所的に、状況に応じて——段階的に実行に移され、あるいはそのまま実行される。〔…〕そうした政治は国家を疑問に付し、既存の秩序に説明を求めるのだが、それは国家を廃棄するためではなく——それは或るユートピア的な視点から見れば望ましいことかもしれないが——国家を改善し、国家がもたらす有害な効果を和らげるためなのである。

こうした立場の曖昧さは、理解しがたい不合理な推論に主たる原因がある。国家が存続するとしたら、国家（そして資本主義）を廃棄することが不可能であるとしたら、なぜ国家に対して距離を取って行動すべきなのか。なぜ国家と共に（その内部から）行動しないのか。なぜ〈第三の道〉という基本的前提を受け入れないのか。

　言い換えれば、クリッチリーの（そしてバディウの）立場は、誰かほかの人が国家機械の運転を引き受けてくれて、そのおかげで自分たちは国家に対して批判的な距離を取ることができるだろう、そういう見込みに基づいているのではないか。さらに言えば、解放をめざす政治の空間が国家に対する距離によって規定されるのだとすれば、（国家という）領野をあまりにも簡単に敵に明け渡してしまうことになるのではないか。国家権力がどのような形態を取るのかということが決定的に重要なのではないか。クリッチリーらの立場は、こうした重要な問いを二義的なものにしてしまうのではないか。結局のところ、どんな形態の国家だろうと大して問題ではない、というように。[20]

すると、紅衛兵たちは「来るべき十年のためにこの始まりの積極的な実現を指示したのだが、怒り狂った彼らは、彼らが反乱を起こして倒そうとした相手に囚われたままだったので、純粋な否定の上っ面を探ったにすぎなかった」とバディウが主張するとき、この「積極的な実現」というのは、国家なしでやっていく新たな方法、国家を「廃棄する」ないしは国家に対してたんに距離を取る新たな方法、よりラディカルには、国家装置を我有化する新たな方法、こうした方法を生み出すことなのだろうか。

しかしながら、文化大革命の失敗には、さらに重要な別の側面がある。バディウはこの失敗を――より一般的には共産主義の崩壊を――政治において、グローバルな（革命をめざす）プロジェクトとして普遍的な水準で真理を生み出すことが可能だった時代の終焉を告げるものと見ている。今日、こうした歴史的敗北の後遺症のせいで、政治における真理は、局所的な出来事（への忠実さ）として、局所的な闘争として、或る限定的な布置への介入としてしか生み出されなくなっている。だが、バディウはこうして、「抵抗」という行為はいまや局所的にしか可能ではないという、いわばバディウ的なポストモダニズムを受け入れてしまっているのではないだろうか。バディウに（ラクラウやバトラーと同じく）欠けているように思えるのは、政治的なものの「ポストモダンな」理論化を執拗に批判する別の思考《オルタナティヴ》とは何であるかを明確に示してくれるような、歴史に関するメタ理論なのだ。〔バディウによれば〕「大きな」物語（歴史）から「小さな」物語（歴史）への移行、本質主義から偶発性への移行、グローバルな政治から局所的な政治への移行等々は、それ自体が歴史的な変化なのであり、そうした移行の前には普遍的な政治が可能だったが、それはもはや過去のことではないのか。あるいは、政治的介入の局所的な性質への洞察は政治の本質に対する洞察ではないのか、だとすれば普遍的な政治的介入が可能であると信じていたことはイデオロギー的錯覚だったのではないか。

こうした論の運びに沿って、最近バディウは資本主義を、歴史的布置という自然化された「背景」にまで格下げした。つまり、「世界を持たない《ワールドレス》」資本主義は、或る特定の状況の一部ではなく、すべてを包み込む背景であり、これを背景として個別的な状況が発生してくるというわけである。それゆえ、「反資本主義的な政治」を追求することは無意味となる。政治はつねに、個別の状況への、特定の行為体《エージェント》に対する介入なのだ。中立的《ニュートラル》な背景そのものを直接の相手として「戦う」ことはできない。資本主義と「戦う」ことはできず、戦う相手はアメリカ合衆国政府、その決定や政策等々なのである。

しかしそれでもなお、このグローバルな背景は、じつに明確で残酷な限界として感じられることがあるのではないだろうか。現代の〈左翼〉が繰り返し語るのは、「新たな世界」を約束する党ないしは指導者（マンデラやルラ）は普遍的な熱狂をもって選挙で選ばれるのだが、その後しばらくすると、たいていは二、三年後のことだが、大きなディレンマに躓くことになる、という物語である。あえて資本主義のメカニズムにメスを入れるか、それとも「ゲームに興じる」ことにするか、このどちらにするのかというディレンマだ。資本主義のメカニズムを乱すことを選べば、市場の動揺、経済の混乱などによってたちまちのうちに「罰せられる」。だから、反資本主義が政治行動の直接の目的ではありえないことは確かだが――政治においては、具体的な政治主体やその活動に対立するのであって、匿名的な「システム」に対立するわけではない――ここでラカンに倣って、目標《ゴール》と目的《エイム》とを区別すべきだろう。反資本主義は、解放をめざす政治の直接の目標《ゴール》ではないにしても、その究極の目的《エイム》、つまりそうした政治活動すべてを生み出す地平であるべきなのだ。これは、「政治経済学批判」というマルクスの考え方（バディウには完全に欠けているもの）がもたらす教訓ではないだろうか。経済の領域は「非政治的」にみえるけれども、それは政治闘争の秘められた参照点であり、政治闘争を構造化する原理なのである。

チェコの地方議会選挙と上院選挙が実施される日の数日前、二〇〇六年一〇月一六日に、チェコ共和国内務省は共産主義青年同盟（ＫＳＭ）の活動を禁止した。内務省がＫＳＭの活動を禁止した理由としている「犯罪思想」とは何か。それは、ＫＳＭの綱領に、生産手段の私的所有を社会的共有に転換すべきであると唱われており、これがチェコの憲法に違反するというのである……。生産手段の社会的所有を求めることが犯罪であると主張することは、現代の左翼思想は犯罪に根差していると言うに等しい。[21]

本当の行為とはまさしく、所与の背景の内部で行われるだけでなく、その背景の座標をぐらつかせ、背景を背景として目に見えるようにする介入のことである。したがって、現代の政治において、行為を成立させる必要条件とは、経済のうちに潜む政治的次元を明るみに出すことによって、経済の背景としての地位に揺さぶりをかけることである（だからこそマルクスは政治経済学について論じたのだ）。次に引用するウェンディ・ブラウンの鋭い意見を思い起こそう。「マルクス主義が政治理論にとって分析に値するものを持っているとしたら、それは、リベラルな言説において暗黙のうちに「非政治的」である――つまりは自然化されている――と決めつけられた社会的諸関係のうちにこそ自由の問題が含まれている、とマルクス主義が強調している点にあるのではないだろうか[22]」。したがって、「現代のアメリカのアイデンティティ・ポリティクスの政治的基盤は、部分的には資本主義のある種の再自然化によって強固にされているように思える[23]」。それゆえ、決定的に重要であるのは以下の問いである。

［…］資本主義への批判が排除されている原因として、「社会主義によるオルタナティヴが失われたこと」や、グローバルな秩序において見かけの上で「リベラリズムが勝利したこと」だけではなく、対

抗政治が形成する現在の布置が、資本主義批判の排除にどの程度までかかわっているのか。社会全体を批判し全面的な変革を思い描くマルクス主義とは対照的に、アイデンティティ・ポリティクスは、それが要求を突き付ける既存の社会に内在する規範をどの程度まで必要としているのか。その規範とは、資本主義を批判から守るだけではなく、階級の不可視性と分節不可能性を――偶然にではなく、本来の機能として――そのままにしておく規範である。われわれは、多文化主義《マルチカルチュラリズム》の「人種、階級、ジェンダー、セクシュアリティ」というスローガンにおいて、階級がつねに言及されながらもほとんどその理論化が進んでいない理由を、はからずも見つけてしまったということなのだろうか。[24]

もちろんバディウの普遍主義は、アイデンティティ・ポリティクスに根本的に対立するものだが、政治闘争があるところにはどこにでも存在する背景として資本主義を捉えることによって資本主義を「再自然化」しているという点で、両者は共通しているのではないだろうか。さらに言えば、ここにはアイロニーがあって、このように資本主義を「再自然化」してあらかじめ存在する背景とすることは、フクヤマの言う〈歴史の終わり〉を構成する重要なイデオロギーなのだ。フクヤマによれば、選択肢は明らかに次の二つである。〈歴史の終わり〉という、ついに見出された社会生活の合理的形式に関する疑似ヘーゲル的なテーゼを受け入れるか、あるいは、歴史の偶発性や闘争は相変わらず存在しており、〈歴史の終わり〉どころではないと強調するかのどちらかである。私の考えでは、この二つの選択肢のどちらも真の意味でヘーゲル的ではない。理念をめぐる戦いですでに勝利を収め和解が成立した、という意味での〈歴史の終わり〉という素朴な概念はもちろん拒否すべきだ。しかしながら、グローバル資本主義とリベラル民主主義が支配する今日の秩序の下、「グローバルな再帰性」が支配するこうした体制の下で、われわれは今やあらゆる歴史と実質的に訣別し、歴史は或る意味で確かに終わったのであり、われわれは歴史が終わった後の《ポストヒストリカル》世界に生きているということは否定しようもない。グローバル化された歴史主義と偶発性が、この〈歴史の終わり〉を示す決定的な指標である。だから、やはりこう断言すべきなのだ。今日、歴史は終わってはいないが、「歴史性」という概念は以前とは異なった仕方で機能している、と。これが意味しているのは次のようなことである。現象が偶発的なものとして、歴史的な偶発性によって構築されたものとして経験される再帰的なリスク社会がわれわれの社会なのだという経験と、資本主義の「再自然化」とは、逆説的にも一枚のコインの裏と表であるということだ。[25]

　実際は歴史過程の偶発的な結果であるものを固定化ないしは「自然化」すること、普通はこれがイデオロギーの機能であると思われている。したがってこの反対は、物事を動いているものとして、歴史過程のなかにあるものとして見ることである。しかしながら、普遍的な歴史性と偶発性という概念が、支配的なイデオロギーの一部となっている今日では、イデオロギー批判の視点を逆転させ、こう問うべきなのだ。現代社会で称揚されているノマド的流動性のただなかにおいて変わらないものとは何か、と。その答えはもちろん、資本主義、資本主義的諸関係である。そして、〈変わらないもの〉と変わったものとの関係は正しい意味で弁証法的である。つまり、変わらないもの——資本主義的諸関係——は、まさに絶え間ない変化を引き起こす布置＝原因なのだ。というのも、資本主義の最も深いところにある特質とは、永遠に自己革新を続けるその力動性なのだから。真にラディカルな変革——資本主義的諸関係そのものの変革——を引き起こそうとするならば、資本主義の生命である、止まることのない社会的力動性の根っこを切り取ることが必要になるだろう。

どちらの差し引きをとるべきか？

対立する者たちが同じ言葉を話し始め議論の前提を共有するようになったら、つねに注意すべきだ——この共有された論点は概して、それを共有する者たちの徴候を示す点なのである。現代における、互いに異なる三人の哲学者、バディウ、クリッチリー、ネグリについて考えてみよう。すでに見たように、この三人は次の前提を共有している。それは、国家装置を支配することが究極の目標である党-国家の時代は終った——これからは、政治は国家の領域から身を差し引き、国家の外部に空間を、「抵抗の場《サイト》」を創るべきだ、という前提である。こうした変化に対応しているのは、生活の「背景」として資本主義を受け入れるという態度である。共産主義国家の崩壊は、「資本主義と戦う」ことは無意味であると教えている、というわけだ。身を「差し引く」べきなのは、まさにこの共有された空間からである。「抵抗とは脱出すること、世界の外へ出て行くことである」[26]。

アラン・バディウは最近行われたインタヴューで、現代の苦境を政治的に診断しつつ、彼の見解の核心を露呈している[27]。バディウはまず、共産主義とマルクス主義を区別することから始め、自身を今もなお共産主義者であると見なしている（「「総称としては」、共産主義とはたんに、多種多様に機能する社会において万人が万人に対して平等であることを意味する」）。「しかし、マルクス主義はそれとは違うものだ」。マルクス主義の核心は、レーニンの言う「共産主義のＡＢＣ」である。つまり、「大衆は諸階級に分裂し、諸階級はそれぞれの党によって代表され、党は指導者たちによって導かれる」——こういうことは今日では通用しない。グローバル資本主義下のまとまりのない大衆は、古典的なマルクス主義が考えるような諸階級に分裂してはいない。だから、今なおなすべき務めは大衆を政治的に組織化することだが、旧来の階級-党という関係に基づいてそうした務めを果たすことはもはやできない、バディウはそう言うのである。

中央集権化された党は新たな形式の権力を可能にしたが、それは党そのものの権力にほかならなかった。われわれは今、私の言葉で言えば「〈国家〉から距離を置いた」状態にある。その理由は何よりもまず、権力の問題がもはや「直接的」ではないからである。今日、反乱を起こして「権力を握る」ことが可能なところなどどこにもないのだ。

ここで指摘しておくべきポイントが三つある。第一に、共産主義の定義が曖昧であるということだ。「多種多様に機能する社会における」平等、とバディウは言うが、この定義が回避しているのは、まさにこの「多種多様に機能する社会」によって生み出されている不平等である。第二に、階級対立をたんに「大衆の諸階級への分裂」と捉えると、階級対立が社会体内部における下位区分にすぎないものになってしまい、社会体全体にわたって走る亀裂としての階級対立の地位を見失ってしまうということだ。第三に、革命によって権力を奪取することの不可能性が、厳密に言ってどのような地位にあるのかということだ。それは、一時的な失敗であり、われわれが生きている非-革命的な状況を示しているにすぎないということなのか、それとも、革命をめぐる党-国家というモデルの限界を示しているということなのか。バディウは後者を選んでいる。

こうした新たな状況において、われわれは新たな形式の政治、「差し引く《サブトラクション》という政治」、〈国家〉の権力から「独立した——そこから「身を引いた《サブトラクティド》」——」政治過程を必要としているというのだ。「この差し引くという政治は、反乱を起こすという党の形式とは異なり、もはや直接的に破壊的でも敵対的でもなく、軍事化されてもいない」。この政治は、国家から距離を置き、「〈党〉によって決定された基本方針《アジェンダ》やスケジュールに基づいて構築されたり分裂したりする」ことはもはやない。こうした政治の国家に対する外部性をどう考えればよいのだろうか。バディウはここで、破壊と差し引くこと《サブトラクション》とを概念的に区別することを提案している。

「差し引くこと」はもはや、或る状況の政治的現実を支配する法に依存してはいない。しかしながら、これを単純化して、そうした法を破壊するものであると言うこともできない。差し引くことは、状況を支配する法をそのままにしておく。差し引くことは自律の拠点をもたらすのだ。それは否定ではあるが、否定の持つ本当に破壊的な側面と同一視はできない。[…] われわれは、状況を支配する法から独立し自律した新たな空間を創造する「創設的差し引き《サブトラクション》」を必要としているのである。

ここで言われていることの根底にあって、バディウが問題視している哲学上のカテゴリーとは、「規定的否定」というヘーゲルの概念、結果として無《ゼロ》をもたらすのではない否定／破壊という概念である。

否定の否定が新たな肯定を生み出すとしたヘーゲルとは反対に、私はこう考える。正確に言って、今日において否定性は新たなものを何も創造しない、と。もちろんそれは、古いものを破壊するのだが、新たなものを創造することはない。

革命をめざす政治とヘーゲル弁証法との結びつきは決定的に重要である。「かつては党という形式が反乱を起こして勝利したわけだが、それが今日では時代遅れになっているのとまったく同様に、否定をめぐる弁証法理論も時代遅れになっている」。残念なことに、バディウは以上のように考えることによって、「否定の持つ本当に否定的な側面と、私〔バディウ〕が「差し引くこと」と呼ぶ側面とのあいだでの調整ないしは較正」という偽の問題へと向かってしまうのである。

私が「弱い否定」と呼ぶもの、すなわち民主的に反対することへと政治を縮減することは、差し引く《サブトラクション》ことであると理解してよいわけだが、この差し引きは、破壊的否定とはあまりにもかけ離れているので、ハーバーマスの言う「合意《コンセンサス》」ともはや区別がつけられない。他方で、われわれはまた、新たなものや創造を表す純粋な形象として否定を保持しようという必死の試みを目にしてもいる。こうした徴候は、宗教的で虚無主義的な次元を含んでいることがよくある。

ようするになすべき務めは、破壊的な潜在力を奪われた、民主的で純粋な差し引き《サブトラクション》と、純粋に破壊的な（「テロリストの」）否定とを区別する適切な基準を見つけることなのだ。だがここで生ずる問題は、否定をこうして破壊的な側面と差し引くという側面とに「内的に分離させること」によって、ヘーゲルが「規定的否定」という概念で解決しようとしたのと同じ分離が再び生み出されてしまうということである。（暴力を放棄すべきではないということは、バディウはよくわかっている。解放された区域を守るサパティスタ民族解放軍のように、暴力を、防御のための暴力として、差し引き《サブトラクション》によって創造された自律空間を守るための暴力として概念化し直すべきだというのである）。バディウはこうした「適切な基準」を示す例を挙げているが、この事例は疑問に答えるより多くの疑問を浮かび上がらせる。その事例とは、ポーランドにおける〈連帯〉の運動である。

〔〈連帯〉の運動が実践したのは〕古典的には否定的であると理解されている行動手法――ストライキやデ

モなど——と、工場における自律空間の創造のようなこととの新たな弁証法だった。その狙いは、権力の掌握や既存の権力に取って代わることではなく、労働者たちとの関係を新たに創造することだったのである。

しかし、〔ポーランドにおける〕この実験が短命に終わった理由は、バディウ自身の指摘によれば、それが明らかに、反体制運動の三つの局面のうちの第二の局面としての役割を果たしていたからである。三つの局面とは、(1) 思うがままに体制を批判する局面（「本当の社会主義を求める！」——すなわち、政権党への非難は、「社会主義者としての根本に背くな」となる）。(2) そのように社会主義に固執することは偽善的だという政権党からの反撃に対して、次のように応じる局面。その通りだ。われわれは支配的な社会主義のイデオロギーからはずれたところにいることは間違いない。しかし、権力ではなく自律を求めているだけだ。さらに要求するなら、権力者たちはいくつかの基本的な倫理規範（人権など）を尊重してほしい。(3) 権力を掌握することに興味はないというのは偽善的である、反体制運動は権力を求めているのだ、そういう政権党からの非難に対して、次のように応じる局面。そう、通りだ。われわれは権力を求めている……。

バディウが挙げている別の事例は、国家権力と曖昧な関係を保っているレバノンのヒズボラである（国家権力に対して距離を置きながらもその内部に入り込むというこの事例は、かつてのレーニン主義の「二重権力」という概念をよみがえらせているかのようだ——レーニンにとって「二重権力」はまた、一時的な戦術であり、後の完全な権力奪取のための基礎固めでもあった）。しかし、これはさらなる問題を生み出している。こうした運動の宗教的基盤という問題である。バディウは、「こうした運動には、宗教上の特殊性に結びついた内的限界がある」と述べている。しかし、この限界は一時的なものなのだろうか。

バディウはそうほのめかしているように思える。この限界は、こうした運動が自らを普遍化する（必要がある）ときに、運動の発展過程における例の「第二の、高次の」段階において克服される（必要のある）ものなのだろうか。ここでの問題は、宗教それ自体ではなくその特殊性である、バディウがそう指摘しているのは正しい。だが、そのイデオロギーが直接的に〈反-啓蒙主義〉という形をとるヒズボラのような運動にとって、宗教の特殊性は現在においてすでに致命的な限界なのではないだろうか。

バートルビーの政治〔……したくない、ではなく、……しないことを好む〕のバディウ版と呼ぶべきものに対して適切に応答するには、ヘーゲルをもって応じるべきである。つまり、「適切な基準」という問題全体が偽の問題なのだ。差し引き《サブトラクション》は、間違いなく「否定の否定」（ないしは「規定的否定」）である。言い換えればそれは、支配的権力を直接的に否定-破壊するのではなく、権力の領野の内部に留まり、まさにその領野を掘り崩し、新たな肯定的《ポジティヴ》空間を切り開くことなのである。要点は、差し引き《サブトラクション》には二種類あるということだ。バディウは、純粋な差し引きによって社会的-民主的立場が得られると考えるとき概念的に退行しており、この退行は徴候的である。民主的な差し引きは差し引きではまったくない。差し引くことによって原理主義者としての宗教的アイデンティティを構築するのは、「虚無主義的な」テロリストなのだ。こうした者たちにおいて、ラディカルな破壊はラディカルな差し引き《サブトラクション》と重なるのである。もう一つの「純粋な」差し引きとは、〈ニューエイジ〉的な瞑想の世界に引きこもることであり、こうした差し引きは、社会的現実の領域をそのままにしておきつつ、自らの固有な空間を創るのである。（純粋な破壊というものもある。二〇〇五年のパリ郊外暴動事件のときに自動車が燃やされたような、「無意味な」暴力の噴出である）。では、差し引きが本当に新たな空間を創造するのはいつなのか。唯一の正解は次の通り。それは、そこから身を差し引いたシステムの座標を、身を差し引くことによって掘り崩し、そのシステムの「徴候的捻れ」の点を狙い撃つときである。誰もが知っているあの、トランプで作られた家や積み上げられた木片のことを思い浮かべてほしい。それぞれのカードや木片が互いによりかかりながら複雑に組み合わされているので、カードや木片を一つ抜く——差し引く——だけで、組み立てられたもの全体が崩れてしまう。まさにこれが、差し引き《サブトラクション》の真のテクニックなのである。

サラマゴの小説『見ること』のプロットを思い起こそう。有権者の巨大な集団が投票することを嫌がって無効票を投じ、政治的既成勢力（与党連合と野党の両者）をパニックに陥れる。無効票を投じるという行為によって、支配者たちは被支配者たちに対してすべての責任を負う状況に追い込まれる。そうした行為が、最も純粋な差し引き《サブトラクション》のあり方である。政治を正当化する投票という儀式に参加せず、そこから退くというだけの身振りによって、国家権力が支えを失って崖の先に浮いているように見えてしまうのだ。有権者のこうした行為は民主的な正当化によってもはや隠されてはいないので、権力者たちは抗議者に対して、「われわれを批判するおまえは誰だ。選挙で選ばれたのだから、われわれはしたいことができるのだ！」と応答する選択肢を突然奪われてしまう。権力者たちは、正当化されていないのだから、苦労して、自らの行いによって正当性を得なければならない。私が思い出すのは、スロヴェニアにおける共産党政権の最後の数年間だ。正当性を得ようと努力し、国民のためにできることを行い、皆をよろこばせようという姿勢は政府にはなかった。それはまさしく、共産主義者が握っていたのは——共産主義者を含めて誰もが知っていたように——民主的に正当化されていない権力だったからである。共産主義者は、自らの終わりが近づいていることを知っていたので、厳しい審判を受けるとわかっていたのだ……。

ここで次のような非難を受けるのも当然だろう。ここに見られるのは、今日ますます拡がりつつある政治への無関心、投票の棄権と同じことではないのか。権力の座に着いている者たちはこうした現象に脅威を感じてはいない。ここのどこに体制転覆的な危険性があるのか。こうした非難に対する答えは、〈大他者〉に焦点を合わせるべきだ、というものである。投票に行かない人々の大多数は、積極的な反抗の身振りとしてではなく、他人に依存したいという漠然とした思いから投票に行かないのだ——「投票には行きません。私の代わりに他の人が投票してくれるから……」。投票の棄権は、〈大他者〉に影響を及ぼすときに行為となるのだ。

このように正確な意味で、差し引き《サブトラクション》はもともと、ヘーゲルの言う「否定の否定」なのである。最初の否定は直接的な破壊であり、否定の相手と共有する現実の領野において、その相手を暴力的に「否定」／破壊することである。これとは逆に、本当の差し引き《サブトラクション》は、相手との闘争が行われている領野それ自体の座標を変えてしまう。バディウの説明には、この決定的に重要な点を見逃しているところがある。ピーター・ホールワードは、バディウの言う「差し引き《サブトラクション》」の意味の複数性に注意を促している——あたかもこの概念が、意味の「家族〔的類似性〕」というウィトゲンシュタインの概念と重なり合っているかのように。[28] 中心となる軸は、（国家という領域から退き、自分固有の空間を創造するという）「引きこもり」としての差し引き《サブトラクション》と、（多種多様な敵対から基本的敵対へと移動し、真の分割線を引くという）「最小《ミニマル》の差異への縮減」としての差し引き《サブトラクション》との対立軸である。困難ではあるがなすべき務めは、これら二つの次元が重なり合うアクションを起こすことなのである。

実行すべき差し引き《サブトラクション》は、ヘゲモニーを有する領野から身を差し引くと同時に、この領野のなかへ強力に介入し、この領野を最小《ミニマル》の差異の閉回路にしてしまうことなのだ。そのような差し引きは極めて暴力的であり、破壊／浄化などよりもはるかに暴力的である。それは最小《ミニマル》の差異への縮減であり、（複数の）部分と非-部分の差異、1とゼロの差異、諸集団とプロレタリアートの差異への縮減なのだ。それは、ヘゲモニーを有する領野から主体を差し引くことであるだけではなく、その領野そのものに暴力的に働きかけ、その真の座標を露わにすることでもあるのだ。こうした差し引き《サブトラクション》は、ヘゲモニーを有する領野を特徴づけている、対立関係にある二つの立場に、第三の立場を付け加えるのではない（もし付け加えるのだとすれば、リベラリズムと原理主義に付け加えられるかたちで、解放をめざすラディカルな左翼の政治があることになる)。この第三項は、ヘゲモニーを有する領野全体を「脱自然化し」、その領野を構成している対立する二極がじつは潜在的に共犯関係にあることを暴くのである。

シェイクスピアの『ロミオとジュリエット』を例に取ろう。この作品世界におけるヘゲモニーを握る対立は、キャピュレット家とモンタギュー家との対立である。これは〈存在〉の実定的な秩序における対立であり、あちらとこちらのどちらの一族に属するのかという愚かしい問題である。この問題を「最小《ミニマル》の差異」とし、本当に重要なのは唯一の選択肢を成すこの問題だけであると考え、ほかの選択肢すべてをこの問題の下に置くというのは、間違ったやり方である。ヘゲモニーを握るこの対立をめぐるロミオとジュリエットの身振りは、まさしく差し引く《サブトラクション》という身振りである。愛が二人を特異化し、二人はヘゲモニーを握る対立の支配圏から身を差し引き、二人に固有の愛の空間を創設するのだ。この愛の空間は、二人の愛がたんなる掟破りの色恋沙汰としてではなく結婚として成就した瞬間に、ヘゲモニーを握る対立を動揺させる。ここで注目すべき重要なことは、愛のために身を差し引くという二人の身振りは、「個別の」(民族の、宗教の)領域の「実質的な」差異に対してのみ「有効」なのであり、階級の差異に対しては有効ではないという点である。階級の差異は、「差し引くこととは無縁の《ノン-サブトラクション》」差異なのであり、この差異から身を差し引くことはできない。というのは、階級の差異が、社会的存在の個別の領域のあいだの差異ではなく、社会空間全体に走っている亀裂だからである。階級の差異に直面した場合、恋人同士が結びつくための解決策は二つしかない。愛し合う二人はどちらか一つを選択しなければならないのだ。下の階級に属する恋人が上の階級に寛大に受け入れられるか、それとも、上の階級に属する恋人が、従属《サバルタン》階級との政治的連帯を表明して自分の階級との縁を切るか、このどちらかなのである。

ここに差し引き《サブトラクション》のディレンマがある。なすべきことは、身を差し引く領域を無傷のままにしておくような〔あるいは、社会の現実から身を差し引いて〈ニューエイジ〉的な瞑想によって目覚めた本当の〈自己〉へ向かう場合のように、身を差し引く領野に内在する代補として機能するような〕、そういう差し引き／引きこもりなのだろうか、それとも身を差し引く領域を暴力的にぐらつかせるような差し引きなのだろうか。前者の差し引きは、ポスト政治の時代の生政治に見事に調和している。では、生政治に対立するのは何か。

プロレタリア独裁を我等に！

生政治と訣別する唯一の方法として、あえて危険を冒して、おなじみの「プロレタリア独裁」を蘇らせるとしたらどうだろう。今どきこんな話は馬鹿げていると思われても仕方がない。〔生政治とプロレタリア独裁は〕同じ空間を共有することのない、異なった領野に属する相容れない言葉であるように思えるのも当然だ。一方〔生政治〕は政治権力に関する最新の分析結果であり、他方〔プロレタリア独裁〕は時代遅れで信用を失った共産主義の神話なのだから……。しかし、である。こうした危険を冒すことは、今日における唯一の正しい選択なのだ。「プロレタリア独裁」という言葉は、依然として重要な問題を指し示しているのである。

ここで常識的な非難の声が上がる。なぜ独裁なのか、真の民主主義、あるいはたんにプロレタリアートの政権でよいではないか、と。「プロレタリア独裁」という言葉は今でもなお、決定的に重要な問題を指し示している。「独裁」とは、民主主義の反対を意味しているのではなく、民主主義それ自体に潜在する機能様式を意味しているのだ。そもそもの始めから、「プロレタリア独裁」に関するテーゼは次のような前提を含んでいた。それは、「プロレタリア独裁」は独裁の他の（複数ある）形態とは正反対のものであるという前提である。というのも、国家権力の全領域は独裁的だからである。レーニンは、リベラル民主主義を指してブルジョワ独裁の形態であると断じたとき、次のような単純なことを意味していたのではない。すなわち、民主主義はただの見せかけで、本当は何者かが裏で操っているのであり、顔の見えない集団が実際は権力の座に着いていて物事を支配しており、民主的な選挙によって権力を失いそうになれば、そうした連中は素顔を曝して権力を直接掌握するだろう、と。レーニンが意味していたのは、ブルジョワ民主主義国家という形態そのもの、そうした国家のイデオロギー的‐政治的前提における統治権は、「ブルジョワ」という階級の論理を具体化したものだ、ということなのだ。

　したがって、民主主義とは——純粋に形式的に規定すれば——独裁の一形態でもある、という正確な意味で「独裁」という言葉を使うべきなのだ。自己反省が民主主義を支えている、民主主義は自らの姿を絶えず自問することを許容し、そうすることを求めてすらいる、ということがよく指摘される。しかし、こうした自己言及はどこかで停止しなければならない。最も「自由な」選挙でさえ、選挙自体を組織し正当化する法的手続きや、選挙のプロセスを（必要ならば武力によって）保障する国家装置等々を疑問に付すことはできない。国家は、その制度的側面から見ると巨大な存在であり、〔国民の〕利益を代表するという観点からは説明できない——しかし、民主主義という幻想にはそれができる。バディウは、こうした民主主義の過剰を、国家が代表しているものに対する代議制国家の過剰として概念化している。ベンヤミンの用語を使ってこう言うこともできる。民主主義は、多かれ少なかれ法措定的暴力を排除する一方で、法維持的暴力には絶えず依存していなければならないのである、と。[29]

　ヘーゲルの「具体的普遍」が教える教訓を思い起こそう——解釈学者ないしは脱構築主義者と分析哲学者との哲学上の論争を例として。遅かれ早かれ気づくのは、彼らが、「哲学」と呼ばれている共有された空間の内部でそれぞれの立ち位置を占めている、というわけではないということだ。彼らを区別しているのは、哲学とは何であるのかという考え方そのものなのである。つまり、分析哲学者は、哲学というグローバルな領野と、そこに属する哲学者たちの個々の差異とを、解釈学者とは違ったやり方で捉えているということだ。両者の違いは、差異それ自体のとらえ方の違いであり、この違いは最初は目に見えないが、これこそが両者の本当の違いなのである――「われわれが共有している部分はここまでであり、ここから先が違ってくる」という、順を追って分類していく論理は崩壊する。現代の認知主義の分析哲学者は、認知主義的転回以後、哲学は形而上学的思弁から脱し、ついに成熟して真剣に推論を行うようになったと考えている。これとは逆に、解釈学者は分析哲学を、哲学の終わり、真に哲学的な態度を完全に失ったもの、哲学を他の実証科学に変えてしまうものであると考えている。したがって、論争している分析哲学者と解釈学者が、両者を分かつこうした根本的なギャップに気づいて驚くとき、彼らは「独裁」という局面に行き当たるのである。これに対応するかたちで、同じことが政治上の民主主義にも当てはまる。闘争が、闘争の領野それ自体をめぐる闘争に変化するとき、民主主義の独裁的な次元が露わになるのである。[30]

　ではプロレタリアートについてはどうだろう。プロレタリアートが、普遍を表す「全体の一部ではない部分」を指し示しているかぎり、「プロレタリア独裁」は普遍によって掌握された権力であり、そこでは「全体の一部ではない部分」である者たちが基本方針を定めるのだ。そうした者たちはなぜ平等主義者であり普遍主義者であると言えるのだろうか。それはまたしても、純粋に形式的な理由からである。つまり、彼らは、全体の一部ではない部分として、社会体の内部に自分たちの居場所を合法的に定める個別的な特徴を欠いているということだ。彼らは、社会という集合に属しているが、その集合のなかの部分集合のどれにも属してはいない。したがって、彼らは直接的に普遍に属しているのである。多種多様な個別的利益を代理《レプリゼンテーション》＝代表し、妥協しながらそうした利益を調停《ミディエーション》＝媒介するという論理は、ここで限界に達する。独裁はすべて、こうした代議制《レプリゼンテーション》の論理と手を切っている。そういうわけで、ファシズムを単純に金融資本による独裁として規定することは間違いなのだ。すでにマルクスは、ファシストの原型であるナポレオン三世が代議制の論理と手を切っていることを見抜いていたのである。

「独裁」という言葉は、政治的空間においてヘゲモニーを握る役割を指し示し、「プロレタリアート」という言葉は、社会的空間において不調和である者たち、その空間において適切な居場所を持たない「全体の一部ではない部分」を指し示す。したがって、あまりにも性急にプロレタリアートを「普遍的階級〔普遍集合〕」であるとして退けてしまうのは的を外している。ヘーゲルにとっては、国家の官僚集団が「普遍的階級」であり、社会の普遍的利益を直接代表していた（これとは対照的に、他の「階級〔身分〕」は自分たちの特殊な利益を代表していた）わけだが、これと同じ意味でプロレタリアートは「普遍的階級」なのではない。プロレタリアートを普遍的階級たらしめているのは、究極的にはその否定的特徴である。他のすべての階級は（潜在的に）「支配階級」の地位に就くことができるのに対して、プロレタリアートは、自らを階級として廃棄しないかぎり、そうした地位に就くことはできないのだ。

> 労働者階級が活動を始める力と使命を与えられているのは、この階級が貧しいからでも軍事的ないしは疑似軍事的組織を持っているからでもなく、（主に産業的）生産手段の近くにいるからでもない。労働者階級が使命を与えられているのは、この階級が将来の支配階級として自らを組織できないという構造的特徴のためである。プロレタリアートは、敵対する階級を廃棄するという行為において自らを廃棄する、歴史において唯一の（革命的）階級なのだ。これに対して「人民」は、多種多様な階級、下位階級〔部分集合〕、社会的・経済的階層から構成されており、そうした使命を遂行することは構造的に不可能である。それどころか、人民そのものに「歴史的任務」が与えられる場合はいつでも、その結果は次のうちのどちらかであった。まだ胎児の段階にあるブルジョワ階級がたちまち主役に躍り

出て、（「民族解放運動」の場合のように）急成長を遂げて自らを支配階級として組織するか、あるいは、政治とイデオロギーの中枢を占める者たちが（人民のために、より明確に言えば労働者階級のために）しばらくのあいだ「暫定」政府を名乗り、それが結局のところ例外なく（ジャコバン派やボルシェヴィキの場合がそうだったように）帝国に行き着くことになるか、このどちらかであった[31]。

したがって、粛清によって社会体制全体が崩壊したスターリニズムの絶頂期に、新憲法がソビエト政権の「階級」としての性格の廃棄を宣言し（以前に排除された階級に属する人々に再び選挙権が与えられた）、社会主義体制が「人民による（複数の）民主主義」と呼ばれたことは、たんなる偽善ではないのだ。ここにおいて、プロレタリアートと「人民」との対立は決定的に重要である。ヘーゲル的に言えば、この対立はまさしく「真の」普遍と「偽の」普遍との対立である。人民は包含的〔両立的〕であり、プロレタリアートは排他的である。人民は侵略者や寄生的存在、人民の自己主張を途中で妨害する者たちを相手に戦い、プロレタリアートは人民をまさにその核心において分断する闘争を押し進める。人民は自らを主張し、プロレタリアートは自らを廃棄するのである。

したがって、「プロレタリア独裁」というこけおどしを徹底的に脱神秘化すべきなのだ。「プロレタリア独裁」は、そのもっとも基本的な意味としては、政治の領野に普遍が直接侵入してくることによって表象《レプリゼンテーション》＝代議制の複雑な網の目の機能が停止してしまう、おののくような瞬間を表している。フランス革命に関して言えば、「プロレタリア独裁」から国家暴力への、あるいはベンヤミンの言葉で言えば神的暴力から神話的暴力への、ほとんど感知できないほどの移行を最も簡潔に定式化したのは、意義深いことにロベスピエールではなくダントンだった。次がその定式である。「われわれが恐るべき者になろう。人民がそうならずにすむように[32]」。ダントンにとって、革命時の国家におけるジャコバン派の恐怖政治は、敵への報復行為ではなく、労働者階級《サン・キュロット》による、そして人民自身による「神的」暴力の直接的行使を妨げることを真の目的とする一種の先制攻撃だったのである。先の定式を言い換えれば、人民がわれわれに求めていることを行おう、人民が自らそれを行わないように……となる。

古代ギリシャ以来、こうした侵入には名前が付けられている。民主主義である。そもそも、最も基本的な意味としては、民主主義とは何なのだろうか。デモスの構成員（位階序列的な社会構造において安定した居場所を持たない人々）が、自分たちの声に耳を傾けるように権力者たちに要求しただけでなく、彼らがそれ以上のことを行ったときに古代ギリシャに初めて現れた現象、それが民主主義である。デモスは、自分たちを苦しめている不正に抗議し、寡頭政治や貴族政治を行う支配層と対等な立場で公的領域に参加し意見を聞いてもらうことを求めただけではなかった。これよりはるかに重要なことは、彼ら、排除された者たちが、〈社会の全体〉、真の〈普遍〉の具体的な顕れとして自らを示したということである。「われわれは――「無」、つまり位階序列のなかに場を持たないわれわれは――人民であり、個々の特権的利益を代表するにすぎない者たちに対立する〈すべて〉である」。厳密な意味で政治闘争とは、各部分が居場所を与えられるような構造化された社会体と、普遍という空虚な原理あるいはエティエンヌ・バリバールの言う平等自由（*égaliberté*）によって、そうした社会体の秩序を動揺させる「全体の一部ではない部分」との対立を指し示している。バリバールの言う平等自由とは、話す存在としての人間すべての――今日の中国における流民（*liumang*）すなわち「ごろつき」、住むところを失いあちらこちらを転々とし、仕事も家もないだけでなく、文化的ないしは性的アイデンティティも持たず戸籍にも登録されていない、そうした者たちまでも含む人間すべての――原理に基づく平等である。

社会の内部にきちんと決められた場所を持たない部分（あるいは、社会の内部にあてがわれた従属的な場所を拒否する部分）と〈全体〉との以上のような同一化は、政治化の基本的身振りであり、フランス革命（貴族階級と聖職者階級に対して、第三身分が自らを〈国民国家《ネーション》〉そのものと同一であると宣言した）から、東欧社会主義の崩壊（党の特権階級《ノーメンクラトゥーラ》に対して、反体制の民主フォーラムが自らを社会全体の代表であると宣言した）にいたるまで、民衆が担い手となった《デモクラティック》大きな出来事すべてに見られるものである。こうした厳密な意味において、政治と民主主義とは同義語なのだ。反-民主主義的な政治の基本的目標はつねに、その定義からして、個々人がそれぞれ自分の仕事を続けられるような「正常な状態に戻そう」という要求、つまりは脱政治化だったのであり、今でもそうなのである。このように考えると、次のような逆説的な結論に導かれることは避けられない。それは、「プロレタリア独裁」とは、民主主義の爆発そのものによる暴力の別名である、という結論である。それゆえ「プロレタリア独裁」とは、合法的な国家権力と非合法的な国家権力との差異が消えてしまうゼロ・レベルであり、言い換えれば、そのレベルにおいては国家権力そのものが非合法なのである。サン・ジュストは一七九二年一一月の演説で、「いかなる王も謀反人であり簒奪者である」と述べた。この寸言は解放をめざす政治の礎石である。簒奪者に対立する「合法的な」王など存在しない。というのは、王であることそれ自体が簒奪であるからだ。これは、プルードンにとって所有それ自体が盗みであるのと同様である。ここに見られるのは、ヘーゲルの言う「否定の否定」であり、単純で直接的な否定（「この王は合法的ではない、これは簒奪者である」）から、内在的な自己否定（「正統な」王というのは撞着語法であって、王であることがすでに簒奪なのだ）への移行である。そういうわけで、ロベスピエールにとって、王を裁く裁判など裁判ではまったくないのだ。

ここで行われるべき裁判などない。ルイは被告人ではない。諸君は裁判官ではない。そうではなく、君たちは政治家、国民の代表者にすぎず、それ以外の者ではありえない。一人の人間を有罪あるいは無罪にする判決を言い渡すことなどない。諸君はただ国民を救済する方策を実行するのみ、国民を慮って行為するのみである。［…］ルイは王であった。そして共和国が設立されている。この言葉だけで、諸君が悩んでいる問題は解決される。ルイはその犯罪によって王座から引きずり降ろされた。ルイはフランス国民を反逆者だと言って非難した。ルイはフランス国民を罰するために、ルイは仲間の圧制者たちの武器を求めた。革命の勝利と国民によって、ルイは反逆者であると決定された。それゆえ、ルイが裁かれることはありえない。ルイがすでに有罪を宣告されているか、あるいは共和国が無罪を宣告されていないかのどちらかである。ルイを裁判にかけようとすることは、それがどんなやり方でなされようとも、王と憲法による専制政治への退行である。それは反革命的発想である。というのも、それは革命自体の是非を問うことを意味するからだ。事実、ルイがそれでもなお裁判にかけられるならば、無罪を宣告されることがありうるのだ。ルイは潔白とされるかもしれない。私は何を言っているのか！　判決が下されるまで、ルイは無罪と推定される。だが、もしもルイが無罪を宣告されたら、もしもルイが潔白であると推定されうるとしたら、革命はどうなるのか[33]。

民主主義と独裁とのこうした奇妙な結合は、民主主義という概念そのものに固有の対立に根差している。民主主義の根本には、互いに還元することが不可能な二つの側面がある。「員数外の〔余りの〕」者たちによる平等を求める暴力的な強制と、権力を行使する者たちを選ぶための、規制された（程度の差はあれ）普遍的な手続き、この二つである。この二つの側面はどのように関係しているのだろうか。後者の意味での民主主義（「民の声」を公的に表明《レジスター》するための規制された手続き）が、究極的には民主主義それ自身に対する防衛だとしたら、つまり、社会システムの位階序列的な機能を妨げる平等主義の論理が暴力的に侵入してくる、そういう意味での民主主義に対する防衛だとしたら、また、この過剰〔員数外の者たち〕を社会の通常の営みの一部として組み込んで新たに機能させる試みだとしたらどうだろう。

したがって問題はこうなる。平等主義的な民主主義を求める暴力的な衝動をいかに規制／制度化すればよいのか。この衝動が、第二の意味での民主主義（規制された手続き）のなかに飲み込まれてしまわないようにするにはどうすればよいのか。その答えがみつからなければ、「本来的な」民主主義は相変わらず束の間のユートピア的な爆発のままであり、例によって、その爆発〔革命〕の翌朝になれば正常化されてしまうものにとどまる。

　すると、「民主主義とは恐怖政治である」というオーウェルの主張は、民主主義に関する「無限判断」、最高度の思弁によって見出された民主主義の本質《アイデンティティ》を表していることになる。こうした次元は、クロード・ルフォールが考える民主主義においては失われる。ルフォールは、民主主義は権力の空虚な場所を必然的に抱え込んでおり、権力の座と、偶発的な理由から限られた期間だけその座に着くことのできる行為体《エージェント》とのギャップが民主主義を構成していると考える。それゆえ逆説的なことに、民主主義の基礎をなす前提は、権力の座に着く「自然」権を有する政治的行為体《エージェント》など存在しないということだけではなく、さらに根本的には、「人民」それ自体、つまり民主主義における主権の究極的な拠り所が、実体としては存在しないということでもあるのだ。カントのように考えると、「人民」という民主主義の概念は、否定的概念、或る限界を指し示すことだけを機能とする概念であると言える。この概念のために、或る特定の行為体《エージェント》が誰であろうと、完全な主権をもって統治することは不可能になるのだ。[34] 人民は間違いなく存在するという主張は、「全体主義」の基本的公理であり、この主張の誤りは、カント風に言った場合の政治的理性の誤使用（「誤謬推理《パラロジズム》」）に厳密に対応している。すなわち、「〈人民〉が存在する」のは或る特定の行為体《エージェント》を媒介してであり、この行為体は、〈人民〉およびその真の〈意志〉（全体主義的な〈党〉とその〈指導者〉）を、（再-提示＝表象しているだけではなく）あたかも直接的に体現しているかのように振る舞う。超越論的批判哲学の用語を使って言えば、それはあたかも　叡智界《ヌーメナル》の〔物自体である〕〈人民〉を現象界において具現したものであるかのように振る舞うのである……。民主主義に関する以上のような概念と、〈大他者〉の矛盾〔非一貫性〕というラカンの概念との関連について明確に述べたジャック＝アラン・ミレールから再び引用しよう。

「民主主義」は〈主人のシニフィアン〉なのだろうか。その通り、疑う余地はない。主人のシニフィアンは存在しないこと、少なくとも他から孤立した主人のシニフィアンは存在しないこと、そして、主人のシニフィアンはすべて、他の複数のシニフィアンのなかに巧みに身を滑り込ませなければならないこと、「民主主義」はこうしたことを告げる主人のシニフィアンなのである。民主主義は、ラカンの言う斜線を引かれたA〔他者〕に対する大文字のS〔シニフィアン、主体〕であり、これは次のことを語っている。私は、〈他者〉には穴が開いていること、あるいは〈他者〉は存在しないことを知らせるシニフィアンである、と。[35]

もちろんミレールはわかっているが、〈主人のシニフィアン〉は存在せず、〈他者〉の〈他者〉は存在しないこと、〈他者〉には欠如があること等々を、すべての〈主人のシニフィアン〉が証言している――まさしくS_1とS_2とのギャップは、〈他者〉における欠如から生じているのだ（スピノザにおける神と同様に、〈主人のシニフィアン〉は定義上、「普通の」シニフィアンの連鎖におけるこのギャップを埋めるものである）。しかし、民主主義の場合は、この欠如が社会構造に直接刻み込まれており、一連の手続きや規則として制度化されているという違いがある。だからミレールが、民主主義においては、真理は「分裂し分解した状態」でなければ到来しないということに関して、マルセル・ゴシェを肯定的に引用しているのも不思議ではない。（そして、アイロニーを感じながら気づかざるをえないのは、スターリンと毛沢東が、「全体主義的な」捻れを加えてはいるが、これと同じ主張をしていることである。すなわち、政治においては、階級闘争という情け容赦ない分裂を通じてでなければ真理は到来しない……）。

容易に気づくことだが、民主主義に関するこのカント的地平においては、民主主義の「恐怖政治的」側面は、その「全体主義的」捻れとしてしか現れない。言い換えれば、このカント的地平においては、革命的恐怖政治という本来の民主主義の爆発と、「全体主義的」党=国家体制とを分かつ線（反動的な言葉を使って言い換えれば、「土地や財産を奪われた者たちによる暴民政治《モッブ・ルール》」と、党=国家が暴徒《モッブ》を残酷に抑圧することとを分かつ線）は消されているのである。[36]

こうした地平を背景にしてこそ、ジャック・ランシエールの政治的美学、厳密な意味で政治的な行為は美的次元を含むというランシエールの考えを、明確に批判できるようになる。ランシエールによれば、民主主義の爆発は、社会的空間における既存の位階序列的「統治《ポリス》」秩序を再構成し、今までとは異なった秩序を、新たに分割=分有（*partage*）された公的空間を、スペクタクルとして上演する。だが、今日の「スペクタクルの社会」においては、そうした美的再構成は転覆的な次元を失っている、そうピーター・ホールワードが指摘しているのは正しい。そうした再構成は、既存の秩序に簡単に我有化=流用《アプロプリエート》されてしまうのだ。[37]本当になすべき務めは、既存の「統治《ポリス》」秩序を掘り崩す、民主主義の束の間の爆発にではなく、バディウが指し示した〈出来事〉への「忠実さ」の次元にある。すなわち、民主主義の爆発を肯定的《ポジティヴ》な「統治《ポリス》」秩序へと刻み込み／変質させ、永続する新たな秩序を社会の現実に対して強制すること、これが真の務めなのだ。これこそが、本来的な民主主義の爆発すべてに含まれている、正しい意味で「恐怖政治的な」次元である。それはつまり、新たな秩序の情け容赦ない強制である。だからこそ、民主主義を求める反乱を、人民の意志のスペクタクル的／祝祭的爆発を誰もが賛美するにもかかわらず、この意志が持続して自らを制度化するように求める段になると、不安になってしまうのだ。そして反乱が「本来的」であればあるほど、この制度化は「恐怖政治」に近づいていく。

　われわれの運命を支配する市場の「見えざる手」について警告を発する者たちに対して、リベラル派が次のように反論するのをよく耳にする。市場の見えざる手から自由になることの代償が、新たな統治者たちの見える手によって支配されることだとしたら、そんな代償を本当に払うつもりですか、と。答えは当然「イエス」である——ただし、「全体の一部ではない部分」がこの見える手を実際に見て支配するならば、という条件付きで。

9

自然における不快なもの

フクヤマを超えて

では、われわれは今日どのような立場に置かれているのか。われわれはどうすれば規定的否定の危機を脱し、〔バディウのいう〕差し引きを、その真正の暴力性をいかしつつ実践できるのか。ジェラルド・A・コーエンは、古典的マルクス主義において概念化された労働者階級の四つの特徴をあげている。（一）それは社会の多数派を構成する。（二）それは社会の富を生み出す。（三）それは社会のなかの搾取された人々からなる。（四）その構成員は社会の貧しい人々である。この四つの特徴が組み合わされると、そこから新たに二つの特徴が生まれる。（五）労働者階級は革命によって失うものはない。（六）それは社会の革命的変化に関与する意志と可能性をもつ。[1] 最初の四つの特徴は、どれも、現代の労働者階級には当てはまらない。（五）と（六）の特徴が生み出されないのは、そのためである。一部の特徴が、たとえ今日の社会に部分的に当てはまるとしても、それらの特徴が単一の行為主体に統合されることはもはやない。たとえば、社会の貧しい人々は、もはや労働者ではない、云々といった具合に。この特徴の数え方は正しいのだが、そこには補足として、体系的で理論的な演繹を付け足すべきである。つまり、マルクスにとって、それらの特徴はすべて、労働力しか売るものがないという労働者の基本的立場から導かれるものである、と。そのような存在としての労働者は、本質的に搾取されるものである、また、資本主義の進歩的拡大にともなって、労働者は、富も生み出す多数派を構成する、云々、と。では、われわれは、今日の状況において、革命への見通しをどのように規定しなおすべきなのか。この苦境からの出口となるのは、多様な敵対関係の結合 *combinatoire*、それらの潜在的な重なり合いなのか。

　根本的な問題は、以下のようになる。われわれは、単純に形式的なものではない解放の主体、すなわち、客観的-物質的に規定されてはいるが、労働者階級という実質的基盤をもたない解放の主体の単独的普遍性を、どのように考えるべきなのか。答えは、以下のように否定的なものとなる。ここでは、資本主義そのものが、否定的な実質的規定となる。というのも、グローバルな資本主義システムは、抵抗の拠点を開く過剰性（スラム、生態系に迫る脅威、等々）を生み出し媒介する実質的「基盤」だからである。〈歴史の終わり〉というフクヤマの概念を馬鹿にするのはやさしい。しかし、今日の支配的風潮は、まさに「フクヤマ的」である。リベラル-民主主義的な資本主義は、最終的に見出された、考えうる最善の社会原則として受け入れられている。われわれにできるのは、それをさらに公正、寛容、等々といえるものにすることだけである、というふうに。今日、問われるべき真の問いは、ただ一つである。われわれは、この資本主義の「自然化」を是認するのか。それとも、現代のグローバル資本主義は、その無限の再生産を妨げるに足る強力な敵対性を、内に含んでいるのか。そうした敵対性を、四つあげよう。

　一、エコロジー。資本主義は、急激な生態系の大変動ないし危機の場合、エコロジーを新たな資本投資と資本競争の領域にたやすく変えることができるが、そうした資本主義の無限の順応性にもかかわらず、市場による解決は、ここでの危機の性質自体によって根本的に排除される。なぜか。資本主義は、的確な社会的条件においてはじめて機能する。個々人のエゴイズムの争いが共通の利益に資するということを、ある種の〈理性の狡知〉として保証する市場の「見えざる手」――資本主義は、この客体化／「物象化」されたメカニズムを暗黙に信頼しているのである。しかしながら、われわれは現在、根源的な変化を経験している。これまで歴史的〈実体〉――ある特定の法則にしたがう客観的プロセスとしての歴史――は、あらゆる主体的介入の媒体および土台として、その役割を果たしてきた。社会的かつ政治的な主体がなにをしようと、そのことは、歴史的〈実体〉によって媒介され、究極的には、この〈実体〉によって支配、重層決定されたのである。だが今日では、かつてない可能性がおぼろげに浮上してきている。それは、主体的介入が、生態の大変動、致命的な遺伝子工学的変異、核などによる軍事的、社会的な大惨事、等々を引き起こすことによって歴史的〈実体〉の流れを壊滅的に乱しながら、直接、歴史的〈実体〉に介入する、という可能性である。われわれはもはや、作用域の限られたわれわれの行為がもつ、〔歴史の〕安全を守る役割を当てにすることはできない。われわれがなにをしようと歴史は進むということには、もはやならないのである。人類の歴史上はじめて、単独の社会的・政治的行為者の行動が、グローバルな歴史の流れを実際に変えることができ、またそこに介入できるようになる。それゆえ、皮肉なことではあるが、われわれは今日になってはじめて、歴史の流れは「〈実体〉だけでなく〈主体〉としても」とらえられるべきである、といえるようになったのである。特異な大惨事（たとえば、核兵器や生物化学兵器による敵への攻撃をもくろむ政治集団）が起こることが予想されるときに、行為主体に対する歴史的〈実体〉の優位をまさに前提とする「〈理性の狡知〉」という一般的論理にもはや依拠することができないのは、そのためなのだ。われわれはもはや、「敵にはすきなだけ威張らせておけばいい、やつらはわれわれを脅すことによって自滅するのだから」という態度をとれないのである。歴史の〈理性〉にまかせることは、あまりにも高い代償をともなう。なぜなら、われわれはそれによって逆に、敵といっしょに滅びるかもしれないからだ。

　キューバ・ミサイル危機のときの恐ろしい逸話を思い出そう。これはあとから分かったことなのだが、一九六二年一〇月二七日、キューバ沖でアメリカの駆逐艦とソビエトの潜水艦B－59が小競合いを起こしていたとき、われわれは、核戦争の一歩手前にいた。駆逐艦は、潜水艦が核弾頭付きの魚雷を装備していたのを知らずに、潜水艦に向かって爆雷を落とし、それを浮上させようとした。潜水艦の乗組員、ワディム・オルロフがハバナの会議で語ったところによれば、潜水艦は、三人の将校が同意すれば、魚雷を撃ってよいことになっていた。三人の将校は、駆逐艦を撃沈するべきか否かをめぐって激しい議論をはじめた。二人は撃沈すべしといったが、もう一人は反対した。「アルキポフという名の男が世界を救った」――この事件を論じた歴史家は、そう皮肉っぽくコメントした。[2]

二、いわゆる「知的財産」を私的財産とみなすのは不適当であること。新（デジタル）産業において鍵となる敵対性は、利益という原則を維持したうえで、（私的）財産という形態をどう維持するか、ということである（ナップスター問題、つまり、音楽の無料配信の問題もここでの参照例となる）。そして、遺伝子工学における複雑な法的問題も、根は同じではないのか。新たな国際貿易協定において鍵となる要素は、「知的財産の保護」である。第一世界の大企業が第三世界の企業を合併というかたちで乗っ取る場合、前者がいつでも真っ先にすることは、研究部門の閉鎖である。ここでは、財産という概念を途方もない弁証法的逆説へと導く現象が発生する。たとえば、インドでは、地域社会の人々が数百年にわたって使ってきた医療技術や医療用具が、現在、アメリカ企業の所有物になっていること、その結果、その技術と用具はアメリカ企業から買わなければならないことが、突然、明らかになる。あるいは、遺伝子工学企業が遺伝子の特許をとっているために、われわれ自身の一部、われわれの遺伝子の構成要素が、すでに著作権保護されたもの、他者の所有物であることが明らかになる……。

一九七六年二月三日は、サイバースペースの歴史における重要な日付となった。それは、ビル・ゲイツが、ソフトウェアの領域における私的財産を主張した「趣味人への公開質問状」を発表した日である。「趣味人の多くが気づいているにちがいないが、みなさんのなかでほとんどのひとはソフトウェアを盗んでいる。[…]ざっくばらんにいえば、みなさんのしていることは窃盗である」。ビル・ゲイツは、知識をあたかも手で触れられるようなものとして扱うという極端な考え方を基盤にして、みずからの帝国と名声を作り上げてきた。この質問状は、ソフトウェアという公共の領域を「囲い込む」ための戦いを引き起こす、決定的なきっかけとなった。

三、新たな科学的‐技術的発展（とくに遺伝子工学における）がはらみもつ社会的‐倫理的な意味。フクヤマ自身、遺伝子工学による人間への介入は、〈歴史の終わり〉というヴィジョンに対する最大の脅威であると認めざるをえなくなった。

「遺伝子工学の倫理的影響」（およびそれに類する問題）をめぐる今日の議論のあやまりは、その議論が、すぐにドイツ人のいうハイフン倫理 *Bindenstrich-Ethik* ――テクノロジー‐倫理、環境‐倫理、等々――に転じてしまうことである。この倫理は、確かに一つの役割、デカルトが『方法序説』の冒頭で述べた「暫定的倫理」の役割と同じ役割をもっている。つまり、危険と驚くべき新たな洞察とに満ちた、新たな道を進むときのわれわれは、この新たな洞察によって、われわれの倫理体系全体の新たな土台をつくることを強いられるが（デカルトの例の場合、この土台は、主体の自律というカントの倫理学によってつくられた）、われわれはそれを重々承知していながら、日常生活の実践的な導き手として既成の規則にしがみつく必要がある。今日、われわれはこれと同じ苦境のなかにいる。「暫定的倫理」は、〈新たなもの〉の出現に関して求められる深い反省の代わりにはならないからだ。

要するに、このハイフン倫理において失われるのは、倫理そのものである。問題は、普遍的な倫理が特殊な話題へと解消されるということではなく、その逆、つまり、特殊な科学上の飛躍的進歩が、古いヒューマニズム的「価値観」と直接対立するということ（たとえば、遺伝子工学が、われわれの威厳や自律性に関する考え方に影響すること）である。とすれば、われわれが今日直面する選択は以下のようになる。すなわち、ポストモダンに典型的な控えめな態度（適当なところでやめておこう——科学的な〈モノ〉がわれわれをブラックホールへと引きずり込み、われわれの道徳観と人間観を破壊しないようにするために、この〈モノ〉からは適度に距離をとっておこう）を選択するか。それとも、あえて「否定的なものとともにとどまる（*das Verweilen beim Negativen*）」か、つまり、「われわれの〈精神〉はゲノムである」が無限定判断としても機能するということに賭けつつ科学的モダニティから帰結することを全面的に受け入れるか、である。

四、そして最後は、新たな形のアパルトヘイト、新たな壁とスラムである。二〇〇一年九月一一日、ツインタワーが攻撃され、その一二年前、一九八九年一一月九日にはベルリンの壁が崩れた。一一月九日が告げたのは、「幸せな九〇年代」、すなわち、リベラル民主主義は勝利した、〔政治的〕探求は終わった、グローバルでリベラルな世界共同体の勃興はそこまで来ている、この超ハリウッド的なハッピーエンディングにとっての障害（自分たちの時代が終わったことをまだ把握していない指導者のいる、ローカルな抵抗の場）は経験的で偶発的なものにすぎない、というフクヤマ的な夢であった。反対に、九月一一日は、クリントン的な幸福の九〇年代の終わり、すなわち、新たな壁がイスラエルとウェストバンクのあいだ、欧州連合の周囲、合衆国とメキシコとの国境など、あらゆるところに出現している時代を示す重要な象徴である。

では、プロレタリアートの置かれた新しい立場が、新しい巨大都市におけるスラム街住民の立場であるとしたら、どうだろうか。ここ十年におけるスラム街の爆発的な増加、とくにメキシコ・シティやその他のラテン・アメリカ諸国の首都、アフリカ（ラゴス、チャド）、インド、中国、フィリピン、インドネシアにおけるそれは、おそらく、今日におけるきわめて重要な地政学的出来事である。[3] アビジャンからイバダンまで帯状にのびた、七千万人が暮らす貧民街の最大の中心地ラゴスは、典型的な例である。公式の資料によれば、三五七七平方キロメートルあるラゴスの広大な土地の約三分の二は、貧民街ないしはスラム街として分類される。その人口にいたっては知る由もない。公式には六百万だが、専門家の多くは一千万と見積もっている。地球上の都市人口は、早晩（あるいは、第三世界の不確かなコンセンサスによれば、すでに、となるが）、その農村人口を凌駕するのだから、また、スラム街住民は都市人口の大多数を占めることになるのだから、われわれが扱っているのは周縁的な現象ではない。したがって、われわれが目にしているのは、国家のコントロールの外にあり、なかば法の効かない状況におかれ、最低限の自己組織化の形も欠いた人々の数が、急速に成長する様である。この人々は、社会の周縁に追いやられた労働者、首になった公務員、元農民からなるが、彼らは単に余分な存在なのではない。彼らは、様々な形でグローバル経済のなかに組み込まれている。彼らの多くは、正式の医療保険や社会保障をもたない非正規の賃金労働者あるいは自営の事業主なのである。（彼らが発生したのは、おもに、第三世界がグローバル経済のなかに抱合され、第一世界からの安い農産物の輸入が前者の自国の農業を崩壊させたからである）。彼らは、「〈開発〉」「〈近代化〉」「〈世界市場〉」といったスローガンの、本当の意味での症候である。すなわち、彼らは不運な偶然の産物ではなく、グローバル資本主義の核にある論理の必然的な産物である。[4]

スラム街において支配的なイデオロギー形式が、公衆キッチンや子供と老人のケアといった社会的プログラムと、奇跡やスペクタクルを好むカリスマ的な原理主義とを混成させたペンテコステ派キリスト教であることは、不思議ではない。スラム街住民を新革命階級へと祭り上げ、理想化するといった安易な誘惑には抵抗すべきなのはいうまでもないが、にもかかわらず、われわれはスラム街を――バディウの言葉でいえば――現代社会ではめずらしい本物の「出来事の場所」の一つとしてとらえるべきである。そう、スラム街住民とは、文字通り、「全体の一部でない部分」、市民に与えられる恩恵から除外された社会の「定数外」要素、根なし草の放浪者といった存在たち、まさしく「鉄鎖のほかに失うものをもたない」存在たちの集まりなのだ、と。実際、スラム街住民の多くの特徴が、古き良きマルクス主義によって定義された、プロレタリアートという革命主体と合致することは、驚きである。実際、スラム街住民は、古典的なプロレタリアート以上に、語の二重の意味において「自由」である（あらゆる実質的な社会的紐帯から「自由」であり、さらに、国家の警察的規制の及ばない自由空間に住んでいる）。また彼らは、強制的にひとまとめに投げ出された、つまり、なんらかの共存の形態を生み出さざるをえない状況に「投げ出された」と同時に、伝統的な生活における、つまり、長く受け継がれた宗教的ないしは民族的生活形態におけるあらゆる支えを奪われた、大きな集団である。

もちろん、スラム街住民と古典マルクス主義的な労働者階級とのあいだには、決定的な差異がある。後者が、経済的「搾取」（市場において自分の労働力を売らなければならないという状況によって生み出された剰余価値が、掠め取られること）という点から厳密に定義されるのに対し、スラム街住民を規定する特徴は、社会的・政治的である。つまり、それは、市民としての資格とそれに付随する権利（のほとんど）とからなる法的空間への、彼らの（非）統合にかかわるのである。いくぶん単純化していえば、単なる難民にはおさまらない存在であるスラム街住民は、ホモ・サケル、グローバル資本主義のシステムが生み出した「生ける屍」である。スラム街住民は、ある種の、難民の否定である。それは、自分のコミュニティからの難民、つまり、国家権力が収容《コンセントレーション》——そこでは（エルンスト・ルビッチの『生きるべきか死ぬべきか』に出てくる忘れがたい地口を借りていえば）権力者は収容《コンセントレーション》を行い、難民はキャンプ《キャンピング》生活をする——を通じて管理しようとするのではなく、管理の埒外へと押しやる形象である。国家権力は、スラム街住民に対して、フーコーのいうミクロなレベルの規律を実践するのではなく、それとは対照的に、徹底的な管理と規律を行う権利を放棄する。国家権力は、住民を中間的な領域で野放しにしておくほうが適切だと、分かっているのである。

もちろん、「実在のスラム街」にみられるのは、カリスマ的なリーダーによってまとめられたギャングや宗教「原理主義」グループから、新たな「社会主義的」連帯の萌芽的な形式にまで及ぶ、その場しのぎ的な形の社会生活の混交である。スラム街住民は、もう一つの新興階級、この住民同様、根なし草で、みずからを普遍的とみなすいわゆる「象徴的階級」（経営者、ジャーナリスト、広告業者、学者、芸術家、等々）と対立関係にある階級である（ニューヨークの学者は、彼の大学のキャンパスから半マイルのところにいるハーレムの黒人よりも、スロベニアの学者とのほうが、共通点が多い）。これは、階級闘争の新たな軸なのか。それとも、「象徴的階級」は本質的に亀裂をかかえており、ゆえに、スラム街住民と象徴的階級の「進歩的」部分とのあいだの連帯に、解放の夢を託すことができるのか。われわれがこれから探すべきなのは、スラム街の集団から発生するであろう、新たな形の社会意識の徴候である。それは未来の兆しとなるだろう。

次のように主張したピーター・ホールワードは正しい。「抵抗」の詩学、つまり、脱領土化されたノマド的流動性、逃走の線 *lignes de fuite* を創造すること、期待された通りの場所に居住しないことをめぐる詩学では十分ではない。今こそ、解放されたテリトリーと呼んでみたくなるもの、〈システム〉の支配が中断される、特性も輪郭も確かな社会空間——宗教的・芸術的コミュニティ、政治組織、その他の形の「自分自身の場所」——の創造に乗り出す時である、と。スラムを興味深い場所にするのはこのこと、つまり、そのテリトリーとしての性格である。現代社会は、管理が社会全体に及ぶことを特徴とするとよくいわれるが、これに対しスラム街は、国家が（少なくとも部分的に）支配の手をひっこめた、国家領域の辺境に位置するテリトリー、いいかえれば、国家の公的な地図における無記入地帯、空白として機能するテリトリーである。スラム街は、裏社会の経済、組織犯罪、宗教集団などを通じて実際には国家の内部に含まれているが、にもかかわらず、そこでは国家の管理は中断される。つまりそこは、法の外にある領域なのである。旧東ドイツでかつて買うことのできたベルリンの地図では、西ベルリンの部分が空白であった。そこは、細かに描かれた大都市の構造における奇妙な穴であった。反体制的性質をもった、東ドイツの有名な作家、クリスタ・ヴォルフは、あるとき幼い娘を東ドイツのテレビ塔に連れて行った。そこからは、禁じられた地域である西ベルリンがよく見えたのである。幼い娘はうれしそうにこう叫んだ。「ママ、みて、白くないよ、ここと同じで、家があって人が住んでる！」。娘はまるで新しいスラム街を見つけたかのようであった……。

貧しく、すべてを奪われ、プロレタリア化もされない都市環境に置かれた「脱構造化された」大衆が、来るべき政治学の重要な足場を構成するのは、こうした理由による。こうした大衆は、それゆえに、グローバル化という現象における重要なファクターである。今日、本物のグローバル化というものがあるとすれば、それは、同じ存在条件を本質的に共有する――願わくは世界規模の――こうした大衆の組織のなかに見出せるだろう。バマコや上海の郊外に住む人は、誰であれ、パリの郊外やシカゴのゲットーに住む人と本質的に異なるわけではない。実際、一九世紀の解放の政治学の主たる仕事が、労働者階級を政治化することによって、ブルジョア自由主義者による独占を打破することであったとすれば、そして、二〇世紀の仕事が、アジアとアフリカの莫大な農村部住民の政治意識を目覚めさせることであったとすれば、二一世紀の主たる仕事は、スラム街住民という「脱構造化された大衆」を政治化する――組織化し、鍛錬する――ことである。

ウゴ・チャベスがその統治の最初の数年で成し遂げたもっとも偉大なことは、まさに、スラム街住民の政治化（政治生活への組み入れ、社会的動員）であった。他の国では、スラム街住民は概して非政治的で不活発である。チャベスを合衆国主導の政変から救ったのは、このスラム街住民の政治的動員であった。

チャベスを含む誰もが驚いたことに、スラム街住民は、集団で富裕層の住む都市の中心部になだれ込み、チャベスに有利になるように勢力関係を動かしたのである。

チャベスが二〇〇六年以来進んでいった方向は、脱領土化、国家主権主義政治の拒否、等々といったポストモダン左翼のモットーとは正反対のものであった。彼は、「国家権力に抵抗する」どころか、(最初はクーデターによって、次は民主主義的に) 権力を掌握し、みずからの目標を奨励するために、容赦なく国家装置と国家介入を行使したのである。さらに彼は、スラム街を武装化し、武装部隊の訓練を行っている。そして究極のタブー。彼の統治に対する、資本による抵抗が経済的効果(政府の助成金を受けているスーパーマーケットで一部の商品が品薄になる) をあげていると感じた彼は、自分の政党をつくると宣言したのだ! これには彼の仲間も懐疑的であった。これは、党-国家による政治への回帰を示しているのか、と。しかし、われわれは、この危険な選択を百パーセント支持すべきである。なすべきことは、この党を通常の(ポピュリズム的な、あるいはリベラルで議会政治的な) 党として機能させることではなく、新たな形の政治学を政治的に起動させる震源(一般民衆に根差した、コミュニティの委員会のような) として機能させることなのだ。では、われわれは、チャベスのような人に対して何をいうべきなのか。「国家権力なんて握っちゃだめだ、そこから身を引いて、(国家の) 状況にかかわる法律はそのままにしておけ」だろうか。チャベスは、道化的なコメディアンとして片づけられることが多い。だが、そのように身を引けば、彼は本当に、メキシコにおけるサパティスタ運動のマルコス副司令官 (Subcomandante Marcos) の二の舞になってしまうのではないか。そう、いまや多くの左翼が正当にも「マルコス・副コメディアン Subcomediante Marcos」と呼ぶあの存在の二の舞に。今日、国家に「抵抗する」のは、ビル・ゲイツから環境汚染企業にいたる大資本家である……。

マルクス主義的なプロレタリアートの概念において前提となっている四つの特徴は、もちろん、資本主義独特のメカニズムにもとづいている。それらは、同一の構造的原因が生み出す四つの効果なのである。グローバル資本の無限定の自己再生産を脅かす四つの敵対関係についても、同じことがいえるだろうか。つまり、それらの敵対関係も同一の原因から「演繹」できるだろうか。これは、現代物理学における大きな課題、すなわち、同一の基礎的特徴ないしは法則から四つの基本的な力（引力、電気／磁力、弱い原子力、強い原子力）を演繹する「統一理論」の開発と同じくらい困難な課題かもしれない。

コーエンの四つの特徴は、副次的な四つの要素に置き直すことができるかもしれない。「多数派」原理は、エコロジーとして、われわれ全員にかかわる問題として現れる。「貧困」は、スラム街に住む、排除された者たちの特徴となる。「富の生産」は、ますます、遺伝子工学のような科学的、技術的進歩に依存したものとなる。そして最後に、「搾取」は知的財産の袋小路においてふたたび現れる。そこでは、その財産の所有者が集団労働の成果を搾取する。この四つの特徴は、ある種の意味論的四角形を形成する。ここでは、社会／自然、および、新たなアパルトヘイトの社会的な壁の内側／外側という図式にそった二つの対立が交差している。エコロジーは自然の外側を指し、スラム街は社会の外側を指し、遺伝子工学は自然の内側を指し、知的財産は社会の内側を指すからである。

この四つの敵対性の重なり合いが、ラクラウのいう、ヘゲモニー闘争の過程を通じて充填される空虚なシニフィアン（「人民」）でないのは、なぜか。これが、抑圧された性的マイノリティ、民族的・宗教的グループ、等々によって試みられてきた、あの「虹の連合」の一例でないのは、なぜなのか。理由は、われわれは依然として、プ、ロ、レ、タ、リ、ア、ー、ト、の立場、「全体の一部ではない部分」の立場を必要としているからである。いいかえれば、旧来のモデルを望むのであれば、この重なり合いは、むしろ、信頼できる共産主義的定式でいう「労働者、貧農、愛国的プチブルジョア、誠実な知識人」の連帯である。この四項が同じレベルにないことに注意しよう。労働者はそのままの形だが、他の三つは意味を限定されている（「貧農、愛国的プチブルジョア、誠実な知識人[6]」）。まったく同じことが、今日の四つの敵対性にもいえる。つまり、ゼロレベルの敵対性として闘争の全域に影響を与えているのは、〈除外されたもの〉と〈抱合されたもの〉とのあいだの敵対性なのである。それゆえに、連帯に含まれるのは、第三世界の国々を統制し、「汚染する」貧民の抑圧を正当化するためにエコロジーを使うことのないエコロジストだけであり、遺伝子工学批判の支えとなることの多い保守的（宗教的、人道的）イデオロギーに抵抗する、遺伝子工学に対する批判者だけであり、知的私的財産の問題を法的問題に還元することのない、知的私的財産に対する批判者だけである。

したがって、〈除外されたもの〉と〈抱合されたもの〉を分かつギャップと、他の三つの敵対性とのあいだには、質的な差異がある。後者は、ハートとネグリのいう「コモンズ＝共有のもの」の三つの領域を示している。これは、われわれ社会的存在に共有された実質的なものであり、それを私有化するという暴力的行為には、必要とあらば、暴力をもって抵抗すべきである。コモンズには、たとえば、文化というコモンズ、すなわち、直接的に社会化された形の「認知的」資本——第一義的には言語、われわれのコミュニケーションと教育の手段（ビル・ゲイツによる独占が仮に許されるなら、われわれの基本的なコミュニケーション手段のソフトウェアが、文字通り個人によって所有されるという馬鹿げた状況が生まれる）、さらには公共交通、電気、郵便など共有されたインフラ——、汚染や搾取によって脅かされる外的自然というコモンズ（オイルや森林、そして自然環境そのもの）、内的自然というコモンズ（遺伝子工学的な遺産としての人間）がある。これらの闘争に共有されているのは、これらのコモンズを囲い込む資本の論理が野放しになった場合、人間の自滅をも含む破壊的な事態が起こりかねない、という意識である。コミュニズムという概念の復活を正当化するのは、こうした「コモンズ」——この私的でも公的でもない、実体化された生産力――への言及なのだ。したがって、コモンズとは、ヘーゲルが『精神現象学』で物 *die Sache* として論じた事柄、共有された社会的な物-原因、「万人の仕事」、絶え間ない主体の生産力によって活気づけられる実体である。[7]

恐れ（fear）からおののき（trembling）へ

ここではさらに但し書きを加えるべきだろう。解決策は、市場と私的財産を、国家および国有権の直接介入によって制限することではないのだ、と。国家という領域もまた、それ自体「私的」である。すなわち、国家の行政・イデオロギー装置における「〈理性〉の私的使用」というカント的な意味において私的なのである。

> 理性の公的使用は、つねに自由でなければならない。それだけが、人々のあいだに啓蒙をもたらすことができるのである。それに対し、理性の私的使用は、多くの場合、きわめてせまく限定されたものになりかねないが、そうなっても啓蒙の進展をとくに妨げることはない。私の理解する理性の公的使用とは、一個人が読書界を前にして学者として理性を使うことである。私のいう理性の私的使用とは、ひとが自分に任せられた特定の公務や公職において理性を使用することである。[8]

ここでカントの述べたことを超えて付け足すべきは、社会の「私的な」階層秩序のなかに確定的な場所をもたないために、いいかえれば、社会組織の「全体の一部ではない部分」として、直接、普遍性を表す特権的な社会集団が存在する、ということである。そうした〈除外されたもの〉、国家空間の空白に住まう者たちを参照することによって、はじめて真の普遍性が可能となるのだ。〈除外されたもの〉を脅威とみなし、〈除外されたもの〉との適切な距離をいかに保つかということに苦心する国家共同体以上に、「私的な」ものは存在しない。いいかえれば、すでにみたように、四つの敵対性においては、〈抱合されたもの〉と〈除外されたもの〉との敵対性がきわめて重要であり、他の敵対性にとって参照すべき基準となる。それがなければ、他の敵対性は転覆的な力を失う。つまり、エコロジーは「持続可能な発展の問題」に、知的財産は「複雑な法的課題」に、遺伝子工学は「倫理的」問題になってしまう。〈抱合されたもの〉と〈除外されたもの〉との敵対関係を問題にしないまま、エコロジーのためにまじめに戦う、広い意味での私的財産を守る、遺伝子の著作権化に反対することは可能である。さらに悪い場合には、これらの闘争の一部を、〈除外されたもの〉によって汚染され脅かされる〈抱合されたもの〉という形で整理することさえ可能である。これによってわれわれが手にするのは、真の普遍性ではなく、カント的な意味で「私的な」関心だけである。ホールフーズやスターバックスといった企業は、両者とも労働組合に反対する活動をしているにもかかわらず、リベラル派の寵愛を受け続けている。そのわけは、そうした企業が、買うだけで政治的に進歩的な行為となるという触込みの製品を売っているからである。われわれは、公正な値段で農家から買った豆でつくったコーヒーを買えるし、ハイブリッドカーを運転できるし、従業員に（会社自身の基準からいって）十分な手当てを与える会社からものを買うことができる……。政治的活動と消費活動は完全に融合している。要するに、〈抱合されたもの〉と〈除外されたもの〉との敵対性がない世界とは、ビル・ゲイツが貧困や病気と闘う偉大な人道主義者となり、ルパート・マードックが自身のメディア帝国を通じて数億人を動員する偉大な環境保護論者となる世界なのである。[9]

そして、この点は明確にすべきなのだが、この根源的な敵対性の政治的表現、すなわち、既存の政治空間において経験される、〈除外されたもの〉の圧力には、つねにテロル〔恐怖政治 terror〕のおもむきがある。

ここで肝に銘じるべきは、アイスキュロスの『エウミニディス（慈しみの女神たち）』の終わりで、アテーナーがはるか昔に提示した教訓である。

恐怖（terror）を
街から追い出してはいけない。
いかなる人間が、恐れを抱かずに
真に高潔たりうるというのか。恐怖を覚える者は
正しきことを尊ぶ。こうした市民がいれば
おまえたちの国も街も安全になり、
人間のいかなる所有物よりも力強くなることだろう。[10]

この有名な台詞を、われわれはどう読むべきなのか。これは本当に、今日ではおなじみの、恐れの政治学による人民操作を意味しているのか。[11] そうした読みにとって最初の障害となるのは、アテーナーは、都市–国家の統制的団結とその実行可能な「防衛策」を正当化する脅威、あの外敵に対する恐れ（fear）を喚起していない、という事実である。ここでの恐れは、神的〈正義〉に対する、目をくらませるようなその権威に対する恐れである。近代的主体という視点（これはわれわれの視点でもある）からみれば、ここで恐れられているのは、主体そのものの深淵、それがもつ、恐ろしい、自己関係的な否定性の力である。ハイデガーは、「近代人」が形而上学的–技術的眠りから覚め、新たな始まりへと向かうためには恐怖 terror（*Schrecken*）が必要であると主張したが、彼がそのとき念頭に置いていたのは、まさにこのトラウマ的な核との恐ろしい出会いである。

われわれが第一に考えなければならないのは、人がいまいちど自身の現存在*Dasein*の謎ともいうべきものに出会うために必要な基盤や次元を、人のために準備することである。この難題を、そしてこの謎に取り組むために必要な努力を前にした現代の一般人が、動揺し、あるいはおそらくときに茫然とし、ますますみずからの抱く誤謬にしがみつくとしても、われわれは驚くべきではない。それ以外のことを期待するのは、まちがいだろう。われわれはまず、われわれの現存在にふたたび恐怖を染み込ませられる力をもった人を、求めなければならない。[12]

こうしてハイデガーは、第一の（ギリシアの）はじまりを基本的に規定する驚異（wonder）と、第二の新たなはじまりを基本的に規定する恐怖（terror）とを対立関係に置く。「第一のはじまりを基本的に規定するもの、驚異において、存在は最初にみずからの形態において存立するにいたる。もう一つのはじまりを基本的に規定するもの、恐怖は、あらゆる進歩と存在に対するあらゆる支配の背後にある、それとは関連のない暗い空虚を暴露する」[13]。（ここで注目すべきは、ハイデガーが「不安 anxiety」ではなく「恐怖terror」という語を使っていることである）。

ヘーゲルは、主人と奴隷（隷属意識）の分析において次のように主張するとき、これと同じことを述べている。ヘーゲルによれば、奴隷は自己意識でもあるので、

さしあたり隷属する意識にとっては主人が絶対であり、したがって、独立自存の意識が隷属する意識にとって客観的真理をなすが、とはいえ、この真理は隷属する意識のもとで実現されているわけではない。ところが、純粋な否定力をもつ自主・自立の存在である、という客観的真理が、実は、隷属する意識のもとに生じているともいえるので、奴隷は主人の存在をわが身に経験しているのだ。隷属す

る意識のいだく不安は、特定のなにかについての不安でもなければ、特定の瞬間に生じる不安でもなく、自分の存在の全体にたいする不安であって、それが絶対の主人のもとでの死の恐怖というものである。その恐怖のなかで奴隷の内面はくずれさり、徹底的にゆさぶられ、支えとなる一切が動揺をきたす。至るところに生じるこの純粋な運動——固定化したものすべての絶対的な流動化——は、しかし、自己意識の単純な本質たる絶対の否定力のあらわれにほかならず、自己意識の純粋な自主・自立性が奴隷の意識のもとではこのようなかたちをとってあらわれているのだ。しかも、主人のうちにある純粋な自主・自立性も対象として見えているから、奴隷は主観的にも客観的にも自主・自立の経験にさらされる。それだけではない。それはおのれの観念的崩壊として経験されるだけでなく、奴隷労働のなかで現実に崩壊を目の当たりにする。奴隷はあらゆる瞬間に自分の前にある物の束縛から脱しようとし、物に手を加えて変形するのだから。[14]

このように奴隷はすでに彼自身において自由であり、その自由は、奴隷自身の外部、彼の主人において具現されている。キリストがわれわれの主人であり、同時にわれわれの自由の源でもあるのは、まさにこの意味においてである。キリストの犠牲的行為は、われわれを自由にする。どのようにしてか。その行為は、われわれの罪を償うものではないし、律法主義的な贖いでもない。それはちょうど、われわれが何かを恐れている（そして、死に対する恐れがわれわれを奴隷にする究極の恐れである）ときに、親友がいってくれる次のような言葉なのだ。「恐れることはない。ぼくがしてみせる。きみはなにをそんなに恐れているのか？　ぼくがしてみせるといったのは義務からではない、きみへの愛からだ。ぼくは恐れない！」。彼は実際にしてみせる、そして、これによってわれわれを自由にする。彼は、それは為し得るということ、それはわれわれにもできるということ、われわれは奴隷ではないということ……を行動で示すのである。

アイン・ランドの『水源』の主人公、ハワード・ロークが、法廷において傍聴人に与える瞬間的な衝撃を思いだそう。

ロークは彼らの前に立った。各人が自分の心を無垢にして立つときのように。しかしロークの前にいたのは、敵意をもった傍聴人の群れであった。だが彼らは、彼の前では憎悪はありえないと突然察知した。一瞬にして彼らは彼の意識の様態をとらえた。各人は自問した。私にはだれかの承認が必要なのか。それは重要なことか。私は束縛されているのか。この瞬間、各人は自由であった。この部屋にいるすべての他人に対して慈悲心をいだくほど自由であった。それはほんの一瞬のことだった。ロークが口を開く前の、沈黙の一瞬のことであった。[15]

これがキリストの、自由のもたらし方である。つまり、キリストを前にしたとき、われわれは自分自身の自由を自覚するのである。そして言葉を適切に入れ替えれば、同じことはチェ・ゲバラにもいえるのではないか。逮捕され、政府軍の兵士に囲まれた彼を写した写真は、キリストを思わせる奇妙なオーラを発している。われわれはまるで、磔刑へと向かう、疲労してはいるが反抗的なキリストの姿をみているかのようなのだ。死の直前、処刑人の震える手が握るピストルが彼に向けられたとき、ゲバラが、処刑人を見て、「よくねらえ。きみが殺そうとしているのは一人の人間なのだ」[16]といったのは、もっともなことである。そう、これは彼流の「この人を見よ *ecce homo*」なのだ……。実際、ゲバラの発する基本的なメッセージとは、まさにこのことではないのか。すなわち、それが伝えるのは、彼がそのすべての失敗を通じていかに堅忍不抜であったか、いかに行動し続けたかということではないのか。ボリビアで最後の絶望的な日々を送る彼の思いが、サミュエル・ベケットの『名づけえぬもの』の結びのようなものであったことは想像がつく。「沈黙のなか、おまえは〔自分がどこにいるか〕見当がつかない。おまえは行かねばならない。私は行くことができない。私は行くだろう」[17]。この上ない歴史のアイロニーのなか、キューバ革命の勝利のあとに彼がしたことは、すべて失敗であった。キューバの経済相として行った経済政策（一年後、食料配給を余儀なくされた）も、コンゴへ行ったことも、ボリビアでの最後の任務もそうである。しかし、こうしたすべての「人間的な、あまりに人間的な」失敗は、どういうわけか背景にしりぞき、代わって前面には、真に人間になる唯一の方法は日常的な人間の枠を超え、非人間の次元へと向かうことであるというバディウのモットーを確証する、本当の意味での超人的（あるいは非人間的といってよい）形象が現れるのである。

自然に逆らうエコロジー

われわれは今日、そうした破壊的な否定性の経験をふたたび必要としているのではないか。いいかえれば、今日の真の選択が、恐れ（fear）と恐怖（terror）とのあいだの選択であるとしたら、どうだろうか。「恐れとおののき」という表現は、この二つの言葉がまるで同一現象の二つの側面であるかのように、両者の同一性を前提としている。しかし、おののき（恐怖＝テロルを経験すること）が、そのもっとも根源的な面において、恐れに対する唯一の真の対立項となるように、両者のあいだにギャップを導入しなければならないとしたらどうだろうか。いいかえれば、われわれは、安全を必死に求めるのではなく、反対に、最後まで進むことによって、つまり、われわれが失うのを恐れているもののつまらなさを受け入れることによって、この恐れを打破できるのである。

アイザック・アシモフは、どこかで次のようなことをいっている。可能性は二つある、宇宙にはわれわれだけしか存在せず、地球の外からわれわれを見ている者など存在しないか、地球の外には誰かがいるか、である――だが、両方とも同じように耐えがたい、と。そうであるなら、われわれは、大きな〈他者〉という拠り所を失うのではないかという恐れから、大きな〈他者〉は存在しないという恐怖へ移行すべきである。こうして「恐れそのもの以外に恐れるべきものはない」という古い表現は、新しい予期せぬ意味を獲得する。恐れるべきものがないという事実は、もっとも恐ろしい事実である、というふうに。恐怖とは、この「自己関係的な」あるいは「自己否定的な」恐れのことである。要するに、もう後戻りはできないということ、われわれが失うのを恐れているもの、われわれの覚える不安によって脅かされているもの（自然、生活世界、われわれの共同体の象徴的な構成要素……）は、つねにすでに失われているということを、われわれが受け入れた瞬間に、恐れは恐怖に変わるのである。『共産主義者宣言』においてマルクスとエンゲルスが資本主義の力学について説明している有名な部分は、ヘーゲルが死の脅威に直面した奴隷の主体的経験を記述するなかで明確にしたこの恐怖をふまえて、読まれるべきである。

ブルジョア階級は、生産用具を、それによって生産関係を、それとともに社会関係の総体を絶えず変革することなくしては存続し得ない。反対に、古い生産様式をかたちを変えずに保持することは、それ以前のあらゆる産業階級の第一の生存条件であった。生産の絶え間ない変革、あらゆる社会状況の止むことのない変動、永遠の不安定と動揺は、ブルジョア時代をそれ以前のあらゆる時代から際立たせる特徴である。固定化し、硬直化したすべての関係は、それにともなう古式ゆかしい偏見や見識とともに一掃され、新たに形成されたものも、固定化する間もなくすべて古くさいものになってゆく。確固としたものはすべて煙と消え、神聖なものはすべて汚され、人間はついには、自分の生活状況の現実と自分たち相互の関係に、冷静な目で向き合うことを余儀なくされる。［…］かつての地方的、一国的な孤立と自給自足に代わって、あらゆる方向に向かう交通が、諸国民の全面的な相互依存が現れる。そして、物質的生産におけると同じことが、知的生産においても起こる。個々の民族の知的創造物は、共同の財産となる。民族的な一面性や偏狭さはいよいよ不可能になり、あまたの民族的および地方的文学からは、世界文学が生まれる。[18]

これは以前にもまして、今日のわれわれの現実なのではないか。エリクソンの電話はもはやスウェーデンだけのものではないし、トヨタの車はその六〇パーセントが米国産であるし、ハリウッド文化は地球の端々まで浸透している……。さらに同じことは、民族的および性的アイデンティティのあり方全体にも言えるのではないか。この意味でわれわれは、性的な「一面性と偏狭さは、いよいよ不可能になっている」と付け加えることによって、また、性的実践に関しても「確固としたものはすべて煙と消え、神聖なものはすべて汚され」、それゆえ資本主義は標準的で規範的な異性愛の代わりに、アイデンティティおよび／あるいは性的嗜好の不安定な変化を増幅させると付け加えることによって、マルクスの記述を補足するべきではないのか。そして今日、最新の遺伝子工学の発展により、われわれは、自然そのものが煙と消えるという新たな局面を迎えている。遺伝子工学における科学的躍進がもたらした最大のものは、自然の終わりなのである。われわれが自然の構成の規則をひとたび知れば、自然の有機体は、人が操作できる対象に変わる。そのようにして自然は、人間的なものであれ非人間的なものであれ、「脱実体化」され、その計り知れない厚み、ハイデガーのいう「大地」を奪われる。これによってわれわれは、フロイトの本のタイトル *Unbehagen in der Kultur* ——文化における不快なもの〔文化への不満〕——にひねりを加えざるをえなくなる。[19] 最近の科学の発展によって、不満の対象は、文化から自然へと変わる。自然はもはや「自然」ではない。われわれの生の拠り所となる、「厚みのある」背景ではない。自然はいまや、いつ壊滅的に爆発してもおかしくない脆弱なメカニズムとして現れるのだ。

　したがって、人間の精神そのものを技術的操作の対象に変える遺伝子工学は、ハイデガーのとらえた近代技術に内在する「危険」を経験的に裏付けるものである。ここできわめて重要なのは、人と自然の相互依存関係である。つまり、人間を操作可能な特性をもった単なる自然の対象に還元することによって、われわれが失うのは、人間（だけ）ではなく、自然そのものなのだ。この意味で、フランシス・フクヤマは正しい。つまり、人間は、われわれが受け継いできたものとしての、われわれに単に与えられてきたものとしての「人間性 human nature」という概念、われわれが生まれ落ちた／投げ込まれた先である、われわれ自身における／のもつ理解不可能な次元に依存しているのである。したがって、ここでの逆説は、人は理解不可能な人間性（ハイデガーのいう「大地」）があってはじめて存在する、ということである。ゲノムへの接近によって見えてきた、今後予想される遺伝子工学の介入にともない、人間という種は、それ自身を、みずからを規定する座標軸を、自由に変える／再規定する。この予想される事態は、実際に、有限性をもった種というしばりから、「利己的遺伝子」への従属から人間を解放する。しかし、この解放には、かなりの犠牲がともなう。

> 人の遺伝子への介入にともない、自然に対する支配は、人自身に対する管理という行為へと逆転する。これは、人特有の倫理にもとづくわれわれの自己理解を変える。そして、自律的な生き方と普遍的な道徳理解に必要な条件を破壊する可能性がある。[20]

では、われわれはこの脅威にどう反応するべきなのか。ハーバーマスの論理はこうである。科学のもたらす結果は、われわれ（みなが主として考えるところ）の自律性と自由にとって脅威となるのだから、われわれ

われわれは科学を制限するべきである、と。この解決の代償は、科学と倫理がフェティシズム的に乖離することである——「科学の主張していることはよくわかる、しかし、それにもかかわらず私は、自分の自律性（の見かけ）を維持するためにそれを無視し、それについて知らないかのようにふるまう」というふうに。これによって、われわれは真の問題、すなわち、この新しい条件によって、われわれは、自由、自律性、倫理的責任という概念そのものをどのように改変し再創出せざるをえなくなるのか、という問題に向き合えなくなる。

今日の科学と技術は、もはや単に自然のプロセスを理解しそれを再生産することではなく、われわれを驚かすような新たな形の生を生み出すことを目論んでおり、その目標は、単に自然（そのありよう）を支配することではなく、何か新しいもの、われわれ自身を含む通常の自然よりも大きく強い何かを生み出すことである。典型的なのは、人工知能への執着であり、それは人間の脳よりも強力な脳を生み出すことを目論む。科学技術的な挑戦を支える夢は、引き返しようのない過程、指数関数的にみずからを再生産し自動的に進んでいく過程を引き起こすことである。したがって、「第二の自然」という概念は、今日、その二つの主要な意味において、これまで以上にわれわれにとって関連の深いものとなる。一つは、人工的に生み出された新しい自然という文字通りの意味。これは具体的には、異形の牛や木といった自然の怪物、——より肯定的な夢としては——われわれに適合したかたちで遺伝子操作された有機体のことである。もう一つは、より標準的な意味での「第二の自然」。これは、われわれ自身の活動の結果生み出されたものが自律的なものになること、すなわち、われわれの活動が結果的にわれわれの手に負えなくなること、それが独自の生をもった怪物を生み出すことを意味する。ショックと畏怖を引き起こすのは、われわれ自身の活動が生みだす予期せぬ結果に対するこの戦慄であって、われわれの管理できない自然の力ではない。宗教が静めようとしているのは、まさにこの戦慄なのである。今日、何が新しいのかといえば、それは、「第二の自然」のこの二つの意味が短絡的に結合することである。客観的な〈運命〉、自律的な社会の成り行きという意味での「第二の自然」は、人工的に創られた自然、自然の怪物という意味での「第二の自然」を生み出している。つまり、制御不能になるおそれがあるのは、経済的・政治的発展の社会的プロセスではなく、新たな形の自然のプロセスそのもの、核による予測不可能な破滅的事態、地球温暖化、遺伝子操作のもたらす想像不可能な事態などを含むそうしたプロセスである。ナノテクノロジーの実験がもたらす先例のない産物——たとえば、癌のように制御不可能な形で自己増殖する新しい生命体——がいかなるものになるか、われわれに想像できるだろうか。[21] この恐れ（fear）の記述として一般的なものを引用しよう。

> 五〇年から百年以内に、新たな種類の有機体が現れるだろう。この有機体は、もとは人間によってデザインされたという意味では、人工的なものであろう。しかし、これは繁殖し、もとの形とはちがうものに「進化」するだろう。それは、まったく普通の意味で「生きている」といえよう。［…］進化のペースは、きわめて速いだろう。［…］人と生物圏に対する影響は多大で、それは産業革命、核兵器、環境汚染よりも大きなものとなろう。[22]

この恐れには、明確なリビドー的な側面もある。この恐れは、非性的な〈生〉の再生産に対する恐れ、つねに拡大し、自己分裂によって自己再生産する、破壊不可能な「不死の」生に対する恐れなのである。[23] そして、過去二百年の歴史においてつねにそうだったように、この恐れを利用する最大の支配者は、カトリック教会である。今日支配的なその戦略は、科学的現実を制限された意味のなかに封じ込めようとするものである。そう、（遺伝子工学的な脅威において具体化された）科学的現実に対する答えというのが、宗教の見出す、みずからの新たな存在理由《レゾン・デートル》なのである。

宗教は、そして諸宗教の連合さえも、科学によってその存在を消されるどころか、その編成において日々進歩している。教会合同（エキュメニズム）は精神の貧者のためのものであると、ラカンはいった。これらの問題をめぐっては、俗人と宗教的権威とのあいだに驚くべき合意がある。その合意において彼らは、われわれは同調関係を奇跡的なものにするためにどこかで合意しなければならないとみずからに言い聞かせ、さらには、最終的に非宗教〔世俗〕も数ある宗教の一つであるとさえいっている。このことが分かるのは、科学の言説は部分的に死の欲動と結びついているということが、実際に明らかになっているからである。宗教は生の守り手として、生けるもの、人間における生の無条件の擁護という立場のなかに移植され、生を絶対的なものにしている。そしてこの立場は、人間性の保護というところまでいく。［…］これは［…］意味を通じて、すなわち防壁を――クローニングに対して、人間細胞の搾取的利用に対して――築くことによって宗教に未来を与えるものであり、科学を、適度な進歩過程のなかに置くことである。われわれが目にしているのは、ある驚くべき努力、現実界《ザ・リアル》のなかに多量の意味を懸命に注ぎ込もうとする宗教の新たな若々しい活力である。[24]

このようなわけで、教会の発する希望のメッセージは、恐れという前提に依拠している。つまり宗教は、希望と信仰という解決を準備したうえで、それに合う恐れを喚起し明確化しているのだ。[25] 宗教が「生という文化」を擁護するなかで約束する〈生〉は、積極的な生ではなく、反動的な生、死に対する防御である。われわれがここで問題にしているのは、メアリー・シェリーの『フランケンシュタイン』においてはじめて明確化された恐れの最新の形である。『フランケンシュタイン』解釈者の多くが直面したジレンマは、一方ではヴィクターと神とのあいだの、他方では怪物とアダムとのあいだの対応関係にかかわっている。どちらの場合も問題となるのは、独身の親が非性的な方法で男の子孫を創造するということである。そしてどちらの場合も、そのあとには花嫁、つまり女のパートナーの創造が続く。この対応関係は、小説のエピグラフ、神に対するアダムの不満において明確に示されている。

> 創造主よ、わたしがいつあなたに要求した、わたしの土くれから
> 〈わたし〉という人間をつくってくれ、と。わたしがいつあなたに懇願した
> 闇からわたしをひっぱりあげてくれ、と。
>
> （『失楽園』一〇巻、七四三―五行）

この対応関係が問題含みであることは、すぐにわかる。ヴィクターが神と結びついているとしたら、彼はどのようにして神に対するプロメテウス的な反抗者（小説の副題「……あるいは現代のプロメテウス」を思い出そう）になれるのか。答えは、シェリー自身が説明している通り簡単にみえる。ヴィクターの罪は、まさに僭越の罪、つまり、神だけの特権であり、またそうであるべき（神による創造の極致である、人間の生命の）創造という行為に関与したこと、「神のように行為したこと」の罪である。人間が神の真似をし、する資格のないことをすれば、結果は恐ろしいものになるだけである……。

しかし、これとは別の（チェスタトン的な）解釈もある。この対応関係に問題はない、ヴィクターが究極の犯罪的な侵犯行為をし、その恐ろしい結果に直面するとき、彼はまさに「神のような」存在である、というのも、神もまた最大級の――最終的には自分自身に対する――〈反抗者〉であるからだ、と。宇宙の〈王〉は、至高の犯罪的〈アナーキスト〉なのだ。人間を創造するとき、神は、ヴィクターのように、度を越した目標に向かうという――人工知能をもった生物をつくることを夢見る今日の科学者のように、「自分のイメージと似た」生き物、精神をもった新しい生を創造するという――罪を犯した。彼の生み出

した生き物が彼の支配から逃れ、彼に歯向かったのは不思議ではない。では、キリストの（神自身の）死が、この罪のために神が払わねばならない代償であるとしたら、どうだろうか。

解放に資する恐怖（terror）の政治学と恐れ（fear）の政治学とを分けることができるのは、まさにエコロジーの領域においてである。これまで支配的であったエコロジーの形態は、恐れのエコロジーである。ここでいう恐れとは、文明をかき乱し、破壊しさえするかもしれない——人為的なあるいは自然の——大災害への恐れ、安全を守るための方策を計画するようにわれわれを強いる恐れである。こうした恐れと悲観は、ハンス＝ゲオルク・ガーダマーが指摘したように、決まって偽物である。「悲観論者は正直ではない。なぜなら悲観論者は、ぼやくことによって自分をあざむこうとしているからである。悲観論者は、まさに悲観論者としてふるまいながら、ひそかに、すべてが自分の恐れ通りひどくならないことを望んでいるのだ」[26]。今日のエコロジー的悲観論の特徴も、これと同様の、発話の内容と発話の立場とのあいだの対立ではないだろうか。大災害を予想する人がその予想に固執すればするほど、その人は、大災害は起こらないことをひそかに望んでいるのではないか。

この恐れとの関連で最初に目を引くのは、この恐れがイデオロギー的流行に規定されていることである。二〇年前、とくにヨーロッパでは、みんなが森の死 *Waldsterben* について語っていた。この問題はあらゆる週刊誌の表紙を飾っていた。だが、いまではそれはもうほとんど消えている。地球温暖化への不安はふくれあがり、その科学的根拠もますます確たるものになってきているが、組織化された社会的・政治的運動としてのエコロジーは、大部分、消滅してしまった。さらにエコロジーは、しばしばイデオロギー的神秘化に力を貸してしまう。例えば、ニューエイジ的蒙昧主義（前近代的な「パラダイム」を賛美すること、など）やネオコロニアリズム（第一世界は、中国やブラジルといった第三世界の急速な発展はわれわれみなにとって脅威であると不満をもらす——「アマゾンの熱帯雨林を破壊することによって、ブラジルは地球の肺を殺している」）の口実として、あるいは、「リベラルなコミュニスト」にとっての高貴な大義（植物を買おう、リサイクルしよう……エコロジーを考慮することは資本主義的搾取を正当化するかのようだ）として。

この恐れのエコロジーは、いつでもグローバル資本主義の支配的なイデオロギー形式、すなわち、没落する宗教に代わる、新たな民衆のためのアヘンになる可能性がある。[27] それは、古い宗教の基本的な機能、絶対的な権威によって限界をもうけるという機能を引き継ぐのである。このエコロジーがつねに強調するのは、われわれには限界がある、という教えである。つまり、われわれは現実から抜き取られたデカルト的主体ではない、われわれは、われわれの地平をはるかに超えた生物圏のなかに埋め込まれた、限定された存在である、というわけだ。自然資源を搾取するなかで、われわれは未来から借りものをしている、だから、われわれは地球を、敬意をもって、究極の〈聖なる〉もの、完全にあばかれてはならないもの、つまり、永遠に〈謎〉のまま、われわれが支配するのではなく信頼すべき力のままでありつづけるものとして、扱うべきである、と。われわれは、生物圏を完全に支配することはできないが、一方、われわれは不幸なことに、生物圏が猛り狂わんばかりにわれわれを飲み込んでしまうほど生物圏を狂わせ、そのバランスを乱す力をもっている。エコロジストは根本からわれわれのライフスタイルを変えるよう始終要求するが、この要求の根っこにそれと反対のもの、変化、発展、進歩に対する不信感があるのは、そのためである。これは、あらゆる根源的な変化は、破滅的事態を引き起こす、意図せざる結果をまねく可能性がある、という不信感である。

エコロジーが支配的《ヘジェモニック》イデオロギーの候補となるのは、この不信感のためである。なぜなら、この不信感は、大きな集団的行為に対する反全体主義的でポスト政治的な不信感と共鳴関係にあるからである。この不信感をもっとも効果的に小説化した例として、スティーヴン・フライの『歴史をつくる』がある。[28] これは、ヒトラーとナチの犯罪によってトラウマを負った科学者が、一九五〇年代に、時間の壁を飛び越え、一定の制限のもとで過去に介入する方法を発見する話である。科学者は、ヒトラーの両親が住んでいた村の水源であった川の化学成分を変えることを決意する。それによって、村の女たちは不妊になるからである。実験は成功し、ヒトラーは生まれない。しかし、われわれがこの第二の現実に移行したとき、科学者は、自分の引き起こしたことを知ってぞっとする。ヒトラーの代わりに、彼よりも頭のよい、中流階級出の高級将校がナチスを勝利に導いたのだ。ナチスは戦争に勝ち、ホロコーストの犠牲者よりも多くのユダヤ人を殺し、しかもこの行為の記憶さえ消している。科学者は残りの人生を使ってふたたび過去に介入しようとする。最初の介入の結果をなかったことにし、われわれをヒトラーのいる古き良き時代に戻すために……。

こうした不信感は、現状を決定的に変えつつある遺伝子工学によって、あらためて強化された。[29] これまでのところ、遺伝学の領域は、

自然がすでにつくったものをいじくりまわしたり、ねじりとったりすること——例えば、バクテリアから遺伝子をとり、それをトウモロコシや豚の染色体に埋め込むこと——に限られていた。われわれが現在議論しているのは、完全に新しい生命——まちがっても原初的な母細胞の遺伝的子孫ではない——を生み出すことである。新たにつくられた種族の最初の個体たちは、いかなる祖先ももたないだろう。

有機体のゲノム自体は、人工的にまとめられることになるだろう。まず、生物をつくる際の基礎単位となるブロックが形成される。つぎにそのブロックが結合され、まったく新しい、合成的で自己増殖的な有機

体ができる。科学者は、この新しい生-形態を「ライフ、ヴァージョン二・〇」と呼んでいる。このとき不安なのは、これによって「自然の」生が「ライフ、ヴァージョン一・〇」になることである。それは遡及的に自発的-自然的性格を失い、生物ブロックを合成する一連のプロジェクトの一つになる。「自然の終わり」とはこのことを意味している。合成的な生は、単に自然的な生を補うのではない。それは、自然の生そのものを、合成的生の（混乱した、不完全な）種に変えるのである。

癌細胞を見つけて、それを駆除するミクロ有機体から、太陽エネルギーを燃料に変える包括的「工場」にいたるまで、予想される事態は驚くべきものである。しかし、この冒険のかかえる大きな限界が見えないわけではない。既存の自然的有機体のＤＮＡは、「重複しあう切片と、科学者に理解できるような目的をもたないがらくたの乱雑な寄せ集め」である。そのため、遺伝学者がこの乱雑なものをいじりまわすとき、彼らはどんな結果になるか分からないだけでなく、この結果がどのように生み出されたのかも分からない。したがって、論理的な結論は、「新たな生物学的システム、われわれがつくったがゆえに理解しやすいシステムの構築」を試みることである。しかし、このプロジェクトは、「人間のゲノムのすくなくとも九〇パーセントは、明確な機能のない「がらくたＤＮＡ」である」というテーゼを全面的に受け入れたとき、はじめて動き出すだろう。（科学者の想像によれば、このがらくたは、コピー間違いの危険に対する保証、一種のバックアップ・コピーとして機能する）。そのような場合にのみ、われわれは、重複的な「がらくた」を取り除き、「純粋な」遺伝子機能からのみ有機体を生み出すというプロジェクトを期待できるのだ。しかし、この「がらくた」が重要な役割を果たしているとしたら、どうだろうか。制限された（有限の）要素群から「無限の」（自己関係的な）有機的構造が「創発特性」として発生する過程を説明できるのは、きわめて高いレベルの複雑性をもった遺伝子間の相互作用だけだが、われわれがそれを把握できないために、「がらくた」の役割が未知のままなのだとしたら？

このプロジェクトに誰よりも猛烈に反対しているのは、宗教指導者と環境保護論者である。両者にとって、新たな形の生を無から、ゼロからつくるというこの考えのなかには、境界侵犯、すなわち、禁止された領域に踏み込むようなところがある。ここで思い起こされるのは、エコロジーは新たな民衆のアヘンであるという考えである。両者のメッセージの根底にあるのは、またしても保守的なもの――いかなる変化も悪いほうへの変化になるだけだ――である。

合成的生という観念に対する抵抗の背後には、多くの場合、自然（あるいは神）は考えうるなかで最善の世界をつくったという直感がある。自然の創造物がもつ無数の意匠は――見る、聞く、歌う、泳ぐ、飛ぶ動物であろうと、太陽光線で成長する植物、受粉媒介者をひきつける、きれいな、滲み出るような花の色であろうと――それらがなさねばならないことをなすように完璧に磨きあげられている、そうチャールズ・ダーウィンは信じていた。[30]

このダーウィンへの言及は、誤解をまねきかねない。ダーウィン主義の最終的な教えは、これとは正反対であるからだ。その教えとは、自然は下手で即興的な仕事をし、その限られた成功は多大な損失と破滅的事態をともなう、ということである。人間のゲノムの九〇パーセントが明確な機能をもたない「がらくたＤＮＡ」であるという事実は、その決定的な証拠ではないのか。したがって、ここで引き出すべき最初の教訓は、スティーヴン・ジェイ・グールドが繰り返し述べてきたこと、つまり、われわれの存在が完全に偶発的なものである、ということだ。〈進化〉は存在しない。大災害、均衡の崩壊は自然史の一部であり、過去の多くの時点において、生はまったく異なる方向に向かう可能性もあったのだから。われわれの主要エネルギー源（原油）は、想像を絶する規模の、過去の地殻変動の結果である。

この流れにそっていえば、「恐怖」とは、われわれの存在が完全に無根拠であることを受け入れることを意味する。ひとが安心して頼れる確固たる基盤、隠棲の場は存在しないのだ。恐怖とは、「自然は存在しない」ということを完全に受け入れることである。いいかえれば、自然という生世界的な概念と自然的現実という科学的概念とを隔てるギャップを極限まで広げることである。バランスよく再生産がなされる領域としての「自然」、傲慢な人間の介入によってその循環運動にひどい狂いが生じる、有機体のうごめく領域としての「自然」というのは、人間の空想なのである。自然はすでにそれ自体において「第二の自然」である。その均衡状態はつねに二次的である。つまりそれは、破壊的介入のあとで秩序の回復につながる「習慣」を成立させようとする試みである。[31] したがってここで支持すべき教訓は、ある環境学者が達した次のような結論である――人間の地球への介入が最終的にいかなる結果をもたらすかは分からないが、ひとつ確かなのは、人間がその巨大な産業活動を突然やめ、地球上の自然にみずからバランスをとるようにさせたら、結果は完全な崩壊、想像を絶する破滅的事態となるだろう。地球上の「自然」はすでに人間の介入に「適応」しており、人間による「汚染」は、すでに、不安定で脆弱な均衡の下でなされる地球上の「自然な」再生産のなかに完全に組み込まれている。そのため、人間の産業活動の停止は、破滅的な不均衡を引き起こすだろう。[32] これこそが、人間は隠棲の場をもっていないということの意味である。「大きな〈他者〉」（〈意味〉を最終的に保証する、自己充足した象徴秩序）は存在しない、というだけではない。その恒常性（ホメオスタシス）が人間の不均衡な介入によって乱され、ぶれを生じる、均衡のとれた自己再生産の秩序としての〈自然〉もまた存在しないのである。「棒線を引かれる」のは、大きな〈他者〉だけではない。〈自然〉もまた棒線を引かれるのである。したがって、ここで認識すべきは、進歩というイデオロギーの限界だけでなく、進歩という暴走列車に対する緊急ブレーキとしての革命というベンヤミン的概念の限界でもある。そうしたブレーキをかけても、おそすぎるのだ。

『アスクヤ湖畔での省察』においてパウッル・スクラーソンは、アイスランド中央部にある、雪山に囲まれた火山の湖と谷、アスクヤに感動したときのことを報告している。

アスクヤは、あらゆる思考、信念、表現から独立した、つまり、人間の経験から独立した客観的現実のシンボルである。それは独特の自然システムであり、そのシステム内では、山と湖と空とが噴火口という一点に収斂する。それは独特の自然システムであり、地球そのものを象徴している。それは、かつての、現在の、これからの地球である。要するにアスクヤは、地球そのものを象徴している。それは、かつての、現在の、これからの地球である。この時間の長さは、われわれが何をしようと、われわれがこの地球上に存在しようとしまいとこの惑星が宇宙のなかを動き続ける、その時間と同じである。[…]アスクヤに行くことは、はじめて地球に行くことに、そして自分の地球的基盤を見つけることに似ている。[33]

われわれは、ポストヒューマンになるなかで、「人間的な空間軸から解放された[…]人間以前に存在した(あるいは以後に存在する)知覚[34]」の実践をどのように学ぶべきであるか——ドゥルーズはよくこのモチーフと戯れていた。スクラーソンは、そうした経験、つまり、「手近な」対象からなる環境世界へ直接浸りきること、現実とそのつど積極的なかかわりをもつことから身を引くという経験を、記述しているようにみえる。が、本当にそうだろうか。彼が語る経験がどのようなものであるか、子細に見てみよう。

現実が継ぎ目のない全体として出現することにより、世界はわれわれを突然感動させる。そのとき浮上する問いは、世界そのものと、世界が統一的に秩序づける現実とにかかわっている。世界は本当に統一されたひとつの全体なのか。現実とは、特定の諸現象からなる、無限に姿をかえる多様性ではないのか。[35]

ここではヘーゲル主義的になるべきである。継ぎ目のない〈全体〉としての現実というこの経験が、われわれが暴力的に押しつける現実、つまり、完全に無意味な、「特定の諸現象からなる、無限に姿を変える多様性」（アラン・バディウのいう〈存在〉の原初的多様性）と直接向き合うのを避けるためにわれわれが「それ［現実］に投影する」何かであるとしたら、どうだろうか。われわれはここで、カントの超越論的観念論の基本的な教えを適用すべきではないのか。〈全体〉としての世界は〈モノ〉それ自体ではない、それはわれわれの精神のもたらす統制的〈理念〉にすぎない、つまり、われわれの精神が、世界を整った意味ある〈全体〉として経験するために感覚の生の多様性に対して押しつける何かにすぎない、と。ここでの逆説は、われわれとは独立した、〈それ自体＝即自〉としてある、〈全体〉としての〈自然〉が、われわれの（主体的）「綜合的活動」の結果である、ということだ。スクラーソンの言葉自体、それを精密に（つまり文字通り）読めば、すでにそうした方向に向かっているのではないか。「アスクヤは、このテクストにおいて、世界とその生息物に関する独特かつ重要な経験の象徴として使われている。人間がきわめて重要なものごとについて語るために用いる象徴は、ほかにもたくさんある」[36]。したがって、カント的〈崇高〉の場合がまさにそうであるように、測りがたい姿で現前する、生の、即自としての〈自然〉は、「独特かつ重要な経験」のための（ほかと置き換え可能な）、ひとつの物質的かこつけに変形される。では、なぜこの経験は必然的なのか。

> 精神は、生きるために、存在可能になるために、ある種の秩序と結びつかねばならない。精神は、現実を独立した全体として理解しなければならないし［…］われわれが現実と呼ぶものの、ある特定の特徴と確固たる絆で結ばれねばならない。精神は、現実は客観的な全体、精神から独立して存在する全体を形成すると信じる以外に、日常的経験という普通の世界と結びつくことはできない。現実その

ものとの信頼関係のなかで精神は生き、われわれは生きる。この関係もまた、分離した現実、精神と異なる、それとは別物の現実に対する信頼の関係である。われわれは、この信頼関係のなかで生き、存在するが、この関係は本質的につねに不確定で不安定である。［…］この信頼の関係は［…］元来、そして実のところつねに、自然な全体性としての、つまり、〈自然〉としての現実との関係である。[37]

ここで注目すべきは、居住に適したものと居住に適さないものとのあいだの緊張関係に関するあざやかな分析である。それによれば、われわれは、われわれの意味の地平の内部に現れる、現実の小さな一部分に住まうために、われわれの世界を支える「精神と異なる、それとは別物の」〈現実〉それ自体は、秩序づけられた、継ぎ目のない〈全体〉としての現実の一部である、と想定しなければならない。要するに、われわれは〈現実〉に対する信仰と信頼をもたねばならないのである。自然それ自体は、単に、意味を欠いた様々なものの複合体ではない。それは「〈全体〉としての」〈自然〉なのだ。しかし、〈自然〉に対する、精神と現実との原初的調和に対するこの信頼の関係が、観念論の、大きな〈他者〉に対する依存の、もっとも基本的な形態であるとしたら、どうだろうか。真の唯物論的立場は、意味を欠いた、カオス的多様体としての〈即自〉を受け入れることから始まる（そして、ある意味では終わる）のだとしたら？　ここでは、アイスランドの独特の自然の景観に話を戻してみたくなる。茶緑色のコケに覆われた巨大な岩石がころがる、南部のかすんだ緑色をした荘厳な海岸平野は、癌のような腫れ物に満ちた、猛り狂う自然のようにみえざるをえない。これが、継ぎ目のない〈全体〉という崇高なイメージよりも「自然それ自体＝即自としての自然」にずっと近いのだとしたら、どうだろうか。実際、われわれに必要なのは、自然なしのエコロジーである。自然を守るうえで最終的な障害となるのは、われわれの依拠する自然という概念そのものなのである。[38]

われわれの問題のおおもとにあるのは、「数百年間のあいだ西洋に影響を及ぼすもっとも重要な出来事」、すなわち「人間と自然との関係の崩壊[39]、信頼関係の衰退ではない。その反対である。われわれは、この「現実そのものとの信頼関係」自体がまさに大きな障害となって、もっとも根源的なエコロジー危機に向き合うことができないのである。いいかえれば、生態系の大異変に関しては、われわれがそれを信じない理由を、われわれの精神における科学的イデオロギー――これは、われわれ人間の理性のかかえる健全な関心、つまり、科学的・技術的姿勢は根本的にどこかおかしいという直感を捨てるように働きかける――の浸透に求めることは安易すぎる。問題はもっと深いところ、われわれの常識そのものが信頼できないことにある。日常的な生活世界に慣れきっているわれわれの常識は、日常的現実の流れが乱れる可能性があるということを、なかなか受け入れられないのだ。このときのわれわれの態度は、フェティシズム的分裂のそれである。「(地球温暖化が人類全体にとって脅威であることは)よく分かっているけど……(それが本当だとは信じられない)。私の精神と結びついた自然界、たとえば、緑の草木、そよぐ風、朝日……をみれば十分だ。これが全部崩れるなんて想像できるだろうか。オゾンホールのことをいうけど、空をどれだけ見ても穴は見えない。見えるのは青いあるいは灰色の空だけだ!」。

したがって問題は、われわれは科学的精神にも常識にも頼ることができない――両者はたがいに相手の認識の欠如を促進する――ということである。科学的精神は、危険とリスクに関する冷静且つ客観的な査定を主張するが、その主張はそうした査定が実際には不可能なところでなされる。一方、常識は、破滅的事態が実際に起こる可能性があるということを、なかなか受け入れられない。したがって、困難な倫理的課題は、われわれと生活世界との一体化を調整するもっとも基本的な枠組みを「頭から追い払う」ことである。これまで普通に〈知恵〉への依存として機能してきたこと(われわれの世界の背景にある調整的枠組みに対する基本的信頼)は、いまでは、これ以上ない、危険のもとなのである。われわれは本当の意味で「成長し」、われわれと生活圏とを結ぶこの究極の臍の緒を切断できるようになるべきである。科学・技術的態度の問題は、その態度がわれわれの生活世界から分離していることではなく、この分離の抽象的性格によって科学・技術的態度が生活世界への没入における最悪の要素と結びつくように強いられることである。科学者は、自分たちは合理的であり、潜在的な危険を客観的に査定できると思っている。彼らにとって唯一の予測不可能で不合理な要素は、無知な大衆がパニック状態になったときにみせる反応である。一般大衆は、みずからのかかえる、否認された恐れや空想をときの状況に投影する、そのため、制御可能な小さな危険は分散し、地球規模のパニックを引き起こす可能性がある、というわけだ。科学者が認識できないのは、彼ら自身の「冷静且つ客観的な」査定がもつ「不合理な」、不適切な性格である。現代の科学は、「希望と検閲」という、二つの厳密な意味でイデオロギー的な要求を満たしている。これらは伝統的には宗教が満たしていた要求である。

科学だけが異端者を黙らせる力をもつ。今日、それは権威を主張できる唯一の制度である。むかしの教会のように、それは独立した思想家を破壊する、あるいは周縁に追いやる力をもつ。[…]思考の自由を重視するひとからみれば、これは不幸なことかもしれないが、科学の魅力の大部分はまちがいなくそこからきている。われわれにとって科学は、不確定なものからの逃避地であり、思考からの自由という奇跡を約束――そしてある程度実現――してくれる。それに対し宗教は、懐疑のための聖地となっている。[40]

まったく、これはニーチェが百年以上前にいった通りの事態である。「ああ、今日、科学によっていかに多くのことが隠されていることか。ああ、科学はいかに多くのことを隠すよう期待されていることか！」[41]。

しかし、われわれがここで問題にしているのは、科学そのものではない。ゆえに、「思考からの自由」を支える科学という考えは、「科学は思考しない」というハイデガーの考えを言い換えたものではない。われわれが語っているのは、科学が社会的力として、イデオロギー的制度としていかに機能するか、ということである。このレベルにおける科学の機能は、確実性を提供すること、われわれの依拠できる判断基準となること、そして希望（新しく発明された技術はわれわれを病気から救うだろう、云々）を提供することである。この次元における科学は――ラカンの用語でいえば――まさしく大学の語らい、すなわち、S_1（〈主人のシニフィアン〉、権力）をみずからの「真実」とするS_2（知）である。ここでは事実上、次のような逆説がでてくる。今日、科学は、かつて宗教が保証していた安心を提供する。そして奇妙な反転によって宗教は、同時代の社会に対する批判的懐疑を展開できる場所のひとつ（いわば「抵抗の拠点」のひとつ）となる。

　ルイ・デュモン[42]は、認知論的還元‐自然化のパラドクスに注目した。人間はついに自分自身の主人となり、自分自身のゲノムを再創造する――しかし、ここでの行為主体はだれなのか、と。それは盲目的に動くニューロンの回路なのか。ここにおいて、発話の内容と発話の立場とのあいだの緊張（フーコーのいう「超越論的‐経験的二重体」）は頂点に達する。発話の内容が客観的な物質的プロセスに限られれば限られるほど、発話の立場はますます純粋なコギト、空虚な主体の空無に還元されるのだ。これは自由意志の問題につながっていく。ダニエル・デネット[43]をはじめとする両立論者たちは、決定論をめぐる非両立論者の不平に対してあざやかな解答を用意している。われわれの自由と、われわれのすべての行為は自然の決定という大いなる輪の一部であるという事実とは、結合不可能であると非両立論者はいうわけだが、そうした不平は、暗黙のうちに、正当とはいえない存在論的前提を引きこんでいる、と。非両立論者はまず、われわれ（〈自己〉、自由な能動者）はとにかく現実の外部にいると仮定し、そのうえで、決定力をもった自然がすべてを支配するという考えにいかに圧迫感をおぼえるか不平をいう。われわれは自然の決定の輪によって「拘束されて」いるという考えのあやまりは、ここにある。つまり、この考えは、われわれは自然の一部であるという事実、われわれの「自由な」努力とそれに抵抗する外的現実とのあいだの（ありうべき、局所的な）争いは自然自体に内在する争いである、という事実をうやむやにしてしまうのだ。いいかえれば、われわれのきわめて個人的な努力が（あらかじめ）決定されているという事実に、「圧迫的」あるいは「拘束的」なところはないのである。われわれの自由な行為が外的現実の拘束的な力によって妨害されていると感じられるとき、われわれの内部には、そのように妨害された何か、なんらかの欲望、努力があるにちがいない。こうした努力がこの当の現実から来るのでないとしたら、どこからくるというのか。われわれの「自由意志」は、謎めいた形で「自然の成り行きを乱す」のではない。それはこの成り行きの一部なのである。仮にわれわれが「真に」そして「根源的に」自由になれば、われわれが望む自由の行為の積極的な内容が存在しなくなるのは必定だろう。そう、われわれが、われわれの行為を決定する「外的な特定／所与のものを望まないなら、「われわれ自身のあらゆる部分から自由になることが必要だろう」[44]。決定論者が、われわれの自由選択は「決定されて」いると主張するとき言わんとしているのは、われわれの自由意志はある程度制限されているということ、われわれはみずからの自由意志に背いて行為せざるをえないということではない。「決定されて」いるのは、われわれが「自由に」、すなわち、外的障害によって妨害されずに行いたいと思っている事柄そのものである。

ハイデガーの使用と誤使用

このように、恐れ（fear）のエコロジーがうやむやにするのは、それよりもはるかに根源的な次元にある恐怖（terror）である。人間の身体的、精神的特質を遺伝子工学的に操作する見通しがついた今日、近代技術には「危険」が組み込まれているという、ハイデガーの展開した考えは、一般的になっている。ハイデガーの主張によれば、真の危険は、人間の身体的な自己破壊、つまり、遺伝子工学の介入はなにかしらひどい間違いを犯すだろうという脅威ではなく、将来的になにも間違いはおこらないということ、遺伝子操作は将来的に順調に機能するということである。この時点において、円環はある意味で閉じられ、人間であることを特徴づける特殊な開かれた状態は捨て去られるだろう。要するに、ハイデガー的な意味での危険（*Gefahr*）とは、まさに（人間が、すなわち〈存在〉の *da*［ここ、という場］が、単なる科学の対象に還元されながら）存在的なもの（the ontic）が存在論的なもの（the ontological）を「飲み込む」という危険のことではないのか。われわれが再びここで出会っているのは、不可能なものに対する恐れではないのか。われわれが恐れるのは、起こりえないことが（存在論的《オントロジカル》次元が存在的《オンティック》なものに還元されるがゆえに）起こりえないにもかかわらず起こる……ということではないか。

フクヤマ、ハーバーマスからビル・マッキベンにいたる文化批評家たちは、より露骨な形でこれと同じ主張をしている。彼らが心配しているのは、（自らを設計し直し、規定し直す能力を人類に与える可能性のある）最新の技術的‐科学的発展がいかにわれわれの人間としてのあり方に影響するか、ということである。マッキベンの本のタイトル、「もうたくさん」は、われわれの耳にする呼びかけをうまく要約している。集団的主体としての人間は、限界を設け、この方向におけるさらなる「進歩」を自由に拒絶しなければならない、というわけだ。マッキベンはそうした限界を次のように経験的に特定しようとする。体細胞遺伝子治療はまだ限界を超えていない、旧知の世界を離れずともそれを実践することは可能である、というのも、それは昔ながらの「自然な」方法で形成された身体に介入するだけなのである、しかし生殖細胞操作は向こう側、意味を超えた世界のものである、と。[45]個人の精神的、身体的特徴をそれが胚胎される以前から操作するとき、われわれは徹底した人間設計へと踏み出し、個人を生産物に変える。そのとき個人は、自分の意志を見定める努力を通じて自己を教育／形成し、それによって達成感を得る、責任ある行為主体としての自己の経験を奪われる。そうした個人はもはや、責任ある行為主体としての自己と関わることはない……。

この思考は二重の意味で不十分である。まず、ハイデガーであればこういうであろうが、人間が人間であるということは、人間の存在的《オンティック》レベルの決断によって持続するものではない。許容できる範囲の限界をこのように定めようとしたところで、真の破局的事態はすでに起こっている。われわれはすでに自分が原則的に操作可能なものであることを経験している。われわれは単に、この潜在能力を十分に利用する可能性を自由に否認するのである。「テクノロジーの時代において、われわれにとってもっとも重要なのは、あらゆるものから「最大限の用途」を得ることである」[46]。この言葉は、エコロジー的関心がすくなくともその支配的な様態においていかにテクノロジーの地平の内部にとどまるものであるかを解明する新たな鍵となるのではないか。資源の節約、リサイクル、等々のポイントは、まさにあらゆるものの用途を最大化することではないのか。

しかし、決定的に重要なのは、遺伝子工学的な設計にともない、われわれの意味の世界が消えるだけでなく——いいかえれば、デジタル・パラダイスに関するユートピア的な記述が、意味の存続を暗示しているがゆえに間違っているだけでなく——技術的自己操作という「意味なき」世界に関する、それとは逆の否定的で批判的な記述もまた、現代の不適切な基準によって未来を評価するがゆえに、遠近法的誤謬に陥る、ということである。要するに、技術的自己操作の未来は、伝統的な概念でいうところの意味に満ちた世界に照らしてみれば（あるいはその地平の内部からみれば）、「意味を欠いた」ものにみえるだけである。この「ポスト人間的」世界が「それ自体において＝即自的に」どのようなものとして出現するか、誰に分かるのか。唯一の単純な答えなどないとしたら、どうだろうか。現代の趨勢（デジタル化、遺伝子工学的自己操作）が多様な象徴化の可能性に開かれているとしたら？　ユートピア——ハードウェアからソフトウェアへと移動する、様々な具現体のあいだを自由に浮遊する主体という倒錯的な夢——とディストピア——プログラムされた存在へと自発的に変容する人間という悪夢——が、同じイデオロギー的空想の肯定的側面と否定的側面にすぎないとしたら？　この技術的な将来の見通しによってはじめて、そしてまさしく、われわれは自らの有限性のもっとも根源的な側面に直面するのだとしたら？[47]

ハイデガー自身のここでの立場は、曖昧なままである。確かに、テクノロジーに対するハイデガーの応答は、

「かつて、物になる、さらには物として実際に現前する途上にあったかもしれない昔の対象」（「物」）をノスタルジックに切望することではなく、むしろ、われわれの世界がわれわれを規定するのをよしとすることであり、そのうえで、われわれの四者〔大地、天、神的なものたち、死すべき者ども〕に格別に合った物を築き育てることによって「物のなかに四者を維持」できるようになることである。われわれの実践が四者を組み入れるとき、われわれの生活とわれわれの周囲のあらゆるものは、資源の重要性をはるかに超えた重要性を獲得するだろう。なぜなら、四者は、そしてそれだけが、世界におけるわれわれの住み方に連動していくからである。[48]

しかし、「物のなかに四者を維持している」事例としてハイデガーがあげるものは——ギリシアの神殿、ヴァン・ゴッホの靴、シュヴァルツバルトの山々からとられた多数の例など——すべてノスタルジックなものである。すなわち、それらは、過ぎ去った、もはやわれわれのものではない世界に属している。例え

ば、ハイデガーは、伝統的な農作業を近代の技術化された農業と対立させ、シュヴァルツヴァルトの農民の家を近代の共同住宅と対立させるのである。では、今日のテクノロジー時代にふさわしい例とはいかなるものであろうか。ここでは、レイモンド・チャンドラーのカリフォルニアをハイデガー的な「世界」として読むというフレドリック・ジェイムソンの考え、フィリップ・マーローは天と地のあいだ、死ぬ運命にある人間と登場人物たちの哀愁に満ちた切望を通じて輝く「神」とのあいだの緊張関係にとらわれている、云々といった彼の発想を、真剣に受けとめるべきかもしれない。そしてルース・レンデルは、さびれた裏庭、灰色のショッピングモールなどが存在するイギリスの郊外に対して、これと同じことをしたのではなかったか。このことはまた、ヒューバート・ドレイファスの考えがあまりにも安易である理由にもなる。ドレイファスによれば、テクノロジーによる資源の総動員化に対する抵抗の拠点となる実践に参加することが、やがて来る転回 *Kehre*、新たな神々の到来に備えることになる。

> ハイデガーは、ポストモダン的な技術実践に抵抗する力をわれわれに与えるかもしれない、ある種の集合体を探求する。[…]彼は、「芸術作品の起源」において探究された文化的な集合体（これは、共有された有意味な差異を確立し、それによって文化全体を統一する）から、ローカルな世界を確立するローカルな集合体へと転回する。そうしたローカルな世界は、物そのものとその物の使用にかかわる典型的な活動に参加する人たちとを一時的にその物自身およびその人たち自身の所有物にする、なんらかの日常的な物のまわりに生起する。ハイデガーは、この出来事を物が物することと呼んだ。そして、物と人々を物自身および人々自身の所有物にする、実践におけるこの傾向を、我有化と呼んだ。[…]そうしたローカルな集合体に焦点を合わせる物の例としてハイデガーがあげるのは、ワイン入れの瓶と古い石橋である。そうした物は、シュヴァルツヴァルトの農民の活動を集約する。[…]家

族の食事は、家族一人ひとりの調理的、社交的な技能に依存し、父、母、夫、妻、子供、思いやり、陽気な気分、忠誠心が見事な形で、あるいは、ハイデガーならこういうであろうが、それら自身の所有物において、表面化することを請い求める。このとき家族の食事は、一つの焦点化された物として機能する。[49]

厳密なハイデガー的立場からいえば、そうした実践は、抵抗とは正反対のものとして、資源をなんなく総動員するテクノロジーの機能のなかにあらかじめ含まれた何かとして、機能する可能性がある——そして通常は実際にそうなる（超自然的瞑想についてのコースを受けたことで、かえって以前よりも効率的に仕事がはかどるように）。だから、救いへの道は、テクノロジー的な総動員化に全面的に関与することにつながるだけなのである。

資本主義の絶えざる技術革新の裏側にあるのは、もちろん、永久に増えつづける廃棄物の山である。

> 近代およびポスト近代における資本主義産業の主たる生産物は、廃棄物である。われわれがポストモダンの存在であるのは、美的感覚の刺激をともなって消費されるすべての製品は結局余り物になり、やがて地球を巨大な廃棄物の世界に変えてしまうということに気づいているからである。悲劇の感覚は失われ、進歩はばかばかしいものにみえてくる。[50]

われわれに強烈な印象を与えずにいない、動かず、機能を失った、永久に増え続ける「がらくた」の山——モハーヴェ砂漠にある有名な飛行機の「墓場」のような、うずたかくつまれた無用の廃棄物、中古車、コンピューター等々の山……——において感じ取られるのは、いわば休止状態にある資本主義の欲動である。それは、アンドレイ・タルコフスキーの映画が関心をよせるものであり、とくに、廃墟となった工場、コンクリートのトンネル、汚水に浸かった鉄道などをおおう草木と、野良猫や野良犬がたむろする雑草の茂みといった大規模産業支配後の荒廃を描いた傑作『ストーカー』には、それがはっきりあらわれている。ここでも自然と産業文明は重なり合っているが、それはあくまで二つに共通した崩壊を通じてである。崩壊にむかう文明は、〈理想化された、協和的な〈自然〉によってではなく〉腐敗にむかう自然によって再建される途上にあるのだ。究極のタルコフスキー的風景は、人工物の瓦礫、古いコンクリートのブロック、さびついた鉄板などで充満した、森に隣接する河あるいは池である。第二世界というポスト産業時代の荒地は、実のところ、特権的な「出来事の場」、そこから現代のグローバル資本主義の全体性を掘り崩すことのできる症候的な要所である。われわれはこの世界を、その灰色の朽ちたビルや硫黄のにおいも含めて、愛するべきである。この世界が表しているのは、ポスト歴史的な第一世界と前歴史的な第三世界によって抹消されるおそれのある歴史なのだから。

ベンヤミンは、再自然化された歴史としての「自然史」という考えを展開した。「自然史」が生まれるのは、歴史的人工物が生き生きとした意味を失い、自然によって再建される死んだ対象として、あるいは最善の場合、死んだ過去の文化のモニュメントとして了解されたときである、と。（ベンヤミンにとって、われわれが歴史をもっとも純粋な形で経験するのは、自然によって再建されたそうした人類史の死んだモニュメントに直面するときである）。ここでのパラドクスは、この再自然化がその反対と、脱自然化と重なり合うということである。われわれにとって人間の文化は「第二の自然」であるがゆえに、われわれはそれを自然環境として経験するのだ。統一的な、生きた意味の領域内部で機能できなくなった文化的人工物は、自然と文化のあいだ、生と死のあいだの中間-空間にとどまる。それは幽霊的な存在となり、自然にも文化にも属さず、二頭三足をもつ牛のような、自然の生んだ奇形的怪物にも似た何かとして現れる。

これよりも情緒的ではなく、しかしより効果的かもしれない戦略は、十年あるいはそれ以上前に日本で流行った、新道具という戦略である。これは、機能を過剰に追求した結果役立たなくなる物を製品化した(例としては、雨中でも視界よく歩けるようにするための小型「ワイドスクリーン・ワイパー」がついたメガネ、ナイフがなくてもパンにバターがぬれる、リップスティックならぬ「バタースティック」、雨に濡れないだけでなく真水も集められるように、開く向きが逆になった傘などがある)。イデオロギー的同一化のテクノロジー版ともいうべきこうした事態を通じて、テクノロジーへのわれわれの積極的な関わりは、テクノロジーの支配力からわれわれ自身を引き離し、解放するための手段に変わる。

したがって、テクノロジーが要求するのは、われわれは、われわれの活動がいかに生活世界への弱めようのない(*unhintergehbare*)従属に依拠しているか(再)発見すべきである、ということではない。そうではなく、それとは反対に、この従属を断ち切り、おのが存在の根源的な深淵を受け入れることである。これは、ハイデガーでさえ向き合おうとしなかった恐怖(terror)である。問題含みの比較をあえてすれば、われわれは、反省以前の段階にある象徴的な生活世界に埋め込まれた人間にとどまるかぎりにおいて、「象徴的な植物」のようなものではないのか。ヘーゲルは『自然哲学』のどこかでこういっている。植物の根とは、植物が自身の内臓を外在化させたものであり、植物は根を地面に埋めることによってそれを断ち切れなくなり、意志にまかせてさすらうことができなくなる——植物にとって、そうした断絶は死を意味するのだから、と。そうだとすれば、われわれがつねにすでに反省以前の状態のまま埋め込まれている象徴的な生活世界は、われわれが外在化させた象徴的な内臓のようなものではないのか。われわれによって繰り返される、テクノロジーによる真の挑戦とは、植物から動物への移行であり、象徴的なレベルでわれわれの根を切断し、自由という深淵を受け入れることではないのか。人間はポスト人間へと移行するだろう/するべきである、という原則が受け入れ可能となるのは、まさにこのような意味においてである。というのも、象徴的世界に埋め込まれているということが、人間であるということの定義なのだから。こうした意味においても、テクノロジーとは恐怖（terror）を通じた解放の約束である。この恐怖の経験において、またそれを通じて出現する主体は、究極的にはコギトそのもの、超越論的主体の核を形成する自己関係的な否定性という深淵、無頭の（死の）欲動の主体である。それは厳密な意味で非人間的な主体である。

なにをなすべきか

この恐怖（terror）のきっかけとなるのは、われわれがいかに根源的な変化のただなかにいるか認識することである。個人の行為は、レベル間を直結する短絡において「それよりも高い」レベルにある社会構成に影響するが、それがどのような影響であるかは予測できない。社会構成はまさにフラストレーションを引き起こす。われわれ（個人的あるいは集団的な行為主体）は、それ〔社会構成〕がわれわれに完全に依存したものであることを知っているが、われわれの行為がもたらす結果を予測できないのである。自身の力の射程を決定することができないわれわれは、無力なのではなく、反対に全能なのだ。この原因と結果とのあいだのギャップは還元不可能なものであり、レベル間の調和を保証する「大きな〈他者〉」、われわれと社会構成とのあいだの満足のいく相互作用を保証する「〈大きな〉他者」は、存在しない。

ここでの袋小路は（デュピュイが繰り返し説くように[51]）見た目以上に深い。問題は、大きな〈他者〉が「第二の自然」という装いのもとで、すなわち、〈即自〉として知覚される最小限「物象化された」社会システムという装いのもとで機能しつづける、ということである。各個人は市場を、自分が直面する客観的システムとして知覚するが、ただし「客観的な」市場は存在せず、存在するのは多数の個人の相互作用だけなのである。その結果、各個人はこのことをよく知っているにもかかわらず、「客観的」市場という幽霊が当の個人の経験的事実となり、この個人の信念と行為を規定することになるのである。市場だけでなく、われわれの社会生活全体も、こうした物象化されたメカニズムに規定されている。自身のたゆまぬ活動によって科学技術の進歩を活気づける科学者や技術者たちは、それにもかかわらず、この〈進歩〉を、自身の人生を規定し動かす客観的な制約として経験する。この制約は「システム的」なものとして知覚される。それに対しては誰も個人的に責任はない。ひとはみな、この制約に自分を合わせる必要を感じるだけである。同じことは資本主義にもいえる。それに対しては誰も責任はない。ひとはみな、競争し利潤を上げるという、資本の流れを循環させ続けるという客観化された衝動にとらわれているのである。[52]

擬人化は普通、ナイーヴな意識がおちいりやすい神秘化として、つまり「脱神秘化」されるべきものとして考えられている。モンテヴェルディの『オルフェオ』の冒頭で、音楽の女神は「われは音楽……」といって自己紹介をする。こうしたことは、「心理的な」主体が舞台を支配するようになったあとでは考えられない、あるいは表象できないものではないだろうか。そうであるなら、なおさら「客観的な」社会科学者が擬人法という「原始的」技巧を用いるのは驚きである。デュピュイが強調するのは、選挙結果に対する社会学者の解釈の仕方である。例えば、政権与党がぎりぎりで過半数を得たとき、その結果は「有権者は政府に対する信頼を維持したが、そこには政府はもっと努力せよという警告が込められていた」と解釈される。選挙結果はあたかも、権力者に「メッセージ」を送ることを望んだ単一のメタ〈主体〉（「有権者」）の決定によって起こったかのようなのだ。そして、ヘーゲルはしばしば観念論的擬人化のモデルそのものとして片づけられるわけだが（〈精神〉はわれわれ、死を免れない有限の存在を通じて語る、あるいは、ヘーゲルに対する「唯物論的批判」を逆にしていえば、われわれ、死を免れない人間は、われわれの活動の結果を自律的な〈精神〉に投影／移植する……）、ヘーゲルの「客観的〈精神〉」という概念は、まさにそうした擬人化的神秘化を掘り崩す。「客観的〈精神〉」は、歴史を動かすメタ主体ではないのだ。

ここできわめて重要なのは、ヘーゲルの「客観的〈精神〉」とディルタイ的概念——すなわち、「客観化された精神」としての、人民の生産物としての、人民の集団的な天才的資質としての生-形式、具体的な歴史的世界——とを混同しないことである。この混同をした瞬間、われわれはヘーゲルのいう「客観的精神」のポイントを見失うことになる。そのポイントとは、「客観的精神」は精神自体の客観的形式であり、個人はそれを外的に押しつけられたものとして、制約として経験する、ということである。「客観的精神」の作者になれるような、「客観化」されることでこの精神となるような、集団的ないしは精神的な超〈主体〉は存在しないのである。ヘーゲルにとって、個々の人間を超えた集団的〈主体〉、〈主体-精神〉は存在しない。ここに「客観的精神」の逆説がある。「客観的精神」は個人から独立している。個人の出会う「客観的精神」は、所与のもの、個人に先だって存在するもの、個人の活動の前提である。しかし、にもかかわらず、それは精神である。つまりそれは、個人が自身の活動をそれと関係づけるかぎりにおいて、個人による想定（前提）としてのみ存在するなにかである。[53]

では、なにが今日の問題はなのか。問題は、われわれの行為（個人的なものであっても）が破滅的な結果をもたらす可能性があるにもかかわらず、われわれはその結果を匿名的／システム的なもの、すなわち、われわれには責任のないもの、明確な行為主体の存在しないものとみなし続ける、ということである。より的確に——自分はトウモロコシの粒ではないと分かっていながら、ニワトリはこの事実に気づいているだろうかと心配する狂人の論理を参照して——いえば、われわれは自分に責任があると分かっているが、ニワトリ（大きな〈他者〉）は気づいていないのである。あるいは、知るということが私の機能であり、信じるということが〈他者〉の機能である以上、われわれは現実の事態をよく分かっているがそれを信じていない、ということになる。大きな〈他者〉は、われわれがそれを信じるのを、この知と責任を引き受けるのを妨げるのである。「予防措置の原則を説くひとたちの考えとは逆に、われわれが行動しない原因は、科学的根拠が不確かなことにあるのではない。われわれは認識している、しかし自分自身にこの認識を信じさせることができないのである」。[54] みなさんご承知の地球温暖化を例にとろう。問題は、(パニックをあおる主張に反対する人たちのいうような)事実の不確実性にあるのではない。この問題に関するデータにもかかわらず、それが実際に起こる可能性をわれわれが信じられない、ということにあるのだ。窓の外をみてごらん、そこには依然として緑の葉と青い空ある、生活は続き、自然のリズムは狂っていない……というふうに。チェルノブイリ事故の恐ろしさはここにある。事故現場を訪れると、墓石がある以外、その土地は以前とまったく変わらないようにみえる。すべてを以前の状態のまま残して、人々の生活だけが現場から立ち去ってしまったようにみえる。それにもかかわらず、われわれは何かがとてつもなくおかしいということを意識している。変化は、目に見える現実のレベルにあるのではない。変化はもっと根本的なものであり、それは現実の肌理そのものに影響する。チェルノブイリの現場周辺に昔通り生活を営む農家がぽつんぽつんと数軒存在するのは、不思議ではない。そう、彼らは単に放射能に関するわけのわからない話を無視しているのである。

この状況を通じてわれわれが直面するのは、きわめて根源的な形で現れた、現代の「選択社会」の袋小路である。通常の、強いられた選択の状況では、私は、正しい選択をするという条件のもとで自由に選択する。そのため私にできる唯一のことは、押し付けられたことを自由に遂行するようにふるまうという空疎な身振りである。しかし、ここではそれとは逆に、選択は実際に自由であり、それゆえにいっそう苛立たしいものとして経験される。われわれは、われわれの生活に根本的に影響する問題について決断しなければならない立場につねに身を置きながら、認識の基盤となるものを欠いているのである。

われわれは、すべてが暫定的なものとなる時代に投げ込まれている。新しい技術は、日々われわれの生活を変える。過去の伝統はもはや回復できない。と同時に、未来がなにをもたらすのか、われわれはほとんど分かっていない。われわれは、自分たちが自由であるかのように生きることを強いられている。[55]

したがって、次のようにマルクス主義的批判の常套的モチーフを手直ししても十分ではない。「われわれは選択社会に生きているといわれるが、われわれに与えられた選択は実際には些細なものであり、選択肢の増大は、真の選択の不在、われわれの生の基本的性質に影響する選択の不在を隠蔽している……」。これは正しいのだが、その一方で問題はむしろ、われわれが、情報に基づく選択を可能にするような知識を持たないまま選択することを強いられる、ということである。

デュピュイは、われわれが大災害を信じようとしない原因を、われわれの精神に科学的イデオロギーが浸透したこと――科学的イデオロギーは、われわれの常識がいだく健全な懸念、科学的態度は根本的にどこか間違っているという直感の声を、われわれに捨てさせる――に求めるわけだが、この判断はおそらく性急すぎる。すでに強調したように、問題はもっと深いところ、われわれの常識そのものが信頼できないことにある。われわれの常識は、日常的な生活世界に慣れきっているため、日常的現実の流れが乱れる可能性をなかなか受け入れられないのだ。したがって問題は、われわれが科学的精神にも常識にも頼ることができない、ということである。両者はたがいに相手の視野の狭さを助長するのだ。科学的精神は、危機とリスクに関する冷静で客観的な査定を、そうした査定が実際には不可能なところで推し進める。それに対し、常識は、破滅的事態が実際に起こる可能性を受け入れることができない。

デュピュイは、確固とした安定性と極端な脆弱性という、複雑なシステムにつきものの相反する特徴を説明する理論に言及している。こうしたシステムは、大きな外乱に適応し、そうした外乱を統合し、新たな均衡と安定を得る。ただし、それもある特定の限界（「転回点」）までの話で、それを超えると小さな外乱でもシステム全体の崩壊を招き、完全に異なる秩序の設立につながる。数百年のあいだ、人類は、みずからの生産活動が環境に与える影響について心配する必要がなかった。自然は、森林伐採、石炭・石油の使用、等々に対して適応することができたのである。しかし、今日われわれが転回点に達しているか否かは、はっきり分からない。これを知ることは実際には不可能である。というのも、はっきり分かったときには、時すでに遅しだからである。われわれがここで触れているのは、バーナード・ウィリアムズが「道徳的運」と名付けた、道徳の核にある逆説である。[56] ウィリアムズは、みずからの芸術的才能を開花させるために妻と子供を残してタヒチに渡った画家——彼は皮肉にも「ゴーギャン」と呼ばれている——という例を出している。はたして、この画家の行為は道徳的に正しいのか、正しくないのか。ウィリアムズはこう答える。この問いには遡及的にしか、すなわち、画家の危険な決意の最終的な結果——画家が天才的な芸術家に成長したか否か——を知ったあとでなければ答えられない、と。デュピュイが指摘するように、[57] われわれは、様々な環境のカタストロフィの脅威に対して何かしなければならないという切迫した状況において、これと同じジレンマに出会う。つまり、この脅威を真剣に受けとめ、いますぐ腹を決めて、カタストロフィが起こらなかったらお笑い種となるようなことを実行するか、あるいは、何もせず、カタストロフィが起こったらすべてを失うか、というジレンマに。ここでの最悪のケースは、この中間をとること、一定の範囲に方策を限ることである。この場合、何が起こっても、われわれは失敗するからだ（要するに、問題は、生態環境のカタストロフィに関して中間は存在しない、ということである。それは起こるか、起こらないか、いずれかなのだ）。こうした状況においては、予想、警戒、リスク管理について語ることが無意味になるきらいがある。というのも、われわれがここで扱っているのは、ラムズフェルド的認識論の用語にしたがって「未知の未知」と呼ぶべきものであるからだ。われわれは、転回点がどこか知らないだけでなく、われわれが知らないものが何であるか知らないのである。生態系の危機における最大の不安は、暴走する可能性をもった、いわゆる「現実界における知」にかかわっている。冬が暖かすぎると、植物や動物は、二月のぽかぽか陽気を春の訪れと誤解し、春にふさわしく動きはじめる。そのため動植物は、寒の戻りに対して脆弱になるだけでなく、自然の再生産のリズム全体を狂わせてしまう。二〇〇七年五月には、アメリカの蜂を全滅させたある奇妙な病気が、国の食糧生産に壊滅的な打撃を与える可能性があった、という報告がなされた。人間の食料の約三分の一は、昆虫が受粉を媒介する植物からつくられ、蜂はその受粉の八〇パーセントを担っている。牧草を食む牛でさえ蜂に依存しているのである。すべての科学者が、大規模な蜂の死が過去に起こったことに注目して食料危機を予見するわけではないが、対してわれわれは、この事例に当惑をおぼえ、警戒心をいだくように思われる。われわれは、起こりうるカタストロフィというものを、このように想像すべきである。つまり、自然への小規模な介入が地球規模での壊滅的な結果をもたらす、というように。

　ラムズフェルド的認識論から学べることは、これだけではない。認識論という表現は、二〇〇三年三月に起きたよく知られた小さな出来事、ドナルド・ラムズフェルドが既知と未知の関係について、しばし素人哲学を展開したときのことを指している。「既知の既知というものが存在する。これは、われわれにとって既知であることが分かっているもののことである。既知の未知というものが存在する。これは、われわれにとって未知であることが分かっているもののことである。だが、未知の未知というものも存在する。これは、われわれにとって未知であることが分かっていないもののことである」。彼は、第四のきわめて重要な項を付け加えるのを忘れた。それは「未知の既知」、すなわち、自分にとって既知であることが分かっていないものである。これはまさしくフロイトのいう無意識、ラカンの昔の言い方でいえば「自分について分かっていない知」のことである。対イラクにおける主な危険要素は「未知の未知」、われわれがその性質について疑うことさえしないサダムの脅威であると、ラムズフェルドが考えたとすれば、われわれはそれに対してこう応答すべきであろう。最大の危険要素は、それとは逆に「未知の既知」、われわれが執着しながらも否認される信念と前提である、と。エコロジーの場合でいえば、この否認された信念と前提は、われわれが災害の可能性を信じるのを妨げるものであり、また、「未知の未知」と結びつくものである。この状況は、われわれの視覚野における盲点のそれと似ている。後者の場合、われわれにはギャップがみえていないし、視覚像は連続的にみえる。

「システム的悪」の結果に対してわれわれが盲目であることは、共産主義者の犯罪をめぐる議論をみればおそらく一目瞭然だろう。そこでは、責任の所在は簡単に分かる。われわれが扱っているのは、行為者のはっきりした主体的な悪であり、そのイデオロギー的原因（全体主義イデオロギー、『共産主義者宣言』、ルソー……）も同定可能である。一六世紀のメキシコの悲劇から百年前のベルギー領コンゴの大虐殺まで、資本主義のグローバル化のために死んだ数百万人に目を向けたときには、責任は否定される。これは「客観的な」プロセスの結果として起こったのであって、誰かが計画したり実行したりしたのではない、『資本主義者宣言』は存在しない……と（アイン・ランドはそれを書く寸前まで行ったが）。これはまた、とどまるところを知らない科学技術的発展の危険に対抗するためにいたるところで発生している「倫理委員会」の限界でもある。彼らは、善意、倫理的配慮、等々をもってはいても、基本的な「システム的」暴力を無視している。

コンゴ人大量虐殺を指揮したベルギー王レオポルドが、ローマ教皇によって聖人と認められた大人道主義者であったという事実を、イデオロギー的な偽善やシニシズムの一例として片づけることはできない。彼は主観的なレベルでは実際に誠実な人道主義者であり、自分の統治するコンゴの自然資源を容赦なく搾取し破滅的な事態をもたらす巨大経済プロジェクトに謙虚に抵抗している（コンゴは彼の個人的な封土であった！）――そう主張することも可能なのである。ここでの究極のアイロニーは、この努力によって得られた利益のほとんどが、ベルギー国民の利益に、公共事業、博物館、等々に割り当てられた、ということである。

一七世紀初頭、幕府が確立したあとの日本は、外国文化から自己を隔離し、バランスのとれた再生産を旨とする自己充足的生活を追求するというユニークな集団的決断をした。そのため日本は、文化的洗練に専心し、野蛮な拡張策には向かわなかった。一九世紀半ばまで続く以後の期間は、本当に、日本がペリー提督率いるアメリカ艦隊によって無理矢理目覚めさせられた分離主義的な夢にすぎなかったのか。われわれは無限に拡張主義でやっていけるということこそ夢だとしたら、どうだろうか。われわれは、日本の決断を適切な形で反復する必要があるとしたら、そして、疑似自然的な発展に介入する、発展の方向を変える集団的決断を下す必要があるとしたら、どうだろうか。悲劇的なのは、そうした集団的決断という考えそのものが今日では信用を失っていることである。二〇年前の国家社会主義の崩壊に関して忘れてならないのは、ほぼ同時期に、西洋の社会民主主義的福祉国家のイデオロギーも決定的な打撃を受けたこと、そのイデオロギーもまた情熱的な集団的政治参加を喚起できる想像的なものとしての機能を失ったことである。「福祉国家の時代は終わった」という考えは、今日、一般常識となっている。この二つの敗北したイデオロギーが共有していた考えは、集団的主体としての人類には、没個性的で匿名的な社会-歴史的発展を制限する力、その発展を望ましい方向に変える力がある、ということである。今日、そうした考えは、すぐさま「イデオロギー的」あるいは/そして「全体主義的」なものとして切り捨てられる。社会的プロセスは、社会のコントロールを超えた匿名の〈運命〉によって支配されていると考えられているのだ。グローバル資本主義の勃興は、そうした〈運命〉として提示されている。ひとはこの〈運命〉には逆らえない、これに適応するか、歴史に乗り遅れてつぶされるか、いずれかである、と。ひとにできるのは、グローバル資本主義をできるかぎり人間的なものにすることだけ、「人間の顔をしたグローバル資本主義」を勝ち取ることだけである（これこそが最終的には〈第三の道〉の内容である――より正確にいえば、内容であった）。ここでは、この音速の壁を破らねばならない。あえて危険を冒して、再度、大きな集団的決断を支持しなければならない。

カタストロフィに向かって走る「歴史の列車」を止めるという、ベンヤミン的な意味での革命概念を本当に練り直すのであれば、歴史的進歩という規範的概念を批判的に分析するだけでは不十分である。われわれは、通常の「歴史的な」時間概念――時間の一瞬一瞬には実現されるのを待っている多様な可能性がある、だが、一つの可能性が実現されると他のものは捨てられる――の限界にも注目しなければならない。そうした歴史的時間をつかさどる至高の存在は、可能なもののなかで最高の世界を創造したライプニッツ的な神である。神は世界を創造する前、世界のとりうるすべての可能性を念頭に置いた。そして、神の決断とは、そのなかから最善の世界を選ぶことであった。ここでは、可能性が選択に先立っている。選択は数ある可能性からの選択である。歴史は直線的に進行するというこの見方においては思考不可能なもの、それは、みずからの可能性を遡及的に開く選択／行為という概念である。これはすなわち、根源的に〈新しい〉ものの出現は遡及的に過去を変える、という考え方である。もちろん、ここでいう過去とは、実際の過去ではなく（われわれはSFの世界にいるのではない）、過去の可能性、より形式的な言葉でいえば、過去についての様相命題の価値である。デュピュイの議論の要点は、われわれは、（宇宙あるいは環境）災害の脅威にきちんと向き合いたいのなら、時間に関する「歴史的」概念を打ち破らねばならない、ということである。つまり、われわれは新しい時間の概念を導入しなければならないのだ。デュピュイはこの時間を「プロジェクトの時間」と呼ぶ。これは、過去と未来の閉じられた回路の時間である。未来は過去におけるわれわれの行為によって結果的に生み出されるが、その一方で、われわれの行為の仕方は、われわれの未来への期待とこの期待に対する反応によって決定されるのである。これこそが、デュピュイが提示する、将来のカタストロフィに対する対処法である。つまり、われわれはまず、カタストロフィをわれわれの運命、不可避のものとしてとらえるべきであり、次いで、そのカタストロフィのほうに自分の身を投じ、そこをみずからの観測点としながら、遡及的に過去（未来の過去）のなかに、今日のわれわれの行為の基盤となる反事実的な可能性（「われわれがこれこれをしていたら、目下のカタストロフィは起こらなかっただろう！」）を挿入すべきなのである。[58] ここにデュピュイの定式の逆説がある。つまり、われわれは、われわれの未来が可能性のレベルにおいて運命によって決まっていること、カタストロフィは起こり、それはわれわれの運命であるということを受け入れねばならないが、さらに、これを受け入れたうえで、運命そのものを変えることになる、またそれによって新たな可能性を過去に挿入することになる行為を、組織的に展開するべきなのだ。バディウにとって、〔彼のいう意味での〕出来事を忠実に写す時間性は、前未来 *futur antérieur* である。これはつまり、未来へと時間を飛び越えつつ、自分の望む未来がすでにここに存在するかのようにいま行為する、ということである。前未来のもつこうした時間の円環の戦略は、（例えば生態系にかかわる災害のような）大惨事に対処するうえで有効な唯一の戦略である。つまりわれわれは、「未来はまだ未確定である、われわれには行動を起こして最悪の事態を防ぐ時間がある」という代わりに、カタストロフィを不可避のものとして受け入れ、そのうえで、「運勢の星に書かれた」われわれの運命を遡及的に解除するように行動すべきなのである。

そして、肯定的運命から否定的運命への反転を示す最高の例は、古典的な史的唯物論からアドルノとホルクハイマーの「啓蒙の弁証法」という態度への移行ではないだろうか。伝統的なマルクス主義が、（共産主義という）必然を引き起こすために政治参加し行動せよとわれわれに命じるのに対し、アドルノとホルクハイマーは、動かしようのない結末とみなされるカタストロフィ（全体的操作を旨とする「管理社会」

の到来と主体の終焉）に身を置くことによって、この結末に対していまここにおいて対抗せよとわれわれを鼓舞する。そして皮肉なことではあるが、同じことは、一九九〇年代の共産主義の崩壊にもいえるのではないか。今日からみれば、右翼から左翼、ソルジェニーツィンからカストリアディスいたる「悲観論者」をばかにすることはやさしい。彼らは、民主主義的西側の盲目と妥協、すなわち、それが共産主義の脅威に対処する際に倫理的・政治的な力と勇気を欠いていることを嘆いたのであり、また、西側はすでに冷戦の敗者となっている、共産主義陣営はすでに冷戦に勝利している、西側の没落は差し迫っている、と予測したのだった。しかし、彼らのこの態度は、共産主義の崩壊を引き起こすうえでもっとも有効的なものであった。デュピュイの用語でいえば、彼らは、可能性のレベルにおける、直線的な歴史的発展のレベルにおけるみずからの「悲観的」予測自体によって、それに対抗する体制をととのえたのである。したがってわれわれは、直線的な歴史の発展は「われわれの味方」であるという偏見、〈歴史〉は地下を掘り進む有名なモグラの姿をかりて「われわれのために働いている」、〈理性の狡知〉の仕事をしているという偏見を、断固捨てるべきである。[59] では、われわれはどのようにして生態系のカタストロフィの脅威に対抗すればよいのか。われわれはここにおいてこそ、バディウのいう、革命的-平等主義的〈正義〉という「永遠の〈イデア〉」の四つの契機に立ち返るべきである。そこで要求されるのは、以下のことである。

一、厳密な平等主義的正義（最終的になされるべき自制においては、全員が同じ負担を負うべきである。すなわち、一人当たりに許されるエネルギー消費量、二酸化炭素排出量、等々に関しては、世界共通の基準を設けるべきである。ブラジルや中国といった第三世界の発展途上国は急速な発展によって世界の環境を破壊していると非難する先進国が、いままで通り環境を汚染することは許されるべきではない。）

二、恐怖（テロル）（課せられた環境保護策を踏みにじる者すべてに対する容赦ない罰。これには、リベラリズム的「自由」に対する厳格な制限、予想される違反者に対する技術的な管理が含まれる。）

三、主意主義（生態系のカタストロフィの脅威に立ち向かう唯一の方法は、資本主義的発達に内在する「自然成長」の論理に逆らう大規模な集団的決断である。）

四、以上の三つと結びついた人民に対する信頼（大方の人は、こうした厳しい方策を支持し、その方策を自分自身のものとみなし、その実施に参加する覚悟があるという、賭けにも似た予想）。ここで、恐怖（テロル）と人民に対する信頼との組み合わせとして、勇気をもって主張すべきは、罪人を当局に告発する「密告者」という、あらゆる平等主義的‐革命的テロルにみられる形象を復活させることである。（エンロンのスキャンダルのとき、『タイムズ』は正当にも、金融当局に情報を提供した内部告発者を褒め称えたのだった。[60]）

だとすれば、エコロジーに関する課題は、平等主義的恐怖政治《テロル》という「永遠の〈イデア〉」を作り直す特異な機会となるのではないか。

訳者あとがき

本書はSlavoj Žižek, *In Defense of Lost Causes* (London, New York: Verso, 2008) の全訳である。

原書のタイトルは、直訳すれば『失われた大義の擁護』となる。「大義」とは、一言でいえば「解放」をめざす政治のことであり、具体的には、ハイデガーの政治学、ロベスピエールから毛沢東にいたる革命的恐怖政治《テロル》、プロレタリアート独裁……などを意味する。そして、こうした「大義」を忘れたリベラル民主主義の覇権のなかで進行する、資本主義の「再自然化」と戦うことが、「大義の擁護」の「目的」となる。本書に、原書にはない副題――「革命・テロ・反資本主義」――をつけたのは、このためである。

本書はおそらく、ジジェクのこれまでの著作のなかで、もっとも大部のものである。「ドア・ストッパー」とその形態を形容される原書は、五〇〇頁を超える。だが、それよりも注目すべきユニークな点は、その冒頭部分にあるのではないか。ジジェクの本にはめずらしく、献辞がつけられているのである（本書はアラン・バディウに捧げられている）。なるほど、第八章ではバディウ哲学の批判的検討が全面的に展開されており、その意味で献辞は、バディウとの人間関係に配慮したものだと常識的には解釈されよう。しかし、本書を訳し終えたわたしたち訳者は、そうした解釈にはおさまりきらない、この献辞の過剰さとおもしろさに魅せられている――本書全体がこの献辞に対する長大な注釈と思われるほどに。

結論からいえば、献辞で語られる、ジジェクに対するバディウの「友情」は、「大義」の一例として読むことができる。ジジェクのいう「大義」とは、「大きな他者」およびその猥褻な裏面である超自我とは相容れないものだ。場面を想像してほしい。バディウと同じような立場に置かれた場合、ひとは普通、すぐに携帯電話のスイッチを切るか、電話に出たとしても通話の相手に事情を話して（「スラヴォイはいま講演中なので出られません」）、講演の進行を妨げないだろう。これは、講演という場での不文律（エチケット）とそれを守ると想定される他者たち――大〈他者〉――を前提としたふるまいである（「私の立場にいたらみんなそうするだろう、だから私もそうする」）。この前提に依拠するかぎり、ひとは電話を取り次いだ（ルールを破った）ときだけでなく、電話を切った（ルールを守った）ときにも、ある種の罪の意識にとらえられる可能性がある（「通話者の用事が講演などより重大なことであったとしたら……」）。ルールに従ったがゆえに罪の意識が強くなるという逆説。そしてその反動として鳴り響く「講演をさえぎれ（ルールを破れ）」という超自我の命令。ジジェクの講演を「おだやかにさえぎる」バディウの「友情の行為」が（ジジェクにとって）感動的なのは、それが大〈他者〉を前提とせず、それゆえ超自我的な侵犯（享楽）の命令からも自由なところでなされているからだろう。この「友情」は、そうした「無条件的」かつ「偶発的」な、因果関係から逸脱した（バディウ的な意味での）

「行為」の「不在の原因 cause」であるからこそ、〈大義 Cause〉なのである。

この行為がなされるとき、バディウはもはや、ジジェクの講演に集まった聴衆という全体の一部ではなくなっている。そう、彼はいわば、本書で何度も論じられる「全体の一部ではない部分」と化しているのだ。そして、この単独性＝特異性は、「友情」という普遍性と直結している。この逸話はその意味で、ジジェクが本書で詳述する「単独的普遍性」のきわめて日常的な事例といえる。（現代のグローバリズムのごとき）部分の集合としての「全体」は、「単独的普遍性」が介入するとき、暴力的に壊乱される。ジジェクは、そこに真正の革命のもつ否定性をみると同時に、この否定性から肯定性への移行の重要性を執拗に説く。それは「抽象的テロル」から「具体的テロル」への移行、「死の欲動」から「昇華」への移行という形で定式化されている。バディウの行為は、「おだやかに」とは言われているものの、よく考えればきわめて暴力的な行為である。講演の場で講演を意図的に遮るのだから。しかし、それは単なる否定性にとどまるものではなく、新たな「友情」のあり方の構築という肯定性へと開かれている……。

革命的恐怖政治をはじめとする、ともすれば「全体主義的だ！」といった「反動的な」反応を誘発する重々しい〈大義〉の諸例のなかに、「友情」という日常的なもの——ジジェクが本書で繰り返し強調するように、肯定性（昇華）の実践とは、新たな日常生活の創出のことである——を組み入れるという意味でも、この献辞は本書にとって、そしてわれわれにとっても意義深いものである。友情という大義を忘れるな——その言葉を心に刻みつつ、わたしたち訳者は、共通の友人、ジジェクの翻訳者でもあった故村山敏勝氏に本書を捧げる。

翻訳は、中山が序章、第一章、第二章、第四章、第五章、第六章、第九章を、鈴木が第三章、第七章、第八章を担当し、最後に共同で全体の改稿・調整を行った。引用されている文献で翻訳のあるものについては、網羅的ではないが、注のなかに組み入れた。実際に参照したものもある。この場を借りて、訳者の方々にお礼を申し上げる。本書を完成させる上で、編集者である西館一郎氏からいただいたご配慮とご支援のほどは計りしれない。心から感謝したい。

訳者識

二〇一〇年二月

大義を忘れるな
革命・テロ・反資本主義

2010年3月10日　第1刷印刷
2010年3月15日　第1刷発行

著者——スラヴォイ・ジジェク
訳者——中山徹＋鈴木英明

発行人——清水一人
発行所——青土社
東京都千代田区神田神保町1-29　市瀬ビル　〒101-0051
電話　03-3291-9831（編集）、03-3294-7829（営業）
振替　00190-7-192955

本文印刷——双文社印刷
表紙印刷——方英社
製本——小泉製本

装幀——戸田ツトム

ISBN978-4-7917-6491-4　　Printed in Japan

索　引

あ 行

か 行

さ 行

た 行

な 行

は 行

ま　行

ら 行

わ 行

原注

英語以外の言語で書かれたテクストの英訳は、指示がないかぎり、すべて私〔ジジェク〕によるものである。

序章　大義が語れば、ローマは終る

（1）この裏返しは、ゲッペルスの悪名高い格言「文化という言葉をきくと、私は銃が欲しくなる」に対する正当な左翼的－啓蒙的応答「銃声をきくと、私は文化が欲しくなる」と同じ論理に従っている。

（2）彼のインタビュー、"Demokratie befordert Bullshit," *Cicero,* March 2007, pp. 38-41. を参照。

（3）Reiner Schuermann, *Wandering Joy,* Great Barrington, MA: Lindisfarne Books 2001, p. 7. に訳出されている説教「イエスが登場した」からの引用。

（4）では、この〈信仰の飛躍〉は、特定の政治的問題について〔左右いずれかの〕立場をとるという点からみた場合、なにを意味するのか。それはつまるところ、「それらはまだ〈現実の事〉ではない」、〈大いなる一歩〉はまだこの先にあると条件をつけたうえで、通常の左翼－リベラル的な姿勢を支持することになるのではないか。ここに重要なポイントがある。つまり、そうはならないのである。既存の社会的布置の内部に解放を旨とする根源的な行為のための空間が存在しないようにみえたとしても、〈信仰の飛躍〉によってわれわれは、あらゆる可能な戦略的同盟に対して、情け容赦のない、開かれた態度を自由にとることができるのである。つまり、それによってわれわれは、左翼－リベラル的な恐喝（われわれに投票しないと、〈右翼〉は妊娠中絶を制限し、人種主義的な法律をつくるだろう……）の悪循環を打ち破り、保守的知識人のほうが進歩的なリベラル派よりもいかにものがみえているか（そして既存の体制における敵対性にいかに意識的であるか）をめぐるマルクスの古い知見から教訓を得ることができるのである。

（5）Todd Dufresne, *Killing Freud: 20th Century Culture & the Death of Psychoanalysis,* London: Continuum 2004. を参照。

（6）*Le Livre noir du communisme,* Paris: Robert Laffont 2000.

（7）*Le Livre noir de psychanalyse: vivre, penser et aller mieux sans Freud,*

Paris: Éditions Les Arènes 2005.
（8）Eric Aeschimann, “Mao en chair,” *Libération,* January 10, 2007. から引用。
（9）François Regnault, *Notre objet a,* Paris: Verdier 2003, p.17.

第１章　無調の世界における幸福と拷問

（1）とはいえ、この映画には、巧妙な細部、「知っていると想定される主体」の完璧な例となる細部が存在する。モサドの諜報員は、ミュンヘン事件の首謀者たちの行方を（彼らを処刑するために）つかもうとするとき、ある神秘的なフランス人のグループのもとに向かう。このグループは、ニワトリや子供たちが庭を駆け回る田舎の広大な屋敷で、田舎風の生活を営むある種の拡張家族なのだが、そのグループの男たちは、その様子からみて、なぜかはわからないが、潜伏するテロリストとスパイの居場所についてなんでも知っているようにみえるのである。
（2）「中東についての日常会話」のエピグラフ。Wendy Brown, *Regulating Aversion,* Princeton, NJ: Princeton University Press 2006. から引用。
（3）*Von Trier on von Trier,* London: Faber and Faber 2003, p. 252.
（4）毎度の（といってもよい）ことではあるが、この議論もエリック・サントナーに負っている。
（5）この区別をさらに明確にするために、二つの政治的・イデオロギー的例を比較することにしよう。第一の〔ニューエイジ的重役の例につながる〕例。私は、共産党の職員で、内面的に距離をとりながらイデオロギー的な儀式に従っており、自分は真の〈自己〉とは関係のない表面的なゲームに参加しているだけだ（ミラン・クンデラがいったように「人生は別のところにある」）と確信している。もしくは〔インターネットの例につながる〕エリック・アンブラーの小説に出てくるような例。私は金持ちの女と結婚しているが、彼女の保守的な親類や友人を苛立たせるために、共産主義関係の本を読みはじめ、挑発的に共産主義を信じているふりをする。しかし、私はじょじょにこのゲームに取り込まれ、実際に共産主義者になる……。
（6）Immanuel Kant, “The Conflict of Faculties,” in *Political Writings,* Cambridge: Cambridge University Press 1991, p. 182.
（7）明らかな例外によって、すなわち、あらゆる生物との連帯という仏教的倫理によって提示される解決でさえも、ある種の普遍化された無関心——過剰な同情から身を引き離す術を習得すること（それゆえ仏教的倫理は、禅仏教の運命が証明するように、普遍的同情とは正反対のもの、容赦なき軍事的姿勢の擁護へと容易に変化する）——である。

（8）ハーバーマスは、このベンヤミンの教えを取り逃がしている。ハーバーマスは、まさに、してはならないことをしている。彼は、理想的な「言語一般」――実用的な普遍――を、じかに、現実に存在する言語の規範として定めるのだ。

（9）Theodor W. Adorno, *Minima Moralia,* Frankfurt: Suhrkamp 1997, pp. 38-41. を参照。

（10）Michael Baigent and Richard Leigh, *Secret Germany,* London: Arrow Books 2006, p. 14. この慇懃なためらいは、イングマール・ベルイマンの映画『蛇の卵』の、ある記憶に残る場面（ほかの点では失敗作であるが）の裏返しではないか。それは、ナチの凶徒がユダヤ人のナイトクラブのオーナーに近づき、彼にていねいにこう頼む場面である。「眼鏡を取っていただけませんか、壊れてしまいますから」。オーナーが言われたとおりにすると、ナチの凶徒はオーナーの髪を乱暴につかみ、頭が砕け散るまでテーブルに叩きつける。

（11）Robert Pippin, "The Ethical Status of Civility," in *The Persistence of Subjectivity,* Cambridge: Cambridge University Press 2005, pp. 223-38. を参照。

（12）政治的公正のヴィジョンは、〈他者性〉に対する人種差別的嫌悪の奇妙な裏返しとなっている。それは、あからさまに人種差別的な〈他者〉の放棄および〈他者〉に対する嫌悪を、すなわち、〈他者〉はわれわれの生活を脅かす〈敵〉であるという見方を、ある意味、擬似ヘーゲル的に否定／止揚している。政治的公正のヴィジョンにおいては、嘆かわしく冷酷なものであるかもしれない、われわれに対する〈他者〉の暴力は、つねに、われわれ（白人の帝国主義者、植民地主義者、等々）による〈他者〉の拒絶と抑圧という「原罪」に対する反発なのである。責任と罪はわれわれ白人にあり、〈他者〉はただ犠牲者として反発している。われわれは責めを負い、〈他者〉を理解しなければならない。われわれの領域は道徳の領域（道徳的に罪を認めること）であり、一方、他者の領域は社会学（社会的に説明すること）にかかわっている。表向きは極端な自己卑下と自己非難をみせながら、仮面の下では、そうした誠実な倫理的マゾキズムの姿勢が、いかにその形式そのものにおいて人種差別を反復しているか――それを見極めるのは、もちろん簡単である。というのも、ここには依然として、否定的なものとしてではあれ、よくいわれる「白人の負担＝義務」という観念――われわれ白人が〈歴史〉の主体であるのに対し、他者は最終的にわれわれの（誤った）行為に反発する――があるからである。いいかえれば、政治的公正を旨とする道徳的な自己非難は、本当は、次のようなメッセージを発しているかのようなのだ。われわれはもはや、われわれ以外の世界に対して、民主主義と文明のモデル

にはなれないとしても、最低限〈悪〉のモデルにはなれるのだ、と。

(13) Claude Lefort, *Essais sur le politique,* Paris: Éditions du Seuil 1986. を参照。

(14) Slavoj Žižek, *Looking Awry,* Cambridge, MA: MIT Press 1991. を参照。

(15) Marcel Mauss, "Essai sur le don," in *Sociologie et anthropologie,* Paris: PUF 1973. を参照。〔S. ジジェク『斜めから見る』鈴木晶訳、青土社、1995年〕

(16) Claude Lévi-Strauss, "Introduction a l'œuvre de Marcel Mauss," in Mauss, "Essai sur le don." を参照。

(17) Jean-Pierre Dupuy, *Avions-nous oublié le mal? Penser la politique après le 11 septembre,* Paris: Bayard 2002.

(18) Pierre Bourdieu, *Esquisse d'une théorie de la paratique,* Geneva: Droz 1972. を参照。

(19) Karl Marx, *Capital, Volume One,* Harmondsworth: Penguin 1990, p. 167.〔マルクス『資本論』向坂逸郎訳、岩波文庫、1958年〕

(20) Marshall Sahlins, *Stone Age Economics,* Berlin and New York: Walter De Gruyter 1972. を参照。

(21) A.C. Bradley, *Shakespearean Tragedy,* London: Macmillan 1978, p. 150.

(22) この考えにそって、ここでは、シェイクスピアの偉大な悲劇のなかでは、『マクベス』と『オセロー』だけが本当の悲劇であると、主張してみたい気がする。というのも、『ハムレット』は半分喜劇のメロドラマであり、また『リア王』は、悲劇の枠を超え、十分なまでに（最高の喜劇、『タイタス・アンドロニカス』に匹敵する）喜劇になっているからである。

(23) Alain Badiou, *Logiques des mondes,* Paris: Éditions du Seuil 2006, p. 443.

(24) Jacques Lacan, *On Feminine Sexuality* (The Seminar, Book XX), New York: Norton 1998, p. 3.

(25) Badiou, *Logiques des mondes,* p. 533.

(26) Ibid., pp. 442-5.

(27) Fethi Benslama, *La Psychanalyse à l'épreuve de l'Islam,* Paris: Aubier 2002, pp. 77-85. を参照。

(28) 宗教的原理主義と科学的アプローチの共同によるこの冒険的試みの馬鹿げた一例が、今日イスラエルで起こっている。そこでは、真っ赤な子牛が産まれるときメシアは来るという旧約聖書の預言を字義通り真実として信じるある宗教集団が、遺伝子操作を通じてそうした子牛を生み出すことに精魂を傾けている。

(29) ラカンは擬似超越論的な〈秩序〉のなかで〈象徴的なもの〉を物神化し

ている、と非難するひとたちがいかにまちがっているかも、われわれは理解できる。『家族複合』を書いた1938年ごろのラカンにとって明らかであったように、精神分析の誕生そのものは、彼のいう「父的イメージ」の危機および崩壊と結びついていた。いいかえれば、彼がそれから数十年後に述べたように、精神分析の主体は、近代科学のデカルト的主体にほかならないのである。そして、この診断は、父的権威がまだ無敵で十分機能していた古き良き時代を要求——あるいはすくなくとも渇望——するものであると誤解するひとたちに対しては、次のことを想起しよう。ラカンにとって、精神分析を生み出した（つまり、精神分析誕生の主要な歴史的条件である）父的権威の危機は、厳密な意味で症候的なもの、すなわち、基礎的な普遍的法の定式化を可能にする、特異な例外的事態である。

(30) この考えは、リュブリアーナ大学のアレンカ・ジュパンチッチに負っている。

(31) この考えは、ノーサンプトン大学のグリン・ダリィに負っている。

(32) Janusz Bardach and Kathleen Gleeson, *Man Is Wolf to Man*, London: Scribner 2003.

(33) これはまた、司祭の性的衝動が適正な発露を見出せない場合、彼らは病理的に爆発するしかない、という主張が十分でない理由でもある。カトリックの司祭に結婚を許しても、なんの解決にもならないだろう。そうしたところで、司祭が少年にハラスメントをすることなく仕事をするようにはならないだろう。というのも小児性愛は、司祭というカトリック的な制度によって、その「内的侵犯」として、その秘密の猥褻な補足物として生み出されるからである。

(34) 現代トルコの事例は、資本主義のグローバル化を正しく理解するうえできわめて重要である。グローバル化の政治的な支持者は、エルドガン首相率いる与党の「穏健」イスラム教政党なのだ。

(35) Bill O'Reilly, *Culture Warrior*, New York: Broadway Books 2006, pp. 175-6.

(36) Antoine de Baecque, *Andrei Tarkovski*, Cahiers du Cinema 1989, p. 110. から引用。

(37) いいかえれば、タルコフスキーがネマニャ（エミール）・クストゥリッツァと同じことを異なるレベルで行っているとしたらどうだろう。クストゥリッツァは西洋に対して、情念の暴力の円環にとらわれた完璧なバルカン人を演じる。それに対しタルコフスキーは、本来的にナイーヴなロシア的精神の役を演じる。

(38) John Gray, *Straw Dogs*, London: Granta 2003, p. 18.

(39) Ibid., pp. 165-6.

(40) この反転は、必然性と偶発性のヘーゲル的弁証法の特徴である反転と同型である。一見すると、両者を抱合し統一するのは必然性であるように、つまり、必然性自体が偶発性を、前者が自らを表現－実現する外的な場として措定し媒介している——偶発性自体が必然的なものであり、概念的な必然性の自己外在化および自己媒介化の結果である——ようにみえる。しかし、決定的に重要なのは、この統一をそれとは反対の統一、すなわち、偶発性と必然性の抱合的統一としての偶発性によって補足することである。つまり、必然性が、偶発的な多数性の場を構造化する原理に高められること自体は、偶発的な行為である、と。こういってもよい。そのこと自体は、偶発的な(「開かれた」) ヘゲモニー闘争の結果である、と。この移行は、S から $ への移行、〈実体 Substance〉から〈主体 Subject〉への移行と対応している。出発点は、偶発的な多数性である。そして〈本質〉が〈存在〉の自己媒介化の結果であるのと同様に、偶発性はその自己媒介化(「自然成長的な自己組織化」) を通じて自身の内在的な必然性を生成－措定する。いったん〈本質〉が現れると、〈本質〉は遡及的に「自らの前提を措定する」、つまり、それは自身の前提を自己再生産〔自己複製〕の副次的〔付随的〕契機へと止揚する(〈存在〉は〈仮象＝現れ〉へと実体変化する)。しかし、この措定は遡及的なものである。

(41) Michael Bond, "The Pursuit of Happiness," *New Scientist,* October 4, 2003. を参照。

(42) "Foreword by the Dalai Lama," in Mark Epstein, *Thoughts Without a Thinker,* New York: Basic Books 1996, p. xiii.

(43)「幸福の追求」は、このフレーズの偶発的な起源が忘れられるほど「(イデオロギー的) アメリカン・ドリーム」の重要な要素となっている。「われわれは以下の真実を自明のものとみなす。すべての人間は平等に創られている。その〈創造主〉によって〈生命〉、〈自由〉、〈幸福〉の追求を含む侵すべからざる〈権利〉を与えられている」。このアメリカ独立宣言の有名な冒頭にある、ぎこちなさのただよう「幸福の追求」というフレーズは、どこから来たのか。起源はジョン・ロックである。ロックは、すべての人間は生命、自由、財産所有に関する自然の権利をもつと主張した。財産所有という語は、独立宣言の草稿をめぐる交渉の過程で「幸福の追求」に置き換えられた。黒人奴隷の財産所有の権利を否定する方法として、である。

(44) Thomas Metzinger, *Being No One, The Self-Model Theory of Subjectivity,* Cambridge, MA: MIT Press 2004, p. 620.

(45) Ibid.

(46) Ibid., p. 621.

(47) Sam Harris, *The End of Faith,* New York: Norton 2005, p. 199.

(48) Ibid., pp. 192-3.

(49) Ibid., p. 197.

(50) さらに下品な例をあげよう。ある青年がクラスメートたちのまえで「ぼくはいつもマスターベーションをしている」といったら、驚いたクラスメートたちはこう言い返すだろう。「みんなやってるさ。そんなのわかってる。なのに、なぜみんなの前でわざわざ言うの？」

第2章　イデオロギーの家族神話

(1) このシリーズに付け加えるべきは、「シオニズム的リアリズム」の実践である、レオン・ユリスの『エクソダス』である。

(2) 彼は、セクシャル・ハラスメント小説『ディスクロージャー』において、すでにこれと同様の反転を行使していた。そこでは女が男にハラスメントをするのである。

(3) Michael Crichton, *Prey,* New York: Avon Books 2003.（本文中で示された頁は、すべてこの版にもとづく。）

(4) 俗流マルクス主義的な読解をすれば、創造者である人間の管理から自由になって自己を組織するこのナノ粒子の集合に対する恐怖は、労働者または他の抑圧された集団の階級意識に対する恐怖の置き換えである、と考えたくなる。

(5) Jacques Lacan, *The Four Foundantental Concepts of Psycho-Analysis,* Harmondsworth: Penguin 1979, p. 198.〔ラカン『精神分析の四概念』小出浩之他訳、岩波書店、2000年〕

(6) 闘う科学者の一団が、砂漠の秘密の洞穴、つまり、粒子の群れが自己再生する〈悪〉の場に入り、群れを破壊するとき、小説が最初のクライマックスを迎えるのは不思議ではない。これと同様に『死者を食む者』では、ヴァイキングの戦士の一団が母系制的首長を殺すためにネアンデルタール族の食人者たちの洞窟に侵入する。

(7) ハリウッド風の夢工場〔映画スタジオ〕的映画製作体制に魅せられたスターリン主義者たちのことを思い出せば、これも実はそれほど意外なことではない。1930年代にソビエト映画製作のボスであったボリス・シュミャツキーは、ハリウッドを訪れときにいたく感動し、クリミアの海辺にソビエト・ハリウッドをつくる計画をした。残念ながら、彼が帝国主義国のスパイであることが1930年代に判明したために、この高貴な計画は実行に移されなかった。代わって実行されたのは、シュミャツキーの処刑であった。

(8) きわめて皮肉なことに、例外は、夫婦の部屋に盗聴器を仕掛けその一挙手一投足に耳を傾ける任務を負った映画の主人公ゲルト・ヴィースラーを演

じる俳優そのひとによって与えられている。彼は、自分の妻がGDRのもとで彼を調査していたことを知ったのである。

（9）Roger Bayes, "Final Forgiveness for Spy Who Betrayed his Wife to the Stasi," *The Times*, January 6, 2007. GDRでのヴェラの逮捕にはひとつ謎があるが、それもいまでは簡単に解かれている。「われわれは、指紋をとられるとき、織物の上に座らされます。彼らは、われわれの匂いを採取するために、それを空気の入っていない瓶に入れます。なぜだか分かりますか」。いまでは答えははっきりしている。シュタージは、彼らの追手を逃れる反対派の動きを追跡するために犬を使った。犬に織物の匂いをかがせ、その匂いを追わせたのである。

（10）ヘーゲルの『アンティゴネー』読解は、よく次のように非難される。アンティゴネーの兄に対する愛着には潜在的に近親相姦的な側面があり、それが、前者が後者を例外的地位に高めた理由になっていることをヘーゲルは無視している、と（彼女が、いましていること——危険を冒して兄のしかるべき埋葬を行うこと——をしようと思ったのは、あくまで兄のためであって、両親や子供のためではないということをめぐる——ゲーテをはじめとする論者が、しばしば後付けの挿入句として片づけてしまうほど厄介な——スキャンダラスな台詞を思い出そう）。そうした近親相姦的な愛着は、通常の家族ではまず疑われることはないかもしれないが、ただヘーゲルは、ここで扱われているのがオイディプス自身の家族、規範的な近親相姦の場であることを銘記すべきであったろう。しかし、この批判が胡散臭く思われるのは、ラカンの『アンティゴネー』に関する詳細な分析にもヘーゲルと同様の無視がみられるからである。ラカンは、アンティゴネーの「兄弟的例外」のもつ重要な役割を主張しつつも、その近親相姦的な側面をめぐる思弁にけっして踏み込まなかった。では、ここではいったいなにが起こっているのか。レヴィ=ストロースはどこかで、すべての夢は性的な意味をもつ——ただしあからさまに性的な内容をもつ夢は除いて——と信じている部族について言及している。まったく同じことがアンティゴネーにもいえる。根っからのフロイト主義者にとって、兄に対する妹のそうした強い愛着は、近親相姦的な欲望を表していよう。ただし、もちろんアンティゴネーの場合は除いて、である。というのも、彼女の家族にはすでに近親相姦の特徴があるからである。

（11）Tom Holland, *Persian Fire*, London: Little, Brown 2005.

（12）Filippo Del Lucchese and Jason Smith, "We Need a Popular Discipline: Contemporary Politics and the Crisis of the Negative" 2007年7月2日、ロサンジェルスで行われたアラン・バディウのインタビュー（未公開）。

（13）Sigmund Freud, *Introductory Lectures on Psychoanalysis*, Harmond-

sworth: Penguin 1973, pp. 261-2.〔フロイト『精神分析入門（上・下）』高橋義孝、下坂幸三訳、新潮文庫、1977年〕

(14) これと同様の手続きは、日常言語の隠喩的側面にも働いている。私が、送られてきた手稿を批判したい編集者であるとしよう。「このテクストは、すくなくとも、おろかしい部分がなくなるまで書き直しが必要だ」と乱暴にいう代わりに、私は皮肉をこめてこうほのめかす。「このテクストはすこし燻蒸が必要かもしれない」と。この隠喩的な置き換えによって、かえって病原菌、昆虫、殺害、等々への不吉な言及が導入されてしまうのではないか。

(15) Edmund Burke, *Letters on the Proposals for Peace with the Regicide Directory France,* Letter I (1796), in *The Works and Correspondence of the Right Honorable Edmund Burke,* new edition (London 185.2), vol. V, p. 256.

(16) 1937年から38年にかけて、ルビャンカ刑務所で処刑を待っていたニコライ・ブハーリンは、旺盛に執筆をし、四つの手稿を仕上げた（マルクス主義哲学に関する本、社会主義と文化に関する本、小説、詩集――これらの手稿は奇跡的に生き残り、最初の三つは英訳されている）。この異常な執筆活動を理解する鍵は、この活動の置かれていた場と想定された読者にある。ブハーリンは、処刑は間もないこと、本は出版されないことを知っていた。そこで彼は、手稿がスターリンのもとに届くように、それを看守に手渡すことにしていたのである（スターリンはそれを保存していた）。つまり、名もなき一般大衆に向けて書かれてはいるが、それが実際に向けられた相手はただ一人、スターリンだったのである。ブハーリンは最後に一か八か、彼のめざましい知性を使って、スターリンを魅了しようとしたのだ。

(17) このカフカ解釈のきっかけとなったのは、2006年8月10日にサースフェーで行われたアヴィタル・ロネルの講演である。カフカの父への手紙は、以下のウェブで閲覧可能。www.kafka-franz.com/KAFKA-letter.htm.

(18) Jacques Lacan, *The Ethics of Psychoanalysis,* London: Routledge 1992, p. 310.〔ラカン『精神分析の倫理（上・下）』小出浩之訳、岩波書店、2002年〕

(19) では、「オドラデグ」のような形象についてはどうだろうか。ベケットがのちに書く「名づけえぬもの」――これも「父の恥辱」と定義されている――と同系統であるこの部分対象については？　カフカは、父への手紙におけるある括弧書きのなかで、『審判』のヨーゼフ・Kと自己同一化している。「私は、あなたが関心をもっていた私自身の自信を失いました。その代わりに頭をもたげてきたのは、際限のない罪悪感です。（私は、この際限のなさを思い出しながら、かつて、ある人間について正確にこう書きました、「自分の死後も恥辱は生き残ると、彼は思った」）」。しかし「オドラデグ」で

は、恥辱は父親の恥辱である。そして、オドラデグそのものが、父親の客観化された恥辱として、父親の死を超えて生き残るのである。

第3章　ラディカルな知識人たち　あるいは、なぜハイデガーは……

（1）以下のウェッブで入手可能。
<books.eserver.org/fiction/innocence/brokensword.html>.

（2）C.W.F. Hegel, *Phenomenology of Spirit,* Oxford: Oxford University Press 1977, p. 444.〔C.W.F. ヘーゲル『精神現象学』上・下、樫山欽四郎訳、平凡社、1997年〕

（3）Peter Sloterdijk, *Zorn und Zeit,* Frankfurt: Suhrkamp 2006, p. 260.

（4）G.K. Chesterton, *The Man Who Was Thursday,* Harmondsworth: Penguin 1986, pp. 44-5.〔G.K. チェスタトン『木曜の男』吉田健一訳、東京創元社、1960年〕

（5）これと同じ明察がすでに、1834年に出版されたハインリヒ・ハイネの『ドイツにおける哲学と宗教の歴史』〔邦訳『ドイツ古典哲学の本質』伊東勉訳、岩波文庫、1973年〕に見られる。ただし、ハイネにおいては積極的で称賛すべきものとして捉えられている。「行動力ある誇り高き人々よ、注意して聞いてほしい。あなた方は、自分では気づいていないだろうが知識人の部下にすぎない。知識人は、慎ましやかに世間から離れて暮らしていても、あなた方の行動すべてを細かな点まであらかじめ決めてしまうのだ。」（引用は以下の著書による。Dan Hind, *The Threat to Reason,* London: Verso 2007, p. 1).

（6）Terry Eagleton, *Holly Terror,* Oxford: Oxford University Press 2005, pp. 50-1.

（7）Jacques-Alain Miller, *Le Neveau de Lacan,* Paris: Verdier 2003, pp. 146-7.

（8）Wendy Brown, *Politics out of History,* Princeton. NJ: Princeton University Press 2001, pp. 22-3.

（9）Ibid. p. 28.

（10）Ibid., p. 122.

（11）Ibid., p. 128.

（12）Ibid., pp. 122-3.

（13）Ibid., p. 128.

（14）Ibid., p. 137.

（15）奇妙なことだが、ラカンやその他の思想家を熱心に文脈化／歴史化し、彼らの形而上学的で抑圧的な傾向を暴いている論者たちによって、ニーチェ

は脱文脈化／脱歴史化されているのが通例である。ドゥルーズによる範例的なニーチェ読解では、こうした次元は完全に消え去っている。（他方で、ワーグナー――ニーチェの手強い論敵――に対しては詳細な研究がなされ、その反ユダヤ主義が歴史的文脈に位置づけられたりしているのだが）。

(16) もちろんこうした類似関係には限界がある。最も明らかな違いは、フーコーのイランへの関与は、単独の特異な行動で、当時ヘゲモニーを取っていたリベラル民主主義的なコンセンサスからの踏み外しであると見なされたが、これに対してハイデガーのナチ関与は、ドイツのラディカルな－保守的な知識人たちのあいだで支配的であったトレンドに乗ったものだった、という点である。

(17) Janet Afary and Kevin B. Anderson, *Foucault and the Iranian Revolution,* Chicago: The University of Chicago Press 2005, pp. 3-4.

(18) Quoted in ibid., p. 263.

(19) Gilles Deleuze, *Negotiations,* New York: Columbia University Press 1995, p. 171.〔ジル・ドゥルーズ『記号と事件』河出文庫、宮林寛訳、2007年〕

(20) Quoted in Afary and Anderson, *Foucault and the Iranian Revolution,* p. 265.

(21) 集団的意志が熱狂的に統一されるこの魔術的瞬間は、ラカンが想像的同一化と呼んでいるものの典型例となっているのではないだろうか。まさにこのケースにおいて、ラカンの教えにおける変化が最も明瞭に見て取れる。すなわち、ラカンは1950年代において、こうした熱狂的統一を、象徴界における重層決定を想像界において誤認する例として間違いなく退けただろうが、これに対して後期のラカンは、熱狂的統一のなかに〈現実的なもの《リアル》〉の爆発を見て取るだろう。

(22) Quoted in Afary and Anderson, *Foucault and the Iranian Revolution,* p. 256.

(23) Ibid., p. 253.

(24) Ibid., p. 264.

(25) Ibid., p. 265.

(26) Ibid., p. 250,

(27) Fethi Benslama, *La Psychanalyse de l'Islam,* Paris: Aubier 2002, p. 320.

(28) Ibid.

(29) Ernst Nolte, *Martin Heidegger—Politik und Geschichte im Leben und Denken,* Berlin: Propylaen 1992, p. 296. ついでながら、ハイデガーのナチ関与をこれと同じやり方で擁護することは、1963年に出版されたジャン・ボーフレの手紙においてすでになされていた。(Emmanuel Faye, *Hei-*

degger. L'introduction du nazisme dans la philosophie, Paris: Albin Michel 2005, p. 502 を参照).

(30) Mark Wrathall, *How to Read Heidegger*, London, Granta 2005, p. 87.

(31) Ibid., p. 86.

(32) Steve Fuller, *Kuhn vs. Popper*, Cambridge: Icon Books 2006, p. 191.

(33) Miguel de Beistegui, *The New Heidegger*, London: Continuum 2005, p. 7.

(34) Ibid., pp. 175-6.

(35) Hannah Arendt, *The Origins of Totalitarianism*, New York: Harcourt Brace Jovanovich 1973, p. 328. 〔ハンナ・アレント『全体主義の起源』3、大久保和郎、大島かおり訳、みすず書房、1974 年〕

(36) Hannah Arendt, *On Revolution*, London: Penguin 1990, p. 205. 〔ハンナ・アレント『革命について』志水速雄訳、筑摩書房、1995 年〕

(37) Robert Pippin, *The Persistence of Subjectivity*, Cambridge: Cambridge University Press 2005, p. 165.

(38) Ibid., p. 22.

(39) De Beistegui, *The New Heidegger*, p. 182.

(40) Ibid.

(41) Wrathall, *How To Read Heidegger*, p. 82.

(42) Ibid., pp. 79-80.

(43) Ibid., pp. 81-2.

(44) Martin Heidegger, *Introduction to Metaphysics*, New Haven, CT: Yale University Press 2000, p. 27. 〔マルティン・ハイデッガー『形而上学入門』川原栄峰訳、平凡社、1994 年〕

(45) Faye, *Heidegger. L'introduction du nazisme dans la philosophie*, p. 358.

(46) Ibid., p. 333.

(47) Ibid., p. 247,

(48) Ibid., p. 217.

(49) Ibid., p. 382.

(50) Ibid., p. 367.

(51) Jean-François Kervégan, "La vie éthique perdue dans ses extrêmes ...," in *Lectures de Hegel*, sous la direction de Olivier Tinland, Paris: Livre de Poche 2005, p. 283,

(52) Ibid., p. 291.

(53) もちろんここでの問題は、市場のダイナミズムが与えるはずのものを、それが実際に与えているのか、ということである。市場は、とりわけ階級差を拡大し、生活基盤を奪われた「暴徒」を生み出すことによって、社会体が

不安定であることを永続化しているのが現実ではないだろうか。これに対してヘーゲルが与える解決策はプラグマティックなものだった——ヘーゲルは、植民地の拡大や、特に身分制度（*Stande*）の媒介的役割に期待するという二次的で一時しのぎの方策をとったのである。ヘーゲルのディレンマは、200 年後の現代においても続いている。

　ヘーゲルのこうした歴史的限界を最も明瞭に示しているのは、*Sitten*（慣習、社会的・倫理的秩序）という語を二重の意味で使っている点である。この語は、後代に残すべき無媒介的な有機的統一体（古代ギリシャの理想）を表していると同時に、近代国家において現実化《アクチュアライズ》されるべき高次の有機的統一体を表してもいるのである。

(54) Faye, *Heidegger*, p. 376.
(55) Ibid., p. 221.
(56) Ibid., p. 247.
(57) Ibid., p. 240.
(58) Ibid., p. 238.
(59) C.W.F. Hegel, *Elements of the Philosophy of Right*, Cambridge, Cambridge University Press 1991, para.279.〔C.W.F. ヘーゲル『法の哲学』、藤野渉、赤沢正敏訳、中央公論新社、2001 年〕
(60) Ibid.
(61) Ibid., para.280.
(62) Ibid.
(63) ヘーゲルを嘲笑ったマルクス主義者はここで、例によって理性的全体性を無媒介的に体現するだけでなくそれを完全に体現する指導者、というかたちで、〈悟性〉の怠慢の報いを受けたのではないだろうか。そうした指導者は、細かなところまで気にするという馬鹿げた特徴を持つだけでなく、完全な〈知〉の形象でもあったのである。言い換えれば、スターリン的〈指導者〉は、君主ではないからこそより一層手に負えない存在になってしまうのである。
(64) Hegel, *Elements of the Philosophy of Right*, para. 280, Addition.
(65) Faye, *Heidegger*, p. 239,
(66) Heidegger, *Introduction to Metaphysics*, p. 102.
(67) Faye, *Heidegger*, p. 457.
(68) Ibid., p. 467.
(69) Martin Heidegger, *Gesamtausgebe*, vol.43, *Nietzsche: Der Wille zur Macht als Kunst*, Frankfurt: Klostermann 1985, p. 193.〔マルティン・ハイデッガー「芸術としての力への意志」『ニーチェ』Ⅰ、細谷貞雄監訳、杉田泰一、輪田稔訳、平凡社、1997 年〕

(70) 以下のウェッブで入手可能。www.slate.com/id/2107100.

(71) Martin Heidegger, *Gesamtausgabe*, vol.45, *Grundprobleme der Philosophie*, Frankfurt: Klostermann 1984, p. 41.〔マルティン・ハイデッガー『哲学の根本的問い』山本幾夫、ヴィル・クルンカー、柴嵜雅子訳、創文社、1990年.〕

(72) 本来的な忠誠とは、空虚そのものへの――喪失という行為、対象を捨て去る／消去するという行為そのものへの忠誠である。死者がまず第一に愛着の対象であるのはなぜなのだろうか。こうした忠誠は「死の欲動」と呼ばれている。死者を扱う際の言葉としては――喪の作業に抗うだけでなく、亡霊として回帰してくる死者へのメランコリックな愛着にも抗って――「死者を葬ることは、死者に任せておくがよい」というキリストの言葉を繰り返すべきだろう。この言葉に対しては、ただちに次のような非難が出される。死者がおとなしく死んでいるのを拒否し、亡霊的存在としてつきまとい、われわれのなかに生き続けるという場合はどうすればよいのか、と。ここで言いたくなるのは、「死者を葬ることは、死者に任せておくがよい」というキリストの言葉を解釈する鍵は、フロイトの言う死の欲動の最も根源的《ラディカル》な次元にある、ということだ。死の欲動が消し去ろうとするのは、生物学的な生命ではなく、死後の生〔来世〕なのである――死の欲動は、失われた対象を再び殺そうとするのだが、それは喪の作業（象徴化を通じて喪失を受け入れること）という意味ではなく、死者の霊がそこで生きながらえる文字、つまり象徴的なテクスト〔織物〕そのものを消し去るという、より根源的《ラディカル》な意味においてなのである。

(73) G.K. Chesterton, *Orthodoxy*, San Francisco: Ignatius Press 1995, p. 16.〔G.K. チェスタトン『正統とは何か』安西徹雄訳、春秋社、2009年〕

(74) 民族的ルーツに関するハイデガーのこだわりについてはどうだろうか。ハイデガーはつねに、ドイツ語の特異な役割と同様ゲルマン民族の固有性についても強調していたわけだが、ある意味でその民族的ルーツを裏切らなければならなかった。というのも、ハイデガーの思想には最初から最後まで、ギリシャとドイツとの緊張関係が刻印されているからである。ドイツのルーツを、ギリシャの起源として語る必要があった。だが両者は、簡単に統一されて、西洋形而上学の発展という単線的な物語を作るわけではない。ドイツのルーツには、ギリシャの起源に回収しきれない独自の内容があるのだ（たとえばハイデガーによる次のような分析がある。ハイデガーは『言葉への途上』において、*Geist*（精神）を「自ら点火する炎」であるとし、自己措定する主体性というドイツ観念論の概念への道を開くものであったとしている――ハイデガーは、この精神という概念はギリシャには見出せないと指摘しているのである）。やはりギリシャ語は、解読するには異質な言語である

ことに変わりない。

(75) Professor Wolfgang Schirmacher, New York/Saas Fee. から個人的に入手した情報による。

(76) See Jacques Derrida, *Of Spirit: Heidegger and the Question,* Chicago: The University of Chicago Press 1991.〔ジャック・デリダ『精神について—ハイデッガーと問い』平凡社ライブラリー、港道隆訳、平凡社、2009 年〕

(77) See Bret W. Davis, *Heidegger and the Will,* Evanston, IL: Northwestern University Press 2007.

(78) See Slavoj Žižek, *The Ticklish Subject,* London: Verso 1999, ch.I.〔スラヴォイ・ジジエク『厄介なる主体』1、鈴木俊弘、増田久美子訳、青土社、2005 年〕

(79)〈意志〉という概念が、管理と支配をめざすテクノロジーだけでなく、闘争と犠牲という軍国主義的精神をも支えているということを、われわれが無視していると思われないように、放下は、テクノロジーと軍隊による破壊行為にわれわれが関与することを防いでくれるものではない、ということを思い起こそう——この点については、日本の禅宗の辿った運命が多くを物語っている。

(80) Davis, *Heidegger and the Will,* p. 303.

(81) Martin Heidegger, *Gesamtausgabe,* vol. 5, *Holzwege,* Frankfurt: Klostermann 1977, p. 355.〔マルティン・ハイデッガー『杣径』ハイデッガー全集第五巻、茅野良男、ハンス・ブロッカルト訳、創文社、1988 年〕

(82) Hannah Arendt, *The Life of the Mind,* San Diego: Harcourt Brace 1978, p. 194.〔ハンナ・アレント『精神の生活』上・下、佐藤和夫、1994 年〕

(83) Davis, *Heidegger and the Will,* p. 282,

(84) Ibid., pp. 297-8.

(85) Ibid., p. 297.

(86) Ibid., p. 299.

(87) Ibid., p. 289.

(88) Ibid., p. 294.

(89) Ibid.

(90) Wrathall, *How to Read Heiddegger,* p. 87.

(91) See Gregory Fried, *Heidegger's Polemas: From Being to Politics,* New Haven, CT: Yale University Press 2000.

(92) ちなみに、ギリシャ語で書かれたこの断片の冒頭は、(ギリシャ語の文法に従って) 文末に動詞が置かれているが、これを読んで想起するのは、現代のポップ・カルチャー好きなら誰もが知っている、映画『スター・ウォー

ズ』においてヘラクレイトスの格言風に話すヨーダの言葉である。ヨーダは、深遠な言葉を発する際に動詞を一番最後に口にする――だから、ヘラクレイトスのこの断片の冒頭（*polemans panton men pater esti*）は、ヨーダ語でこう訳すべきだろう。"War father of all is ..." と。

(93) Heidegger, *Introduction to Metaphysics*, p. 47.

(94) Joseph Stalin, "Dialectical and Historical Materialism (September 1938)," 〔ヨシフ・スターリン「弁証法的唯物論と史的唯物論」〕以下のウェッブで入手可能
http://www.marxists.org/reference/archive/stalin/works/1938/09.htm.

(95) Heidegger, *Introduction to Metaphysics*, pp. 115-28.

(96) ハイデガーはもちろん、通常の考え方に沿って急いでこう付け加えている。こうした暴力の最初の犠牲者は、自分が創設した〈新たな秩序〉の到来とともに消え去らねばならない〈創造者〉自身である、と。〈創造者〉の消え去り方にはいろいろある。物理的に破壊されることから――モーセやユリウス・カエサルを挙げるまでもなく、創設者は必ず殺される――ヘルダーリンの場合のような狂気への逆戻りまでさまざまだ。

第4章　ロベスピエールから毛沢東にいたる革命的恐怖政治

(1) Alain Badiou, *Logiques des mondes*, Paris: Édition du Seuil 2006. の「序論」を参照。

(2) 思わぬ問題は、もちろん「人民」という語のあいまいさにある。信頼しうる人民とは「経験的」個人から構成されたものなのか。それとも、われわれが言及しているのは、そのためなら人民の敵に対する人民のテロルを個々の人々に対するテロルへと変えることができる、これぞ〈人民〉といえるものなのか。

(3) その要素はもちろん、それ以前の（チェコのフス派信徒からトマス・ミュンツァーにいたる）「千年至福主義的」革命家と、クロムウェルの連邦のなかにすでに見て取れる。

(4) 〈恐怖政治〉に関するバランスのとれた歴史的記述としては、David Andress, *The Terror, Civil War in the French Revolution*, London: Little, Brown 2005. を参照。

(5) "De quoi Mai est-il coupable?," *Libération*, May 3, 2007. を参照。

(6) Maximilien Robespierre, *Virtue and Terror*, London: Verso 2007, p. 115.

(7) Ibid., p. 117.

(8) Ruth Scurr, *Fatal Purity*, London: Chatto and Windus 2006.

(9) Antonia Fraser, "Head of the Revolution," *The Times*, April 22, 2006, Books, p. 9.

(10) Badiou, *Logiques des mondes*, p. 98.

(11) Louis-Antoine-Leon Saint-Just, *Œuvres choisies*, Paris: Gallimard 1968, p. 330.

(12) そして彼は正しかった。今日では周知の通り、国王ルイ16世は、自由に動けた最後の数日間に、フランスとヨーロッパ諸国との戦争をはじめるべく外国勢力と画策した。その際、国王は、フランス軍を率いる愛国者としてふるまい、その後フランスのために名誉ある和平交渉をし、権威を完全に回復する予定であった。つまり「温和な」ルイ一六世は、玉座を守るためにヨーロッパを戦争に引きずり込むつもりだった……。

(13) Robespierre, *Virtue and Terror*, p. 94.

(14) Walter Benjamin, "Critique of Violence," in *Selected Writings, Volume 1, 1915-1926*, Cambridge, MA: Harvard University Press 1996.〔ヴァルター・ヴェンヤミン『暴力批判論他十篇』野村修編訳、晶文社、1994年〕を参照。

(15) Friedrich Engels, "Introduction" (1891) to Karl Marx, *The Civil war in France, in Marx/ Engels/ Lenin On Historical Materialism*, New York: International Publishers 1974, p. 242.

(16) Robespierre, *Virtue and Terror*, p. 59.

(17) Ibid., p. 130.

(18) Ibid., p. 43.

(19) Ibid., p.47.

(20) Alain Badiou, *The Century*, Cambridge: Polity 2007.〔アラン・バディウ『世紀』長原豊他訳、藤原書店、2008年〕を参照。

(21) Claude Lefort, "The Revolutionary Terror," in *Democracy and Political Theory*, Minneapolis, MN: University of Minnesota Press 1988, pp. 50-88. における詳細な分析を参照。

(22) Ibid., p. 63. から引用。

(23) Ibid., p. 65. から引用。

(24) Ibid., p. 64. から引用。

(25) Mao Tse-Tung, *On Practice and Contradiction*, London: Verso 2007, p. 109.

(26) Ibid., p. 87.

(27) Brian Daizen Victoria, *Zen War Stories*, London: Routledge 2003, p. 132. から引用。

(28) Ibid., pp. 106-7.

(29) ラテン語は以下の通り。"quaeratur via *qua* nec sepultis mixtus et vivis tamen exemptus erres" (Seneca, *Oedipus*, 949-51).

(30) Robespierre, *Virtue and Terror*, p. 103.

(31) 以下のウェブにあるマーガレット・ワシントン (Margaret Washington) の論考を参照。http:/www.pbs.org/wgbh/brown/filmmore/reference/interview/washington05.html.

(32) Ibid.

(33) Henry David Thoreau, *Civil Disobedience and Other Essays*, New York: Dover 1993. を参照。

(34) Wendy Brown, *States of Injury*, Princeton, NJ: Princeton University Press 1995, p. 14.

(35) では、〈至高の存在〉を言祝ぐ新たな市民宗教を押し付けようとした、ロベスピエールの滑稽ともいうべき試みについてはどうか。ロベスピエール自身は、無神論に反対する理由を簡潔に述べている。「無神論は貴族的である」と (Maximilien Robespierre, *Œuvres Complètes*, Paris: Ernest Leroux 1910-67, vol. 10, p. 195)。彼にとって無神論は、歴史的使命感をすっかり失ってしまったシニカルで快楽主義的な貴族のイデオロギーであった。

(36) この考えにそって、西洋のマルクス主義者のなかには、スターリン主義を「アジア的生産様式」にあてはめ、前者を新たな形の「東洋的専制政治」とみなす者もいる。皮肉なのは、伝統的なロシア人については正反対のこともいえる、ということである。「レーニンとスターリンを「東洋的」専制君主とみなすことは、つねに西洋の空想であった。18 世紀と 20 世紀における偉大なロシア人専制君主は、西洋化の推進者であった」(Lesley Chamberlain, *The Philosophy Steamer*, London: Atlantic Books 2006, p. 270)。

(37) Emmanuel Levinas, *Les Imprévus de l'histore*, Paris: Fata Morgana 1994, p. 172.

(38) Martin Heidegger, *Schelling's Treatise on Human Freedom*, Athens, OH: Ohio University Press 1985, p. 145.〔マルティン・ハイデガー『シェリング講義』木田元他訳、新書館、1999 年〕

(39) G.W.F. Hegel, *Phenomenology of Spirit*, Oxford: Oxford University Press 1977, p. 288.〔G.W.F. ヘーゲル『精神現象学』長谷川宏訳、作品社、1998 年〕

(40) F.W.J. Schelling, *Die Weltalter. Fragmente. In den Urfassungen 1811 und 1813*, ed. Manfred Schroeter, Munich: Biederstein 1979, p. 13.

(41) Georgi M. Derluguian, *Bourdieu's Secret Admirer in the Caucasus*, Chicago: The University of Chicago Press 2005.

(42) Luc Boltanski and Eve Chiapello, *The New Spirit of Capitalism*, Lon-

don: Verso 2005, p. ix.

(43) Ibid., p. xvii.

(44) Mao Zedong, *On Practice and Contradiction,* p. 87.〔毛沢東『実践論・矛盾論』松村一人、竹内実訳、岩波文庫、1957年〕

(45) Ibid., p. 92.

(46) Ibid., pp. 117-18.

(47) Alain Badiou, “Prefazione all'edizione italiana,” in *Metapolitaca,* Naples: Cronopio 2002, p. 14.

(48) トニ・ネグリとマイケル・ハートの最新の声明は、このバディウの明察の、ある種の追認ではないのか。これは逆説的な必然なのだが、彼らの反資本主義（への注目）そのものは、結果的に資本主義の革命的な力を認めることにつながった。そのため、彼らが最近述べたように、資本主義と闘う必要はもはやなくなった。なぜなら、資本主義はそれ自体においてすでに共産主義に向かう潜在的な力――ドゥルーズの用語でいえば、「資本主義の、共産主義－への生成」……――を生み出すからである。

(49) Mao Zedong, *On Practice and Contradiction,* pp. 131, 137.

(50) Ibid., p. 183.

(51) Ibid., p. 182.

(52) Ibid., p. 176.

(53) Jung Chang and Jon Halliday, *Mao: The Unkown Story,* New York: Knopf 2005. もちろんこの著作はきわめて偏向的なものであり、厳しい批判にさらされている。とくに Andrew Nathan, “Jade and Plastic,” *London Review of Books,* November 17, 2005. を参照。

(54) マルクーゼへの手紙において、ホロコーストを1946年から47年における東欧からのドイツ人の追放と比較したハイデガーは、ここでも間違っている。それに対し、次のように返答したヘルベルト・マルクーゼは正しかった。ユダヤ人の運命と東欧ドイツ人とのあいだの差異は、そのとき、野蛮と文明とを分ける薄い線であった、と。

(55) Mao Zedong, *On Practice and Contradiction,* p. 181.

(56) Ibid., pp. 179-80.

(57) Samuel Beckett, *Trilogy,* London: Calder 2003, p. 418.

(58) だとすれば、毛沢東が、「人民間の矛盾を解消する民主主義的方法」を説明する際、彼流の「否定の否定」を「統一－批判－統一」という定式の形を借りて喚起せざるをえないことは不思議ではない。「統一への欲望からはじめること、批判あるいは闘争を通じて矛盾を解消すること、そして新たな基盤にもとづく新たな統一へ到達すること。われわれの経験では、これは人民間の矛盾を解消する正しい方法である」。

(59) Mao Zedong, *On Practice and Contradiction*, pp. 172-3.

(60) 映画の中盤にはこうした方向性が一瞬ではあるがほのめかされている。しかし、それは展開されないままにとどまっている。

(61) Jonathan Spence, *Mao*, London: Weidenfeld and Nicolson 1999, pp. xii-xiv.

(62) Badiou, *Logiques des Mondes*, pp. 62-70.

(63) Ibid., pp. 543-4.

(64) G.W.F. Hegel, *Enzyklopädie der philosophischen Wissenschaften*, Hamburg: Franz Heiner 1959, p. 436.

(65) Fredric Jameson, *The Seeds of Time*, New York: Columbia University Press 1994, p. 89. 〔フレドリック・ジェイムソン『時間の種子―ポストモダンと冷戦以後のユートピア』松浦俊輔他訳、青土社、1998 年〕

(66) Ibid., p. 90.

(67) チェ・ゲバラが 1965 年に世界革命に身を投じるためにあらゆる公式の職務から、キューバ市民という資格からも身を引いたこと――制度的宇宙とのつながりを断つというこの自殺的身振り――は、本当の意味で行為なのか。それとも、それは、社会主義の現実的構築という不可能な仕事からの逃避、革命の結果に忠実であることからの逃避であったのか。つまり暗黙に失敗を認めていたのか。

(68) Brian Massumi, "Navigating Movements," in Mary Zournazi, ed., *Hope*, New York: Routledge 2002, p. 224.

(69) レポート "Renewed Faith," *Tune*, May 8, 2006, pp. 34-5. を参照。

(70) Immnanuel Kant, "What Is Enlightenment?," in Isaac Kramnick, ed., *The Portable Enlightenment Reader*, New York: Penguin 1996, p. 5. 〔カント『永遠平和のために／啓蒙とは何か　他 3 篇』中山元訳、光文社文庫、2006 年〕

(71) "Even What's Secret Is a Secret in China," *The Japan Times*, June 16, 2007, p. 17. を参照。

(72) Eyal Weizman, "Israeli Military Using Post-Structuralism as 'Operational Theory'." 以下のウェブで公開。www. frieze. com. 合わせて *Hollow Land*, London: Verso, 2007, ch. 7. も参照。

(73) Gordon G. Chang, "China in Revolt," *Commentary*, December 2006. 以下のウェブで公開。http://www.commentarymagazine.com/cm/main/printArticle.html?article=com.commentarymagazine.content.Article::10798

(74) Robespierre, *Virtue and Terror*, p. 129.

(75) G.W.F. Hegel, *Lectures on the Philosophy of World History*, Cambridge:

Cambridge University Press 1980, p. 263.〔G.W.F. ヘーゲル『歴史哲学講義（下）』長谷川宏訳、岩波書店、1994年〕
(76) Samuel Beckett, *Nohow On,* London: Calder 1992, p. 101.

第5章　スターリン主義再訪、あるいは、スターリンはいかにして……

(1) 第4章を参照。
(2) Orlando Figes, *Natasha's Dance,* London: Allen Lane 2001, p. 447. から引用した。
(3) Ibid., p. 464.
(4) Ibid., pp. 480-1.
(5) Ibid., p. 482.
(6) Ian MacDonald, *The New Shostakovich,* London: Pimlico 2006, p. 299.
(7) James G. Blight and Philip Brenner, *Sad and Luminous Days: Cuba's Secret Struggles with the Superpowers after the Cuban Missile Crisis,* New York: Rowman and Littlfield 2002.
(8) Ibid., p.23. に引用されている。
(9) この手紙は以下のウェブで読める。http://www.cubanet.org/ref/dis/10110201.htm.
(10)「この［核］兵器の破壊力と到達速度があれば、攻撃者はまっさきに途方もない優位を手にするだろう」というカストロの前提は、きわめて問題含みである。ある核超大国が不意に攻撃しても敵国の核兵器すべてを壊滅することはできず、敵国も反撃するに足るだけの核兵器を保有しているだろうと考えるのが妥当であり、また相互確証破壊の論理でもある。とはいえ、カストロの要求を「合理的な」戦略的思考の例として解釈する方法はある。それが、次のようなシナリオを念頭に置いた、容赦ないシニカルな計算に支えられていたとしたらどうだろう。まずアメリカ軍が通常兵器によってキューバに侵攻する。次いでアメリカとソ連（そしておそらくヨーロッパ）が、核兵器によって互いに攻撃しあい、それによってアメリカによるキューバの占領は意味を失う。そうすればキューバ（およびほとんどの第三世界）は、生き残り勝利するだろう、と。
(11) Stephen Kotkin, "A Conspiracy So Immense," *The New Republic Online,* February 13, 2006.
(12) Simon Montefiore, *Stalin. The Court of the Red Tsar,* London: Weidenfeld and Nicolson 2003, p. 168.
(13) すばらしい本である、Alexei Yurchak, *Everyting Was Forever, Until It Was More,* Princeton, NJ: Princeton University Press 2006, p. 52. を参照。

(14) Victor Sebestyen, *Twelve Days,* New York: Pantheon 2006. から引用した。
(15) 最近まで、こうしたすみずみまで意味で飽和した空間が中国の公式言説のなかに存在していた。哲学においては、それは、哲学研究の「組織だった」計画的性格をものがたる別の特徴と、滑稽なかたちで結びつくことがある。200万から400万の人口を誇る(われわれヨーロッパ人には聞きなれない)中国の都市のひとつにある哲学研究所を訪れた友人の話である。彼は、研究所の入口に、哲学研究の最新の五ヵ年計画の達成状況――どの存在論的、認識論的、美学的、等々の問題が解明されたか――を伝えるボードがあるのをみて驚いた。この研究所のあるメンバーとの会話で、友人は、彼の意識から独立した、彼の目の前にあるテーブルの存在についてその人に尋ねた。その研究者は屈託なくこう答えた。「残念ながら、決定的な答えはまだいえません。五ヵ年計画によれば、その問題が扱われるのは2008年になってからです!」。
(16) ちなみにこれは完全に正しいとはいえない。『処置』は、1930年代前半に、ドイツ共産党のプロパガンダおよび文化活動の一環として、ハンス・アイスラー作曲の音楽を演奏し歌う大オーケストラとコーラスをつけて、労働者階級の大群衆のまえで何度も上演された。実際のところ、この芝居は党の公式の報道機関において多くの批判的反応を呼んだ。機関は、その当時共産党を支持していた非常に有名で名声のある作家、ブレヒトに不快感を与えないよう注意していたが、それでもこの芝居の「誤った政治的路線」に関する困惑を表明した。そしてさらに、この芝居は以後、実際に半世紀以上のあいだ上演されなかった。ベルリナー・アンサンブルによる50年代初期の短いリヴァイバルを除けば、この芝居の上演は、90年代後半の(ふたたびベルリナー・アンサンブルによる)上演を待たねばならなかった。ブレヒト自身と、彼の作品の管理者(ブレヒトの妻、ヘレネ・ヴァイゲルと娘のバルバラ)は、上演の申し込みをすべて断った。
(17) David Caute, *The Dancer Defects,* Oxford: Oxford University Press 2003, p. 295.
(18) こう考えることもできる。ブレヒトは、政治的に正当化された殺人を要求するメカニズムを受け入れているふりをしているだけである。基本となる弁証法的戦略は、観客に自律的に考えさせること、そして観客を劇の明示的テーゼを拒絶し犠牲者に心底感情移入する方向に導くことである、と。しかし、そうした読みは、最後まで突き詰めた場合、次のような不条理な結論に行きつく。ブレヒトは数十年間にわたって、公衆のなかにスターリン主義に対する嫌悪感を生み出すために、スターリン主義者のふりをしていた……と。
(19) それゆえ、この道徳的格言に対する最善の精神分析的応答は、マゾヒス

トがわれわれとの関係においてこの格言に黙従すると約束した場合、それは何を意味するか想像すること、となる。

(20) 最初は、『プラウダ』(1994年12月21日) に掲載された。スターリンは、このノートの下に青鉛筆でこう書き添えている。「ああ、われわれになにが分かるというのか、なにが分かるというのか」。英訳はDonald Rayfield, *Stalin and His Hangmen,* London: Penguin 2004, p. 22. から引用した。

(21) 同じことは、マルキ・ド・サドのような過激な快楽主義的無神論者にもいえる。彼の作品の明敏な読み手(例えばピエール・クロソウスキー)は、サド的放蕩者を駆り立てる享楽強迫が、隠れた神への、すなわち、ラカンのいう「〈悪の至高の存在〉」、罪なき人の受苦を飽きるほど要求する解しがたい〈神〉への暗黙の言及を含んでいるということを、かねてより正確に指摘していた。

(22) 傑出したテクスト、Lars T. Lih, "Introduction" to *Stalin's Letters to Molotov,* New Haven, CT: Yale University Press 1995, pp. 60-4. を参照。

(23) Ibid., p. 48.

(24) Ibid.

(25) 以下のウェブで閲覧可能。http://www.marxists.org/archive/lenin/work 1913/.

(26) Leon Trotsky, *Diary in Exile 1935,* Cambridge, MA: Harvard University Press 1976, pp. 145-6.

(27) 以下のウェブで閲覧可能。www.marxists.org/reference/archive/stalin/works/1924/01/30.htm

(28) Jonathan Brent and Vladimir P, Naumov, *Stalin's Last Crime,* New York: Harper Collins 2003. を参照。

(29) Ian Buchanan, *Deleuzism,* Durham, NC: Duke University Press 2000, p. 5.

(30) 参照するのは、George Leggett, *The Cheka: Lenin's Political Police,* Oxford: Oxford University Press 1981. である。

(31) Lesley Chamberlain, *The Philosophy Steamer,* London: Atlantic Books 2006, pp. 315-16.

(32) 周知の通り、スターリンの死後、トロツキーの『テロリズムとコミュニズム』がスターリンの書庫から見つかった。本には、トロツキーに対するスターリンの賛意を示す書き込みが多数なされていた。

(33) Igal Halfin, "'The Bolsheviks' Gallows Laughter," *Journal of Political Ideologies,* October 2006, pp. 247-68. をみよ。

(34) Ibid., p. 247.

(35) J. Arch Getty and Oleg V. Naumov, *The Road to Terror. Stalin and*

the Self-Destruction of the Bolsheviks, 1932-39, New Haven and London: Yale University Press 1999, p. 370.

(36) Ibid., p. 394.

(37) Franz Kafka, *The Trial,* Harmondsworth: Penguin Books 1985, p. 48.〔カフカ『審判』原田義人訳、新潮文庫、1971年〕

(38) Getty and Naumov, *The Road to Terror,* p. 322.

(39) Theodor W. Adorno and Walter Benjamin, *The Complete Correspondence 1928-1940,* Cambridge, MA: Harvard University Press 1999, p. 252.

(40) Stephen Johnson, "The Eighth Wonder," *The Gramophone,* July 2006, p. 28.

(41) Ian McDonald, *The New Shostakovich,* London: Pimlico 2006, p.1. から引用した。

(42) ソヴィエト・マルクス主義哲学者のなかでもっとも優秀であったといってよいイバルド・イリエンコフの悲劇的運命は、ショスタコーヴィチ的不信感の対極である、そうした距離の不在によって説明できる。イリエンコフは、自身のマルクス主義を真剣に、きわめて個人的な政治的関与として考えていた。その代償として、彼は1979年、絶望の末自殺することになる。ちなみにイリエンコフは、熱烈なワーグナー崇拝者であり、彼にとって「『ニーベルンクの指輪』は、カール・マルクスの『資本論』の音楽版である」。

(43) MacDonald, *The New Shostakovich,* p. 300.「非言語的反体制」という異様なカテゴリーに注目しよう。これはたとえば、音楽のムードのなかに含意される反体制のことである。その含意は言語的には否定可能なため、ショスタコーヴィチの第5あるいは第7交響曲のような公式に社会主義を言祝ぐ作品が、同時に「本当の意味で」社会主義を反体制的に拒絶するものとなるのだ！

(44) Ibid., p. 304.

(45) マルタ・アルゲリッチとギドン・クレーメルによる録音につけられた、ロナルド・ウッドリーのテクスト。

(46) ここでのショスタコーヴィチは、プロコフィエフよりも伝統的である。彼の作品における代表的な「〈もの〉の爆発」は、間違いなく第10交響曲の第2楽章である。これは、猛烈な弦楽器パートをもった、短いが荒々しく威勢のよいスケルツォであり、通常「スターリンの肖像」と呼ばれているものである（とはいえ、なぜそう呼ばれるのか、なぜ単に過剰なバイタリティの爆発ではいけないのか、と問わずにはいられないのだが）。他のどの楽章よりも短い（第1楽章の23分、第3、第4楽章の12分に対し、4分強しかない）この楽章が、にもかかわらず、いかに交響曲全体のエネルギーの焦点として機能し、そのモチーフが他の楽章でも鳴り響き、その過剰なエネ

ルギーが他の楽章にも流れ込んでいくか、ここに注目してみるとおもしろい。そう、われわれはあたかもここで、つまり第2楽章で、「太陽に焼かれる」危険を招いているかのようなのだ……。

(47) Ian MacDonald, "Prokofiev, Prisoner of the State" 以下のウェブで入手可能。http:// www.siue.edu/~aho/musov/proko/prokofiev2.html

(48) Michael Tanner, "A Dissenting View," *The Gramophone*, July 2006, p. 23.

(49) Richard Maltby, "'A Brief Romantic Interlude': Dick and Jane Go to 3 1/2 Seconds of the Classic Hollywood Cinema," in David Bordwell and Noel Carroll, eds, *Post-Theory*, Madison, WI: University of Wisconsin Press 1996, pp. 434-59. を参照。

(50) Ibid., p. 443.

(51) Ibid., p. 441.

(52) Ibid., p. 445. を参照。

(53) Figes, *Natasha's Dance*, pp. 492-3.

(54) Ibid., p. 57.

(55) Karl Marx, "Class Struggles in France," *Collected Works*, vol. 10, London: Lawrence and Wishart 1978, p. 95. を参照。

(56) Bernd Feuchtner, *Dimitri Schostakowitsch*, Kassel, Stuttgart, and Weimar: Barenreitor/ Metzler 2002, pp. 125-6. を参照。

(57) Primo Levi, *If This Is a Man* and *The Truce*, London: Abacus 1987, pp. 133-4.

(58) 以下のウェブで閲覧可能。http://www.siue.ecu/~aho/musov/basner/basner.html.

(59) Boris Groys, "Totalitarizm karnavala," *Bakhtinskii zbornik* vol. Ⅲ, Moscow: Labirinth 1997. を参照。

(60) Richard Overy, *The Dictator*, London: Penguin 2004, pp. 100-1.

(61) Getty and Naumov, *The Road to Terror*, p. 14.

(62) Ibid.

(63) Andrzej Walicki, *Marxism and the Leap to the Kingdom of Freedom*, Stanford, CA: Stanford University Press 1995, p. 522.

(64) もう一つのはっとさせるアイロニーは、映画の最初のヴァージョンが心底楽観的な〈社会リアリズム〉的革命精神を描いていないという理由で拒絶されたとき、撮影所がイサーク・バーベリに台本の書き換えを依頼したことである。

(65) Sergei Eisenstein, *Ivan the Terrible*, London: Faber and Faber 1989, pp. 225-64. をみよ。

(66) G.W.F. Hegel, *Phenomenology of Spirit,* Oxford: Oxford University Press 1977, p. 288.

(67)『イワン』における性的アイデンティティの流動性と互換性は、しばしば注目されている。ヒョードル・バスマーノフはイワンの新しいパートナーとして、毒殺されたアナスタシアの代わりとなるし、ウラジミルは女っぽく、彼の母親エフロシニアは男性化されているし、ポーランドの法廷は滑稽なほど女性化されている、云々と。この女性化は第3部の英国法廷のシーンで頂点に達する。そこでは男（ミハイル・ロム監督）がエリザベートを演じている。

(68) Eisenstein, *Ivan the Terrible,* pp. 240-1.

(69) Ibid., p. 237.

(70) 以下のウェブで閲覧可能。http://revolutionarydemocracy.org/rdv3n2/ivant.htna.

(71) Eisenstein, *Ivan the Terrible,* pp. 249-53.

(72) 以下のウェブにある Choe Sang-Hun, "Born and Raised in a North Korean Gulag," *International Herald Tribune,* July 9, 2007. を参照。http://www.iht.com/articles/2007/07/09/news/korea.php.

(73) ナチズムを政治的プロジェクトとして考えることの拒絶と反対のことは、アドルノ（およびフランクフルト学派全般）の理論的スキャンダル、すなわち（ハーバーマスたちの仕事はいうまでもなく）アドルノの仕事においてスターリン主義の分析がまったくないことのうちに見出せるのではないか。

(74) Ernst Nolte, *Martin Heidegger--Politik und Geschichte im Leben und Denken,* Berlin: Propylaen 1992, p. 277.

(75) ちなみに、第二インターナショナルの主要理論家、カール・カウツキーは、ボルシェヴィキ独裁に反対するなかで、1920年代においてすでに、ファシストを「人まね」テロリスト、ボルシェヴィキの「兄弟的敵対者」としてとらえ、ボルシェヴィキはファシズムにとって抑圧技術の教習所として機能したと主張していた。「ファシズムはボルシェヴィズムの片割れにほかならない。ムッソリーニはレーニンをサルまねしているだけである」。Massimo Salvadori, *Karl Kautsky and the Socialist Revolution,* London: Verso 1979, p. 290. から引用した。

(76) ナチズムと共産主義の類似性にこだわる、ノルテのような反共産主義的な書き手は、ナチズムが階級を民族で置き換えつつ自身を社会主義の一種（「国家社会主義」）とみなし（また明示し）ていたことを、好んで指摘する。しかし、ここにおいてこそ、社会主義と共産主義の差異を強調すべきである。「国家社会主義」は想像できる、しかし（チャウシェスクのルーマニアやカンプチアのクメール・ルージュのような歴史的奇形はあったとはいえ）「国

家共産主義」はこれまで一度も存在しなかった。

(77) Berel Lang, *Heidegger's Silence,* Ithaca, NY: Cornell University Press 1996, p. 21. に引用されている。

第6章　なぜポピュリズムは実践的によい（こともある）が理論的には……

(1) Jacques-Alain Miller, *Le Neveu de Lacan,* Paris: Verdier 2003, p. 270.

(2) 多くの欧州びいきの評論家は、財政的犠牲に耐える覚悟をした欧州連合に加入した、東欧の新しいメンバーを好意的にとらえ、それをイギリス、フランス、ドイツ、その他の旧メンバーの自己中心的で妥協しない態度と対立させた。しかし、スロヴェニアやその他の東欧のメンバーの偽善を忘れてはならない。それらの国は、排他的なクラブの一番新しいメンバーのようにふるまい、最後に加入を許されたメンバーであることを望んだ。それらの国は、フランスの人種主義を非難する一方で、トルコの加入には反対したのだ……。

(3) ここでの悲劇はもちろん、すくなくともこれまでのところ、左翼党が実際には、実行可能なグローバルな変革プログラムをもたない純粋な抵抗政党である、ということだ。

(4) ポスト政治の限界を示す最良の例は、右翼ポピュリズムの成功だけでなく、イギリスの2005年の選挙である。トニー・ブレアの人気がどんどん下がっていたにもかかわらず（彼はつねにイギリスで最も不人気な人物投票で1位に選ばれていた）、ブレアに対するこの不満は、政治的に有効な表現をえられない。そうしたフラストレーションは、ただ議会の外での危険な発露を醸成するだけである。

(5) Nicholas Cook, *Beethoven: Symphony No.9,* Cambridge: Cambridge University Press 2003. を参照。

(6) 批評家のなかには、トルコ行進曲の冒頭にあるバスーンとバス・ドラムの「ばかばかしいうめき」を屁に例える者さえいる。Cook, *Beethoven,* p. 103. を参照。音楽作品のなかに通俗的な卑猥さを聞きとることの歴史は長く、おもしろい。エドゥアルト・ハンスリックが1881年にチャイコフスキーのバイオリン・コンチェルトについて書いたことを参照しよう。「フィナーレを聴くわれわれは、野蛮で哀れな陽気さを帯びたロシアの祭りの場にいるような気になる。われわれは、凶暴で粗野な顔を見、卑猥な悪態を耳にし、ウォッカの匂いを嗅ぐ……。チャイコフスキーのバイオリン・コンチェルトは、耳に届く悪臭を放つ音楽が存在するかもしれないという忌まわしい想念を、われわれに突き付ける」（これは *Classic fm,* October 2005, p. 68. から引用した）。これに対して自然に出てくる分析的応答は、明らかに次のようになる。ハンスリックは、自分自身の抑圧された忌まわしい空想を突き

付けられている……と。

（7）ゴットフリート・フランクのものとされる言葉。Cook, *Beethoven,* p. 93. から引用した。もちろんこの言葉に、ベートーヴェンに対する批判は込められていない。むしろ反対に、第四楽章の失敗のなかには、アドルノの流儀でもって、ベートーヴェンの芸術的誠実さ、すなわち、普遍的友愛という啓蒙のプロジェクトそのものの失敗を誠実に示す指標を見出すべきである。

（8）Cook, *Beethoven,* p. 103.

（9）メイナード・ソロモン（Maynard Solomon）の言葉。Cook, *Beethoven,* p. 93. に引用されている。

（10）Cihan Tugal, "NATO's Islamists," *New Left Review,* II, 44 (March-April 2007). を参照。

（11）ハイデガーの思想に最低限親しんでいる人であれば、この段落が、ハイデガーの『形而上学入門』にある有名な一節（Martin Heidegger, *Introduction to Metaphysics,* New Haven, CT: Yale University Press 2000, pp. 28-9）〔川原栄峰訳、平凡社、1994 年、70 頁〕をアイロニックに言い換えていることを簡単に見抜くだろう。

（12）2005 年 3 月、ペンタゴンは、最高機密文書の要旨を発表した。それは、グローバルな軍事的支配をめざしたアメリカの計画書である。それが要求するのは、「先制的 preemptive」で防御的な行動という弱い考え方を超えた、戦闘に対する「先読み行動的な proactive」アプローチである。そこでは、核となる、次の四つの仕事が強調されている。内的なテロリズムの脅威をなくすために弱体化している国々と友好関係を築くこと。襲撃を計画しているテロ集団に対する攻撃を含めた、母国の防衛。中国やロシアといった、戦略上の岐路に立たされた国の戦略選択に影響を与えること。敵対国やテロ集団が大量破壊兵器を獲得するのを防ぐこと。はたしてヨーロッパは、強大なローマ帝国の支配下に置かれた、生気のないギリシアの役割に満足して、これを受け入れるのだろうか。

（13）Ernesto Laclau, *On Populist Reason,* London: Verso 2005. を参照。

（14）この区別は、マイケル・ウォルツァーの論じた、「薄い」道徳と「厚い」道徳との区別と構造的に同型である（Michael Walzer, *Thick and Thin,* Notre Dame, IN: University of Notre Dame Press 1994 を参照）。彼のあげる例は、共産主義政権を打倒した、1989 年のプラハの街路における大きなデモである。デモの横断幕には、ただ「〈真実〉」「〈正義〉」「〈自由〉」と書かれていた。これらは、支配者である共産党員であっても同意せざるをえない一般的なスローガンである。ここでの盲点は、もちろん、人々がシンプルな一般的スローガンによって意図していたことを指示していた、網の目状に潜在する「厚い」（特定の、規定的な）要求（出版の自由、複数政党選挙……）

にあった。要するに、闘争の目的は、単に自由と正義ではなく、これらの言葉の意味であった。

(15) Laclau, *On Populist Reason*, p. 88.

(16) Ibid., p. 90.

(17) Ibid., pp. 98-9.

(18) ベネズエラのウゴ・チャベス政権に好意的な多くのひとは、チャベスの派手で、ときに道化的な軍事独裁者的スタイルと、アメリカに後援された政変によって退陣させられた彼を意外にも権力の座に返り咲かせた、貧者・破産者の自己組織化という大規模なポピュリズム的運動とを対立させたがる。この見方の誤りは、前者なしに後者が可能であると考えることである。つまり、大衆運動には、同一化の対象となる、カリスマ的リーダーのような人物が必要なのだ。チャベスの限界は別のところ、彼が自身の役割を果たすことを可能にしている要因そのものにある。それはつまり、オイル・マネーである。オイルは、完全な災いのもとというより、つねに一長一短のものであるかのようだ。オイル供給のおかげでチャベスは、ポピュリズム的身振りを続けながら、「そのつけを耳をそろえて払わないですむ」、社会的－経済的レベルで新たなことを実際にはじめないですむのである。マネーは、首尾一貫しない政治の実践（資本主義的組織には基本的に手を付けない、ポピュリズム的な反資本主義的施策)、すなわち、行為ではなく行為の先延ばし、根源的変革の先延ばしを可能にする。(チャベスは、口ではアメリカに反対するものの、アメリカとベネズエラとの契約が正しく履行されるよう取り計らう。そう、彼はまったくのところ「オイルをもったフィデル〔・カストロ〕」なのだ。

(19) 制度化された民主主義権力のブロックと、それに対抗するポピュリズムのブロックとのあいだの緊張関係によって規定された状況で、ひとが迷わず制度化された民主主義的ブロックのほうを選択するであろう場合は、簡単に想像できる。たとえば、自由主義的－民主主義的権力体制が、大規模な人種主義的－ポピュリズム的運動によって脅かされている状況がそれである。

(20) イーディス・ウォートンの『無垢の時代』では、若きニューランドの妻が、彼のフェティッシュである。彼がオレンスカ伯爵夫人との情事を続けられるのは、彼の妻がそれについて知らないと想定されるかぎりにおいてである。妻が以前から彼の情事について知っていたということが判明した瞬間から、彼は情事を続けられなくなる。妻が死んで、伯爵夫人との結婚に障害がなくなっても、そうなのである。

(21) とくに Chantal Mouffe, *The Democratic Paradox*, London: Verso 2000. を参照。

(22) Laclau, *On Populist Reason*, p. 166.

(23) 第一のモードの普遍性の誤りを示す最良の逸話は、第一次大戦のとき前線から帰ったある労働者階級の英国人兵士が、戦争にまったく影響を受けずに優雅な「イギリス的」生活（お茶の時間など）を静かに送っている上流階級の若者に出会って怒りを爆発させる話である。兵士は若者に食ってかかる。「よくもここに座って楽しんでいられるな、おれたちは祖国の生活を守るために血を流しているというのに」。若者はおだやかに答える。「でも、わたしこそ、あなたたちが塹壕で守っている生活そのものなのです」。

(24) Laclau, *On Populist Reason*, p. 183. を参照。

(25) Oliver Marchart, "Acting and the Act: On Slavoj Žižek's Political Ontology," in Paul Bowman and Richard Stamp, eds, *Truth of Žižek*, London: Continuum 2007, p. 174.

(26) Claude Lévi-Strauss, "Do Dual Organizations Exist?" in *Structural Anthropology* (New York: Basic Books 1963), pp. 131-63. ドローイングは pp. 133-4. にある。

(27) Gilles Deleuze, *Difference and Repetition*, New York: Columbia University Press 1995, 186.

(28) Jacques Lacan, *The Four Fundamental Concepts of Psychoanalysis*, Harmondsworth: Penguin 1979. の第一章をみよ。

(29) そして今日では、リベラル－左翼フェミニストと保守的ポピュリストとの対立が、上流中産階級フェミニスト・多文化主義者と下層階級の赤首〔合衆国南部の無教養な白人農場労働者〕との対立としてとらえられるときにも、同じ逆転が起こっている。

(30) では、政治とは〈全体＝すべて All〉である、つまり、一連の全体化、例外を通じてある一つの場を全体化する〈主人－シニフィアン〉の一連の押し付けである、といえるだろうか。しかし、政治としての〈非全体＝すべて－ではない Non-All〉についてはどうか。「あらゆるものは政治的である」というのは誤解を招きやすい。真の定式は「政治的でないものはない」である。というのも、政治を全体化したのは、そしてそのつけを払うために非政治的なもの、階級的に中立なものとしての例外（テクノロジー、言語、等々）を主張したのは、スターリンであったからだ。いいかえれば、それは、無感動な擬似大義である政治学――影からなるのでありながら、そこですべてが決定されている劇場――ではないのか。

(31) Karl Marx, "Preface," *A Contribution to the Critique of Political Economy*, Moscow: Progress Publishers 1977, pp. 7-8.〔カール・マルクス「経済学批判序言」、『マルクス・コレクション3』横張誠、木前利秋訳、筑摩書房、2005年、所収〕

(32) Ernesto Laclau, "Why Constructing a People Is the Main Task of Radi-

cal Politics," *Critical Inquiry* 32 (Summer 2006), pp. 657, 680. さらにいえば、ラクラウは、ヘゲモニーを、不可能な〈モノ〉の具現／表象にまで高められた特殊なものとして論じているだけである。彼の議論に抜け落ちているのは、〈すべて〉を代理＝表象する特殊な要素がいかに〈すべて〉のもつ統一的性格を否定することによってはじめてその代理＝表象を可能にするか、ということである。ここでは二つの手垢のついた例をあげれば十分である。マルクスにとって、「王制主義者一般」になる唯一の方法は、共和主義者になることである。ヘーゲルにとって、（自分自身を創造する）人間一般は、（生まれながらにして王である）王である。この緊張関係は、ヘゲモニー闘争において反映されるものとしての、友人／敵という緊張関係に先立つものである。

(33) だからこそ、たとえば、誰かが言わんとしている内容をなかなか明らかにせず、ヒントだけを出し続けて終わった場合、われわれは、明るみにされなかったその内容がごく普通の非性的なものであったとしても、そのひとを、性的な駆け引きをしているといって責めることができるのである。

(34) Anna Funder, *Stasiland,* London: Granta Books 2003, pp. 177-82. を参照。

(35) Karl Marx, *Capital, Volume One,* Harmondsworth: Penguin 1990, p. 163.

(36) Karl Marx and Frederick Engels, *The Communist Manifesto,* Harmondsworth: Penguin 1985, p. 82.

(37) Yannis Stavrakakis, *The Lacanian Left,* Edinburgh: Edinburgh University Press 2007.

(38) Ibid., p. 30.

(39) Ibid., p. 115.

(40) Ibid., pp. 116-19.

(41) Ibid., p. 122.

(42) Ibid., p. 126.

(43) Ibid., p. 154.

(44) より論理学的な用語でいえば、スターリン主義は外的否定と内的否定を混同した。つまり、大多数の国民は新たな社会を創設するという革命的意志を共有しなかったという事実、大多数の国民は単に無関心であったという事実は、積極的な否定的意志として解釈された。いいかえれば、無－意志は、否定への意志に、ソビエト体制の積極的否定に変えられたのである。

(45) もちろん、真理－過程に対するあらゆる抵抗が、その真理－過程の誤りのしるしとなるわけではない。敵に攻撃されることはよいこと――われわれの立場の正しさのしるし――であるといった毛沢東は正しかった。「〈真

理〉」のスターリン主義的な押し付けに対する抵抗の問題は、それが、体制の正当性の源泉そのものである人民の抵抗であったということだ。

(46) Stavrakakis, *The Lacanian Left*, p. 143.

(47) Ibid., p. 141.

(48) Ibid., p. 142.

(49) Ibid., p. 130.

(50) Ibid., p. 144.

(51) Ibid., p. 133.

(52) Ibid.

(53) Alain Badiou, "Fifteen Theses on Contemporary Art" 以下のウェブで閲覧可能。http://www.lacan.com/frameXXIII7.htm

(54) Stavrakakis, *The Lacanian Left*, pp. 133-4.

(55) Ibid., p. 142.

(56) 同様に、スタヴラカキスは資本主義的ユートピアを考慮していない、と私が主張するとき、彼は、自分は資本主義の消費主義的ユートピアについて詳細に論じたと、ものすごい勢いで反応する。そう、まるで、私の言及しているのが、資本主義支持者に見て取れる、市場メカニズムのユートピア的性格であることが、文脈からは明らかでないかのように。

(57) Ibid., p. 135.

(58) Jorge Luis Borges, *Other Inquisitions: 1937-52*, New York: Washington Square Press 1966, p. 113.

(59) Gilles Deleuze, *Difference and Repetition*, New York: Columbia University Press 1994, p. 183.〔ジル・ドゥルーズ『反復と差異』財津理訳、河出書房新社、1992 年〕

(60) Ibid., p. 81.

(61) James Williams, *Gilles Deleuze's "Difference and Repetition": A Critical Introduction and Guide*, Edinburgh: Edinburgh University Press 2003, p. 26.

(62) T.S. Eliot, "Tradition and the Individual Talent," もともとは *The Sacred Wood: Essays on Poetry and Criticism* (1922). に入っていた。

(63) Peter Hallward, *Out of this World*, London: Verso 2005, p. 135.

(64) Ibid., p. 139.

(65) Ibid., p. 54.

(66) Williams, *Gilles Deleuze's "Difference and Repetition,"* p. 109.

(67) Jean-Pierre Dupuy, *Petite métaphysique des tsunami*, Paris: Éditions du Seuil 2005, p. 19.

(68) スタヴラカキスにとって、私による行き過ぎた肯定性の主張は、ラクラ

ウによる行き過ぎた言説的否定性の主張と対照をなす。そして予想通り、私の思考が後退するのに対し、ラクラウの思考は進歩する。彼は最新作でこの欠点を埋めているので、あとに残った「ならず者」は私だけとなるからだ。
(69) Stavrakakis, *The Lacanian Left,* p. 8.
(70) Ibid., p. 8.
(71) Ibid., pp. 9-10.
(72) 最低限ヘーゲルになじみのある者なら、スタヴラカキスによる、肯定性＝無限（不死）および否定性＝有限（死）という暗黙の同一視には、本当に唖然としてしまう。なにはともあれヘーゲルから学ぶべきことがあるとすれば、それは、否定性（あらゆる有限の肯定的／規定的存在を否定すること）は、存在する唯一の無限の力である、ということなのだ。
(73) Stavrakakis, *The Lacanian Left,* p. 12.
(74) Deleuze, *Difference and Repetition,* p. 105.
(75) Williams, *Gilles Deleuze's "Difference and Repetition,"* p. 27.
(76) Deleuze, *Difference and Repetition,* pp. 104-5.
(77) Henri Bergson, *Œuvres,* Paris: PUF 1991, p. 1110-11.
(78) Ibid.
(79) Ibid., p. 1340.
(80) Stavrakakis, *The Lacanian Left,* p. 16.
(81) Ibid., p. 18.
(82) Ibid., p. 222.
(83) Ibid., p. 269.
(84) ちなみにポピュリズムは、ラクラウには分かっているように、反動的にもなりうるのだから、われわれはここでどのように線引きをすればよいのか。真の〈出来事〉と偽りの〈出来事〉とを区別するという、バディウに端を発する問題が、明らかにここでも発生している。
(85) Stavrakakis, *The Lacanian Left,* p. 282.
(86) Ibid., p. 275.
(87) Slavoj Žižek, *Revolution at the Gates,* London: Verso 2004, p. 329.〔スラヴォイ・ジジェク『迫り来る革命―レーニンを繰り返す』長原豊訳、岩波書店、2005年〕
(88) Stavrakakis, *The Lacanian Left,* p. 278.
(89) Ibid, p. 279.
(90) Ibid., p. 279.
(91) Ibid., pp. 280-2.
(92) Jacques-Alain Miller, "Le nom-du-père, s'en passer, s'en servir" を参照。これは以下のウェブで閲覧可能。www.lacan.com

(93) Ibid. をみよ。

(94) 欲望と欲動の区別がいかに資本主義と関連しているかについてのより詳細な議論は、私の『視差』〔*Parallax View* (Cambridge, MA: MIT Press 2006)〕〔スラヴォイ・ジジェク『パララックス・ヴュー』山本耕一訳、作品社、2010年〕の第1章を参照。

(95) Richard Boothby, *Freud as Philosopher,* New York: Routledge 2001, pp. 275-6.

(96) Stavrakakis, *The Lacanian Left,* p. 281.

(97) レヴィ＝ストロースだけでなく、フーコーまでもがこれと同じ空想の犠牲となった。フーコーは晩年の著作において、〈堕落〉、罪、告白というキリスト教的マトリクスに先立つものとしての古代ギリシア的倫理というイメージを作り上げた。

(98) Stavrakakis, *The Lacanian Left,* p. 281.

(99) Ibid., p. 281.

(100) Ibid., p. 282.

(101) Ibid., p. 279.

(102) Ibid., p. 279.

(103) この視点からサイイド・クトゥブの『道しるべ』、この原理主義的イスラム主義のマニフェストを読んでみるのもおもしろいだろう。クトゥブの自己形成は、1950年代初期のアメリカでの学生生活がもとになっている。彼の本は、彼がアメリカで出会った女性たちの性的自由と公的活動に対して根源的なルサンチマンをいだいていることを明らかにしている。

第7章　規定的否定の危機

(1) こうした考え方を伝統的マルクス主義の立場から批判したものとして、以下を参照。

Wolfgang Fritz Haug, "Das Ganze und das ganz Andere: Zur Kritik der reinen revolutionären Transzendenz," in *Antworten auf Herbert Marcuse,* edited by Jürgen Habermas, Frankfurt: Suhrkamp 1968, pp. 50-72. さらに以下も参照。

Haug, *Bestimmte Negation,* Frankfurt: Suhrkamp 1973.

(2) Chapter 4. を参照。

(3) Simon Critchley, *Infinitely Demanding,* London: Verso 2007. を参照。

(4) Ibid, p.139.

(5) Simon Critchley, "Di and Dodi Die," *Theory & Event,* vol.1, issue 4, 1997. を参照。

(6) Critchley, *Infinitely Demanding*, p. 10.
(7) Ibid., p. 11.
(8) Ibid., p. 55.
(9) Ibid., pp. 60-1.
(10) Ibid., p. 69.
(11) Ibid, p. 71.
(12) Ibid., p. 74.
(13) Ibid., p. 82.
(14) Jacques Lacan, *The Ethics of Psychoanalysis*, London: Routledge 1992, p. 310.〔ジャック・ラカン『精神分析の倫理』(下)小出浩之、鈴木國文、保科正章、菅原誠一訳、岩波書店、2002年〕
(15) Jacques Lacan, *On Feminine Sexuality* (The Seminar, Book XX), New York: Norton 1998, p. 3.
(16) Critchley, *Infinitely Demanding*, p. 10.
(17) Ibid., p. 1.
(18) このように考えると、『アンティゴネー』を、ブレヒトの『イエスマン、ノーマン』のスタイルでクレオンの立場から書き換え、クレオンの理性的な主張(血みどろの内戦がやっと終わったのだ。このポリスを攻撃したポリュネイケスがきちんと埋葬されるならば、また殺戮が始まり何百という死者が出るだろう)を聞こうとはしない頑固な娘としてアンティゴネーを描き出してみたら面白いだろう。あるいはまた、次のように『アンティゴネー』の別のストーリーを想像してみるのも面白いだろう。すでに劇の冒頭から、ポリスは同胞相争う戦争で荒廃して廃墟となっており、わがままで頑固な娘がこの破壊を引き起こした張本人として裁かれるために法廷に立ち、この娘を民衆が罵っている。観客はこの娘がアンティゴネーであることにしだいに気づいてくる——アンティゴネーはクレオンを説得して、兄をきちんと埋葬する許しを得、その結果もう一度戦争が勃発してしまった…というように。
(19) Critchley, *Infinitely Demanding*, pp. 115-18.
(20) Ibid., p. 117.
(21) Ibid., p. 122.
(22) Ibid., p. 129.
(23) Ibid., p. 129.
(24) Ibid., p. 151.
(25) Ibid., p. 124.
(26) Ibid., pp. 5-6.
(27) Ibid., p. 146.
(28) Ibid., pp. 100-1

(29) Antonio Negri, *Goodbye Mister Socialism*, trans. Peter Thomas, New York: Seven Stories Press, p. 137.〔アントニオ・ネグリ『未来派左翼』(下) 廣瀬純訳、日本放送出版協会、2008 年〕

(30) Ibid., p. 185.

(31) Ibid., p. 180.

(32) Ibid., pp. 169-70.

(33) Karl Marx, *Grundrisse*, Harmondsworth: Penguin 1973, p. 694.〔カール・マルクス『マルクス資本論草稿集 2』資本論草稿集翻訳委員会訳、大月書店、1993 年〕

(34) Gilles Deleuze and Felix Guattari, *Anti-Oedipus*, New York: Viking Press 1977, p. 35.〔ジル・ドゥルーズ+フェリックス・ガタリ『アンチ・オイディプス』宇野邦一訳、河出文庫、2006 年〕

(35) Negri, *Goodbye Mister Socialism*, p. 170.

(36) 稀ではあるが、こうした常識を転倒した興味深いケースもある。徹底した反ヘーゲル主義者が「ヘーゲル」(教科書的な単純化されたヘーゲル像)を叩くとき、ヘーゲル哲学の核心を自らの反ヘーゲル的立場として我知らず主張しているというケースである。おそらくドゥルーズはこのケースに当てはまる重要な事例だろう。

(37) ネグリの考える観念論と唯物論との闘争とは、マキアヴェッリ－スピノザ－マルクスによるラディカルな民主主義の唯物論と、デカルトからヘーゲルにいたる、資本主義を支持する観念論者との闘争である。

(38) Ibid., p. 168.

(39) これと同じことが、ネグリとハートの哲学上の師であるドゥルーズにも当てはまる。フレドリック・ジェイムソンは、『アンチ・オイディプス』の主たる参照枠、つまりこの書物の広範な歴史的枠組みとして潜在するシェーマは、「前資本主義的生産様式」、つまり『経済学批判要綱』の草稿の長い断片であり、この断片においてわれわれは最もヘーゲル的なマルクス(『要綱』におけるグローバルな歴史の運動の全体的なシェーマは、実体から主体へ、というヘーゲル的過程に基づいている)に出会うということに注意を促している。

(40) Marx, *Grundrisse*, pp. 694-712.

(41) Negri, *Goodbye Mister Socialism*, p. 215.

(42) ここでまず注意しておくべき点は、「生権力」の意味には振幅があるということだ。フーコーの言う意味での、近代そのものの特質である一般的特徴(この場合、権力の目的は法によって禁止することではもはやなく、生を生産的に制御することが目的となる)から、遺伝子工学上の発見によって切り開かれた極めて限定された領域、つまり(新たな)生の形態を直接発生さ

せる見込みのある領域にいたるまで、振幅があるということだ。
(43) Ibid., p. 189.
(44) Ibid., p. 164、ただし訳文〔英語〕を変更している。
(45) Ibid., pp. 189-90.
(46) この二重性はまた、一般的形態としては、「必然性の王国」と「自由の王国」とのギャップを維持するものでもある。一般知性の生産過程を自由の直接的な実現と見るネグリとは対照的に、マルクスは、自由と必然性とは分離したままであり、労働は遊びに転化しえないと述べている。
(47) Ibid., pp. 216-17.
(48) V.I. Lenin, "Our Revolution", in *Collected Works,* Moscow: Progress Publishers 1965, vol. 33, p. 479.
(49) 今日、同じことがベネズエラのチャベス〔大統領〕にも当てはまる。もちろん、ベネズエラは異例であり、チャベスは〈帝国〉から（石油によって）何十億というドルを稼いでいるからこそ〈帝国〉に異義申し立てができると言える。しかし、この異例な状況のおかげで、ベネズエラは国内において社会運動を動員できるだけではなく、他の、ベネズエラほど「異例」でないラテンアメリカの国々に解放をめざす新たな力を呼び起こすことができるのである。
(50) 世界映画における近年の傾向《トレンド》は、こうした中心の多極化への緩やかな移行を示しているのではないだろうか。ハリウッドのヘゲモニーは、西ヨーロッパやラテンアメリカの成功によってしだいに崩壊しつつあり、中国さえ『HERO』のようなフィルムによって、歴史スペクタクルと特殊効果による戦闘シーンというハリウッドのお家芸を超えてしまったのだから。
(51) 以下を参照。Emmanuel Todd, *After the Empire,* London: Constable 2004.
(52) アメリカ合衆国の中東政策が実際にもたらした結果（アメリカによるイラク占領の究極的な結果は、イラクにおける親イラン派の政治勢力が優勢になったということだ――アメリカの介入によって、基本的にイラクはイランの影響下に置かれたのである）を見ると、ブッシュは「客観的に見て」イランの回し者《エージェント》であると考えたくもなる。
(53) Negri, *Goodbye Mister Socialism,* p. 154.
(54) Ibid.〔国際政治をめぐる〕ネグリの異様なまでに的外れな解釈は他にもあって、それはユーゴスラビア紛争に関する彼の見解である。ネグリは、ユーゴスラビアの崩壊を、ドイツ、オーストリア、バチカンの陰謀によるものだと完全に認め、これらの国々が血みどろのナショナリズムを財政やイデオロギーの側面から支えていたと述べている。加えて、ネグリは予想通り、一方だけに罪を負わせることはできないと言う。「ミロシェビッチがツジマ

ンより悪かったわけではないし、コソボ人がセルビア人より正しかったわけでもないのですからね……。事態は党派どうしの、血で血を洗う闘いにまで発展しました。」こうした的外れな解釈は、そこに含まれるセルビア寄りの態度と同様に印象的である。ユーゴスラビアを崩壊させたのはクロアチアとスロベニアの分離主義者だとすれば、セルビアの罪はそれだけ軽くなるというのだから……。その上、こうした見解においては、コソボ問題とミロシェビッチによる権力の掌握という危機の発端をどう説明するのか明らかではない。このような文脈で、光栄なことに私の名前が少しだけ言及される。「[ボスニアの] 映画監督の [エミール・] クストゥリッツァは古い友人で、私は彼とユーゴスラビアの歴史についてのディスカッションを企画したことがあります。クロアチアの右翼政権とたいへん深い関係にある [ミルコ・] グルメク教授もいました。クストゥリッツァはときどきグルメクをひっぱたいていましたね……。それから、スロベニアの [スラヴォイ・] ジジェクもいましたが、彼はいまでは大なり小なりトロツキー主義者になっていて、ディスカッションでは何を言っていいのかわからないといった様子でした。クストゥリッツァはその鮮烈なデビュー以来ずっとアナーキーな作品をつくってきたのに、親ミロシェビッチだと非難されました。」(『未来派左翼』(上) 85 頁。)〔訳者註:この邦訳が依拠するイタリア語版は、ジジェクが参照している英語版と異なる部分がある。〕

率直に言って、私はこの一節を読むと当惑せざるをえない。私のことを「大なり小なりトロツキー主義者」であると呼ぶことで何を言いたいのか、まったく理解できない。私もこのときのことをよく覚えている。誰かのアパートで小さな集会があった。クストゥリッツァが (スターにふさわしく、たいそう遅れて) やって来たとき、彼はアパートの玄関から長いこと動かず、部屋に入ってこなかった。そのあいだ、この討論会のオーガナイザー (これはネグリでもクストゥリッツァでもなく、ボイボディナから来たセルビア人だった) が、殴り合いを始めないようにクストゥリッツァをなだめていたのだ (クストゥリッツァはわれわれを殴りつけてやると脅していた)。クストゥリッツァはやっと席に着くと、ヒステリックで詩的なおしゃべりを延々と続けたが、われわれのほとんどは「何を言っていいのかわからなかった」。というのも、そのおしゃべりは筋道の通った議論ではまったくなかったからだ。クストゥリッツァとミロシェビッチの関係について言えば、ユーゴスラヴィア紛争のあいだずっと、クストゥリッツァはセルビア-ユーゴスラビアの外交官用パスポートで移動しており、彼の作品『アンダーグラウンド』はセルビアから資金提供を受けている、等々枚挙にいとまがなく、また言わずもがなだが、エミール・クストゥリッツァという人物はもはや存在しない。彼は最近東方正教会で洗礼を受け、ムスリムの名前である「エミール」から

明らかにセルビア系の名前である「ネマーニャ」（セルビアの古の聖人や王の何人かがこの名前であることに注目したい）へと改名したのだ。ついでに言うと、数年前にモンテネグロの或る映画監督が、クストゥリッツァが親ミロシェビッチでセルビア・ナショナリズムに傾いていることを示す（身の毛のよだつような多くの瞬間を含む）数々の録画ヴィデオから成るドキュメンタリー映画を企画した。その監督がクストゥリッツァを告訴すると、旧ユーゴスラヴィア各地からクストゥリッツァを弁護する署名が集められたのである。

(55) Negri, *Goodbye Mister Socialism*, p. 245.

(56) 以下を参照。Slavoj Žižek, *Organ Without Bodies*, New York: Routledge 2003.〔スラヴォイ・ジジェク『身体なき器官』長原豊訳、河出書房新社、2004年〕

(57) 私はアラン・バディウのドゥルーズ読解に全面的に依拠しており、ここでもバディウの論を踏襲している。以下を参照。Badiou, *Deleuze: The Clamour of Being*, Minneapolis, MN: University of Minnesota Press 2000.〔バディウ『ドゥルーズ――存在の喧騒』鈴木創士訳、河出書房新社、1998年〕

(58) Manuel DeLanda, *Intensive Science and Virtual Philosophy*, New York: Continuum 2002, pp. 107-8.

(59) Ibid., p. 102.

(60) この毛沢東の言葉は次の著書からの引用である。Roderick MacFarquhar and Michael Schoenhals, *Mao's Last Revolution*, Cambridge, MA: Harvard University Press 2006, p. 168.

(61) Quoted from ibid., pp. 168-9.

(62) See John Holloway, *Change the World Without Taking Power: The Meaning of Revolution Today*, London: Pluto 2002.〔ジョン・ホロウェイ『権力を取らずに世界を変える』大窪一志、四茂野修訳、同時代社、2009年〕

(63) Ibid., p. 31.

(64) ついでながら、国家社会主義の計画経済は、消費を犠牲にして生産を特権化するという高い代価を支払い、消費者が求めている必要な財を供給できなかったのではないだろうか。ポスト・マルクス主義の左翼が、プロレタリアートの新たな形態として「消費労働者階級《コンシュームタリアート》について述べるとき（Alexander Bard and Jan Soderqvist, *Netrocracy: The New Power Elite and Life after Capitalism*, London: Reuters 2002 を参照）、こうした左翼が指し示しているのは労働者と消費者の究極的なアイデンティティである。まさしくこのことこそ、資本主義において労働者が形式的に自由でなければならない理由である。

(65) Marx, *Grundrisse*, pp. 420-1.

(66) Kojin Karatani, *Transcritique.On Kant and Marx*, Cambridge, MA: MIT Press 2003, p. 20.〔柄谷行人『トランスクリティーク』岩波現代文庫、2010年〕

(67) Ibid., p. 290.

(68) Peter Sloterdijk, *Zorn und Zeit*, Frankfurt: Suhrkamp 2006, p.55.

(69) G.W.F. Hegel, *Phenomonology of Spirit*, Oxford: Oxford University Press 1977, p. 332.〔G.W.F. ヘーゲル『精神現象学』(下) 樫山欽四郎訳、平凡社ライブラリー、1997年〕

(70) Ibid.

(71) たとえば、反動的な反啓蒙主義者の主張それ自体が、そのパフォーマンスにおいて暗黙のうちに啓蒙主義の前提、そのイデオロギー的前提に依拠しているとき――ジョン・ロックに論難を浴びせたロバート・フィルマーの事例から、メッセージの伝え方そのものがそのメッセージを台無しにしてしまう現代のテレビ伝道師の事例にいたるまで――、反啓蒙主義者は、まさに彼らが激しく批判している敵対者であるリベラル派の特徴――ナルシシズム的な身勝手さから商業化されたメディアの見世物にいたるまで――を帯びてしまうのである。

(72) Negri, *Goodbye Mister Socialism*, pp. 139-40.

(73) Massimo Salvadori, *Karl Kautsky and the Socialist Revolution*, London: Verso 1979, p. 237.

(74) とりわけ興味深いのは、トルストイがその主張のなかで、前衛党の必要性を説いている部分である。つまり、評議会における自己組織は、政治的-心理的理由からしても党の代わりを務めることはできないということだ――人民は「極度の緊張状態で激しい活動をしながら何年間も生きることはできない。」以下を参照。Ernest Mandel, *Trotsky as Alternative*, London: Verso 1995, p. 81.

(75) こうした立場を明快に述べたものとして、以下を参照。Martin Jay, "No Power to the Soviets," in *Cultural Semantics*, Amherst, MA: University of Massachusetts Press 1998.

(76) Negri, *Goodbye Mister Socialism*, p. 143.

(77)〈指導者〉という人物=形象は、政治綱領の一貫性を保障する者ではまったくない。その逆である。ファシズムが好例だが、〈指導者〉のカリスマに満ちた姿は、〈指導者〉が象徴する政治の非一貫性、その自己矛盾した性質をぼかして目立たなくするフェティッシュとしても機能しうるのだ。現実のファシズムの政治は、さまざまな圧力団体への譲歩と、ここから生じる矛盾と明確な綱領の欠如とのあいだで揺れているのだが、こうした揺れは〈指導

者〉のカリスマによって覆い隠されるのである。
(78) もちろん、ユートピアを期待するのはやめるべきだ。現在のグローバルな位置関係においては、チャベスの実験はおそらく失敗に終わるだろう。だが、それでもやはり、ベケットならこう言ったかもしれない。その失敗は「前よりもうまくいった失敗」になるだろう、と。
(79) 以下を参照。Danny Postel, Reading *"Legitimation Crisis" in Tehran,* Chicago: Prickly Paradigm Press 2006.

第８章　アラン・バディウ、あるいは差し引くという暴力

(１) Alain Badiou, *Logiques des mondes,* Paris: Éditions du Seuil 2006, p. 9.
(２) Moustapha Safouan, "Why Are the Arabs Not Free: The Politics of Writing."（未刊行論文）
(３) John Gray, *Straw Dogs,* London: Granta 2003, p. 57.
(４) Badiou, *Logiques des mondes,* pp. 9-17. ヴォルフ・ビーアマンは、彼の古い歌のなかで問うている。「死以前に生はあるか」と。これは、「死以後に生はあるか」という観念論的問いの、唯物論的とよぶにふさわしい反転である。唯物論者の頭を悩ませるのは、次のことだ。私はいまここで本当に生きているのか、それとも、生存することだけに専心する単なるヒトという動物として無為に生きているのか。
(５) そうであるなら、バディウに逆らって、世界と言語は厳密に等しいと主張すべきである。おのおのの世界は言語によって支えられ、おのおのの「話された」言語はひとつの世界を支えるのだ、と。ハイデガーが「存在のすみか」としての言語というテーゼによって示唆していたのは、このことである。
(６) 知もまた、それ自体、すべてのひとにとって利用可能なものである。つまり、ア・プリオリに知から排除されているひとはいない。プラトンが証明したように、奴隷は、高貴なひとと同じように、数学を学習する能力を持っている。論理的推論と論理的証明は、権威を排除する。そこでの発話行為の主体は、本質的に普遍的である。推論するひとがだれであるかは問題ではない。
(７) そうした擬似倫理的なおどしを人道主義的に言い換えてみることもできる。「ネオコロニアリズムをめぐるこうした混乱、西洋の責任がどうのこうのという話はもううたくさんだ。きみは、アフリカで苦しむそうした数百万の人々を実際に助けるためになにかしたいのか、それとも、イデオロギー的－政治的闘争において点数をかせぐためにそうした人々を利用したいのか。」
(８) Jacques-Alain Miller, "A Reading of the Seminar *From an Other to the*

other," *lacanian ink,* 29 (2007), p. 40.

(9) Adrian Johnston, "The Quick and the Dead: Alain Badiou and the Split Speeds of Transformation."(未刊行論文)を参照。

(10) まさにジャコバン派の「抽象的自由」に対する「批判」を行うなかで、1789年を迂回する、すなわち、1789年から既存の平凡なブルジョア的現実へと直接移行する、というリベラリズムの夢を追い払いつつこの契機の必然性を看取していたのは、ヘーゲルそのひとであった。ロベスピエールが「革命なき革命」を欲する者たちの夢として糾弾したこの夢は、1793年なしの1789年という夢、分離不可能なものを分離するという夢である。

(11) Badiou, *Logiques des mondes,* p. 531.

(12) Ibid., p. 75.

(13) したがってここでのアイロニーは、『世界の論理』をその第二部とするバディウの最初の偉大な著作『存在と出来事』が、フロイトの『自我とエス』と同じように読まれるべきであるということ、つまり、不在の第三項である世界——フロイトの場合でいえば超自我——に対する暗黙の言及として読まれるべきであるということだ。

(14) Alain Badiou,"L'entretien de Bruxelles," *Le Temps Modernes,* 526 (1990), p. 6.

(15) Alberto Toscano, "From the State to the World? Badiou and Anti-Capitalism," *Communication & Cognition,* vol. 36 (2003), pp. 1-2.

(16) 2002年のある会議で読まれた論文。ブルーノ・ボスティールズ(Bruno Bosteels)訳。

(17) Badiou, *Logiques des mondes,* pp. 543-44.

(18) バディウが「永遠の真理」、すなわち、特定の歴史的世界という意味の地平を横断する普遍性をもった超歴史的真理について語るとき、この普遍性は、ユング的原型のもつ神話的普遍性ではなく(先史時代の洞窟画からピカソまでつづく、馬の〈イデア〉をめぐる彼の記述が危険なまでにこの普遍性に近づこうとも、それは変わらない)、意味を欠いた、〈現実的なもの《リアル》〉という普遍性、あるいは、ラカンのいう「数式素《マテーム》」である。

(19) Badiou, *Logiques des mondes,* p. 547.

(20) さらに一歩進んでこういいたくなる。「悪い」国家でもあるほうがよい、なぜなら、そのほうが〔善悪の〕境界線がはっきりするからである、と。1933年、ドイツの共産主義者は、まさにこの論理ゆえに、ヒトラーはワイマール民主主義よりもよかったと主張せざるをえなかった。ヒトラーがいるから、われわれは自分の立場を知り、闘争は明確になる……と。

(21) この動きは、2000年以後ほとんどの東欧のポスト共産主義国(リトアニア、ポーランド、チェコ共和国、ハンガリー、スロヴェニア…)で発生した

「遅れてきた反共産主義」という、奇妙だが徴候的な現象の一部である。すなわち、共産主義そのものを犯罪扱いする試み、(〈赤い星〉などの共産主義のシンボルを公的に掲げることを禁止しつつ) 共産主義をファシズムおよびナチズムと同列に扱う試みである。この「等式」がまやかしであるということ、すなわち、暗黙のうちに共産主義が原初的〈罪〉に格上げされ、ファシズムがある種の政治的な模倣殺人、共産主義に対する反動およびその模倣へと格下げされているということは、簡単に証明できる。

(22) Wendy Brown, *States of Injury,* Princeton, NJ: Princeton University Press 1995, p. 14.

(23) Ibid., p. 60.

(24) Ibid., p. 61.

(25) 社会的－政治的偶発性と自然な (自然化された) 必然性とのあいだのこのつながりを詳細に論じてきたサロイ・ギリ (Saroj Giri) (ニューデリー) に感謝する。

(26) Toni Negri, *Goodbye Mister Socialism,* Paris: Éditions du Seuil 2006, p. 125.

(27) Filippo Del Lucchese and Jason Smith, "'We Need a Popular Discipline': Contemporary Politics and the Crisis of the Negative." 2007年7月2日に行われたアラン・バディウへのインタビュー。

(28) Peter Hallward, *Badiou: A Subject to Truth,* Minneapolis, MN: Minnesota University Press 2003. を参照。

(29) この民主主義の限界は、次のような、民主主義を輸出するリベラル派がいだくおなじみの心配とはなんの関係もない。その〔民主主義の輸出の〕結果、民主主義に反対する者たちが勝利したら、そしてそれゆえ民主主義が自家撞着に陥ったら、どうだろうか。「これは、われわれが向き合わねばならない恐ろしい事実である。すなわち、われわれと荒れ狂うムスリム的不合理とのあいだに現在立ちふさがる唯一のものは、われわれがその存立に一役買った、専制政治と人権蹂躙という壁である」(Sam Harris, *The End of Faith,* New York: Norton 2005, p. 132)。それゆえ、以下のようなハリスのモットーが出てくる。「敵が良心のとがめを抱いていないとき、われわれ自身の抱く良心のとがめは、敵の所有する武器となる」(ibid., p. 202)。そして予想通り彼はここから拷問の正当化へと進んでいく……。この論法は説得力のあるようにみえるかもしれないが、中途半端に終わっている。それは、「ムスリムの大衆は民主主義にふさわしく成熟している (文化的に適正な) のか。それともわれわれは、彼らの支配者にまじって、啓蒙化された専制政治を支持すべきなのか」という退屈なリベラリズム的論争から抜け出せないままなのだ。ここにある二つの選択 (ムスリムの大衆に民主主義を押し付け

るか、彼らの後進性を利用するか）は両方ともまちがっている。真の問題は以下のようになる。「われわれがその存立に一役買った、専制政治と人権蹂躙という壁」が、まさに「荒れ狂うムスリム的不合理」を支え、生み出すものであるとしたら、どうだろうか。

(30) 言い換えよう。自由討論における「独裁」とは、それを喚起すれば決着がつくと考えられている「最終陳述」的な要素である。今日のポストモダン脱構築主義においてそれにあたるのは、ノマド的なものと固定的アイデンティティとの対決、変化と静止との対決、マルチチュードと〈一〉との対決、等々である。そう、これこそ独裁の瞬間である。

(31) ブレント・ソーメイ（Bulent Somay）からの個人書簡（2007年、1月28日）。ソーメイの手紙は私に対してきわめて批判的であり、それゆえこの一節を引用できるのは私としても満足である。

(32) Simon Schama, *Citizens,* New York: Viking Penguin 1989, pp. 706-7. に引用されている。

(33) Maximilien Robespierre, *Virtue and Terror,* London: Verso 2007 p. 42.

(34)「人民《ピープル》が存在する」唯一の瞬間は、選挙のときである。それはまさに、社会構造全体の崩壊の瞬間である。選挙において「人民」は、諸個人の集合体という一つの機械に還元される。

(35) Jacques-Alain Miller, *Le Neveu de Lacan,* Paris: Verdier 2003, p. 270.

(36) もちろん、露骨な「暴民政治」が本質的に不安定なものである、そしてそれは必然的にそれとは反対のもの、暴徒自体に対する圧制に変わる、と主張することは可能である。しかしこの移行があるからといって、われわれの扱っているのがある変化、ある根源的な反転であるという事実に変わりはない。

(37) Peter Hallward, “Staging Equality,” *New Left Review,* II, 37（January-February 2006）.

第９章　自然における不快なもの

（１）G.A. Cohen, *If You're an Egalitarian, How Come You're So Rich?,* Cambridge, MA: Harvard University Press 2001.

（２）David Rennie, “How Soviet Sub officer Saved World from Nuclear Conflict,” *Daily Telegraph,* October 14, 2002.

（３）マイク・デイヴィスのすばらしいレポート、Mike Davis, “Planet of Slums. Urban Revolution and the Informal Proletariat,” *New Left Review,* II, 26 (March-April 2004). を参照。

（４）そうであるなら、スラム住民は、マルクスがなんとか軽蔑感をおさえつ

つ「ルンペンプロレタリアート」として切り捨てた存在として、すなわち、政治化されれば必ず（マルクスの場合でいえばナポレオン３世の）原ファシズム的およびファシズム的体制を支持することになる、あらゆる階級の退化的な「くず」として分類されるべきではないか。グローバル資本主義（とくに大規模な移民をともなったそれ）という条件におけるこうした「ルンペン」的要素の果たす構造的役割の変化について、よりいっそうの分析がなされるべきだろう。

（５）プロレタリアートの立場の、マルクスによる正確な定義は、ある構造的な短絡が起こるとき——生産者が市場で生産物を交換するだけでなく、自らの労働生産物ではなく自らの労働力そのものを直接市場で売らざるをえない生産者が存在するとき——発生する、実質のない主体性である。剰余－対象が現れるのは、ここにおいて、この倍加／反省された疎外を通してである。剰余価値とは、文字通り、空になった主体の相関物であり、$に対応する対象である。この倍加された疎外が意味するのは、あらゆる市場経済においていえるように「社会的関係が物と物との関係として現れる」ということだけでなく、主体性の核そのものがある物と等しいものとして定位される、ということでもある。ここで注意すべきは、次のような普遍化のパラドクスである。市場経済は、労働力自体までもが商品として市場で売られるようになってはじめて普遍的になる。つまり、自身の生産物を売る生産者が大多数を占める普遍的な市場経済など存在しないのだ。

（６）この意味の限定を支える意味論は、非常に厳密な論理に従っており、それ自体分析に値する。ここでは単純に言葉を混ぜることはできない。たとえば、「労働者、愛国的農民、誠実なプチ・ブル、貧しい知識人」の連帯を提示することはできない。そのつど分割がなされていることは明らかである。つまり、連帯できるのは、支配階級に属する、あるいはそれと手を組む富農ではなく、貧農だけであり、資本主義的帝国主義に奉仕するブルジョアではなく、愛国的なプチ・ブルだけであり、支配階級にわが身を売りその支配を正当化する知識人ではなく、誠実な知識人だけである。そうだとすれば、われわれはこういうべきであろうか。今日必要なのは、〈除けものたち〉、つまり貧しいエコロジスト、愛国的知識労働者、誠実な遺伝子工学研究者のあいだの連帯である、と。

（７）問題は、このコモンズと集団的財産という前近代的なコモンズとをどう分けるか、ということである。

（８）Immanuel Kant, “What Is Enlightenment?,” in Isaac Kramnick, ed., *The Portable Enlightenment Reader*, New York: Penguin 1995, p. 5.

（９）“Murdoch: I'm proud to be green. News Corp boss orders his entire empire to convert and become a worldwide enthusiast for the environ-

ment," *Independent on Sunday,* May 13, 2007, p. 3. を参照。

(10) Aeschylus, *Eumenides,* 2003年のイアン・ジョンストン(Ian Johnston)による英訳。これは以下のウェブで閲覧可能。www.mala.bc.ca/~Johnstoi/aeschylus/aeschylus_eumenides.htm.

(11) サイモン・クリッチリーは自著『要求は無限に厳しく』〔Simon Critchley, *Infinitely Demanding* (London: Verso 2007)〕でこの一節を引用しているが、彼がこの一節を恐れの政治学の予兆として読むのは奇妙である。というのも、この一節はむしろ、彼の本の主要なモチーフ、「無限の欲求をする」超自我の圧力によくあてはまるのだから。

(12) Martin Heidegger, *Gesamtausgabe,* vol. 29/30, *Die Grundbegriffe der Metaphysik. Welt--Endlichkeit--Einsamkeit,* Frankfurt: Klostermann 2004, p. 255.

(13) Heidegger, *Gesamtausgabe,* vol. 45, *Grundprobleme der Philosophie,* Frankfurt. Klostermann 1984, p. 197.

(14) G.W.F. Hegel, *Phenomenology of Spirit,* Oxford: Oxford University Press 1977, p. 189.〔G・W・F・ヘーゲル『精神現象学』長谷川宏訳、作品社、136頁〕

(15) Ayn Rand, *The Fountainhead,* New York: Signet 1992, p. 677.

(16) チェ・ゲバラがいったとされる「最後の言葉」には、これとは異なる形もたくさんある。いくつか例をあげよう。「私を殺しに来たんだな。撃て、人ひとり殺すだけだ」/「撃てよ、臆病者、人ひとり殺すだけだ」/「分かってるな、おまえは人をひとり殺すのだ」/「おまえがいずれ私を殺すことは分かっていた。生け捕りになるべきではなかった」/「フィデルにいってくれ、この失敗は革命の終わりではない、革命は他の場所で勝利する、と。アレイダには、これまでのことを忘れて再婚して幸せになるように、そして子供に勉強させるようにいってくれ。兵士たちにはよく狙うようにいってくれ」/「撃つな、私はチェ・ゲバラだ。私は死ぬよりも生きているほうがおまえたちにとって価値がある」。

(17) Samuel Beckett, *Trilogy,* London: Calder 2003, p. 418.

(18) Karl Marx and Frederick Engels, *The Communist Manifesto,* Harmondsworth: Penguin 1985, pp. 83-4.〔カール・マルクス『共産主義者宣言』金塚貞文訳、太田出版、1993年、14～17頁〕

(19) このタイトルは通常「文明とその不満」と訳されており、そのため文化と文明の対立を作用させる機会を失っている。不満は文化、すなわち自然からの暴力的な断絶に対してのものであるのに対し、文明はまさに、手当てをする、傷口を「文明化する」、失われたバランスと見た目の調和を再導入する二次的な試みとしてとらえることができる。

(20) Thorsten Jantschek, "Ein ausgezehrter Hase," *Die Zeit,* July 5, 2001, Feuilleton, p. 26. から引用した。

(21) セルン（欧州原子核共同研究所）の素粒子衝突型加速器に携わる科学者は、ビッグ・バンを再現する条件を整えているところだが、なかには警告を発する懐疑的なひともいる。この実験はあまりにもうまくいきすぎて、現在の世界を消滅させる新たなビッグ・バンを生み出す可能性があるのではないか、と。

(22) Doyne Farmer and Aletta Belin, "Artificial Life: The Coming Evolution," in C.G. Langton, C. Taylor, J.D. Farmer, and S. Rasmussen, eds, *Artificial Life,* Reading, MA: Addison-Wesley 1992, p. 815.

(23) ここ10年では、このトピックはしばしばSFスリラーにおいて利用されてきた。とくに Michael Crichton, *Prey* (New York: Avon Books 2002). を参照。

(24) Jacques-Alain Miller, "Religion, Psychoanalysis," *lacanian ink,* 23 (2004), pp. 18-19.

(25) 近代を通じて教会は、知りすぎることの危険に対する守り手として自らを顕示してきた。今日、教会が、自由と人間の尊厳に対する尊敬を示す存在として自らを顕示するとき、簡単な心理テストをやってみる価値はある。1960年代初期まで、教会は、（普通の）カトリック教徒が読むことを禁じられていた本の（悪）名高い〈一覧表〉を維持していた。われわれにできることは、これまでこの〈一覧表〉に載った本をすべて近代ヨーロッパの芸術史・思想史から消し去ったとしたら、その歴史——デカルト、スピノザ、ライプニッツ、ヒューム、カント、ヘーゲル、マルクス、ニーチェ、サルトル、そしてもちろん近代文学の古典の大部分を欠いた近代ヨーロッパ——はどうみえるか、想像してみることだけである。

(26) Jean Grondin, *Hans-Georg Gadamer,* New Haven, CT: Yale University Press 2003, p. 329.

(27) この表現はアラン・バディウから借りた。

(28) Stephen Fry, *Making History,* New York: Arrow Books 2005. を参照。

(29) レポート "Life 2.0" in *Newsweek,* June 4, 2007, pp.37-43. を参照。

(30) Ibid., p. 41.

(31) カリフォルニアのコモンウェルス・クラブでなされたスピーチ、「宗教としての環境保護」において、マイケル・クライトンは、様々な宗教的世界観（とくにユダヤ－キリスト教的ドグマ）の構造と、〈自然〉およびわれわれの過去についてロマンティックな考えを抱いていると彼が言い切る、エデンの園、原罪、最後の審判を信じていると彼が考える、多くの都市型の近代的な無神論者の信念とのあいだの類似性を説明した。それは、自らの信仰の

要素に、それに反対する科学的証拠があるにもかかわらず、頑固に執着する今日の環境保護論者の傾向である。(クライトンは、DDT、受動喫煙、地球温暖化に関する誤解を例として挙げる。) クライトンはうさんくさいところもあるが——彼のベストセラーは後期資本主義の支配的イデオロギーを完璧に具現するもののひとつである——ここでの彼は要点をついている。

(32) 別の例をあげよう。容赦ない森林破壊の方針に対抗するために、環境保護論者は、しばしば山焼きを厳しく抑制することに成功した。ただしそれは、それによって未開の森林が今まで以上に取り返しのつかない形で変容するという結果をもたらした (時折の火事は、森の自己再生に重要な役割を果たしていたのである)。あるいは、より逸話的なレベルでは、石炭の煙でひどく汚染されたイギリスのある谷の話がある。石炭を燃やさなくなったとたん、すぐに壊滅的な結果がもたらされた。鳥やその他の生き物は、石炭汚染にすでに慣れていたため、新たな環境で生きられなかった。生き物は、その谷を離れ、谷の脆弱な生態系のバランスは崩れた……。産業化された農場で育てられている豚のような動物についてはどうだろうか。そうした動物は、独力では2、3日も生きられない (そうした動物はなかば盲目で、自分の足で立てない……)。

(33) Pall Skulason, *Reflections at the Edge of Askja,* Reykjavik: The University of Iceland Press 2005, p. 21.

(34) Gilles Deleuze, *Cinema 1: The Movement-Image,* Minneapolis, MN: University of Minnesota Press 1986, p. 122. 〔ジル・ドゥルーズ『シネマ1＊運動イメージ』財津理他訳、法政大学出版局、2008年〕

(35) Skulason, *Reflections at the Edge of Askja,* p. 11.

(36) Ibid., p. 19.

(37) Ibid., pp. 31-3.

(38) Timothy Morton の傑作 *Ecology Without Nature,* Cambridge, MA: Harvard University Press 2007. を参照。

(39) Ibid., p. 35.

(40) John Gray, *Straw Dogs,* London: Granta 2003, p. 19.

(41) Friedrich Nietzsche, *On the Genealogy of Morals,* Oxford: Oxford University Press 1998, p. 97.

(42) Louis Dumont の *Homo Aequalis,* Paris: Gallimard 1977. と *Essais sur l'individualisme,* Paris: Éditions du Seuil 1983. を参照。

(43) Daniel Dennett, *Freedom Evolves,* Harmondsworth: Penguin 2003. を参照。

(44) Nicholas Fearn, *Philosophy. The Latest Answers to the Oldest Questions,* London: Atlantic Books 2005, p. 24.

(45) Bill McKibben, *Enough. Staying Human in an Engineered Age,* New York: Henry Holt 2004, p. 127.
(46) Mark Wrathall, *How to Read Heidegger,* London: Granta 2006, p. 102.
(47) ジョルジョ・アガンベンは、アメリカへの入国を拒否する。彼は指紋を取られたくないのである。彼にとって、指紋押捺は、「主体性のもっとも私的で伝達不可能な側面」を国家管理システムの一部にする。しかし、われわれにはこう問う権利がある。なぜ、指先にある隆起線という偶然できた形が、「主体性のもっとも私的で伝達不可能な側面」になるのか、と。
(48) Wrathall, *How to Read Heidegger,* p. 117.
(49) Hubert L. Dreyfus, "Highway Bridges and Feasts" を参照。これは以下のウェブで閲覧可能。http://www.focusing.org/apm_papers/dreyfus.html
(50) Jacques-Alain Miller, "The Desire of Lacan," in *lacanian ink,* 14, (1999), p. 19.
(51) Jean-Pierre Dupuy, *Retour de Tchernobyl,* Paris: Éditions du Seuil 2006.
(52) 国家の中心的役割が、「コモンズ」の利益をうまく扱うことを保証するものではないということは、共産主義国の経験から分かる。生態系の破滅的事態は、共産主義国のほうがずっとひどかったのだ。国家とコモンズとの対立は、ここにおいてその意味を完全に回復している。
(53) Myriam Bienenstock, "Qu'est-ce que 'l'esprit objectif' selon Hegel?," in Olivier Tinland, ed., *Lectures de Hegel,* Paris: Livre de Poche 2005. を参照。
(54) Dupuy, *Retour de Tchernobyl,* p. 147.
(55) Gray, *Straw Dogs,* p. 110.
(56) Bernard Williams, *Moral Luck,* Cambridge: Cambridge University Press 1981. を参照。
(57) Jean-Pierre Dupuy, *Pour un catastrophisme éclairé,* Paris: Éditions du Seuil 2002, pp. 124-6. を参照。
(58) Ibid.
(59) しかし、それにもかかわらずこのイメージは、それと見かけ上対立するものによって補われるべきである。冷戦の最後の10年に目を向けよう。西側と東側とのあいだの人権などをめぐる合意（例えば人権をめぐるヘルシンキ宣言）を、実際にはなにも譲歩してこなかった共産主義者によるあざむきとして切り捨てた根っからの反共産主義者は、にもかかわらずまちがっていた。もちろん共産主義者は、それをあざむきととらえていたが、共産主義国における反体制運動は、ヘルシンキ宣言――これは法的拘束力のある文書として採択された――を、大衆を民主化運動に動員するための道具として用いた。支配者である共産主義者は、彼らにはよくありがちなことだが、致

命的にも、見かけの力を過小評価したのだ。彼らは、単なる見かけととらえたもののゲームに、まんまとひっかかったのである。

(60) しかし、生態系のカタストロフィを、ある種の「神的暴力」、自然の正義／復讐としてとらえるといった誘惑には、断固抵抗しなければならない。そんな結論を下せば、到底受け入れがたい蒙昧主義者のやり口のように、意味を自然に押し付けることになるだろう。